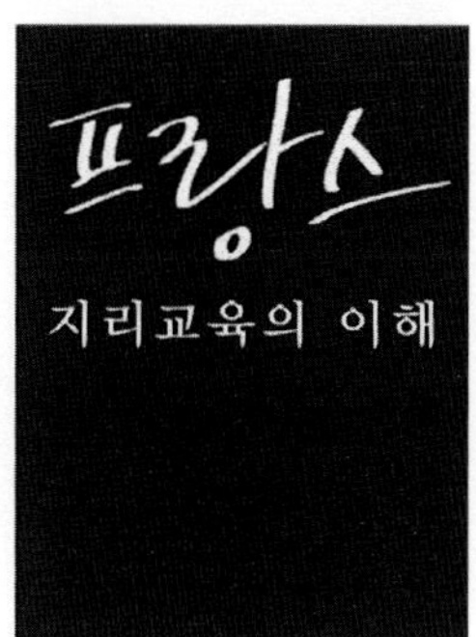

프랑스
지리교육의 이해

KSI 한국학술정보㈜

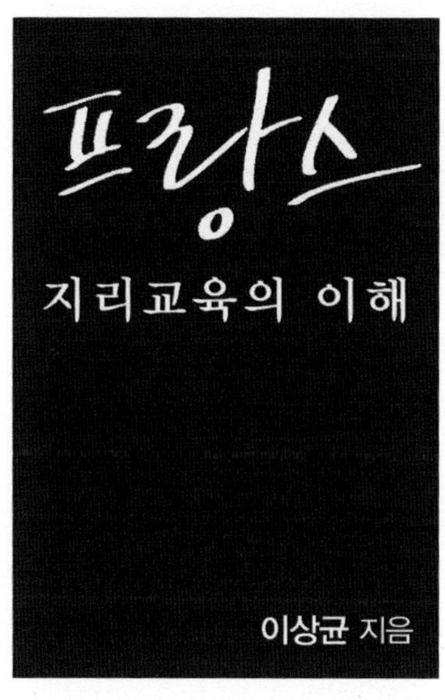

KSI 한국학술정보㈜

머리말

지리교육에 관한 기존의 국제비교 연구들은 주로 영미권이나 일본을 중심으로 이루어졌다. 따라서 국제적으로 지리교과의 위상이 높은 것으로 알려지는 프랑스의 지리교육에 대해서 구체적이고 상세한 연구는 비교적 드문 편이었다. 이에, 본 연구는 프랑스의 지리교육과정과 교과서 분석을 통하여 프랑스 지리교육의 지향점과 특징을 파악하고자 하였다. 기존의 연구가 대부분 특정 학년이나 일부 주제에 국한하여 이루어졌던 것에 비하여, 본 연구는 초등학교부터 고등학교까지 프랑스 지리교육의 전반적 특징을 도출하고자 하였다.

우선, 프랑스 지리교육의 제도적·역사적 맥락을 파악하기 위하여 지리교육이 제도적으로 확고하게 정립되는 1871년 무렵부터 오늘날의 시점까지 역사적 발달과정을 고찰하였다. 프랑스 역시 1871년 이전까지만 해도 지리는 교육과정에서 그 명맥만 유지한 채 제대로 가르쳐지지 않았다. 1870년 보불전쟁에서 패배하면서 국가적 차원에서 교육부 장관이 주도적으로 대학교수, 현장교사 등을 위촉하여 학교에서 이루어지고 있는 지리교육의 실태를 파악하고, 그 개선책을 수립하고자 하였다. 전쟁에 패배한 국가적 위기 상황에서 국가의 지도층과 교육 관료들이 앞장서서 위기극복을 위한 대안으로서 지리교육을 강화시켰던 것이다. 국가적·사회적인 관심과 지원 속에서 지리교육은 제도적으로 안정된 지위를 확보하게 되었으며, 학계와 교육계의 열정적인 노력으로 지리교과는 국가교육의 핵심적 지위를 확보하게 되었다.

이러한 맥락에서 프랑스 지리교육의 목적은 독일에 빼앗긴 지역을 수복하고자 하는 영토교육의 차원, 국제정세를 주도하는 세계열강 속에서 프랑스의 지위에 대한 자부심 함양 등

국민 교육의 차원이 강하게 반영되어 있었다. 이러한 교육관은 자국에 대한 국수주의적 태도를 강화시키거나, 타 국가와 타민족에 대한 배타적 태도를 형성할 가능성이 매우 높다. 프랑스는 이 점에 주의하면서 시공간적 정체성 형성을 통해 균형 잡힌 객관적 시각을 추구하고 있는 점도 주요한 특징이며, 그러한 관점은 현재까지도 지속되고 있다. 이처럼 국가사회의 관심과 제도적 뒷받침 속에서 오늘날의 프랑스 지리교육은 학습조직 및 구성, 학습 기능적 측면에서 다른 나라에서 그 사례를 찾기 어려울 만큼 체계적이고 축적된 노하우를 보여주고 있다.

이러한 맥락을 고찰한 후, 교육과정과 교과서를 분석하여 학습내용 조직 및 구성 원리, 그 연계성 및 계열화를 파악하고자 하였다. 프랑스의 교육과정은 초등학교, 중학교, 고등학교마다 학교급별로 그 자체로 완결적 구조를 내포한 순환적 성격을 지니면서도, 초등학교에서 중학교로, 중학교에서 고등학교로 상급학교 수준으로 진행되면서 단계와 수준이 심화되는 나선형 교육과정의 특징을 지니고 있다. 학교급별로 지리를 배우기 시작하는 첫 단계(초등학교 3학년, 중학교 1학년, 고등학교 1학년)에서는 세계지리를 자연지리 중심으로, 그리고 계통지리적으로 구성하여 배치하였다. 중간 단계에서는 유럽의 맥락에서 프랑스 지리를 학습하도록 구성하였으며, 최종 단계에서는 세계적인 스케일과 프랑스 스케일에서 시사적인 정치 지리를 학습하도록 배치하고 있다.

이러한 순환적이면서도 나선형적인 학습내용의 조직은 초등학교에서는 다양성과 통일성, 중학교에서는 분포와 격차, 관계와 이동, 고등학교에서는 문제와 쟁점 등의 개념을 중심으로 계통지리와 지역지리, 자연지리와 인문지리의 균형 그리고 지역에서 세계에 이르는 다양한 지역적 스케일을 고려하여 편성되어 있다는 점에서 특색이 있으며, 특히 영미권의 주요 지리 개념과는 상당히 큰 차이를 보이고 있다.

교육과정 분석에 이어, 교과서 분석을 통하여 교육과정에서 제시된 학습내용이 어떻게 학습 기능을 통하여 구체화되는지 분석하였다. 우선 초등학교 수준에서는 주로 사진을 통하여 세계의 다양한 경관을 분석하며, 이 단계에서는 사진 관찰 및 사물이나 현상에 대한 확인이 주된 학습활동이 되고 있다. 즉, 다양한 각도에서 찍은 위성영상, 항공사진, 지표사진, 예술작품 등을 통하여 구체적인 경관이 추상적인 지도로 어떻게 전환되는가에 대하여 입체적으로 학습한다. 중학교 수준에서는 초등학교에서 학습한 기능을 바탕으로 하여 주제나 지역에 관련된 다양한 자료들을 분석하도록 구성하고 있다. 학생들은 마치 지리학자가 지역에 관한 자료들을 분석하듯이, 사진, 지도, 텍스트 자료, 신문기사, 통계자료, 그래프 등을 분석하는 법을 배운다. 마지막으로 고등학교 수준에서는 다양한 사례들로부터 일반화를 도출하는 과정을 학습하도록 구성하고 있다.

이러한 학습과정에 대한 메커니즘을 파악하기 위해서 교과서의 질문과 학습자료를 분석하였다. 프랑스 지리 교과서에는 학생들로 하여금 학습주제를 이해할 수 있도록 상당히 많은 사진, 지도, 텍스트 자료, 통계자료, 그래프 등 주제나 사례 지역에 대한 다양한 자료들이 수록되어 있으며, 그 각각에 대하여 상당히 많은 질문들이 함께 제시되어 있다. 분석 결과, 교과서에 실린 학습자료는 학교급별, 학년별로 학생들의 학습능력과 학습의 난이도에 맞게 그 종류 및 비중이 다르게 구성되어 있는 것을 확인할 수 있었다. 초등학교 수준에서는 낮은 수준의 질문에서 높은 수준의 질문으로 단계적으로 심화시켜 나가도록 제시되어 있다. 중고등학교에서는 질문을 보다 세분하여 학생들로 하여금 제시된 학습자료를 읽고, 관찰하고, 비교·대조하고, 적용하는 등 학습내용에 대한 분석을 안내하도록 제시되어 있었다.

이상의 교육과정과 교과서 분석을 통해 프랑스 지리교육의 특징을 도출해보면, 명시적 차원과 암묵적 차원으로 구분할 수 있다. 우선, 명시적인 목적은 '세계를 깊이 있게 이해할 수 있는 지리적 안목 함양'으로서 중고등학교로 올라갈수록 학문적인 성격이 더욱 분명히 드러나며, '교양인 양성'이라는 프랑스의 전통적인 교육의 목적을 충실히 반영하고 있다. 한편 교육과정과 교과서에 직접적으로 가치를 주입하는 내용은 거의 없지만, 그에 내재된 암묵적인 목적은 '공화국의 시민의식 함양'이라고 해석할 수 있다. 프랑스 공화국이라는 이념 아래 프랑스 본토로부터 수천 킬로미터 밖에 있는 해외영토를 포함시키고, 세계의 여러 대륙과 다양한 국가들로부터 모여든 다양한 인종과 민족들을 통합시키기 위하여 프랑스인으로서의 정체성 형성이라는 국민교육의 목적이 적지 않게 포함되어 있으며, 이는 프랑스식의 시민교육이 지닌 특징을 반영하고 있는 것이다. 이처럼 교양인 양성의 차원과 시민교육(국민교육)의 차원이 동전의 양면처럼 긴밀한 관계를 이루면서 결합되어 있는 모습이야말로 한국 지리교육의 발전을 위한 노력에 큰 시사점을 준다고 볼 수 있다.

그동안 한국의 지리교육 분야에서는 영미권의 교육 사조에는 익숙해 있었지만, 정작 근대지리학과 학교지리의 선진국인 프랑스의 지리교육에 대해서는 거의 알려진 바가 없었다. 한편, 오늘날 한국의 학교지리는 미국식 사회과의 한 영역으로 존재하는 구조적인 문제로 인하여 지리만의 고유한 역할을 수행하지 못하는 것을 보면서, 저자는 우리에게 모범이 될 수 있는 사례가 될 수 있는 프랑스 지리교육에 대한 연구를 결심하였다.

저자는 프랑스 지리교육에 대한 교육과정 및 교과서 분석을 통하여 프랑스식 지리교육의 학습내용 조직원리 및 지리 학습의 메커니즘을 도출할 수 있었다. 그렇지만, 실제 지리수업에 대한 참여관찰 및 분석에 대한 연구는 수행되지 못했는데, 이는 추후에 더 보완하고자 한다. 또한 책에 포함된 내용 중에 드러나는 오류나 문제는 전적으로 저자의 부족함으로 받아들이고, 독자들의 견해를 수용하여 지속적으로 내용을 개선하고자 한다.

이 책은 교과교육 전문가 및 현장교사들로 하여금 교수-학습 상황에 대한 참신하고 다양한 아이디어를 얻을 수 있게 구성되었을 뿐만 아니라, 교육과정론, 교재론, 평가론 등의 강좌에서 참고자료로도 활용될 수도 있을 것이다. 특히, 최근에 지리논술에 대한 관심이 커지고 있는데, 이 책에서는 프랑스에서 실제로 가르치고 있는 지리논술의 사례와 방법 및 절차에 대해서도 자세하게 다루고 있다. 따라서 지리논술과 관련된 대학 강의 자료로도 활용될 수 있다.

지리 이외의 분야에 종사하는 교과교육 전문가들에게는 교수학적 연구의 전통이 깊은 프랑스식 교과교육의 경향을 접할 수 있을 것이라 기대하며, 그 밖에도, 교육과정 및 교과서 연구, 교실수업, 프랑스 교육 등에 관심을 갖고 있는 독자들에게도 일독을 권할 수 있는 책이다.

그동안 해외 교육제도 및 경향 등에 관한 연구는 꾸준히 이루어졌지만, 아직은 부분적·분석적인 측면에 머물고 있으며 그리 활발하지 않은 편이다. 국가교육의 질과 수준을 높이기 위해서는 해외교육연구가 좀 더 체계적이고 활발하게 이루어질 필요가 있다. 이 책은 그런 측면에서도 교과분야를 막론하고 하나의 의미 있는 모델로서 활용될 수 있으리라 기대한다.

2011년 10월 저자

CHAPTER 01

서론

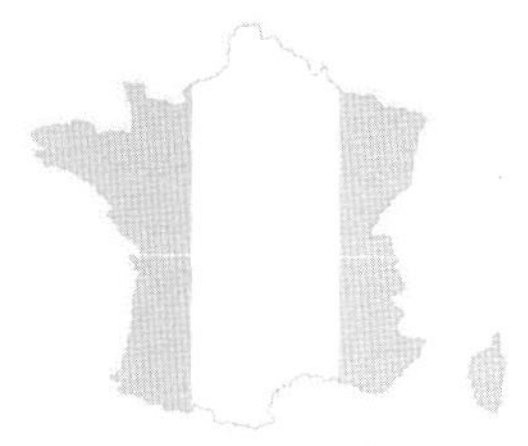

1. 연구의 필요성 및 목적

지리학은 자연환경과 인간생활의 관련성 속에서 인류의 거주공간으로서 지구를 연구하는 학문분야이며, 다양한 인접학문과도 쉽게 관련을 맺을 수 있는 종합과학이다. 지리학을 모학문으로 하여 발전하여 온 지리교과는 그 종합적인 성격으로 인하여 주제 중심으로 인접 교과들을 통합하고 연계할 수 있는 역량과 깊이를 갖고 있다. 따라서 지리교과는 학생들로 하여금 세상을 폭넓게 볼 수 있는 안목을 갖게 한다. 독일, 프랑스, 영국 등 선진국에서는 일찍이 지리교육의 필요성과 교육적 가치를 인식하고 많은 논의를 거쳐 지리교육을 발전시켜 왔으며, 지금도 지리가 교육과정에서 주요한 지위를 차지하고 있다.

우리나라의 경우는 1946년 미국으로부터 사회과가 도입된 이래 지리교육은 사회과의 한 영역으로 포함되면서 그 역할과 기능이 다소 약화되었다. 제5차 교육과정까지는 고등학교에서 「한국지리」가 필수과목이었지만, 그 이후로는 선택과목으로 전락하였으며 전망도 불투명한 실정이다. 본 연구의 필요성을 밝히기에 앞서 우리나라 지리교육의 현실을 반성하고 주요한 문제들을 대략적으로나마 짚어볼 필요가 있다. 우리나라 지리교육은 교과의 측면에서 보면 그 지위가 상당히 약한 편이다. 그 직접적인 원인은 지리교육에 대한 국가・사회적 인식의 부족으로 볼 수 있다. 즉, 정치권이나 학계의 지리교육에 대한 중요성 및 필요성에 대한 인식이 지나치게 부족하다.

그다음으로 교육과정의 문제를 들 수 있다. 우리나라의 지리교육은 초・중・고등학교 간에 학습내용의 계열성이 없고 집필진들 간의 협의나 연계도 약하다. 설상가상으로 지리교육이 결실을 보아야 하는 고등학교 수준에서는 선택과목으로 전락하여, 지리교육은 대입시험을 위한 최소한의 영역으로만 남아 있는 형국이다.

뼈대가 바르고 튼튼해야 그 위에 근육과 세포조직이 건강하게 자리 잡을 수 있듯이, 지리교육도 교육과정 수준에서부터 확고한 기반이 마련되어야 미래 사회의 주역인 학생들의 지리교육도 제대로 이루어질 수 있다고 여겨진다. 현재 우리의 지리교육은 교육과정 수준에서부터 제대로 된 지위를 인정받지 못하고 있어 마치 뼈대가 뒤틀린 상태와 유사하다고 볼 수 있으며, 그마저 사회과라는 테두리에 갇혀 있어 교과서에 실리는 지리 내용 또한 그다지 적절하지 못하다. 지리교육에서 가르쳐야 할 내용이 무엇이 되어야 하는가에 대한 고민이나 지리교육의 궁극적인 목적이 무엇이어야 하는가에 대한 문제제기는 다소 약한 편이다. 이러한 상황에서 학생들의 흥미와 수준도 고려하지 않은 채 사회과의 추상적 목표에 따라 선정된 학습내용들로 채워지고 있다.

이러한 상황에서 학교급별로 학습내용이나 학습기능 간의 계열화가 거의 고려되지 않고 있으며, 다만 지식의 양이 많거나 적은 것에만 차이가 있을 뿐이다. 학교에서 이루어지는 지리수업은 학생들이 지리를 통하여 현상과 문제를 올바로 인식할 수 있는 안목을 심어주기보다는, 시험문제에 학생들을 적응시키는 것이 우선적인 목적인 것처럼 보인다.

또한, 대학 수준에서 이루어지고 있는 교사양성교육에도 문제가 많다. 즉, 교사선발과 관련해서는 지리교사로서의 전문성을 충분히 고려하지 못한 채 교사들을 충원하고 있을 뿐이다.

이러한 문제는 현재 학계와 정계의 주요 구성원들이 미국식 사회과 교육으로부터 큰 영향을 받은 데에서 그 연유를 찾을 수 있다. 한국에 소개된 교육학 관련 연구물들 가운데 미국 사회과 교육 분야의 것들이 상당수를 차지하고 있다. 그러면 우리 지리교육이 귀감으로 삼을 수 있는 국가를 검토하여 보자. 영국의 경우, 얼마 전부터 지리교육계의 연구 성과들이 활발히 소개되고 있지만, 한국 지리교육계에 본격적으로 영향을 미치기에는 역부족으로 보인다. 근대 독일에서는 지리가 대단히 중요하게 여겨졌으며, 국가통일의 정당성을 지리교육으로부터 확보하려 했지만, 제2차 세계대전 이후부터는 미국의 영향을 받아서 그들만의 고유한 성격을 상당부분 상실했다. 그 외에도 일본에 관심을 갖고 연구하는 사람들도 있지만, 일본의 분위기는 미국과 크게 다르지 않으며, 해방 이후 일본식 지리교육의 영향으로 현재 우리나라의 지리 교과서는 일본의 형식과 크게 다르지 않다. 따라서 일본에 관한 연구도 우리나라 지리교육의 혁신에 직접적인 도움은 되기 어렵다고 여겨진다.

그렇다면, 우리나라 지리교육의 근본적인 문제는 무엇이며, 미래지향적인 새로운 지리교육의 모델로 검토해볼 수 있는 대상은 어느 나라인가? 답은 프랑스 지리교육에서 찾을 수 있을 것으로 판단된다. 프랑스는 보불전쟁에서 패하면서 지리교육의 필요성을 절감하고 교육과정에 지리를 도입한다. 교육과정 초기에는 역사 수업 시간 안에서 지리수업을 했지만, 점차 지리만을 위한 시간 배분이 늘어나면서 역사와 지리가 동등하게 운영되는 형태가 되었다. 처음에는 지리교육이 현실적인 문제와 실용적인 측면에서 국가·사회적인 요구에 의해 단기간에 국가 수준의 핵심 교과목 중 하나로 자리 잡았지만, 지리학자들과 지리교육 전문가들, 지리교사모임 등 다양한 분야의 사람들이 지리교육의 교육적 가치, 지리교육의 목적, 방법론에 대한 논의를 서서서 오늘에 이르고 있다. 본 연구에서는 이러한 모든 문제를 다룰 수는 없으며, 프랑스의 지리 교육과정과 교과서를 중심으로 그 안에 포함된 지리교육의 목적, 내용, 방법, 학습내용 조직 원리 등에 관하여 검토해보고자 한다.

서구사회에서는 근대기에 지리가 그들의 국가적 통일과 존립의 정당성을 확보해줄 수 있는 것으로 여겨지고, 시민교육을 위한 교과로서도 충분히 그 가치가 인정되며, 지리만이 가지고 있는 다양한 기능들이 도출되고 발전되었다. 반면, 우리나라에서 지리는 시작부터 발전의 한계를 안고 말았다. 따라서 지리는 학교에서 가르쳐져야 할 필요에 대한 공론화의 단계까지는 가지도 못하고, 미국식 사회과 체제에서 전문성이 없는 지리영역으로만 남게 된 것이다.[1]

이 연구는 지리가 다양한 교육적 가치와 고유한 학문적 성격을 지니고 있음에도 불구하고, 사회과 체제 속에서 그 역할과 기능을 제대로 수행하지 못한다는 측면에 문제를 제기하면서 시작되었다. 현 시점에서 다른 나라의 지리교육이 어떻게 이루어지고 있는가를 검토해봄으로써, 현재 우리나라 지리교육의 문제점을 구체적으로 파악해보고 미래지향적인 새로운 지리교육 모델 구축을 위한 기본적인 아이디어를 얻고자 한다.

우리의 전통사회에서 교육은 특권층을 중심으로 성리학이 주류를 이루다가, 실학사상의

---

1) 남상준은 교육적인 가치를 지닌다고 판단되는 학문, 영역, 주제가 학교교육에서 교과·영역으로 자리 잡고 실질적인 발전을 이룩하기 위해서는 공론화, 제도화, 체계화, 내실화 등의 단계가 충실하게 이루어져야 한다고 보았다(남상준, 1999, 『지리교육의 탐구』, pp.36-38).

영향을 받고, 근대화기를 지나면서 점차 대중화되었다. 가난하고 못 배웠던 일반 국민들은 교육을 통해서만 신분상승을 할 수 있었기에 많은 사람들이 공부에 매달렸으며 그러한 분위기는 지금까지도 교육열이 강한 국민으로 특징지어졌다. 유사하게도, 프랑스에서는 오랫동안 중세철학이 사회를 지배하다가 르네상스 시대에 접어들면서 당시 특권계층이었던 부르주아 중심으로 인문학 위주의 고전교육이 주류를 이루게 되었다. 19세기 초에 공화국의 교육개혁 세력들에 의하여 기존 고전교육과 대등한 수준의 새로운 근대교육이 도입되면서 비로소 일반 대중들도 교육을 받을 수 있었다. 20세기 초에 이르러 이러한 두 가지 유형의 중등교육은 하나로 통합되었고, 지리는 1870년에 보불전쟁의 패배를 계기로 근대교육의 중심에 자리 잡게 되었다.

따라서 이 책에서는 현행 프랑스 지리 교육과정 및 교과서 분석을 통해 교육과정의 형식과 체제, 지리 내용의 조직원리, 학습자료의 배치원리, 학습내용의 구성원리 등을 도출하고자 한다. 즉, 프랑스 지리 교육과정 및 교과서를 분석함으로써 프랑스 지리교육에 비추어 우리나라 지리교육의 문제점을 발견하고 미래지향적인 지리교육의 새로운 모델을 구축하는 데 필요한 틀을 찾는 데 그 목적이 있다.[2]

2. 선행연구 검토

이 연구는 지리 교과서 및 교육과정 분석을 중심으로 이루어짐으로, 여기서는 지리 교과서 및 교육과정에 대한 선행연구를 고찰하고자 한다. 지리 교과서에 대한 본격적인 연구는 Gilbert, R.로부터 시작된다. 먼저 영어권에서의 연구를 살펴보면, Gilbert, R.(1984)는 중등 지리 교과서에 내재된 고정관념과 편견 등의 이데올로기를 분석하였다.[3] Marsden, W. E.(2001)은 19세기 초부터 20세기 말까지 영국과 미국의 교과서에 대하여 교육과정사의 맥락에서 통

---

2) 프랑스에서는 지리가 핵심적인 교과로서 가르쳐지고 있을 뿐만 아니라, 국가수준에서도 교육의 목적을 달성하는 데 있어서 적지 않은 역할을 수행하고 있다. 이를테면, 우리나라에서는 역사교육이 주변국들 간의 영토문제로 인하여 얼마 전부터 사회과로부터 독립했다. 영토문제와 관련하여 외국의 사례를 살펴보면, 역사교육의 강화뿐만 아니라 지리교육이 그에 못지않게 상당히 중요하게 여겨지기도 했다. 프랑스에서는 보불전쟁에서 패하면서 당시에는 교육과정에 그 명맥만 유지하고 있던 지리교육에 대해 대학교수와 현장 교사들을 통해 전국의 학교를 대상으로 그 실태를 파악하게 했으며, 교육부 장관의 지휘로 교사양성 및 교육과정 내용구성, 수업상황까지 관심을 갖고 개혁을 추진했던 사례가 있다.

3) Gilbert, R., 1984, The impotent image: Reflections of ideology in the secondary school curriculum, Falmer Press.

시적 경향을 분석하였으며,[4] Graves, N. J.(2001)는 19세기 초부터 20세기 말까지 영국의 교과서 변천사를 학습내용 중심으로 분석하였다.[5]

프랑스에서의 지리 교과서 연구는 Isabelle LEFORT(1992)에 의해 시작되었는데, 그는 프랑스에서의 학문적 수준의 지리학과 학교수준의 지리교육을 통시적인 경향과 인식론적인 측면에서 지리학 관련 문헌과 지리 교과서를 대상으로 분석하였다.[6] Daniel NICLOT(1999)는 1981년부터 1996년까지 프랑스 고등학교 1학년 지리 교과서 분석을 통하여, 교과서 내에 포함된 사진, 지도, 자료 등의 성격과 변화를 다루었다.[7]

그리고 최근에는 리비아 출신의 Ilham BADRAN(2008)가 프랑스 낭뜨대학에서 리비아의 중등학교 지리 교육과정 및 교과서를 분석하였다.[8] 그 외에도 스위스의 제네바대학에서는 Samuel FIERZ(2002)가 초등학교 교사 6명과의 면담을 통하여 그들이 어린 시절부터 경험하고, 교사가 되어 가르치는 과정에서 도출된 초등학교 수준에서의 지리교육의 내용 및 방법 등에 관하여 고찰하였다.[9] 그리고 독일의 Olivier Mentz(2003)는 1945년 이후에 프랑스 지리 교과서에 나타난 유럽 및 국가발전에 관하여 분석하였다.[10]

국내에서의 지리 교과서 분석은 일찍부터 큰 줄기를 형성해 왔으며, 특히 1960년대 말부터 많은 연구가 이루어졌다. 국내에서의 지리 교과서 연구는 황재기(1966)[11]로부터 시작되어, 예경희(1971),[12] 조광준(1970)[13]으로 이어지며, 최근에 이르기까지 이 분야의 연구물들은 지속적으로 나오고 있다(손용택(1996),[14] 양원택(1996)[15] 등). 교과서의 국제 비교측면에

---

4) Marsden, W.E., 2001, The school textbook: geography, history, and social studies, Woburn.

5) Graves, N.J., 2001, School textbook research. The case of Geography, 1800-2000, London Institute of Education.

6) Isabelle LEFORT, 1992, *La lettre et l'esprit* – Géographie scolaire et Géographie savante en France, CNRS.

7) Daniel NICLOT, 1999, Les systemes manuels d'une discipline scolaire: les manuels de géographie de la classe de seconde publiés de 1981-1996, thèse de doctorat de l'université de Paris VII.

8) Ilham BADRAN, 2008, L'enseignement de la géographie au Liban: Analyse du nouveau curriculum et des manuels de l'enseignement secondaire, thèse de doctorat de l'université de Nantes.

9) Samuel FIERZ, 2002, Enseignement de la géographie au primaire: quoi ? pourquoi ?, Entretiens avec 6 enseignants valaisans de 5e et 6e primaire, Memoire du diplome d'études approfondies en sciences de l'éducation, Université de Genève.

10) Olivier Mentz, 2003, The Development of Nation and Europe in French Geography Textbooks Since 1945, *International Research in Geographical and Environmental Education*, 12(3), pp.231-254.

11) 황재기, 1966, 「중학교 사회 I」교과서의 내용분석」, 서울대학교 지리교육과 석사학위논문.

12) 예경희, 1971, 「해방 이후 중고등학교 지리 학습의 변천: 교과서 분석을 중심으로」, 경북대학교 석사학위논문.

13) 조광준, 1970, 「국민학교 사회과 지리의 교재 구조적 연구」, 서울대학교 석사학위논문.

14) 손용택, 1996, 「일본 중학교 사회과 교과서 속의 한국: 지리적 영역을 중심으로」, 『지리학연구』, 27, pp.135-148.

15) 양원택, 1996, 「한 일 고등학교 세계지리 교과서 내용 비교 분석: 국제이해교육의 관련 내용을 중심으로」, 『한국지역지리학회지』, 2(2), pp.75-92.

서는 교과서에 나오는 용어의 빈도, 주제별 쪽수, 진술의 특징 등의 분석에 머물고 있다. 한편, 교과서의 내용 분석에서 주목할 만한 것으로는 최영미·공우석(2001),[16] 남호엽(2001)[17] 등의 연구가 있으며, 서태열(2002)[18]은 활동 중심의 교과서 내용구성 방식에 대한 논의를 분석하였다. 심광택(2005)[19]은 일본 중학교 지리 교과서의 학습활동을 분석하였다.

프랑스 지리 교과서 관련 연구는 홍창표(2001)에 의해 시작되었는데, 그는 한국과 프랑스의 고등학교 지리 교과서에서 1차 산업과 생활공간 단원을 분석하였다.[20] 이어서, 문남철(2002)은 프랑스 중학교 지리교육의 내용구성과 학습지도 방법에 관하여 분석하였다.[21] 이러한 연구 성과들은 프랑스 지리교육의 전체를 보여주지 못한 채 단편적인 측면만을 제시하고 있다. 따라서 프랑스 지리 교육과정 및 지리 교과서에 대한 총체적인 연구는 거의 전무한 편이다.

지리과 교육과정을 본격적으로 연구한 Marsden, W. E.(1976)[22]는 Tyler와 Taba의 교육과정 목표 모형을 수용하여, 교육목표에서 교육평가에 이르기까지 일관성을 유지하도록 지리 교육과정 개발원리를 제시하였다. 그 후 Graves, N. J.(1979)[23]는 기존의 교육과정 이론을 목표모형과 과정모형으로 분류하고 이들을 분석하였다. 이러한 논의를 토대로 일반 수준의 지리 교육과정과 교수 수준의 교육과정의 2단계로 파악하였다.[24] 그 후, Lucile Marbeau(1992)는 프랑스를 사례로 지리 교육과정 연구의 필요성에 관하여 검토하였다. Marbeau는 연구진의 구성 및 연구를 위해 해결해야 할 문제 등에 관하여 고찰하고, INRP(국립교육연구소)에서 이루어지고 있는 프랑스 지리 교육과정 연구를 사례로 소개하고 있다.[25]

그동안의 지리교육과정에 대한 국내 연구들은 크게 세 가지 형태로 나누어볼 수 있다. 첫

---

16) 최영미·공우석, 2001, 「고등학교 '한국지리'」의 「식생·임업」단원 내용 분석」, 『지리환경교육』, 9(1), pp.55-70.

17) 남호엽, 2001, 「한국사회과에서 민족정체성과 지역정체성의 관계」, 한국교원대학교 박사학위논문.

18) 서태열, 2002, 「지리 교과서 내용 구성에서 활동 중심 접근의 의의와 전망」, 『한국지리환경교육학회지』, 10(2), pp.1-11.

19) 심광택, 2005, 「일본 중학교 지리 교과서의 학습내용-활동 분석」, 『한국지리환경교육학회지』, 13(2), pp.247-261.

20) 홍창표, 2001, 「한국·프랑스의 고등학교 지리 교과서 비교 -1차 산업과 생활공간 단원을 중심으로-」, 관동대학교 교육대학원 석사학위논문.

21) 문남철, 2002, 「프랑스 중학교 지리교육의 내용구성과 학습지도방법」, 『지리학연구』 제36권 4호, pp.265-282.

22) Marsden, W. E., 1976, *Evaluating the Geography Curriculum*, Edinburgh: Oliver and Boyd.

23) Graves, N. J., 1979, *Curriculum Planning in Geography*, London: Heinemann Educational Books.

24) 서태열, 1993, 「지리 교육과정의 내용 구성에 대한 연구」, 서울대학교 대학원 박사학위 논문, p.33.

25) Lucile Marbeau, 1992, The Need for Curriculum Research in Geography: the case for France, in M. Naish, ed., Geography and Education: National and International Perspectives, Institute of Education, pp.80-94.

째는 국가 수준에서 공포된 지리교육과정의 변천, 해설 및 특징을 기술하고 비교하는 연구이고, 둘째는 지리교육과정에서 전체 내지 학교급별 내용의 선정 및 조직, 즉 내용구성에 대한 연구이며, 셋째는 최근에 나타난 경향으로 지리학 분야별 교육내용의 선정 및 조직과 내용의 계열성에 대한 연구이다.[26]

먼저, 지리교육과정의 변천, 해설 및 특징을 기술하고 비교하는 연구들을 살펴보면 지리교육과정의 변천과 이에 대한 비교가 주를 이룬다. 지리교육과정에 대한 관심이 크게 증가했던 시기인 1970년대에도 이러한 접근방식이 지리교육과정 연구의 중심을 이루었다. 이를테면, 중등 지리교육과정의 비교(김부식(1972)),[27] 우리나라와 미국에 대한 비교(김일기(1976))[28], 지리교육과정의 변천(박정일(1979)),[29] 심풍언(1986)),[30] 지리교육과정 상에서 특정한 분야의 내용 변천(민흥기(1977))[31] 등이다.

교육과정 비교연구는 교육과정연구의 기초적인 작업으로서 여전히 의의가 있으며, 최근에는 박선미(2001)[32]에 의해 미국과 우리나라 지리교육과정이 비교되기도 하였다. 서태열(1993)은 미국, 영국, 일본의 교육과정을 분석하였고, 장영진(2003)[33]은 영국의 국가 수준 지리교육과정에 대하여 분석하였다. 강창숙(2005)[34]은 영국의 국가교육과정에서 제시하는 사고기능을 분석하였다. 지금까지 이루어진 교육과정 연구는 주로 미국, 영국, 일본 중심이었으며, 프랑스 지리 교육과정에 대한 연구는 전무하다고 볼 수 있다.

3. 연구내용 및 방법

이 연구는 다음과 같은 흐름으로 진행되었다. 먼저, Ⅱ장에서는 프랑스의 교육제도 및 교

---

26) *ibid*, pp.1-3.

27) 김부식, 1972, 「중등 지리교육과정의 비교연구」, 서울대학교 석사학위논문.

28) 김일기, 1976, 「HSGP와 우리나라 고교지리의 비교연구」, 『지리학과 지리교육』 6, pp.1-28.

29) 박정일, 1979, 「사회과 지리교육과정의 변천에 관한 연구: 1945~1975」, 『지리학과 지리교육』 9, pp.332-353.

30) 심풍언, 1986, 「고등학교 지리과 교육과정의 연구」, 『지리교육논집』 17, pp.22-53.

31) 민흥기, 1982, 「지리교육에서의 국제이해교육」, 『사회과교육』 15, pp.22-27.

32) 박선미, 2001, 「한·미 지리교육의 내용과 조직 비교」, 『대한지리학회지』 36(2), pp.191-210.

33) 장영진, 2003, 「영국의 지리과 국가교육과정의 제정과 그 영향」, 『대한지리학회지』 제38권 제4호, pp.640~656.

34) 강창숙, 2005, 「영국의 국가교육과정에서 제시하는 사고기능과 TTG 전략(Ⅰ)」, 『대한지리학회지』 제40권 제1호, pp.96~108.

과서 발행제도를 살펴보고, 국가 수준 교육과정의 개발 및 실행과정에 대해 검토하였다. 또한 프랑스 지리교육의 변천과정을 학습내용 구성의 측면과 학습내용 전개방식의 측면으로 검토하였다. 전자는 주로 프랑스에서 지리교육이 처음으로 시작되었던 1800년대 초부터 최근까지 각 시기별로 선행연구를 바탕으로 교육과정 및 교과서 분석을 통하여 시도하였으며, 후자는 최근까지 40여 년간 발행된 프랑스 지리 교과서 분석을 통해 오늘날의 지리 교과서 전개방식의 특징이 정착하게 된 과정을 살펴보았다. 분석에 활용된 교과서는 7개 출판사의 총 25개 교과서이다.

표 1-1. 교과서 구성방식 분석(2장)에 활용된 교과서

연도	학년 (중학교)	출판사	연도	학년 (고등학교)	출판사
1988	중3	Bordas	1978	고1	Nathan
1994	중1	Magnard	1983	고3	Bordas
1996	중1	Hachette	1987	고1	Nathan
1997	중2	Hachette	1987	고3	Dunod
1997	중2	Belin	1988	고2	Hatier
1999	중4	Hachette	1996	고1	Hachette
2001	중4	Nathan	1996	고1	Nathan
2002	중3	Hatier	1997	고2	Magnard
2004~2007	중1~4	Hatier	1997	고2	Magnard
–	–	–	1998	고3	Nathan
–	–	–	1998	고3	Magnard
–	–	–	2006~2008	고1~고3	Hatier
–	–	–	2006~2008	고1~고3	Hachette

Ⅲ장에서는 현행 프랑스 지리 교육과정을 분석하였다.[35] 초등학교부터 고등학교까지 교육과정 문서의 형식과 체제, 교육과정의 구성원리, 교육과정과 교과서의 조응관계에 대하여 분석하였다.

---

35) 프랑스의 교육과정은 기본적으로 교육부의 인터넷 사이트를 통해 볼 수 있으며, 초등학교 수준의 교육과정은 책자로 만들어져서 판매된다. 분석에 이용된 교육과정은 2002년에 개정된 것이다.

표 1-2. 분석대상 교과서(4장)

교과서명	출판사	출판연도	비고
découverte du monde CP/CE1	HATIER	2006	공간(1~2학년)
Histoire Géographie CE2	HATIER	2007	지리(3학년)
Histoire Géographie CM1	HATIER	2009	지리(4학년)
Histoire Géographie CM2	HATIER	2005	지리(5학년)
Histoire Géographie 6^e	HATIER	2008	역사/지리(중1)
Histoire Géographie 5^e	HATIER	2008	역사/지리(중2)
Histoire Géographie 4^e	HATIER	2008	역사/지리(중3)
Histoire Géographie 3^e	HATIER	2008	역사/지리(중4)
Géographie 2^e	HATIER	2008	지리(고1)
Géographie 1e	HATIER	2007	지리(고2)
Géographie Ter	HATIER	2008	지리(고3)
Géographie 2e	HACHETTE	2006	지리(고1)
Géographie 1e	HACHETTE	2007	지리(고2)
Géographie Ter	HACHETTE	2008	지리(고3)

Ⅳ장에서는 지리 교과서를 분석하였다.[36] 이 연구에 활용된 교과서[37]는 현행 교육과정 (2002년 개정)에 따른 것으로서, 2005년에서 2009년 사이에 발행된 것들이다.[38] 교과서 분석은 학교급 간에 대하여 수직적으로, 같은 학교급에서는 수평적으로 접근하였으며, 단원구성의 원리 및 전개방식, 학습자료의 분석, 질문의 유형과 수준 그리고 크로키, 자료통합 학습, 논술을 중심으로 이루어졌다.

---

36) 프랑스 지리교육은 초등학교부터 고등학교까지 이루어지는데, 초등학교 저학년에서는 통합교과의 성격인 『세계에 대한 발견(Découverte du monde)』를 통해 지리교육이 이루어지며, 초등학교 고학년인 3~5학년 과정은 학년마다 역사와 지리가 각각 한 권의 교과서로 구성되어 있다. 중학교 과정은 총 4년이며 각 학년마다 역사와 지리가 한 권의 교과서로 구성된다. 고등학교 과정은 총 3년이며 각 학년마다 지리만으로 교과서가 구성된다.

37) 분석에 필요한 교과서 선정과 관련하여, Brigitte Morand(2005)은 교과서 속의 얄타 이미지에 대한 그의 연구에서, 프랑스 학교에서 가장 많이 활용되는 역사·지리 교과서 출판사는 Belin, Hatier, Hachette, Nathan, Delagrave, Magnard 등의 순으로 제시하고 있다. 따라서 본 연구는 분석을 위해 이들 출판사들 중에서 시장성이 가장 좋은 것들로 알려진 Hatier, Hachette 출판사의 것을 선정하였다(Brigitte Morand, 2005, "L'image de Yalta dans les manuels scolaires," Cercle d'Etudes Défense et Colloques 2005-2006: "L'Education à la Défense, pourquoi faire?").

38) 교육과정은 2008년에 새롭게 바뀌었는데, 그에 따른 교과서 개발은 아직 이루어지지 않아서 본 연구에 사용된 교육과정 문서 및 교과서는 2002년 개정에 따른 것들임을 밝혀둔다. 대신에, 개정된 교육과정 내용은 Ⅵ에서 다루고자 한다.

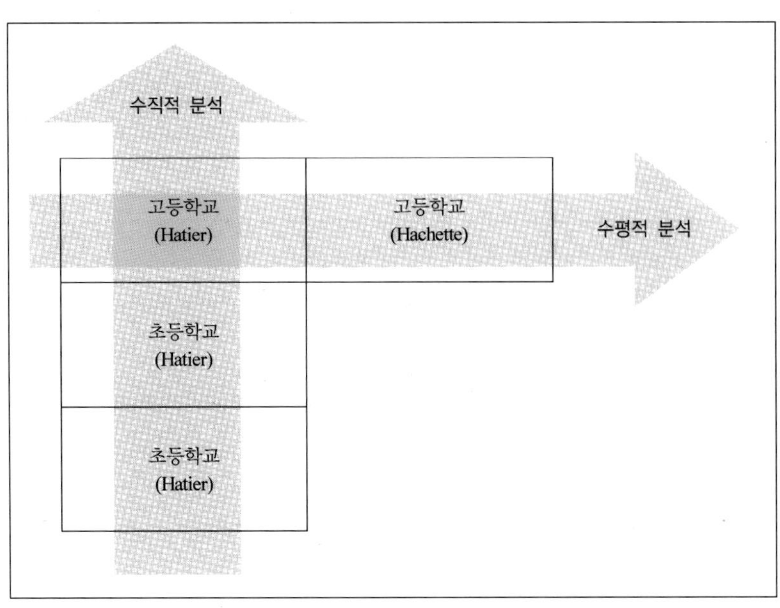

그림 1-1. 교육과정 및 교과서 분석을 위한 접근방법

표 1-3. 분석자료 및 분석내용

분석자료	분석내용
교육과정 문서[39]	– 교육목표 도출 – 형식 및 체제 분석 – 구성원리 도출
	– 교육과정과 교과서 간의 조응관계
교과서(14권)	– 학습내용 조직원리 및 전개방식 분석 – 학습자료 분석(사진, 지도, 그래프, 통계) – 질문분석 – 크로키, 논술, 자료통합학습 분석
교육제도, 교육과정, 교과서	– 프랑스 지리교육의 특징

    이어서 프랑스 지리교육의 학습내용 조직 원리를 도출하였다. 작업은 교육과정 문서와 연구에 동원된 모든 교과서들에 대한 분석, 프랑스에서 출판된 지리학 및 지리교육 관련 문헌을 토대로 수행되었다. 여기서는 지리교육의 학습내용에 대한 조직 원리를 수업의 단계와

---

39) 프랑스 교육부 홈페이지(http://www.education.gouv.fr/)
   프랑스 국립교육연구소(http://www.inrp.fr/inrp)
   프랑스 국립교육자료센터(http://www.cndp.fr/accueil.htm)
   프랑스 교육정보자료실(http://www.eduscol.education.fr/)

관련하여 도출하였다.

Ⅴ장에서는 프랑스 지리교육의 특징과 전망에 대해서 다루었다. 이를 위해 교육과정과 교과서에서 지리교육 목표로서의 지식·기능·대처능력과 같은 교육목표를 추출했으며, 시민성 함양을 위한 지리교육 내용조직 원리를 파악했다. 마지막으로 2008년에 개정된 교육과정 문서를 통해 앞으로 바뀌게 될 프랑스 지리교육의 내용 및 형태에 대하여 전망했다.

이 연구는 본질적으로 현행 프랑스 지리 교육과정 및 지리 교과서 분석을 통한 것이며, 그 외에도 프랑스에서 출판된 지리학 및 지리교육 관련 문헌, 학위논문 등을 참고하였고, 프랑스 대학에서 지리교육을 연구하고 강의하는 한 현직 교수로부터 자문을 구하여 이루어졌다.[40]

표 1-4. 프랑스 지리 교과서 학습자료 분석 틀

지료 항목		개수	합계
사진류	위성영상사진		
	수직항공사진		
	비스듬한 항공사진		
	지상촬영사진		
	기타(삽화, 광고표지)		
지도류	지형도		
	주제도		
	쉐마		
	크로키		
	기타		
통계자료	통계표		
	원그래프		
	꺾은선그래프		
	막대그래프		
개념 조직도			

표 1-5. 초등학교 교과서 질문분석 틀

질문수준	질문 수
낮은 수준의 질문	
높은 수준의 질문	

---

40) Jean-François THEMINES, Agrégé d'histoire-géographie, Docteur en géographie, Professeur à l'université de Caen et à l'IUFM de Basse Normandie.

표 1-6. 중 · 고등학교 교과서 질문분석 틀

질문수준	질문의 성격 및 통계		
Input	기술(décrire)		
	기타		
Processing	설명(expliquer)		
	비교(comparer)		
	분석 · 분류 · 기타		
Output	평가/판단/예측/일반화/적용 등		

　　교과서 분석을 위해 사용한 틀은 다음 표에 제시된 바와 같다(표 1-4, 1-5, 1-6). 프랑스 지리 교과서에 포함된 자료는 크게 사진류, 지도류, 통계자료, 개념 조직도의 형태이다. 분석 틀은 그러한 자료들의 특성을 유형별로 분류하여 작성한 것이다. 본 연구에서는 이러한 자료들이 학년별, 학교급별로 그 비율에 있어서 유의미한 차이가 있는가 여부를 알아보고자 한다. 두 번째 분석 틀은 질문 분석을 위한 것이다. 프랑스 지리 교과서는 질문을 통해 학습 과정이 설계되며, 질문은 성격 및 수에 있어서 학교급별로 차이가 난다. 이러한 질문은 초등 학교 수준에서 저차 수준과 고차 수준의 두 가지 차원으로 설정되어 있으며, 중고등학교에 서는 그보다 복잡한 구조를 이루고 있다. 따라서 본 연구를 위한 분석 틀은 초등학교에서는 두 가지 차원으로, 중학교와 고등학교에서는 세 가지 차원으로 설정하였다.

프랑스의 교육제도 및 지리교육의 역사적 맥락

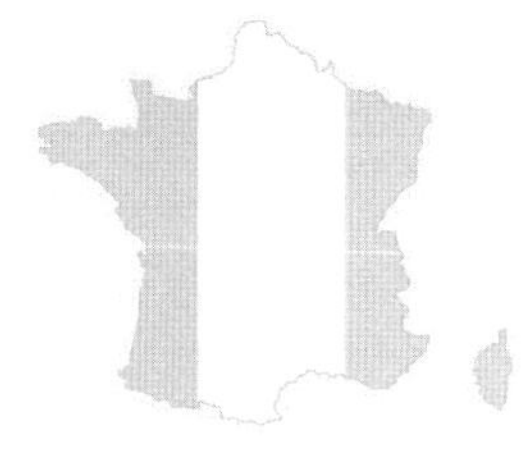

1. 프랑스의 교육제도

가. 교육제도 및 교육과정 개혁 동향[41)]

1) 교육제도

프랑스 학교 교육제도에서 가장 눈에 띄는 점은 초·중등학교의 과정이 '학년'과 '과정 (cycle)'의 두 유형으로 구분된다는 것이다. 즉, 초등학교는 5개 학년으로 구분되는 동시에 "기초학습과정"과 "심화학습과정"의 두 단계로, 중학교는 4개 학년으로 구분되는 동시에 "관찰적응과정", "집중과정", "진로지도과정"의 세 단계로, 고등학교는 3개 학년과 "결정과 정"과 "최종과정"의 두 단계로 구분된다. 요컨대, 프랑스의 학제는 초·중·고 전 과정을 12 개 학년으로 구분하는 동시에 다시 7개 과정으로 구분하며, 이러한 7개 과정에 따라 교육과 정이 운영되고 있다(소경희 외, 2000). 한편, 기초 및 심화과정의 형식으로 나타나는 학습내 용의 계열화는 전통적으로 과정(cycle)을 하나의 완결된 지식의 꾸러미로 여겨왔던 프랑스인 들의 교육적 관점이 반영된 것으로 볼 수 있다.

---

41) 본 절의 내용은 소경희 외, 2000, 세계 주요국 초·중등학교의 교육과정·교육평가 자료 모음집: 일본, 프랑스, 독일, 중국, 영국, 미국, 한국; 소경희 외, 2000, 교육과정·교육평가 국제연구 Ⅱ, 주요국의 학교 교육과정·교육평가 운영 실태 분석 등을 바탕으로 재구성되었음을 밝혀둔다.

표 2-1. 프랑스의 학교교육 제도

단계	학교급	기간	연령	의무교육기간(총 10년)
1단계	초등학교	5년	6~11세	5년
2단계	중학교	4년	11~15세	4년
3단계	고등학교	3년	15~18세	1년(고등학교 1학년)

출처: 소경희 외, 2000, 182

　프랑스의 초등학교 교육은 6세부터 11세까지의 아동을 대상으로 하는데, 초등학교의 교육과정은 '기초학습과정(CP, CE1, CE2)'과 '심화학습과정(CM1, CM2)'으로 구성된다. 유치원의 마지막 학년(5~6세)에서부터 초등학교로 연계되는 기초학습과정(Cycle des apprentissages fondamentaux)은 초등학교 1학년부터 2학년까지 계속된다. 초등학교의 마지막 3년(3, 4, 5학년) 동안에는 심화학습과정(Cycle des approfondissements)이 적용된다(소경희 외, 2000).

　프랑스의 초등학교에서는 중학교로 진학하기 위한 공식적인 시험은 없으며, 초등학교를 졸업한 모든 학생은 중학교에 진학할 수 있다. 다만, 1989년부터 시행되고 있는 국가 수준의 진단평가[42])는 8세, 11세, 15/16세 학생들을 대상으로 하는데, 이 시험은 경쟁을 부추기거나 학력증진을 위한 것이 아니며, 교사의 교수 활동에 도움을 주려는 목적으로 시행되고 있다.

　프랑스에서는 중학교를 '꼴레쥬(collège)'라고 부르는데, 꼴레쥬 과정은 '관찰적응과정', '집중과정', '진로지도과정'으로 구분된다. 중학교 교육과정은 11세로부터 15세까지의 학생을 대상으로 한다. 교사는 1989년부터 시행하고 있는 진단평가 결과와 중학교의 마지막 2년 동안의 학교 성적을 함께 고려하여 학생에 대한 최종 점수를 산출한다. 그러나 이러한 점수가 고등학교 입학 여부에 직접적인 영향을 미치지는 않는다. 한편, 프랑스 학교에는 낙제제도가 있어서 공식적인 시험에 의해서가 아닌, 담당교사의 관찰 및 평가가 교사위원회를 거쳐서 학생 개인의 학년 진급과 낙제에 대한 판정을 내리게 된다.

---

42) 프랑스의 국가 수준 학생평가 시기 및 평가 교과영역(소경희 외, 2000 197의 표를 재구성한 것임).

평가 시기	평가 영역
초등학교 3학년 초(심화학습과정 시작 시점)	프랑스어, 수학
중학교 1학년 초(관찰과정 시작 시점)	프랑스어, 수학
고등학교 1학년 초(결정과정 시작 시점)	프랑스어, 수학, 외국어, 역사, 지리

프랑스에서 고등학교는 리세(lycée)라고 부르며, 교육과정은 15~18세까지의 학생들을 대상으로 하는 '결정과정(고1)'과 '최종과정(고2, 고3)'으로 구성되는데, 고등학교 1학년(15~16세)은 의무교육의 마지막 학년으로서, 특별한 계열구분이 없으며, 계열구분은 고2에 가서 정해진다(그림 2-1).

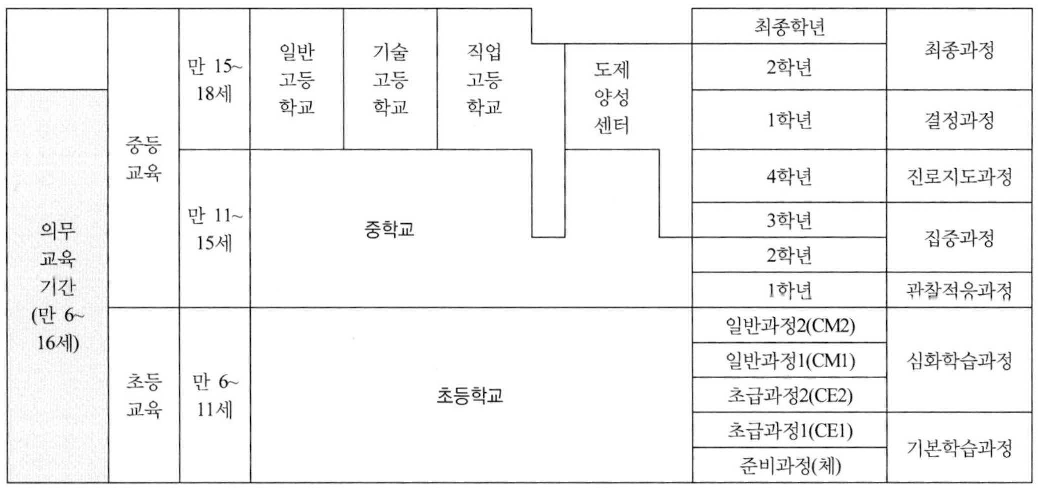

그림 2-1. 프랑스의 교육제도(출처: 소경희 외, 2000, 183)

고등학교 2학년(16~17세)과 3학년(17~18세)은 최종과정에 해당한다. 최종과정에 해당하는 고2부터는 의무교육기간에 해당하지 않으며, 일반계, 기술계, 직업계로 구분되고, 바깔로레아(Baccalauréat) 시험을 준비하는 학생만 진학한다(그림 2-1).[43] 학생들은 각자 선택한 바깔로레아의 유형에 따라 다양한 과정을 이수하게 되는데(소경희 외, 2000), 프랑스 고등학생들의 강좌선택 및 학교생활은 마치 한국의 대학생과 같이 자율적인 측면이 강하다.

2) 교육과정 개혁 동향

프랑스에서의 교육과정 개정에 대한 시기는 정해진 것이 없으며, 필요한 때에만 부분적으

---

43) 프랑스 교육제도에 관한 원문내용은 다음 자료를 참고하기 바란다.
   http://www.ibe.unesco.org/fileadmin/user_upload/archive/Countries/WDE/2006/WESTERN_EUROPE/France/struc_fra.gif
   http://diderot.ac-creteil.fr: 8787/web/images/stories/Orientation/Enseignenement_en_France.png

로 개발하고 적용한다. 하지만 교육과정을 개발할 때 최소한 5년간의 적용기간을 전제로 하는 것이 보통이다. 프랑스에서 가까운 시기에 행해진 주된 국가 교육과정 변화를 학교급별로 살펴보면 다음과 같다. 과거에 5개 학년으로 구성되었던 초등학교 교육과정은 1995년부터 '기초학습과정'과 '심화학습과정'의 2개 과정(cycle)으로 구분되었다. 기초학습과정은 유치원의 최종 수준에서 시작되어 초등학교 2학년까지 지속하며, 심화학습과정은 초등학교 3학년에서부터 5학년에 이르는 3년간의 교육과정이다(소경희 외, 2000).[44]

표 2-2. 초등학교 교육과정 단계 구분표

cycle 3 (심화학습과정)	CM2(5) CMI(4) CE2(3)	Ecole primaire(élémentaire) (초등학교)
cycle 2 (기초학습과정)	CE1(2) CP(1학년)	
	cycle 1 Ecole maternelle(유치원)	

중학교의 교육목표는 모든 학생에게 보통 교육과 공통의 문화를 제공하여 기본적인 기능과 지식을 익히고 고등학교 교육을 준비시키는 데 있다(소경희 외, 2000). 중학교 1학년에 해당하는 관찰적응과정(Le cycle d'observation et d'adaptation)에서는 중등과정에 진입한 학생들의 적성과 능력을 관찰하고, 학생들이 새로운 교육환경에 잘 적응하도록 하기 위한 것이다. 중학교 과정은 초등학교와 고등학교의 중간 단계로서 학습의 난이도 및 방법은 양자의 성격을 모두 공유한다. 집중과정(Le cycle central)은 중학교 2학년과 3학년에 해당하며, 진로지도과정(Le cycle d'orientation)은 중학교 4학년에 해당한다.

프랑스에서 이루어지고 있는 개혁 중에서 두드러지는 것 중의 하나는 주제를 중심으로 한 교육 내용의 재조직과 재구조화를 통해 교과 통합을 추구하는 것이다.[45] 또한, 프랑스에서는 정

---

44) 프랑스 초등학교 교육과정에서 학년구분은 위의 표와 같으나, 이는 다시 아래와 같이 크게 세 단계의 사이클로 구성된다. 첫 번째 사이클(cycle)은 유치원에 해당되며, 여기서는 주로 유치원을 포함하여 두 번째 사이클에 CP, CE1이 포함되며, 세 번째 사이클에는 CE2, CM1, CM2가 포함된다. 프랑스 교육과정은 이와같이 사이클 단위로 이루어지는 것이 특징이며, 하위 사이클에서는 보통 기초적인 수준에서 교과내용이 다루어지거나 준비과정이고, 상위 사이클에서는 기본적이거나 심화적인 내용으로 구성되어 있다. 초등학교과정에서는 보통 2단계의 과정으로 구분하지만, 경우에 따라서는 형식적으로 유치원 단계를 별도로 추가하여 세 단계로 보기도 한다(Ministère de l'éducation nationale, 2005, Qu'apprend-on à l'école élémentaire?); 19세기 말에는 초등학교 5년간의 과정이 하나의 cycle로 묶였는데, 그 이후에 이러한 전통이 사라졌다가, 최근에 다시 두 cycle로 나눠지게 된 것이다. 근대 교육과정이 도입되던 시기의 프랑스 교육은 초등학교 5년간이 첫 번째 Cycle, 중등학교 7년을 다시 두 번째 및 세 번째 Cycle로 구성했었다.

45) 실제로 교과 간 통합이 이루어지는 것은 아니지만, 교육과정 수준에서 특정 주제를 중심으로 서로 관련되는 교과 간에는 상호연계적으로 가르

보통신, 외국어, 통합사회(윤리, 경제, 정치, 법)를 강조하려는 경향이 있으며,[46) 지금까지 수학에 비중을 많이 두었던 것을 과학 분야 쪽으로 돌리려는 의도를 비추고 있다(소경희 외, 2000).

나. 국가 수준의 교육과정 편성 및 운영

1) 교육과정 문서 체제 및 내용

국가 수준에서 개발된 프랑스 국가 교육과정의 체제 및 내용을 학교급별로 살펴보면 다음과 같다. 초등학교 교육과정에서는 초등학교 교육의 목표, 교육의 기본방향·특성·원리, 학급편성 원리, 교사의 의무, 나이에 따른 다양한 교육과정 적용, 성취능력, 교과영역 및 시수 등이 제시되어 있나. 초등학교의 교육목표는 읽기, 쓰기, 센하기 능력을 함양하는 것이며, 또한 범교과적 통합학습, 언어능력, 교과지식 등이 강조되고 있다. 1996~1997학년도에 프랑스 중학교에서는 새로운 교육과정이 도입되었다. 교육과정 문서의 서문에, 필수교과로는 국어, 수학, 역사·지리, 시민, 과학/기술, 예술교육, 외국어, 물리/화학, 체육, 그리고 선택과목으로는 라틴어 또는 지방어의 순으로 제시되었다. 교과 영역별로는 교육목표, 교육의 기본 방향·특성·원리, 성취수준, 필수교과와 시수, 선택교과와 시수 등이 제시되어 있다. 특히 다른 교과와의 연계가 강조되며, 학교나 지역에 따른 운영상의 재량이 주어진 것이 특징이다(소경희 외, 2000).

고등학교의 교육과정 문서를 보면, 크게 1학년의 결정과정과 2~3학년의 최종과정으로 구분되는데, 각 문서에는 교과별 교육목표, 교육의 기본방향·특성·원리, 성취수준, 필수교과와 시수, 선택교과와 시수 등이 제시되고 있다. 고등학교 1학년의 공통필수 교과로는 프랑스어, 수학, 물리·화학, 생명과학·지구과학, 기술, 외국어, 역사·지리, 체육 등의 순으로 포함되어 있다. 최종단계에 해당하는 고등학교 2~3학년은 일반계와 기술계로 구분되며, 또한 일반계는 인문계, 사회·경제계, 자연계와 같이 세 가지 계열로 나누어진 교육과정으로 운영

칠 수 있도록 안내하고 있다.

46) 프랑스에서는 한국의 사회과에 해당하는 분야가 없었지만, 고등학교 수준에서는 2000년부터 통합사회 분야가 새로 만들어졌으며, 사회문제 및 새로운 교육적 요구 등의 요인으로 인하여 시민교육이 역사·지리 분야로부터 독립하여 초등학교로부터 고등학교까지 연속적으로 가르쳐지고 있다.

된다. 따라서 고등학교 2~3학년 학생의 교육과정과 시간표는 학생이 선택하는 계열이나 진로에 따라 매우 다양하다(소경희 외, 2000).

2) 교육과정 편성 및 운영

프랑스 국가 교육과정 문서에 제시된 시수편제는 학교급별로 다음과 같이 정리할 수 있다. 초등학교의 교육과정은 기초학습단계와 심화학습단계로 나누어지며, 국가 교육과정 문서에 제시된 초등학교의 기초학습단계와 심화학습단계[47]의 교과 및 시수는 표 2-3, 표 2-4와 같다.[48]

초등학교의 교육과정을 보면, 1학년과 2학년은 기초학습과정에 해당하며, 3학년에서 5학년까지는 심화학습과정에 해당한다. 기초학습과정은 ① 언어 및 프랑스어 숙달, ② 더불어 살아가기, ③ 수학, ④ 세계의 발견, ⑤ 외국어 또는 지방언어, ⑥ 예술교육, ⑦ 체육교육과 같이 개별교과의 형태라기보다는 통합교과의 형태로 되어 있다. 2002년 교육과정 개정에서 또 한 가지 특이한 점은 주요 교과와는 별도로 기초학습과정에서는 매일매일 '낭독하고 받아쓰기'와 심화학습단계에서는 다영역 분야로서 언어영역에서는 '낭독하고 쓰기 활동과 시민교육 영역에서는 토론활동'이 별도로 포함되어 있다(표 2-3).

표 2-3. 초등학교 기초학습과정의 시수편제

분야(Domaines)	최소시간	최대시간
언어 및 프랑스어 숙달	9h	10h
더불어 살아가기	0h 30(주 1회 토의)	0h 30(주 1회 토의)
수학	5h	5h 30
세계의 발견	3h	3h 30
외국어 또는 지방언어	1h	2h
예술교육	3h	3h
체육교육	3h	3h

일상적 활동	최소시간
읽기와 쓰기(기초적인 것 또는 받아쓰기)	2h 30

출처: Ministère de l'Éducation Nationale, 2005.

---

47) Ministère de l'éducation nationale, 2005, Qu'apprend-on à l'école élémentaire? – 2005~2006 Les Programmes –의 내용을 재구성하였음.

48) 단계별 과정(cycle)학습은 1995년부터 초등학교 교육과정에 적용되기 시작했는데, 2002년의 개정에서는 그 이전에 있었던 필수교과가 없어지고, 표 2-4와 같이 통합형 및 주제중심으로 다시 짜여졌다.

심화학습과정에서는 교과 구분이 이중으로 되어 있는 것이 특징이다. 큰 틀에서는 기초학습과정에서와 같은 통합형 위주의 교과로 구분되어 있으며, 그 하위 영역에서는 각각의 과목으로 보다 세분되어 있다. 역사와 지리는 "언어 및 인문학 분야"에 속해 있으며, 일주일에 주어진 시간은 대략 3시간에서 3시간 30분 정도이다(표 2-4).

표 2-4. 초등학교 심화학습 과정의 시수편제

분야	영역	최소시간	최대시간	전체시간
프랑스어 문학 및 인문학 교육	문학(말하기, 읽기, 쓰기)	4h 30	5h 30	12h
	프랑스어에 대한 반성적 비평(문법, 동사활용, 철자, 어휘)	1h 30	2h	
	외국어 또는 지방어	1h 30	2h	
	역사/지리	3h	3h 30	
	단체생활(규칙적인 토의)	0h 30	0h 30	
과학교육	수학	5h	5h 30	8h
	실험과학과 기술과학	2h 30	3h	
예술교육	음악교육	3h		3h
	시각적인 미술			
체육교육		3h		3h

다영역 분야	시간
프랑스어와 언어의 숙달	모든 교과에 13시간 배정, 그중에서 2시간은 읽기와 쓰기 활동이 필수
시민교육	모든 교과에 1시간 배정, 일주일에 1번, 30분간 토의

출처: Ministère de l'Éducation Nationale, 2005.

중학교 수준의 교과편제 및 시수는 아래 표 2-5, 2-6, 2-7, 2-8과 같다. 중학교 1학년에서 역사-지리-시민교육은 주당 3시간으로 편성되어 있으며, 교육과정에 제시된 순위는 프랑스어, 수학, 외국어 다음으로 그 비중이 크다. 중학교 2학년의 교과편제 및 시수 현황을 보면, 지리는 역사·지리·시민교육의 교과목 항목에 포함되어 있으며, 주간 시수는 3시간에서 최대 4시간까지 주어진다. 중학교 1학년과 2학년을 거치는 동안 교육과정에서 과학교과의 비중이 커지고 있음에도, 지리가 포함된 역사-지리-시민교육 분야는 그보다 상위에 자리 잡고 있다.

표 2-5. 중학교 1학년의 교과편제 및 시수(2010년 현재)

교과목		주당 시수
프랑스어		4시간 30분~5시간
수학		4시간
외국어		4시간
역사-**지리**-시민교육		3시간
과학 및 기술	지구과학	1시간 30분
	기술	1시간 30분
체육		4시간
개별학습지도		2시간

출처: 프랑스 교육부 홈페이지(http://www.education.gouv.fr/)

표 2-6. 중학교 2학년의 교과편제 및 시수(2010년 현재)

교과목		주당 시수
프랑스어		4시간~5시간
수학		3시간 30분~4시간 30분
제1 외국어		3~4시간
역사·**지리**·시민교육		3~4시간
과학 및 기술	지구과학	1시간 30분~2시간 30분
	물리·화학	1시간 30분~2시간 30분
	기술	1시간 30분~2시간 30분
체육		3~4시간
라틴어		2시간

출처: 프랑스 교육부 홈페이지(http://www.education.gouv.fr/)

표 2-7. 중학교 3학년의 교과편제 및 시수(2010년 현재)

교과목		주당 시수
프랑스어		4시간~5시간
수학		3시간 30분~4시간 30분
제1 외국어		3~4시간
제2 외국어		3시간
역사·**지리**·시민교육		**3~4시간**
과학 및 기술	지구과학	1시간 30분~2시간 30분
	물리·화학	1시간 30분~2시간 30분
	기술	1시간 30분~2시간 30분
체육		3~4시간
라틴어		3시간
방언		3시간

출처: 프랑스 교육부 홈페이지(http://www.education.gouv.fr/)

표 2-7과 같이 중학교 3학년의 수준에서는 지리가 주당 3~4시간으로 배정되어 있으며, 교과목의 순위는 이전 학년과 비슷하게 자리 잡고 있다. 다만, 중학교 3학년에서는 외국어 교과가 제1, 제2 외국어로 나누어지다 보니, 그 순위는 한 단계 뒤로 밀려났지만, 다른 교과 분야들과 비교하면 여전히 상위그룹에 포함된 것을 볼 수 있다.

중학교 4학년에서도 지리가 포함된 교과목의 순위는 이전과 같으며, 주당 시수는 3시간 30분으로 배정되어 있다. 지금까지 살펴본 바와 같이, 프랑스에서는 프랑스어가 가장 중요한 교과목으로 인식되고 있으며, 그다음으로는 수학, 외국어의 순이며, 지리는 그다음에 해당하는 분야로서 상당히 실질적이고 중요한 교과로 인식되고 있다.

표 2-8. 중학교 4학년의 교과편제 및 시수(2010 현재)

교과목		주당 시수
프랑스어		4시간 30분
수학		4시간
외국어		3시간
역사 · **지리** · 시민교육		**3시간 30분**
과학 및 기술	지구과학	1시간 30분
	물리 · 화학	1시간 30분
	기술	1시간 30분
예술교육	미술	1시간
	음악	1시간
체육		3시간
외국어 · 방언		3시간
직업탐색 언어학습(외국어, 지방어) 고어(라틴어, 그리스어)		3~6시간 3시간 3시간

출처: 프랑스 교육부 홈페이지(http://www.education.gouv.fr/)

프랑스의 일반계 고등학교는 일반계열과 기술계열로 나누어지는데(그림 2-2), 여기서는 주로 대학 진학을 목표로 하는 일반계열의 교육과정을 중심으로 살펴보고자 한다.[49] 고등학교 2~3학년에 해당되는 최종과정에서는 인문계열(L), 사회경제계열(ES), 자연계열(S)로 세분되는데, 여기서는 지리의 비중이 다른 두 계열에 비해 상대적으로 작은 자연계열은 생략하

---

49) 직업고등학교는 일반계 · 기술계 고등학교와는 다른 별도의 교육과정으로 운영된다.

고 인문계열과 사회경제계열의 교과편제 및 시수는 다음 표 2-9, 2-10과 같다.

표 2-9. 고등학교 2~3학년 인문계열 교과편제

인문계열		교과	주당시수
2학년	필수교과	프랑스어와 문학	6
		역사-지리	**4**
		외국어 1	3.5
		외국어 2(또는 라틴어)	2(3)
		수학 및 정보	2
		과학	1.5
		체육	2
		시민·법·사회교육	0.5
		보너스 교과(주제 중심 그룹 학습)	2
		학급활동	10(연간)
	선택 필수 (1 과목)	라틴어	3
		외국어 1	2
		외국어 2	3
		외국어 2	2
		외국어 3	3
		수학	3
		미술	5
	임의선택 (2 과목)	라틴어	3
		외국어 3	3
		체육	3
		미술	3
3학년	필수교과	철학	8
		문학	4
		역사-지리	**4**
		외국어 1	3
		외국어 2(또는 라틴어)	2(3)
		체육	2
		시민·법·사회교육	0.5
		학급활동	10(연간)
	전공선택 (1 과목)	라틴어	3
		외국어 1	2
		외국어 2	3
		외국어 2	2
		외국어 3	3
		수학	3
		미술	5
	임의선택 (2 과목)	라틴어	3
		외국어 3	3
		체육	3
		미술	3

표 2-10. 고등학교 2~3학년 사회경제계열 교과편제

사회경제계열		교과	시수
2학년	필수교과	경제·사회학	5
		역사·지리	**4**
		프랑스어	4
		수학	3
		외국어1	2.5
		외국어2	2
		과학	1.5
		체육	2
		시민·법·사회교육	0.5
		보너스 교과(주제 중심 그룹 학습)	2
		학급활동	10(연간)
	선택필수 (1 과목)	수학	2
		경제·사회학	2
		외국어 1	2
		외국어 2	3
	임의선택 (2 과목)	라틴어	3
		외국어 3	3
		체육	3
		미술	3
3학년	필수교과	경제·사회학	6
		역사·지리	**4**
		철학	4
		수학	4
		외국어1	2
		외국어2	2
		체육	2
		시민·법·사회교육	0.5
		학급활동	10(연간)
	전공선택 (1 과목)	수학	2
		경제·사회학	2
		외국어 1	2
		외국어 2	3
	임의선택	라틴어	3
		외국어 3	3
		체육	3
		미술	3

자료: Lycée Gustave Courbet, 2007.
인터넷, http://www.lycee-courbet.com/spip.php?article32

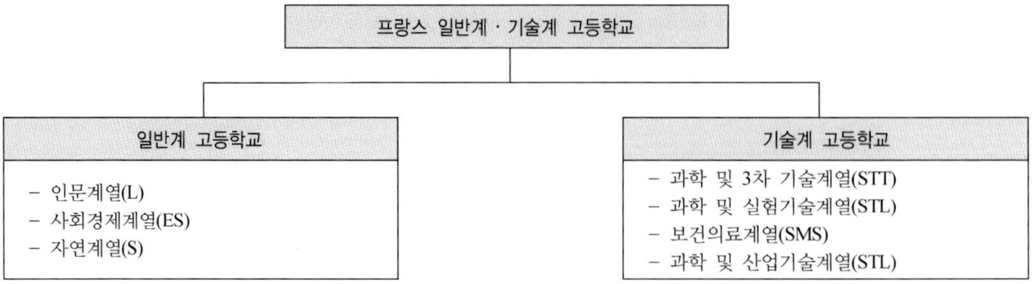

프랑스 일반계 · 기술계 고등학교	
일반계 고등학교	**기술계 고등학교**
– 인문계열(L) – 사회경제계열(ES) – 자연계열(S)	– 과학 및 3차 기술계열(STT) – 과학 및 실험기술계열(STL) – 보건의료계열(SMS) – 과학 및 산업기술계열(STL)

그림 2-2. 프랑스 고등학교 계열 구분표(출처: 허경철 외, 2002, 67)

표 2-11은 몽뻴리에(Montpellier, 2011년 현재) 중학교 4학년의 시간표이다. 제시된 시간표를 보면, 지리는 역사· 지리의 형식으로 묶여 있으며, 일주일에 4회에 걸쳐서 배우도록 짜여 있다. 그리고 교육과정상의 교과편제 및 시수표에는 총 3시간 30분으로 제시되어 있는데, 실제로 학교 시간표상에도 교육과정 상의 내용과 동일하게 적용되어 있는 것을 알 수 있다. 시간표상에서 특이한 점은 같은 시간대에 다른 교과목과 함께 들어가 있는 경우에는, 홀수주와 짝수 주를 정해놓고 운영하는 것이다. 프랑스 학교에서는 외국어를 중요하게 여기는 것이 실제로 중학교 시간표에서도 그대로 드러난다.

표 2-12는 Lycée Pierre-Gilles de Gennes 고등학교 2학년 역사 · 지리(경제사회계열) 시간표이다. 사회경제계열에서 역사 · 지리는 주당 4시간에 걸쳐 가르쳐지고 있으며, 2010년 현재, 역사 · 지리수업을 영어로 운영하고 있는 것이 눈에 띈다. 그리고 표 2-13은 Lycée Pierre-Gilles de Gennes 고등학교 인문계열의 2학년 시간표이다. 교육과정 상에는 일주일에 역사 · 지리를 가르치는 데 4시간이 제시되어 있는데, 실제 학교시간표상에는 그 이상으로 표현되어 있다. 프랑스의 국가교육과정에서는 최소한의 학습주제를 제시하고 있으며, 지역이나 학교의 재량에 따라 구현되는 학습내용은 다양하게 전개될 수 있다. 제시된 시간표를 보더라도, 학교의 형편에 따라 얼마든지 융통성 있는 교과운영을 하고 있는 것을 볼 수 있다.

	월		화	수	목	금	
08:15	미술 -1-	기술 -2-	물리/화학	역사/지리	수학	지구과학	
09:10	뮤지컬		외 2 (스페인어)	유럽어 (스페인어)	기술	역사/지리	
10:20	수학		외 1 (영어)	외 2 (스페인어)	물리/화학	동양어 -1-	외 1 (영어) -2-
11:15	역사/지리 -1-	지구과학 -2-	국어(불어)	외 1 (영어)	역사/지리	외 1 (영어) -1-	국어 (프) -2-
12:10							
13:45	국어 (프랑스어)		체육		외 2 (스페인어)	국어 (프랑스어)	
14:40					수학	미술 -1-	
15:50	기술 -1-		수학		체육	유럽어 (스페인어)	
16:45							
참고	1: 홀수 주			2: 짝수 주			

출처: http://www.clg-leriberal-stesteve.ac-montpellier.fr/html/edt/index.html

표 2-12. 고등학교 2학년 시간표 Lycée Pierre-Gilles de Gennes(2010년)

	월	화	수	목	금
08:30	역사/지리	경제 · 사회	체육	수학	수학
09:30		외국어 심화 (스페인어) (영어)		외 2(독) 외 2(영) / 외 2 (스페인)	
10:30	경제 · 사회	과학	경제/사회	시민/법률/사회교육 역사지리(영어수업)	역사/지리
11:30				외 1(독어) 외 1(영어)	외국어 심화 (스페인어) (영어)
12:30					
13:30	유럽어 (영어)	수학		국어 (불어)	보너스 과목 (그룹학습)
14:30	외 1(독어) 외 1(영어)				
15:30	외 2(독어) 외 2(스페) 외 2(영어)	국어 (불어)		외 1 (영어)	역사/지리 / 수학 / 시민/법률/사회교육
16:30	수학	경제 · 사회			시민/법률/사회교육 / 수학
17:30					

경제 · 사회계열

출처: http://lyc58-pierregillesdegennes.ac-dijon.fr/spip.php?rubrique92

표 2-13. 고등학교 2학년 시간표 Lycée Pierre-Gilles de Gennes(2010년)

	월	화	수	목	금
08:30		외 2 (스페인어)		역사/지리	
09:30	수학 · 정보	외국어 심화 (영어) (스페인어)	국어/문학	외 2(영어) 외 2(독어)	
10:30	역사/지리	국어 · 문학	체육	시민/법률/사회교육 역사 · 지리 (영어수업)	외 1(영어)
11:30				외 1(영어) 외 1(독어)	외국어 심화 (영어) (스페인어)
12:30					
13:30	유럽어 (영어)	역사/지리			
14:30	외 1(영어) 외 1(독어)	시민/법률/사회교육		수학 · 정보	불어 · 문학
15:30	외 2(영어) 외 2(독어) 외 2(스페인어)	과학 | 과학		불어 · 문학	보너스 과목 (그룹학습)
16:30					
17:30					

참고: 보너스 과목(matière bonus)은 그룹단위로 특정 주제에 관해 발표하는 형식의 교과시간이다. 이때 받은 점수가 10점 이상이면, 바깔로레아 시험 점수에 반영되며, 그렇지 않을 경우에는 반영되지 않는다.

다. 지리교과의 위상

프랑스 교육과정에서 지리의 위상은 세계의 그 어느 나라와 비교하더라도 가장 높을 것으로 판단된다. 한국의 경우에는 교과목의 순위를 매길 때에도 보통 국어, 영어, 수학, 과학, 사회 등으로 나열되며, 지리는 주요과목명에도 들어가지 못한다. 다만, 사회과 내에 지리영역이 포함되어 있으나 프랑스와는 사정이 전혀 다르다. 프랑스에서는 지리가 역사와 함께 당당히 교육과정상에서 교과의 지위를 갖고 있으며, 고등학교 2~3학년의 자연계열을 제외하고는 필수교과의 교과 순위에서도 상위에 자리 잡고 있다.

프랑스는 본래 지리를 명목상으로만 교육과정에 올려놓고 있었다. 하지만 1870년 전쟁에서 패하면서 지리교육의 필요성을 느끼고 국가 정책적으로 교과목으로서의 위상을 급격히 높여 놓았다. 그전까지는 역사 수업을 하는 중에 역사 수업을 위해 필요한 경우에 한해서만 역사교육의 보조적인 성격으로서 가르쳐졌었다. 그 시기에 역사는 인문학 위주의 프랑스 교육 전통에서 필연적으로 주요한 필수 교과였다. 처음에 지리가 교과로서 도입되었을 당시 지리는 거의 가르쳐지지 않았으며 지리교육에 대한 필요성이나 중요성도 거의 인식되지 못하였다. 하지만 지리가 역사의 옆에 나란히 놓여 있었기 때문에 역사의 영향으로 인하여 일정 수준까지는 역사와 함께 그 지위가 상승되었던 측면도 있었을 것으로 사료된다.

19세기 후반으로 접어들면서, 지리학자들과 지리교사들이 제도권에 등장하면서 지리교육의 필요성과 목적, 가치에 관한 논의가 본격적으로 이루어지게 되었으며, 그렇게 됨에 따라 지리는 국가 교육과정에서도 점차 확고한 자리를 차지하게 되었다. 프랑스의 교육과정은 초등학교에서부터 시작해서 상급학교로 개발되는 전통이 있기 때문에, 초등학교와 중학교에서도 지리는 경시되지 않는다. 다만, 초등학교 저학년의 교과는 통합의 성격이 강하기 때문에 지리교과가 별도로 존재하지는 않지만, 심화학습과정에서는 분명하게 드러난다. 지리는 초등학교의 심화학습과정에서부터 분명하게 인문학 계열에 포함되어 있는 것을 알 수 있다. 이것이 프랑스에서 지리가 태생적으로 부여받은 속성이며 지금까지 유지되고 있는 지위일 것이라 여겨진다.

초등학교에서는 시민교육이 지리 및 역사 교과와는 달리 다영역 계열에 포함되어 있었는데, 중학교에서는 역사, 지리와 함께 필수교과로 편입되어 있으며, 같은 라인에 위치하고 있다. 이들 세 교과에 주어진 주당 시수는 3시간으로 보통 한 교과당 한 시간씩 가르쳐진다. 중학교 2학년에서는 역사와 지리, 시민교육의 영역이 하나의 주제로 만나서 통합적인 단원을 형성하고 있는데,[50] 이는 특별한 사례이며, 그 외에는 지리만의 독립적인 내용으로 구성된다.

고등학교 1학년에서는 역사와 지리에 주어진 시간이 일주일에 3시간이며, 인문계열과 사회경제계열에 해당되는 고등학교 2학년부터는 일주일에 4시간이 주어진다. 자연계열에는 3시간이 주어지는데, 자연계열에서도 지리는 필수교과의 지위를 유지하고 있다. 이상에서 살펴본 바와 같이, 프랑스 학교에서는 지리를 교육과정의 핵심적인 지위에 놓고 있으며, 초등학교부터 고등학교까지 안정적인 시수를 확보하여 체계적이고 연속적인 교육이 이뤄지고 있음을 확인할 수 있다.

2. 국가수준 교육과정의 체제와 교과서 제도

가. 교육과정의 개발, 개정 및 실행[51]

프랑스에서는 교육과정에 대한 명칭을 커리큘럼(curriculum)이라고 부르지 않고, programmes 라고 한다. 초등학교의 경우, 과거에는 교육과정이 『수업시수-프로그램-지침(horaires-pro-grammes-instructions)』이란 제목의 소책자를 통해 수업시수와 내용 및 지도에 관한 지침을 제시했었는데(박순경, 2001), 현재는 『학교에서 무엇을 배우나?(Qu'est-ce qu'on apprend à l'école ?)』라는 소책자를 통해 제시되며, 동시에 인터넷(프랑스 교육부 홈페이지)을 통해서도 배포하고 있다. 한편, 중등교육에 대한 교육과정은 책자의 형식으로 판매되지 않으며, 인터넷을 통해 접할 수 있다.

프랑스에서 학교 교육과정(programmes scolaires)이란 개념은 1989년 7월 10일에 교육정립법이 나온 이후에 비로소 오늘날과 같은 의미의 개념체계를 갖게 되었다. 그 이전에는 단지 학교에서 가르쳐지는 내용과 총 시수를 나타낼 뿐이었다. 1989년 이후의 교육과정은 그 의

---

50) 아프리카 북부의 마그레브 지역을 사례로 한 통합적 주제학습의 사례이다. 영역별 주된 관점은 다음과 같다. [지리영역]: 마그레브 지역, 지중해와 이슬람 문화권에 인접한 지역으로서 유럽과 관계를 맺고 있으며, 해안지방과 내륙지방, 사막지방에 분포하며 인구문제를 포함하고 있다. [역사영역]: 이슬람 세계, 마호메트, 코란, 이슬람의 전파와 그 문명, 서구 기독교, 중세 서구지역의 확장, 십자군전쟁. [시민교육 영역]: 평등, 차별 배제 등.

51) 본 절의 내용은 소경희 외, 2006, 국가 교육과정 개발을 위한 장기 연구 설계; 2000, 세계 주요국 초·중등학교의 교육과정·교육평가 자료 모음집: 일본, 프랑스, 독일, 중국, 영국, 미국, 한국; 허경철 외, 2002, 교육과정·교육평가 국제비교 연구 IV, 교육과정 개정 방식을 중심으로; 박순경 외, 2001, 교육과정·교육평가 국제비교 연구 III 국가수준 교육과정 질관리 방안을 중심으로 등의 자료를 바탕으로 재구성된 것임을 밝혀둔다.

미가 크게 달라져서 과정(cycle)별로 습득해야 할 지식과 방법, 학년별 성취수준(학습 후 기대되는 능력), 평가기준을 포함하게 되었다(소경희 외, 2006).

　프랑스에서 교육과정을 개정하는 시기는 특별히 정해진 것이 없으며, 사회적 변화나 요청에 따라 학교급별로 교육과정 개정에 대한 필요성이 제기되면 그 시점으로부터 다년간의 숙고를 거친 후에 교육과정을 개정하고 있다. 과거의 교육과정 개정을 보면, 교육과정 개발자들은 교사의 입장에서 교사들이 가르치게 될 학습내용을 중심으로 개정작업을 했다면, 1977년 이후에 진행된 교육과정 개정은 기존의 교육과정 개발 논리와는 완전히 달리 학생들의 입장에서 그들이 배우게 될 능력과 지식을 중심으로 한 학습자 중심의 관점에서 교육과정을 개발하였다(허경철 외, 2002, 88). 이렇게 교사의 관점에서 학습자의 관점으로 바뀌게 된 것은 그 시기에 프랑스에서 연구되기 시작한 디닥띠끄 연구로부터 기인하였던 것이다. 대략적으로 80년대 초부터 프랑스에서 활기를 띠었던 디닥띠끄(didactique) 연구는 지식을 중심으로 한 교수-학습에 관한 연구인데, 우리나라에는 2000년대 초 무렵에 교수학적 변환의 개념으로 학계에 소개되었다. 이에 관한 도식은 그림 2-3과 같다.[52]

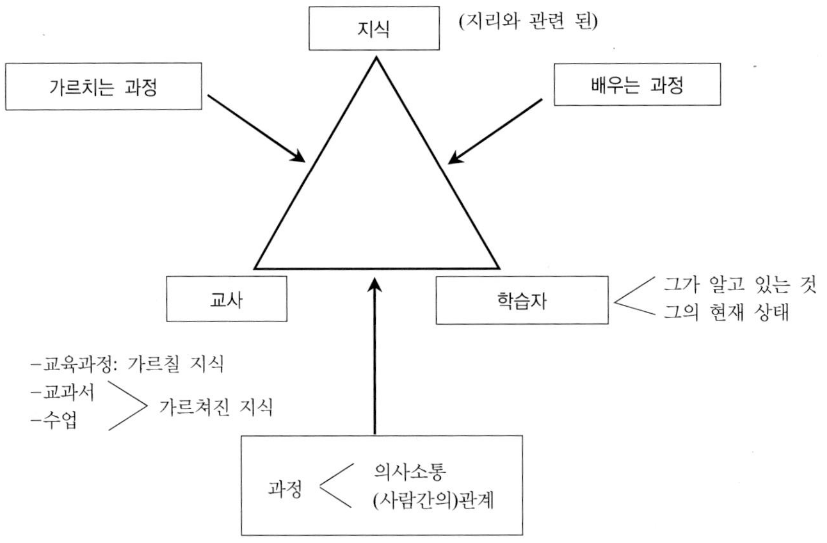

그림 2-3. 삼각형의 교과교육모형(Le triangle didactique, Anne Le Roux, 2003, 12)

---

52) 그림 2-3은 교과교육모형은 지리과를 사례로 제시된 것이지만, 프랑스에서는 교과분야를 막론하고 통용되는 모형이다.

프랑스의 교육과정 개정은 초등학교를 중심으로 하여 1972년, 1985년, 1989년, 2002년에 각각 이루어졌다. 중학교의 경우, 1996년에 이루어진 교육과정이 큰 틀에서는 변화가 없지만, 2001년에 나온 쥬타르 보고서(중학교의 미래에 대한 숙고: Réflexion sur l'avenir du collège) 이후, 부분개정이 꾸준히 이루어지고 있다(허경철, 2001). 고등학교의 경우, 1999년을 기점으로 "21세기를 준비하는 고교"의 정신하에, 해마다 학년별·교과별로 부분개정이 이루어지고 있다.

과거의 프랑스의 교육과정은 중앙집권적인 방식으로 개발 및 운영되었던 관계로 지역의 특수성이나 학교 및 개인의 여건 등을 고려하지 못한 문제가 있었지만, 차후의 개선으로, 교육목표와 내용은 국가수준에서 제시하고, 운영의 측면에서는 각 지역과 학교에서 사정에 따라 자율적으로 실행할 수 있도록 교육과정에 대한 재량권과 자율화를 부여하고 있다. 따라서 국가 교육과정은 학생들이 도달해야 할 성취수준 정도만 대략적으로 제시하고 방법적인 측면에서는 지역 학교의 재량과 교사의 자율 및 책임에 맡겨지게 되었다(소경희 외, 2006).

최근에 이루어지는 프랑스의 교육과정 개정을 보면, 1985년 교육과정의 기본 틀을 유지하면서 부분적인 내용만 수정하고, 필요한 경우, 과정(cycle)에 따라 습득해야 할 학습내용을 추가하는 정도의 부분 개정만 이루어졌다. 초등학교 교육과정은 1985년에 부분 개정된 후, 10년 만인 1995년 9월에 교육과정이 개정되었고, 2002년에 이어서 교육과정이 다시 개정되었다. 국가교육과정심의회(Conseil National des Programmes)는 1990년에 설립되었는데, 공식적인 교육과정 개정은 심의회 출범 이후인 1995년부터 시작된 것으로 보고 있다.

프랑스의 교육부는 국가 수준의 교육과정을 개발하면 공식 문서로 제작하여 각급 학교에 배포한다. 교육과정이 만들어지면, 학교에서 사용되는 모든 교과서는 국가 교육과정이 제시하는 틀 내에서 출판사가 주체가 되어 자유롭게 개발되며 교사들의 선택을 기다린다. 과거의 프랑스 국가 교육과정은 교과별로 내용을 제시하는 것 외에도, 각 주제별로 내용을 상세하게 기술하고 필요한 교육 자료와 활동까지도 명시했지만(소경희 외, 2000, 185), 최근(2008)에 이루어지는 개정작업의 특징은 교육과정의 간소화의 정도가 특히 뚜렷해지고 있다.

프랑스에서 국가교육과정심의회는 교육과정 개정에서 주된 역할을 수행하는 기구로서, 이는 교육부의 상설 자문기구와 같은 성격의 기관이다. 전술한 바와 같이, CNP는 1990년에 설립되었으며 교육부 장관이 22명의 교육전문가를 임명하며, 구성원들의 임기는 5년이다.

CNP는 국가교육에 관한 종합적인 골격을 수립하는 일을 하는데, 구체적으로는 교육과정의 개발 및 개정, 교육프로그램 개발, 교과 간 횡적 통합성과 학년간의 종적 연계성 확보 그리고 학교조직과 교과 편제 및 시수 등을 설정한다.[53]

CNP에서는 국가 수준의 교육과정을 직접 개발·개정하는 것이 아니며, 교과전문가 집단이 개발한 교육과정 개정안을 심의하는 일을 한다. 따라서 학교 교육과정을 실질적으로 개발하는 주체는 10명으로 구성된 교과전문가집단(Groupes Techniques Disciplinaires)이다. 교과전문가집단은 주로 중고등학교 교사, 대학교수, 교원양성센터(IUFM) 교수, 지역교육청 장학사, 국가교육 총괄 장학국의 인사 및 그 밖의 저명한 외부 인사들로 구성된다. CNP의 의장은 CNP의 책임자를 임명하며, 거기서 임명된 CNP의 책임자는 교육과정 개발 및 개정에 대한 내용을 문서로 작성하여 교육부 장관에게 제출한다. 교육부 장관은 국가교육최고심의회(Conseil supérieur de l'éducation)에 CNP의 책임자로부터 받은 교육과정에 대한 심의를 의뢰한다. CSE는 교장, 교사, 장학사, 교원노조, 고등학생·대학생·학부모 대표, 공공단체 등 각계의 인사들로 구성된다(박순경, 2001).

프랑스에서 이루어지는 교육과정 개정에 대한 절차는 다음과 같다. 먼저, 교육부내 학교교육부가 국가 수준의 교육과정 개발 방향을 결정하면, 국가 교육과정심의회(CNP)는 교과전문가집단(GTD)에 새로 개정될 교육과정의 주요 특징이나 기준에 관한 문건을 보낸다. 교과전문가집단은 교육부내 학교교육부의 감독 하에 교육과정 개정작업에 들어간다. 교육과정 개정작업이 시작되면, CNP와 GTD은 정기적으로 협의회를 갖는다. 국가교육과정심의회는 교과전문가집단이 작성한 교육과정 개정안에 대한 검토 작업을 한다. 검토결과, 부정적인 의견이나 동의하기 어려운 결론이 나오면, 국가교육과정심의회는 교과전문가집단에 수정안을 제시할 수도 있고, 새로운 계획안을 작성할 수도 있다. 이러한 과정에서 국가교육과정 총괄장학국(IGEN)은 자문 역할을 수행한다. 국가교육과정심의회는 통과된 새로운 교육과정안을 국가교육최고심의회(CSE)에 제출한다. 그러면 국가교육최고심의회는 투표를 통해 교육과정안에 대한 최종적인 결정을 내린다. 이러한 절차를 거쳐 최종적으로 결정된 교육과정은

---

53) 2000년 6월, 교육부장관은 국가교육과정심의회의 교육과정 개발 방식과 관련하여 다음과 같은 문제점을 지적하였다. 즉, 현재 교육과정은 학년이 올라감에 따라 변화하는 교과교육의 원칙과 목표가 있지만, 전반적으로 초등학교, 중학교, 고등학교의 교육과정은 지식의 통일성과 학습의 연계성, 통합성을 충분히 고려하지 않았다는 것이다. 둘째, 지식의 횡적인 계열성(교과간 연계문제)과 종적인 계열성(학교급별 연계문제)이 제대로 살려지지 않았다는 것이다(박순경 외, 2001 p.127).

교육부 장관이 공식 문서의 형식으로 공포한다. 교육과정 개발 및 개정에 대한 절차는 그림 2-4와 같다.

프랑스에서 교육과정을 관리하는 기관으로는 국가교육과정 심의회, 국가교육과정 총괄장학국, 국가교육과정 행정 및 연구총괄장학국(IGAENR) 등이 있다. 국가교육과정 심의회는 국가수준의 교육과정 개발 및 개정에 관하여 본질적으로 관여하는 국가수준의 자문기구로서, 이 기관은 사회적 환경변화 및 사회적 요청에 따른 교육과정 개정 등에 관하여 자체적으로 논의하며, 필요한 경우에는 교육부 장관에게 학교 교육과정의 개정에 대한 의견을 제시하게 된다.

총괄장학국은 교육과정 개발 및 개정, 그리고 일선 학교에 대한 장학 업무를 담당한다. 총괄장학국이 맡고 있는 장학의 업무는 구체적으로 교육의 유형, 수업내용, 교육과정, 교수·학습방법, 수업절차 및 방법에 관한 것이며, 교원임용, 교사연수, 교원평가까지 담당하고 있다. 총괄장학국에 소속되는 장학사의 자격 요건을 보면, 해당 분야별로 10년 이상 현직에서의 실무 경험과 박사학위를 소지하거나 그에 준하는 자격을 갖고 있어야 한다. 그리고 최소 5년간의 교육 경력과 관련 전공 분야에 대한 폭넓은 경력을 갖고 있어야 한다. 총괄장학국의 조직은 모두 14개의 교과 집단으로 구성되어 있다(박순경, 2001).

국가교육과정 행정 및 연구총괄장학국(IGAENR)은 1965년에 창설되었으며, 교육에 대한 감독, 연구, 정보, 평가 등 교육조직의 기능, 효율성, 행정, 연구에 관하여 총체적인 업무를 담당한다. IGAENR의 기능은 1999년에 다음과 같이 강화되었다. 첫째, 행정, 재정, 회계, 경제 등과 관련된 중앙부서와 지방부서, 공공교육기관, 고등교육기관, 교육부 등과 직·간접적으로 관련된 단체 및 기관을 종합적으로 장학한다. 둘째, 교육기관의 효율성을 평가하고, 중앙과 지방부서의 의견을 수렴한다. 셋째, 교육부와 지방에 분산된 기관 및 학교의 책임자에 대한 자문을 하며, 교육부 장관의 요구가 있을 경우에는 교육조직의 구조와 기능에 관한 모든 연구를 수행한다. 심지어 IGAENR은 특정 지역의 기관이 어떤 어려운 문제에 직면해 있거나 특수한 상황에 처해 있을 경우에는 최종적으로 개입하는 조직으로서(소경희 외, 2006), 프랑스에서 IGAENR은 교육에 관하여 실질적으로 막강한 영향력을 갖고 있는 기관으로 볼 수 있다.

그림 2-4. 교육과정 개발 및 개정 절차

출처: 허경철 외, 2002, p.105.

이상에서 살펴본 바와 같이, 프랑스의 학교 교육과정은 고등학교를 기준으로 초등학교나 중학교의 교육과정이 따라가는 것이 아니며, 초등학교 교육과정에 따라 중학교 교육과정이 결정되고, 이어서 중학교 교육과정에 따라 고등학교 교육과정의 개정 방향이 달라지는 것을 알 수 있다. 요컨대 초·중·고등학교가 상하 연속적이면서도 상호보완적으로 관계를 맺고 있으며, 상급학교로 올라갈수록 더욱 전문화되고 특화된 교육과정으로 변화하고 발전해가는 것을 볼 수 있다.

나. 교과서 제도[54]

1) 프랑스 교과서 정책의 역사

프랑스는 이미 19세기 중엽에 교과서 정책을 자유화하였다. 프랑스 정부는 1793년에 처음으로 국정교과서 제도를 도입함으로써 국가에서 원하는 기초지식을 국민들에게 전수하고, 공화국의 이념에 맞는 시민의식을 형성시키고자 하였다. 그러한 국정제는 19세기 전반부에 이르러 사전 검인정 제도로 전환되었다. 그러나 이 제도는 교과서 저자들과 출판사들의 반발로 실효를 거두지 못함에 따라, 거부제(veto)라는 새로운 제도를 도입하였는데, 이는 금지 대상으로 묶인 책이 아니면 어떤 책이라도 출판에 제한을 받지 않는 제도였다. 그 후, 사후 인성제를 도입했다가 1865년에 이르러 출판사들과 많은 교과서 집필진들의 의견을 받아들여 결국, 교과서 정책은 완전자유화로 전환되었다(이부련, 2002). 이와 같이 프랑스에서 교사들이 교과서를 자유롭게 선택하게 된 역사는 하루 이틀 만에 이루어진 것이 아니며, 오랜 논의와 연구 끝에 비로소 채택되었다.

프랑스의 교과서 제도는 표 2-14와 같이, 인정제가 가미된 자유발행제이다.[55] 이는 우리나라를 비롯한 다른 대부분의 나라들과 차이를 보이는 특징이다. 자유발행제는 국가에서 추구하고자 하는 국민공통교육 이념의 실현 정도는 낮지만, 교육의 다양성과 자율성의 정도는 가장 높다.

프랑스 학교에서는 교과서 활용에 대한 의무조항이 없음에도 불구하고, 초등학교부터 고등학교에 이르기까지 학교에서 사용하는 교과서 개발이 출판업계에서 차지하는 경제적인 규모는 엄청나다. 프랑스에서 출판되는 교과서의 상당량은 아프리카의 불어권 국가들과 유럽의 불어권인 벨기에, 스위스 등으로 수출되기도 한다.

---

54) 본 절의 내용은 이주섭 외(2006); 조난심 외(2004); 김차진(2004); 이부련(2002); 허경철 외(2002); 박도순 외(2001) 등의 연구를 바탕으로 재구성하였음을 밝혀둔다.

55) 국정제는 국가 또는 주에서 직접 교과서를 제작·발행하여 모든 학교에서 의무적으로 사용하게 하는 제도이다. 검정제는 민간의 출판사나 저작자가 먼저 제작한 후에 국가나 주로부터 심사를 받고 적정기준에 합격 및 통과되면 교과서로 발행할 수 있는 제도이다. 인정제는 민간의 출판사나 저작자가 제작·발행한 도서에 대하여 국가나 주의 교육인적자원부에서 교과서로 인정한 후, 그 목록을 정하여 학교에서 선택하도록 하는 제도이다. 자유 발행제도는 일반 출판물과 같은 원칙을 교과서 발행에 적용하여 국가가 교과서의 저작·채택에 관여하지 않는 방식을 말한다(조난심 외, 2004).

이슈 ＼ 국가명	한국	일본	미국	프랑스
발행제도	국정제	검정제	인정제 (검정제, 자유발행제 가미)	자유발행제 (인정제 가미)
공급방식	급여제	급여제	대여제	대여제
국민공통교육의 이념 실현 정도	높음 ←——————————————————————→ 낮음			
교육의 다양성 정도	낮음 ←——————————————————————→ 높음			
교육의 자율성 정도	낮음 ←——————————————————————→ 높음			

출처: 이주섭 외, 2006, p.240.

프랑스에는 오랜 역사와 전통을 자랑하는 출판사들이 많은데, 18~19세기부터 오늘날까지 유지되고 있는 대표적인 곳으로는 블렝, 디디에, 아셰뜨, 라루스, 델라그하브, 아르망꼴렝 등이 있으며, 1900년대 초에 문을 연 마냐흐, 푸셰 등 출판사의 수는 헤아릴 수 없을 정도로 많다. 이러한 출판사들은 자유경쟁시장에서 서로 살아남기 위해 출판사들마다 주력하는 분야를 달리하여 저마다 차별적인 특성과 강점을 살려나가고 있다(이부련, 2002). 최근에 교과서 시장에서 가장 많은 점유율을 보이고 있는 출판사로는 Belin, Hatier, Hachette, Nathan, Delagrave, Magnard 등의 순으로 알려져 있다(Brigitte Morand 2005).

이러한 출판사들이 한 해 동안 내놓는 교과서와 참고서의 종류는 헤아릴 수 없이 많은데, 이렇게 교과서의 종류가 많다 보니 교사들로서는 그들에게 맞는 교과서를 선택하는데 어려움을 겪기도 한다. 수많은 종류의 교과서는 쏟아져 나오는데 변화하고 있는 교수-학습에 대한 최근 경향이나 관련 정보에 관해서 교사들이 일일이 알기는 쉽지 않기 때문이다. 프랑스에서는 교과서 시장이 자유발행제에 의해 돌아가고, 교사들에게 교과서를 선택할 수 있는 재량이 주어지다 보니 과거에 만들어진 교과서로부터 최근에 나온 교과서까지 서점의 구석구석에서 찾아볼 수 있다. 교사들로서는 다양한 시기에 개발된 교과서들을 두루 참고할 수 있는 혜택도 누릴 수 있으며, 교과교육과 관련된 분야에 종사하는 연구자들은 여전히 존재하는 다양한 교과서를 통해 깊이 있는 연구를 수행할 수 있는 여건이 잘 갖추어져 있는 것으로 여겨진다.

프랑스에서는 교육부가 새로운 교육과정 내용을 고시하면, 출판사는 집필진을 구성하여 교과서를 개발한다. 한국의 경우는 집필진들이 출판사를 정해서 출판사와 함께 교과서를 개발하는 시스템이지만, 프랑스의 경우는 자유발행제의 특성상 완전히 시장경제 논리에 맡겨져 돌아간다. 교과서가 개발되고, 샘플이 각급 학교에 배포되면 현장교사들은 그들에게 적합한 교과서를 선택하고 학교관계자들은 교과서를 구입하게 된다. 교과서를 개발하는 출판사들은 집필진과 함께 교과서의 개발에서부터 판매에 이르기까지 완전한 자유를 누리며, 새로 개발된 교과서를 각급 학교에 홍보하거나 소개하는 상업적인 측면까지 모두 관여한다. 한편, 교사들은 자신들에게 가장 적합한 책을 선택할 수는 있지만 교사 개인이 모든 절차에 대해 임의적으로 결정할 수는 없으며, 학교 단위로 교사위원회(교직원회의)나 분과별 회의를 거쳐 최종적으로 정하고 구입하게 되며, 구입된 교과서는 4년간 활용해야 하는데[56] 그러한 관리에 대한 책임은 학교장에게 있다.

이러한 과정을 거쳐 구입한 교과서에 대한 비용은 지자체(초등학교)와 국가(중학교)가 부담하며, 의무교육의 기한이 끝나는 고등학교 2학년부터는 학부모가 교과서의 비용을 지불하게 된다. 이러한 식으로 운영되는 교과서 개발 및 배포에 관한 대여제[57]는 프랑스만의 전통으로서, 한번 구입한 교과서는 4년간 학교의 도서관에 비치하면서 학생들에게 빌려주는 형식으로 활용된다.

프랑스에서의 교육과정 개정과 관련된 고시안 자체는 대체적으로 짧은 편이지만, 그에 대한 보충자료집의 성격을 띤 '지침서(instruction)'가 별도로 만들어져서 개정된 교육과정의 내용과 방향 등에 관하여 상세하게 설명하는 것이 관례이다. 한편, 교육과정은 간단명료한 주제 중심의 내용으로 구성되기 때문에 그러한 핵심적인 주제를 벗어나지 않는 범위에서는 얼마든지 출판사와 집필진들의 재량권이 보장된다.

출판사들이 교과서의 집필진을 선정할 때 가장 중요하게 여기는 조건은 저자의 능력도 중요하지만 저자의 지명도에 더욱 신경을 쓴다. 왜냐하면 유명한 저자일수록 교과서의 판매량에 더 큰 영향을 미칠 수 있기 때문이다. 일반적으로, 출판사들은 영향력 있는 장학사나 대학교수를 책임저자로 선임하며, 이미 선임된 책임자의 추천을 통해 하나의 집필진이 꾸려진

---

56) 교육부가 정한 교과서 사용 기간은 4년이지만, 실제로 초등학교에서는 9년마다, 중학교에서는 6년마다 교과서를 교체한다(이부련, 2002).

57) 프랑스는 대여제가 시행되고 있는데, 이는 교과서를 학생 개인이 소유하도록 지급되는 것이 아니라 국가나 지방자치단체 또는 학교 등의 소유로 일정한 장소에 비치하여 선후배 학생들이 일정기간 동안 대를 이어서 계속적으로 공동관리·활용하는 제도이다. 프랑스에서처럼 대여제를 취하게 되면, 장기간에 걸쳐서 사용할 수 있도록 표지, 재질, 제본 등의 내구성과 견고성을 확보하게 되며, 해마다 대량으로 제작할 필요가 없으므로 교과서 지면과 분량을 늘릴 수 있다. 다만, 교과서에 직접 메모를 할 수 없다는 단점은 있다.

다. 집필진은 보통 5~6명으로 구성되는데, 많게는 10명 정도까지 되기도 한다. 출판사나 교과 분야에 따라 집필진의 성격은 달라질 수 있는데, 최근에는 해당 분야에서 전문가로서 인정받는 사람들(agrégé)이 대거 포함되며, 책임자인 대학교수를 제외하고는 대부분 현장교사들로 구성된다. 교과서가 개발되면 해당 분야의 교과교육 담당 교수로부터 검토를 받게 된다(이부련, 2002).

프랑스에서는 교과서의 집필이 마무리되면 본격적인 출판에 들어가기에 앞서 학교 현장에서 실험수업을 통해 개발된 교과서에 대한 문제점 여부를 검토한다. 대부분의 교과서들은 교과서의 내용적 측면이나 그 안에 포함된 수업의 메커니즘적 측면에서 그 이전에 나온 교과서들의 틀에서 크게 벗어나지 않으려는 경향을 보인다(이부련, 2002). 만약 기존의 교과서에 없는 새로운 학습이론이나 교수법 등이 대거 포함된다면 보수적인 현장 교사들로부터 환영을 받지 못하게 될 가능성이 있으며, 그렇게 되면 교과서 판매량의 감소로 이어질 우려가 있기 때문에 가능하면 출판사로서는 급격한 변화를 꺼리게 되는 것처럼 보인다.

매년 학년 초에 출판사들은 초등학교의 학교장 및 중등학교의 사서교사를 대상으로 설문조사를 실시하고, 그러한 자료를 토대로 작성된 홍보자료를 전국의 학교에 보내게 된다. 이때 새로 나온 교과서가 있을 경우에는 관련 교과 교사들에게 증정본을 보내기도 한다. 이렇게 증정본을 보내게 된 전통은 19세기 말에 출판사들이 판촉을 위해 교과서 샘플을 보내기 시작한 것이 오늘날까지 이어지게 되었던 것이다. 학교에 교과서 증정본을 보내는 시기는 보통 방학하기 2개월 전인 5월 무렵이다. 교사들은 개인적으로 증정본을 검토하고 교과회의 등을 거쳐 방학 전까지 최종적으로 교과서를 선택하게 된다. 방학이 시작되기 전에 일선 학교들로부터 새로운 교과서에 대한 신청을 받으면 출판사는 방학동안 필요한 양만큼의 교과서를 생산하고 배포하게 된다(이부련, 2002).

오늘날의 프랑스 교과서는 마치 화려한 잡지를 보는 듯한 느낌이 들 정도로 보는 이들의 관심과 흥미를 끌 수 있도록 구성되어 있는데, 프랑스 교과서가 이렇게 현재의 모양을 갖추기 시작한 것은 대략적으로 1930년대 무렵부터이다. 그 당시에 있던 대부분의 교과서들은 마치 대학교재와 같이 깨알처럼 작게 쓰인 많은 양의 본문과 흑백으로 작게 처리된 사진이나 그림이 일부 포함되는 정도였다. 그러한 교과서로는 도저히 학생들의 관심과 흥미를 끌 수 없었기에 이른바 교과서 혁명이라고 부를 정도의 대대적인 혁신이 교과서 집필과정에 나타났다. 다양한 분야들 중에서도 지리나 역사 교과서에서 그러한 작업이 시작되었는데, 교과서에서 본문의 양을 줄이면서 사진이나 지도 등을 포함시키는 일부터 시작되었다. 교과서에 시각자료가 대폭적으로 들어가면서 교과서의 크기도 커졌으며, 지면의 구성에 있어서도 사진을 포함한 천연색 시각자료의 양이 점점 더 늘어나게 되었다. 그리하여 현재 프랑스 교과서의 지면 구성을 보면, 텍스트로 된 본문은 전체 지면의 절반 이하에 불과하며 다양한 학습자료와 시각자료들이 큰 사이즈로 배치되어 있는 것을 볼 수 있다.

1930년대부터 시작된 이러한 교과서 내용에 대한 혁신은 하루아침에 이루어진 것은 아니며 오랜 세월동안 꾸준한 발전을 이루었는데, 특히 오늘날과 같은 모습을 띠기 시작한 것은 90년대 중반을 지나면서부터였다. 90년대 중반 이전까지는 여전히 많은 양의 본문과 작은 크기의 흑백사진이 학생들의 흥미를 잃게 만들었지만, 그 이후부터는 두 페이지에 달할 정도의 큰 크기의 지도나 사진, 그리고 다양한 학습자료가 교과서 지면의 구석구석을 채우기 시작하면서, 교과서는 비로소 학생들의 관심과 흥미를 더욱 유발하는 학습매체가 되었고, 수업을 진행하는 교사들에게는 훨씬 나은 교재로서 역할을 할 수 있게 되었을 것으로 여겨진다.

프랑스는 가톨릭 국가로서 그러한 종교적인 영향은 전통적인 프랑스의 교과서 내용구성 방식에도 그대로 반영되었다. 이를테면, 중세 무렵부터 19세기 중엽까지는 교과서의 형식이 중세에 유행하던 교리문답식, 영웅전이나 서사문 나열식 등이었으며, 19세기 중엽 무렵에는 문법이나 법률목차와 같은 조항의 형식들이 주를 이루다가, 19세기 말에 이르러서는 많은 양의 지식을 교과서에 포함시키고자 했던 당시의 분위기가 반영되고, 한편으로는 학문의 발달 정도가 오늘날에 비해 크게 뒤떨어졌던 시기이므로 교과서에 포함된 학습내용도 백과사전의 형식을 띠게 되었다. 교과서의 형식은 20세기 전반부를 지나면서 크게 발전하기 시작했으며, 결국 아이들의 흥미와 관심을 끌 수 있는 놀이 학습의 성격에 가까운 형식을 취하기에 이르렀다.[58] 교과서의 이름과 겉표지의 디자인도 아이들이 좋아할 수 있도록 동화책과 같이 만들어지고 있다(이부련 2002).

---

58) 초등학교 저학년의 경우에는 교과서의 학습내용 구성방식이 어린이들의 흥미를 유발할 수 있도록 놀이학습적 방식을 도입하고 있으며, 초등학교 고학년으로부터 중·고등학교로 올라갈수록 모학문의 탐구논리가 학습내용의 구성에 크게 영향을 미치고 있다.

표 2-15. 프랑스 교과서가 채택했던 교수법의 변천

시기	교수법
중세 ~ 19세기 중엽	교리문답식, 영웅전, 서사문 나열식
19세기 중엽 ~ 19세기 말	문법이나 법률목차와 같은 조항 나열식
19세기 말 ~ 20세기 초	암기 위주의 백과사전식
20세기 중반 이후	흥미 위주의 놀이학습식

수업준비와 관련한 설문조사에 의하면, 초등학교 교사는 자신의 수업시간에 교과서만을 활용하는 경우는 극히 드물며, 다양한 종류의 책, 백과사전, 시각자료집, 만화 등을 교실에 비치해 놓고 활용하는 것으로 드러났으며, 중학교 교사들(76%)과 고등학교 교사들(83%) 또한 정해진 교과서 이외의 자료나 유인물을 스스로 구성해서 활용하는 것으로 나타났다(이부련, 2002). 프랑스의 교육과정은 학습내용을 대략적인 주제 중심으로 제시하기 때문에 구체적인 수업내용은 교사들의 재량에 맡길 수밖에 없는 교실환경이 형성되어 있다. 한편, 프랑스 학교의 교사들은 행정적인 업무로부터 자유롭기 때문에 그들은 오직 학생들의 교과지도에만 집중할 수 있다. 교육과정의 구체적인 실행과 관련하여 프랑스 교사들에게는 상당한 자유와 재량이 주어지는 반면, 그들은 자신들의 수업에 대한 자부심과 책임감 또한 적지 않다. 프랑스 교사들은 개방적인 교육과정으로부터 체계적이고 입체적인 교과서까지 갖추고 있음에도 불구하고 그들의 시간과 노력을 동원해서 차별적이고 독창적인 자신들만의 수업을 준비하는 프랑스 교사들의 사명감과 직업정신은 선진 프랑스 교육을 이끌어가는 원동력이 되고 있다.[59]

2) 프랑스 교과서의 일반적인 특징

(1) 형태상의 특징

프랑스 교과서에는 본문에 지도를 포함하여 사진을 많이 사용하는데, 특히 영화의 포스터나 광고 사진 등과 같이 생생하고 현장감이 넘치는 감각적인 사진들이 적극적으로 활용되고 있다. 또한 편집상 사진의 위치는 규칙적이다. 우리나라 교과서는 배경에 사진이 깔리거나 사진이 자유롭게 배치되는 경우가 많은 것과는 대조적이다. 표지는 하드커버이며 판형도 우리나라 교과서보다 크고 지질이나 인쇄상태도 더 고급스럽다. 특히 페이지별로 어려운 용어

---

59) 실제로 저자가 2007년과 2009년에 프랑스의 초중고 학교에 방문해서 수업현장을 살펴본 결과, 교사들은 기본적으로 교과서를 사용하지만 그들 나름대로 별도의 복사된 유인물을 비롯하여 다양한 학습 기자재를 쓰고 있었다.

나 새로 나온 단어들에 대한 설명이 우측 하단에 별도로 달려 있어서 학생들이 이해하는 데
도움을 주고 있다.

(2) 학습내용 및 내용구성 방식상의 특징

프랑스의 교과서를 보면 사진을 매우 중요한 자료로 인식하고 주로 사진에 대한 설명을 통
해 본문의 내용이 진행되는 방식을 채택하고 있는 것이 큰 특징이다. 학습주제와 관련된 주요
학습매체로서 사진을 제시하고 이 사진자료에 대한 설명을 통해 학습내용을 이해할 수 있도록
안내하며, 다시 그 내용을 확인하거나 의문을 제기할 수 있도록 유도하는 질문[60]을 사진에 대
한 캡션으로 달아놓아 전체적인 내용 구성이 사진을 중심으로 이루어지도록 하고 있다.[61]

수업 진행에 있어서 교사는 교과서에 나온 사진을 설명하며 학생들로 하여금 동기유발이
되도록 안내한다. 그러면서 관련된 질문을 던진다. 학생들은 교사의 질문에 대한 자신의 생
각을 발표한다. 어느 정도 교사의 질문과 학생들의 발표 그리고 교사의 설명이 이루어진 후
에는 교사가 특정 학생을 지목하여 교과서에 있는 읽기 자료를 읽게 한다. 교과서에 있는
읽기 자료를 읽은 후에 교사는 다시 질문을 한다. 학생들은 주어진 자료에 대한 자신의 생각
을 발표한다. 이렇게 교과서에 제시된 자료에 대한 의문제기와 학생들의 발표 그리고 교사
의 설명 후에는 학생들에게 그들의 생각을 글로써 표현하는 시간이 주어진다. 학생들은 그
들의 생각을 조리 있게 표현할 수 있도록 노력하며, 다 작성한 노트는 교사에게 제출한다.
수업 후에 교사는 학생들의 노트를 꼼꼼히 읽어보고 틀리거나 오류가 있는 부분은 빨간 펜
으로 수정해서 그다음 시간에 나누어준다. 학생들은 자신이 쓴 내용과 교사가 수정해준 부
분을 살펴보고 자신의 부족한 점을 확인하면서 그 단원(주제)의 학습은 마무리된다.

경우에 따라, 학생들은 교과서에 제시된 사진이나 자료에 대해 2~4명의 소그룹을 지어 그
들의 생각을 나누며 토론하는 시간을 갖기도 한다. 그 시간은 대략 10~15분 정도 되며, 교사

---

60) 프랑스 교과서에서는 질문의 비중이 상당히 높다. 단원에 따라 다소 차이는 있는데, 본고에서 다룬 초등학교 지리나 역사 교과서의 한 단원에
제시되어 있는 질문의 개수는 보통 40~60개에 이른다. 사실상, 교사와 학생들은 교과서에 제시되어 있는 사진과 읽기자료를 바탕으로 주어진
질문을 통해 그 단원의 학습을 수행하는 것으로도 볼 수 있다.

61) 프랑스 교과서의 내용구성 방식은 출판사라고 하는 변인에 의해 가장 큰 차이를 보인다. 다음 장에서 출판사별로 교과서의 내용구성 방식에
대해 구체적으로 살펴보겠지만, 기본적으로 사진과 읽기자료, 질문의 형식을 취하고 있는 것은 공통적인 특징이며, 출판사에 따라서는 단원의
도입부에 지리의 경우에는 지리학자가 지리학을 연구하는 방식으로 학생들의 학습을 안내하기도 하며, 역사의 경우에는 역사학자가 역사학을
위한 도구를 통해 역사를 연구하는 것과 같은 방식으로 학생들의 학습을 안내한다. 학습방식의 측면에서 보자면, 대부분의 출판사들이 공통적
으로 비교와 대조적인 기법을 쓰고 있었다. 어떤 주제에 대해 두 가지의 상반되는 사진과 설명이 제시되며, 상반된 이견이 있을 때에는 어느
한쪽에 기울지 않고 균형 잡힌 관점을 유지하며 내용을 제시하고 있다.

는 각 모둠별로 한 명씩 정리된 생각을 발표하게 한다. 모든 모둠의 발표가 완료되면, 교사는 종합적으로 정리해주며 학생들은 그들의 노트에 교사의 설명을 받아 적는다. 이와 같이, 학습방식에서도 학생들이 스스로 생각하고 교사 및 동료 학생들과의 상호작용을 통해 결론을 도출해내는 방식을 택하고 있다. 전통적으로 프랑스 학교에서는 교사의 설명 위주로 진행되는 강의식 수업이 주류를 이루고 있다. 고등학교와 같은 상위 학년에서는 교사의 의지와 성향에 따라 부분적으로 토의학습, 모둠학습 등이 시도되고 있지만, 프랑스 학교에서 이루어지는 교수-학습의 기본적인 형식은 교사 주도의 강의식 수업이며, 수업의 주된 골격은 교사의 질문과 학생들의 활동 및 발표, 그리고 글쓰기이다.

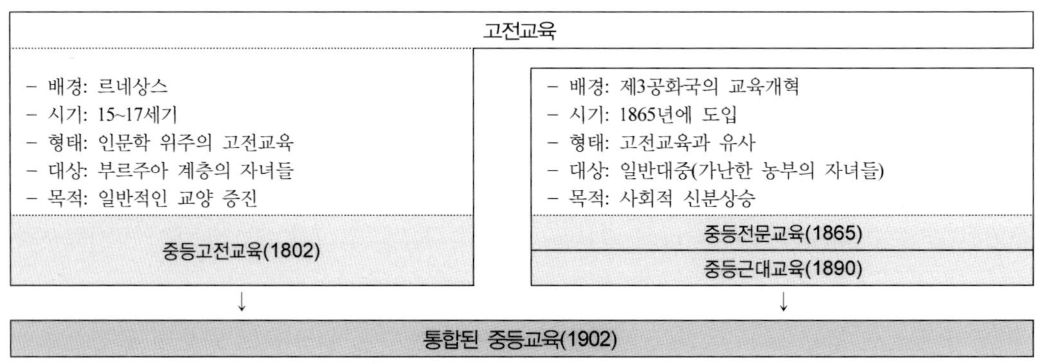

그림 2-5. 프랑스 중등교육의 통합 배경

프랑스에서 전통적으로 "강의식 수업"이 자리 잡게 된 배경을 이해하기 위해서는 전통적인 고전교육으로부터 살펴보아야 할 것이다. 그림 2-5에서 보는 바와 같이, 오랜 종교적인 억압으로부터 벗어나서 르네상스가 도래함에 따라 프랑스 사회에서는 인문주의적인 이념이 학문과 교육의 주류를 이루면서 교과목은 주로 언어와 외국어 중심의 인문학 위주로 구성되었다. 인본주의적 전통을 이어받은 "고전교육"은 주로 부르주아 계층의 자녀들이 수요자였는데, 이들은 생계에 대한 걱정이 없었으므로 그들이 배우는 학습의 목적은 다양한 분야의 학문을 가능한 한 많이 배움으로써 그들의 '일반적인 교양'을 증진시키는 것이었다. 많은 양의 지식을 전달하려니 수업은 당연히 강의식 방법을 채택하게 되었던 것이다. 아동에 대한 학습의 측면에 관심을 두었던 Pedagogy는 19세기에 초등학교에 정착하게 되었으며, 중등학교에서는 교사들이 자신들의 분야에서 전문가로서 인식했기 때문에 Pedagogy는 경시되었다.

한편, 부르주아 계층을 중심으로 이루어졌던 고전교육에 반하여, 농촌의 일반 국민들을 대상으로 한 또 다른 형태의 중등교육, 즉 전문교육이 1865년에 도입된다. 그때까지 어려운 처지에 놓여 있던 가난한 농부들은 그들의 자녀들이 공무원과 같은 신분을 얻어서 잘 살기를 바랐기 때문에 교육에 대한 열의가 대단했다. 이렇듯, 프랑스 사회에서는 일반적인 교양의 증진을 위해 다양한 교과를 되도록 많이 배우는 문화가 자리 잡았고, 한편에서는 신분 상승을 원했던 대다수의 국민들이 교육에 열의를 보이면서 자연스럽게 그들의 사회는 주지주의적 교육의 분위기가 형성되었던 것이다.

리세(고등학교)가 문을 연 1802년의 개혁 당시에 교육 프로그램에 수학을 도입하면서도 그리스어-라틴어 등 언어 및 문학 교육의 우위성에 관해 문제 삼지는 않았다. 그 당시 중등교육기관의 수는 성직자의 권력에 의해 결정되었고, 중등교육을 받는 학생은 부르주아계층 출신의 자녀들이 대부분이었다. 또다시 한 세기가 지나고, 시몽, 포르툴, 뒤휘 등은 교육을 일반인들에게 개방하고 종교교육 외에 외국어와 과학 그리고 역사 및 지리 등으로 교육과정을 확대하고자 시도했으나 그 당시의 개혁은 성직자들과 부르주아계층의 심한 반대에 부딪히곤 했다. 반대를 무릅쓰고 실행된 여러 가지 개혁들은 결국 방향은 같되 계층이 뚜렷하게 구분되는 두 가지의 중등교육, 다시 말하면, 기존의 '고전교육'과 새로 도입된 '전문교육'이 함께 가는 형태를 띠다가, 어쨌든 이러한 두 가지 종류의 중등교육은 1902년에 하나의 중등교육으로 통합되었다(김경랑 역, 2000, pp.8~27).[62]

3. 프랑스 지리교육의 변천과정

본 절에서는 현재의 프랑스 지리교육의 맥락을 이해하기 위하여 우선 역사적 전개과정을 개관하고자 한다. 프랑스에서는 본래 지리교과가 명목상으로만 있었을 뿐, 지리는 다만 역사 수업 중에 역사적인 학습내용을 설명하기 위한 보조적인 측면에서 부분적으로만 다루어졌었

---

[62] 프랑스 교육사에 관한 더 구체적인 내용은 Troger, V. et R.-B., J.-C., 2005, Que sais-je ?: Histoire du système éducatif, Presses Universitaires de France를 참고하기 바란다.

다. 그러다가 1870년의 보불전쟁에서 패하면서 그 원인을 교육시스템에서 찾으려 했는데, 특히 지도제작과 관련된 지리학적 기초에 심각한 문제가 있음을 깨닫고 지도읽기와 같은 기능을 신장시켜줄 수 있는 지리교육의 필요성을 절감하게 되었다. 그 이후 지리는 학교 교육과정에서 주요한 교과로서 도입되었고, 지리학자, 지리교사, 지리교사단체, 정부의 정책 등에 힘입어 그 지위는 급격히 강화되었으며, 오늘에 이르기까지 역사와 함께 상호보완적으로 국가교육의 주된 골격을 이루고 있다. 이처럼 프랑스에서는 1870년 이후부터 지리교육이 본격적으로 정립되었으며, 그 당시의 특징은 제2차 세계대전이 끝날 때까지 지속되었으므로, 결국, 이 시기를 프랑스 근대 지리교육의 정립기라고 볼 수 있다. 먼저, 이 시기에 관해 고찰 한 후, 20세기 중반 이후에 전개되는 지리교육의 변화 및 현재의 동향에 대해서 개관하고자 한다.

가. 프랑스 근대 지리교육의 전개과정

프랑스에서 지리는 1830년 무렵부터 초 · 중등학교의 교과로서 가르치기 시작하였지만, 역사교육의 보조적인 성격이 강하였다. 예컨대, 1852년에 이르러 지리는 고등학교 3학년을 제외한 전 학년에서 가르치게 되었으며, 그 내용은 자연지리, 정치지리, 행정지리, 경제지리로 구성되어 있었다. 이 시기는 지리가 교육과정 상에서 하나의 분야로 인정되었음에도 불구하고, 실제로는 역사를 교육하기 위해서 존재만 할 뿐 실제로는 거의 교육되지 않았다. 프랑스 지리교육이 교육과정에서 확고한 위상을 정립하게 된 것은 1870년 이후부터이다.

프랑스는 1870년 독일에 패배한 일을 계기로 교육 · 정치 · 경제 분야에서 상당한 정도의 개혁을 추진하게 되었으며, 지리교육의 강화도 이러한 일련의 개혁에 속하였다. 1871년 당시에 교육부 장관이었던 쥘시몽(Jules Simon)은 지리교육위원회를 구성하여 주로 고등학교와 중학교에 적용할 새로운 지리교육 과정을 개발하도록 위임하였다.

보불전쟁 이후에, 프랑스에서는 지리교육의 강화에 대한 권고와 제안에 관한 실질적인 보고서들이 만들어졌다. 이러한 보고서들에 의하면, 프랑스 군대의 패배와 그들의 리더십 사이에는 밀접한 관계가 있는데 당시 그들의 리더십에는 상당한 문제가 있었던 것으로 여겨졌다. 이것은 리더십의 결여와 기술적인 무능력에서 기인하는 것으로써, 프랑스 군대 장교들에게 부족한 것에는 지리적인 무지 또한 포함되었다. 1872년에 부불롱(M. Bouboulon, 대대장)

은 다음과 같이 진술한다.

> 최근 몇몇 사건 이후로, 나라 전체가 공교육에 대한 개혁의 필요성을 요구하고 있는데, 이러한 개혁은 각급 학교의 모든 학년에서 도외시되었던 지리수업과 외국어 수업에 기반을 두어야 할 것으로 생각한다. 장교들에게 명령을 내린바와 같이, 이러한 두 가지 유형의 지식은 충분히 갖춰지지 못했다. 대학에서처럼 군대에서도 이 큰 간극을 메우기 위한 커다란 노력을 기울일 채비가 된 것 같다.[63]

파리 함락 이후의 보고서에서, 에밀 르바쐬흐(Emile Levasseur)는 다음과 같이 말하고 있다.

> 전투 당시 장교들에게 지도를 보여주었을 때, 당장 지도읽기를 배우느니 차라리, 까막눈으로 진격하는 게 낫다면서 지도를 뿌리쳤던 장교들도 있었다.[64]

프랑스 장교들에게는 지리적인 훈련과 관련하여 다음과 같은 두 가지 기본적인 결함이 있었던 것 같다. 첫째, 그들이 싸우고 있었던 상대편 국가에 관하여 무지했었다. 이것은 단지 자연적 특징의 무지에 대한 한계뿐만 아니라, 순찰을 지휘하는 장교, 포병대와 관련해서도 중요했다. 그것은 또한 적군의 강점과 약점이 될 수 있는 경제적인 근거지에 대한 무지였으며, 공격받기 쉬운 산업센터, 커뮤니케이션 라인에 대한 무지도 포함되었다. 둘째, 무엇보다도, 싸우고 있는 상대편 국가에 대해 잘 모르고 있던 상황에서, 상당한 양의 정보를 얻을 수도 있었던 대축척지도를 장교들이 쓸 줄 몰랐다는 점이다.

당시의 프랑스 군대에서는 지도읽기 교육이 소홀하게 이루어졌다. 더욱이 프랑스의 대축척 지도에 대한 측량은 1870년까지도 완성되지 못했었다. 육군 참모본부의 지도(carte d'état major)를 제작하였던 지리학자 출신의 기술자 집단은 1831년에 폐지되었으며, 그 시기로부터 지도제작진 양성은 중단되었던 것이다. 따라서 독일군이 파리의 변두리 지역까지 진격해 왔을 때에도, 프랑스 군대는 그 지역의 지세를 알 수 있는 대축척 지도가 없었다. Levasseur는 조국의 군대를 위해 고등사범학교(École normale supérieure)에서 몇몇 학생들의 도움을 받아서 그 지역의 측량을 신속히 실시하여 즉석에서 지도를 만들고자 했지만, 그 지도가 실제로 활용하기에는 너무나도 늦게 완성되었다. 더욱이, 프랑스 군대의 패배는 지리적인 지식의

---

63) M. Bourboulong, 1872, "De l'enseignement de la géographie", A la réunion des officiers - 37, Rue Bellechasse Paris.

64) E. Levasseur, 1872, "l'étude et l'enseignement de la géographie", Delagrave.

결핍과 부족한 지도읽기 능력뿐만 아니라 군대 참모진에 대한 계획적인 관리에도 문제가 있었던 것으로 드러났다.[65]

당시 프랑스의 여론은 1870년의 패배에 대한 원인을 불충분한 교육시스템에 돌리게 되었다. 이를테면, 이것은 군대 장교들의 질적 문제를 중등교육으로 돌릴 수도 있다는 것인데, 이렇게 장교들이 대축척지도를 읽을 수 없었던 문제를 중등학교에 돌리는 것은 적절하지 않을 수도 있다. 왜냐하면 전투 기술과 관련된 책임은 전적으로 군대에 있기 때문이다. 그리고 중학교와 고등학교의 주된 교육의 목적은 직업교육이 아니기 때문이다. 하지만, 위에서 제기된 문제는 주로 교육과 관련된 집단에서 뿐만 아니라 여론에 의해서도 또한 크게 제기되었다. 프헝시스끄 비알(Francisque Vial)은 언론에서 다음과 같이 말하고 있다. "우리를 패배시킨 것은 독일의 초등학교 교사이다."[66]

프랑스인들의 철저한 자기비판은 변화를 요구하는 움직임으로 지속되어 1880년으로부터 1886년 사이의 시기에 쥘페히(Jules Ferry)의 주도하에 결실을 보게 되었으며, 결국, 1890년과 1902년에는 교육과정의 개정을 이끌어내었다. G. Weill은 다음과 같이 표현했다. "우리 측 참모본부는 큰 지리적 실책을 저질렀으며 지도를 활용하지 못했다. 지리를 배우도록 해야만 했다."[67] 따라서 교육부 장관인 Jules Simon은 Emile Levasseur와 오귀스뜨 임니(Auguste Himly)에게 역사 및 지리교육에 관한 보고서를 쓰도록 지시했다. 두 교과는 동일한 교사에 의해 가르쳐졌는데, Levasseur는 그가 근무하고 있던 고등학교에서 지리교육의 개발에 착수하였다. 그는 지리교육에서 특히 흥미를 고려했으며, 몇 종류의 지리 교과서의 저자이기도 했다. 그는 이미 중등전문교육을 위한 지리 실라버스의 초안을 잡는데 참여함으로써 교육당국에 좋은 인상을 남겼다. A. Himly[68] 또한 능력을 인정받았는데, 그는 프랑스 대학의 지리과 교수로는 유일한 사람이었다.

이 시기에는 지리를 통해 프랑스를 더 잘 알고, 프랑스를 사랑하게 하는 것이 목표였으며, 지리교육은 본질적으로 유용성의 차원에서 고려되었다. 다시 말하면, 지도읽기 능력 및 활용

---

65) E. Desjardins, "Les sciences géographiques en France et à l'étranger" – Extrait de la revue des Deux Mondes 1 Sept. 1874. For a romantic treatment of this period and its problems in which similar points are made see H. Bordeaux's – "Sybille ou le dernier Amour"

66) F. Vial, 1936, "Trois siècles d'histoire de L'enseignement secondaire", Delagrave.

67) G. Weill, 1921, "Histoire de l'enseignement secondaire en France", Payot.

68) 파리 문과대학 지리과 교수(Professeur de géographie à la Faculté des lettres de Paris)

능력이 강조되었다. 그리고 학교지리는 프랑스 지리, 계통지리, 세계의 다른 지역들에 관한 지리와 같이 크게 세 가지 측면으로 구성되었다. 1880년대 후반에는 지리경관(paysage) 개념이 교육과정에 제시되었으며, 비달(Paul Vidal de la Blache)이 지리 교과서 집필에 참여했던 시기이다(1896~1910). 1890년의 교육과정 지침서에는 지리교육의 목표가 "상상력 교육", "추론능력 교육", "기억에 대한 교육", "시민교육", "도덕교육"으로 제시되었다. 이러한 다섯 가지 목표 중에서 지금까지 가장 명확하게 유지되고 있는 것은 지리적인 추론능력이다.

1903년에 나온 중등교육의 학습계획에는 지리교육이 프랑스의 젊은이들로 하여금 자연과 인문적 측면에 대한 실체를 정확히 볼 수 있도록 진술하고 있으며, 자연, 시간, 세계 속에서 인간 및 그들 자신이 속한 국가 등에 관하여 학습하도록 제시하고 있다. 이는 오늘날 프랑스 지리교육 내용의 큰 틀이 됨을 알 수 있게 하는 대목이다. 1902년의 지침서는 이 시기의 개혁이 비달학파의 성격을 반영하는 것으로서, 지리교육의 내용 및 방법은 지리학에 근거하도록 제시하고 있다.69) 이를테면, 고등학교 1학년에서는 자연지리 및 계통지리를 배우게 하며, 2학년에서는 지역지리로 구성되는 것인데, 이는 오늘날까지도 그 틀이 유지되고 있다.

1905년 교육과정의 가장 큰 특징은 고등학교 3학년 과정에 세계의 주요 경제대국이 새롭게 포함된 것이다. 이는 오늘날 프랑스 지리교육 내용의 주된 형식이 되고 있다. 1925년의 지침서에는 학습기능적 특성을 제시하고 있다. 즉, 프랑스는 오늘날까지 과정(cycle) 체제 속에서 교육이 이루어지고 있는데, 낮은 단계의 과정에서는 보통 낮은 수준의 학습이 이루어지고, 높은 단계의 과정에서는 보다 심화된 내용이 가르쳐진다. 이러한 측면에서 1925년의 지침서는 지리교육과 관련하여 첫 번째 단계에서는 '기술(la description)'에 치우치게 하고, 두 번째 단계에서는 '설명(l'explication)' 위주로 기능적 구분을 제시하고 있다. 이는 오늘날의 프랑스 지리교육적 특징과도 상당한 유사성을 보이고 있다. 즉, 오늘날의 프랑스 초등학교 수준에서는 경관사진을 중심으로 한 관찰 위주의 지리교육이 이루어지고 있으며, 중학교 수준에서는 자료분석 및 설명, 고등학교 수준에서는 일반화 단계인데, 이는 1925년에 나온 지침서의 내용으로부터 발전된 것으로 볼 수 있다.

1938년의 교육과정에는 계통지리가 중학교 1학년과 2학년에서 각각 가르쳐지도록 진술되

---

69) 이 시기에 비달은 고등사범학교, 교육박물관, 파리대학 등지에서 교육관련 강연을 잇따라 했으며, *Annales de géographie*, *Revue pédagogique*, *Revue internationale de l'enseignement*의 학술지에 지리교육 관련 논문을 다수 게재하였다(Isabelle Lefort, 1998).

고 있는데, 여기서는 계통지리가 기술적이어서는 안 되며 설명적이어야 하는 것으로 언급되었다. 이 시기에는 대학의 지리학자들이 교과서 집필에 더욱 활발하게 참여하였다.[70] 1943년에는 지리 분야에 대한 교육적인 가치 및 지리교육의 효과 등에 대한 인식이 커지면서 지리교육 시수 또한 증가되었다. 그 이전 시기까지는 중학교 1학년부터 고등학교 3학년까지 주당 1시간씩이던 것이 이때부터는 중학교 2학년이 1시간 반으로 늘어나고, 중학교 3학년부터 고등학교 3학년까지는 각각 2시간으로 확대되었다.

표 2-16, 17은 19세기 초반에 교육과정에서 지리의 위상이 낮았던 시기부터 전쟁에 패하면서 그 위상이 급격히 상승하는 과정, 그리고 여러 번의 교육과정 개정을 거치면서 20세기 중반까지 지리교육의 발전과정을 보여준다. 1902년부터 1925년 교육과정의 중학교 2학년 학습내용에 포함되었던 엥쥘렝드(Insulinde)는 오늘날의 동남아시아 지역을 지칭하는 용어였다.

표 2-16. 프랑스 지리교육 변천사(1)

연도	중1	중2	중3	중4	고1	고2	고3
1830~1848	고대사와 이 시기의 역사에 해당되는 지리	고대사와 이 시기의 역사에 해당되는 지리	로마사와 이 시기의 역사에 해당되는 지리	중세사와 이 시기의 역사에 해당되는 지리	근대사와 이 시기의 역사에 해당되는 지리	1789년까지의 프랑스사와 이 시기의 역사에 해당되는 지리	−
1852	자연지리, 정치지리, 행정지리, 경제지리						−
1854	공문에는 '기후,(건물이나 토지의) 방향, 문화, 자연적 또는 경험에 의한 산업, 상호교역, 삶의 체제, 습관, 경쟁관계에 있던 민족, 그리고 오늘날까지 프랑스를 구성하고 있는 다양한 지역들 간의 차이점 등과 같이 사실적인 구조를 중심으로 흥미를 끄는 개념에 대한 학습의 필요성' 제시						−
1857	새 교육과정은 '지구상의 자연지리, 정치지리의 일반적인 구분에 대해 알게 하는 것이 필수적'이라고 명시						−
1865	지리교육의 위기			−	−	−	−
1872	아시아 아프리카 아메리카 오세아니아	유럽	프랑스	유럽의 자연지리 정치지리 경제지리	계통지리 아시아 아프리카, 아메리카 오세아니아의 자연지리 정치지리 경제지리	프랑스와 그의 식민지에 대한 자연지리 정치지리 경제지리	−
1880	유럽 및 지중해 연안	아프리카 아시아 아메리카 오세아니아	〃	〃	〃	〃	−

70) 이 시기에 교과서 집필에 참여했던 대학 교수들 및 그들이 집필에 참여했던 시기는 다음과 같다: Albert Demangeon(1938-1959), Jean Bruhnes(1935-1951), André Cholley(1933~1961).

연도	중1	중2	중3	중4	고1	고2	고3
1890	세계 및 지중해 연안의 계통지리	프랑스	계통지리 아메리카	아시아 아프리카 오세아니아	유럽	프랑스와 그의 식민지에 대한 자연지리 정치지리 경제지리	–
1902	계통지리 아프리카 호주	아시아 Insulinde 아프리카	유럽	프랑스와 그의 식민지	계통지리	프랑스	–
1905	″	아시아 아프리카	유럽	프랑스 식민지	계통지리	프랑스	주요 경제대국들

자료: Isabelle Lefort(1998), Vincent Adoumié(2001)의 글을 바탕으로 재구성한 것임.

표 2-17. 프랑스 지리교육 변천사(2)

연도	중1	중2	중3	중4	고1	고2	고3
1925	″	아시아 Insulinde 아프리카	프랑스와 그의 식민지	유럽	계통지리	프랑스	주요 경제대국들
1938	계통지리	러시아의 아시아를 제외한 세계와 프랑스의 식민지	프랑스를 제외한 유럽과 러시아의 아시아	프랑스와 그의 식민지	계통지리	프랑스	주요 경제대국들
1943	세계와 프랑스, 계통지리의 첫 번째 개념	프랑스와 유럽, 지역지리의 첫 번째 개념	아프리카	아시아와 태평양 세계	아메리카와 극지방	프랑스와 그의 제국	계통지리 대지와 인간 주요 경제대국들
1945	자연지리, 지구표면에서의 삶, 대지의 발견에 대한 주요 단계	세계(러시아의 아시아와 프랑스의 식민지 제외)	유럽(프랑스 제외), 러시아의 아시아	프랑스 본토와 해외영토	계통지리 자연지리 인문지리	프랑스 식민지	세계의 주요 경제대국들 주요 원료 국제교통의 경유

자료: Isabelle Lefort(1998), Vincent Adoumié(2001)의 글을 바탕으로 재구성한 것임.

나. 20세기 중반 이후의 프랑스 지리교육의 변화 및 동향

지금까지는 프랑스에 지리교육이 도입되던 시점부터 20세기 중반까지 지리가 학교 교육 과정에서 중요한 분야로 자리 잡는 과정을 중심으로 살펴보았다. 여기서는 20세기 후반부를 중심으로 프랑스 지리교육의 변천과정을 검토하고자 한다. 이를 위해, 오늘날까지 프랑스 지리교육 과정에서 다루고 있는 주된 지리 내용을 시기별로 정리하고, 그 과정에서 나타나는 특징이 무엇인지 고찰하고자 한다. 이어서 주된 학습내용의 변천과정을 20세기 후반부 동안의 중학교 과정 및 고등학교 1학년의 내용을 중심으로 구체적으로 분석하고자 한다. 마지막으로, 최근에 프랑스 대학에서 지리교육을 강의하고 있는 교수들의 연구경향을 파악하고, 주요 학술지 및 최근 프랑스 지리교육의 연구동향을 정리하고자 한다.

표 2-18. 프랑스 지리교육 변천사(3)

연도	중1	중2	중3	중4	고1	고2	고3
1960	계통지리 아프리카	극지방 아메리카 아시아 오세아니아	〃	〃	계통지리	프랑스 본토와 해외 영토	현대 세계의 주요 문제 세계의 주요 경제대국들 경제생활의 기술적 토대
1963	계통지리 아프리카	아시아 오세아니아	유럽 (프랑스 제외)	프랑스	계통지리	프랑스 공동체	현세계의 주요 문제들
1969	〃	〃	〃	〃	–	〃	〃
1977	지리적으로 다른 환경의 인간	아프리카 아시아 아메리카에서 현 세계의 특성에 관한 문제	오늘날 유럽의 활동과 문제	프랑스 유럽경제공동체 미국과 구소련 세계의 주요조직 유엔	계통지리	프랑스: 지역지리, 프랑스식 표현의 아프리카 국가들과 마다가스카르	현 세계의 문제 주요 경제 및 인문적 대국들.
1981	〃	〃	〃	〃	계통지리 (환경·사회 중심으로 구성)/지구와 인구, 자원, 삶의 원천, 지구표면의 삶, 인간집단과 인구학적 역동성, 도시와 시골, 생산과 교역, 환경문제	〃	4대 강대국 (미국, 구소련, 중국, 일본) 교역의 세계화 발전의 불평등
1982	〃	〃	〃	〃	〃	유럽공간에 자연적 요소 포함. 인구, 경제, 사회적 변천. 생산의 주요 요인과 교통경제. 지역적인 관점. 유럽 경제공동체와 세계 속에서의 프랑스. 유럽경제공동체에 해당되는 국가 중1~2개국 학습	〃

자료: Isabelle Lefort(1998), Vincent Adoumié(2001)의 글을 바탕으로 재구성한 것임.

표 2-19. 프랑스 지리교육 변천사(4)

연도	중1	중2	중3	중4	고1	고2	고3
1985	지구: 대륙과 해양 온대기후 환경에서의 인간, 사막 및 한대기후 환경에서의 인간, 열대환경에서의 인간, 극지방 환경에서의 인간, 온대 및 열대 환경속에서의 인간과 산지, 지구표면에서의 기후대의 개념 및 인간의 분포, 경제입문	오늘날의 세계에서 아프리카, 아시아, 라틴아메리카, 발전, 경제입문	유럽: 유럽공간 유럽의 4개국, 유럽경제공동체, 유럽의 단일성과 다양성, 세계 속에서 유럽의 영향력, 경제입문	프랑스: 공간과 인간 지역적 다양성과 국토개발, 예전에 산업화된 지역들, 변화하고 있는 촌락 지역들, 유럽공동체 및 세계 속에서 프랑스의 지위와 영향력, 미국, 소비에트연방, 힘(국력)의 개념, 국가들의 상호의존, 경제입문	〃	〃	〃
1987	〃	〃	〃	〃	대지와 그의 자원, 삶의 원천, 지표면에서의 삶과 지표에서 이루어지는 교역의 대순환, 지표의 삶, 인간집단과 인구학적 역동성, 인간의 활동과 지리공간과의 관계, 도시와 촌락	〃	〃
1988	〃	〃	〃	〃	〃	프랑스와 프랑스인들: 프랑스 공간, 인간과 그들의 활동, 프랑스 공간의 대부분, 프랑스, 유럽경제공동체 그리고 세계	세계 공간에 대한 이해: 세계 공간에서 대조와 변화, 상호의존적인 공간들, 관점과 요인, 두 슈퍼 강국에서 인간과 공간조직

자료: Isabelle Lefort(1998), Vincent Adoumié(2001)의 글을 바탕으로 재구성한 것임.

연도	중1	중2	중3	중4	고1	고2	고3
1992	〃	〃	〃	〃	지구, 인간들의 행성, 공간적 어려움에 직면한 인간사회 및 공간적 자원을 보유한 인간사회, 공간을 개조하는 인간사회	〃	〃
1993	〃	〃	〃	〃	〃	세계 속에서 프랑스와 유럽, 지역적, 국가적, 유럽적, 세계적 스케일에서 프랑스 공간의 주요 학습; 국가적, 유럽적, 세계적 스케일에서 유럽공동체 국가들 중 하나 또는 두 개 국가의 공간	〃
1996	세계의 지도와 경관: 세계의 주요 지리적 지표, 경관의 대유형	아프리카 아시아 아메리카	유럽 프랑스 독일	오늘날의 세계, 경제대국들, 프랑스	인간과 대지: 지구, 인간들의 행성, 자원이 풍부한 인간사회와 어려움에 직면한 인간사회, 인간사회는 그들의 영토를 조직하고 개발한다	세계 속에서 프랑스와 유럽: 앞으로의 프랑스, 프랑스 국토, 그들의 조직, 프랑스와 유럽에서의 국가와 지역	세계적 공간: 세계에서 지리적 조직, 세계의 3대 경제대국(미국, 일본, 독일), 대륙적인 스케일에서 세계의 지리적 문제

자료: Isabelle Lefort(1998), Vincent Adoumié(2001)의 글을 바탕으로 재구성한 것임.

　1945년의 개혁에서는 고등학교 1학년 내용이 미국의 Davis와 관련된 측면에서 자연지리가 강조되었으며, 그 외에는 인구, 생활양식, 활동방식, 정치지리 개념 등 인문지리 중심으로 학습내용을 구성하도록 진술하였다. 1955년의 지침서는 지표에서 경관 및 생활양식을 찾아보고, 이를 기술하며, 설명하고 비교하는 방식이 제시되었으며, 또한 지리학의 역할이 강조되었다. 여기서 제시된 학습방법은 오늘날 프랑스 지리교육의 학습방법에 대한 기능적 측면에 훨씬 더 가까워진 것으로 볼 수 있다.

　1960년의 교육과정에서 고등학교 1학년의 학습내용은 인구, 도시 및 경제, 인간과 천연자원, 도시-촌락 간의 관계 등 인문지리가 확대된 것이 특징적이다. 또한 기존의 식민지 관련

용어를 탈식민지화와 관련된 용어로 수정하였으며, 1969년 개정의 특징으로는 중학교 1학년에서 계통지리가 없어진 것이다. 교육과정에 따르면, 중학교 1학년 학생들에게 계통지리는 매력적이거나 흥미를 끌지 못하며, 아프리카에 관한 내용이 과도하게 포함되어 있다. 따라서 그러한 계통지리 관련 개념들은 이해하고 배우기에 아주 어렵다는 내용이다. 이 시기에 초등학교 수준에서 역사와 지리는 '일깨우는 과목(matières d'éveil)'에 통합되었다. 한편, 학계에서는 Jacqueline Beaujeu-Garnier, Marie-Louise Debesse-Arviset, Paul Claval 등이 l'Information géographieque와 Historiens et géographes 등과 같은 학회지에 지리교육 관련 논문을 게재하였다.

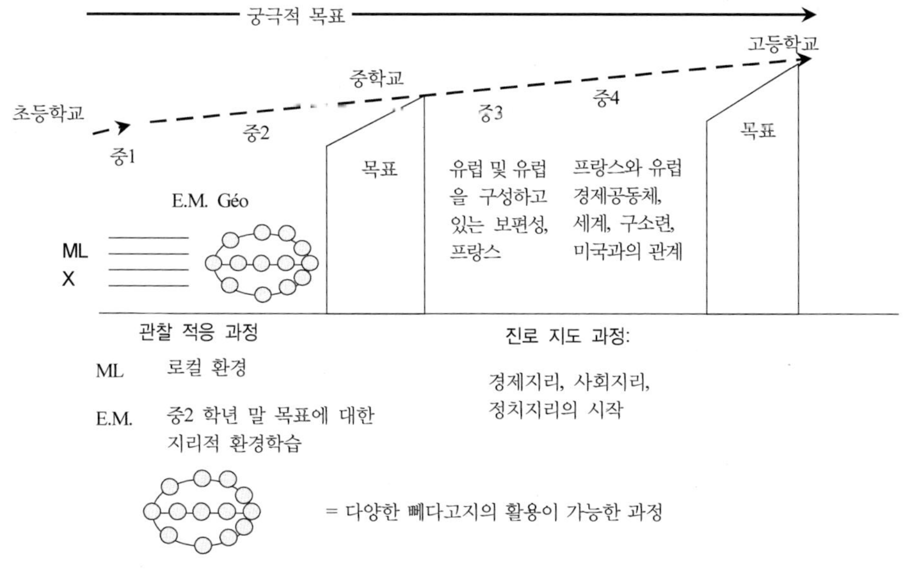

그림 2-6. 프랑스 지리 교육과정의 작동원리

출처: Lucile Marbeau, 1979, p.91.

1977년에 있었던 흐네 아비(René Haby)의 개혁은 지리교육에서 기존의 교사와 학생 간의 교수-학습 방법의 틀에서 벗어나서 학습의 도입부에 '문제제기(problématique)'를 강조하는 것이 특징이다. 이러한 변화는 신지리학의 영향으로부터 비롯된 것이라 할 수 있다. 이러한 상황에서 학계에서는 Paul Pélissier, Paul Claval, Philippe Pinchemel 등과 같은 대학 교수들이 새로운 교육과정과 관련하여 Historiens et Géographes에 지리교육 논문을 발표하였다. 1979

년에 Marbeau는 그림 2-6과 같이 당시의 지리교육과정의 작동원리를 제시하였다.

1981년에는 고등학교 1학년과 3학년의 내용이 개정되었는데, 이 시점부터는 계통지리 관련 학습내용을 구성하는 데 있어서 환경(les milieux)과 사회(les sociétés) 사이의 관계에 대한 논리 위주로 구성된다고 지침서는 진술하고 있다. 1980년대는 오늘날까지 프랑스 지리교육에서 주된 개념으로 남아 있는 지정학의 대가였던 이브 라코스트(Yves Lacoste)가 활발하게 활동하던 시기였다. 한편, 1980년대 이후에 프랑스 지리교육 논의의 큰 흐름을 바꿔놓는 것은 바로 didactique(교과교육론)적 관점을 받아들인 것이었다. 1970년대로부터 1980년대로 넘어가면서 프랑스의 중등학교 지리교육은 계속해서 위기를 맞게 되는데, 이러한 상황에서 학습의 메커니즘에 대해 숙고하고자 교육학의 전문가들을 끌어들이게 되었다. 이러한 유형의 분석에 대해 관심을 갖기 직전에는 단순화시킨 형태의 지리지식의 전환 모형을 인정해야 하는가, 말아야 하는가에 대한 논쟁이 뜨거웠다.[71] 어쨌든, 그 시기 이후로부터 안느르후(Anne Le Roux)를 중심으로 하여 지리과에서의 didactique 논의는 점점 더 구체적으로 이루어졌다.[72] 1980년대가 저물어가면서, 프랑스 지리교육의 내용은 세계에 대한 더 큰 통합과 경제적 기능 위주로 구성되었으며(1987년 교육과정), Clermont-Ferrand과 Besançon에는 역사-지리 교육을 위한 연구소(IREHG)를 설립하는 등, 1980년대 동안에 프랑스는 역사 및 지리교육의 발전을 위해 많은 노력을 기울였다.

1990년에는 지리학의 보급에 있어서 가장 좋은 기회가 될 수 있는 세계지리축제가 쌩디에 보쥬(Saint-Dié-Vosges)에서 처음으로 개최되었으며, 매년 열리는 이 축제에서는 지리학의 노벨상에 해당하는 Vautrin-Lud 상이 수여되고 있다. 1992년에는 고등학교 1학년 내용이 개정되었는데, 그 이전 시기와 달라진 점은 '공간적 어려움에 직면한 인간사회 및 자원을 보유한 인간사회'이다. 또한 공간을 개조하는 인간사회라는 내용도 이 시기부터 새롭게 등장하였다. 지금으로부터 20여 년 전부터 지리수업에서 다루어지는 사실(데이터)과 자연현상에 대한 지위는 더 이상 같은 것이 아니다. 이러한 변화의 초기에는 학문적 연구와 학교 교육과정이 훨씬 더 사회적인 측면에서 문제제기하는 형식으로 기울고 있으며, 또한 일부 교사들은 학생들이 인간사회 환경의 관리에 대하여 시민적 토론을 통해 이해할 수 있도록 잘 준비

---

71) Vincent Adoumié, 2001, *Enseigner la géographie en lycée*, pp.57-58.

72) Anne Le Roux, 2003, *Didactique de la géographie*, presses universitaires de Caen.

시키기 위한 의지를 보이고 있다.[73]

다. 중학교와 고등학교의 지리 학습내용의 변화

지금까지는 프랑스 지리교육의 변천과정을 프랑스의 국가적인 상황, 학문적인 성격, 학자들의 연구경향 등과 관련하여 전체적인 특징을 살펴보았다. 여기서는 20세기 후반부 동안의 중학교 교육과정과 고등학교 1학년 교육과정을 중심으로 지리교육 내용의 변천과정 및 그 특징을 살펴보고자 한다.

1940년대의 중학교 지리교육을 살펴보면, 1학년에서는 자연지리를 바탕으로 한 계통지리, 2학년에서는 유럽을 제외한 세계와 프랑스의 식민지, 3학년에서는 프랑스를 제외한 유럽과 러시아가 포함된 아시아, 4학년에서는 프랑스 본토와 해외영토로 구성되었다. 비록, 1955년에 해당되는 중학교 1학년부터 3학년까지의 내용이 확인되지는 않지만, 1960년의 내용이 그 이전의 내용과 크게 다르지 않기 때문에 대체적으로 비슷한 내용이었을 것으로 생각된다.

1960년의 내용에서 크게 달라진 점이라면, 중학교 1학년에 아프리카 지리가 새롭게 추가되었으며, 중학교 2학년에서는 호주에 대한 내용이 추가되었다. 그 외에는 그 이전 시기의 내용과 대체적으로 비슷하다. 1970년대의 내용을 보면, 중학교 1학년에서는 아프리카 내용이 빠졌고, 중학교 2학년에서는 계통지리가 추가적으로 더 들어갔으며, '오늘날 세계의 문제'가 새롭게 추가되었다. 중학교 3학년에서는 기존에 없던 '활동과 문제'와 같은 용어가 도입되었으며, 4학년에서는 미국과 구소련과 같은 소위 강대국이 포함되기 시작한 것이 큰 특징이다. 1960년에 1학년에 포함되었던 아프리카가 1970년대에 빠진 것은 1969년의 지침서에서 1960년대 동안에 다뤄졌던 내용에 대한 비판 때문인 것으로 판단된다. 즉, 중학교 1학년 학생들에게 계통지리는 너무 어려우며, 또한 아프리카의 내용까지 포함됨으로써 학습량이 지나치게 많다는 비난이 있었다(Isabelle Lefort, 1998).

1980년대를 보면, 중학교 1학년에서 기후대 개념 및 인구분포에 대한 내용이 추가되었으며, 2학년에서는 기존의 방식과는 달리 구체적인 대륙(아프리카, 아시아, 남아메리카)이 제

---

73) Gérard Hugonie, 2008, Place des données et phénomènes naturels, Cahiers pédagogiques, Enseigner la géographique aujourd'hui, CRAP, p.18.

시되었다. 3학년에서는 유럽의 4개국, 유럽의 단일성 및 다양성, 유럽의 영향력 등의 내용이 새롭게 추가되었고, 4학년에서는 1970년대에 미국과 구소련이 제시되었던 것으로부터 힘(La Puissance)의 개념이 새롭게 포함되었고, 국가들 간의 상호의존이라는 내용도 추가되었다.

90년대의 첫 번째 단계인 1993년에는 중학교 1학년과 2학년의 내용이 확인되지 않는다. 그렇지만, 전후의 내용을 비교해본 결과 큰 차이가 없을 것으로 판단된다. 중학교 3학년과 4학년의 내용도 1980년대의 내용과 거의 비슷하다. 그러나 1996~1998년 사이의 내용에서는 약간의 변화가 드러난다. 이를테면, 중학교 1학년에서는 경관의 유형이 새롭게 포함되었고, 중학교 2학년의 내용은 1980년대의 내용과 같으며, 중학교 3학년의 내용은 그동안 다뤄졌던 유럽대륙 외에 프랑스 내용이 새롭게 추가되었다. 4학년에서는 오늘날 보편적으로 쓰이는 경제대국이라는 표현이 등장하기 시작했다.

2002년의 내용은 1990년대 후반부의 내용과 거의 비슷한데, 2008년에 개정된 교육과정 내용은 크게 달라진 것을 알 수 있다. 이를테면, 중학교 1학년의 내용은 기존에 세계지리 중심이었던 것이 가까운 공간으로부터 시작하며, "지구상의 인구분포, 도시, 촌락, 해안, 극지 등에 살기"와 같은 형식으로 완전히 달라졌다. 중학교 2학년에서 기존의 아프리카, 아시아, 아메리카의 내용은 완전히 사라지고, 지속 가능한 발전, 불평등하게 발전된 사회, 인간과 자원 등으로 완전히 새롭게 바뀌었으며, 중학교 3학년의 경우는 역시 기존의 유럽대륙 및 프랑스 내용이 세계적 차원에서의 교역, 세계화 시대의 세계의 영역들, 세계화의 문제로 바뀌었으며, 4학년에서는 기존의 주요경제대국이 빠지고, 유럽연합에 관한 내용이 추가적으로 늘어났다.

표 2-21. 프랑스 중학교 지리교육과정 내용변화(1945~2008)

연도	중1	중2	중3	중4
1945	자연지리 관점의 계통지리, 지표에서의 삶	세계(유럽제외, 구소련의 아시아 대륙과 프랑스 제국)	유럽(프랑스 제외)과 구소련의 아시아 대륙	프랑스 본토와 해외영토
1947	세계의 발견에 대한 가장 중요한 시기, 자연지리, 지표에서의 삶	세계(유럽제외, 러시아의 아시아와 프랑스의 식민지)	유럽(프랑스 제외)과 러시아의 아시아	프랑스와 해외영토
1955	-	-	-	프랑스 본토와 프랑스 연합
1960	계통지리적 관점, 아프리카	극지방과 아메리카, 아시아, 호주	유럽(프랑스 제외)과 러시아의 아시아	프랑스 연합

1977 ~1978	국지환경, 지리적으로 다양한 환경속에서의 인간	지구, 계통지리, 인구지리, 오늘날 세계의 문제	유럽공간, 오늘날 유럽의 활동과 문제	프랑스, 유럽경제공동체, 미국과 구소련, 중요한 국제기구
1985	지표 삶의 조건의 다양성, 기후대의 개념 및 인간의 분포	아프리카, 아시아, 남아메리카	유럽공간, 유럽 4개국, 유럽경제공동체와 코메콘, 유럽의 단일체와 다양성, 세계에서 유럽의 영향력	프랑스, 유럽경제공동체와 세계에서 프랑스의 위상과 영향력, 힘의 개념, 미국과 구소련, 국가들 간의 상호의존
1993	–	–	유럽공간, 유럽공간의 조직, 유럽의 4개국, 유럽의 단일성과 다양성, 세계 속에서 유럽의 영향력	프랑스, 유럽경제공동체와 세계에서 프랑스의 위상과 영향력, 미국과 구소련, 힘의 개념, 국가들 간의 상호의존
1996 ~1998	전 세계의 다양한 지역에 대한 계통지리적 관점, 경관의 유형	아프리카, 아시아, 아메리카	유럽대륙, 프랑스	오늘날 세계의 지리, 가장 중요한 경제대국들, 프랑스
2002	세계의 지리적 대지표, 경관의 대유형	아프리카, 아시아, 아메리카	유럽대륙, 프랑스	오늘날 세계의 구상과 조직, 주요경제대국, 프랑스
2008	가까운 공간: 경관과 영역, 지구상에서 인간은 어디에 분포하는가?, 도시에 살기, 촌락세계에 살기, 해안에 살기, 극도로 어려운 공간에 살기, 선택문제	지속 가능한 발전의 문제, 고르지 않게 발전된 사회, 인간과 자원, 선택문제	세계적 차원에서의 교역, 세계화 속에서의 영토들, 세계화의 문제들	프랑스에 살기, 프랑스 국토의 정비와 발전, 프랑스와 유럽연합, 프랑스 및 유럽연합의 세계적 역할

자료: Olivier Mentz, 2003, The Development of Nation and Europe in French Geography Textbooks Since 1945, p.233의 표를 바탕으로 재구성한 것임.

이상에서 살펴본 것처럼, 20세기 후반부 동안 중학교 수준에서의 학습내용과 관련하여 2000년 초까지는 중학교 1학년에서 세계적 스케일에서의 계통지리, 중학교 2학년은 아프리카, 아시아, 아메리카, 중학교 3학년에서는 유럽대륙과 프랑스, 4학년에서는 프랑스와 세계의 강대국을 중심으로 구성되었던 것이 2008년 개정 교육과정부터는 학습내용의 형식과 체제 모두 완전히 바뀐 것을 확인할 수 있다.

이어서 20세기 후반부 동안의 고등학교 1학년 지리 교육과정의 변천과정을 분석해보고자 한다. 먼저, 60년대 고등학교 1학년의 학습내용을 살펴보면, 크게 계통지리, 자연지리, 인문지리로 구성된다. 이 시기에는 수업시간의 2/3에 해당하는 시간을 자연지리를 가르치는데 할애했는데, 비달학파의 영향으로 경제, 도시 분석과 같은 인문지리적 성격도 드러나며 생태학적 개념도 제시되었다.

1970년대의 경향은 1960년대와 마찬가지로 계통, 자연, 인문지리의 틀로 학습내용이 구성되었다. 그렇지만 1960년대의 내용과 비교할 때 형식적인 측면에서 달라진 점이라면, 자연지리와 인문지리를 대주제 수준으로 구분하지 않았으며, 대신에 소주제로 된 학습내용이 크게 증가하였다는 것이다. 여기서 학습내용의 전개순서는 계통지리, 자연지리, 인문지리의 순이었다.

1980년대는 그 이전 시기의 내용과 교육과정의 정신적인 측면에서 완전히 달라졌다. 즉, 지리적인 성찰은 온전히 인간(l'homme)에 관한 것이었다. 1960~1970년대와는 달리 이 시기에는 자연지리가 인문적 역동성을 설명할 필요가 있을 때에만 활용되었으며, 학습내용의 구성에도 자연지리적 내용이 단독으로 드러나지는 않고 있다. 1980년대 후반으로 가면서 학습내용의 구성은 공간, 망, 인간에 대한 역동적인 분석을 통합하는 논리로 기우는 경향을 보이고 있다.

1990년대에 들어서는 학습내용이 그 이전 시기와는 완전히 달라진다. 이를테면, 빈부격차 및 남북문제 등 어려움에 직면한 사회에 관한 내용이 새롭게 포함되었다. 또한 인간은 땅을 점유하고 개발한다는 표현도 이때부터 도입되었다. 이러한 표현들은 현재 학습내용의 주된 골격을 형성하고 있다.

표 2-22. 고등학교 1학년 지리교육과정 내용변화 1(1963~2008)

연도	주요 내용		특징
1963	- 계통, 자연, 인문지리 - Ⅰ. 도입 1. 지구 2. 지표면에 대한 표현 Ⅱ. 자연지리 1. 대양과 바다 2. 기후와 그것의 자연적 영향 3. 지형과 그것의 변화 Ⅲ. 인문지리 1. 세계의 인구 2. 지구에 대한 인간의 활용 3. 도시와 경제 지역들 4. 인간과 천연자원		이 교육과정은 비달학파의 영향력이 절정에 달하던 시기에 만들어진 것으로, 수업시간의 2/3가 자연지리에 할애되었다(기후지대 및 구조지형학과 관련하여 중요성이 부여되었음). 당시의 대학교 자연지리수업과 비교해 보더라도, 1963년의 고1 교육과정이 훨씬 더 철저하게 구성되었다. 하지만, 개선된 비달학파의 경향은 경제 및 도시 분석 그리고 처음으로 생태학적 개념을 제시하는 등 인문지리적 성격이 드러난다.
1978	- 계통, 자연, 인문지리 - 1. 우리가 살고 있는 세계 2. 주요 공간들 3. 대축척 및 소축척 4. 지구 5. 기후	16. 대 산지 17. 산지와 인간 18. 대하천과 물 문제 19. 인간과 일하는 여성 20. 발전된 국가의 농업 21. 저개발 국가의 농업	

| 1978 | 6. 살아있는 행성, 지구
7. 인간 및 자원의 불균등한 분포
8. 경제 및 인구성장
9. 고르지 않은 발전
10. 열대지역
11. 열대지역 개발하기
12. 사막
13. 온대지방
14. 한대지역
15. 해양 | 22. 발전된 국가의 도시
23. 저개발 국가의 도시문제
24. 3세계의 도시
25. 오염
26. 도시와 공간조직
27. 왕래
28. 에너지
29. 산업
30. 전략과 지정학 | 1963년 교육과정과 큰 틀에서는 같다고 볼 수 있다. 즉, 계통, 자연, 인문지리적 관점에서 학습내용을 구성하고 있는데, 1963년의 내용에서는 계통, 자연, 인문지리에 대한 구분을 별도로 하는데 반해, 1978년에는 대구분은 하지 않지만, 세부 내용에서는 뚜렷한 차이를 보이고 있다. 1978년의 내용은 그 전에 비해 전체적인 성격은 비슷하지만, 학습내용은 훨씬 구체적으로 많이 포함되었다. |
| 1981 | 1. 지구와 인간
2. 지구와 그의 자원
3. 삶의 원천과 지표의 주요 교역 사이클
4. 지표에서의 삶
5. 인간집단과 인구학적 역동성
6. 도시와 촌락
7. 생산과 교역: 공간개발에 있어서의 조직, 역할
8. 환경문제: 인간과 자연 사이의 관계 | | 지리적인 성찰의 기본은 완전히 인간(l'homme)에 관한 것으로 <u>교육과정의 정신은 완전히 전환됨.</u>
자연지리는 인문적 역동성을 설명할 필요가 있는 부분에서만 활용된다.
교육과정의 구성은 1963년과 같이 그 자체로는 체계적인 지리와는 거리가 멀고 애매하다. 이를테면, 인간과 자연 간의 관계는 별도로 학습되는데, 이는 지리학에 대한 전체적인 버전의 논리가 약간 허물어진 것이다. |

자료: Vincent Adoumié, 2001, Enseigner la géographie en lycée, p.59이 표를 바탕으로 재구성한 것임.

표 2-23. 고등학교 1학년 지리교육과정 내용변화 2(1963~1996)

연도	주요 내용	특징
1987	1. 지구와 그의 자원 2. 삶의 원천과 지표에서 교역의 대순환 3. 지표에서의 삶 4. 인간집단과 인구학적 역동성 5. 인간의 활동과 지리적 공간 간의 관계 6. 도시와 촌락	<u>체계적인 논리는 공간, 망, 인간에 대한 역동적인 분석을 통합하면서 최고조에 달했다.</u> 교역 및 왕래의 망을 통해 공간 조직화에 대한 설명으로 변화하는 것은 Roger Bruner가 보기에 망은 공간개념을 대체할 수 없다는 것을 수정해야만 하는 것으로 그 스스로 믿었던 것 같다. 1981년 교육과정의 상대적인 비논리성은 다음과 같이 삭제되었다: 생태적인 현상은 공간의 역동성에 대한 요인으로서 보였다.
1996	1. 인간과 대지: 지구, 인간들의 행성 2. 자원이 풍부한 인간사회와 어려움에 직면한 사회 3. 인간사회는 그들의 영토를 조직하고 개발한다.	빈부격차 및 남북문제 등 어려움에 직면한 사회에 대한 내용이 새롭게 포함되었으며, 인간은 땅을 점유하고 개발하는 표현도 이때부터 새롭게 시작된다. 이러한 내용들은 이 시기부터 현재까지 계속되고 있다.

자료: Vincent Adoumié, 2001, Enseigner la géographie en lycée, p.59의 표를 바탕으로 재구성한 것임.

라. 최근 40년간의 교과서의 학습내용 전개방식 변화

앞에서는 20세기 후반을 중심으로 프랑스 지리교육에서 다루어진 학습내용의 변천과정을 살펴보았는데, 여기서는 최근까지 지난 40여 년간 프랑스 지리 교과서의 학습내용 전개방식의 변화에 관하여 검토하고자 한다. 오늘날의 프랑스 교과서는 다양한 학습자료를 활용하면서 질문 및 여러 가지 다양한 학습자료를 통해 학습내용을 구성하고 있다. 오늘날 프랑스 지리교육의 특징을 이해하기 위해서는 이러한 교과서 전개방식의 틀이 어느 시기부터 어떠한 과정을 거쳐 도입되었는가에 관하여 구체적으로 살펴볼 필요가 있다. 이는 1970년대부터 최근까지 개발된 중·고등학교 지리 교과서 분석을 통해 확인하였으며, 이 작업을 위해 분석된 교과서는 표 2-24와 같이 총 7개 출판사의 교과서 29권(중학교 교과서 12권, 고등학교 교과서 17권)이다.

표 2-24. 교과서 학습내용 구성방식 분석에 활용된 교과서

연도	학년 (중학교)	출판사	연도	학년 (고등학교)	출판사
1988	중3	Bordas	1978	고1	Nathan
1994	중1	Magnard	1983	고3	Bordas
1996	중1	Hachette	1987	고1	Nathan
1997	중2	Hachette	1987	고3	Dunod
1997	중2	Belin	1988	고2	Hatier
1999	중4	Hachette	1996	고1	Hachette
2001	중4	Nathan	1996	고1	Nathan
2002	중3	Hatier	1997	고2	Magnard
2004~2007	중1~4	Hatier	1997	고2	Magnard
–	–	–	1998	고3	Nathan
–	–	–	1998	고3	Magnard
–	–	–	2006~2008	고1~고3	Hatier
–	–	–	2006~2008	고1~고3	Hachette

1) 1970년대 동안의 전개방식

1978년에 나땅(Nathan) 출판사에서 제작된 고등학교 1학년 교과서는 오늘날의 대학교재와 거의 비슷하다. 책 크기는 오늘날의 프랑스 교과서보다 약간 작으며, 교과서의 앞부분에는 학습내용의 구성방식에 관한 설명이 제시되지 않았다. 목차 표기에 관해서는 전통적인 프랑스의 방식과 같이 교과서의 맨 뒤에 배치되었다. 이 교과서의 표지에는 '고등학교 1학년 지리'라는 제목 외에, 부제가 '계통지리'로 표기되어 있으며, 속표지에는 '계통지리, 자연지리, 인문지리'로 표기되어 있다. 실제로 학습내용은 계통지리, 자연지리, 인문지리로 대분류되어

있으며, 각각의 성격에 맞게 학습내용이 배치되어 있다. 교과서의 내용구성 방식은 아주 단순하다. 이를테면, 아라비아 숫자와 함께 학습주제가 제시되며, 이어서 텍스트 형식의 본문으로 구성된다. 오늘날의 교과서 형식과는 다르게 지도나 사진의 크기가 작으며, 그 수도 적게 배치되어 있으며, 선명도도 많이 떨어진다. 반면, 본문을 구성하고 있는 텍스트는 많은 양의 지면을 차지하고 있다.

2) 1980년대 동안의 전개방식

1983년에 보흐다스(Bordas) 출판사에서 출판된 고등학교 3학년 교과서는 1970년대 교과서와 마찬가지로 전체적인 분위기는 대학교재와 비슷하다. 그 당시의 교과서 역시 교과서 구성에 관한 안내는 교과서의 진면에 제시되지 않았으나, 목차의 위치가 교과서의 뒤에서 앞으로 이동하였다. 교과서의 크기는 1970년대의 것과 마찬가지로 오늘날의 교과서보다는 약간 작다. 이 교과서에는 학년 주제가 '세계: 불평등으로부터 상호의존으로'와 같이 제시되었으며, 학습내용은 로마자로 된 대주제와 그에 해당되는 소주제는 아라비아 숫자로 매겨져 있다. 학습내용의 구성방식은 여전히 전통적인 방식을 보이고 있다. 이를테면, 해당학습 주제마다 왼쪽 페이지에는 텍스트 형식의 본문내용이 배치되어 있으며 오른쪽 페이지에는 본문내용을 뒷받침해줄 수 있는 지도, 사진, 도식, 그래프, 통계자료 등과 같은 학습자료가 배치되었다.

1987년에 나땅(Nathan) 출판사에서 출판된 고등학교 1학년 교과서를 보면, 기존의 교과서 형식과는 상당 부분에서 달라진 것을 확인할 수 있다. 이를테면, 학습내용이 제시되는 순서가 Chapitre(챕터) 용어로 바뀌고 있으며, 새로운 챕터가 시작되는 부분에서는 두 페이지에 걸쳐서 해당 챕터의 내용과 관련되는 경관사진이 크게 제시되고 있다. 1980년대 전반 이전 시기와는 달리, 본문의 내용구성 방식도 훨씬 더 복잡해졌다. 이를테면, 해당 챕터 밑에 아라비아 숫자로 제시되는 본문이 일반적으로 2~6개 정도로 제시되며, 그 사이에 "Travaux dirigés(방법론 학습)" 형식의 섹션이 새로 추가되었다. 이 부분은 오늘날의 Méthode(학습방법)에 해당되는 것으로서, 이를테면 "지형도 읽기" 등과 같은 내용을 담고 있다. 여기서는 Exercices의 형식으로 학습내용을 안내하고 있다. 일반적으로 이러한 유형의 Travaux dirigés

는 한 챕터마다 2개 정도 제시된다. 한편, 아라비아 숫자와 함께 제시되는 본문은 좌우 페이지를 통해 구성되는데, 좌측 페이지에는 텍스트 형식으로 채워지고, 우측 페이지에는 이에 대한 근거자료가 될 수 있는 다양한 학습자료가 배치된다. 이 교과서에서는 학습주제가 끝나는 뒷부분에 Géo-pratique(실용지리)와 Auto-évaluation(스스로 평가하는) 섹션이 각각 제시되어 있다. 전자는 이를테면, '지도는 왜 필요한가?'와 같은 내용들로 구성되며, 후자는 학습자료, 핵심어, 학습문제, 주제 등의 형식으로 구성되어 학생들 스스로 학습한 내용을 정리할 수 있는 기회를 제공하기 위한 것으로 보인다.

1987년에 뒤노(Dunod) 출판사에서 출판된 고등학교 3학년 교과서는 '경제적 삶과 세계 교역'이라는 학년 주제 중심으로 구성되었다. 이 시기에도 외형적인 분위기는 여전히 대학교재와 같은 느낌이 들지만, 내용 전개방식에 있어서는 상당한 변화를 보이고 있다. 이를테면, 학습주제는 아라비아 숫자와 함께 제시되며, 그에 따른 본문은 두 페이지 분량의 텍스트 형식으로 제시된다. 이어서 오늘날 교과서에 일반적으로 제시되는 형식인 Documents 섹션이 처음으로 등장하는데, 이는 각각의 학습주제 별로 약 5~7개 정도씩 제시된다. 여기서는 주로 본문에서 제시한 내용과 관련되는 학습자료 즉, 지도, 사진, 그래프, 도식, 통계자료 등이 제시된다.

1988년에 보흐다스(Bordas) 출판사에서 출판된 중학교 3학년 교과서는 그 이전에 나온 교과서들과는 많은 차이를 보이고 있다. 우선, 교과서의 전면에 그 교과서의 구성방식에 관한 안내가 제시된 것이 큰 특징이다. 대주제가 제시되는 부분에는 양쪽 페이지를 할애하여 학습주제와 관련되는 큰 경관사진이 배치되며, 내용 전개방식 또한 특이하다. 이를테면, 학습 내용은 크게 Travaux et recherches(탐구학습), Cartes(지도), Méthodologie du Brevet(시험대비), Evaluation(평가), Savoir plus(심화학습) 등과 같은 섹션들로 이루어진다. 여기서 두드러진 특징은 본문에 해당되는 부분이 Cartes 섹션 내에 들어가 있는 것이다. Cartes 섹션을 구체적으로 살펴보자면, 먼저 주제와 관련되는 지도 3~4장 정도가 제시된 후, 학습주제와 본문이 제시된다. 이어서 이와 관련되는 작은 사진 등 학습자료가 배치된다. 또한 학습자료의 이해를 위한 안내로서 질문형식의 Savoir l'essentiel(요점 파악하기), Comprendre les documents(자료 이해하기)와 같은 작은 난이 포함된 것도 흥미롭다.

중학교 3학년(Bordas, 1988)
대주제
Travaux et recherches
Cartes
Cartes
Travaux et recherches
Cartes
Méthodologie du Brevet, Evaluation
Cartes
Travaux et recherches
Savoir plus

표 2-25에서 보는 바와 같이, Travaux et recherches가 2~3회 배치되는데, 이는 학습자료가 제시된 후, Travaux를 통해 질문을 추가적으로 제시한다. 이는 학습방법을 터득시키기 위한 안내를 하기 위함이다. 예컨대, 질문을 통해 학습자료를 읽고, 분석하고, 이해히는 것이 recherches에 해당되는 것으로 판단된다. 학습이 마무리되는 부분에서는 Savoir plus가 배치되는데, 이는 특정한 사례관련 주제제시, 읽기자료 형식의 본문, 관련 학습자료의 순서로 구성된다. 이 교과서는 전체적인 분위기가 대학교재와 비슷하나, 오늘날의 교과서 형식 및 성격과도 상당부분 유사한 것으로 여겨진다.

1988년에 아티에(Hatier) 출판사에서 출판된 고등학교 2학년 교과서는 비교적 최근에 나온 교과서와 유사한 측면이 많은 것을 확인할 수 있다. 이를테면, 목차는 교과서의 전면에 배치되고, 이어서 해당 교과서의 학습내용 구성방식에 관한 안내 또한 제시된다. 대주제가 제시되면서 학습주제와 관련되는 위성영상 및 지도가 각각 한 페이지씩 할애되어 배치된다. 각각의 대주제별로 본문에 해당되는 중주제는 약 9~10개 정도이며, 그 사이에는 약 3~7개 정도의 Méthode(학습방법) 섹션이 배치된다. 본문의 성격을 띠고 있는 중주제는 아라비아 숫자로 제시되며, 일반적으로 좌측 페이지에는 텍스트 형식으로 작은 소주제가 2~5개 정도로 정리되어 있고, 우측 페이지에는 이에 해당되는 학습자료가 제시되어 있다. 양쪽 페이지의 모서리 부분에는 작은 칸을 만들어서 어휘, 연대표 등이 배치된다. Méthode 섹션에서는 경관읽기, 지도 그리기, 자료읽기, 논술하기 등과 같은 내용으로 구성되어 있다. 이 시기의 교과서는 대학교재의 분위기를 상당부분 탈피하는 듯한 인상을 주며, 오늘날의 교과서 형식과 아주 비슷하다.

1994년에 마냐흐(Magnard) 출판사에서 출판된 중학교 1학년 교과서를 보면, 큰 틀은 Partie (파트), Chapitre(챕터)의 형식을 취하고 있다. 대주제에 해당되는 한 파트가 시작되는 시점에서는 오늘날의 교과서처럼 평면구형도, 위성영상 등과 같은 지도가 크게 배치된다. 그리고 각각의 챕터는 2~5개의 Activité(활동)로 구성되어 있다. 여기서 새롭게 등장한 Activité는 오늘날의 Cours(본문내용)와 그 성격이 같다. Activité는 학습자료와 질문의 형식으로 구성되며, 이는 오늘날의 학습방식과 거의 유사하다. 이 시기에 제시된 사진은 오늘날의 것보다 훨씬 작은 것이 특징이다.

1996년에 아쉐뜨(Hachette) 출판사에서 출판된 중학교 1학년 교과서는 교과서의 전면에 학습내용 구성방식에 관한 설명이 있으며, 전체적인 형식이 오늘날의 교과서와 많이 비슷하다. 이를테면, 각 챕터의 주제가 제시되는 시점에서는 2페이지에 걸쳐서 학습주제 관련 사진이 크게 배치되며, 그 안에는 챕터 내 소주제가 차례의 형식으로 작게 제시되어 있다. 각각의 챕터에는 아라비아 숫자로 제시된 소주제가 4~5개 정도로 구성되며, 이는 학습자료와 본문내용의 형식으로 전개된다. 여기서 본문내용은 오늘날의 Cours와 비슷한 성격을 지니는데, 그 하단에는 간단한 질문이 3개 정도 제시된다. 소주제와 소주제 사이에는 Méthode(학습방법)와 Découvrir(발견하기) 섹션이 병렬적으로 포함된다. Méthode에서는 앞에서 이미 언급했던 것과 같이 지도읽기 등과 같은 기능적 측면으로 구성되어 있으며, Découvrir는 마치 오늘날의 사례학습과 같은 성격으로서 특정한 지역과 관련된 읽기자료 및 지도, 사진 등을 제시한 후에, 그에 대한 질문을 제시함으로써 제시된 학습주제에서 목표로 하는 것을 성취하도록 유도한다. 마지막으로 Exercices 섹션에서는 지도, 그래프, 통계 등의 학습자료 및 읽기자료를 제시한 후, 질문을 통한 연습문제 형식으로 구성되어 있다.

1997년에 아쉐뜨(Hachette) 출판사에서 출판된 중학교 2학년 교과서를 보면, 각각의 챕터별로 Documents, Leçon, Méthode, Exercices 등으로 구성되어 있다. 챕터 주제가 제시되는 시점에서는 해당 주제와 관련되는 위성영상, 주제도 등이 양 페이지에 걸쳐서 배치된다.

표 2-26. 학습내용 전개방식 사례(중2, Hachette/Belin, 1997)

중학교 2학년(Hachette, 1997)	중학교 2학년(Belin, 1997)
챕터(Chapitre)	챕터(Chapitre)
	Cartes de base
Documents	Leçon 1
Leçon 1	Lire une carte
Leçon 2	Documents
Documents	Leçon 2
Leçon 3	Documents
Méthode	Lieu du monde
Exercices	Leçon 3
	Exercices

표 2-26을 통해 제시된 바와 같이, Documents는 주제, 간단한 텍스트 설명, 학습자료, 질문의 형식으로 구성되며, Leçon(본문내용)은 오늘날의 Cours와 같은 성격을 지닌다. Leçon에서는 주제, 페이지의 1/4 정도 되는 분량의 텍스트 형식의 본문, 학습자료, 질문 3개(학습자료 읽기 도우미의 성격), 어휘정리 형식으로 구성된다. 그리고 Méthode는 '아프리카 도시경관 분석' 등과 같은 주제가 제시되고, 사진 등의 학습자료, 크로키 순서로 전개되며, Exercice, Démarche 등의 하위 항목으로 마무리된다. 여기서 Exercice는 자료읽기, 분석 등을 위한 학습자료 안내용이다. Démarche는 Exercice를 한 번 더 정리해주는 역할을 한다. 이 교과서 챕터에서 맨 마지막으로 배치되는 Exercices 섹션은 주제, 학습자료, 질문의 순서로 전개되며, 질문은 오늘날의 교과서와 마찬가지로 학습자료 읽기, 분석 등을 안내해주는 역할을 하며, 제시된 학습주제로 다가갈 수 있도록 도와준다.

같은 해에 블렝(Belin) 출판사에서 출판된 중학교 2학년 교과서의 전체적인 형식은 아쉐뜨 출판사에서 나온 교과서와 비슷하다. 챕터가 시작되는 부분에는 오늘날의 교과서와 비슷하게 두 페이지에 걸쳐 큰 사진을 배치하고 있다. 그리고 기본도 하단에는 학습주제와 관련되는 질문이 제시된다. Leçon은 오늘날의 Cours에 해당되며, 이는 학습자료와 텍스트 형식의 본문으로 구성된다. Lire une carte(지도읽기)는 Méthode의 성격을 지니며, '지도+질문'의 형식으로 전개된다. Documents는 텍스트 형식의 간단한 설명과 함께 '학습자료+질문'의 형식으로 구성된다. Lieu du monde(세계의 장소)는 오늘날의 "사례학습"과 같은 성격으로서 '지도, 사진, 텍스트 자료+10여 개 정도의 질문'으로 구성된다. Exercices는 '사진자료+질문', '지도+질문', '꼭 알아야 할 내용 정리(학습정리의 성격)'의 순서로 전개된다.

1996년에 아쉐뜨(Hachette) 출판사에서 출판된 고등학교 1학년 교과서에는 처음 부분에 교육과정이 한 페이지 정도의 분량으로 소개되어 있고, 이어서 교과서 내용구성 방식의 특징에 관하여 간단하게 제시하고 있다.

표 2-27. 학습내용 전개방식 사례(고1, Hachette/Nathan, 1996)

고등학교 1학년(Hachette, 1996)	고등학교 1학년(Nathan, 1996)
챕터(Chapitre)	챕터(Chapitre)
Carte: 해당 주제 관련 주요 특징 및 분포 본문: A, B, C, D Retenir l'essentiel(요점파악) Module(학습방법)	Planisphères(평면구형도) 본문: 아라비아 숫자로 표시 Module(학습방법)

표 2-27에서 볼 수 있는 바와 같이, 아쉐뜨(Hachette) 출판사 교과서의 학습내용 구성방식은 대단원이 Partie(파트)로 되어 있고, 그 이하는 챕터로 되어 있다. 챕터가 시작되는 페이지에는 Constat(주제와 관련된 간단한 사실 소개), Problématiques(문제제기), Plan du chapitre(챕터순서)가 한 페이지 내에 모두 포함되어 있다. 각각의 챕터는 Carte(지도)를 통해 시작된다. 본문에 해당되는 섹션의 단위는 특이하게도 A, B, C 등과 같이 전개되며, 그 하위 단위는 로마숫자와 아라비아 숫자로 구성한다. 본문 뒤에는 Retenir l'essentiel(요점파악) 섹션이 제시되고, 마지막으로 두 페이지씩에 걸쳐 다루고 있는 Module 학습 섹션이 나온다. 다른 시기 및 다른 교과서 구성과 구별되는 특징이 바로 이 모듈학습인데, 교과서 구성에 대해 제시된 설명에 의하면, 이것은 학습과 기능의 신장을 위해서 고려된 것으로 차별화된 교육을 위해 시도된 것이다. 모듈학습은 크게 두 부분으로 나눠지는데, 두 페이지에 걸쳐서 제시되는 첫 번째 페이지에서는 교육과정에 소개된 기본적인 개념 위주로 일반적이고 간단한 학습을 하도록 구성되며, 두 번째 장에서는 심화학습과 토론이 가능하도록 구성되어 있다. 이 교과서의 가장 큰 특징은 가장 최근의 교과서에서는 거의 볼 수 없는 지형도가 각 챕터별로 최소한 3개 이상 포함된 것이다.

1996년에 나땅(Nathan) 출판사에서 출판된 고등학교 1학년 교과서는 전체적인 학습내용 구성방식이 앞에서 기술한 아쉐뜨(Hachette) 출판사의 것과 대동소이하다. 챕터가 시작되는 페이지의 왼쪽 상단에는 챕터의 주제와 관련되는 사실이 간단하게 기술되어 있으며, 오른쪽 하단에는 Plan du chapitre(챕터 순서)가 제시된다. 그리고 왼쪽 하단에는 조그만 박스 형태로 된 Notions clés(핵심개념)이 배치되어 있으며, 오른쪽 상단에는 Questions clés(핵심질문)이 배치되어 있다. 챕터가 본격적으로 시작되는 첫 섹션은 챕터의 주제와 관련되는 Planisphères(평면구형도)가 제시되며, 본문은 아라비아 숫자의 순으로 제시되는데, 챕터별로 약 6~13개 정도로 구성된다. 본문은 텍스트로 된 내용과 그와 관련되는 학습자료들로 구성되는데, 대부분의 형식은 오늘날과 거의 비슷하지만 학습자료의 크기가 오늘날의 것들보다 약간 작은 편이다. 이 교과서 또한 챕터의 마지막 부분에는 모듈(Module) 학습으로 구성되어 있다. 이러한 모듈 학습은 챕터별로 보통 2개씩 챕터의 맨 뒷부분에 배치되어 있지만, 경우에 따라서는 3개의 모듈이 제시되기도 한다. 이 교과서에 제시된 모듈은 크게 세 가지 유형으로 구분된다. 첫 번째는 제시된 주제의 의미를 발견하고 Savoir-faire(학습기능)를 배울 수 있도록 다양한 종류의 학습자료를 제시하는 것이며, 두 번째는 자료를 분석하는 법을 안내해주는 질문이 제시되며, 세 번째는 지리적인 문제를 제기할 수 있고 숙고하는 데 도움을 주기 위한 Questions de synthèse(종합적인 질문)로 구성된다. 1996년에 개발된 아쉐뜨(Hachette) 출판사 및 나땅(Nathan) 출판사의 두 교과서 모두 챕터별로 모듈 학습을 포함시키고 있는 것이 주된 특징 중에 하나이다.

　1997년에 Magnard 출판사에서 출판된 고등학교 2학년 교과서의 전체적인 형식은 챕터별로 Cours(본문내용)가 6~7개, Dossier(학습자료)가 1~2개 순으로 전개된다. 챕터의 주제가 제시되는 부분에는 양 페이지에 걸쳐서 주제 관련 항공사진이 배치되며 한쪽 편에는 약간의 설명이 추가된다. 본문에 해당되는 Cours에는 좌우 페이지에 걸쳐서 다양한 학습자료가 배치되며, 오른쪽 페이지의 우측면 절반에는 텍스트 형식의 본문내용이 정리되어 있다. 목차 수준에서는 Dossier로만 표현되는 것이 교과서 안에서는 Dossier/Méthode의 형식으로 구성된다. 여기서는 질문을 통해 자료 읽는 법을 익히도록 Exercice가 포함된다. 이러한 형태는 오늘날의 교과서와 상당히 유사하다.

　1998년에 Magnard 출판사에서 출판된 고등학교 3학년 교과서는 위에서 검토한 고등학교 2학년 교과서와 거의 비슷한 형식을 취하고 있다. 전개방식상의 순서는 Cours, Dossier, Méthode, Oral Bac 등이다. 챕터별로 보면, Cours는 6~8개, Dossier는 1개, Méthode는 0~1개, Oral Bac은 0~1개가 일반적으로 포함된다. 오늘날의 교과서와 비교해볼 때 가장 큰 차이점은 Oral Bac이 포함된 것이다. 최근의 교과서에는 대입시험과 관련하여 논술 및 구술시험을 모두 대비하도록 구성되어 있는데, 이 시기에는 구술관련 내용만 포함된 것이 특징이다. 1997

년과 1998년 모두 전체적인 전개방식은 연역적으로 구성되었으며, 사진, 삽화, 지도, 그래프, 텍스트 등의 학습자료가 크게 증가하였다. 이는 오늘날의 교과서와 상당히 비슷해졌지만, 텍스트의 양은 여전히 많은 것을 확인할 수 있다.

1999년에 아쉐뜨(Hachette) 출판사에서 출판된 중학교 4학년의 교과서를 보면, 앞에서 검토한 교과서들과는 출판사가 다르기는 하지만 학습내용의 전개방식 상의 특징은 대체적으로 비슷한 편이다.

표 2-28. 학습내용 전개방식 사례(중4, Hachette, 1999)

중학교 4학년(Hachette, 1999)
챕터(Chapitre)
Leçon 1
Dossier
Dossier
Leçon 2
Dossier
Leçon 3
Leçon 4
Leçon 5
Dossier
Leçon 6
Carte
Exercices du Brevet

표 2-28에 제시된 바와 같이, 챕터 주제가 제시되면서 학습주제와 관련되는 사진이 크게 배치되고, 학습목표에 해당되는 내용이 질문의 형식으로 작게 추가된다. 본문에 해당되는 내용은 Leçon의 형태로 배치되며, 이는 '본문+학습자료'의 형식으로 구성된다. Dossier는 주제, 관련 텍스트 3~4줄, 학습자료, 질문의 순으로 구성되는데, Questions은 자료읽기, 분석과 같은 학습안내의 역할을 한다. Carte에서는 주제제시, 주제관련 본문이 4~5줄 제시되고, 지도가 3장 정도 제시된 후 Exercice 형식의 질문을 통해 지도읽기 연습을 도와준다. 학습단위의 마지막 부분에서 제시되는 Exercices du Brevet(시험대비) 섹션에서는 '주제+자료제시+자료관련 질문에 답하기+문제풀이'에 대한 '도움말+챕터 요약'으로 마무리된다. 지금까지 살펴보았듯이, 프랑스 지리 교과서는 1990년대 초에서 후반부로 접어들면서 교과서의 내용전개 방식이 전통적인 형식으로부터 벗어나서 오늘날의 체제와 상당히 가까워진 것을 확인할 수 있다.

프랑스 지리교육 과정분석

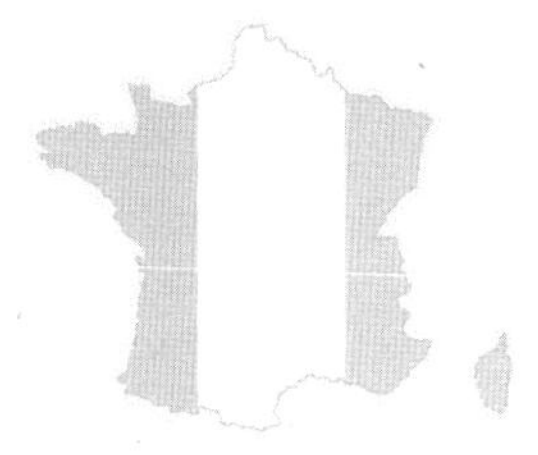

1. 교육과정 문서의 형식과 체제

가) 교육과정 문서의 형식

프랑스에서 교육과정 문서는 학교급별로 배포 방식이 다르다. 우선, 초등 및 중등 교육과정 내용은 교육부 홈페이지[74]에 게시되어 있으며, 초등학교 교육과정 내용은 이 외에도 별도의 책자 형식으로 제작되어 판매된다.[75]

표 3-1. 교육과정의 배포 및 내용구성 형식

학교급별 교육과정	교육과정 문서의 배포	내용구성 형식
초등 교육과정	책자 형식으로 제작 및 판매 교육부 홈페이지에 게시	– 지리는 <기초학습과정>과 <심화학습과정>으로 구분해서 구성됨 – 저학년 과정에서 지리는 <세계에 대한 발견> 영역의 <공간> 파트에서 다루어짐
중등 교육과정	교육부 홈페이지에 게시	– 중학교는 역사·지리 형식으로 구성되며, 전 학년을 하나의 문서로 구성함 – 고등학교는 지리만 단독으로 구성하되, 학년별로 각각 구성됨

---

74) 프랑스 교육부 홈페이지(http://www.education.gouv.fr/)

75) 본 연구에 쓰인 자료는 다음과 같다: Ministere de l'Education Nationale, 2005, Les Programmes, Qu'apprend-on à l'école élémentaire ?, pp.109-118, 211-216.

초등 교육과정은 크게 <기초학습과정>과 <심화학습과정>으로 구분되는데, 기초학습과정은 유치원에서부터 초등학교 2학년까지에 해당되는 과정이다. 기초학습과정 내에서 지리 내용은 <세계의 발견> 영역의 <공간> 파트에 해당된다. 심화학습과정에서는 지리영역이 별도로 구성되어 있다.

중학교 교육과정은 역사와 지리가 같은 문서로 구성되며, 4년에 해당되는 전 과정이 하나의 문서에 포함된다. 중학교 교육과정은 주로 역사, 지리, 시민교육 영역의 내용에 대한 통합의 관점에서 주로 다루며, 지리만을 위한 학습내용은 지리 교과서의 앞부분에 별도로 제시된다.

고등학교 교육과정은 지리 내용으로만 단독으로 구성되며, 그 내용은 학년별로 각각 제시된다. 고등학교 교육과정에서는 초·중·고 지리교육의 종합적이고 최종적인 목적이 제시되며, 모든 학교 수준의 교육과정 내용이 본질적인 개념으로 수렴된다.

나) 교육과정 문서의 체제

초등학교 교육과정 문서의 체제는 기초학습과정과 심화학습과정 모두 크게 "교육목표", "교육과정 내용", "학습 후 예상되는 능력"으로 구성된다. 교육목표에서는 해당 과정에서 배워야 할 내용에 대해 일반적이고 전체적인 수준에서 제시해주며, 교육과정(programme)에서 구체적인 내용이 제시된다.

표 3-2. 초등학교 지리교육과정 문서의 체제

단계 구분	교육과정 문서의 체제
기초학습과정 세계에 대한 발견 (유치원~초등 2학년)	교육목표(Objectifs)
	교육과정(Programme) 주요 학습내용
	학습 후 예상되는 능력
심화학습과정 지리 (초등 3~5학년)	교육목표
	교육과정 주요 학습내용 강조점(Points forts)
	학습 후 예상되는 능력

프랑스 초등학교 교육과정 책자는 매년 나오는데, 교육목표를 포함하는 본질적인 내용은

교육과정이 대폭 바뀌는 시기에만 1회로 배포되며, 그 이후에 나오는 책자에는 수시 개정된 경우에는 바뀐 내용만을 포함하며, 바뀐 내용이 없을 때에는 예년의 내용이 그대로 유지된다. 초등학교 교육과정 체제 중에서 눈에 띄는 부분은 심화학습과정 중에 나오는 "강조점(points forts)"이다. 이는 가르쳐야 할 학습내용 중에서도 중요한 포인트에 해당되는 것이다.

중학교 교육과정은 크게 일반적인 체제와 교육과정 시행 사례로 구성된다. 일반적인 체제에서는 "교육의 방향", "적용하기", "교육과정 시행"에 대한 제안으로 짜이는데, 교육의 방향에서는 구체적으로 전체 중학생들에게 공통적으로 참고할 자료가 제시되며, 교육과정 개정에 관한 안내, 역사 및 지리영역과 관련하여 연대, 공간, 문화적 지표(repères) 등이 제시된다.[76]

두 번째로 '필요에 따라 적용하기'에서는 학습 후에 습득하게 될 능력, 지식 및 기능에 대한 안내,[77] 그리고 교육학적인 관점[78]에서 학습내용을 안내한다. 세 번째 항목은 교육과정 시행에 대한 제안으로써 어기시는 학습내용 선정 원칙, 교육과정 시행사례 제시, 계열(séquences)[79]에 대한 안내로 구성된다.[80]

중학교 교육과정의 뒷부분에는 지리 관련 학습사례가 제시되어 있다. 형식은 크게 "교육목표(지식, 기능)", "참고사항", "학습안내" 등으로 구성되는데, 여기서 제시된 중학교 2학년

---

76) 이 항목에서 지리와 관련된 지표(repères)는 다음과 같다. 즉 1. 대표적인 지리 지표: 적도, 열대, 극지방, 열대지방, 온대지방, 한대지방./대륙과 대양/큰 산맥: 히말라야, 안데스, 로키, 알프스, 밀림(아마존, 중앙아프리카)./사막(사하라)/큰 하천: 나일 강, 콩고 강, 양쯔 강, 아마존 강, 미시시피 강./수에즈 운하와 파나마 운하, 지브롤터 해협./아프리카, 아시아, 아메리카 대륙의 인구, 국가 및 도시: 인구밀도가 높은 지역, 미국과 일본의 대도시./마그레브 지역의 국가들, 이집트, 인도, 중국, 일본, 미국, 캐나다, 멕시코, 브라질./카이로, 베이징, 상하이, 봄베이, 캘커타, 토쿄, 뉴욕, 로스앤젤레스, 상파울루, 멕시코. 유럽에서 주요바다: 지중해, 북해, 흑해, 발트해./큰강: 볼가 강, 다뉴브 강, 라인 강./유럽국가, 유럽연합 국가 및 수도./프랑스의 강: 가론 강, 루아르 강, 론 강, 라인 강, 센느 강./산맥: 알프스, 쥐라, 중앙산악지대, 피레네, 보쥬./대도시: 보르도, 클레르몽페랑, 릴, 리옹, 마르세이유, 메츠, 낭시, 니스, 파리, 스트라스부흐, 헨, 후엉, 툴루즈./행정구역에 따른 지역, 해외영토.

77) 지리영역에 해당되는 기능은 "읽기와 쓰기"를 통해 다음과 같은 것들을 강조한다./- 지도와 그림, 글 속에 들어 있는 장소를 확인하고 이름을 붙이면서 공간을 읽는 법을 배운다./- 지도와 그림, 글 속에 유물을 확인하는 법을 배운다. 변화와 역동성을 배우기 위한 시간의 개념을 유념하게 된다./- 장소와 공간을 연결시키는 법을 배운다. 수학적 도구를 사용하여 공간을 측정하게 된다./- 공간을 읽는 법을 배운다. 그림이나 지도, 사진 등의 공간을 지리적 지표(이름, 방향, 범례, 층)에 따라 읽는다./- 지도와 그림의 주제를 설명하기 위해 하나 혹은 여러 개의 문장을 스스로 작성하는 법을 배우게 된다. 여기서는 역사와 지리 과목의 읽기와 쓰기를 통해 여러 과목에 대한 다영역적 능력을 개발할 수 있게 된다. 이러한 부분에서 개발된 능력은 오랜 시간에 걸쳐 형성되는 것이다. 이것은 학생들의 요구를 채워주는 것으로서, 개별적이고 적합한 답변이 가능하게 해준다.

78) 교육학적 관점에서는 교과교육론적 측면에서 '교사가 설명한 것과 학생들이 이해한 것'간의 문제에 대한 설명이 있으며, 학생들의 개별학습 및 교사의 역할에 관한 언급도 제시되어 있다. 그리고 학습의 측면에서 교과서, 노트, 교실공간에 관한 특징 및 그 이용에 관하여 구체적으로 안내한다.

79) 다음의 제안 사항은 중학교 교과내용에 포함되어 있는 것이다. 이러한 제안 사항들에 대한 맞춤 기준을 다음과 같이 제시한다.
　－ 중학교 1학년: 역사 과목과 관련하여 어떻게 교육 과정에서 역사적 문서를 채택하여 학습에 적용할 것인가? 학생용 가이드 예시가 주어진다.
　－ 중학교 2학년: 어떻게 교과 공통 프로젝트 내에서 지리적 내용을 분화시킬 것인가?
　－ 중학교 3학년: 역사 과목과 관련하여 어떠한 평가 방식을 사용할 것인가?
　－ 중학교 4학년: 지리 과목에서 어떻게 학생들에게 심리적인 동기 부여를 할 것인가, 그리고 새로운 지식을 전달할 것인가?

80) 중학교 교육과정에서는 궁극적으로 지리와 역사를 통합적으로 가르칠 것을 주문하고 있다. 즉 중학교 1학년부터 3학년까지는 역사와 지리가 각각 가르쳐지거나 주제에 따라 부분적으로 통합되는데, 중학교의 마지막 단계인 4학년에서는 두 영역의 통합을 추구함으로써 우리가 살고 있는 세계에 대한 보다 깊이 있는 이해를 시도한다.

(5e)의 학습사례는 아프리카 북부의 마그레브 지역에 관한 것이다. 본 주제는 교과목간의 통합이 다양하게 이루어지도록 구성되는데, 이를테면, 예술교육, 기술교육(물 관리), SVT(사막화)와 관련된 환경문제 등이 이에 해당된다. 본 교육과정 문서에서는 역사, 지리, 시민교육과 관련된 문제를 중심으로 구성된다.[81]

이어서 제시되는 중학교 4학년(3e) 지리 학습의 사례는 세계적인 초강대국인 미국이다. 이 항목에서는 "교육목표",[82] "동기유발을 위한 매체 소개", "학습안내",[83] "문서분석 예시", "평가"[84]가 제시된다. 앞에서는 나오지 않았던 평가 항목이 등장하는 것이 두드러진 특징이다.

표 3-3. 중학교 지리교육과정 문서의 체제

대구분	교육과정의 주요 내용	상세 내용
일반적인 체제	Ⅰ. 교육의 방향	− 전체 중학생 공통 참고자료 − 교육과정 개정에 관한 안내 − 연대, 공간, 문화적 지표 　(지리 학습의 주요지표 제시)
	Ⅱ. 필요에 따라 적용하기	− 학습 후에 습득하게 될 능력 제시 − 지식, 기능에 대한 안내 − 교육학적 관점에서 학습안내
	Ⅲ. 교육과정 시행에 대한 제안	− 학습내용 선정 원칙 − 교육과정 시행사례 제시 − 계열(Séquences)에 대한 안내

---

81) 이는 환경의 세 가지 요소(해안, 산지, 사막)와 역사의 세 가지 요소(야만문화, 이슬람−아랍문화, 프랑스 식민지), 그리고 세 가지 정치적 공동체(모로코, 알제리, 튀니지) 등에 따라 마그레브 지역의 조직을 이해하는 것이다. 지리, 역사, 시민교육적 측면의 통합내용은 다음과 같다.
　* 지리: 마그레브 지역, 지중해와 이슬람 문화권에 인접한 지역으로써 유럽과 관계를 맺고 있으며, 해안 지방과 내륙 지방, 사막 지방에 분포하며, 인구 문제를 가지고 있음.
　* 역사: 이슬람 세계, 마호메트, 코란, 이슬람의 전파와 그 문명.
　− 지도: 8세기 이슬람 세계
　− 서구 기독교, 중세 서구 지역의 확장, 제1차 십자군전쟁
　* 시민 교육: 평등, 차별 배제

82) 여기서의 주된 특징은 교육목표로서 앞에서 이미 제시되었던 지식, 기능 이외에 대처능력이 추가적으로 제시된 것이다.
　* 지식(Savoirs)
　− 강대국인 미국의 다양한 측면
　* 기능(Savoir−faire)
　− 문제제기를 적절하게 하면서 알맞은 정보를 선택한다.
　− 수업 시간에 앞에 나가 발표한다.
　* 대처능력(Savoir−être)
　　미디어 자료를 통해 얻은 정보에 대해 비판적인 시각(un regard critique)을 가진다.

83) 학습안내에서 학생들은 교사의 지도에 따라 다양한 형태의 특징이 있는 강대국의 개념을 끌어낸다. 강대국인 미국에 관한 주요 영역은 다음과 같이 구분된다. 즉, 우주정복(la conquête spatiale), 메갈로폴(les mégalopoles), 첨단 산업, 대기업, 자동차, 농업, 군사적인 기구(ONU, OTAN...).

84) 본 교육과정에 제시된 평가 내용은 다음과 같다. "학생들은 교실의 앞에 서서 논리적이고 명확하게 표현할 수 있는 능력을 평가한다. 개별집단은 발표를 위한 시간배분을 해야 한다. 또한 교사는 학생 개개인을 평가할 수 있다."

| 교육과정
시행사례(지리) | 중2 지리 교육과정 | – 교육목표(지식, 기능)
– 참고사항
– 학습안내 |
| | 중4 지리 교육과정 | – 교육목표(지식, 기능, 대처능력)
– 동기유발을 위한 매체소개
– 학습안내
– 평가 |

고등학교 교육과정의 체제는 학년별로 나눠져 있으며, 일반적인 내용은 고1 부분에 제시되어 있고, 고2부터는 해당 학년의 학습내용을 중심으로 기술된다. 일반적인 내용에는 "서문",[85] "교육과정 내용",[86] "교육과정에 대한 일반적인 설명", "교육과정 시행에 대한 안내" 그리고 "학년별 교육과정"을 주제별로 설명한다.

표 3-4. 고등학교 지리교육과정 문서의 체제

학년 단계	고등학교 교육과정 체제
고1	서문 교육과정(programme) 교육과정에 대한 일반적인 설명 교육과정 시행에 대한 안내 고1 교육과정의 주제별 설명
고2	고2 교육과정의 주제별 설명
고3	고3 교육과정의 주제별 설명

2. 시공간적 정체성 형성을 위한 학습내용의 순환적 구성

이 책의 3장 2절과 3절에서는 프랑스 지리 교육과정을 학습 내용적 측면에서의 계열화와

---

85) 서문에서 눈에 띄는 부분은 다음과 같다. 즉, 지식(connaissances)을 습득하고, 지속적으로 학습하며, 추론능력과 비판정신을 가지는 것(l'exercice du raisonnement et de l'esprit critique)이 학생 교육의 기본이 된다. 여기서 지식, 추론능력, 비판정신은 중학교 교육과정에 제시된 지식, 기능, 대처능력과 서로 통하는 부분이다.

86) 고등학교 교육과정에 제시된 핵심적인 개념은 공간조직이며, 지리 학습 구성방식은 다음과 같이 환경과 개발이라는 두 가지 원칙을 통해 다루어진다.

> 공간조직에 대한 개념은 본 교육과정 전체의 핵심이 되며, 이는 각각의 주제를 통해 제시되는 환경과 개발이라는 두 가지 원칙을 통해 다루어진다. 이러한 두 가지 개념은 동일하고 유일한 문제에 대한 확실한 구성요소이자, 사회에 의해 이루어지는 공간 관리 및 접근에 관한 것이다. 이러한 접근방식은 전체적인 것이며, **자연지리**와 **인문지리** 간의 차이 그리고 **계통지리**와 **지역지리**의 차이를 넘어서는 것이다. 이러한 접근방식은 인간이 토지를 개발하고 조직화하는 방법과 생활하는 환경과 함께 인간과 관련된 복잡하고 다양한 관계를 증명하는 것이기도 하다.

학습 기능적 측면에서의 계열화로 구분하여 분석하였다. 전자는 주제 및 지역의 틀로 구성되는 지리 학습의 계열화를 의미하며, 후자는 지리 학습에 필요한 학습기능을 분석하는 것이다. 학습내용이 계열화된다는 것은 지식의 구조적 관점에서 볼 때 저학년으로부터 고학년으로 올라감에 따라 학생들이 배우는 학습내용의 수준이 더 깊어지고 넓어진다는 것을 의미한다. 이러한 상황을 파악하기 위해서 여기서는 다음과 같은 세 가지 단계로 학습내용을 분석하였다. 즉, 학교급별로 학습내용이 어떻게 구성되는가를 확인한 후에 주제별, 지역별로 학습내용의 계열화를 각각 살펴보았다.

가. 학교급별 학습내용 구성방식

지리교육에서 학습내용이 구성되는 방식은 다른 분야와는 달리 지역 및 주제의 틀로 설정되며, 다루어지는 범위는 좁은 지역으로부터 시작해서 세계적인 스케일까지 설정할 수 있는 방법이 다양하다.

표 3-5. 초등학교 지리교육 학습내용 구성방식

학년	학습내용 구성방식	학습대상 지역별 스케일
초등학교 3학년	계통지리 중심 (주제+사례지역 제시)	세계지리+프랑스지리
초등학교 4학년	계통지리 중심 (주제+사례지역 제시)	프랑스지리+유럽지리
초등학교 5학년	지역지리+계통지리	유럽지리+세계지리+프랑스지리

여기서는 초등학교 수준,[87] 중학교 수준, 고등학교 수준을 각각 학년별로 학습내용이 구성되는 방식과 학습대상에 포함되는 지역별 스케일을 중심으로 고찰하였다. 먼저, 초등학교에서는 3학년(CE2)과 4학년(CM1)에서 계통지리의 형식으로 지리를 배우며, 그 스케일은 세계지리로부터 시작해서 프랑스지리, 다시 프랑스지리에서 시작해서 중간 수준인 유럽지리로 확대된다. 그러다가 초등학교 5학년(CM2)에서는 지역지리와 계통지리가 병렬적으로 나

---

87) 프랑스의 초등학교 수준은 크게 유치원부터 초등학교 2학년까지 해당되는 기초학습단계와 3학년부터 5학년에 해당되는 심화학습단계로 나뉘지는데, 여기서는 심화학습단계부터 분석의 대상으로 삼았다. 그 이유는 초등학교 저학년의 수준이 동네로부터 시작해서 최대 국내 스케일까지에 해당되며, 그것은 심화학습단계에서 반복되기 때문이다.

타나며 사례지역의 스케일은 중간수준인 유럽지리로부터 시작해서 세계지리로 확대되었다
가 다시 프랑스지리로 돌아오는 형식을 보이고 있다.

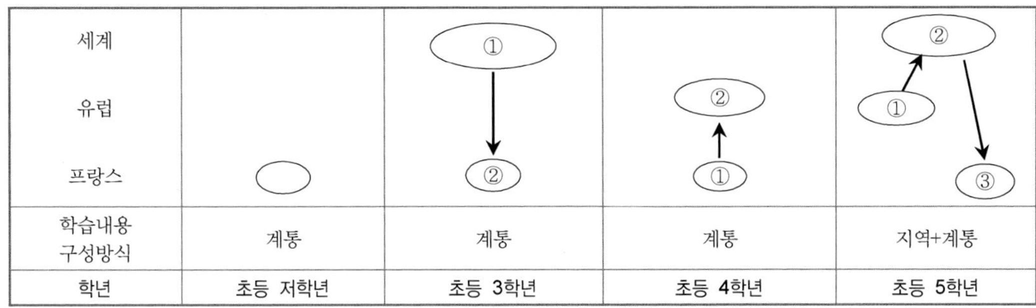

그림 3-1. 지리교육 학습내용 구성방식 및 스케일 변화(초등학교)

요컨대, 프랑스의 초등학교 지리교육의 학습내용 구성방법은 계통지리로부터 시삭해서
고학년으로 올라가면서 계통지리와 지역지리가 병렬적으로 채택되었으며, 지역 스케일은
단순한 지평확대법도 아니고, 역지평확대법도 아닌 탄력적인 방법으로 볼 수 있다.

표 3-6. 중학교 지리교육 학습내용 구성방식

학년	학습내용 구성방식	학습대상 지역별 스케일
중학교 1학년	계통지리 중심 (주제+사례지역 제시)	세계지리+프랑스지리
중학교 2~3학년	지역지리 중심 (지역+주제)	세계지리+유럽지리+프랑스지리
중학교 4학년	계통지리+지역지리+계통지리	세계지리+세계지리+프랑스지리

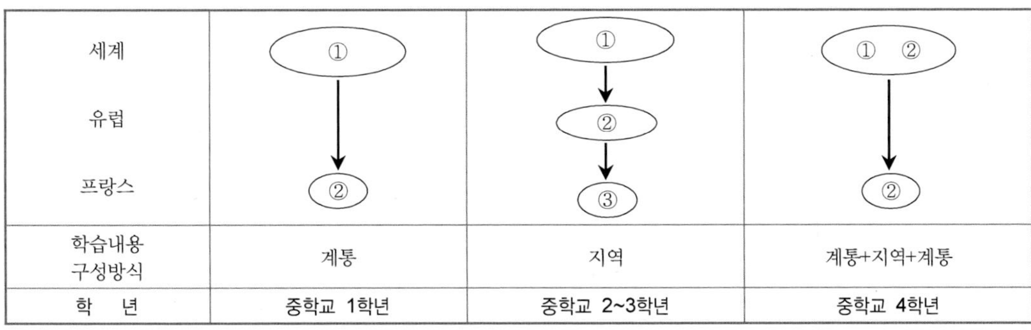

그림 3-2. 지리교육 학습내용 구성방식 및 스케일 변화(중학교)

중학교 1학년(6e)에서는 계통지리의 형식으로 지리교육이 시작되며 그 스케일은 세계지리로부터 시작해서 프랑스지리로 내려온다. 이어서 중학교 2학년(5e)과 3학년(4e)에서는 지역지리 방식으로 지리교육이 이루어지며 그 스케일은 세계지리로부터 시작해서 유럽지리와 프랑스지리로 좁혀지는 순서이다. 마지막 학년인 중학교 4학년(3e)에서는 계통지리, 지역지리, 다시 계통지리의 순서로 학습내용이 구성되며, 그에 따른 사례지역 스케일은 세계지리와 프랑스지리의 순서로 이어진다. 요컨대, 중학교 지리교육의 학습내용 구성방식은 계통지리와 지역지리의 병렬식 방법과 결합식 방법이 모두 활용되었으며, 스케일은 공통적으로 세계적인 규모로부터 시작해서 프랑스지리로 좁혀진다.

고등학교 1학년(2e)에서는 계통지리 형식으로 학습내용이 구성되며, 여기서는 사례지역의 형식으로 다양한 지역들이 제시되는데, 특징적인 것은 보통 3~4개의 사례지역들이 세계적인 스케일, 유럽적인 범위, 프랑스의 예가 고르게 제시된다는 것이다. 고등학교 2학년(1e)에서는 지역지리의 형식으로 시작해서 계통지리로 이어지며, 해당지역은 유럽, 유럽과 프랑스, 프랑스, 프랑스와 유럽으로 이어진다. 고등학교 2학년에서의 지역적 특징은 그 범위가 유럽으로부터 시작해서 프랑스로 끝난다는 것이다. 고등학교 3학년(Ter)에서는 계통지리, 지역지리, 그리고 다시 계통지리의 순서로 이어지며, 해당지역은 세계지리가 반복적으로 적용된다. 여기서 두 번째와 세 번째 파트에서 사례지역으로 제시되는 세계적 스케일은 강대국과 개도국이라는 대립적인 특징을 보여준다.

표 3-7. 고등학교 지리교육 학습내용 구성방식

학년	학습내용 구성방식	학습대상 지역별 스케일
고등학교 1학년	계통지리 중심 (주제+사례지역 제시)	세계지리+유럽지리+프랑스지리를 병렬적으로 고르게 조합
고등학교 2학년	지역지리(지역+주제) 계통지리(주제+지역) 계통지리(주제+지역) 계통지리(주제+지역)	유럽지리 유럽지리+프랑스지리 프랑스지리 프랑스지리+유럽지리
고등학교 3학년	계통지리(주제+지역) 지역지리(지역+주제) 계통지리+지역지리	세계지리 세계지리(강대국+개도국) 세계지리(강대국+개도국)

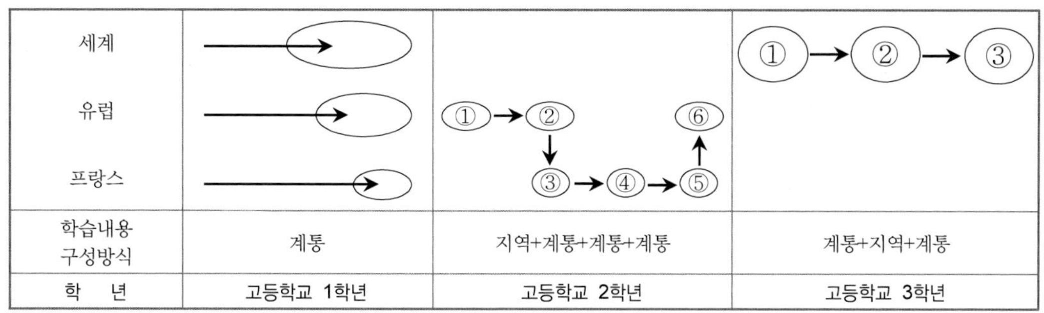

그림 3-3. 지리교육 학습내용 구성방식 및 스케일 변화(고등학교)

이상의 내용을 정리하면, 초등학교로부터 고등학교에 이르기까지 학습내용 구성방식은 단순히 계통지리나 지역지리에 의한 것이 아니었으며, 일반적으로 각 학교별 첫 해에는 계통지리로 시작하다가 그 다음 학년으로 올라감에 따라 계통지리나 지역지리, 또는 계통지리와 지역지리의 병렬식 결합방식과 같이 복합적으로 구성된다. 사례지역 또한 단순한 지평확대법이나 역지평확대법이 아닌 유동적인 탄력적 확대법이 학교급별, 학년별로 입체적으로 나타난다. 이러한 스케일 변화는 학교급별로 그 양상이 약간씩 다른데, 초등학교에서는 세계적 스케일로 시작해서 유럽적 스케일을 거쳐 프랑스로 좁혀지며, 중학교에서는 일반적으로 세계적 스케일로부터 시작해서 프랑스로 좁혀진다. 고등학교에서는 초등학교와 중학교에서와는 다른 양상을 보이고 있다. 다시 말하면, 해당 주제에 따른 사례지역이 세계적 범위, 유럽적 사례, 프랑스 사례가 병렬적으로 열거되거나, 유럽 및 프랑스 스케일에만 머물기도 하고, 세계적 스케일로만 일관되기도 한다. 따라서 학습내용 구성방식 및 학습대상 지역별 스케일의 관점에서 보면 명확하게 계열적 성격을 보이는 것으로 볼 수 있다.

나. 주제별 계열화

앞에서는 계통 및 지역을 포함한 학습내용의 구성방식을 중심으로 학습내용의 계열화 여부를 살펴보았다. 본 소절에서는 좀 더 구체적인 몇 가지 주제를 중심으로 학습내용의 계열화의 문제를 파악해보았다.

표 3-8. 인구 사례의 학습내용 계열화

학교수준	초등학교	중학교	고등학교
인구	– 지구상의 인간분포(초3) – 삶의 양상: 부유한 국가, 가난한 국가(초3) – 환경 속에서의 인간들(초5) – 지구상의 **인간분포**(초5) – **인구통계**(초5) – 제3세계 아이들(초5)	○ 지구상의 인간(중1) – 인구분포 – **인구증가** ○ 프랑스의 통일성과 다양성(중3) – 프랑스의 인구분포 – 프랑스의 인구특성 　(프랑스로의 이주) ○ 세계의 일반적 조직(중4) – 65억의 인구 – **이주의 비약적 증가** – 급속한 **도시성장**	○ 60억 이상의 인구(고1) – 아메리카 대륙 인구 – 동남아시아의 인구 – 동유럽인구, 국경, 환경 ○ 인구부양(고1) – 사하라 이남의 인구부양문제 – 미국의 농업과 전 세계 부양문제 – 10억의 인도인의 부양문제 – 브흐따뉴 지방의 가축사육
스케일	세계	세계(대륙별)	세계(대륙별)

　먼저, 인문지리에서 중요하게 다뤄지는 주제인 "인구"를 사례로 학습내용의 계열화 문제를 살펴보았다. 인구에 관한 주제는 학교급별에서 공통적으로 세계적인 스케일로 다뤄지는데, 중학교와 고등학교로 올라갈수록 대륙별 특징이 강해진다. 학습내용적 측면에서 살펴보자면, 초등학교에서는 주로 인구분포와 통계를 중심으로 구성되며 부유한 국가와 가난한 국가가 대조적으로 다뤄진다. 특히 제3세계 어린이들에 대한 사례가 제시된다. 그다음으로 중학교 수준에서는 인구증가와 인구이주 문제가 새롭게 추가된다. 중학교 수준에서는 특히 프랑스의 범위에서 구성인구의 특성 및 프랑스로 유입된 이주민들에 대해서도 다뤄진다. 그리고 인구증가의 문제와 함께 도시의 성장까지 심화된다.

　중학교에서는 주로 프랑스로 들어오는 이주민들과 인구증가 및 도시성장에 관해 다루었다면, 고등학교 수준에서는 아메리카, 동남아시아, 유럽 등과 같이 대륙별로 인구를 다루고 있는데, 특히 동유럽과 관련해서는 인구문제로부터 국경, 환경문제로 확대되고 있다. 이어서 나오는 주제는 대륙별로 인구부양이라는 이슈를 중심으로 학습내용이 구성된다. 여기서는 아프리카, 미국, 인도, 프랑스를 사례로 그들의 인구문제와 농업 등의 산업과 연관시키면서 부양문제를 다루고 있다.

표 3-9. 도시 사례의 학습내용 계열화

학교수준	초등학교	중학교	고등학교
도시	도시경관(초3) 도시망(초4) 교통망(초4)	도시화된 해안(중1) 도시경관(중1) 세계의 도시화(중4)	도시의 역동성(고1) 도시환경(고1) 도시화(고2) 도시망(고2) 교통망(고2) 유통망(고2)
스케일	프랑스, 유럽	세계	세계(대륙별), 유럽, 프랑스

인문지리에서 인구 다음으로 중요하게 다뤄지는 주제는 바로 "도시"이다. 표에서 볼 수 있듯이, 초등학교 수준에서는 프랑스 및 유럽적 스케일에서 도시경관, 도시망, 교통망에 관해 다루고 있으며, 중학교에서는 세계적인 스케일에서 좀 더 구체적인 사례와 더 넓어진 스케일로 다루고 있다. 즉, 초등학교에서는 도시경관에 머물렀던 것이 중학교에서는 도시화된 해안으로 그 주제가 복합적으로 심화되었으며, 세계의 도시화라는 주제로 확대되었다. 고등학교 수준에서는 그 스케일이 세계(대륙별), 유럽, 프랑스로 확대되며, 주제는 도시의 역동성, 환경, 도시망 등으로 심화되었다. 여기서 특히 눈에 띄는 것은 이슈의 성격을 지니는 도시의 환경문제를 다룬다는 것이다.

다음은 자연지리에 관한 내용을 검토하였다. 프랑스 지리 교과서에는 한국의 지리 교과서에서처럼 자연지리적 학습내용이 단원별로 별도로 다뤄지지 않는다. 경우에 따라서는 산지, 바다 등과 같이 별도로 다뤄지기도 하지만, 보통은 다음의 표와 같이 학교급별로, 또는 학년별로 특정 주제의 시작부분에서 학습의 배경적 성격으로 가르쳐진다.[88]

표 3-10. 자연지리 사례의 학습내용 계열화

학교수준	초등학교	중학교	고등학교
자연지리	○ 세계를 향한 시선(초3) – 대륙과 해양 – 다양한 기후 ○ 경관의 다양성과 이용(초4) – 산지	○ 생태 및 기후 영역(중1) – 기후구 – 온대기후 – 열대습윤기후 – 건조한 사막 – 한랭한 사막	○ 물이 풍부한 곳과 희박한 곳(고1) – 나일 강에서 중동까지: 부족한 물 – 몬순아시아: 풍부한 물 – 그리스에서 물에 대한 쟁점 – 불공평하게 이용되는 자원, 물 – 물의 이용과 경관

---

88) 초등학교 교육과정에는 다음과 같이 자연경관과 인문경관에 대해 언급된다. 즉, "경관은 인문적 구조물의 현실세계에 포함된다. 왜냐하면 유럽에는 더 이상 자연경관(paysage naturel)이 존재하지 않기 때문이다(Ministere de l'Education Nationale, Les Nouveaux Programmes 2005~2006, p.212.)."

자연지리	– 바다 – 해안 ○ 세계의 경관(초5) – 우리의 지구 – 기후지역/세계의 기후 – 자연환경 – 사막 – 숲	○ 산지, 고원, 평지(중1) – 산지지역(알프스) – 물의 흐름과 해안 ○ 프랑스의 통일성과 다양성(중3) – 지형과 기후 – 다양한 위험요소	– 물로 인한 갈등 – 위협적인 자원, 물 ○ 위험에 직면한 사회(고1) – 카리브 해 사회와 위험 – 자연재해에 직면한 아시아 사회 – 기술적, 위생적 위험에 직면한 사회 – 유럽에서의 홍수 위험 – 사회의 영속적 불안감 – 기후적 위험에 직면한 사회 – 지구물리학적 위험에 직면한 사회
스케일	세계, 유럽	세계, 프랑스	세계(대륙)

자연환경 및 자연지리와 관련되는 학습내용은 대체적으로 세계적인 스케일로 다뤄진다. 초등학교 3학년에서는 대륙과 해양, 다양한 기후에 대해 배우며, 이어서 좀 더 구체적인 경관(산지, 바다, 해안)을 배운다. 이어서 세계적인 스케일로 기후대, 사막, 숲과 같은 특정 경관을 배운다.

초등학교에서는 주로 경관을 중심으로 하여 표면적인 측면을 주로 다루었다면, 중학교에서는 생태 개념이 새로 추가되고 기후대에 관해 좀 더 구체적으로 다뤄진다. 초등학교에서 배운 사막에 관해서는 건조한 사막과 한랭한 사막으로 그 내용이 확대되고 있다. 이어서 산지로부터 고원, 평지로 이어지는 거시적인 내용을 학습하며 물의 흐름과 해안으로 연결되도록 하고 있다. 중학교의 세 번째 부분에서는 다양한 지형 및 기후로부터 위험요소에 연장함으로써 자연환경과 인간사회에 관련을 맺고자 시도하였다.

고등학교에서 배우는 자연지리적 학습내용의 성격은 물이라고 하는 개념을 중심으로 학습내용이 심화되고 있으며, 이어서 다양한 자연재해에 직면해 있는 인간사회를 다루고 있다. 학습내용은 물이 풍부한 곳과 희박한 곳으로부터 출발해서 물과 관련된 경관, 그리고 물로 인해 발생하는 국가들 간의 갈등과 충돌 상황까지 다루고 있다. 자연재해와 관련해서는 대륙별로 다뤄지는데, 주로 지형 및 기후적 요인과 관련하여 발생하는 홍수, 태풍, 지진을 사례로 하여 대륙별, 국가별로 그러한 사례들이 빈번하게 발생되는 지역을 중심으로 학습내용이 구성된다.

표 3-11. 산지 사례의 학습내용 계열화

학교수준	초등학교	중학교	고등학교
산지	○ 산지경관(초3) 　– 여름철의 산지 　– 겨울철의 산지	○ 대지형(중1) 　– 산지, 고원, 평지 　– 산지지역(알프스) ○ 인구밀도 희박지역(중1) 　– 볼리비아의 안데스 산지 　– 네팔의 산지	○ 전통적 산지와 새로운 활용(고1) 　– 선진국의 산지 　– 개도국의 산지
스케일	프랑스	세계(대륙), 유럽, 프랑스	세계(대륙별)

프랑스 지리 교과서에서 자연적 측면과 관련하여 가장 흔하게 다뤄지는 주제는 산지와 바다(해안)인데, 여기서는 산지를 중심으로 학습내용이 어떻게 계열화되고 있는지 살펴보았다. 초등학교 수준에서는 프랑스를 사례지역으로 하여 여름철과 겨울철의 산지에 관하여 비교적 단조롭게 처리하고 있다. 중학교 수준에서는 세계, 유럽, 프랑스의 세 가지 스케일로 확대되며, 그 내용은 좀 더 구체화된다. 즉, 첫 번째 부분에서는 산지로부터 고원, 평지에 이르기까지의 연속적인 측면으로 다루며, 대표적으로 알프스 산지를 보여준다. 이어서 세계적인 스케일로 확대되며 그 내용은 인구밀도가 희박한 대표적인 산지 두 곳을 보여준다. 여기서는 볼리비아의 안데스 산지와 네팔의 히말라야 산지를 제시하고 있다.

고등학교 수준에서는 선진국의 산지와 후진국의 산지로 나눠서 대조적인 측면을 보여준다. 이는 새롭게 개발하는 측면과 전통적인 측면을 보여주기 위함이다. 이와 같이 산지를 소재로 하는 학습내용에서는 산지를 통해 선진국과 후진국의 정치, 경제, 사회적인 상황까지 알 수 있도록 안내된다.

프랑스 지리교육은 인간의 정주와 그들의 행위로 인해 드러나는 문화 및 현상들을 다룬다. 특히 고등학교 수준에서는 어느 주제든 간에 이슈중심, 빈곤, 지역격차, 성차별, 환경문제, 지역문제 등과 같은 문제 상황으로 귀결된다. 이러한 방식으로 학습내용이 구성되는 것은 구조주의적 철학사조와도 관련이 깊은 것으로 판단된다.[89] 이러한 측면에서 이후에 제시될 남북문제, 지정학,[90] 시사적인 주제 등을 살펴보면 인간주의적 사조에 구조주의적 성격

---

[89] 주요 철학사조와 지리교육적 방법론에 관해서는 류재명(2002, 3)의 연구를 참고할 것. 프랑스의 지리학자들 중에서는 Jean Tricat가 막시즘과 구조주의적 성격을 강하게 보였는데, 지리학에 스며든 그의 사상이 지리교육에도 크게 영향을 미쳤을 것으로 판단된다.

[90] 프랑스 지리학자들 중에서 Ive Lacoste는 지정학의 대가이며, 프랑스 지리교육에도 그의 영향력이 상당히 많이 전해진 것으로 판단된다.

이 가미되었다는 것을 더욱 분명하게 알 수 있다.

프랑스 지리교육에서는 지구상의 인구분포를 다루더라도 언제나 부유한 국가의 삶과 가난한 국가의 삶의 모습을 대조적으로 보여준다. 그리고 가능하면 인도와 같은 국가를 사례로 하여 한 지역 내에서도 잘 사는 사람들의 삶의 모습과 가난한 사람들이 사는 경관을 함께 보여준다. 이러한 측면의 학습내용 구성방식은 분명 구조주의적인 관점으로 볼 수 있다. 중학교 수준에서는 초등학교 과정에서 배웠던 부분, 즉 부유한 국가와 가난한 국가를 사례로 하여 한 단계 더 높은 주제를 설정한다. 다시 말하면, 초등학교에서는 지구상의 인구분포를 제시하면서 단지 부유한 국가와 가난한 국가를 보여주는 것으로 끝을 맺었다면, 중학교에서는 그러한 상황을 이슈화해서 불공평하게 부유한 국가들이라고 하는 주제로까지 연장되었다. 이어서 이와 관련되는 내용은 중학교 4학년에서 제시되는데, 그 내용은 지정학적인 측면을 중심으로 다뤄진다. 강대국을 주축으로 하여 전쟁이 일어나고, 그로 인해 피란하는 사람들이 생기며 그러한 상황들을 중재하고 도와줄 수 있는 국제기구들의 역할을 소개한다.

표 3-12. 남북문제(지정학) 사례의 학습내용 계열화

학교수준	초등학교	중학교	고등학교
남북문제 지정학 시사	○ 지구상의 인간(초5) – 지구상의 인간분포 – 부유한 국가의 삶 – 가난한 국가의 삶 – Bombay에서의 부유함과 가난함	○ 불공평하게 부유한 국가들(중1) – 세계의 국가들 – 부유한 국가들과 가난한 국가들 – 선진국과 후진국 – 정주와 빈곤 ○ 오늘날 세계의 지정학(중4) – 언제나 늘어나는 국가들 – 강대국의 주요 축과 세계의 주요 전쟁들 – 세계의 피난민들 – 국제기구의 비약적 발전	○ 개도국의 연대 및 다양성(고3) – 1개의 개도국, 복수의 개도국들 – 발전을 위해 무엇을 빌려주는가? – 가장 발전이 더딘 개도국들 – 세계화에 통합된 개도국들 – 브라질: 발전과 불평등 – 내부 도시의 강한 계층성에 대해 ○ 선진국과 후진국이 만나는 곳, 지중해 – 지중해 공간, 분리된 공간 – 선진국과 개도국간의 불균형적인 흐름 – 선진국과 접촉하는 PSEM(Pays du Sud et de l'Est méditerranéen) 국가 사회들 – 국토의 재구조화 ○ 러시아 – 발전을 위한 지리적, 경제적 상황 – 위기에 직면한 러시아 인구 – 러시아가 성공하기 위한 전제조건은? – 국토의 새로운 조직을 향하여?

남북문제, 지정학 및 시사에 관한 학습내용은 고등학교 수준에서 더욱 구체적이고 현실적인 사례들을 다루고 있다. 이를테면, 고등학교에서 다루는 첫 번째 파트에서는 개도국의 연대 및 다양성이라는 주제를 통해 개도국들이 처해 있는 문제들을 구체적으로 보여준다. 여기서는 브라질을 사례로 개도국의 상황을 설명하고 있다. 두 번째로 제시되는 주제는 지중해를 선진국과 후진국이 만나는 곳으로 설정하고 있다. 예컨대, 지중해 공간은 아프리카와 유럽대륙을 이어주는 공간이기도 하며, 다른 한편으로는 선진국과 후진국이 만나는 곳으로도 이해될 수 있다. 이는 과거로부터 오늘날까지 아프리카의 많은 사람들이 지중해를 건너서 유럽대륙으로 이주하고 있기 때문이다. 고등학교 수준에서 이러한 학습주제로 설정된 가장 마지막 내용은 러시아이다. 러시아는 세계에서 가장 큰 국토면적을 자랑하지만, 인구가 작은 편이었으며 그동안에는 경제적으로 어려운 상황에 처해 있었다. 프랑스 지리 교과서에서는 러시아라는 나라를 통해 남북문제, 지정학, 시사에 관한 내용을 마지막으로 다루고 있다.

지금까지 학습내용의 계열화에 관해 인구, 도시, 자연지리, 산지, 남북문제(시사)와 같은 주제별로 살펴보았다. 각각의 주제에 대한 검토결과 초등학교로부터 고등학교 수준으로 올라갈수록 학습내용은 단편적인 측면에서 복합적이고 이슈적 성격을 갖는 것으로 심화되고 확대되었다. 또한 사례지역도 학생들이 주변에서 볼 수 있는 국내 스케일로부터 세계적인 스케일로 다양하게 제시되었다.

다. 지역별 계열화

지금부터는 지역지리에 해당되는 대표적인 사례를 중심으로 검토하고자 한다. 분석대상은 프랑스 국토지리, 유럽지역, 아시아 및 일본에 관한 내용이다. 먼저 초등학교 수준에서 배우는 국토지리는 행정단위가 어떻게 구성되는가로 시작된다. 학습내용은 학생들이 살고 있는 최소행정단위인 코뮌(commune)으로부터 우리나라의 도에 해당되는 데빠흐뜨멍(département), 그리고 전 국토에 이르기까지 작은 지역으로부터 큰 지역의 순서로 구성된다. 이어서 두 번째 파트에서는 대도시인 파리(Paris)와 작은 지방에 대해서 배우며, 그들 간의 커뮤니케이션 축과 망, 그리고 유럽의 다른 지역들로 이어지는 열린 축에 대해서도 배운다. 중학교 수준에서는 국토의 다양성과 통일성, 국토개발, 국토의 주요지역91)에 관해 배운다. 사실상의 국토지리는 중학교 수준에서 배운다고 말할 수 있다.

중학교 수준에서는 있는 현상을 있는 그대로 아는 과정이었다면, 고등학교 수준에서는 관점을 가지고 지역을 바라보는 안목을 갖도록 가르치는 과정으로 볼 수 있다. 즉, 전국의 지역을 행정단위나 그 밖의 단위별로 나눠서 가르친 것이 중학교였다면, 고등학교에서는 특정한 주제를 통해 해당지역을 별도로 가르치는 형식으로 학습내용을 구성하고 있다.

표 3-13. 국토지리(프랑스) 사례의 학습내용 계열화

학교수준	초등학교	중학교	고등학교
국토지리 (프랑스)	* 프랑스: 다양한 스케일로 조직된 국토(초4) ○ 코뮌으로부터 지역으로 – 코뮌 – 코뮌들이 모인 국토 – 데빠흐뜨멍 – 알자스 – 코뮌으로부터 국토로 ○ 도시체계/교통망 – 작은 도시들과 그의 지방 – 대도시의 영향력과 도시망 – 파리와 지방 – 프랑스의 주요 커뮤니케이션 축 – 유럽과 세계로 열려 있는 축 – 프랑스 커뮤니케이션 망	(중3) ○ 프랑스: 다양성과 통일성 – 프랑스 국토 – 프랑스의 인구분포 및 특성 ○ 국토개발 – 국토의 불균형 – 국토개발 ○ 국토의 주요지역 – 파리/일드프랑스/파리분지 – 북부와 북동부 – 리옹과 그 주변지역 – 지중해 지역 – 대서양에 면한 서부지역 – 멀리 떨어진 프랑스	* 프랑스와 그의 영토(고2) ○ 프랑스의 인구 – 인구가 빈약한 곳과 많은 곳 – 도시적인 프랑스 ○ 자연과 사회 사이의 환경 – 환경과 자원의 다양성 – 환경의 관리와 보호 (사례: 도시 주변 숲, 해안환경, 피레네 산지, 리옹의 화학단지) ○ 경제공간 – 세계를 향해 개방된 강한 경제 – 선진국의 노동력 시장 – 산업의 변화 – 프랑스 산업공간의 다양성 – 프랑스 관광공간 – 점점 더 전문화되고 있는 농업공간 ○ 공간적인 부조화와 국토개발 – 국토개발에 대한 중앙집권적인 국가의 역할 – 소지역 및 지역적 스케일에서의 분산화 및 개발

고등학교에서 배우는 국토지리의 큰 주제는 '프랑스와 그의 영토'이며, 하위주제들은 프랑스의 인구, 자연과 사회 사이의 환경, 경제공간, 공간적인 부조화와 국토개발이다. 프랑스 국토를 인구가 많은 곳과 빈약한 곳으로 나눠서 보고, 사람들의 점유와 그들이 만들어놓은 인문적 환경으로 표현되는 프랑스를 도시적인 프랑스라는 관점으로 보여주기도 한다. 두 번째 주제에서는 환경 및 자원의 다양성과 환경의 관리와 보호에 관한 내용을 도시 주변의 숲,

---

91) 국토의 주요지역은 파리(일드프랑스, 파리분지 포함), 북부와 북동부, 리옹과 그 주변지역, 지중해 지역, 대서양에 면한 서부지역, 멀리 떨어진 프랑스로 구성된다.

해안환경, 피레네 산지, 리옹 주변의 산업단지를 사례로 제시하고 있다. 세 번째 주제는 경제에 관한 것이다. 여기서는 프랑스 국토를 주요 경제 및 산업의 관점에서 학습내용을 구성한다. 즉, 노동력, 산업의 변화, 다양한 산업공간, 관광, 농업공간의 측면에서 프랑스 국토를 보도록 구성된다. 국토지리의 마지막 주제는 공간적인 부조화와 국토개발에 관한 내용이며, 여기서는 국토개발에 대한 중앙정부의 역할에 관해 보여주고 있다. 이상에서 살펴보았듯이, 프랑스의 국토지리 학습내용은 초등학교 수준에서는 전국을 행정단위로 나누는 과정을 통해 국토의 전반적인 체계를 배우며, 중학교 수준에서는 다양성과 통일성의 측면에서 프랑스의 전체적인 특징을 배우며, 전국을 6개의 단위로 나누어서 학습한다. 마지막으로 고등학교에서는 전국을 지역단위가 아닌, 지역별로 드러나는 특징을 학습 주제화하여 가르친다.

학습내용의 지역별 계열화에 관한 두 번째 사례지역은 유럽지역이다. 초등학교 수준에서는 유럽지역에 대한 전반적인 특징에 관하여 다루고 있다. 이를테면, 문화적 차이, 경제적 차이, 서로 다른 생활수준, 유럽의 중심(Bruxelles)과 주변(Lisbonne)에 대해 배운다. 중학교에서는 유럽의 인구분포, 자연환경, 통신망 등에 대해 포괄적으로 배운 후에, 프랑스 주변에 있는 몇 개국에 대해 더욱 구체적으로 배운다.[92] 고등학교 수준에서는 유럽연합에 해당되는 국가들에 관해 배우며, 이어서 프랑스를 포함한 유럽지역에서 지역적 부조화라는 주제로 학습내용이 구성된다.[93]

표 3-14. 유럽지역 사례의 학습내용 계열화

학교수준	초등학교	중학교	고등학교
유럽지역	○ 유럽의 지역들(초4) – 문화적, 경제적 차이 – 서로 다른 생활수준 – 중심과 주변 – 유럽의 중심, Bruxelles – 유럽의 주변, Lisbonne	○ 유럽(중3) – 유럽의 인구분포 – 많은 국가들 – 다양한 자연환경 – 도시와 통신망 ○ 독일 – 독일의 국토 – 불안정한 강대국	○ 유럽연합의 국가들(고2) – 독일, 유럽연합의 힘 – 영국, 광대한 대서양으로부터 대륙으로 – 스페인과 유럽에 대한 개방 – 이탈리아, 유럽과 지중해 사이에서 ○ 프랑스와 유럽에서 지역적인 부조화 – 유럽의 지역들 – 유럽연합의 정책

---

92) 교육과정에는 다음과 같은 목록에서 최소한 3개의 국가를 선택해서 가르치도록 되어 있다. 예시된 목록은 다음과 같다. 독일, 러시아, 영국, 지중해 연안의 유럽 국가들 중에 하나. 교육과정에는 최소 3개 국가를 가르치도록 되어 있지만, 실제로 교과서 구성은 독일, 러시아, 영국, 이탈리아, 스페인이 학습내용으로 구성되어 있다.

93) 실제로 프랑스의 지리교육과정 및 교과서에는 유럽에 관한 개관에 해당되는 일반적인 내용으로부터 시작해서 본 소절에서 다룬 것과 같은 유럽지역, 그리고 유럽연합이라고 하는 주제에 이르기까지 학습내용은 상당히 많다. 여기서는 유럽지역에 해당하는 부분만 분석대상으로 삼았다.

유럽지역		○ 러시아 – 세계에서 가장 땅이 넓은 나라 – 넓은 국토의 주민들 – 혼란스러운 나라 ○ 영국 – 대영제도 – 어려움에 처한 주변지역 – 역동적인 국토공간 ○ 이탈리아 – 이탈리아 반도 – 근대의 이탈리아 – 세부분으로 나눠본 이탈리아 ○ 스페인 – 스페인의 재건 – 국토개발 – 사회변화	

　지역별 계열화를 알아보기 위한 세 번째 분석주제는 아시아[94] 및 일본에 관한 내용이다. 초등학교 수준에서는 이에 대한 내용이 없으며, 중학교와 고등학교에서 다뤄진다. 중학교에서는 아시아의 다양성, 중국, 일본이라고 하는 큰 주제로 학습내용을 구성한다. 여기서는 아시아 지역을 자연환경, 민족적 측면에서 다양성을 보여주고자 했으며, 인구분포를 통해 벼농사, 물 관리, 불균등한 발전 상황을 보여준다. 국가별 사례는 중국과 일본이며 학습내용은 다음과 같다. 즉, 중국에 관한 학습내용으로는 아시아의 거인, 한족과 소수민족, 급속한 성장, 발전단계 및 공간조직에 따른 세 가지 측면의 중국으로 구성되며, 일본에 관해서는 인구밀도, 경제대국, 국토공간의 관점에서 학습내용을 구성하고 있다. 고등학교 수준에서는 아시아의 다양성과 중국의 내용이 동아시아를 중심으로 하는 학습내용으로 재조직되며, 일본은 메갈로폴을 중심으로 학습내용이 심화된다.

---

94) 본 연구에서는 우리나라를 포함하고 있는 동아시아와 관련되는 학습내용을 주된 분석대상으로 삼았다.

표 3-15. 아시아(일본) 사례의 학습내용 계열화

학교수준	초등학교	중학교	고등학교
아시아 일본	○ 내용 없음	○ 아시아의 다양성(중2) – 위험에 직면한 대륙 – 다양한 자연환경 – 민족의 다양성 – 대조적인 인구분포 – 벼농사와 인구분포 – 물 관리와 몬순아시아 – 불균등한 발전 ○ 중국 – 아시아의 거인 – 한족과 소수민족들 – 급속한 성장 – 비약적으로 성장하는 중국의 해안 – 세 가지 측면의 중국 ○ 일본(중4) – 인구밀도가 높은 열도 – 국력신장 – 두 번째 경제대국 – 일본의 도전 – 일본 국토공간 조직	○ 세력이 확장되고 있는 영역, 동아시아(고3) – 세 개의 중심축 중에 하나인 동아시아 – 동아시아의 통일성과 도전 – 경제적인 역동성과 발전의 다양성 – 통합이 모색되는 영역 – 대도시권화(metroplisation) 및 새로운 지역적 균형 – 국가들 및 지역적인 재구조화 ○ 일본의 메갈로폴(고3) – 일본의 중심 – 세계화와 메갈로폴리탄의 재구조화 – 메갈로폴, 세계적인 공간의 추진센터 – 지속 가능한 발전을 지향하는 일본의 메갈로폴

지금까지 살펴보았듯이, 아시아 및 일본에 관한 주제에서도 중학교 수준에서는 아시아 및 중국, 일본에 관한 전체적인 소재가 학습내용으로 구성된 반면, 고등학교 수준에서는 세계 3대 경제 중심축 중에 하나로 동아시아를 설정하고, 메트로폴의 관점에서 일본을 기술하는 것처럼 고등학교 수준으로 올라갈수록 학습내용이 세계적 관점에서 다뤄지며 좀 더 좁고 깊게 구성된다.

3. 나선형 교육과정을 통한 지리탐구 기능의 심화

프랑스 지리교육은 학습의 방법적 측면에 있어서도 학교급별로 체계적인 계열성을 보여주고 있다. 지리학자는 특정지역에 대한 연구를 할 때, 해당 지역의 사진이나 지도를 확인한 후에 그 지역과 관련된 문헌, 통계자료 등과 같은 여러 가지 자료를 분석한 뒤 종합적인 결론을 내리게 되는 것처럼, 프랑스 지리교육은 이러한 일련의 과정들을 학습기능에 따라 학교급별로 계열화하고 있다.

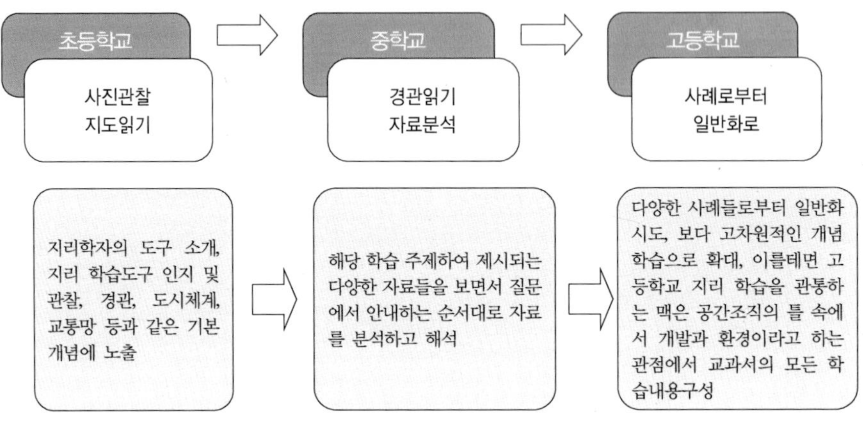

그림 3-4. 학교급별 학습기능의 계열화

프랑스에서 지리학 연구의 특징은 경관으로부터 시작된다. 지리학자는 해당 지역에 관한 사진이나 지도를 보고 그 지역의 외형적인 특징을 파악한다. 그것이 지리학 연구의 첫 번째 단계이다. 두 번째로는 해당 지역에 관한 다양한 자료를 수집한다. 이를테면, 지리학자는 해당 지역에 관련된 주제도, 문헌자료, 신문기사, 도표, 그래프, 통계자료 등을 수집한 후에 그러한 자료들을 분석한다. 마지막으로 그 지역의 특징을 글과 지도로 정리한다. 그러한 배경에서 탄생한 프랑스 지리교육이 영미권의 지리교육과 가장 크게 다른 점이 바로 지리학자가 지리학을 연구하듯이 학생들로 하여금 지리 학습을 지리학자처럼 하도록 학습 내용을 구성한다는 것이다. 또한 본 절에서 다루게 될 학교급별 학습기능에 따른 계열화는 지리학자의 연구단계를 학교급별로 재배치해 놓은 것과 같다.

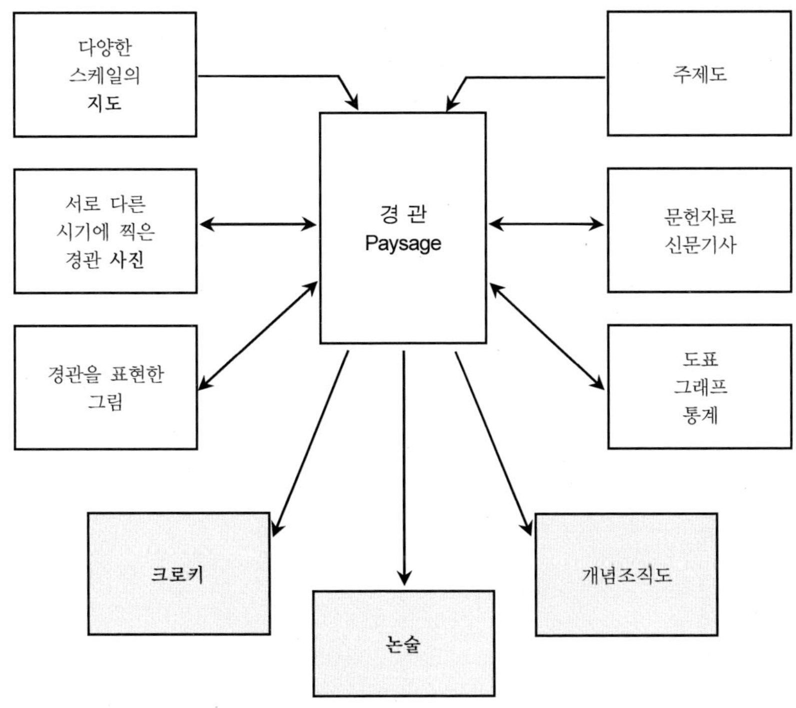

그림 3-5. 지리교육의 중심에 있는 경관개념 및 학습내용 조직 원리

출처: Stéphanie Beucher et Magali Reghezza, 2005, *La Géographie: pourquoi ? comment ?*, p.265
의 도식을 재구성한 것임.

여기서는 사진관찰 및 지도읽기 기능을 위주로 학습내용을 구성하고 있는 초등학교 수준의 지리교육, 경관읽기 및 자료분석 위주의 중학교 지리교육 그리고 다양한 사례로부터 일반화를 도출하는 고등학교 지리교육에 관해 그 기능적 특징별로 살펴보고자 한다.

가. 사진관찰 및 지도읽기 위주의 초등 지리교육

초등학교 수준의 지리교육에서는 경관읽기 차원의 입문단계로서 사진관찰, 지도읽기 위주의 학습이 이루어지며, 구체적인 풍경을 담고 있는 사진에서부터 추상적인 지도로 전환되는 과정을 이해하는 법을 배운다. 사진의 경우에는 위성영상, 항공사진(수직으로 찍은 사진 및 비스듬하게 찍은 사진), 지표에서 찍은 사진(땅에서 찍은 사진, 높은 곳에 올라가서 찍은 사진) 등과 같이 다양한 고도와 각도에서 찍은 사진들을 천연색으로 생생하게 보여준다. 교과서에 제시된 사진 속 풍경에서 학생들이 주의를 기울여서 봐야 할 대상에는 화살표 표시를 한 후에 간단한 설명도 텍스트의 형식으로 제시되어 있다.

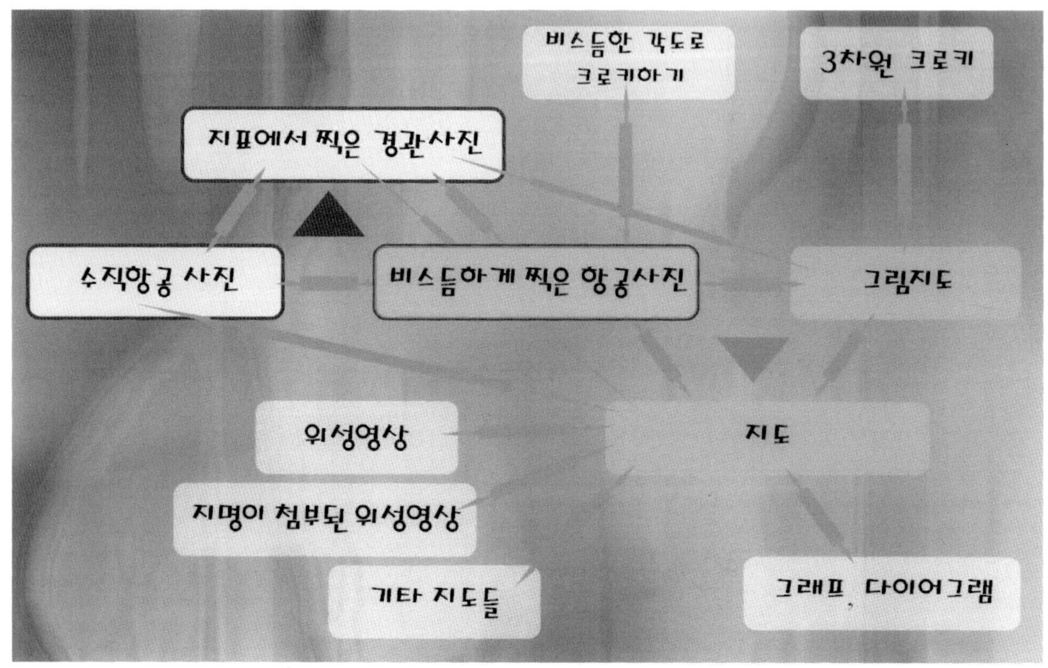

그림 3-6. 지도학습을 위한 삼각형 모형

출처: **INRP**, 1997, *Images et construction de l'espace, Apprendre la carte à l'école*, **p.101**의 도식을 재구성한 것임.

초등학교 수준에서는 다양한 각도에서 찍은 사진들을 통하여 지표 공간에 대한 이해를 높인 후, 구체적인 풍경으로부터 비교적 추상도가 낮은 그림지도(약지도)를 거쳐 추상도가 높은 지도(지형도)에 이르기까지 서로 어떻게 관련을 맺고 있는지에 대해 알게 하고, 지표공간에 대한 구체적인 이미지를 추상적으로 이해할 수 있도록 가르친다.

표 3-16. 초등학교 수준의 학습내용 구성원리

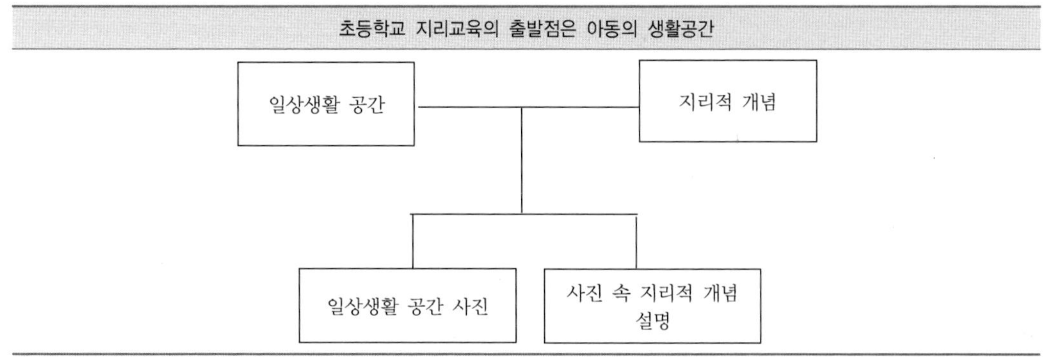

나. 경관읽기 및 자료분석 위주의 중학교 지리교육

중학교에서는 지역을 설명하고 있는 다양한 자료들을 분석하는 학습에 중점을 둔다. 초등학교에서는 주로 사례 지역의 사진이나 지도를 통해 그 지역에 대한 공간적 이미지를 이해했다면, 중학교 단계에서는 해당지역에 대해 기술한 신문기사, 문헌자료, 통계자료 등에 대한 분석을 통하여 그 지역에 대해 더 잘 이해할 수 있게 한다. 물론, 중학교에서는 자료를 분석하는 과정에 중점을 두기는 하지만, 프랑스에 존재하는 cycle 형식의 교육적 전통상 경관읽기 단계부터 시작해서 글쓰기를 통한 학습의 마무리에 이르기까지 모든 과정이 이루어진다.

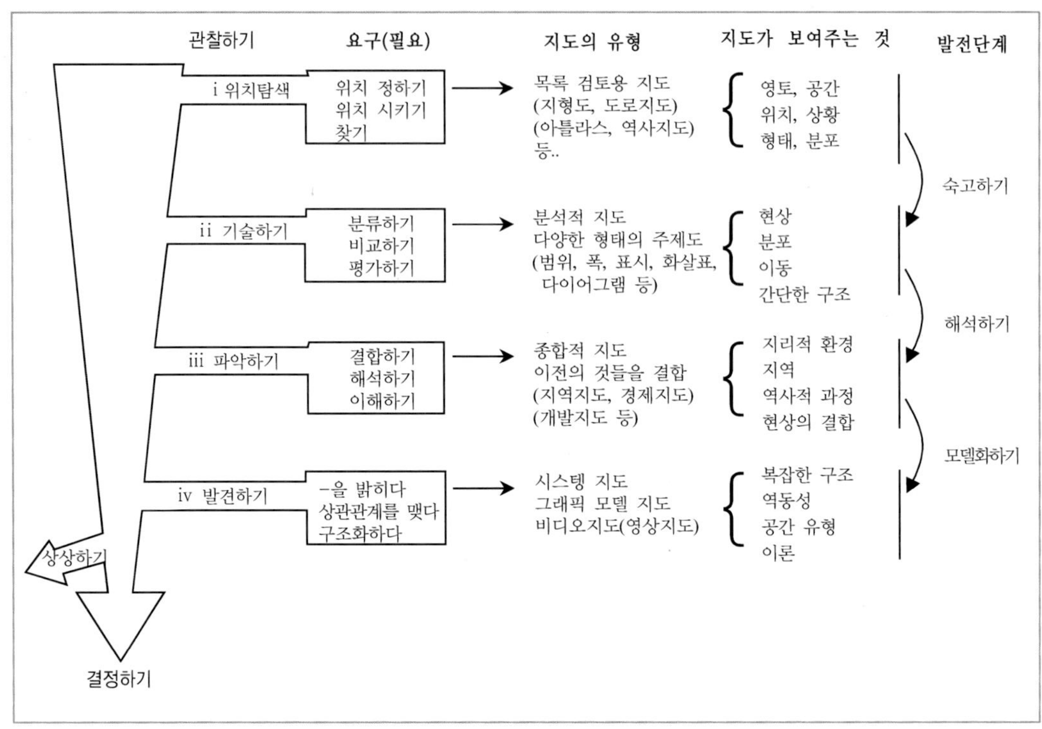

그림 3-7. 지도활용 학습모형

출처: Hugonie, 1995, *Clés pour l'enseignement de la géographie*, Versailles, DRDP, Coll. Démarches pédagogiques, Série Enseigner la géographie, p.101(Bernadette Mérenne-Schoumaker, 2005에서 재인용).

중학교에서는 해당지역과 관련된 다양한 자료들을 분석하는데, 특히 <그림 3-7>에 제시된 지도활용 학습모형과 같이 다양한 지도들을 활용할 수 있다. 모든 지도들은 저마다 지니는 용도 및 특징이 같지 않다. 즉, 지도들은 제 각각의 필요에 따라 쓰일 수 있다. 지리 학습에서 요구되는 각각의 지적인 작용 또한 그것에 맞는 성격의 지도가 있다. 이를테면, 특정한 공간, 위치, 분포 등을 탐색하기 위한 지도는 목록 검색용으로 제작된 지형도, 도로지도 등이 적당하며, 분류, 비교, 평가 등에 적합한 지도는 현상, 분포, 이동 등을 분석하기에 좋은 다양한 주제도가 적합하다. 이렇게 다양한 지도들을 활용하고 분석하는 방법은 중학교에서 체계적이고 구체적으로 배운다.

표 3-17. 지도읽기 및 분석을 위한 가이드

1. 지도의 성격 발견하기
- 제목 읽기: 지도의 주제, 관련된 공간, 자료의 날짜, 지도의 유형, 제작자의 의도
- 지도에 표현된 거리, 면적에 대한 의미를 확인하면서 축척을 읽고 이해하기(지도상에서의 1cm는 실제 지표면에서는 몇 km
   이며, 지도상에서의 $1cm^2$는 지표상에서는 몇 km^2인지)
- 범례 분석하기: 용어의 설명이나 선택된 단위에 대한 설명, 정보(점, 선, 면)의 도입 유형에 대한 탐색, 질적 또는 양적인
   성격에 따라 정보를 분류하는 것, figures분석, 필요하면 지도상에 점을 표현하면서 가능한 모든 사실들을 읽는 연습하기

2. 지도의 내용 분석하기
- 대략적으로: 대조적인 측면들을 관찰하고, 등질적인 대유형이나 주된 사실들을 찾는 것
- 훨씬 자세한 방식으로: 훨씬 정확하거나 독창적인 관점을 찾는 것, 어떤 현상을 수량으로 표현하는 것

3. 이해하고 설명하기
- 가설을 설정하고, 이미 획득해서 알고 있는 지식 및 다른 자료(다른 지도들, 텍스트, 이미지 등)에 의한 지식을 바탕으로
   관찰한 것을 대조하기
- 필요하면, 크로키를 만들면서 지도를 단순화시키거나 보완적인 정보들을 지도위에 채우면서 지도를 완성하기(이를테면,
   장소나 지역의 이름)

4. 나음과 같은 의문을 제시하면서 자료를 비판하기
- 제목은 관련주제와 잘 맞는가?
- 범례는 잘 정돈되고, 위계가 매겨지고, 완성되었는가?
- figurés는 정보에 잘 적용되어졌는가?
- 지도의 디자인(figurés, 필체, 색채)은 범례에 잘 해당되는가?
- 가독성은 좋은가(너무 복잡하지 않고 읽기 쉬운지)?
- 지도에 축척과 지리적 지표(위선과 경선)가 잘 들어가 있는지, 자료의 날짜와 출처가 기재되어 있는지?
- 지도에 정성이 들여져 있는지?

출처: B. Mérenne-Schoumaker, p.70.

다. 다양한 사례로부터 일반화를 도출하는 고등학교 지리교육

고등학교 단계의 지리수업에서는 다양한 사례지역들로부터 일반화를 도출할 수 있는 능력을 함양시키고자 한다. 초등학교와 중학교를 거치는 동안 학생들은 경관읽기로부터 시작해서 해당지역에 대한 자료분석의 과정까지 이미 학습한 상태이다. 따라서 고등학교 수준의 학생들은 공간조직의 이해 측면에서 다양한 사례들로부터 일반화를 도출하는 과정을 중점적으로 학습한다.

표 3-18. 고등학교 지리 교과서에 제시된 일반화단계 수준(예시)

다양한 사례 제시 및 일반화
【4】 도시의 역동성과 도시환경 ◇ 사례학습 1. 자카르타, 개도국 대도시의 근대성과 불안정성 2. 로스앤젤레스, 기상천외의 도시 3. 요하네스버그, 아프리카의 대도시(메트로폴) 4. 마르세이유, 유럽의 메트로폴? ◇ 세계적인 스케일에서 – 사례학습으로부터 일반화로: 세계의 도시화 – 평면구형도: 세계에서 가장 큰 인구밀집 도시 수업 ①: 일반적인 도시화, 그렇지만 대조적이다. 수업 ②: 세계의 메가폴과 메트로폴 수업 ③: 도시들로부터 분화된 공간으로 수업 ④: 도시환경과 지속 가능한 발전 – 자료: 지속 가능한 발전, 교통과 지속 가능한 도시 ◇ 바깔로레아 대비 – 연습하기 – 크로키: 마르세이유 동쪽의 주변 도시화 – 자료통합학습: 북경, 빠르게 변화되는 수도 – 작문: 선진국의 도시들과 개도국의 도시들 ◇ 복습하기 – 도시의 역동성과 도시환경 ◇ (생각) 열기 – 이상적인 도시의 탐색

 프랑스 고등학교 수준에서의 지리교육은 초등학교와 중학교에서 익힌 지리탐구의 기본 능력을 바탕으로 다양한 사례로부터 일반화하는 단계에 해당된다. 따라서 고등학교 지리 교과서는 좀 더 거시적인 차원에서의 자료가 제시되며, 또한 추상성이 높은 그래프나 지도 및 통계자료가 사용된다.

 고등학교 지리수업의 특징은 위의 <표 3-18>과 같이, 다양한 사례들로부터 일반화를 도출하는 능력을 배우는 시기이다. 각각의 사례학습 섹션의 마지막 부분에는 그 내용을 요약 정리하는 연습을 시키며, 다양한 스케일에서의 일반화를 시도한다. 고등학교 지리 교과서의 본 수업(cours) 섹션에서는 사례학습에서 확인된 다양한 정보들을 보다 정교한 형식의 문장으로 정리하는 단계이다. 이어서 고등학교에서 지향하는 관점인 개발과 환경의 측면인 '지속 가능한 발전'의 틀에서 다시 한 번 다양한 지역에 관하여 배운다. 마지막으로 대입시험을 준비시키는 섹션인 바깔로레아 대비에서 구체적인 논술 및 크로키 연습을 하게 된다. 여기서는 주요 개념을 활용하여 논리를 전개하고, 주어진 주제에 맞게 해당지역의 특징을 그림으로 표현하는 연습을 한다.

지금까지 논의한 내용들을 정리하면, 프랑스 지리교육에서 추구하는 학습방법은 자료관찰 및 읽기단계 위주로 학습내용이 구성된 초등학교 지리교육, 그리고 자료분석 및 해석단계를 위주로 학습내용이 구성되는 중학교 지리교육, 마지막으로, 다양한 사례들로부터 일반화의 단계에 도달하는 과정인 고등학교 지리교육의 세 단계로 구분해볼 수 있다. 이러한 과정은 마치 지리학자가 지리탐구를 하는 과정을 학교급별로 그대로 재현하는 것과 같다. 이렇게 학교급별로 지리교육의 학습내용을 계열화하는 사례는 프랑스 지리교육의 가장 큰 특징 중에 하나라고 볼 수 있다.

4. 교육과정과 교과서의 조응

본 절에서는 프랑스 지리 교육과정의 내용과 그러한 교육과정 내용이 구체화된 교과서 간의 대응관계를 살펴보고자 한다. 다시 말하면, 교육과정에서 제시하는 내용이 교과서에는 어떻게 구현되는가를 보고자 하는 것이다. 교육과정 내용의 상세화 정도 및 교과서에 구체화되는 정도는 학교급에 따라 일부 차이가 나기 때문에 여기서는 학교 단위로 교육과정 내용을 먼저 제시하고 이어서 교과서 내용을 확인하는 방법으로 분석작업을 전개하고자 한다.

가. 초등학교 수준의 대응관계

초등학교에서는 유치원부터 2학년까지를 묶어서 기초학습과정으로 나누며, 3학년부터 5학년까지는 심화학습과정에 속한다. 기초학습과정과 심화학습과정에 해당되는 교육과정 내용과 교과서 내용은 다음과 같다.

1) 기초학습과정

    초등학교 기초학습과정의 학습주제는 '친숙한 공간으로부터 먼 공간으로'이다. 본 학습과정에서는 초등학교 저학년의 특성상 아이들의 친숙한 공간을 인식하도록 구성되어 있다. 교육과정 내용에는 친숙한 공간으로부터 시작해서 이웃 도시나 농촌, 그리고 훨씬 더 익숙하지 않은 경관에 이르기까지 학생들이 발견하도록 안내하고 있으며, 교사의 도움으로 지구본과 지도를 통하여 그들이 살고 있는 지역으로부터 프랑스, 유럽, 다른 대륙들을 배우고 지리적인 주요 지표를 표현하는 것을 배우도록 제시하고 있다. 이어서 다양한 이미지들을 통하여 환경, 생활양식의 다양성을 기술하도록 제시되어 있다.

    초등학교 교육과정 내용의 특징 중에 하나는 학습내용과는 별도로 '학습 후에 예상되는 능력'이라는 항목을 제시하고 있다는 것이다. 이것은 학습목표(성취목표)에 해당되는 것으로 판단된다. 학생들이 그들의 위치를 파악하고, 인접환경을 표현하기, 공간과 관련된 다양한 요소들을 말로 표현하고 위치를 말하기, 경관과 환경에 대한 내용을 비교하면서 읽기, 학습한 내용을 사진과 지도에서 확인하기, 지도나 지구본에서 배운 환경을 찾기와 같은 형식으로 학습목표가 제시된다. 또한 지도나 지구본에서 그들이 살고 있는 지역, 프랑스, 유럽, 다른 대륙의 위치를 찾고, 식생 및 동물의 삶의 형태, 거주형태의 다양성과 같은 관점을 갖도록 제시된다.

표 3-19. 초등학교 기초학습과정 교육과정 내용

초등학교 기초학습과정 교육과정 내용
○ 친숙한 공간으로부터 먼 공간으로

유치원에서 학생들은 그들을 둘러싸고 있는 친숙한 공간에 관하여 인식하게 된다. 기초학습 과정에서 학생들은 그러한 것들을 표현하는 것을 배운다. (데생과 관련하여) 학생들은 점점 더 멀리 떨어져 있는 다른 공간들, 이웃 도시나 농촌, 그리고 그들에게 훨씬 익숙하지 않은 경관에 이르기까지 발견하게 된다.

학생들은 교사의 도움으로 지구본과 지도를 통해서 그들이 살고 있는 지역, 프랑스, 유럽, 다른 대륙들, 몇 가지 지리적인 ensembles에 이르기까지 표현하는 것을 배운다.

마찬가지로, 앨범, 사진, 영화, 디지털방식의 이미지들로부터 학생들은 유사성과 차이점에 대한 가치를 두면서 환경(milieux) 및 삶의 양식(주거양식, 음식, 의복, 교통수단, 식생 및 동물들의 삶의 형태)에 있어서의 다양성에 대해서 기술하게 된다. 교사는 학생들로 하여금 지형, 기후, 계절 또는 사회적으로 발전된 상태의 영향과 같은 자연 및 인문적 차별화의 몇 가지 요인들을 발견하게 한다.

학생들의 나이에 맞게 채택된 읽기나 예술작품에 대한 접근은 관련분야에서 학생들의 문화적인 기초를 풍부하게 해줄 수 있는 기회를 제공한다. 말과 글쓰기와 같은 이러한 모든 활동에서 교사는 유치원(*Qu'apprend-on à l'école maternelle?* 참조할 것. 《학습의 중심에 있는 언어》, pp.70~71.)에서 하던 것처럼 공간관계에 대한 언어적 표현의 다방면적 형태, 특히 기술(description)의 틀 속에서 발달시키고 구조화시키는 것을 계속한다.

○ 학습 후 예상되는 능력
1. 공간 영역에서 학생들은 다음과 같은 능력을 갖게 될 것이다.
- 그들의 인접 환경(environnement proche)에서 그들의 위치 파악하기, 자신의 위치를 알기, 이동하기
- 인접 환경을 표현하는 것을 시작하기
- 조직된 공간에 대한 다양한 요소들을 구두로 기술하고 위치 정하기
- 경관 및 환경에 대한 기술을 비교하면서 읽기
- 다양한 위치에서 찍은 사진과 지도에서 학습한 내용을 확인하기
- 경관의 변천 속에서 인간의 역할을 찾는 법 알기
- 단순한 지도나 지구본에서 배운 환경을 파악하기

2. 다음과 같은 내용을 이해하고 기억할 것이다.
- 지도나 지구본에서 그들이 살고 있는 지역, 프랑스, 유럽, 다른 대륙들의 위치
- 식생 및 동물의 삶의 형태, 거주형태의 다양성에 관한 몇 가지 관점
- 그들이 살고 있는 인접환경의 몇 가지 특징

교육과정 내용이 구체화된 교과서의 학습내용은 표 3-20과 같다. 교육과정 문서상에는 교실에 관한 내용이 없지만, 교과서에는 교실, 교실표현, 학교 등이 총 3개의 주제로 구성되어 있다. 이어서 교육과정에 제시된 친숙한 공간인 도시와 마을이 나온다. 교육과정 내용에 제시된 바와 같이, 학생들의 주변 지역으로부터 점점 먼 지역의 순서대로 교과서 내용이 구성되어 있다. 교과서 내용 중에는 약지도의 성격에 관해서, 그리고 약지도의 활용에 관해 학습하는 학습주제도 제시되어 있다. 이는 교육과정의 뒷부분에 제시된 '학습 후 예상되는 능력'에 해당되는 것으로 판단된다.

표 3-20. 초등학교 기초학습과정 교과서 내용

학습주제	학습내용
1. 교실	교실에서 물건과 학생들은 어디에 놓여 있는가?
2. 교실표현	우리는 교실을 어떻게 표현할 수 있는가?
3. 교실, 학교	교실에서, 학교에서, 그리고 학교 밖에서 장소를 어떻게 파악하고 기술하는가?
4. 도시, 마을	학교 근처의 풍경은 무엇과 비슷한가?
5. 우리 집 근처, 우리 집에서 먼 곳	산지와 바닷가의 풍경은 어떠한가?
6. 프랑스, 프랑스 밖	세계의 모든 풍경은 비슷한가?
7. 다양한 삶의 방식	세계의 다른 지역에서는 사람들이 어떻게 살아가는가?
8. 사진으로부터 그림(약)지도로	plan(약지도)은 무엇인가?
9. 위치를 파악하기 위한 그림지도와 지도	위치를 파악하는데 있어서 plan을 어떻게 이용하는가?
10. 이동을 위한 그림지도와 지도	이동하는데 있어서 plan을 어떻게 이용하는가?
11. 프랑스, 유럽	프랑스와 유럽은 무엇과 비슷한가?
12. 지구	지구 전체의 지도를 만들 수 있는가?

초등학교 저학년 수준의 교과서라서 그런지 학습내용은 의문형으로 표현되어 있다. 교육과정 내용과 교과서에 구체화된 내용 간에는 일부 차이가 있는데, 그것은 지도, 지구본, 약지도에 관한 것이다. 교육과정에는 지도나 지구본에 관한 언급이 있는데, 교과서에는 약지도에 관한 학습주제만 3개에 해당되며, 지구본에 관한 내용은 없고 지도를 만들 수 있겠는가와 같은 주제만 하나 제시되어 있다. 교육과정에서는 일반적인 지도(carte)라고 표현했지만, 교과서 집필진들은 학생들의 수준을 고려해서 가장 낮은 수준의 약지도(plan)로 학습내용을 구성한 것으로 판단된다.

2) 심화학습과정

초등학교 심화학습과정에서는 교육과정 내용과 교과서의 내용이 순서대로 일치하지 않으며, 경우에 따라서는 하나의 교육과정 내용에 두 개 학년의 교과서 내용과 대응되기도 한다. 심화학습과정에서 가장 처음에 나오는 주제는 '세계에 대한 시선: 인문사회에 의해 조직된 공간들'로서, 그 내용은 표 3-21과 같다.

표 3-21. 교육과정 내용 사례: 세계에 대한 시선

초등학교 심화학습과정 교육과정 내용
○ **세계에 대한 시선: 인문사회에 의해 조직된 공간들**
인문사회는 거의 지구 전체를 점유했다. 그들은 공간을 조직하고, 그들이 개조하는 방식에 있어서 더 중요하고 덜 중요한 것에 물리적, 생물학적인 구성요소들을 맞춰가면서 영토를 창조한다. 이러한 측면에 있어서 실험과학과의 관계가 제안된다.
▷ **강조점(points forts)**
1. 지구(지구본, 평면구형도 등) 및 세계(지도, 예술작품 및 광고 이미지 등)에 대한 표현 비교
2. 다음과 같은 지구적 관점에서 주요 대조적인 측면에 가치를 부여하기
− 인구밀집지역과 과소지역
− 대양 및 대륙, 인문적 관점에서의 대기후
− 생활양식

교육과정의 형식적인 특징으로는 학습내용이 제시되고 그다음에 강조점이 제시된다는 점이다. 앞에 제시된 학습주제에 해당되는 부분에서는 해당 학습주제에서 배울 대략적인 설명을 해주며, 실제로 교과서 내용에 들어갈 부분은 강조점으로 제시된 내용들이다. 주된 학습내용을 비교해보면 다음과 같다. 이를테면, 교육과정에서 '인구밀집지역과 과소지역'으로 표

현되어 있는데, 교과서에서는 인간의 분포로 구체화되었고, 교육과정에서 '생활양식'으로 짧게 표현된 것이 교과서에서는 부유한 국가에서의 삶과 가난한 국가에서의 삶으로 각각 구체화되었다. 교과서의 내용은 표 3-22와 같다.

표 3-22. 교과서 내용 사례: 세계에 대한 시선(초등학교 심화학습과정)

○ 세계에 대한 시선: 인간사회에 의해 조직된 공간들(초등학교 3학년)
1. 지리학자의 도구인 지구의와 평면구형도: 지구의 표현
2. 대륙과 대양
3. 다양한 기후
4. 지구상에서의 인간의 분포
5. 지리학자의 도구인 위성영상
6. 삶의 양상: 부유한 국가에서의 삶
7. 삶의 양상: 가난한 국가에서의 삶
8. 지리학자의 도구인 사진: Bombay의 부유함과 가난함

초등학교 심화과정에서 두 번째로 나오는 주제는 '유럽공간: 경관의 다양성'이다. 바로 앞에서 초등학교 3학년의 첫 번째 주제와 이어졌던 유럽공간은 초등학교 4학년의 두 번째 주제와 연결된다. 이와 같이 초등학교 심화과정에서는 교육과정 내용에 맞게 교과서의 내용이 학년별 순서에 일치하지 않는 것이 특징이다.

표 3-23. 교육과정 내용 사례: 유럽공간(초등학교 심화학습과정)

○ **유럽공간: 경관의 다양성**
유럽은 아프리카, 아시아와 같은 대륙과 관련해서 하나의 상대적인 단위로 동떨어져 있는 것이 아니며, 그들 경관의 다양성 속에서 그들의 특수성이 드러난다. 유럽은 그 안의 지역들을 이어주는 도시 및 교통축의 중요성에 의해 그 성격이 지어진다. 교사는 보통 경관적 표현과 지도로 표현하는 것에 근거해서 정치적, 《자연적》, 문화적, 경제적인 측면에서의 유럽의 다양한 한계를 그려내며, 학생들이 공간적인 주요 특징들을 확인하고 파악하는 것을 돕는다. 교사는 학생들에게 유럽연합에 관한 첫 번째 지식을 제공한다.
▷ **강조점**
1. 동에서 서, 북에서 남으로 경관의 구분. 해안, 산지, 평야, 바다에 대한 인간의 이용
2. 인구가 많은 지대와 적은 곳의 대조
3. 도시망 및 교통망의 관찰
4. 유럽의 중심과 주변에 대한 인지
5. 유럽연합의 창설과 그의 역할에 대한 대략적인 상기. 유럽연합의 공간 및 영토에 대한 인식 (역사와의 관계, 그리고 시민교육에 근거해서)
6. 유로화 및 그것의 역할. 유로화와 썽팀(centime, 1/100 유로)의 활용에 있어서 계산능력의 적용

교육과정 내용의 형식은 앞에서 제시했던 내용과 비슷하게 전반부에서는 해당주제에 관해 대략적인 설명이 제시되고, 강조점에서는 구체적인 학습내용이 제시된다. '유럽공간'에 해당되는 교과서 내용은 표 3-24와 같다.

표 3-24. 교과서 내용 사례: 유럽공간(초등학교 심화학습과정)

유럽의 범위	1. 지리학자의 도구, 주제도: 유럽의 범위 2. 지리학자의 도구, 사진: 자연환경의 다양성 3. 지리학자의 도구, 주제도: 문화적, 경제적인 단일체 4. 지리학자의 도구, 지도와 그래픽: 인구밀도 5. 불규칙한 정주
경관의 다양성과 인간에 의한 이용	6. 고대 도시들 7. 근대 도시들 8. 지리학자의 도구, 지도: Rome 9. 농업경관 10. 산지: 주변 지역들 11. 산지: 관광지로 다시 태어난 곳 12. 바다: 개발(활용)된 공간 13. 바다: 위험한 공간 14. 해안: 활동적인 공간 15. 해안: 관광적인 공간
도시망과 교통망	16. 도로 교통망 17. 철도 교통망 18. 지리학자의 도구, 사진: 영불해협 터널 19. 하안 및 해양 교통망 20. 항공 교통망
유럽의 지역들	21. 지리학자의 도구, 주제도: 문화적, 경제적인 차이점 22. 지리학자의 도구, 사진: 서로 다른 삶의 수준 23. 중심과 주변 24. 지리학자의 도구, 지도: 유럽의 중심, Bruxelles 25. 지리학자의 도구, 지도: 유럽의 가장자리에 있는 Lisbonne
유럽연합	26. 지리학자의 도구, 이미지: 유럽연합의 출범 27. 유럽연합: 경제대국 28. 지리학자의 도구, 화폐: 유로화 29. 유럽연합: 경제적, 지정학적인 프로젝트 30. 지리학자의 도구, 사진: 유럽연합의 수도들

교육과정 내용의 강조점에서 제시된 학습내용들이 대부분은 교과서의 내용으로 구체화되었다. 이를테면, 교육과정에서는 동에서 서, 북에서 남으로 경관의 구분이라고 되어 있지만, 교과서에서는 유럽의 범위라고 제시된다. 그리고 교육과정에서는 인구가 많은 지대와 적은 곳간의 대조라고 되어 있는데, 교과서에서는 인구밀도라고 표현되었다. 또한 교육과정에서

는 해안, 산지, 평야, 바다에 대한 인간의 이용에 관해 제시하고 있는데, 교과서에서는 산지, 바다, 해안은 그대로 표현하고 있지만, 평지는 농업경관이라는 말로 표현되었다. 요컨대, 교육과정에 제시된 학습내용은 대부분 교과서 내용으로 구체화되었으며, 교육과정에 제시되지 않은 내용도 교과서에서는 추가적으로 다루고 있다.

초등학교 심화학습과정의 세 번째 주제는 '프랑스 공간'이다. 프랑스 공간에 대한 교육과정 내용은 다음과 같으며, 그 형식은 앞에서 제시된 내용들과 비슷하지만, 교육과정 내용을 구체화하고 있는 교과서는 3학년의 두 번째 주제와 4학년의 첫 번째 주제로 함께 연결된다.

표 3-25. 교육과정 내용 사례: 프랑스 공간(초등학교 심화학습단계)

○ **프랑스 공간**
유럽적 이미지에서 프랑스 또한 경관의 다양성에 의해 그의 성격이 지어진다. 즉, 경관은 프랑스인들이 사는 나라가 단일성과 오랜 역사적 산물로부터 오는 특별한 감정과 같은 것을 갖게 해준다.

▷ **강조점**
1. 다음과 같이 끊임없이 진화해오는 역사적 경관들
- 지도로 표현되고 경관적으로 표현되는 것들을 통하여 드러나는 프랑스 국토(대도시권, 도, 해외영토)의 다양성에 대한 요인들
- 시각적인 예술작품과 관련된 도시 경관들(도심, 교외, 신도시)
- 몇 가지 현실적인 문제가 드러나는 것을 통해 파악되는 농촌경관 및 산업경관
- 경관의 최근 변화를 통해 파악되는 상업, 서비스, 관광, 여가
2. 다양한 스케일로 조직되는 영토, 프랑스
3. 학생들이 살고 있는 지역들(대도시권 또는 해외영토로서의 프랑스)의 사례, 그리고 프랑스 및 유럽적 틀 속에서 다른 지역들의 사례는 다음과 같은 것들에 입문할 수 있게 해준다.
- 도시망과 대도시들의 영향력이 미치는 범위
- 거대 통신축
- 작은 도시들과 그들의 고장 《pays》
- 프랑스 공간의 분할에 관한 첫 번째 접근: 로컬의 사례로부터 코뮌, 도, 지역(시민교육과 관련하여)

프랑스 교육과정에 제시된 제목은 프랑스 공간인데 반해 교과서에 표현된 제목은 프랑스 경관과 프랑스이다. 초등학교 3학년 교과서에는 역사적 측면에서의 국토조직을 다루며, 4학년 교과서는 다양한 스케일로 조직된 국토를 제시하고 있다. 교육과정 내용에는 도시경관, 촌락경관과 상업, 서비스, 관광, 여가와 같은 구체적인 항목들이 제시되어 있는데, 교과서에는 크게 도시경관, 촌락경관, 산지경관, 해안경관이라는 틀로 내용을 담고 있다. 프랑스 초등학교 지리교육에서는 이 네 가지 항목이 경관을 보여주기 위한 기본적인 틀인 것으로 판단된다. 이 부분에서 특이한 점은 교육과정상에 제시된 여가에 관한 내용이 교과서에서는 시골여행이라는 주제로 설정되고 그 내용은 한적한 시골에 캠핑 가는 것으로 구성되었다. 그

리고 관광에 관한 내용은 해안경관 중에서 관광지로서의 해안지대라는 주제로 표현되었다. 두 번째 파트에 해당되는 4학년 내용에서는 교육과정상의 도시망과 거대한 통신축에 대한 부분이 교과서에서는 도시망과 교통망으로 표현되었다.

표 3-26. 교과서 내용 사례: 프랑스 경관(초등학교 심화학습과정)

도시경관	1. 지리학자의 도구인 위성영상: 위성영상으로부터 지도에 이르기까지 2. 거주공간 3. 노동(작업) 공간 4. 지리학자의 도구인 다양한 축척의 지도: 소축척지도로부터 대축척지도에 이르기까지 5. 상업경관 6. 여가와 문화 7. 지리학자의 도구인 지도: 지도와 그것의 방위 8. 도시의 중심부 9. 지리학자의 도구인 시각적인 미술작품: 도시의 중심부 10. 도시의 주변부 11. 지리학자의 도구인 지도: 지도와 그의 범례 12. 주변지역 13. 신도시 14. 지리학자의 도구인 지도: 지도와 교통
촌락경관	15. 농업경관 16. 삼림(숲) 17. 지리학자의 도구인 지도: 지도와 방위 18. 마을들 19. 시골여행 20. 지리학자의 도구인 지도: 도로지도
산지경관	21. 여름철의 산지 22. 겨울철의 산지 23. 지리학자의 도구인 지도: 지형도
해안경관	24. 관광지로서의 해안지대 25. 어업 및 상업의 해안지대 26. 지리학자의 도구인 지도: 경관과 그에 관한 지도 27. 프랑스의 해외영토

표 3-27. 교과서 내용 사례: 프랑스(초등학교 심화학습과정)

코뮌으로부터 지역으로	1. 지리학자의 도구, 사진: 작은 코뮌: Pontonx-sur-l'Adour 2. 국토의 분할(구성): 코뮌들 3. 지리학자의 도구, 사진: (사례) 도(道, un departement): le Finistere 4. 국토의 분할(구성): 도(道) 5. 지리학자의 도구, 사진/(사례) 지역: 알자스 6. 국토의 분할(구성): 지역들 7. 다양한 축척의 지도들: (작은)코뮌으로부터 프랑스에 이르기까지

도시체계/교통망	8. 지리학자의 도구, 주제도 9. 작은 도시들과 그들의 지방 10. 대도시의 영향권과 도시망 11. 지리학자의 도구, 그래픽: (수도)파리와 지방 12. 프랑스에서의 주요 커뮤니케이션 축 13. 유럽과 세계로 열려 있는 축 14. 프랑스의 커뮤니케이션 망

초등학교 심화학습과정의 마지막 주제는 세계화의 시점에 있는 프랑스이다. 본 학습내용을 담고 있는 교육과정의 형식은 크게 학습주제, 강조점, 학습 후에 예상되는 능력으로 구성되어 있다. 교과서 내용과 관련된 특징으로는 학습내용 전체를 대표하는 대주제가 별도로 제시되지 않고 각각의 소주제들을 묶음으로 포괄해주는 중주제만 제시되어 있는 것을 볼 수 있다.

교육과정 내용상의 특징은 이 수제가 억사와 긴밀하게 괸런되고, 프랑스어권이 상황 및 역할에 관해서는 시민교육과도 연계됨을 언급하고 있다. 그리고 학습내용 조직과 관련해서는 통합, 커지는 격차라는 표현을 쓰고 괄호 안에 구체적인 하위 항목들을 나열하고 있다. 이러한 내용들은 교과서에서 통합은 유럽연합으로 통합된다는 것으로 학습내용이 구성되고 있으며, 커지는 격차는 세계화를 강조하기 위함이며 또한 프랑스의 역할을 강조하고 있다. 세계화의 시점에 있는 프랑스라고 기술된 교육과정 내용에는 자연지리적인 언급이 전혀 없는데, 교과서 내용에는 유럽, 세계의 경관들이라는 주제에서 각각 자연지역, 기후지역, 세계의 기후, 자연환경과 같은 내용으로 구성되어 있다.

표 3-28. 교육과정 내용 사례: 세계화의 시점에 있는 프랑스(초등학교 심화학습단계)

○ **세계화의 시점에 있는 프랑스**
역사와 긴밀하게 연결되어 있는 이 주제는 다음과 같이 대립되는 두 가지 사실로부터 시작될 것이다.
1. 통합으로의 경향(소비, 생산, 정치적인 강요, 정보의 흐름, 문화 및 과학적 생산과 관련된 형태)
2. 커지는 격차(전쟁과 인구의 이주, 남북문제, 세계화에 반대하는 움직임 등)

▷ **강조점**
1. 프랑스의 경제적, 정치적, 문화적, 스포츠 관련 비중, 그리고 세계적인 행사에 대한 프랑스의 참여(시사, 언어, 예술교육과 관련된 사례 제시하기)
2. 프랑스어권의 상황 및 역할(시민교육과 관련하여)

○ **학습 후 예상되는 능력**
1. 학생들은 다음과 같은 능력을 갖게 될 것이다.
- 인쇄된 지도나 디지털 지도에서 탐구(recherche)를 실행하기

- 현상을 파악하기 위해서 다양한 스케일의 지도들 간의 관계 설정하기
- 간단한 공간적 크로키 작성하기
- 로컬 및 지역 공간에서 학교가 위치해 있는 장소 찾기
- 세계적인 공간에서 프랑스 찾기
- 프랑스의 주요 도시들의 위치 및 프랑스의 거대 통신축을 찾기
- 세계적 공간에서 유럽, 유럽의 주요 국가들, 유럽의 주요 도시들 찾기
- 계산영역에서 화폐의 사용(유로화, 썽팀)과 같이 습득된 능력을 적용하기
2. 다음과 같은 내용을 이해하고 기억할 것이다.
- 지리적인 기본 어휘(적당한 상황에서 활용할 줄 아는 능력)
- 경관의 대 유형(구별할 줄 아는 능력)
- 지구본 및 평면구형도에서 인문적인 대구분(대륙적, 해양적), 그리고 위치를 찾고 인식할 수 있는 능력
- 유럽연합에 참여하고 있는 국가들

교육과정 내용의 마지막에 제시되어 있는 학습 후 예상되는 능력에서는 초등학교를 졸업하는 학생들이 갖추어야 할 능력에 관해 제시하고 있다. 이를테면, 간단한 공간적인 크로키를 작성하는 법, 지역적 스케일에서 학교의 위치찾기, 세계적인 공간에서 프랑스 찾기, 주요 도시 찾기 등과 같은 기능들을 열거하고 있으며, 지리와 관련된 어휘들을 기억하고 경관의 주된 유형을 구별할 줄 아는 능력, 유럽연합 회원국들을 기억하도록 기술하고 있다.

표 3-29. 교과서 내용 사례: 5학년 지리(초등학교 심화학습과정)

1. 유럽	1. 자연지역 2. 지리학자의 도구인 사진과 지도: 경관 3. 7억의 유럽인들 4. 유럽 속의 프랑스 5. 유럽국가들 6. 교통망 7. 지리학자의 도구인 용어: 유럽의 하천, 프랑스의 하천
2. 유럽연합	1. 원칙 2. 정치적인 코뮌 3. 경제적인 큰 세력 4. 유럽인의 실현 5. 지리학자의 도구인 그래픽: 유럽연합 속에서의 프랑스
3. 세계의 경관들	1. 우리의 지구 2. 지리학자의 도구인 평면 구형도: 지구의 표현 3. 기후지역 4. 지리학자의 도구인 기후 다이어그램: 세계의 기후 5. 자연환경 6. 추운 사막과 더운 사막 7. 숲

| 4. 지구상의 인간 | 1. 그들의 환경 속에서의 인간들
2. 지구상에서의 인간의 분포
3. 지리학자의 도구인 사진: 농업경관
4. 부유한 나라와 가난한 나라
5. 지리학자의 도구인 인구피라미드: 인구통계
6. 가장 큰 도시들
7. 제3세계의 아이들 |
| 5. 세계 속의 프랑스 | 1. 지리학자의 도구인 지도: 프랑스 영토
2. 해외(영토)의 프랑스
3. 프랑스어권
4. 경제적인 강대국, 프랑스
5. 세계 속에서의 프랑스의 영향력
6. 프랑스로의 인구이동
7. 가난한 국가들에 대한 원조 |

나. 중학교 수준의 대응관계

초등학교에 이어서 중학교 교육과정 내용과 그에 해당하는 교과서의 내용을 비교 분석하고자 한다. 중학교는 총 4개 학년으로 구성되며 각 학년마다 각각의 학습주제가 있다. 이를테면, 중학교 1학년에서는 세계의 지도와 경관, 2학년에서는 아프리카, 아시아, 아메리카, 3학년에서는 유럽, 프랑스, 4학년에서는 오늘날의 세계이다. 지금부터는 학년별로 교육과정과 교과서의 내용을 살펴보고자 한다.

1) 중학교 1학년(6e)

중학교 1학년 지리는 세계의 지리적 대지표와 경관의 대유형으로 구성된다. 먼저 첫 번째 대주제가 시작되는 내용을 살펴보면 다음 <표 3-30>과 같다. 교육과정에서는 세계적 스케일의 지리 대지표로서 극, 열대, 적도를 제시하고 있다. 교과서에서는 본 주제가 다뤄지기 전에 지도와 경관사진을 먼저 배치함으로써 초등학교에서 배운 내용을 상기할 수 있게 한다. 이어서 본 학습주제가 나오는데, 그 명칭은 교육과정에 제시된 대지표라는 표현을 그대로 따르지 않고 '지구'로 표현하고 있다. 학습내용 수준에서도 학습내용이 많지 않아서 그런지 번호로 된 별도의 소제목을 달지 않고 자료의 형태로 내용을 구성한다.

표 3-30. 교육과정 내용 사례: 세계의 지리적 대지표(중학교 1학년)

【1】 세계의 지리적 대지표(grands repères) 도입부(1시간)에서는 초등학교에서 배운 다음과 같은 기본적인 개념들을 상기시켜준다. – 대륙과 해양의 분포, 위치를 정할 수 있게 해주는 기본적인 지표들(극, 열대, 적도)	

표 3-31. 교과서 내용 사례: 지구(중학교 1학년)

	○ 지도 ○ 경관사진
11. 지구	○ 자료: 지구상에서의 방향 정하기

중학교 1학년 첫 번째 대주제에 포함되는 첫 번째 중주제는 세계의 인구분포이다. 교육과정에는 이에 대한 내용을 교과서에서 두 파트로 나누어서 구성할 수도 있는 것으로 제시하고 있다. 실제로 교과서에서도 지구상의 인간과 불공평하게 부유한 국가들로 구성되고 있다. 교육과정 내용이 초등학교 수준과 크게 달라진 점이라면 학습내용에 대한 설명 뒤에 학습방법이 안내되며, 학습자료(지도), 지리적 지표가 각각의 항목으로 제시된다는 점이다.

표 3-32. 중학교 교육과정 내용체제

중학교 교육과정 내용의 체제
학습내용 제시
지리적 지표 제시
학습자료 제시
교수–학습방법 안내

표 3-33. 교육과정 내용 사례: 세계의 인구분포(중학교 1학년)

1. 세계의 인구분포(7~8시간) 1) 사람이 많이 사는 곳과 그렇지 않은 곳들을 지구본 상에서 찾아보고 그 지역들의 이름을 말한다. 도시의 인구밀집 지역들을 찾아본다. 프로그램의 두 번째 파트에서 선택되는 사례들은 경우에 따라 대조적인 측면들을 보여줄 수도 있다. 2) 우리는 인구증가가 큰 영역과 인구증가가 허약한 영역을 비교한다. 3) 학생들은 한편으로 인구밀도 사이에서 관계의 복잡성을, 다른 한편으로는 부유와 빈곤을 발견하게 된다. – 지도(평면 구형도): 세계의 인구분포, 세계의 국가들, 세계 공간에서 부유와 빈곤 – 지리적인 지표: 인간에 의해 점유되고 있는 곳과 인구가 희박한 지대, 큰 나라들과 도시의 인구밀집 구역들

표 3-34. 교과서 내용 사례: 지구상의 인간 외(중학교 1학년)

12. 지구상의 인간	1. 인구분포 – 자료: 정주 형태 2. 인구증가
13. 불공평하게 부유한 국가들	1. 세계의 국가들 2. 부유한 국가들과 가난한 국가들 – 자료: 선진국과 후진국 – 자료: 정주와 빈곤

중학교부터는 교과서에 실리는 학습내용이 숫자로 번호 매겨진 학습주제의 형태뿐만 아니라 자료나 지도의 형태로도 제시된다. 교육과정에서는 교과서의 두 번째 파트에서 대조적인 측면을 다룰 것을 언급하고 있는데, 교과서에서도 부유한 국가들과 가난한 국가들, 선진국과 후진국이라는 표현으로 교육과정에 제시된 내용을 충분히 잘 반영하고 있다.

중학교 1학년의 두 번째 수제는 기후 및 생물지리적 대영역이다. 프랑스 교육과정에는 해당 주제마다 학습예상 시간을 옆에 표기해준다. 이번 주제에 해당하는 교육과정 내용에서는 학습내용을 두 파트로 나누어서 제시할 수 있다고 언급되고 있는데, 실제로 교과서에서는 생태 및 기후 영역이라는 하나의 파트로 학습내용을 구성하고 있다.

표 3-35. 교육과정 내용 사례: 기후 및 생물지리적 대영역(중학교 1학년)

2. 기후 및 생물지리적 대영역(4~5시간)
1) 지구상에서 기후 및 식생의 성격은 지도 및 이미지로부터 학습된다. 학생들은 이러한 현상들을 기술할 수 있게 해주는 단어들을 활용하는 것을 배운다.
2) 열수지 및 강우에 관련되는 지대를 찾는 것은 간단하게 설명된다.
3) 경우에 따라서는 교육과정의 두 번째 파트에서 선택된 간단한 두 가지 사례들의 도움으로 사회와 기후와의 관계를 보여준다.
– 지도: 열수지 및 강우지대, 생물기후의 대영역, 선택된 사례들에 해당하는 다양한 축척의 지도들
– 지리적 지표: 열수지 및 강우지대, 생물기후의 대영역, 선택된 사례들의 위치

표 3-36. 교과서 내용 사례: 생태 · 기후 영역(중학교 1학년)

14. 생태 · 기후 영역	1. 기후대 2. 온대기후지대 – 자료: 열대습윤지대 3. 건조한 사막 – 자료: (북극의) 한랭한 사막

앞에서 이미 지적했듯이, 중학교에서는 교과서의 학습내용 구성 시에는 주제가 번호로 매

겨진 학습주제의 형태와 함께 자료의 형식으로도 학습주제가 제시된다. 본 학습주제에서 살펴본다면, '3. 건조한 사막/○ 자료: (북극의) 한랭한 사막과 같이 사막이지만, 어쩌면 아라비아 숫자로 제시된 주제의 하위 항목처럼 취급하는 것처럼 보이기도 하고, 서로 그 성격이 다른 것'처럼 제시하고 있는 것처럼 볼 수도 있다. 본 주제에 해당하는 교육과정에서는 기후와 열수지에 관한 내용이 주된 것인데, 기후에 관한 내용은 교과서에서 기후대, 온대기후대, 열대습윤대로 제시되며, 교육과정에는 사막이라는 표현이 없이 열수지라는 표현만 된 것이 교과서에서는 건조한 사막과 한랭한 사막으로 제시하고 있다.

세 번째 주제는 대지형이다. 먼저 교육과정의 내용과 교과서 내용의 형태상 차이점은 단원구성 방식이다. 교육과정에서는 두 파트로 학습내용을 구성할 수도 있는 것으로 진술되어 있지만, 실제로 교과서에는 하나의 단원으로 학습내용을 구성하고 있다. 교육과정 내용을 보면, 지리적 지표로서 큰 산맥, 대평원, 대하천 유역을 제시하고 있는데, 교과서에서는 산지, 고원, 평지라는 개념을 맨 앞에 제시하고, 이어서 그의 사례 및 하위 개념에 속하는 것들을 자료의 형태로 제시하고 있는데 그 사례는 알프스 산지, 물의 흐름과 해안, 경관의 분포이다. 교육과정 내용에서는 큰 산맥, 대평원, 대하천 유역만 제시되었지만, 교과서 내용에서는 교육과정에서 언급되지 않았던 고원이 산지와 평지 사이에 끼어 있고, 교육과정상의 대하천 유역에 관한 내용은 교과서에서 물의 흐름과 해안의 표현으로 자료로써 제시하고 있다. 또한 여기서는 교육과정 상에서 사회와 지형과의 관계를 보여주라는 언급이 있는데, 실제로 교과서에서는 경관의 분포(입지)라는 형식으로 구체화되었다.

표 3-37. 교육과정 내용 사례: 대지형(중학교 1학년)

3. 대지형(3~4시간)
1) 대지형은 지도나 이미지로부터 확인된다. 학생들은 땅의 지형을 간단하게 기술할 수 있는 단어(표현)들을 활용하는 법을 배운다.
2) 경우에 따라서는 교육과정의 두 번째 파트에서 선택된 간단한 두 가지 사례들의 도움으로 사회와 지형과의 관계를 보여준다.
 - 지도: 세계의 지형, 선택된 사례들에 해당하는 당양한 축척의 지도들
 - 지리적 지표: 큰 산맥, 대평원, 몇몇 대하천 유역

표 3-38. 교과서 내용 사례: 대지형(중학교 1학년)

15. 대지형	1. 산지, 고원 그리고 평지 - 자료: 산지지역(알프스) - 자료: 물의 흐름과 해안 - 지도: 경관의 분포(입지)

　다음으로는 중학교 1학년의 두 번째 대주제인 경관의 대유형에 관한 내용을 분석하고자 한다. 여기서는 대주제에 해당하는 별도의 설명이 없이 바로 그 하위주제들에 관한 내용으로 들어간다. 그 첫 번째 주제는 도시경관이다.

표 3-39. 교육과정 내용 사례: 경관의 대유형(중학교 1학년)

【2】 경관의 대유형(grands types) 1. 도시경관 1) 지중해의 관광해안 2) 산업화된 해안 3) 유럽의 한 메트로폴 4) 북미의 한 메트로폴 5) 가난한 국가의 한 메트로폴

표 3-40. 교과서 내용 사례: 도시화된 해안지방 외(중학교 1학년)

16. 도시화된 해안지방	1. 산업화된 해안, 고베 2. 관광해안, Menton
17. 도시경관	1. 유럽의 주도도시, Paris 2. 북아메리카의 주요도시, 뉴욕 3. 가난한 국가의 주요도시, Lagos

　본 학습내용을 담고 있는 교육과정은 형식상으로 볼 때, 앞에서 제시되었던 부분들과는 차이가 크다. 즉, 학습내용에 관하여 문장형식으로 진술하지 않고 관련 용어나 표현들을 짧게 기술하고 있다. 학습주제는 도시경관이지만 그 내용을 살펴보면 크게 해안과 메트로폴로 구성되어 있다. 교육과정 상에서는 특별한 언급이 없지만, 교과서에서는 두 개의 파트로 나누어서 구성하고 있다. 이를테면, 도시화된 해안과 도시경관이다.

　교육과정에는 해안의 사례로 지중해의 관광해안과 산업화된 해안을 제시하고 있는데, 교과서에서는 산업화된 해안의 사례로 일본의 고베를 보여주고 있으며, 관광해안으로는 지중해 연안의 Menton을 사례지역으로 채택하고 있다. 도시경관과 관련해서 교육과정에는 유럽, 북미, 가난한 국가의 메트로폴을 사례로 제시하고 있는데, 교과서 내용으로는 유럽의 대표도시로 파리(Paris)를, 북미의 대표도시로 뉴욕을, 가난한 국가의 사례로 아프리카 나이지리아의 라고스(Lagos)를 사례로 학습내용을 구성하고 있다. 중학교 1학년의 두 번째 대주제인 경관의 대유형부터는 교과서 내용이 경관이라고 하는 사례중심으로 구성되는 것이 큰 특징이다.

그다음으로 분석할 주제는 농촌경관이다. 이 주제도 앞에서 다룬 도시경관에서처럼 교육과정상의 내용은 간단명료하게 제시되어 있다. 교육과정에는 대륙별로 4개의 농촌을 제시하고 있다. 그 순서는 아시아, 북미, 유럽, 아프리카 순이지만, 교과서에서는 유럽이 제일 먼저 제시되었고 이어서 북미, 아프리카, 아시아의 순이었다.

표 3-41. 교육과정 내용 사례: 농촌경관(중학교 1학년)

2. 농촌경관
1) 아시아의 한 벼농사 삼각주
2) 북미의 한 경작지
3) 유럽의 한 마을
4) 아프리카의 한 마을

표 3-42. 교과서 내용 사례: 농촌경관(중학교 1학년)

18. 농촌경관	1. 유럽의 마을, Zellenberg 2. 북아메리카에서의 어느 한 농장 3. 아프리카에서의 한 마을, Banforo 4. 메콩 삼각주

세 번째 주제는 인간이 점유하기 어려운 경관인데, 이것이 교과서에서는 인구밀도가 희박한 경관들로 표현되었다. 교육과정에서는 서두 부분에 학습내용이 간단명료하게 제시되고, 학습내용 전개에 도움이 될 수 있는 설명이 이어진다. 여기서는 다른 주제들보다 그러한 설명이 훨씬 구체적으로 제시되었다. 뒷부분에서는 지리적 지표, 학습방법 안내도 제시되었으며, 초등학교 때 배웠던 내용과의 연계 및 계열에 관한 부분도 구체적으로 설명하고 있다.

표 3-43. 교육과정 내용 사례: 인간이 점유하기 어려운 경관(중학교 1학년)

3. 인간이 점유하기 어려운 경관
1) 사하라사막 또는 북극에서
2) 아마존의 밀림에서
3) 안데스 또는 히말라야의 고산에서
교육과정에 의해 제시된 경관들은 한 가지 또는 몇 가지 이미지들로부터 학습된다. 각각의 사례에 대해, 우리는 위치가 정확한 한 장소를 선택하고, 첫 번째 파트에서 학습한 지리적 지표와 체계적으로 관계를 설정한다. 그렇지만, 인간이 그들의 공간에서 활동하는 것에 대한 메커니즘을 분명하게 하기 위해, 그리고 환경문제를 상기시키기 위해 모든 사례들은 제시되어야만 한다. 제시된 세 가지 사례들 중에서 한 가지 사례는 특히 더 구체적으로 전개될 수 있다. 이러한 학습은 다음과 같은 삼중의 궁극적 목표(finalité)를 가진다. 즉, 인간의 점유가 강한 곳과 덜한 곳에 대하여 기술하고 설명할 수 있게 해주는 말(표현)을

제시하고, 영토(국토)의 조직 내에서 사회의 역할을 분석할 수 있게 해주는 말을 제시한다. 따라서 다양한 스케일에 위치하는 것에 관해 숙고하고, 이러한 조직에 대한 경제적, 문화적, 자연적인 이치를 보여주는 몇 가지 커다란 요인들을 판별하는 것을 포함한다.

이러한 학습은 한편으로는 초등학교부터 습득해온 기본적인 지리 지식을 뿌리내리게 해야 하며, 다른 한편으로는 지리적 추론을 수행할 수 있는 것을 배울 수 있어야만 한다. 학생들은 훨씬 더 엄밀한 방법으로 이미지들에 대한 용어와 다른 형태(구두로 말하거나, 텍스트로 표현하거나, 크로키로 표현하는 것)로 표현하는 방법을 배운다.

- 지도: 교육과정의 첫 번째 파트에서 배운 평면구형도는 확실한 기초를 구축하게 해주며, 다양한 스케일의 지도들은 선택된 사례들의 위치를 정확하게 찾게 하고, 지리적인 맥락 속에서 본래 그것의 자리를 찾을 수 있게 해준다.
- 지리적 지표: 본보기로 교사가 선택한 이미지들은 기억할 수 있는 문화적, 지리적 지표가 된다.

표 3-44. 교과서 내용 사례: 인구밀도가 희박한 지역의 경관들(중학교 1학년)

19. 인구밀도가 희박한 지역의 경관들	1. 알제리의 사하라사막에서 2. 그린란드의 Sisimiut 3. 아마존의 한 지역, le Para 4. 볼리비아의 안데스산맥에서 5. 네팔의 산지에서

학습내용을 살펴보면, 교육과정에서는 사하라사막 또는 북극, 아마존의 밀림, 안데스 또는 히말라야의 고산이 제시되었는데, 교과서에서도 그 순서대로 학습내용이 구성되었다. 이를테면, 사하라사막은 알제리의 사하라사막으로, 북극은 그린란드의 Sisimiut를 사례로, 아마존의 밀림은 아마존의 한 지역인 le Para를 사례로, 안데스는 볼리비아의 안데스산맥을, 히말라야는 네팔의 산지로 구체화되었다.

2) 중학교 2학년(5e)

중학교 2학년 지리의 전체적인 큰 주제는 아프리카, 아시아, 아메리카이다. 교육과정 상에는 2학년 지리에 대한 전체적인 설명이 서두 부분에 제시된다. 그 내용은 다음과 같다. 이 부분에 제시된 내용은 주로 교사들이 수업하면서 참고할 수 있도록 안내해주는 성격의 글인데, 여기에 나와 있는 내용에 의하면 교육과정에 제시된 다양한 내용들을 다루는 순서는 교사의 재량에 맡겨진다는 것이 특징적으로 보인다. 이 내용과 관련하여 교과서에서는 별도의 학습내용을 구성하지는 않는다.

표 3-45. 교육과정 내용 사례: 교육과정 전체에 대한 설명(중학교 2학년)

아프리카, 아시아, 아메리카

1. 세계의 빠른 변화는 교사들로 하여금 해마다 교육과정에 있는 다양한 요소들에 대한 학습을 안내해주는 문제제기를 하는 시점에서 그 내용을 결정하게 해준다. 문화적 다양성과 발전의 속도는 연간 학습을 안내해주는 길잡이가 될 수 있다.
2. 동시에, 몇몇 사례학습을 통하여 대륙에 대한 일반적인 처리, 최소한의 위치 찾는 지식을 확고하게 하며, 지리적 추론을 연습하는 것과 관련된다.
3. 교육과정에 있는 다양한 부분에 대한 처리 순서는 교사들의 재량에 맡긴다.

표 3-46. 교육과정 내용 사례: 아프리카(중학교 2학년)

아프리카

1. 아프리카의 다양성(6~7시간)
여기서는 불연속적인 인구분포, 인종적, 문화적인 다양성이 생물기후지대와 같은 것들보다 훨씬 더 관련되는데, 이러한 것들은 지도로 제시된다. 고대 및 최근의 역사적 비중은 분명해진다. 환경의 역할에 대한 회상은 중학교 1학년 수업시간에 배운 것에 근거를 둔다. 지역들 간의 차이는 이러한 총체적인 요인들에 대한 결과로서 분석된다.

표 3-47. 교육과정 내용 사례: 아프리카(중학교 2학년)

10. 아프리카	− 지표 − 불균등한 정주환경 − 민족의 다양성 1. 불리한 자연환경? 2. 역사적 속박 3. 가장 가난한 대륙 4. 인구성장 − 폭발적인 도시화 − 지역적인 공간(사례지역): 아프리카

중학교 2학년 지리는 크게 세 부분으로 나뉜다. 첫 번째 파트는 아프리카이며, 두 번째 파트는 아시아, 그리고 세 번째 파트는 아메리카이다. 교육과정에 제시된 첫 번째 주제는 아프리카의 다양성이며, 이 내용은 교과서에서 '아프리카'로 표현되었다. 여기서는 아프리카의 인구분포, 인종적·문화적 다양성, 생물·기후적 다양성이 강조되고 있는데, 교과서에는 먼저 자료의 형태로 민족의 다양성이 제시된 후에 학습 주제의 형태로 자연환경이 제시되고 있다. 이어서 역사적으로 어려웠던 시절에 대해, 그리고 가난, 인구성장, 급속한 도시화 등에 관한 내용으로 구성된다. 교육과정 내용에서는 환경의 역할과 관련하여 중학교 1학년에서 배운 내용에 근거를 둔다고 밝히고 있다.

표 3-48. 교육과정 내용 사례: 마그레브(중학교 2학년)

2. 마그레브(4~5시간)
우리는 지중해 세계, 이슬람 세계의 소속에 대해, 그리고 유럽과의 관계에 대해, 해안, 내륙, 사막 간의 대조에 대해, 그리고 인구와 관련된 문제에 역점을 둔다.
- 지리적 지표: 생물기후 지도, 아프리카의 인구분포 및 주요도시 지도, 아프리카 국가 및 주요지역을 나타내는 지도, 마그레브 지역 국가들의 환경, 인구, 자원

표 3-49. 교과서 내용 사례: 마그레브(중학교 2학년)

11. 마그레브	북아프리카의 세 국가들 1. 공간과 인구 - 도시문제 - 자원 2. 해안지역의 발전 3. 유럽과의 관계 - 사례지역: 마그레브의 세 공간들

아프리카에 관한 두 번째 주제는 아프리카 북부의 마그레브 지역에 관한 내용이다. 교육과정과 교과서 모두 학습주제는 마그레브로 되어 있으며, 교육과정에 제시된 내용의 대부분이 교과서에서는 자료와 일반적인 학습내용으로 구성되어 있다. 교육과정 내용에는 해안, 내륙, 사막 간의 대조에 역점을 두도록 제시되어 있는데, 교과서에서는 해안지역의 발전상만을 제시한 것이 눈에 띈다.

중학교 2학년의 두 번째 파트는 아시아에 관한 내용이다. 아시아에 관한 학습은 크게 두 부분, 즉 아시아의 다양성, 인도와 중국으로 구성된다. 먼저 첫 번째 주제인 아시아의 다양성에 관해서는 교육과정과 교과서 모두 주제가 같게 제시된다. 교육과정에 제시된 대부분의 내용들은 교과서에서 자료 및 일반적인 학습내용으로 구성되고 있는데, 교과서에서 위험에 직면한 대륙으로 표현한 부분은 교육과정에서 직접적인 언급은 없는 것이다. 그리고 교육과정에서는 부유한 곳과 가난한 지역에 대한 대조적인 측면을 강조하고 있는데, 교과서에서는 불균등한 성장으로 학습내용이 구성되었다. 교육과정 내용의 마지막 부분에 제시된 일본에 관한 학습은 4학년에서 배운다고 언급하고 있다.

표 3-50. 교육과정 내용 사례: 아시아의 다양성(중학교 2학년)

아시아
1. 아시아의 다양성(5~6시간)
지도(인구, 종교 및 문화적인 영역, 산과 관련된 기후 대영역)로부터 아시아의 다양성(중동부터 극동에 이르기까지)은 분명해
진다. 인구분포에 대한 강한 대조적인 측면(인구밀도가 아주 높은 곳과 아주 낮은 지역)은 오래된 농업방식(물 관리) 및 국가
적인 조직과 관련을 맺는다. 학습은 부유한 곳과 가난한 지대, 해안과 내륙, 대륙국가와 도시국가 간의 대조적인 측면을 강조
하게 해준다.
참고: 일본은 4학년(3e)에서 배운다.

표 3-51. 교과서 내용 사례: 아시아의 다양성(중학교 2학년)

12. 아시아의 다양성	− 지표 − 위험에 직면한 대륙 1. 다양한 자연환경 − 민족의 다양성 2. 대조적인 인구분포 − 벼농사와 인구분포 − 물의 관리(활용)(몬순아시아) 3. 불균등한 발전(성장) − 사례지역: 아시아

아시아에 관한 두 번째 주제는 인도와 중국에 관한 것이다. 교육과정에서는 학습주제로서 인도가 먼저 제시되었는데, 교과서에서는 중국이 앞으로 나온다. 교육과정에는 두 국가에 관하여 공통적으로 문화적인 다양성, 인구압, 사회문제, 지역적 격차, 발전 속도 등에 관하여 제시하고 있으며, 각 국가의 특수성에 대한 분석도 언급되어 있다. 이러한 측면에서 교과서를 보면, 중국이나 인도 모두 많은 인구와 문화적인 다양성을 소개하고 있는데, 중국이 인도보다 발전의 측면에서는 훨씬 호의적으로 표현되어 있으며, 인도는 중국에 비해 훨씬 더 가난하고 성장에 있어서 불균등한 나라로 표현되고 있다.

표 3-52. 교육과정 내용 사례: 인도, 중국(중학교 2학년)

2. 인도, 중국
1) 앞서 검토된 요소들로부터 모든 학습을 철저하게 하면서 각각의 두 국가들에 대한 특수성을 분석한다.
2) 또한 문화적인 다양성, 인구압, 사회문제, 지역적 격차, 발전 속도 등은 인도 연합 및 중국에 관해서 특수하게 검토된다.
− 지리적 지표: 아시아의 주요도시 및 인구분포 지도, 아시아의 지역 및 국가지도, 인도 및 중국 지도

13. 중국	1. 아시아의 거인 – 한족과 소수민족들 2. 급속한 성장 – 비약적으로 발전하는 중국의 해안지역 – 대규모의 새로운 작업(건설공사) – 사례지역: 세 가지 측면의 중국
14. 인도	1. 10억 이상의 인구 – 문화적인 모자이크 2. 대규모 인구 부양하기 3. 깨어나는 인도 – 수없이 많은 가난한 사람들 – 사례지역: 불평등

중학교 2학년에서 배우는 세 번째 큰 주제는 아메리카이다. 먼저 제시되는 내용에 대한 교육과정과 교과서의 제목이 약간 다르다. 즉, 교육과정에는 남북 아메리카 공간의 차이이며, 교과서에는 두 개의 아메리카로 되어 있다. 교육과정에는 이주에 관한 부분이 강조되어 있으며, 미국은 중학교 4학년에서 배운다고 언급되었다. 교과서에 구체화된 내용을 보면, 아메리카의 두 측면을 대조적으로 보여주면서도 북미에 관해 좀 더 강조하는 것이 확인된다. 교육과정에서 언급되지는 않았으나 교과서에 나타난 것으로는 풍부한 자원에 관한 내용과 미국–멕시코 국경에 관한 사례이다.

표 3-54. 교육과정 내용 사례: 남북아메리카 공간의 차이(중학교 2학년)

아메리카
1. 남북 아메리카 공간의 차이(6~7시간)
앵글로 아메리카와 라틴 아메리카로 나뉜 것은 대륙의 인구에서 이주의 역할을 분명하게 해준다. 인구의 대다수는 해안과 도시에 분포한다는 것으로 학습된다. 경선을 따라 뻗어 있는 북쪽의 공간과 남아메리카의 차이점은 설명된다. 국가들의 내부로서 대륙적인 스케일에 존재하는 대조적인 조건은 강조된다.
참고: 미국은 중학교 4학년에서 배운다.

표 3-55. 교과서 내용 사례: 두 개의 아메리카(중학교 2학년)

15. 두 개의 아메리카	– 지표 1. 아메리카의 인구 – 북아메리카, 라틴 아메리카 2. 길게 뻗은 대륙 – 풍부한 자원 3. 부유한 아메리카 4. 발전하는 아메리카 – 미국-멕시코 국경 – 사례지역: 아메리카

　아메리카에 속해 있는 두 번째 사례는 브라질에 관한 내용이다. 앞에서 다루어졌던 남북 아메리카에 관한 내용에서는 주로 북미지역의 발전상에 치중하여 보여주었다면, 본 주제에서는 남미에 속해 있는 국가들 중에서 선정되었다. 특히 북미에 속해 있는 미국은 4학년에서 주요 강대국을 다룰 때 그 주제에 포함되기 때문에 3학년의 학습내용에 포함되는 국가들은 인구나 국가 면적은 크지만 경제력이 떨어지는 국가들 중에서 대륙별로 선정된다. 교육과정에 제시된 브라질에 관한 내용은 주로 자원, 토지와 관련된 불균형 및 도시성장의 측면에서 사회적 불평등과 관련된 문제들을 소개하고 있다. 이러한 내용은 교과서에서 대부분 그대로 구성되었다.

표 3-56. 교육과정 내용 사례: 브라질(중학교 2학년)

2. 브라질(4~5시간)
1) 학습은 이 국가에 대한 자원의 중요성과 지역적인 대조로 치우쳐 이루어진다. 사회적인 불평등은 토지분포의 불균형과 도시의 성장과 관련된 문제들을 통해 소개된다.
– 지리적 지표: 아메리카의 주요도시 및 인구분포 지도, 아메리카의 주요지역 및 국가지도, 브라질의 지역지도
– 중학교 지리교육 학력증
2) 숙달해야 하는 연대기적 지표: 아프리카, 아시아, 아메리카의 인구, 국가, 도시: 인구밀도가 아주 높은 지역, 아메리카와 일본의 메갈로폴. 마그레브의 국가들과 이집트. 인도연합, 중국, 일본, 미국, 캐나다, 멕시코, 브라질. 카이로, 북경, 상해, 봄베이, 캘커타, 도쿄, 뉴욕, 로스앤젤레스, 상파울루, 멕시코

표 3-57. 교과서 내용 사례: 브라질(중학교 2학년)

16. 브라질	1. 라틴 아메리카의 거인 2. 드러난 강국 – 도시들과 그들의 문제 – 토지의 불균등한 배분 – 아마존의 정복 – 사례지역: 지역들 간의 불평등

3) 중학교 3학년(4e)

중학교 3학년에서 배우게 되는 지리 내용의 큰 주제는 "유럽과 프랑스"이다. 학습의 흐름은 유럽대륙에 대해 학습한 후에 정해진 개별 국가들에 관해 구체적으로 배운다. 교육과정에 제시된 내용에 의하면, 유럽의 조직, 프랑스의 경제, 유럽 및 프랑스의 위상은 4학년에서 배우는 것으로 제시되었다. 수업시간에 다루게 될 학습내용의 순서는 교사의 재량에 맡기는 것으로 언급된다.

중학교 3학년의 지리 학습은 크게 유럽과 프랑스의 두 파트로 구성된다. 유럽대륙에 관해서는 유럽의 다양성과 몇몇 국가들에 대한 학습내용으로 이루어진다. 교육과정에는 국가, 인구, 언어, 지역에 관한 인문적인 모자이크 및 지형, 하천, 기후 등의 관점에서 유럽의 다양성을 제시하고 있다. 또한 그리힌 것들은 유럽의 공간구조와 경관을 설명하기 위해 도시화 및 통신망과 관련지어진다.

표 3-58. 교육과정 내용 사례: 단원개관 및 유럽대륙(중학교 3학년)

유럽, 프랑스
1. 유럽대륙에 대한 소개 후에, 중3 교육과정은 본질적으로 국가들에 대한 학습으로 할애된다. 프랑스에 있어서 특히 중요한 것은 지역에 관한 학습으로 주어진다. 세계 속에서 유럽의 조직, 프랑스의 경제, 유럽 및 프랑스의 위상은 중4에서 배운다.
2. 교사는 교육과정의 다양한 부분들 중에서 그 순서를 자유롭게 선택할 수 있다.

유럽대륙
1. 유럽의 다양성(4~6시간)
우선, 유럽은 평면구형도 상에 나타난다. 국가, 인구, 언어, 지역에 관한 지도들은 유럽적인 모자이크를 소개할 수 있게 해준다. 우리는 주요 지형, 큰 하천, 주된 생물기후 영역들을 찾아보고, 그러한 것들을 유럽의 공간구조와 경관을 설명하기 위해 도시화 및 통신망과 관련짓는다.

표 3-59. 교과서 내용 사례: 유럽(중학교 3학년)

12. 유럽	1. 유럽의 인구분포 - 문화적인 다양성 2. 많은 국가들 - 부유함의 불평등 - 유인하는(끌어당기는) 유럽 3. 다양한 자연환경 4. 도시와 통신망 - 유럽의 첫 번째 항구, Rotterdam - 유럽공간의 조직

교과서에 제시된 내용은 인구 및 문화적인 다양성으로부터 시작해서 다양한 자연환경, 도시와 통신망으로 이어진다. 여기서는 국가들 간의 물질적인 불균형과 다른 대륙으로부터 유럽으로 인구의 이주를 유인하는 측면에 대해 다루고 있다. 대표적인 도시의 사례로는 로테르담(Rotterdam)이 소개된다.

두 번째 주제는 유럽의 주요 국가들에 대한 학습내용이다. 교육과정상에 제시되어 있는 국가들의 목록에서 최소 3개국을 선택해서 학습하도록 제안하고 있다. 이를테면, 독일, 러시아, 영국, 지중해 연안의 유럽국가들 중에 하나이다. 그렇지만 실제로 교과서에는 교육과정에 제시되었던 5개국이 모두 학습내용으로 구성되어 있다. 교육과정에서는 각국에 대한 지리적인 특수성(인구, 국토조직)에 대한 분석을 요구하고 있다. 교과서에 학습내용으로 구성된 각국에 대한 내용은 인구, 국토조직과 함께 역사적인 측면, 언어 및 종교, 지형과 기후, 통신축과 관련하여 가장 특징적인 요소들로 이루어진다.

표 3-60. 교육과정 내용 사례: 몇몇 국가들(중학교 3학년)

2. 몇몇 국가들(12~13시간)
1. 우리는 다음과 같은 리스트에서 최소한 3개 국가를 선택해서 학습하게 될 것이다.
- 독일, 러시아, 영국, 지중해 연안의 유럽 국가들 중에 하나
2. 앞서 검토된 요소들로부터 모든 학습을 철저하게 수행하면서 선택된 각각의 세 국가들에 대한 지리적인 특수성(특히, 인구 및 국토조직)에 관해 분석한다. 이러한 관점에서는 역사적인 비중과 활용되고 있는 언어교육과의 연계를 강화시켜줄 수 있는 문화적인 관점이 강조된다.
3. 유럽지도: 인구밀도 및 주요 도시들, 유럽의 국가들, 언어와 종교, 지형과 기후, 커뮤니케이션의 축과 분기점, 학습된 국가들의 지도

표 3-61. 교과서 내용 사례: 독일 외 4개국 A(중학교 3학년)

13. 독일	1. 독일의 국토 - 새로운 수도, 베를린 - 감소하긴 하지만, 많은 인구 2. 불안정한 강대국 - 동독의 어려움 - 독일 국토공간의 조직
14. 러시아	1. 세계에서 땅이 가장 넓은 나라 2. 국토상의 주민들 - 유럽과 시베리아의 러시아 3. 혼란스러운 나라 - 변화하는 수도, 모스크바 - 러시아 국토공간의 조직

표 3-62. 교과서 내용 사례: 독일 외 4개국 B(중학교 3학년)

15. 영국	1. 대영제도 2. 어려움에 처한 주변지역 3. 역동적인 국토공간들 – 런던 시 – 대영제국 국토공간의 조직
16. 이탈리아	1. 이탈리아 반도 2. 근대의 이탈리아 3. 세 부분으로 나눠본 이탈리아 – Mezzogiorno의 도시, 나폴리(Naples) – 이탈리아 국토공간의 조직
17. 스페인	1. 스페인의 부흥(재건) 2. 국토개발 – Baleares 섬의 관광 3. 사회의 변화 – 스페인의 여러 가지 모습

중학교 3학년에서 배우는 두 번째 파트의 학습주제는 프랑스이다. 프랑스에 관한 학습내용은 통일성과 다양성, 국토개발, 주요지역들의 소주제를 중심으로 다루어진다. 교육과정의 형식적인 틀은 주로 학습내용을 설명하는 내용으로 이루어진다. 교육과정에는 프랑스의 고유한 지리적 특징이 강조되면서 유럽적인 틀로 기술하도록 요구하고 있다. 주된 학습내용은 인구밀도 지도를 통하여 지역적 인구 차이에 관한 내용이다. 교과서에는 주로 자연환경적인 요소들에 대한 다양성이 다루어지고 있으며, 프랑스에 거주하는 인구특성 및 해외에서 프랑스로 유입되는 이주민들에 관한 자료도 포함된다. 교육과정과 교과서 내용 모두 언어 및 종교적인 다양성에 대해서는 언급하지 않고 있다.

표 3-63. 교육과정 내용 사례: 단일성과 다양성(중학교 3학년)

프랑스(16~19시간)
1. 통일성과 다양성(4~5시간)
1) 프랑스 지리의 주된 특징은 공통적인 특징으로서의 오리지널한 요소들을 강조하면서 유럽의 나머지 요소들과 함께 유럽적인 틀에서 기술된다. 경관들은 유럽적인 큰 영역의 아래에서 개방된 국토에서 나타난다. 이러한 경관들은 관리하고 보존해야 할 환경 및 문화유산을 구성하고 있다.
2) 인구격차(부조화)는 인구밀도 지도로부터 학습되며, 인구의 최근 추이(인구학적인 작동, 도시와, 교외화)와 함께 관계가 설정된다.

표 3-64. 교과서 내용 사례: 프랑스, 통일성과 다양성(중학교 3학년)

18. 프랑스, 통일성과 다양성	1. 프랑스의 국토 – 지형과 기후 – 다양한 위험요소 2. 프랑스의 인구(분포) 3. 프랑스의 인구(특성) – 프랑스로의 이주

　프랑스에 관한 두 번째 소주제는 국토개발이다. 교육과정과 교과서 내용 모두 지역적인 불균형을 확인하고 국토개발 정책에 관해서만 제시하고 있다.

표 3-65. 국토개발

2. 국토개발(2~3시간)
지도로부터 지역적인 불균형을 분명하게 확인한다. 국토개발 프로젝트와 이것의 실현과 관련된 학습은 주요지역들에 대한 검토에 들어가게 해준다.

표 3-66. 교과서 내용 사례: 국토개발(중학교 3학년)

19. 국토개발	1. 국토개발 정책 – 국토의 불균형

　세 번째 소주제는 국토지리에 해당하는 내용이다. 교육과정상에서는 프랑스를 주요 6개 지역으로 나누고 있으며, 각 지역에 대한 철저한 분석 대신에 지역별로 주된 특징을 학습하도록 요구하고 있다. 또한 교육과정에는 학습내용을 구성할 때 필요한 지도들도 제시하고 있다.

표 3-67. 교육과정 내용 사례: 주요 지역들(중학교 3학년)

3. 주요지역들(10~11시간)
지역에 대한 철저한 분석을 배제하면서(하지만, 파리 지역과 관계가 설정된 지역에 주의를 기울이면서), 다음과 같이 도출된 6개의 주요 지역들의 특징을 부여해주는 주된 특징을 학습하는 것과 관련된다: 일드프랑스와 파리분지, 북동 산업지구, 리옹 지역과 그의 주변 알프스 지역(브흐고뉴와 오베흐냐쁘), 지중해 연안(Les Midis), 대서양 서안, 해외영토(도, 영토). 특징은 경관, 주요 활동, 메트로폴로 설정된다. – 프랑스 지도: 인구분포와 주요도시들, 행정지역, 교육과정에서 정의된 주요 지역들

	파리, 일드프랑스 그리고 파리분지	1. 프랑스의 첫 번째 대도시, 파리 2. 교통 밀집 공간 – 신도시, Marne-la-Vallee 3. 파리분지
	북부와 북동부	1. 변화하는 지역들 – Louvre에서 Lens 으로 바꾸는 프로젝트 2. 북부에서 알자스로
	리옹과 그 주변지역들	1. 리옹지역 – (화학)산업단지(회랑지대) 2. 리옹의 주변지역들 – 알프스 산지의 스키장, Val-Thorens
20. 국토의 주요지역	지중해 연안	1. 매력을 끄는 지역들 – Languedoc의 해변, La Grande-Motte 2. 지중해 연안의 다양성 – 마르세이유의 부흥
	대서양에 면한 서부지역	1. 바다의 중요성 – Arcachon 호(수) 2. 시골(농촌) 공간 – 브흐따뉴의 농장들
	멀리 떨어진 프랑스	1. (해외 영토들의) 공통점 – 다양한 해외 영토들

교과서에 제시된 지역들은 파리(일드프랑스, 파리분지), 북부와 북동부, 리옹과 그 주변지역, 지중해 연안, 대서양에 면한 서부지역, 멀리 떨어진 프랑스이다. 교육과정에서는 각 지역의 주된 특징을 학습하도록 제시했으며 특별히 구체적인 표현은 없었다. 다만, 학습에 필요한 학습자료로서의 인구분포, 주요 도시, 행정구역 등에 관한 지도에 관해 언급했는데, 교과서 내용은 이러한 관점에서 학습내용이 구성되고 있으며, 특히 그 지역에서 가장 특징적인 것들이 학습내용의 중심에 자리 잡는다.

4) 중학교 4학년(3e)

중학교 4학년은 "오늘날의 세계"라는 주제로 학습내용이 구성되는데, 4학년의 가장 특징적인 것은 역사내용과 지리 내용의 통합을 추구한다는 것이다. 여기서 말하는 역사와 지리의 통합은 소주제 내에서 내용의 혼합을 의미하는 것이 아니며, 대주제 내에서 전체적인 성격이 맞는 역사내용을 담은 소주제와 지리 내용을 담은 소주제가 같이 배치되는 것을 말한다. 이를테면, Ⅱ부의 챕터 5까지는 역사 내용이었으며, 챕터 6은 지리 내용이며, 챕터 7은 다시 역사 내용이 된다. 따라서 분석을 위해 지리에 해당하는 내용을 선별해서 그 내용을 분석하고자 한다.

표 3-69. 교육과정 내용 사례: 오늘날 세계의 지정학(중학교 4학년)

오늘날의 세계에 대한 구상과 조직(19~23시간) - 제2부는 역사 및 지리 교육과정의 긴밀한 연계로 구성된다.
6. 오늘날의 세계 지정학(2~3시간) 1) 1945년 이래로부터 국제관계의 주된 진전 단계(양극화된 세계, 탈식민지화, 유럽의 형성, 블록의 해체)는 오늘날 세계의 양극화를 이끌고 있는 요인들을 분명하게 보여준다. 동서 대립에 대한 학습은 완벽할 수 없으며, 베를린의 사례로 한정한다. 탈식민지에 대한 사례는 인도와 프랑스의 식민지였던 아프리카 지역으로 한다. 2) 오늘날의 세계 정치지리 학습에 있어서 국경의 개념(정치적, 문화적)은 다음과 같이 안내된다. 한편으로는 국경의 증가(민족주의의 재출현과 국지적 충돌), 다른 한편으로는 지역 및 세계적 공간조직적 틀 내에서 국경이 없어지는 경향

표 3-70. 교과서 내용 사례: 오늘날 세계의 지정학(중학교 4학년)

6. 오늘날 세계의 지정학	- 지도: 언제나 늘어나는 국가들 - 지도: 강대국의 주요 축과 세계의 주요 전쟁들 1. 국가가 많을수록 전쟁도 많다 - 세계의 피난민들 - 국제기구의 비약적 발전

먼저, 교육과정과 교과서의 학습주제는 오늘날의 세계 지정학으로 같게 설정되었다. 교육과정에서는 냉전에 관한 학습으로 베를린의 사례를 들었고, 탈식민지에 관한 사례로는 인도 그리고 프랑스의 식민지였던 아프리카 지역들을 제시하고 있는데, 교과서 내용에는 그러한 주체들에 해당하는 강대국들이 학습주제로 바로 나오지 않고 강대국들에 의해 발생하는 전쟁과 그에 따라 피해를 받는 피난민들과 같은 표현으로 구체화된다. 그리고 교육과정에서는 국경의 두 가지 차원에 대해 제시하고 있는데, 교과서에서는 직접적으로 드러나지 않는다. 또한 교육과정에는 없는 국제기구에 대한 내용이 교과서에는 자료의 형식으로 포함되었다.

표 3-71. 교육과정 내용 사례: 세계의 일반적인 조직(중학교 4학년)

8. 세계의 일반적인 조직(7~8시간)
1) 1945년 이래로 대조적인 인구변천, 경제성장 및 경제변동은 다음과 같이 국가 및 대륙에 따라 다양한 사회적인 결과를 보이고 있다. 즉, 노동, 생활수준 및 방식의 변화
2) 이러한 변화는 또한 다음과 같이 다양한 스케일에서의 지리적 결과를 반영한다.
− 인간 및 재화의 이동 증대는 세계적인 스케일에서 학습된다.
− 부유함과 빈곤함을 정의하기 위해 다양한 기준을 활용하면서, 지도는 사회 속에서 대륙 간, 국가 간(선진국, 신흥국, 후진국)의 차이를 설명하고 소개할 수 있게 해준다.
− 가속화되는 도시화는 몇몇 도시경관에 대한 사례들로부터, 지구적 스케일로, 그 밖의 스케일로 학습된다.
− 지도: 양극화된 세계, 탈식민지화, 세계의 인구, 국제교역, 세계의 불평등성, 오늘날 세계 및 충돌지대의 정치지리

다음 분석주제는 세계의 일반적인 조직이다. 교육과정에서는 국가 및 대륙에 따라 다양한 사회적 결과를 언급한 후, 인간 및 재화의 이동, 부유함과 빈곤함에 대한 내용을 대륙 간, 국가 간의 차이를 통해 설명하도록 제시하고 있다. 교과서에는 이러한 내용이 65억의 인구로부터 시작해서 그들이 세세에 고르지 않게 분포하며, 그로 인해 물자 및 사람들이 이동하고, 그렇게 모인 사람들로 인해 도시화가 진전되고, 그 안에서도 못사는 사람들의 문제와 환경의 훼손 등과 관련된 내용으로 구성된다.

표 3-72. 교과서 내용 사례: 세계의 일반적인 조직(중학교 4학년)

8. 세계의 일반적인 조직	− 65억의 인구 − 지도: 세계에서 불균등한 것들 − 건강 측면에서의 불평등 1. 경제력이 고르지 않은 선진국들 2. 개도국(남위도에 속한 국가들)의 다양성 − 지도: 직업을 위한 이주 3. 이주의 비약적인 증가 − 관광객의 이주 − 지도: 세계의 무역 4. 점점 더 늘어나는 교류 − 지도: 세계의 도시화 5. 급속한 도시의 성장 − 세계의 판자촌 − 지도: 환경의 훼손 − 지구촌에서의 위험요소들

표 3-73. 교육과정 내용 사례: 주요 경제대국/미국(중학교 4학년)

주요 경제대국(15~19시간)
주된 경제대국에 대한 학습은 본질적으로 지리적이다. 그렇지만 이러한 학습은 실제 상황에 대한 이해에서 필수적인 역사적 요소들을 활용한다.

9. 미국(6~7시간)
1) 무한한 공간, 인구압, 국토의 metropolisation에 대한 소개는 학습에 도입된다.
2) 미국이 세계적인 대국이라고 할 수 있게 하는 몇 가지 요소들을 분석한다. (자원, 기술, 경제력, 군사력, 문화적인 명성) 1945년 이래로 세계가 조직되는 상황에서 이 나라에 의해 취해진 역할은 몇 가지 그의 힘에 바탕을 두고 있다는 것을 명확히 해준다.

교육과정에서는 대륙 간, 국가 간(선진국, 신흥국, 후진국)의 차이를 설명하고 소개하도록 제시되었지만, 교과서에는 주로 개도국 및 후진국들의 문제 위주로 구성되었다. 교육과정에 제시된 지도들 중에는 교과서에 배치되지 않은 경우도 있으며, 다른 주제로 구성된 경우도 있다.

표 3-74. 교과서 내용 사례: 미국(중학교 4학년)

9. 미국	− 부유하고 계획된 국토 1. 3억의 인구 − 자료: 미국에서 가장 큰 도시들 2. 첫 번째의 경제대국 3. 강대국을 만들어주는 미국의 자본주의 − 미국의 문화적인 영향 − 지도: 세계의 미군 분포 − 정치적, 군사적 강대국 4. 국토공간의 조직 − 강대국의 핵심지역들

그다음에 나오는 주제는 대주제로 "주요 경제대국"이다. 중학교 3학년에서는 대륙별로 국가의 규모가 크거나 인구가 많은 경우에 학습내용으로 채택되었는데, 중학교 4학년에서는 경제적인 강대국이 포함되었다. 그 사례는 미국, 일본, 유럽연합이다. 교육과정에 제시된 내용들은 대부분 교과서 내용으로 구성되었다. 교육과정과 교과서 모두 강대국으로서의 미국에 대한 부정적인 측면보다는 긍정적인 측면만 부각시키고 있다. 교과서에서 미국에 대한 학습내용을 배치하는 틀은 넓은 국토, 인구, 대도시화이며, 그 이후에는 경제대국을 가능케 해주는 다양한 요소들에 대해 소개하고 있다.

경제대국의 두 번째 국가는 일본이다. 교육과정에는 일본이 지닌 부족함이나 단점들(섬나라적 특성, 협소함, 천연자원의 부족 등)이 학습내용에 도입되도록 언급하고 있는데, 실제 교과서에는 그러한 내용들이 직접적으로는 포함되지 않았다. 그리고 교육과정에서는 일본에서 미국식 모델에 대한 정치적인 재구성을 언급하고 있는데, 교과서에서는 그러한 내용이 표현되지 않았다.

표 3-75. 교육과정 내용 사례: 일본(중학교 4학년)

10. 일본(3~5시간)
이 나라에서 우세한 지리적인 특징(섬나라 특성, 협소함, 인간 및 활동의 집중, 천연자원의 부족)은 학습으로 도입된다. 세계 속에서 일본의 지위와 그 역할이 분석된다(산업적, 해양적, 자본적, 교역에 관하여, 혁신적인 능력적 측면에서의 힘). 학습은 1945년 전쟁의 패배 후에 전통, 빠른 근대화 그리고 일본이 아시아에서 행사하고 있는 영향력 사이에서의 독창적인 발전을 위해 이 나라의 아메리카 식 모델에 대한 정치적인 재구성에 중점을 둔다.

표 3-76. 교과서 내용 사례: 일본(중학교 4학년)

10. 일본	– 지도: 인구밀도가 높은 열도 1. 국력신장 2. 두 번째 경제대국 3. 일본의 도전 – 일본과 아시아–태평양 4. 그들의 국토 위에서의 일본인들 – 지도: 일본 국토공간의 조직

세 번째 강대국으로 소개된 것은 유럽연합이다. 교육과정에 제시된 내용들은 대부분 교과서에 그대로 도입되었다. 이 주제에서는 대체적으로 유럽연합의 형성과정과 그들의 영향력이 미치는 범위를 다루고 있으며, 유럽연합의 제도에 대해서는 본 학년에서 다루지 않는다고 밝히고 있다.

표 3-77. 교육과정 내용 사례: 유럽연합(중학교 4학년)

11. 유럽연합(6~7시간)
이전 챕터에서 유럽 구축의 기원과 큰 단계에 대한 학습 후에, 여기서는 독립국가 연합의 구성 축에 대한 독창성을 강조한다. 유럽연합의 제도에 대한 기술은 하지 않고, 그의 경제적, 교역에 있어서의 힘, 공유하고자 하는 그의 의지에 대한 확대 및 심화, 그의 정치력이 미치는 범위, 정치력을 구성하고 있는 국가들의 세계적 영향력에 관해 소개한다.

11. 유럽연합	1. 유럽의 형성 - 지도: 유럽연합의 국가들 2. 국가들의 연합 3. 세 개의 축 - 유럽의 성공, 인공위성 4. 매력적인 공간 5. 연합을 더 돈독하게 하고 확대하기 - 유럽연합 내에서 힘의 분포

중학교 4학년의 마지막 대주제는 "프랑스"이다. 세계의 주요 강대국들을 다룬 후에 프랑스를 다루도록 교과서의 내용배치를 한 것도 특징적이다. 프랑스에 관해서는 경제변동을 먼저 다루고, 이어서 '프랑스, 유럽, 세계'라는 주제로 주변국들과의 관계 및 세계 속에서의 프랑스를 강조하는 측면이 보인다.

프랑스(15~19시간)
13. 프랑스 경제의 변동
1) 중학교 3학년에서 배운 것으로부터 시작한다.
2) 당국의 역할을 강조하면서, 생산, 농업, 산업 시스템의 변동 그리고 서비스의 변동 및 구성요소를 소개한다.
3) 1945년 이래로 정치적 삶에 관한 주된 부분을 사회, 사회의 모드에 대한 물질적·문화적 변화 그리고 삶과 동경하는 삶의 틀과 관계를 맺으며 분석한다.
4) 제5공화국의 제도와 방위 문제는 시민교육에서 배운다.

13. 프랑스 경제의 변화	- 지도: 프랑스에서의 교통 및 산업 1. 프랑스 산업의 변화 - 첨단기술 산업의 비약적 발전 2. 유럽에서의 첫 번째 농업 - 소량 생산 농업 방식을 향하여 3. 서비스업의 성장 - 상업의 변화

교육과정은 프랑스 경제변화에 대한 내용이 중학교 3학년에서 배운 내용에 이어서 구성된다고 밝히고 있다. 그리고 관련 당국의 역할을 강조하면서 생산 및 산업시스템의 변동에 관해 다루도록 제시하고 있는데, 교과서에서는 직접적으로 표현되지 않았다. 중학교 4학년 전체 내용을 통하여 드러나는 공통점 중에 하나는 특정한 주제를 다루더라도 역사적인 어느

시점으로부터 다루도록 제안하고 있다. 이를테면 4학년에서는 역사와 지리의 통합을 추구하기 때문이다. 본 교육과정 내용에서도 1945년 이후부터 해당 주제와 관련되는 내용을 다루는 것을 제안하고 있다. 중학교 4학년에서는 역사뿐만 아니라 시민교육과의 통합 및 연계도 부분적으로 추구하고 있다. 이를테면, 제5공화국의 제도와 방위문제에 대해서는 시민교육에서 배운다고 언급되어 있으며, 실제로 그러한 내용은 교과서에 포함되지 않았다.

중학교 4학년의 마지막 주제는 "세계 속의 프랑스"이다. 학습주제는 그렇지 않지만, 학습내용이 구성된 것을 보면 그러한 성격이 뚜렷하게 나타난다. 교육과정에는 역사적인 측면을 언급하고 있으며, 학습을 통해 세계 속에서 프랑스의 위상을 설정하게 하는 것으로 제안된다. 그러한 내용들이 역사적인 측면에서는 독일과의 화해라는 내용으로 포함되었고, 프랑스의 위상과 관련된 내용은 경제력과 관광이라는 틀을 통해 학습내용을 구성하고 있다.

표 3-81. 교육과정 내용 사례: 프랑스, 유럽, 세계(중학교 4학년)

14. 프랑스, 유럽, 세계
세계 속에서 프랑스의 유럽정치사 및 그 역할의 변화는 유럽과 세계를 향해 개방된 힘과 같은 그의 지리 학습으로 폭넓게 도입된다. 투자, 관광, 이주와 관련된 움직임에 의해 설정된 관계, 정치적, 문화적인 영향력은 유럽 속에서, 세계 속에서 프랑스의 위상을 설정하게 해준다.
- 지도: 경제활동, 세계 속의 프랑스

표 3-82. 교과서 내용 사례: 프랑스, 유럽, 세계(중학교 4학년)

14. 프랑스, 유럽, 세계	1. 프랑스와 1945년 이후의 세계 - 프랑스와 독일의 화해 - 세계 속에서 프랑스의 존재 2. 강한 경제력과 개방 3. 관광목적의 첫 번째 목적지

다. 고등학교 수준의 대응관계

고등학교 수준에서 교육과정과 교과서 내용의 대응관계를 분석하는 형식은 초등학교나 중학교 수준에서 분석한 것과 같은데, 다만 고등학교 수준에서는 2개 출판사의 교과서를 분석의 대상으로 삼았다.[95]

---

95) 출판사명은 각각 아티에(Hatier), 아쉐뜨(Hachette)이다.

1) 고등학교 1학년

고등학교 1학년 지리의 전체 주제는 "인간은 땅을 점유하고 개조한다"이며, 그에 대한 첫 번째 주제는 '지구상에는 60억 이상의 인구가 살고 있다'이다. 교육과정에는 세계에서 인구밀도가 가장 높은 지역에 중점을 두고, 인구분포, 인구밀도, 부와 개발의 정도에 대한 불균형을 지도를 통해 살펴보도록 제안하고 있다. 그리고 국제적인 분쟁이 일어나는 상황에 대해서도 언급하고 있다.

이 주제에 대한 교과서 내용을 살펴보고자 한다. 먼저, Hachette 출판사에서 출판된 교과서의 특징은 cours(수업내용)가 먼저 제시되고 그 뒤로 사례학습이 나오는 형식이며, Hatier 출판사에서 출판된 교과서는 반대로 사례학습이 먼저 제시되고 cours가 뒤에 나오도록 구성되었다.[96]

표 3-83. 교육과정 내용 사례: 지구상에 거주하는 65억의 인구(고등학교 1학년)

대주제: 인간은 땅을 점유하고 개조한다

지구상에는 60억 이상의 인구가 살고 있다
세계에서 가장 인구밀도가 높은 지역에 중점을 둔다. 인구 분포와 인구밀도, 부와 개발 정도의 불균형을 지도를 통해 살펴본다.
세계는 수많은 국가로 나뉘어 있다. 국가를 나누는 국경선은 공간상에 있어서 주요한 불연속을 보여주는 것이다. 국경은 개발과 환경관리, 공간조직이라는 특정 형태를 보여주게 되고, 이는 또한 지리적인 문제, 더 나아가 국제적 자원(강, 수산 자원 및 에너지 자원 등)과 관련된 분쟁을 유발한다.
환경적인 문제에서 국경이 큰 문제가 되지는 않으며, 환경적인 문제는 국가와 힘의 불균형, 다소간의 접근성 등에 대한 국제적인 관리를 필요로 한다.

표 3-84. 교과서 내용 사례: 지구상에 거주하는 65억의 인구(고등학교 1학년)

Hachette	Hatier
1. 지구상에 거주하는 65억의 인구	1. 60억 이상의 인구
<cours>	<사례학습>
1. 육지의 1/3만 사람이 산다.	1. 아메리카 대륙의 인구
2. 인구분포에서 역사적, 인구학적 요인들	2. 동남아시아의 인구
3. 발전의 불균등성으로 인한 남북문제	3. 중앙유럽과 동유럽에서의 인구, 국경 그리고 환경
4. 지리학의 중심에 있는 국경문제	
5. 세계화의 틀 속에서 국경이 사라지기를 바라면서	

---

96) 두 출판사의 학습내용 구성관점은 정 반대로 볼 수 있다. 먼저 Hachette 사의 경우에는 학습내용을 미리 알려주고 나서 그에 대한 사례를 학습하는 방식이며, Hatier 사의 경우에는 사례학습을 한 후에 일반적인 주제를 정리하는 스타일이다. 따라서 전자의 경우는 연역적 관점으로 볼 수 있으며, 후자의 경우는 귀납적 관점으로 학습내용이 전개되는 것을 볼 수 있다.

<table>
<tr><td>

<사례학습>
1. 대조적인 공간, 지중해 연안
2. 발전의 불균등성을 보여주는 것, 에이즈
3. L'ALENA, 북아메리카 국경은 강화되는가, 사라지는가?
4. 해양 지정학의 중심에 놓인 동아시아

</td><td>

<cours>
1. 인구가 희박한 곳과 조밀한 곳
2. 발달과 풍요로움의 상충되는 측면
3. 환경, 지구촌의 쟁점
4 국경은 세계의 공간을 나눈다.

</td></tr>
</table>

두 교과서에 포함된 내용의 순서만 다를 뿐 주된 기술방식은 비슷하다. 교육과정에서 제시한 대로 Hachette 교과서에는 처음에 인구분포에 대해 다루고 있으며, Hatier 교과서 또한 그 표현만 다를 뿐 인구분포에 대해서 다루고 있다. 이어서 불균등으로 인한 남북문제가 다뤄지고, 국경에 대한 내용이 포함된다. 사례학습에서는 대륙별 관점에서는 비슷하지만, 그 핵심적 개념은 다르다. 이를테면, 똑같이 아메리카를 다루더라도 Hachette 출판사에서는 '국경'의 개념을 가지고 내용을 풀어가지만, Hatier 출판사에서는 '인구'의 관점에서 접근하고 있다. 지정학적 관점에서 보면, Hachette 출판사는 동아시아의 해양 지정학을 다루지만, Hatier 출판사는 중앙유럽과 동유럽을 대상으로 한다.

두 번째 주제는 "인구부양"에 관한 것이다. 교육과정에서는 인구증가 속도가 빠르며 인구부양 문제를 중요하게 언급하고 있다. 이어서 이에 대한 해결책으로 생산시스템을 언급하고 있으며, 생산주체들 그리고 시장의 규모와 스케일에 대해서 다루고 있다. 그리고 생산과정에서 드러나는 여러 가지 환경문제를 제기하며, 마지막으로 빈곤과 기아의 문제는 무엇으로부터 기인하는지 자문한다.

표 3-85. 교육과정 내용 사례: 인구 부양하기(고등학교 1학년)

인구 부양하기

인구변동 과정에서 다소간의 지체가 있기는 하였으나, 인구증가 속도는 여전히 빠르게 나타나고 있다. 인류 전체를 먹여 살릴 수 있는 지구의 능력이 중요한 문제가 되고 있다. 이 문제를 해결하기 위해, 생산 시스템이 다소 집약적이 되고 있으며(헥타아르당 생산량, 1인당 생산량), 다소 지역시장이나 국가시장, 국제시장을 목표로 하게 되었다. 이러한 시스템은 소농에서부터 농업 산업 부문의 거대기업까지, 그리고 식료품기업에 이르기까지 다양한 주체들에 의해 이루어지고 있다. 특정한 농업방식은 토지유실, 특히 침식에서 사막화에 이르기까지 환경적인 영향을 갖고 있다. 이러한 영향은 식량공급자로서 지구의 능력에 위협을 가할 수 있는 것이다. 개발과 환경관리 문제를 조정하는 것은 뛰어넘어야 할 큰 문제이다(녹색혁명, 유전자변형식품, 토양이 아닌 곳에서 재배하기 등).

빈곤과 기아의 문제에 대해 자문을 해보게 된다. 이러한 현상이 실제적으로 지구가 세계 인구를 먹여 살릴 능력이 없기 때문인가, 아니면 자연적인 상황이나 경제 사회적인 위기, 정치적 분쟁 때문인가?

두 출판사 모두 교육과정에서 제시한 내용들을 대체적으로 잘 반영하고 있지만, 일부 내용들에서는 차이가 있다. 이를테면, Hachette 출판사는 교육과정에서 제시한 순서대로 식량난, 농업생산 체계, 농산물 증대문제, 세계적 빈곤의 원인, 지속 가능한 농업에 관해 다루는데, Hatier 출판사는 처음부터 인구부양에 관한 주제를 제시하고, 이어서 농산물 늘리기, 시장통합의 문제, 환경보전으로 이어진다. 여기서 두 출판사의 차이로는 Hachette 출판사에서는 시장에 관한 언급이 본 수업(cours) 내용에는 없지만 사례학습의 내용으로 들어와 있으며, Hatier 출판사는 교육과정에 제시된 순서대로 내용을 모두 다루지 않고 있다는 것이다. 사례지역을 비교하면, 두 출판사 모두 사하라 이남 지역의 식량문제를 다루고 있으며, Hachette 출판사는 아메리카와 아프리카에서 대표적인 지역을 다루고 나머지는 쟁점적인 내용을 포함시켰다. 그렇지만, Hatier 출판사는 아프리카, 아메리카, 아시아, 유럽 등 대륙별 사례지역을 고르게 학습내용으로 포함시키고 있다.

표 3-86. 교과서 내용 사례: 인구 부양하기(고등학교 1학년)

Hachette	Hatier
2. 인구 부양하기 <cours> 1. 세계적으로 식량으로 인한 어려움 2. 세계 농업생산 체계 3. 농업생산을 어떻게 증대시킬 것인가? 4. 세계적으로 빈곤은 왜? 5. 지속가능하고 공평한 농업을 향하여 <사례학습> 1. 브라질, 거대한 농업국의 어려움 2. 옥수수 시장의 성격과 쟁점은 무엇인가? 3. 사하라 남부 아프리카에서 식량문제는 어떠한가? 4. 유전자변형생물체(OGM)에 대해 찬성하는가, 반대하는가?	2. 인구부양 <사례학습> 1. 사하라 남부 아프리카에서의 인구 부양 2. 미국의 농업, 전 세계를 먹여 살린다고? 3. 10억의 인도인을 어떻게 부양하는가? 4. 브르따뉴 지방의 가축 사육: 통합적이고 집약적인 농업방식 <cours> 1. 부분적으로 고무된 도전, 인구 부양하기 2. 농업생산물 늘리기 3. 시장에 통합시키기, 왜? 4. 건강과 환경 보전하기

표 3-87. 교육과정 내용 사례: 물, 부족함과 풍족함의 사이에서(고등학교 1학년)

물, 부족함과 풍족함의 사이에서
물은 자연이 지구상에 매우 불균형하게 나누어 준 자원이다. 건조지역 및 반건조지역이 지구의 1/3이나 된다. 따라서 물을 마음대로 사용할 수 있는 지역은 매우 가변적이며, 물에 대한 수요도 다르다. 인간의 지속적인 필요량 증가와 다양한 개발로 인하여 다양한 사용처(관광과 농업, 농촌과 도시 등)와 다양한 단계(도시, 지방, 대륙 등)에서의 긴장이 야기된다. 수질만큼이나 물의 양 또한 문제가 되고 있으며, 물은 언제나 재생 가능한 자원도 아니다(화석 층). 물이 풍부한 국가들도 특정 조절 방법을 사용하지 않는 것은 아니다(특히 가뭄이 든 해의 관개 및 관광). 물을 관리하는 정책이 마련되고 있으며, 물 값은 날이 갈수록 오르고 있다. 관개와 배수 등과 같이 물을 사용하고 관리하는 방법은 전통적이거나 현대적인 개발을 야기하며, 특정 환경을 만들어내는 것을 보여주게 된다. 오랫동안 물은 다양한 차원에서 토지의 구성(조직)의 견인차 중 하나였다. 물은 거주지와 특정 활동을 결정하게 된다. 물은 사회와 국가(빈국이든 부국이든) 그리고 지구 전체에 있어서 점점 더 중요한 문제가 되고 있으며, 앞으로도 그러할 것이다.

표 3-88. 교과서 내용 사례: 물, 부족함과 풍족함의 사이에서(고등학교 1학년)

Hachette	Hatier
3. 풍부함과 희박함 사이에 있는 물 <cours> 1. 민물의 불균등한 분포 2. 인간에 의해 점유된 공간조직의 중심에 있는 물 3. 물, 갖기를 원하고 통제 가능한 자원 4. 물, 위협적이고 공유되지 못하는 자원 5. 물에 대한 지속적인 관리는 왜, 그리고 어떻게 확보할 수 있는가? <사례학습> 1. 인도대륙 아래의 물, 개발의 쟁점 2. 이집트에서 물에 대한 안전이 위협받고 있는가? 3. 중앙아시아의 오아시스는 위기에 처한 환경인가? 4. 콜로라도의 하천, 번역과 분쟁의 자원	3. 물이 풍부한 곳과 희박한 곳 <사례학습> 1. 나일 강에서 중동까지: 부족한 물 2. 몬순아시아: 풍부한 물 3. 그리스에서 물에 대한 쟁점 <cours> 1. 물, 불평등하게 이용되는 자원 2. 물의 이용과 경관 3. 물로 인한 갈등(충돌) 4. 물, 위협적인 자원

교육과정 내용은 지구상에 물이 불균등하게 분포하는 것으로부터 시작한다. 따라서 물은 인간의 거주지와 특정 활동을 결정하며, 점점 더 큰 문제가 되고 있는 것으로 언급한다. 끝으로 물을 관리하는 정책에 관해서 제안하고 있다. 이에 대한 두 출판사 모두 공통적으로 물의 불균등한 분포, 물의 이용과 관리 그리고 위협적인 자원으로서 물을 다루고 있다. Hatier 출판사에서는 물로 인한 갈등을 본 수업 내용에서 다루며, Hachette 출판사는 사례학습에서 콜로라도의 하천을 통해 다루고 있다. 두 출판사 모두 대륙별 사례를 학습내용으로 포함하고 있다. 이를테면, Hattette사는 인도, 이집트, 중앙아시아, 콜로라도를 다루며, Hatier 출판사는 나일 강에서 중동까지, 몬순아시아, 그리스에 대해 다룬다.

표 3-89. 교육과정 내용 사례: 도시지역의 역동성과 도시지역의 환경(고등학교 1학년)

도시지역의 역동성과 환경

도시의 성장은 지구 차원에서 중대한 현상 중 하나이다. 개발도상국에서 인구의 도시 집중 현상이 오늘날도 지속적으로 이루어지고 있으며, 더 많은 사람들이 대도시에 정착하고 있다.

도시 내부 차원에서의 도시에 대한 학습은 배경과 기능에 관한 분석과 관련되어 있으며, 특히 첨단기술과 연구활동이 집중된 도시의 중앙 기능을 강화한 기술 대도시 현상과 대도시화 현상에 책임이 있는 기능에 대한 분석과 관련되어 있다. 도시의 기능과 도시의 집중화는 전체적으로뿐 아니라 그 자체로도 학습되어야 한다.

도시의 인구증가는 점점 더 민감성이 더해가는 도시환경 문제라 하겠다. 이에 도시에서는 자체적인 환경(도시 진입 환경, 거주지 형태, 도시구역, 녹색공간 등) 내에서 이 문제를 다루고 있으며, 수자원과 같이 불균형적으로 접근할 수 있고 비싼 자원을 사용하는 사회에서는 환경적인 부분에서도 이 문제를 다루고 있다. 사회에서는 자연재해(홍수, 지층 불안정 등)를 고려하고, 기술적 위험을 관리하며, 도시교통 형태를 고려해야 한다. 이러한 접근방식은 빈국과 부국의 도시들 간의 불균형을 확실하게 보여준다.

표 3-90. 교과서 내용 사례: 도시지역의 역동성과 도시지역의 환경(고등학교 1학년)

Hachette	Hatier
4. 도시의 역동성과 도시환경 <cours> 1. 30억의 도시 거주민 2. 후진국에서의 폭발적인 도시 3. 도시들, 강력한 중심 4. 아주 큰 도시들? 5. 지속 가능한 도시를 향하여? <사례학습> 1. 붐베이, 정상을 벗어난 후진국형 거대도시 2. 런던, 세계도시에 대해 어떤 기능을 하는가? 3. 도쿄, 선진국형 거대도시로서 어떤 문제가 있는가? 4. 대도시에서의 교통관리는 어떻게 하는가?	4. 도시의 역동성과 도시환경 <사례학습> 1. 자카르타, 개도국 대도시의 근대성과 불안정성 2. 로스앤젤레스, 기상천외의 도시 3. 요하네스버그, 아프리카의 대도시(메트로폴) 4. 마르세이유, 유럽의 메트로폴? <cours> 1. 일반적인 도시화, 그렇지만 대조적이다. 2. 세계의 메가폴과 메트로폴 3. 도시들로부터 분화된 공간으로 4. 도시환경과 지속 가능한 발전

그다음으로 분석할 주제는 "도시의 역동성과 도시환경"이다. 교육과정에서 이 주제는 '도시 지역의 역동성과 도시 지역의 환경'으로 표현하고 있다. 교육과정은 인구의 도시집중에 의한 도시인구 성장과 그로 인한 도시문제를 언급하고 있다. 그리고 도시에서 벌어지는 다양한 문제들은 빈국과 부국 도시들 간의 불균형으로 더욱 뚜렷하다고 지적한다. 두 출판사 모두 교육과정에서 제시하는 내용을 충실히 다루고 있지만, 사례지역으로 제시된 지역들 간에는 약간의 차이가 있다. Hachette 출판사는 붐베이, 런던, 도쿄를 사례로 들며, 나머지 하나는 대도시에서의 교통관리라는 문제로 마무리한다. 반면, Hatier 출판사는 자카르타, 로스앤젤레스, 요하네스버그, 마르세이유와 같이 대륙별로 사례지역을 포함하고, 각각의 지역마다 그에 맞는 성격을 함께 보여주고 있다.

표 3-91. 교육과정 내용 사례: 위험에 직면한 사회(고등학교 1학년)

위험에 직면한 사회
위험에 대한 지리 학습은 사회와의 관계에 관해서만 다루게 된다. 사회는 개발이나 환경관리에서 고려해야 하는 위험요소들을 위험이라고 정의한다. 이러한 위험은 형태가 다양하고, 공간적으로 다양하게 드러난다.
작게는 자연재해가 지구 표면과 토양층의 불안정(화산, 지진), 환경적 요소(태풍, 홍수, 가뭄 등)에 불균형적으로 존재하게 되는 것이다. 때로는 이러한 것들이 인구가 밀집되어 있는 지역에 나타나기도 한다. 재해는 위험요소와 혼동되어서는 안 된다. 재해는 현실로 나타난 위험요소로써, 인명피해, 경제적 피해, 사회적 대응(경보, 원조, 개발에 대한 새로운 선택 등)과 관련되어 분석되게 된다. 재해에 대한 결과는 사회의 발전 정도에 따라 다르게 나타난다.
더 크게 보면 인간의 활동은 눈사태나 홍수, 토양침식, 토지붕괴 등과 같은 특정한 자연적 위험에 의해 줄어들 수도 있고, 가중될 수도 있다. 또한 인간 활동은 산업이나 교통, 원자력 에너지 등과 같은 위험요소를 가지고 있을 수도 있다. 또한 위험에 대처하는 사회의 태도에도 불균형이 존재한다. 위험에 대한 영향을 줄이는 개발 선택은 국가발전 수준에 따라 차이가 나타나며, 기술개발로 인한 선진국의 위험에 대한 취약성도 강조된다.

표 3-92. 교과서 내용 사례: 위험에 직면한 사회(고등학교 1학년)

Hachette	Hatier
5. 위험에 직면한 사회 <cours> 1. 자연재해란 무엇인가? 2. 인간은 자연재해를 악화시키는가? 3. 기술적인 위험과 산업적인 위험 4. 위험의 증가 5. 위험에 대한 다양한 대응책 <사례학습> 1. 카리브/멕시코 만 지역에서의 열대성 저기압의 위험 2. 개발도상국 지역에서의 재해: 남부 아시아에서의 쓰나미(2004년 12월 26일) 3. 일본, 위험에 직면해 있는 선진국 4. 기술에 관련된 위험: 툴루즈 AZF 공장의 폭발(2001년 9월 21일)	7. 위험에 직면한 사회 <사례학습> 1. 카리브 해 사회와 위험 2. 자연재해에 직면한 아시아 사회 3. 기술적이고 위생적인 위험에 직면한 사회 4. 유럽에서의 홍수 위험 <cours> 1. 위험: 사회의 영속적인 불안감 2. 기후와 관련된 위험에 직면한 사회 3. 지구물리학적 위험에 직면한 사회 4. 기술적인 위험에 직면한 사회

　다음 주제는 "위험에 직면한 사회"이다. 교육과정은 재해의 유형 및 그에 대한 결과를 사회의 발전 정도와 관련을 맺는다. 그리고 위험에 대처하는 사회의 태도와 관련하여 불균형을 언급한다. 이에 대해 두 교과서 모두 교육과정 내용을 대체적으로 잘 반영하고 있지만, Hatier 출판사는 위험에 대한 대응책을 다루지 않고 있다. 사례지역으로는 Hachette 출판사가 카리브, 멕시코 만 일대의 아메리카, 남부아시아, 일본, 프랑스 남부의 툴루즈를 다루고 있으며, Hatier 출판사는 카리브 해, 아시아, 유럽을 다루고 있다. 두 출판사 모두 자연재해와 기술적인 요인에 의한 재해를 모두 학습내용에 포함시키고 있다.

표 3-93. 교육과정 내용 사례: 매력적인 공간, 해안지역(고등학교 1학년)

매력적인 공간, 해안지역

교통혁명과 경제적 세계화는 국제적 흐름의 급격한 증가와 산업 활동의 해안화에 대한 가중을 야기하였다. 해양에 인접한 지역은 주요 연결 통로의 기능을 하게 되었고, 이는 통행량의 증가와 산업 및 수송지역이 광범위하게 나타나는 결과를 낳았다. 이와 함께 해안지역은 관광 및 레저산업이 가장 많이 개발되는 지역이기도 하다. 이러한 활동의 증가로 인하여 관련 해안지역의 대규모 도시화가 진행되었다.

특정 해안지역을 따라 인구 및 해당 활동들이 집중됨으로써(아직 많은 해안지역에 사람이 거주하지 않거나 인구밀도가 낮기도 하다) 심각하게 해당 지역을 변화시키는 개발 위험에 처하게 되었으며, 더 나아가 환경적인 부분에서의 질적 저하가 야기되기도 한다. 해안지역의 자연적인 역동성과 취약성으로 인하여 특별한 관리, 특히 습윤지역에 대한 관리가 필요하다. 그러나 이는 매우 상대적인 보호대책을 요하는 것이다.

고등학교 교육과정의 형식 및 체제는 아주 간단하다. 초등학교나 중학교에서와는 다르게 학습내용 외에는 학습방법 등에 대한 안내가 없으며, 학습주제와 학습내용으로만 구성된다. 대신에 학습내용 조직방법에 대해서는 아주 상세하게 기술하는 것이 특징이다. 고등학교 1학년에서 그다음으로 다뤄질 주제는 "매력적인 공간, 해안"이다. 교육과정은 교통혁명과 경제적 세계화에 의해 해안에 인접한 지역이 주요 수송로가 되며, 그로 인해 해안 지대에 대규모 도시화가 형성된다고 기술한다. 해안에 인구 및 시설이 집중함에 따라 환경문제가 발생하며, 따라서 관리와 대책이 필요하다고 제안한다.

표 3-94. 교과서 내용 사례: 해안, 매력적인 공간(고등학교 1학년)

Hachette	Hatier
6. 해안, 매력적인 공간 <cours> 1. 해안, 사람이 몰려들고 도시화된 공간 2. 해안, 천혜의 공간 3. 해안, 교역 및 산업활동의 공간 4. 해안, 주요한 여가 및 관광 공간 5. 해안지역에 대한 지속 가능한 발전은 무엇인가? <사례학습> 1. 일본 해안의 거대도시(megalopole) 2. 유럽에서 바다에 면해 있는 LE Northern Range: 로테르담의 사례 3. 몰디브: 포화상태의 군도? 4. Ré 섬, 관광에 의해 위협받고 있는 환경	5. 매력적인 공간, 해안 <사례학습> 1. 대서양에 접한 유럽의 해안습지 2. 상해, 중국의 첫 번째 항구 3. Les Baleares, 관광 해안의 변화 <cours> 1. 해안의 특징과 자원 2. 해안의 정비는 각종 활동을 증가시킨다. 3. 불균등하게 점유되는 해안 4. 해안개발과 환경보호의 문제를 어떻게 절충할 수 있는가?

이에 대해 두 교과서 모두 대체적으로 그러한 흐름으로 학습내용을 구성하고 있다. cours의 내용은 거의 차이가 없이 구성되어 있으며, 사례지역에서 약간의 차이가 있다. Hachette 출판

사는 아시아의 일본, 유럽의 로테르담, 인도양에 있는 몰디브, 프랑스 중서부 근해에 있는 섬
(헤, Ré)을 학습내용으로 구성하고 있으며, Hatier 출판사는 대서양에 접한 유럽의 습지해안,
중국의 항구인 상해, 지중해에 있는 스페인령 군도인 Les Baleares를 포함하고 있다. 두 출판
사 모두 산업과 관련된 항구, 관광해안, 환경과 관련된 습지해안 등에 관하여 다루고 있다.

표 3-95. 교육과정 내용 사례: 산, 전통과 새로운 이용 사이에서(고등학교 1학년)

산, 전통과 새로운 이용 사이에서

산은 예전부터 어느 정도 사람이 거주하고, 개발되어 왔던 곳이다. 어떤 산에는 사람이 전혀 살지 않고, 어떤 산에는 사람이
넘친다. 개발에 대한 분석 결과에서는 환경의 영향을 사용자들에 대한 위험요소와 특정 제약사항으로써 제시하기도 한다. 이
러한 결과에서는 또한 기술 및 경제개발의 정도에 따른 물리적 제약의 상대성을 강조한다. 환경에 대한 통시적인 연구에서는
시간에 따른 이용의 변화를 보여주며, 이와 함께 제약사항의 변화와 위험요소, 산악지대에 미치는 영향 등을 제시하기도 한다.
또한 환경은 그 자체로써 자원이 되는데, 특히 관광자원으로 활용된다. 인간의 다양한 생각들은 산을 이용할 수 있기도 하지만
때로는 이용과 관련된 분쟁을 야기하기도 한다.

표 3-96. 교과서 내용 사례: 전통과 새로운 활용 사이에 있는 산지(고등학교 1학년)

Hachette	Hatier
7. 전통과 새로운 이용 사이에 놓인 산지 <cours> 1. 비어 있는 것과 가득 채워짐: 연속되지 않는 산지 주민거주 2. 큰 변화를 겪고 있는 산지 공간 3. 산지에서의 관광 혁명 4. 산지, 보고하고 가치를 높여야 할 유산 5. 산지, 장벽인가 교차로인가? <사례학습> 1. 알프스, 유럽의 중심에 있는 산지 2. 안데스 산지에서의 정주형태는 어떠한가? 3. 히말라야, 산지관광의 새로운 고지대인가? 4. 보통 산지에 대한 개발은 어떠한가?: les Carpates를 사례로	6. 전통과 새로운 활용 사이에 있는 산지 <사례학습> 1. 선진국의 프랑스 쪽 알프스 산지 2. 안데스 산지 중앙부에서 인구밀도가 높은 산지 3. 모로코의 산지 <cours> 1. 산지 환경의 독창성 2. 산지의 전통적 이용 3. 선진국에서 산지의 새로운 이용 4. 개발도상국에서 산지의 어려움

프랑스 지리교육에서는 산지에 관해서 비중 있게 다루는 것이 특징이다. 초등학교와 중학
교에서도 산지에 대해서 다루었는데, 고등학교에서는 산지의 이용과 환경문제의 측면에서
좀 더 심화된다. 산지와 관련된 교육과정 내용은 "전통과 새로운 이용 사이에 있는 산지"라
는 주제를 제시하고, 시간에 따른 산지의 이용에 대한 변화, 산지에서의 위험요소, 최근에
비중이 커지는 관광자원으로서의 활용, 산지에 대한 이용을 둘러싸고 있는 분쟁 등에 관해
기술한다.

두 교과서 모두 산지에 대한 전통적인 이용, 새로운 이용, 변화를 겪고 있는 산지 공간, 산지에서의 관광 등의 내용을 구성하고 있는데 약간은 서로 다른 관점을 가지고 있다. 이를테면, Hatier 출판사는 산지의 이용을 선진국과 후진국간의 대조적인 측면으로 다루는 것이 특징이며, Hachette 출판사는 산지에 대한 일반적인 이용에 관하여 다룬 후에 산지를 보존해야 할 유산으로 기술하고, 마지막으로 산지를 장벽과 교차로 중에 어떤 관점으로 봐야 하는지 의문을 제시하고 있다. 사례지역에서는 많은 차이가 난다. Hatier 출판사는 선진국의 산지로서 프랑스 쪽에 걸쳐 있는 알프스 산지를 선정하고, 그 외에 후진국의 산지로서 모로코의 산지를 포함시켰으며, 인구밀도가 높은 산지로서 안데스 산지의 중앙부를 선정했다. 반면, Hachette 출판사는 좀 더 세계적인 스케일에서 사례지역을 선정했다. 이를테면, 유럽의 중심에 있는 산지로서 알프스를, 아메리카에서는 안데스 산지를, 그리고 아시아에서는 히말라야 산지를 선정했으며, 마지막으로 유럽대륙의 중심에 있는 큰 산맥(la principale chaîne de montagnes)인 Les Carpates에 대한 개발의 측면을 다루고 있다.

2) 고등학교 2학년

고등학교 2학년 지리는 주로 유럽과 프랑스에 관한 내용이다. 교육과정은 "유럽이란 무엇인가?"라는 주제로 학습내용을 제시한다. 여기서는 주로 유럽을 구성하는 민족의 다양성 등에 관한 내용을 학생들에게 질문하는 형식으로 운영하도록 기술하고 있으며, 교육과정 내용의 양도 적은 편이다.

표 3-97. 교육과정 내용 사례: 유럽이란 무엇인가?(고등학교 2학년)

도입: 유럽이란 무엇인가?(3시간)
첫 수업 시간은 유럽 정체성의 기본이 되는 사항과 동일하지 않은 민족의 다양한 요소, 유럽에 제약이 되는 어려운 사항 등에 관하여 묻는 시간으로 운영한다.

표 3-98. 교과서 내용 사례: 유럽이란 무엇인가?(고등학교 2학년)

Hachette	Hatier
1. 유럽이란 무엇인가? <Dossier> 1. 유럽에서 문화적인 정체성은 존재하는가? 2. 덴마크, 유럽의 큰 하천 <cours> 1. 유럽에 있어서 지리적, 문화적 경계는 무엇인가? 2. 유럽에서 대조적인 인구 상황 3. 유럽환경의 개선	1. 유럽이란 무엇인가? <사례학습> 없음 <cours> 1. 유럽: 범위, 정체성? 2. 고르지 않은 인구분포

두 교과서는 대략적으로 유럽의 범위, 고르지 않은 인구분포에 관한 내용을 공통적으로 다루고 있으며, Hachette 출판사는 유럽환경의 개선이라는 내용을 더 포함시키고 있다. Hatier 출판사는 사례학습을 별도로 다루지 않고 있으며, Hachette 출판사는 두 가지 자료를 더 다루고 있다.

표 3-99. 교육과정 내용 사례: 국가들로 이루어진 유럽(고등학교 2학년)

국가들로 이루어진 유럽(12시간)
1. 국가 분할과 지정학적인 큰 공동체
유럽에는 특히 역사적인 이유에서 다양성을 가진 여러 국가들이 존재한다. 그러나 이러한 국가들은 유럽연합, 회원가입을 희망하는 국가들, 유럽연합에 가입하지 않은 발칸반도 국가들, 동유럽 국가들 등과 같은 몇몇 큰 공동체로 묶을 수 있다. 옛 오스트리아–헝가리 제국에서 독립한 국가들의 예를 통해 역사의 무게와 국경의 역할에 대하여 이해할 수 있다.

표 3-100. 교과서 내용 사례: 유럽의 지정학 외(고등학교 2학년)

Hachette	Hatier
2. 유럽의 지정학 <사례학습> 1. 오스트리아–헝가리 제국의 국가들: 제국의 유럽에서 민족국가(Etats-nations)의 유럽으로 <cours> 1. 유럽, 분할된 정치적 공간 2. 유럽 지정학의 새로운 조직 3. 유럽에서는 지정학적으로 어떻게 다시 모이는가? <Dossier> 1. 벨기에, 분열의 위험에 처한 국가? 2. 우크라이나, 러시아와 유럽연합 사이에서	1. 국가들: 세분된 상태에서 그룹으로 <사례학습> – 사례학습/제국에서 국가로 <cours> 1. 유럽의 정치적인 세분화 2. 지정학적인 그룹 짓기

고등학교 2학년부터는 Hachette 출판사의 학습내용 전개방식이 바뀐 것이 큰 특징이다. 고

등학교 1학년에서는 학습내용(cours)이 먼저 제시되고 그 뒤에 사례학습(Etude de cas)이 나왔는데, 2학년에서는 사례학습이 먼저 제시된 후에 cours가 나오고, 이어서 기타 자료(dossier)가 더 추가되는 형식을 보인다.

첫 번째 주제에 대한 두 교과서의 공통적인 내용조직은 유럽의 정치적인 분화와 유럽 지정학의 새로운 조직이다. Hatier 출판사는 사례학습으로 '제국에서 국가로'라는 주제 하나만을 다루는 반면, Hachette 출판사는 같은 내용으로 사례학습을 다루고, cours 뒤에 다시 두 개의 자료를 더 추가적으로 구성하고 있다.

두 번째 주제는 "국가공동체로서의 유럽연합에 대한 논의"이다. 교육과정에서는 유럽공동체의 구성, 유럽연합의 확대, 기구의 변화 및 심화 등에 관한 다양한 문제를 다루도록 기술하고 있으며, 유럽적 차원에서 프랑스의 지위에 대해 강조하고 있다. 두 교과서는 공통적으로 유럽공동체 구성의 관점에 대해서 다루고 있으며, 사례학습에서는 더 깊어지고 심화되는 유럽연합에 관해서 다루고 있다. 이 주제에 관해서도 Hatier 출판사는 비교적 내용을 적게 구성하고 있는 반면, Hachette 출판사는 훨씬 많은 양의 학습내용을 포함하고 있다. 이를테면, 교육과정 내용 중에는 유럽연합의 중심에 있는 프랑스의 지위를 강조하도록 기술하고 있는데, Hatier 출판사는 이에 관한 언급을 하지 않고 있지만, Hachette 출판사는 dossier를 통하여 '프랑스가 유럽연합의 중심에 있는가?'와 같은 의문형의 소주제로 이 내용을 다루고 있다.

표 3-101. 교육과정 내용 사례: 국가공동체, 유럽연합에 대한 토론(고등학교 2학년)

2. 국가공동체, 유럽연합에 대한 토론
유럽공동체 구성과 유럽연합의 확대, 기구의 변화 및 심화 등에 관한 다양한 문제를 다룬다. 유럽 차원의 토론에 있어서 프랑스의 지위에 대해 강조한다.

교육과정에 제시된 세 번째 주제는 유럽연합 내에 있는 국가들 중에서 2개 국가를 선정해서 학습내용으로 구성하는 것이다. 교육과정에서는 독일 또는 영국 중에서 1개 국가를, 그리고 스페인 또는 이탈리아 중에서 1개국을 선정하도록 되어 있는데, 두 출판사 모두 교육과정에 예시된 4개국을 모두 다루고 있다. 교육과정의 세 번째 주제에 해당하는 내용부터는 두 개 출판사의 교과서 챕터 번호가 일치하지 않는다. 다시 말하면, 유럽연합 내에 있는 2개 국가를 가르치도록 되어 있는 주제를 Hachette 출판사는 두 개의 챕터를 할애해서 각각 2개 국

가씩을 다루고 있으며, Hatier 출판사는 한 개의 챕터에서 4개국을 모두 다루고 있다. 여기서 보면, 교육과정에 제시된 학습주제의 순서를 따르기는 하되 챕터의 수를 일치시키지 않아도 되는 것으로 판단된다.

표 3-102. 교과서 내용 사례: 유럽연합(고등학교 2학년)

Hachette	Hatier
3. 논쟁 중에 있는 국가공동체: 유럽연합	
<Etude de cas>	
1. 유럽연합, 더 깊어지고 확대되는 것 사이에서	2. 유럽연합
<cours>	<사례학습>
1. 유럽연합, 등가적 의미도 없는 지리적 구축	1. 유럽의 형성, 개방 프로젝트
2. 경제적 명분을 위한 국경 없는 공간	2. 구체적인 유럽의 실현
3. 유럽연합은 어떤 정치적 차원을 갖고 있는가?	3. 논쟁중인 제도들
4. 유럽연합의 전망은 어떠한가?	
<Dossier>	<cours>
1. 프랑스, 유럽연합의 중심에?	1. 유럽의 건설: 다른 개념들
2. La PAC(공동농업정책): 의문의 공동정책	2. 유럽 건설의 관점
3. 유럽의 환경모델은 존재하는가?	
2. 우크라이나, 러시아와 유럽연합 사이에서	

표 3-103. 교육과정 내용 사례: 선택된 두 개의 국가들(고등학교 2학년)

3. 유럽연합 내에서 선택하게 되는 두 개의 국가
- 독일 또는 영국/- 스페인 또는 이탈리아
유럽연합 내에서 특수성을 기준으로 하여 두 개의 유럽국가들에 관해 알아본다. 예를 들어 지리적 위치(섬나라 영국) 혹은 정치적 조직(독일의 연방주의, 스페인의 지방권력, 이탈리아의 도 체계) 등을 알아본다. 또한 이러한 국가들이 유럽에서 차지하는 비중, 정치, 경제 및 문화적 다양성에 관하여 알아본다.

교육과정에서는 지리적 위치(영국), 정치적 조직(독일의 연방주의, 스페인의 지방권력, 이탈리아의 도 체계) 등의 관점으로 다루도록 제시되었으며, 이러한 국가들이 유럽 내에서 차지하는 비중과 그들의 정치적·경제적·문화적 다양성에 관하여 기술하고 있다. 이에 대해 두 교과서는 서로 다른 관점으로 이러한 국가들을 다루고 있다. 이를테면, Hachette 출판사는 독일에 대해 과거의 동서독 체제에서 통일독일로 재구성된 공간 및 세계에서 세 번째 경제 강국으로 표현하고 있으며, 동시에 과거 동독에 포함되었던 노후화된 것들에 대한 불안감에 대해 기술하는 등 긍정적인 측면과 부정적인 측면을 다 다루고 있다. 한편 Hatier 출판사는 독일을 유럽연합의 힘과 기둥으로서 긍정적인 측면만을 단조롭게 표현하였다.

표 3-104. 교과서 내용 사례: 유럽연합의 국가들(고등학교 2학년)

Hachette	Hatier
4. 유럽연합 북쪽의 두 국가, 독일과 영국 <cours> 1. 독일, 재구성된 공간 2. 독일, 세계에서 세 번째 경제강국의 장단점 <Dossier> 1. 독일, 노후화에 노출된 나라 2. 베를린, 수도로의 회복 <cours> 1. 영국, 변화가 큰 나라 2. 세계화와 유럽연합 사이에 있는 영국 <Dossier> 1. 북아일랜드, 아직도 분리된 영토인가?	3. 유럽연합의 국가들 <사례학습> 1. 독일, 유럽연합의 기둥 2. 영국, 유럽의 또 다른 비전 3. 스페인, 유럽의 선택 4. 이탈리아, 유럽연합의 창설국 중에 하나
5. 유럽연합 남부의 두 국가, 이탈리아와 스페인 <cours> 1. 이탈리아, 남유럽 국가 2. 이탈리아, 유럽의 경제강국 <Dossier> 1. 시실리의 발전은 어떠한가? <cours> 1. 스페인, 변화가 큰 국토 2. 스페인 영토의 스케일 <Dossier> 1. 스페인, 유럽에서 통합에 성공한 케이스?	<cours> 1. 독일, 유럽연합의 힘 2. 영국, 광대한 대서양으로부터 대륙으로 3. 스페인과 유럽에 대한 개방 4. 이탈리아, 유럽과 지중해 사이에서

고등학교 2학년 지리의 두 번째 파트는 "유럽 및 프랑스의 네트워크와 흐름"에 관한 내용이다. 이에 대한 첫 번째 하위주제는 대도시와 도시 네트워크인데, 각각의 교과서들은 '유럽의 도시들'과 '도시화와 도시망'과 같이 챕터의 주제를 약간씩 다르게 설정하고 있다.

표 3-105. 교육과정 내용 사례: 대도시와 도시 네트워크(고등학교 2학년)

유럽 및 프랑스의 네트워크와 흐름(10시간)
1. 대도시와 도시 네트워크
우선, 유럽연합 차원에서의 대도시 형성 과정에 관해 알아본다(인구집중, 권력강화, 대도시들 간의 경쟁 등). 그다음에 두 국가의 사례를 바탕으로 하여(프랑스와 다른 유럽국가) 어떻게 다양한 형태의 도시 네트워크가 국가 전체 차원에서 동일하지 않게 구성되는 지에 대해 알아본다.

표 3-106. 교과서 내용 사례: 유럽의 도시들(고등학교 2학년)

Hachette	Hatier
6. 유럽의 도시들 <Etude de cas> 1. Dublin, 유럽의 새로운 metropole인가? <cours> 1. metropole은 유럽영토를 지배한다. 2. metropole은 유럽영토를 조직한다. 3. 프랑스인의 4/5는 도시민 <Dossier> 1. Marseille, 변화하고 있는 metropole	4. 도시화와 도시망 <사례학습> 1. 런던과 파리: 협력적인 유럽의 두 메트로폴 2. 독일과 프랑스의 도시망 <cours> 1. 유럽에서의 대도시화 2. 유럽에서의 도시망

교육과정은 대도시의 형성과정과 두 국가를 사례로 도시 간의 네트워크에 관해 기술하고 있다. 이 주제에 대한 두 교과서의 학습내용 구성에는 차이가 있다. 먼저, Hatier 출판사는 비교적 교육과정에서 제시하는 내용을 중심으로 교과서를 구성하고 있다. 이를테면, 런던과 파리를 사례로 유럽의 대표적인 메트로폴을 설명하고 있으며, 독일과 프랑스를 사례로 도시들 간의 네트워크를 잘 보여주고 있다. 한편, Hachette 출판사는 대표적인 메트로폴로서 아일랜드의 Dublin과 프랑스의 Marseille를 선정했으며, 도시들 간의 네트워크에 대한 내용을 학습내용에 직접적으로 표현하지는 않았다.

그다음에 이어지는 주제는 "통신 네트워크 및 교통의 흐름"이다. 이에 대한 두 출판사의 챕터 주제는 각각 '유럽의 통신 및 유통망'과 '교통 및 유통망'이다. 교육과정은 알프스 산지를 중심에 둔 유럽적 스케일에서 경제적인 필요성, 자연적 제약, 환경문제의 틀을 통해 유럽 및 프랑스의 통신 및 교통망에 대해 기술한다. 두 출판사 모두 공통적으로 알프스 산지를 관통하는 교통망과 공간조직에 대해 다룬다. Hatier 출판사에서는 다루지 않지만 Hachette 출판사의 교과서 내용에서는 파리의 Roissy(샤를르드골) 공항을 다국적 플랫폼으로 설정하고, 대표적인 초국가적 기업인 Airbus를 자료로 포함시켰다.

표 3-107. 교육과정 내용 사례: 통신 네트워크 및 교통흐름(고등학교 2학년)

2. 통신 네트워크 및 교통 흐름 이 문제는 알프스산맥을 가로지르는 거대한 통신축이라는 사례 연구를 통해 알아보게 된다. 이 문제에서 경제적인 필요성과 자연적 제약, 환경 문제 등에 관해 알아본다. 유럽 및 프랑스 차원에서, 통신축과 통신축 교차지역의 역할을 강조한다.

표 3-108. 교과서 내용 사례: 유럽의 교통 및 유통망(고등학교 2학년)

Hachette	Hatier
7. 유럽의 통신 및 유통망 <Etude de cas> 1. 알프스를 관통하는 커다란 통신축 <cours> 1. 프랑스 교통의 변천 2. 새로운 유럽적 조직 속에서의 교통 <Dossier> 1. Roissy-Charles-de-Gaulle: 다국적 플랫폼의 예 2. Airbus: 초국가적 기업	5. 교통 및 유통망 <사례학습> 1. 알프스 산지를 관통하는 교통망 2. 유럽이 통합되던 시점에서의 프랑스 교통 <cours> 1. 유럽에서의 교통망과 공간조직 2. 유럽으로의 개방에 직면한 프랑스의 교통정책

세 번째 주제는 "인구의 유동성"이다. 교육과정은 프랑스 및 유럽적인 차원에서 경제 및 정치적인 이주, 내부 및 외부적 스케일에서의 이동에 관해 기술하고 있다. 두 출판사 모두 국제적인 이주 시스템에서의 유럽연합과 프랑스 및 유럽연합 내에서의 이주의 틀로 학습내용을 구성하고 있다. 이 주제와 관련해서는 Hatier 출판사보다 Hachette 출판사에서 나온 교과서가 좀 더 치밀하게 내용을 구성하고 있는 것으로 판단된다. 이를테면, Hachette 출판사는 이주에 대한 두 가지 관점 외에도 이주의 쟁점이 무엇인가에 관하여 다루고 있으며, 사하라사막 이남의 아프리카로부터 프랑스로 들어오는 인구이동에 관하여 구체적으로 다루고 있다.

표 3-109. 교육과정 내용 사례: 인구의 이동성(고등학교 2학년)

3. 인구의 이동성
유럽 및 프랑스 차원에서, 경제 및 정치적 이민, 내부 및 외부 이동 등에 관해 알아본다(여행은 제외).

표 3-110. 교과서 내용 사례: 인간의 이동(고등학교 2학년)

Hachette	Hatier
8. 유럽과 프랑스에서 인간의 이동 <Etude de cas> 1. 독일과 스페인, 유럽의 이주모델 <cours> 1. 국제적인 이주의 중심에 있는 유럽연합 2. 이민의 쟁점은 무엇인가? 3. 유럽연합 및 프랑스에서의 인구이동 <Dossier> 1. 사하라 이남의 아프리카로부터 프랑스로의 이주: Mali를 사례로	6. 인간의 이동 <사례학습> 1. 프랑스, 오래된 이주국가 2. 프랑스에서의 국내 이동 <cours> 1. 국제적인 이주 시스템에서의 유럽연합 2. 프랑스와 유럽연합 내에서의 이주 및 이동성

그다음에 이어지는 세 번째 대주제는 "프랑스와 프랑스 국토"이다. 그 첫 번째 하위주제는 '인구 및 인구분포'이다. 프랑스 교과서의 학습내용 기술의 가장 큰 특징 중에 하나는 어떤 주제를 다루더라도 인구분포를 학습내용의 전면에 배치하고 있는 것이다. 이 주제에 해당하는 교육과정은 인구의 불균등한 분포와 인구의 역동성 그리고 인구의 도시집중에 관하여 강조하고 있다.

표 3-111. 교육과정 내용 사례: 인구 및 인구분포(고등학교 2학년)

프랑스와 프랑스 국토 - 대도시 및 해외영토(DOM-TOM)(17시간)
1. 인구 및 인구 분포
인구의 불균형적 분포와 역동성 등을 확인하고 설명한다. 도시의 인구 집중을 강조한다.

표 3-112 교과서 내용 사례: 프랑스의 인구(고등학교 2학년)

Hachette	Hatier
9. 프랑스의 인구 <Etude de cas> 1. Nantes: 인구학적, 공간적으로 역동적인 대도시권 <cours> 1. 인구의 불균등성 및 역동성 2. 대부분의 도시 인구 3. 국토의 새로운 사회적인 측면 <Dossier> 1. 해외의 프랑스인들 2. 농촌의 새로운 측면	7. 프랑스의 인구 <사례학습> 피레네산맥 중앙부 지역의 인구 <cours> 1. 인구가 빈약한 곳과 많은 곳 2. 도시적인 프랑스

두 출판사 모두 공통적으로 인구의 불균등한 분포와 도시화된 프랑스를 다루고 있다. Hatier 출판사는 그 외에도 인구가 상대적으로 적은 피레네 산지 중앙부의 인구를 사례학습으로 선정했으며, Hachette 출판사는 도시지역으로서의 Nantes와 농촌의 사례, 그리고 해외의 프랑스인들을 추가적으로 학습내용에 포함시켰다.

다음에 이어지는 주제는 '자연과 사회 간의 배경'인데, 두 출판사들은 모두 자연과 사회 사이의 환경으로 표현하고 있다. 교육과정은 위험요소가 내재되어 있는 환경을 관리 및 보호의 관점에서 기술하고 있다. 두 출판사 모두 공통적으로 환경의 다양성과 환경의 관리를 다루고 있다. 두 출판사에 구체화된 학습내용에서 가장 큰 차이점은 Hachette 출판사의 경우,

해외영토인 La Guadeloupe(라 구아들루쁘)를 사례로 선정했으며, Hatier 출판사의 경우는 도시 주변의 숲, 해안환경, 피레네 산지, 리옹의 화학단지를 사례로 구성하였다.

표 3-113. 교육과정 내용 사례: 자연과 사회 간의 배경(고등학교 2학년)

2. 자연과 사회 간의 배경
프랑스가 자연적인 조건과 인간 활동이 경합된 영향의 산물, 즉 배경적 다양성에 의해 특성을 가지게 됨을 보여준다. 이러한 환경을 자원에 따라 분석하며, 이와 관련될 수 있는 제약사항과 위험요소에 따라 분석한다. 이와 함께 관리 및 보호를 목표로 하는 정책에 대해서도 알아본다. 이에 대한 학습은 국가적인 차원에서 진행되며, 지역적인 차원에서도 살펴보게 된다.

표 3-114. 교과서 내용 사례: 자연과 사회 사이의 환경(고등학교 2학년)

Hachette	Hatier
10. 자연과 사회 사이의 환경 <Etude de cas> 1. La Guadeloupe: 부유하지만 깨지기 쉬운 환경 <cours> 1. 환경의 다양성과 풍요로움 2. 자연재해와 인위적인 재해에는 무엇이 있는가? 3. 프랑스, 관리해야 할 국토 <Dossier> 1. 도시환경에서 기술적인 재해를 미리 예상할 수 있는가? 2. 해안, 선호되는 공간이지만 취약한 공간	자연과 사회 사이의 환경 <사례학습> 1. 도시 변두리의 숲으로서의 Fontainebleau(파리 남동부의 도시명) 숲 2. 보호되는 해안환경으로서의 Somme 만 3. 피레네의 중앙부: 이용의 다양화인가? 4. 리옹과 화학단지 회랑 <cours> 1. 환경과 자원의 다양성 2. 환경의 관리와 보호

다음으로 분석할 주제는 "경제공간"이다. 교육과정은 프랑스의 경제공간 조직의 특징을 살펴보고, 유럽 및 전 세계적인 틀에 적용시켜보도록 기술하고 있다. 두 출판사 모두 공통적으로 프랑스의 다양한 산업 영역 및 주요 생산시스템에 관해 다루고 있다. 그리고 산업의 변화 및 세계화의 시점에 있는 프랑스 경제에 관한 내용을 구성하고 있다. 사례학습 및 자료에서는 두 출판사 모두 세계적인 프랑스의 주요 산업시설에 대해 다루고 있다. 이를테면, Hachette 출판사는 프랑스의 농산물 가공산업, 세계적 차원의 기업인 Michelin(미슐렝), 프랑스의 첨단기술, 세계적 관광지로서의 프랑스를 포함시키고 있으며, Hatier 출판사는 프랑스의 대기업 변화, 프랑스의 원자력 발전, 제철산업, 유럽 내에서의 협력산업인 Airbus, 주요 관광지, 그리고 농업을 다루고 있다.

표 3-115. 교육과정 내용 사례: 경제 공간(고등학교 2학년)

---

3. 경제 공간

우선, 프랑스 내에서의 경제공간 조직의 큰 특징에 대해 살펴보고, 이를 유럽과 전 세계에 대입하여 본다. 프랑스의 경제적 공간에 대한 선택을 다룬다(농업, 공업, 관광업). 여기에서 유럽의 정치적 영향과 상황을 고려한다.

표 3-116. 교과서 내용 사례: 프랑스 경제공간(고등학교 2학년)

Hachette	Hatier
11. 프랑스의 경제공간 <Etude de cas> 1. 농산물 가공산업, 프랑스 생산시스템의 중심? <cours> 1. 세계화의 시점에 있는 프랑스의 생산시스템 2. 프랑스, 커다란 농업국 3. 프랑스 농업의 변화 4. 프랑스 산업의 변화 5. 새로운 산업지리? 6. 탈산업 경제? 7. 서비스 지리란 무엇인가? <Dossier> 1. Michelin, 세계적 차원의 기업 2. 프랑스에서의 첨단기술 공간 3. 프랑스, 세계 관광의 첫 번째 목적지	9. 경제공간 <사례학습> 1. 프랑스 대기업의 변화: Renault 2. 프랑스 원자력 발전 3. 프랑스의 제철산업 4. 유럽의 협력 산업, EADS-Airbus 5. 주요 관광 공간, 지중해 해안 6. 현대화와 세계화 사이에 있는 프랑스 농업 <cours> 1. 세계를 향해 개방된 강한 경제 2. 선진국의 노동력 시장 3. 산업의 변화 4. 프랑스 산업 공간의 다양성 5. 프랑스의 관광 공간 6. 점점 더 전문화되고 있는 농업 공간 7. 또 다른 농업은?

그다음에 나오는 주제는 '공간적 차이 및 국토개발'이다. 교육과정에서는 공간적 차이점을 살펴보고, 국토의 사정에 적합한 개발을 목적으로 하는 정치적 과제에 대해 기술하고 있다. 두 출판사는 이 주제에 해당하는 챕터의 제목을 각각 '프랑스의 국토개발', '공간적인 부조화와 국토개발'로 설정하였다. 두 출판사 모두 공통적으로 국토개발의 주체 및 그의 역할, 그리고 국토개발에 대한 종합평가 및 기대효과에 대해 다루고 있다. 두 출판사 모두 브르따뉴 지방을 개발하는 문제를 사례학습 내용으로 채택하고 있다.

표 3-117. 교육과정 내용 사례: 공간적 차이 및 국토개발(고등학교 2학년)

---

4. 공간적 차이 및 국토개발

우선, 이 문제는 지역적인 차원(대도시 혹은 지방)에서 시행된 국토개발에 대한 사례 연구를 통해 다루어진다. 이 문제를 통해 관련기관(기구, 협회, 회사)의 다양성을 확인하고, 시행되는 정책을 알아본다.

그다음에는 국가 차원에서 프랑스 국토의 공간적 차이점을 살펴보고, 국토에 적합한 개발을 목적으로 하는 큰 정치적 과제에 대해 살펴본다.

표 3-118. 교과서 내용 사례: 프랑스의 국토개발(고등학교 2학년)

Hachette	Hatier
12. 프랑스의 국토개발 <Etude de cas> 1. 브흐따뉴 지방 개발하기, 국지적, 지역적, 유럽적 쟁점 <cours> 1. 국토개발의 변천 2. 국토개발의 주체 3. 국토개발의 종합평가 <Dossier> 1. 해외에 있는 département의 개발: la Guyane를 사례로 2. 대규모 정비: 유럽의 동부 TGV	10. 공간적인 부조화와 국토개발 <사례학습> 1. Moulins에서 Lille까지의 거리: 도시정책에 관한 쟁점 2. 육지와 바다 사이에 있는 브흐따뉴의 Saint-Malo 지방 <cours> 1. 중앙집권적인 국토에 대한 정비에서 국가의 역할 2. 소지역 및 지역적 스케일에서 (지방)분산화 및 정비

사례학습의 소재로 두 출판사 모두 국내의 사례를 제시하고 있는데, Hachette 출판사는 자료의 형식으로 해외영토의 개발 사례와 유럽 동부의 TGV를 학습내용으로 도입하고 있다.

표 3-119. 교육과정 내용 사례: 유럽의 지역들(고등학교 2학년)

프랑스와 유럽의 지역들(8시간)
1. 지역적인 사례: 유럽의 지역, 고등학교에서 다루게 되는 지역
이 주제는 사례학습에서부터 시작하며, 이는 전문적인 부분에 한정되는 것이 아니라 지역에 대한 개념을 생각할 수 있도록 하는 것이다. 학습한 지역에 관하여 국가적인 차원, 유럽적인 차원, 세계적인 차원 등으로 다시 생각해보게 된다.

표 3-120. 교과서 내용 사례: 유럽연합의 지역들(고등학교 2학년)

Hachette	Hatier
13. 유럽연합 지역들 <Etude de cas> 1. Nord-Pas-de-Calais에서의 국경을 초월한 협력 <cours> 1. 유럽에서 지역이란 무엇인가? 2. 유럽연합의 지역정책 3. 유럽에서의 지역적인 협력 <Dossier> 1. 유럽 공간에서 피레네 중부 지역	11. 지역적인 사실 <사례학습> 1. 일-드-프랑스(ile-de-France): 프랑스와 유럽의 수도권 지역 2. Rhone-Alpes: 대도시 지역인가? 3. 알자스: 전통과 유럽으로의 개방 사이에서 4. La Reunion(아프리카 남동부에 있는 작은 섬): 극단적인 변두리 지역인가? 5. La Catalogne: 스페인의 자치지역인가? <cours> 1. 지역이란 무엇인가? 2. 프랑스에서의 지역 및 지역화

고등학교 2학년 지리의 네 번째 대주제는 "프랑스와 유럽의 지역들"이다. 이에 대한 첫 번

째 작은 주제는 '지역적인 사례: 유럽의 지역, 고등학교에서 다루게 되는 지역'이다. 그렇지만, 두 출판사의 교과서에 제시된 챕터 제목은 다소 차이가 난다. 이를테면, Hachette 출판사와 Hatier 출판사는 각각 제목을 '유럽연합의 지역들', '지역적인 사실'과 같이 쓰고 있다. 교육과정에서는 지역에 대한 개념을 숙고하게 하고, 학습한 지역에 관하여 국가적 차원, 유럽적 차원, 세계적 차원에서 다시 생각하도록 기술하고 있다. 이에 대해 두 교과서는 공통적으로 지역의 개념을 다루고 있다. Hatier 출판사의 경우에는 사례학습으로 일드프랑스(수도권 지역), 론-알프스, 알자스, 해외에 있는 한 지역(La Réunion), 스페인의 한 자치지역(La Catalogne)을 다루고 있다. 반면, Hachette 출판사는 프랑스의 가장 북쪽에 있는 지역인 Nord-Pas-de-Calais에서의 국경을 초월한 협력 그리고 피레네 중부 지역을 유럽적인 스케일에서 다루고 있다. Hachette 출판사의 경우에는 프랑스와 유럽적인 스케일에서만 학습내용이 다루어졌고, Hatier 출판사는 주로 프랑스 지역과 프랑스와 가까운 스페인이 한 지역, 그리고 프랑스의 해외영토였다가 독립한 아프리카 동부에 있는 작은 섬 지역을 다룸으로써 세계적인 스케일에서는 다루었다고 보기 어렵다. 그렇지만, 고등학교 2학년 지리의 전체적인 틀은 유럽과 프랑스이기 때문에 규정된 틀을 벗어난 것은 아닌 것으로 판단된다.

고등학교 2학년 지리의 마지막 주제는 "프랑스 및 유럽에서의 지역적 차이"이다. 이에 대해 두 출판사들은 각각 '프랑스의 지역들', '프랑스와 유럽에서의 지역적 부조화'와 같이 챕터의 제목을 설정하고 있다. 프랑스의 지역들로 제목을 설정한 Hachette 출판사는 교육과정에서 제시한 것과는 다소 차이가 있는 것으로 판단된다.

표 3-121. 교육과정 내용 사례: 프랑스 및 유럽에서의 지역적 차이(고등학교 2학년)

2. 프랑스 및 유럽에서의 지역적 차이 그들의 정치권력, 그들의 상대적인 권위, 그들의 경제개발 등을 축으로 하여 유럽 및 프랑스 내의 지역 간의 차이를 확인시킨다. 그다음에는 유럽연합에서 실시하고 있는 균형의 재확립 및 접근 정책을 보여준다.

표 3-122. 교과서 내용 사례: 프랑스의 지역들(고등학교 2학년)

Hachette	Hatier
14. 프랑스 지역들 <Etude de cas> 1. 일드프랑스, 변화하고 있는 수도권지역 <cours> 1. 프랑스의 지역조직 2. 지역, 국토에서 주된 공식적인 행위자 3. 지역들 사이의 불균등성 <Dossier> 1. Rhone-Alpes, 막강한 지역 2. 서부, 역동적인 지역들 3. La Réunion, 해외에 있는 섬지역	12. 프랑스와 유럽에서의 지역적인 부조화 <사례학습> 1. 두 가지 유럽지역들 : Franche-Comte(프)와 Bade-Wurtemberg(독) 2. 하나의 유로지역: Pyrenees-Mediterranee <cours> 1. 유럽의 지역들: 27개국에 이르는 유럽연합 소식 2. 27개국에 이르는 유럽연합의 정책

교육과정에서는 유럽 및 프랑스 지역들 간에 존재하는 정치적·경제적 차이를 확인하고, 유럽연합적 차원에서 균형을 찾을 수 있는 정책들을 탐색하도록 기술하고 있다. 이에 대한 두 교과서 간의 학습내용 관점에는 상당한 차이가 있는 것으로 판단된다. 먼저, Hachette 출판사는 챕터의 제목부터 프랑스의 지역들이며 학습내용도 프랑스의 스케일에 한정되어 구성되었다. 반면, Hatier 출판사는 유럽적인 스케일에서만 학습내용을 구성하고 있다. Hachette 출판사는 지역들 간의 불균등성에 관해서만 내용을 구성하고 지역적 균형을 위한 대안적인 내용은 누락시키고 있다. 하지만 Hatier 출판사는 유럽연합의 정책 및 프랑스로부터 독일로 이어지는 지역들 그리고 하나의 유로지역이라는 사례학습을 통해 유럽적인 스케일에서 지역들 간의 차이를 극복할 수 있는 정책을 다루고 있다.

3) 고등학교 3학년

표 3-123. 교육과정 내용 사례: 세계화와 상호의존(고등학교 3학년)

세계적인 공간(10시간)
1. 세계화와 상호의존
오늘날 세계는 사회에 영향력을 가지고 있는 모든 자원(인적 자원, 물건, 자본, 정보)의 흐름이 다양화되는 시스템으로써 정의된다. 이러한 흐름은 국가와 다국적 기업, 국제기구, 비정부 기구, 불법 기구 등과 같은 공간적 행동 주체들에 의해 이루어지는 것이다. 이러한 교환이 증가함으로써 다양한 차원에서 세계화의 장소, 즉 지휘권을 가지고 있는 세계적 대도시의 부흥이 야기된다.

표 3-124. 교과서 내용 사례: 세계화와 상호의존(고등학교 3학년)

Hachette	Hatier
1. 세계화와 상호의존 <dossier> 1. 세계화, 인간의 건강을 위한 기회인가? 2. 방직공업, 세계화에 의해 변화되고 있는 단계 3. 탄화수소의 교역, 지정학적인 쟁점? 4. 불법거래, 비슷한 세계화? <cours> 1. 세계화의 기원 2. 세계화의 행위자 3. 재화, 서비스, 자본의 세계화 4. 세계적 스케일에서 이동하는 인간 5. 세계문화의 등장 6. 세계화에 의한 공간적 결과	1. 세계화 <dossier> 1. 세계화와 흐름 2. 세계화와 국제적인 이주 3. 세계화의 당사자 4. 세계화와 국토 5. 세계의 강대국 영역 중에 하나, 유럽연합 <cours> 1. 흐름과 네트워크: 오직 하나의 세계만? 2. 세계화의 당사자들 3. 세계화의 원동력이 되는 공간들 4. 집중된 세계, 분할된 세계 그리고 양대 체제 세계 5. 세계화 공간의 추진 센터 중에 하나, 유럽연합

고등학교 3학년 지리는 크게 "세계화 및 상호의존", "세계의 3대 강대국들", "개발을 탐색 중인 세계"와 같이 조직된다. 제1부의 첫 번째 주제는 세계화와 상호의존이다. 이에 대해 두 교과서는 각각 '세계화와 상호의존', '세계화'로 챕터의 제목을 설정하고 있다. 교육과정은 세계적 공간에서 인적·물적 자원의 흐름이 다양화되는 상황을 정의하고, 다양한 행위자들에 의해 이루어지는 교환과 그로 인해 발달하는 세계적 수준의 대도시에 관해 기술하고 있다. 두 출판사 모두 공통적으로 세계화의 기원과 관련되는 흐름과 네트워크, 세계화의 행위자, 세계화의 공간적 결과에 대해 다루고 있다. 그렇지만 각각의 교과서에 제시된 dossier의 내용은 큰 차이가 난다. 이를테면, Hatier 출판사의 경우는 cours에서 다뤘던 내용들을 다시 한 번 부연하는 성격이 강한 반면, Hachette[97]사는 세계화의 과정에 해당하는 사례 및 세계화의 결과에 해당하는 긍정적이고 부정적인 측면들을 다루고 있다. 즉, 세계화에 의해서 아프리카에 살고 있는 사람들이 의료 서비스를 과거보다 더 잘 받게 된 긍정적인 사례와 불법거래와 같은 부정적인 사례가 이에 해당한다.

---

97) Hachette 출판사의 교과서는 학습내용의 구성원리가 학년마다 달라진다. 이를테면, 고등학교 1학년에서는 cours가 제시된 후에 사례학습이 나왔으며, 2학년에서는 사례학습+cours+dossier(자료) 순이었는데, 3학년에서는 dossier+cours의 형태가 되어 고1의 상황과는 완전히 뒤집힌 형태가 된다. 그에 반해, Hatier 출판사는 일관되게 cours를 맨 뒤에 배치하고 있다.

2. 세계적 공간조직의 또 다른 논리
세계화는 시행되는 방식과 개발문제 및 환경적 문제와의 관계와 관련한 논의의 대상이 된다. 또한 세계화 과정은 세계를 읽는 유일한 열쇠가 되지는 않는다. 문명의 축(문화, 언어, 종교), 국가, 지역의 경제적 조직 등과 같은 세계의 조직화에 관한 또 다른 논리는 인접해 있으며 상호연관성을 가지고 있다.

두 번째 주제는 "세계적 공간조직의 또 다른 논리"이다. 이에 대해 두 교과서는 각각 '세계화, 의문스러운 현상', '하나의 세계? 여러 세계?'와 같이 챕터의 제목을 설정하고 있다. 교육과정은 세계화를 개발의 문제 및 환경적 문제와 관련시키도록 기술한다. 여기서는 세계화 과정 이외에도 문명의 축, 국가, 지역의 경제적 조직 등과 같은 세계적 조직화의 관점을 새롭게 연관시키고 있는데, 바로 이것이 세계적 공간조직의 또 다른 논리라는 것이다. 두 교과서는 공통적으로 한쪽으로 치우쳐진 세계화가 아닌 지속 가능한 대안적인 세계화를 주된 학습내용으로 설정하고 있다. 특히 Hachette 출판사는 세계화로 인해 저개발 국가들이 혜택을 보는가에 대한 문제와 다국적 기업들의 사회적·환경적 책임에 대해서 날카롭게 지적하고 있다. Hatier 출판사는 보편적이고 일반적인 내용의 학습자료를 포함시키고 있다.

표 3-126. 교과서 내용 사례: 세계화, 의문스러운 현상(고등학교 3학년)

Hachette	Hatier
2. 세계화, 의문스러운 현상	2. 하나의 세계? 여러 세계?
<dossier>	<dossier>
1. 세계화의 한계	1. 세계..
2. 저개발 국가들은 세계화의 혜택을 보고 있는가?	2. 다른 세계에 영향을 미치는 것
3. 다국적 기업의 사회적·환경적 책임에 대해서?	3. 세계화와 지속 가능한 발전
	4. 세계화와 문화
<cours>	5. 세계화와 국가들
1. 세계화의 조절	
2. 세계화 속에서 국가들의 위상	<cours>
3. 세계화 또는 지역화?	1. 공평한 세계화?
4. 대안적인 세계주의: 가능한 또 다른 세계는?	2. 지속 가능한 세계화?
5. 세계화와 지속 가능한 발전	3. 세계적인 문화?
6. 세계화와 세계의 지정학	4. 세계적인 국가와 세계적인 정부?

표 3-127. 교육과정 내용 사례: 슈퍼강국, 미국(고등학교 3학년)

세계의 3대 열강(세력) 집단(22시간)
1. 북미
1) 미국: 슈퍼 강국
미국의 힘은 다양한 측면(경제, 금융, 문화, 외교, 군사)에서 설명되고 있다. 전 세계적인 차원에서 이러한 힘을 설명한다. 미국 영토 내의 (공간)조직에 관해서도 학습한다.
2) 북아메리카의 대서양 연안
북아메리카와 멕시코 만에 위치하고 있는 생 로랑과 같은 대서양 연안에 관한 사례학습을 통해 나프타(NAFTA) 3개 회원국의 개방에 관한 측면과 공간조직의 특수성에 관하여 알아본다.

표 3-128. 교과서 내용 사례: 초강대국, 미국(고등학교 3학년)

Hachette	Hatier
3. 미국: 초강대국 <dossier> 1. Les FMN(다국적 기업), 강한 아메리카의 매개자? 2. 부드러운 깡대국인가, 기친 강대국인가? 3. 슈퍼강대국 아메리카의 허약성 <cours> 1. 세계 제1의 경제강대국 2. 세계적 규모의 초강대국 3. 매력적인 모델이지만 의문이 가는 4. 이용되고 개발된 국토 5. 아메리카 사회 6. 국토공간 조직	3. 초강대국: 미국 <dossier> 1. 패권을 잡은 초강대국 2. 끌어당기는(유인력이 있는) 초강대국 3. 초강대국의 성공소선과 취약성 4. 초강대국의 당사자와 국토 <cours> 1. 패권을 잡은 강대국 2. 역동적이고 유인력이 있는 강대국 3. 강대국의 당사자들 4. 문제가 제기된 모델 5. 국토와 힘 6. 미국의 전 지역
4. 대서양에 접한 북아메리카 <dossier> 1. 뉴욕, 세계도시 2. 초국경적 공간: 단절인가 연속인가? <cours> 1. 세계를 향해 열려 있는 곳 2. 끊임없이 변화하는 곳 3. 한 가지 측면, 또는 여러 측면?	4. 대서양에 접한 북아메리카 <dossier> 1. 메갈로폴리스 2. 대서양을 향한 창: 해양과 대륙의 결절점 <cours> 1. 추진 센터 2. 중요한 결절점

고등학교 3학년의 두 번째 파트는 세계의 3대 강대국에 관한 내용이다. 첫 번째 하위주제는 북미인데, 교육과정은 슈퍼강국으로서의 미국과 북아메리카의 대서양 연안으로 나누어서 각각 제시하고 있다. 미국에 관한 내용으로는 다양한 측면에서의 국력과 세계적 차원에서 그들의 영향력에 관하여 설명한다. 그리고 미국 내에서의 공간조직에 관한 내용도 제시한다.

대서양 연안에 관한 내용은 나프타 회원국의 개방에 관한 측면과 공간조직의 특수성에 관하여 다루고 있다. 이러한 교육과정의 학습내용은 두 교과서 모두 각각 2개의 챕터를 할애해서 다루고 있다. 각각의 제목은 초강대국으로서의 미국, 대서양에 접한 북아메리카로 동일하다. 먼저 미국에 대한 내용은 두 교과서 모두 공통적으로 세계 제1의 경제대국, 국토와 국력, 문제가 제기된 그들의 모델, 국토공간 조직 등에 관하여 다루고 있다. 주요학습내용(cours) 외에 Hatier 교과서에 제시된 자료들(dossier)은 대부분 cours의 내용을 보충해주는 성격이 강하며, Hachette 출판사의 경우에는 자료를 통하여 강대국으로서의 미국의 힘을 비판적으로 바라보고 있다. 이를테면, 부드러운 강대국인가 거친 강대국인가?, 슈퍼강대국 아메리카의 허약성 등과 같은 표현이다.

대서양에 접한 북아메리카 내용에 관하여 두 출판사는 공통적으로 뉴욕을 중심으로 한 지역을 대륙과 해양의 결절점, 세계를 향해 열려 있는 곳과 같이 표현하고 있다. Hachette 출판사는 대표적인 지역으로서 뉴욕을 별도의 자료로 다루고 있다.

세계의 3대 강대국 중에서 두 번째로 다루게 되는 것은 유럽연합이다. 이 주제와 관련해서는 '유럽연합의 경제력'과 '라인 강 유역의 유럽'과 같이 두 가지 하위주제로 다루어진다. 교육과정에서는 유럽연합을 경제 및 무역의 관점에서 살펴보고, 그러한 관점의 중심에 있는 국가들과 주변에 있는 국가들에 관하여 알아보도록 제시한다. 이어서 유럽연합의 경제적 중심지가 되고 있는 라인 강 유역의 국가들에 관하여 기술하고 있다. 이 지역들은 인구밀도가 높고 도시와 산업의 비중이 높은 국가들로서 세계의 다른 지역들과 연결되는 바다와 인접한 곳이다.

교과서에 표현된 각각의 챕터 제목은 '유럽연합의 경제력', '유럽연합', '라인의 유럽', '유럽연합의 경제적인 중심, 라인 강 유역의 유럽지역'과 같다. 교과서마다 제목이 포함하는 의미는 다소 차이가 나는데, 교과서에 공통적으로 구체화된 내용은 유럽연합의 경제적 중심지, 경제력의 추진공간, 유럽연합 내 공간적 불균등성 등이다. 이 주제와 관련해서도 두 교과서 간에는 다루는 관점에 있어서 약간의 차이가 나타난다. 이를테면, Hatier 출판사의 경우에는 유럽연합에 관해 긍정적인 측면에서만 다루는 반면, Hachette 출판사는 유럽연합 경제력의 한계, 유럽연합에 있어서 어떤 에너지 문제가 있는지, 그리고 그에 대한 선택은 무엇인가에 관하여 다루고 있다. 따라서 Hachette 출판사가 좀 더 비판적이고 진보적인 성향이 있는 것으로 판단된다.

표 3-129. 교육과정 내용 사례: 유럽연합(고등학교 3학년)

2. 유럽연합
1) 유럽연합의 경제력
우선, 경제 및 무역에 관한 힘을 축으로 하여 유럽연합을 전체적으로 살펴보게 된다. 그다음에 힘의 다양성과 주축을 이루는
국가, 힘이 약한 국가들에 관해 알아본다.
2) 라인 강 유역의 유럽
스위스, 독일, 프랑스, 베네룩스 3국 등과 같은 여러 국가들을 포함하고 있는 라인 강 유역의 유럽 국가들이 유럽연합의 경제
적 중심이 되고 있다. 그것은 인구밀도가 높고, 도시와 산업의 비중이 높은 국가들을 중심으로 형성되어 있다. 이것은 세계와
연결되는 바다와 인접해 있는 지역을 중심으로 분포한다.

표 3-130. 교과서 내용 사례: 유럽연합의 경제력(고등학교 3학년)

Hachette	Hatier
5. 유럽연합의 경제력 <dossier> 1. 유럽연합, 완전한 경제력 A. 상업적인 능력 B. 중요한 재정적인 능력 2. 세계화 속에서 유럽의 자동차 산업 3. 유럽연합에 있어서 어떤 에너지 문제와 선택? <cours> 1. 경제적으로 역동적인 국가들의 모임 2. 유럽연합 경제력의 근원 3. 유럽연합 힘의 중심에 있는 유럽인들 4. 경제력의 추진공간 5. 유럽연합 내부의 공간적 불균등성 6. 유럽연합 경제력의 한계	5. 유럽연합 <dossier> 1. 중요한 경제력 2. 불완전한 힘 3. 유럽연합의 중심과 주변 <cours> 1. 유럽연합의 경제력과 교역능력 2. 유럽연합의 정치적, 문화적 영향력 3. 유럽연합 경제력의 토대 4. 불완전한 힘의 판별 기준 5. 유럽연합의 역동적인 중심지 6. 유럽연합의 주변
6. 라인의 유럽 <dossier> 1. 로테르담, 라인 유럽의 항구 2. 라인 강 유역 산업의 전환 <cours> 1. 라인 유럽의 경제력 2. 유럽연합에서 주된 상업축 3. 유럽 등 한복판의 공간	6. 유럽연합의 경제적인 중심, 라인 강 유역의 유럽지역 <dossier> 1. 라인 강과 바다에 접한 그것의 하구 2. 메트로폴과 라인 강 유역에 있는 지역들 <cours> 1. 유럽연합의 중심 영역인 라인 강 유역의 유럽지역 2. 유럽 메갈로폴의 중심에 있는 지역

두 번째 주제인 라인 강 유역의 유럽지역에 관해서 두 출판사는 공통적으로 라인 강 유역
을 유럽연합의 상업축, 유럽 메갈로폴의 중심지역으로 다루고 있다. 두 출판사에서 다루고

있는 내용 중에서 차이점으로는 Hatier 출판사는 현재 유럽연합의 중심축임을 강조하는 측면만을 다루는 반면, Hachette 출판사는 라인 강 유역 산업의 전환에 관하여 다루고 있다. 그리고 로테르담이라고 하는 특정한 사례지역을 선정해서 구체적으로 다루고 있다.

세계의 3대 강대국 축에서 세 번째로 등장하는 것은 일본을 중심으로 하는 동아시아이다. 교육과정에서는 아시아라는 큰 주제하에 성장의 축과 일본의 거대도시로 나누어서 내용을 제시하고 있다. 교육과정에서는 대주제를 아시아라고 표현한 반면, 두 개의 출판사는 각각 "확대되고 있는 경제축, 동아시아", "세력이 확장되고 있는 영역, 동아시아"와 같이 챕터의 제목을 설정하고 있다.

표 3-131. 교육과정 내용 사례: 아시아(고등학교 3학년)

---

3. 아시아
1) 성장의 축
우선 아시아의 힘은 인구수에서 나온다. 정치시스템이나 생활수준, 경제활동 등이 상당한 차이를 보이기는 하지만, 아시아 지역은 아시아의 역동성의 한 단위가 되고 있다. 일본, 한국, 대만, 중국 연안 지역과 싱가포르 등이 여기에 속한다. 또한 무역을 통한 다양한 축과 기업 네트워크, 교차 투자 등이 이루어지고 있다. 우리는 이점에 관해서 총괄적으로 학습하게 된다.
2) 일본의 거대도시
일본의 거대도시에 관해 심층적으로 살펴본다. 세계도시인 도쿄로 상징되는 일본의 거대도시에는 일본 인구의 상당수가 거주하며, 경제활동이 집중된다. 도쿄는 아시아 및 세계와 관계를 맺고 있다. 과도한 밀집과 자연적 제약은 환경 문제에 특별한 중요성을 부여하고 있다.

성장의 축에 관한 교육과정의 내용을 살펴보면, 아시아의 힘은 인구수로부터 나오며, 일본, 한국, 대만, 중국 연안지대 및 싱가포르를 중심으로 하는 아시아지역은 정치시스템이나 생활수준, 경제활동 측면에서는 상당한 차이가 나지만, 그럼에도 불구하고 역동적 지역단위로 기술한다. 교육과정에는 이 지역에 관하여 동아시아 대신에 아시아라고만 표현하고 있다. 두 교과서 모두 공통적으로 세 개의 경제 중심축 중에 하나로서 동아시아를 설정하고 있으며, 동아시아의 통합에 관한 내용을 다루고 있다. 그렇지만, 두 교과서 간의 차이점도 크다. 먼저 Hatier 출판사는 동아시아의 경제권을 일본 중심에서 다극체제로 전환되는 측면에서 학습내용을 전개하는 반면, Hachette 출판사는 일본을 주된 모델로 삼고 있으며, 자료의 형태로 중국의 위상에 대해서도 다루고 있다.

표 3-132. 교과서 내용 사례: 확대되고 있는 경제축, 동아시아(고등학교 3학년)

Hachette	Hatier
7. 동아시아, 확대되고 있는 경제축 <dossier> 1. 중국, 세계경제의 새로운 거인 A. 세계화 속에서 중국의 위상은? B. 해안지역에서 강한 발전 C. 중국 발전의 한계와 취약점은? 2. 도요타, 세계화 속에서 아시아의 다국적 기업 <cours> 1. 새로운 힘의 축의 등장 2. 새로운 해양의 경계면 3. 아시아의 발전 모델 4. 일본, 위협적인 발전 모델 5. 동아시아 통합의 출현	7. 세력이 확장되고 있는 영역, 동아시아 <dossier> 1. 동아시아의 통일체와 성장 2. 일본 중심으로부터 다극체제로 3. 다극체제의 힘이 존재하는 영역 <cours> 1. 세 개의 중심축 중에 하나인 동아시아 2. 동아시아의 통일성과 도전 3. 경제적인 역동성과 발전의 다양성 4. 통합이 모색되는 영역 5. 대도시권화(metroplisation) 및 새로운 지역적 균형 6. 국가들 및 지역적인 재구조화
8. 일본의 메갈로폴 <dossier> 1. 도쿄, 세계도시인가? 2. 일본의 메갈로폴에서 해안의 개발 <cours> 1. 메갈로폴, 일본 힘의 중심 2. 메갈로폴, 일본적인 공간의 주축 3. 메갈로폴, 포화상태의 공간, 위협적인 공간	8. 일본의 메갈로폴 <dossier> 1. 메갈로폴, 세계적인 공간의 추진센터 2. 지속 가능한 발전을 지향하는 일본의 메갈로폴 <cours> 1. 일본의 중심 2. 세계화와 메갈로폴리탄의 재구조화

아시아의 두 번째 하위주제인 '일본의 거대도시' 내용은 두 교과서에서 공통적으로 '일본의 메갈로폴'로 설정하고 있다. 교육과정은 일본의 수도인 도쿄를 세계도시로 보고, 그 지역 내에 집중된 인구, 경제활동 등에 관하여 기술한다. 도쿄는 아시아 및 세계와의 관계를 맺고 있지만, 과도한 밀집과 자연적 제약은 환경문제에 대한 중요성을 부각시킨다고 기술된다. 이에 대한 두 교과서의 공통적인 내용은 일본의 중심으로서 이 지역을 다루고 있다. 교과서별로 그 차이를 살펴보면, 먼저 Hatier 출판사는 대략적으로는 긍정적인 측면에서 모든 내용을 다루고 있다. 특히 지속 가능한 발전을 지향하는 일본의 메갈로폴이라는 표현이 있는데, 다른 교과서에는 그 입장이 다르다. 이를테면, Hachette 출판사는 이러한 메갈로폴을 포화상태의 공간, 위협적인 공간과 같은 표현으로 상당히 강한 어조와 비판적인 관점에서 다루고 있으며, 일본 메갈로폴에서 해안을 개발하는 문제를 지적함으로써 우회적으로 환경문제도 지적하고 있다. 환경문제는 교육과정에서도 분명하게 언급된 대목이다.

고등학교 3학년 지리의 세 번째 대단원의 주제는 개발을 탐색 중인 세계이다. 이 주제는 다시 세 개의 하위주제들로 구성된다. 첫 번째 하위주제는 저개발 국가의 주체 및 다양성인데, 두 교과서는 각각 '저개발 국가들의 통합체 및 다양성', '저개발 국가의 연대 및 다양성'으로 챕터의 주제를 설정하고 있다. 이어서 두 번째 하위주제를 교육과정에서는 '저개발 국가와 선진국의 접촉: 지중해'와 같이 제시하고 있는데, 두 교과서들은 각각 '남북문제의 공유영역: 지중해 공간', '선진국과 저개발 국가들이 만나는 곳, 지중해'로 표현하고 있다. 세 번째 하위주제는 '다시 하나가 되는 지역: 러시아'인데, 두 교과서는 각각 '다시 결합되는 국가 및 공간, 러시아', '러시아'로 설정된다.

첫 번째 하위주제인 '저개발 국가의 주체 및 다양성'에 관해 교육과정은 저개발 국가들의 특징으로서 동일하지 않은 경제발전 정책으로 인하여 성장에 차이를 보이는 것으로 기술하고 있다. 또한 이러한 저개발 국가 및 도시의 차원에서 비교할 수 있도록 브라질을 사례지역으로 제시하였다. 이에 대해 두 권의 교과서는 공통적으로 개도국을 발전의 어려움을 겪고 있는 지역, 발전에 있어서 강한 격차를 보이는 곳으로 표현하고 있다. Hatier 출판사는 cours에 브라질의 사례가 바로 제시되며, 도시 내에서의 계층성까지 다루고 있다. dossier에서는 선진국과 개도국을 구분하는 문제, 사하라 이남의 아프리카, 인도, 두바이, 브라질에 관하여 다뤄줌으로써 cours의 내용을 보충해주고 있다. Hachette 출판사는 브라질과 아프리카 두 지역을 dossier를 통해 다루는데, 특히 이들 지역 내에서 발전의 대조적인 측면, 발전에 장애가 되는 문제, 성장을 위한 가능성 등에 관하여 다루고 있다.

표 3-133. 교육과정 내용 사례: 저개발 국가의 주체 및 다양성(고등학교 3학년)

개발을 탐색 중인 세계(18시간)
1. 저개발 국가의 주체 및 다양성
전 세계적으로 이루어지는 불균등한 개발에 관하여 우선적으로 확인한다. 후진국들은 저개발이라는 공통된 특징을 가지고 있다. 그러나 이들 국가들은 동일하지 않은 경제발전 정책으로 인하여 성장에 있어서 차이를 보이고 있다. 또한 국가와 도시 차원의 개발에 관하여 비교할 수 있도록 브라질의 사례를 보여준다.

표 3-134. 교과서 내용 사례: 개도국의 연대 및 다양성(고등학교 3학년)

Hachette	Hatier
9. 저개발국가들의 통합체 및 다양성 <dossier> 1. 브라질 발전의 대조적인 측면 A. 불균형적으로 개발되고 이용되는 국토 B. 도시, 브라질 발전의 나쁜 상황을 보여주는 것? C. 브라질 발전의 중심에 놓인 토지논쟁? D. 얼마만큼의 브라질? 2. 아프리카: 발전의 잠재력은 그리 좋지 않은가? A. 아프리카: 천연자원은 풍부하지만 발전이 안 된. B. 사하라 남부 아프리카의 성장을 위한 관점은 무엇인가? <cours> 1. Sud(남)란 무엇인가? 2. 후진국 발전의 어려움 3. 후진: 발전의 강한 격차 4. 후진국: 어떤 발전의 길을 걷고 있나? 5. 복잡한 상황의 저개발국가들	9. 개도국의 연대 및 다양성 <dossier> 1. 선진국과 개도국의 구분은 적절한 것인가? 2. 발전을 위한 어떤 정책이 있는가? 3. 어려움에 처한 사하라 이남의 아프리카 4. 인도연합, 불균등한 발전 5. 두바이, 석유로 인한 부자 6. 브라질: 불균등한 발전 7. 브라질에서 존재하는 도시의 계층화 및 지속 가능한 발전 <cours> 1. 일개의 개도국, 복수의 개발도상국가들 2. 발전을 위해 무엇을 빌려주는가? 3. 가장 발전이 더딘 개도국의 국가들 4. 세계화에 통합된 개도국 5. 브라질: 발전과 불균등성 6. 내부 도시의 강한 계층화에 대해서

두 번째 하위주제는 "저개발 국가와 선진국의 접촉: 지중해"이다. 교육과정에서는 지중해를 다양한 대립적인 요소들이 만나는 곳으로 설정하고 있다. 이를테면, 이 지역을 분열의 지역, 남반구와 북반구가 만나는 곳, 개발의 격차, 인구이동, 경제, 금융, 문화적 교류가 일어나는 곳으로 보고 있다. 이에 대해 두 교과서는 공통적으로 단절의 공간, 분리된 공간, 선진국과 개도국들 간의 접촉면 등으로 표현하고 있다. 그리고 두 교과서 모두 dossier를 통하여 지중해 연안에 있는 도시를 사례로 선진국과 후진국 간의 접촉에 관하여 다루고 있으며, 이 공간 내에서의 협력 및 갈등 요인 등에 관하여 다루고 있다.

표 3-135. 교육과정 내용 사례: 저개발 국가와 선진국의 접촉, 지중해(고등학교 3학년)

2. 저개발 국가와 선진국의 접촉: 지중해
지중해는 분열의 지역인 동시에 남반구 국가와 북반구 국가가 만나는 지역이기도 하다. 지리적인 차원에서 개발 격차와 인구이동(이민, 여행), 경제 및 금융, 문화적 교류에 관해 살펴본다. 몇 가지 문제를 들어 이 지역의 사회와 영토에 미치는 영향에 관해 살펴본다.

표 3-136. 교과서 내용 사례: 선진국과 후진국이 만나는 곳, 지중해(고등학교 3학년)

Hachette	Hatier
10. 남북문제의 공유영역: 지중해 공간 <dossier> 1. 지중해 연안의 도시들: 성격, 변천사 2. 지중해 연안에서 물의 위기, 협력 또는 갈등의 요인? 3. 지중해를 가로지르는 불법이주 <cours> 1. 지중해, 역사와 지리에 결합된 대조 2. 지중해, 단절의 공간 3. 지중해, 인구학적인 경계면 4. 선진국들에 의해 점유되는 교역의 공간 5. 지중해 공간의 합의된 관리를 향하여?	10. 선진국과 후진국이 만나는 곳, 지중해 <dossier> 1. 불균등한 발전과 흐름 2. 모로코와 선진국-후진국의 상호접촉 3. 유럽연합과 PSEM(후진국 국가 및 지중해 동쪽 국가들) <cours> 1. 지중해 공간, 분리된 공간 2. 선진국과 개도국간의 불균형적인 흐름 3. 선진국과 접촉하는 PSEM국가 사회들 4. 국토의 재구조화

고등학교 3학년 지리의 마지막 주제는 "러시아"이다. 교육과정에서는 러시아를 다시 하나 되는 지역으로 표현하고 있다. 세계에서 면적이 가장 넓은 국가이지만, 인구 및 경제적인 측면에서 위기를 맞고 있는 러시아는 새로운 발전을 모색하고 있다. 특히 러시아는 지하자원이 풍부하여 이에 대한 활용이 기대된다. 이러한 교육과정의 내용을 두 교과서는 공통적으로 경제적인 상황, 국토의 조직적 측면에서 학습내용으로 다루고 있다. 그러나 그 이외의 내용에 있어서는 다소 차이가 난다. 이를테면, Hatier 출판사는 인구 및 사회적인 어려움, 국토의 새로운 조직에 관하여, 러시아가 성공하기 위한 조건 등에 관하여 일반적인 수준에서 다루는 반면, Hachette 출판사는 좀 더 구체적으로 다루고 있다. 이를테면, 국토의 공간적 조직에 관해서는 유럽의 러시아와 아시아의 러시아, 세계 속의 러시아로 각각 다루며, 천연자원에 관한 쟁점도 경제적인 문제와 지정학적인 측면에서 아주 상세하게 다룬다. 그 외에도 코카서스 지역의 문제를 통하여 러시아와 주변지역들 간의 갈등 문제를 다루며, 끝으로 러시아의 수도인 모스크바에 관하여 다루고 있다.

표 3-137. 교육과정 내용 사례: 다시 하나 되는 지역, 러시아(고등학교 3학년)

3. 다시 하나가 되는 지역: 러시아

세계에서 가장 큰 국가인 러시아는 정치 및 경제구조의 위기와 인구 및 사회문제로 대표되는 후기소비에트주의(post-sovietism)의 문제에 직면해 있다. 그러나 러시아는 새로운 발전을 위한 기초를 다지기 위해 모든 수단, 특히 지하자원과 관련된 측면을 고려하고 있다. 인구와 경제활동의 지리적 분포 속에서 중요한 변화를 이끌어내는 새로운 조직의 논리가 생겨나고 있다.

표 3-138. 교과서 내용 사례: 러시아(고등학교 3학년)

Hachette	Hatier
11. 러시아, 다시 결합되는 국가 및 공간 <dossier> 1. 천연자원, 러시아에 있어서의 주된 쟁점 A. 경제적인 쟁점? B. 지정학적인 쟁점? 2. 코카서스, 위기의 러시아 주변지역 3. 모스크바, 러시아 재생의 상징 <cours> 1. 재결합되는 국가 2. 경제적으로 재개발되는 국가 3. 새로운 러시아 사회 4. 유럽의 러시아: 역동적인 중심 5. 아시아의 러시아: 잠재력이 큰 주변지대 6. 세계 속의 러시아	11. 러시아 <dossier> 1. 새로운 성장 2. 인구(감소)의 위기와 사회적인 어려움 3. 재구조화 및 부분적인 개방 <cours> 1. 발전에 있어서 지리적, 경제적인 상황 2. 위기에 직면한 러시아 인구 3. 러시아가 성공하기 위한 전제 조건은 무엇인가? 4. 국토의 새로운 조직을 향하여?

지금까지 살펴본 내용을 정리하면, 초등학교 저학년의 경우, 교육과정 내용과 교과서의 표현이 완전히 일치하지는 않았다. 이를테면, 교육과정에는 교실에 관한 내용이 없었지만, 교과서에는 교실과 관련되는 주제가 3개나 되었으며, 교육과정에서는 일반적인 지도(cartes)를 언급하고 있는데, 교과서에는 약지도(plan)로 구체화되었다. 초등학교 저학년의 교과서 내용은 주로 교육과정에 있는 "학습 후에 예상되는 능력" 항목의 내용이 구체화되었음을 확인할 수 있으며, 교과서 내용에서는 학습주제가 모두 의문형으로 표현된 것도 흥미로운 특징이다. 초등학교 고학년의 특징은 교육과정의 내용 중에 포함된 "강조점"에 해당하는 내용들이 교과서의 주된 학습내용으로 구체화되고 있으며, 교과서의 학습내용은 교육과정에 제시된 순서대로 학습내용을 구체화하지 않고 임의적으로 배열한다는 점이다.

중학교 수준에서 교육과정의 형식은 대략적으로 학습내용 제시, 지리적 지표 제시, 학습자료 제시, 교수-학습방법 안내 등으로 구성되며, 교과서 내용은 주로 교육과정에 제시된 지리적 지표를 큰 틀로 삼고 학습내용 및 학습자료를 근거로 구체화된다. 학습 주제에 따라 교육과정의 형식이 모두 동일하지는 않으며, 구체적인 설명이 제시되기도 하고, 간단하게 학습내용 위주로 제시하기도 한다. 교육과정에서는 교과서 내용을 두 파트로 구성하도록 진술되기도 하고 그렇지 않기도 하는데, 실제로 교과서는 교육과정에 제시된 대로 따르지 않고 임의대로 구성하고 있다. 교육과정 내용 중에 교수-학습방법에 관한 항목이 제시되기도 하고 그렇지 않기도 하는데, 제시되는 경우에는 주로 교사의 입장에서 해당내용을 다룰 때의 유의사항에 관하여 안내하고 있다. 이는 교육과정이 우리나라의 교사용 지도서의 성격도 함께 포함하고 있는 것으로 생각된다. 마지막으로, 교육과정에서는 독일, 러시아, 영국, 지중해 연안 국가들 중에 하나와 같이 프랑스 주변의 국가들을 제시하고, 그들 중에 최소 3개국을 선택하도록 진술하고 있는데, 교과서에는 교육과정에 제시된 5개국이 모두 학습내용으로 구성되었다. 이는 해당 내용의 중요성 및 비중이 커서 그럴 수도 있지만, 한편, 전통적으로 프랑스에서는 교과서에 많은 내용을 다루고자했던 관성이 오늘날의 교과서에도 반영된 것일 수도 있고, 또 다른 한편으로는 교과서의 내용을 다양한 학습자료들 중에 하나로 여기고 그러한 자료의 선택권을 가진 사람은 교사로서, 교사의 재량과 선택의 폭을 넓게 해주는 것으로도 볼 수 있다.

고등학교 수준에서 교육과정의 형식은 학습주제와 그것의 세부설명으로 이루어진다. 학습내용의 상세화 측면에서 볼 때, 고등학교 수준에서는 초등학교나 중학교 수준보다 훨씬 더 선택의 폭이 넓고 자유롭다. 교과서의 틀은 대체적으로 "사례학습, Etude de cas"과 "본문, Cours"으로 구성되며, 그 사이에 다양한 자료나 지도가 끼워진다. 교육과정에 제시되는 내용은 대체적으로 해당주제에 따른 중점사항이 서술식으로 간단하게 제시된다. 이를테면, '60억 이상의 인구'라는 주제에 대한 교육과정 내용은 '세계에서 가장 인구밀도가 높은 지역에 중점을 둔다'와 같은 형식으로 표현되며, 교과서에서는 대륙별로 그러한 성격을 띠는 대표적인 국가나 지역을 사례지역으로 구체화하며, 그러한 사례들로부터 일반적인 학습내용을 도출하여 본 수업의 형식으로 정리하고 있다.

CHAPTER 04

프랑스 지리 교과서 분석

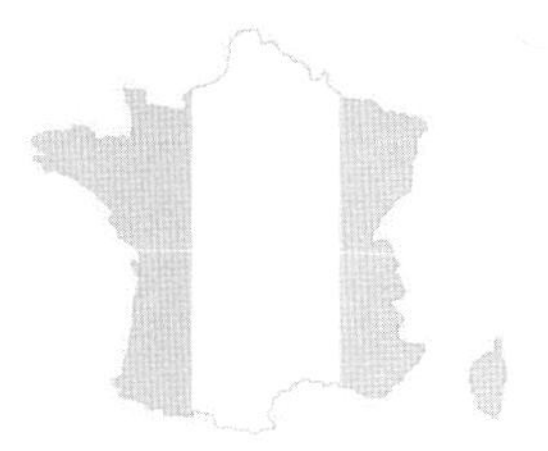

프랑스에서는 1793년에 처음으로 국정교과서 제도를 도입했지만, 19세기 전반기 무렵에 사전 검인정 제도로 전환하게 된다. 그 후, 여러 가지 우여곡절 끝에 1865년에는 출판사들과 교사들의 의견을 받아들여 교과서 정책을 완전한 자유발행제로 전환하였다. 따라서 프랑스에서는 교육부가 교육과정 및 학습내용을 정해서 고시하면, 출판사에서는 집필진을 구성하고 교과서를 개발하여 일선학교에 샘플을 보내고, 각급학교별로 관계자들 간의 협의 후에 그들이 사용할 교과서를 채택하게 된다.

프랑스의 교과서가 고리타분함에서 벗어나서 현재의 모양을 갖추게 된 것은 1930년대 무렵부터였다. 학생들의 흥미를 고려하여 역사, 지리 교과서에 이미지를 넣기 시작한 것이 혁신이었다. 그때부터 교과서의 판형이 커지고, 천연색의 삽화나 사진이 전체 분량의 절반에 이를 정도로 질적인 측면에서 크게 발전하였다. 교과서에서 채택했던 교수법도 중세 기독교 양식의 서사문 나열식, 교리문답식의 스타일에서 벗어나서 아이들의 흥미를 유발할 수 있는 교수학습 기법을 도입했으며, 교과서의 외형도 아이들이 좋아하는 동화책처럼 만들고 있다.

프랑스의 교과서에는 본문에 해당하는 텍스트의 양이 상대적으로 적은 반면, 실제 경관을 찍은 사진이 많이 포함되고 있으며, 영화나 광고 포스터 등 감각적인 사진들도 적극적으로 활용되고 있다. 교과서의 사진을 매우 중요한 자료로 인식함에 따라, 사진에 대한 설명을 통해 본문내용이 진행되는 방식을 채택하고 있는 것이 특징이다. 이를테면, 주요 학습요소로서 사진을 제시하고, 이 사진자료를 설명하는 내용으로 본문이 서술되며, 다시 그 내용을 확인

하는 질문이 덧붙여진다. 교사는 교과서에 나온 사진을 설명하면서 학생들로 하여금 학습주
제에 관심을 갖게 한다. 이때 교사는 자연스럽게 질문을 던지고 학생들은 교사의 질문에 응
하면서 수업은 진행된다.

프랑스 교과서는 다양한 학습자료들로 구성되는데, 지리 학습의 메커니즘을 이해하기 위
해서는 교과서 안에 포함되어 있는 학습자료의 성격을 파악해볼 필요가 있다. 또한 프랑스
지리 교과서에는 많은 질문이 학습자료와 함께 제시되는데, 여기서 질문은 단순한 학습자료
의 수준이 아니라, 학습자료들을 포함한 학습내용을 학습주제로 안내하는 역할을 한다. 따라
서 본 장에서는 지리 학습의 과정과 절차에 관한 메커니즘을 밝히기 위하여 초등학교부터
고등학교에 이르기까지 교과서의 단원구성 체제 및 전개방식, 학습자료의 유형별 분석, 질문
의 유형과 수준 분석, 학습의 마무리 활동으로서의 크로키, 논술, 자료통합학습에 관하여 각
각의 형식과 성격에 관해 구체적으로 분석하고자 한다.

1. 학습자료 분석활동 위주의 단원조직

무엇을 가르칠 것인가가 교육과정 구성을 위한 의사결정에서 확정된다면, 교과서는 어떻
게 가르칠 것인가와 관련하여 가르칠 내용을 구체적이고 상세하게 담아낸 결과물이다. 교육
과정을 실현하기 위해서 교과서는 교육과정의 내용을 구현할 수 있는 적절한 외형과 내용을
조직하고 전개할 단원구성 체제를 구안할 필요가 있다. 본 절에서는 프랑스 지리 교과서의
단원구조와 전체체제, 내용전개 방식의 외형적 측면에서의 특징에 대해서 살펴보고자 한다.

가. 초등학교 지리 교과서

1) 교과서 구성 체제

초등학교 지리 교과서는 3학년부터 5학년까지 학년별로 구성되어 있으며, 역사와 지리가
한 권의 책으로 묶여 있다. 각 학년별 교과서는 대체로 2~5개의 대주제[98]로 구분되고, 다시

대주제는 0~5개의 중주제로 구성된다. 중주제는 다시 핵심적인 학습내용을 중심으로 5~10개 정도의 소주제로 구성되어 있다. 그러나 경우에 따라 중주제는 생략되고 대주제와 소주제가 직접 연결되기도 한다.

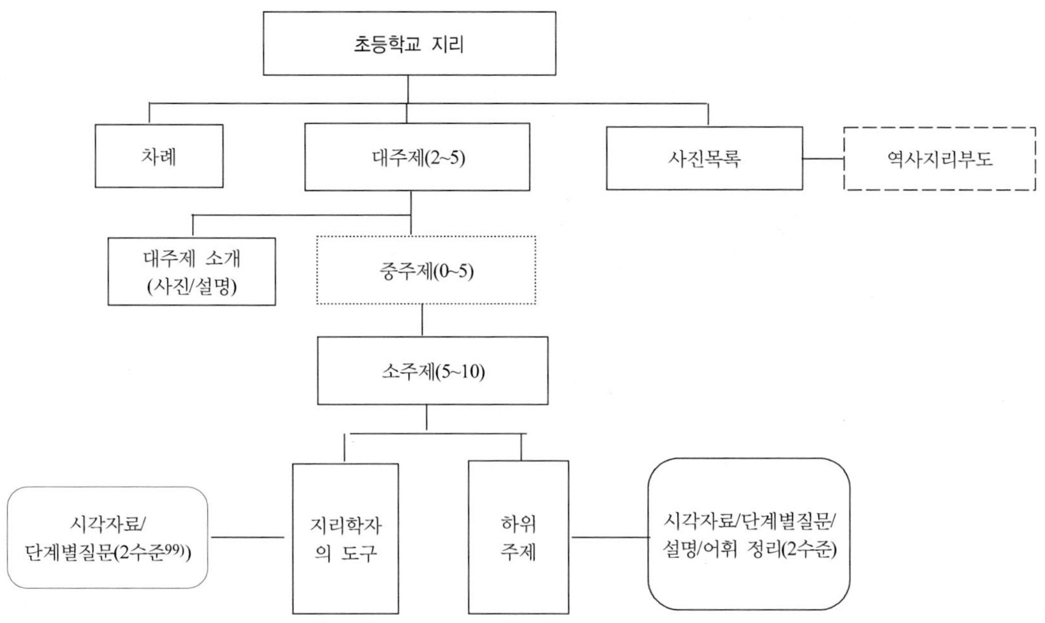

그림 4-1. 프랑스 초등학교 지리 교과서 구성 체제

초등학교 지리 교과서에서 대주제가 시작되는 면을 살펴보면, 우선 대주제와 그것의 내용을 포괄하는 시각자료, 즉 사진이 양쪽 페이지를 모두 활용하는 형식으로 크게 제시된다. 그리고 대주제의 아래에는 해당 과정에서 배우게 될 학습내용이 간단한 시구처럼 제시되며[100] 그 아래에는 다음에 나오게 될 소주제들이 순서대로 나열된다(그림 4-1).

---

98) 우리나라 교과서의 구성단위는 단원이다. 그렇지만, 프랑스 교과서는 일정한 단위와 형식을 갖춘 단원의 개념보다는 주제별로 학습내용이 구성된다. 따라서 본 연구에서는 크게 대주제, 중주제, 소주제라는 명칭을 사용하여 논의를 전개하고자 한다.

99) 초등학교 지리 교과서에는 사진과 질문이 많이 제시된다. 특히 질문은 두 가지 종류로 구분되어 있다. 즉, 제시된 자료를 보고 단순히 기계적으로 질문에 답할 수 있는 낮은 수준(○로 표시)의 질문, 다른 하나는 자료를 읽고 추론 및 해석을 요구하는 높은 수준의 질문(●로 표시)이다. 따라서 본 연구에서는 이러한 두 가지 차원의 질문의 형태를 두 가지 수준으로 구분하였다.

100) 초등학교 3학년 지리 교과서의 첫 번째 대주제가 나오는 표지에는 다음과 같이 표현된다. "우리의 지구를 공간적 측면에서 바라보면, 그것은 푸른빛을 띠는 오렌지와 같은데, 다시 말하면, 대양으로 둘러싸인 거대한 구체와 같다. 하지만, 육지의 측면에서 바라보면, 그것은 아주 다르다."

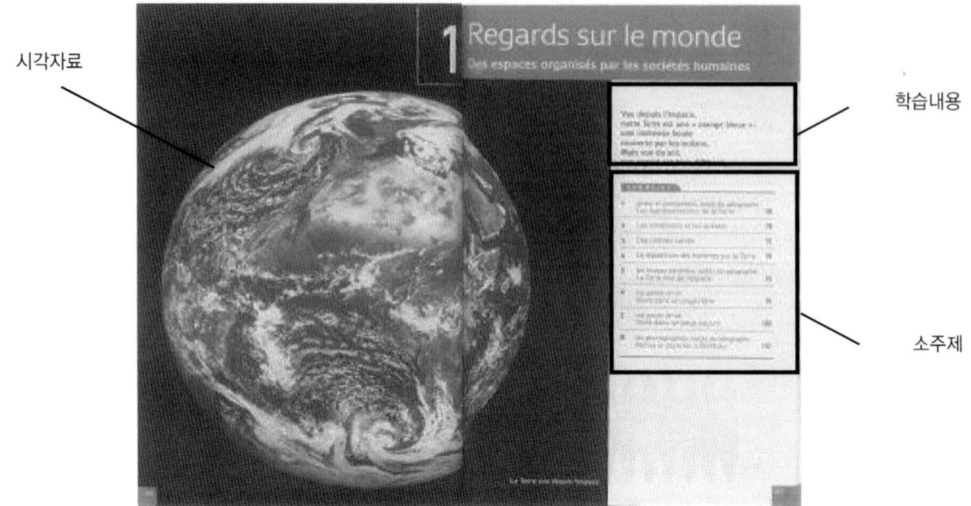

그림 4-2. 프랑스 초등학교 3학년 지리 교과서 대주제 표지 사례

중주제는 제시되기도 하고, 제시되지 않는 경우도 있다. 이를테면, 초등학교 3학년에서 "세계를 향한 시선"이라는 대주제에는 중주제가 생략된 채 8개의 소주제로만 구성되어 있다. 또한 소주제는 대주제를 기준으로 하여 일련번호가 붙여져 있다. 이를테면, 초등학교 3학년에서 "프랑스의 경관들"이라는 대주제하에서는 도시경관, 촌락경관, 산지경관, 해안경관이라는 중주제들이 제시되고 있다. 그 이하의 소주제들은 각각의 중주제 별로 번호가 붙여지는 것이 아니라, 대주제를 기준으로 하여 27개의 소주제명이 부여된다(그림 4-3).[101]

프랑스 초등학교 지리 교과서에서 중주제 전개 시에 도입과 정리의 성격을 가진 내용이 따로 제시되지는 않고 있는데 이것은 핵심적이고 기본적인 지리적 개념들을 간단명료하게 이해시키기 위한 수업 틀을 지향하는 것으로 여겨진다.[102]

---

101) 우리나라 교과서에는 단원의 번호가 해당 단원의 차상위 단원을 기준으로 정해진다. 만약 그다음으로 단원이 새롭게 넘어간다면, 그 아래의 소단원은 해당 상위 단원을 기준으로 새롭게 단원 번호가 정해지는 것에 비해, 프랑스 교과서에서 볼 수 있는 주제별 번호는 대주제를 기준으로 정해지며, 그 사이에 중주제가 삽입되더라도 아무런 영향을 받지 않는다.

102) 그림 3을 보면, 대주제(세계에 대한 시선, 프랑스 경관/Regards sur le monde, Les paysges français), 중주제(도시경관, 촌락경관, 산지경관, 해안경관/Les paysages urbains, Les paysages ruraux, Les paysages montagnards, Les paysages littoraux), 소주제(지리학자가 지구를 표현할 때 쓰는 도구인 지구본과 평면구형도, 대륙과 해양, 다양한 기후 등)의 구성체제를 확인할 수 있다.

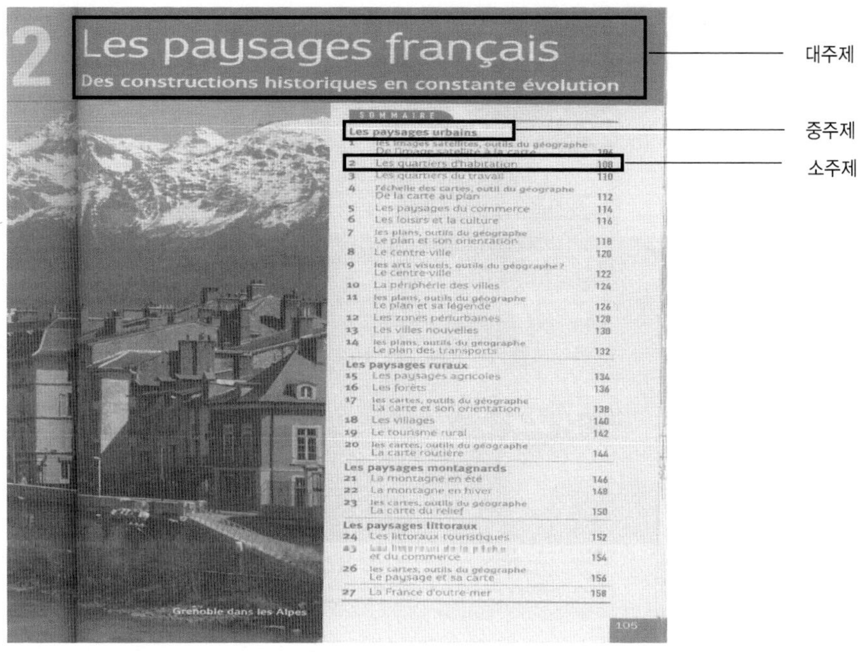

그림 4-3. 프랑스 초등학교 3학년 지리교과서의 대/중/소주제의 표지사례

초등에서 소주제는 주로 지리학자가 지표공간을 표현하거나 지리학을 연구하는 과정에서 활용하는 "지리학자의 도구(학습자료)"를 지리 학습과의 관련을 맺으며 하위 학습내용을 구성하고 있다. 여기서 소주제는 지리적 개념을 바탕으로 하여 주제와 관련된 여러 가지 표현으로 구분하여 제시되고 있다.[103]

프랑스 초등학교 역사·지리 교과서에는 학년별로 역사·지리부도가 한 권씩 부록의 형식으로 있다(그림 4-4). 우리나라와 같이 학교급 간을 기준으로 사회과부도 또는 지리부도의 형식으로 발행되는 것과는 차이를 보인다. 프랑스에서는 중학교와 고등학교에서 배우는 역사·지리 교과서 또는 지리 교과서에는 별도의 부도가 따로 없다. 다만, 초등학교 교과서에만 존재하는데, 그 분량은 15페이지 이내로써 아주 얇은 편이다. 지리부도가 각각의 학년별로 얇게 구성되어 있는 것은 실제 지리수업에서 이러한 부도가 효율적으로 잘 활용될 수 있도록 하기 위해 실용성과 적합성의 측면을 상당히 고려한 것으로 여겨진다.[104]

---

103) 이를테면, 특정 지리적 개념이 잘 드러난 소주제명으로는 다음과 같은 것들이 있다. 즉, 도시공간, 거주공간, 상업공간, 여가와 문화 등.

104) 실제로 초등학교 교과서 본문에는 역사·지리부도 활용에 관한 구체적인 정보를 쉽게 확인할 수 있다. 이를테면, '역사·지리부도 15번 지도

그림 4-4. 지리부도 표지(초3)

2) 학습내용 전개방식

초등학교 지리 교과서는 소주제 중심으로 구성되어 있다. 본문은 주로 사진과 질문으로 시작하며 그 아래에 간단한 내용이 소개된다. 소주제의 내용에 따라 제시되는 자료가 달라지는데, 사진을 관찰하고 지도를 읽는 연습, 그리고 이 두 가지를 비교하는 것이 제시되기도 한다. 그리고 한쪽에는 용어정리가 배치된다. 또한 지리학자의 탐구활동에 쓰이는 도구가 무엇인지, 그러한 도구를 통해 지표공간을 어떻게 나타낼 수 있는가에 관련된 '지리학자의 도구'가 중간에 제시된다.

이어서 나오는 연습문제에서는 그래프와 도표 등을 읽는 연습이 질문을 통해 전개된다. 마지막으로, 각각의 대주제별 마지막 소주제 끝에는 요약 및 정리 부분이 제시되는데, 여기서는 그 이전에 다루어진 모든 소주제들에 대한 내용이 간단하게 요약 정리된다.[105]

에서 북부 유럽의 대평원을 찾아보아라'와 같은 형식으로 학생들의 학습활동을 유도하고 있다.

105) 연습문제와 요약 및 정리에 관한 부분은 초등학교 5학년 교과서에만 구성되어 있다. 3학년과 4학년 교과서에는 소주제를 중심으로 한 간단한 학습내용만 구성되어 있다.

표 4-1. 초등학교 지리 교과서의 학습내용 전개방식

학습내용의 전개순서	학습내용의 전개방식상의 특징
소주제 중심의 학습내용 구성 (5~14가지 주제)	* 주로 사진과 질문으로 소주제의 내용이 시작된다. * 그 아래에는 본문내용이 간단히 제시된다. * 한쪽 구석에는 용어정리가 배치된다. * 소주제의 내용에 따라 제시되는 자료가 달라지는데, 사진을 관찰하고 지도를 읽는 연습, 그리고 이 둘을 비교하는 것이 제시되기도 한다. * 지리학자의 도구와 그 종류가 소주제 바로 앞에서 제시된다.
연습문제(exercice)	* 그래프, 도표 등을 읽는 연습이 질문을 통해 이루어진다.
요약 및 정리 (Résumés)	* 대주제를 중심으로 이루어진 학습내용을 소주제별로 간단하게 요약·정리하고 있다.

나. 중학교 지리 교과서

중학교 지리 교과서는 목차, 학습내용 및 소요시간 안내, 학습내용 개관(Repères), 색인(Lexique) 등으로 구성되어 있다. 학습내용 및 소요시간 안내에서는 해당 학년에서 배울 핵심 내용과 학습에 소요되는 시간을 개략적으로 제시하고 있다. 이 부분은 교사들이 연간 수업을 진행하는데 있어서 참고할 수 있는 교육과정의 성격을 띠고 있다. 학습내용개관에서는 한 학년에서 배울 학습 지역을 지도를 통해 시각적인 차원으로 제시하고 있으며, 교과서의 마지막 부분에서는 교과서에서 다루어진 주요 어휘들이 색인으로 정리되어 있다.

1) 교과서 구성 체제

학습의 중심 내용은 여러 층위의 주제를 중심으로 접근하고 있다. 즉, 대주제 밑에는 중주제와 소주제가 제시되어 있는데, 대주제는 경우에 따라 생략되기도 한다(그림 4-5). 또한 초등학교 교과서에서는 중주제가 생략되기도 하며 주로 소주제를 중심으로 학습내용이 제시된 것과는 달리, 중학교 교과서에는 중주제를 중심으로 내용을 구성하고 있다.

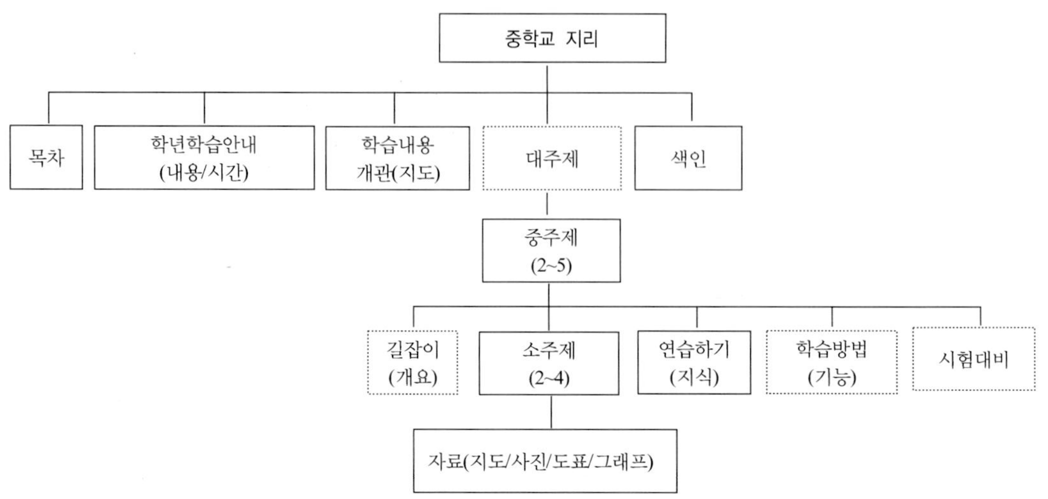

그림 4-5. 프랑스 중학교 지리 교과서 구성 체제

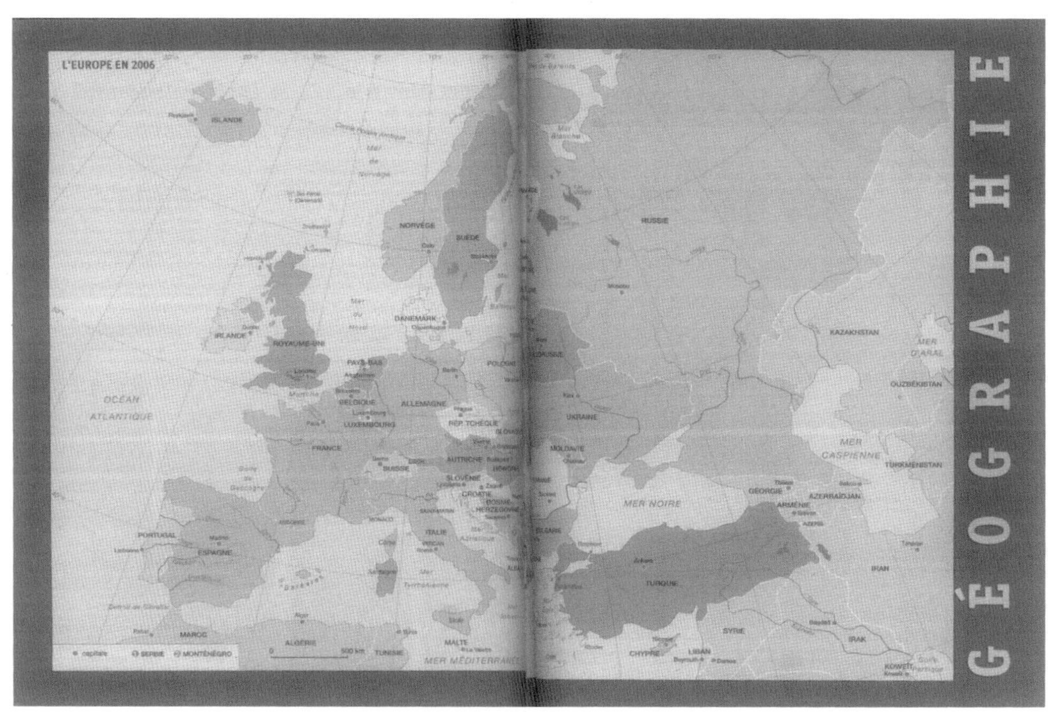

그림 4-6.

중주제는 크게 소주제와 사고활동 중심의 연습문제(Exercices)로 구성되어 있는데, 학년에 따라 길잡이(Repères), 기능 중심의 학습방법(Fiche méthode), 졸업시험 대비(Vers Le Brevet) 등의 항목이 추가되기도 한다. 예를 들면, 중학교 1학년과 2학년에서는 소주제와 사고활동 중심의 연습문제로만 교과서가 구성된 것에 반해, 중학교 3학년에는 기능 중심의 학습방법과 졸업 시험 대비 항목이 나타나기 시작하며, 중학교 4학년에서는 그러한 항목들이 완전하게 자리를 잡는다.106)

그림 4-7은 중주제가 시작되는 페이지로서, 주제명과 함께 그 아래에는 그 주제를 한눈에 확인할 수 있는 대표적인 사진 자료가 제시된다. 그리고 우측 페이지에는 세계적인 스케일에서 해당 사례지역의 위치를 파악할 수 있도록 소축척 지도와 해당 지역을 구체적으로 보여주는 대축척 지도가 함께 제시된다. 따라서 학생들은 세계 속에서 해당 학습지역이 어디

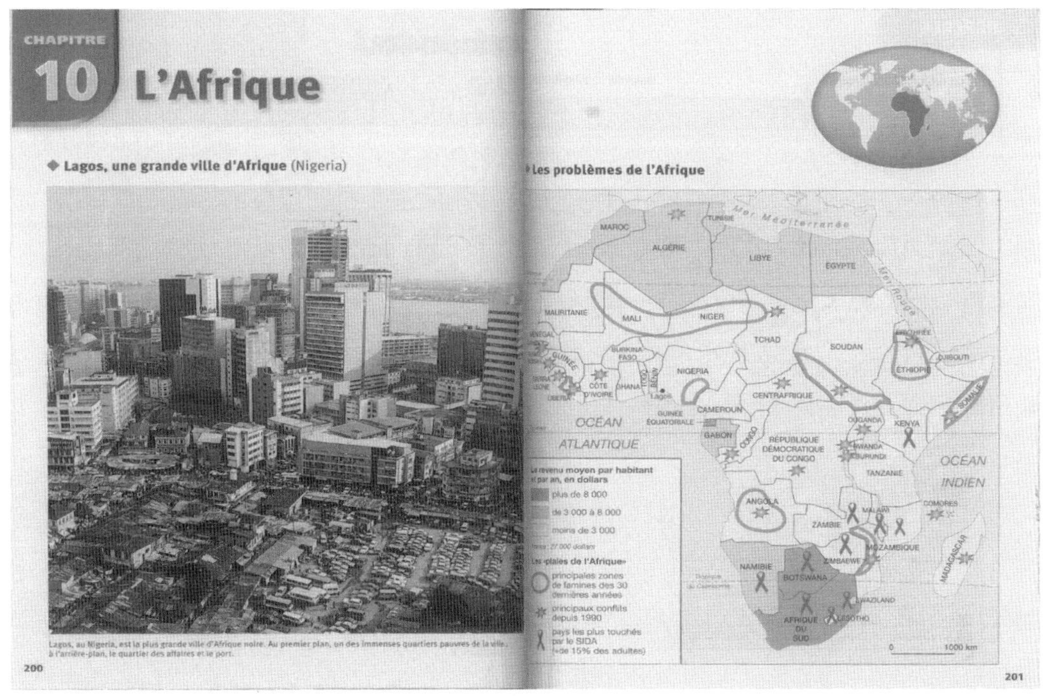

그림 4-7.

---

106) 길잡이(Repères)는 해당 중주제에서 학습할 내용을 지도를 통해 제시하는데, 종종 생략되기도 한다. 중학교 지리 교과서에 제시되어 있는 연습문제(Exercices)는 주로 추론/비교/대조/등의 사고기능 중심으로 구성되어 있으며, 학습방법카드(Fiche méthode)는 자료 읽기/자료 분석 등의 기능 중심으로 구성되어 있는 것이 큰 특징이다. 그 뒤에 이어서 나오는 시험 대비(Vers Le Brevet) 파트에서는 대체적으로 구술/논술 연습의 형식으로 구성되어 있는데, 이것은 프랑스의 대입시험 방식이 구술과 논술의 형식이기 때문에 그에 맞춰진 것으로 볼 수 있다.

에 자리 잡고 있는가를 바로 확인할 수 있다.

중학교 지리 교과서는 중주제 중심으로 구성되는데, 이러한 중주제 내에는 소주제가 대략적으로 2~4개로 포함된다. 여기서 각각의 소주제의 서두 부분에는 본 수업(La leçon)에 해당되는 부분으로서 탐구문제 형식의 학습목표[107])가 제시된다. 이어서 굵게 강조된 구체적인 주요 학습내용과 그에 해당되는 본문이 제시되며, 나머지 지면에는 어휘정리, 도표, 사진, 그래프 등의 자료가 제시된다. 이어서 각각의 자료에 대한 질문이 배치된다.

이러한 본 수업에 해당되는 내용들 사이에는 내용과 관련되는 추가적인 자료들(dossier)이 제시되며, 본 수업 내용과 자료제시가 모두 끝나면 연습문제로 들어가기 전에 지역 및 공간에 관한 학습내용이 제시된다. 이 단계에서는 단순화시킨 해당 지역의 지도가 지면의 중앙에 배치되고, 그 지역의 각 부분에 해당되는 공간적 특성을 사진과 질문으로 마무리한다.

2) 학습내용 전개방식

중학교 지리 교과서는 초등학교에 비해 구조가 훨씬 더 복잡하고 정교해진다. 우선, 학습내용이 중주제를 중심으로 전개되는 것이 큰 특징이다. 중주제별 학습내용의 전개순서는 챕터 들어가기, 자료를 통한 학습활동, 지역 및 공간학습, 본 수업, 연습문제 등의 순이다.

챕터 들어가기는 챕터 번호와 주제가 먼저 제시되고, 그 아래에는 그 주제에 접근하도록 유도하는 사진이 제시된다. 이어서 우측면에는 해당 사례지역의 구체적인 지도와 함께 그 지역이 세계적인 스케일의 관점에서는 어디에 위치하고 있는가를 보여주는 소축척 지도가 함께 제시된다.

본격적인 수업에 들어가면, 사례지역에 관한 다양한 자료가 제시된다. 따라서 학생들은 교과서에 제시된 자료(지도, 사진 등)와 그에 해당되는 질문을 통하여 그날의 학습주제에 관해 깊이 있는 이해를 할 수 있게 된다. 자료학습 및 지역-공간 학습이 구체적으로 이루어진 후에는 본 수업과정으로서의 지리수업이 진행된다. 여기서는 학생들이 알아야 할 본질적인 용어와 표현이 제시되어 있는 본문을 통해 보다 체계적인 학습이 이루어진다(그림 4-9).

---

107) 우리나라의 교과서에 제시되어 있는 학습목표의 진술형태와는 달리 프랑스 중학교 교과서에 제시된 문장의 진술형태는 질문형식의 탐구문제이다. 이를테면, 중학교 2학년 교과서에서 중주제의 하나인 아프리카에 관한 학습단원에서 첫 번째로 나오는 본 수업(불리한 자연환경)의 탐구문제 형태는 다음과 같다. "아프리카의 자연환경은 어떠한가? 그곳의 환경은 어떤 조건이 불리하고, 어떤 조건이 성공하기에 좋은가?"

그림 4-8. 중학교 지리 교과서 학습내용 전개방식(1)

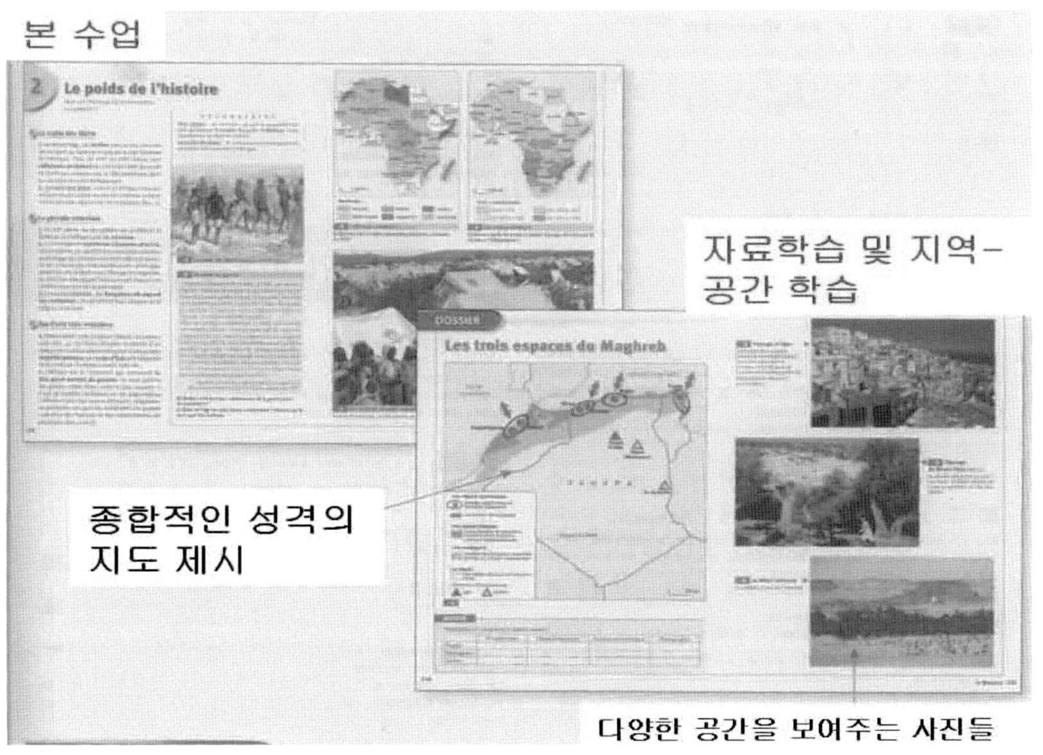

그림 4-9. 중학교 지리 교과서 학습내용 전개방식(2)

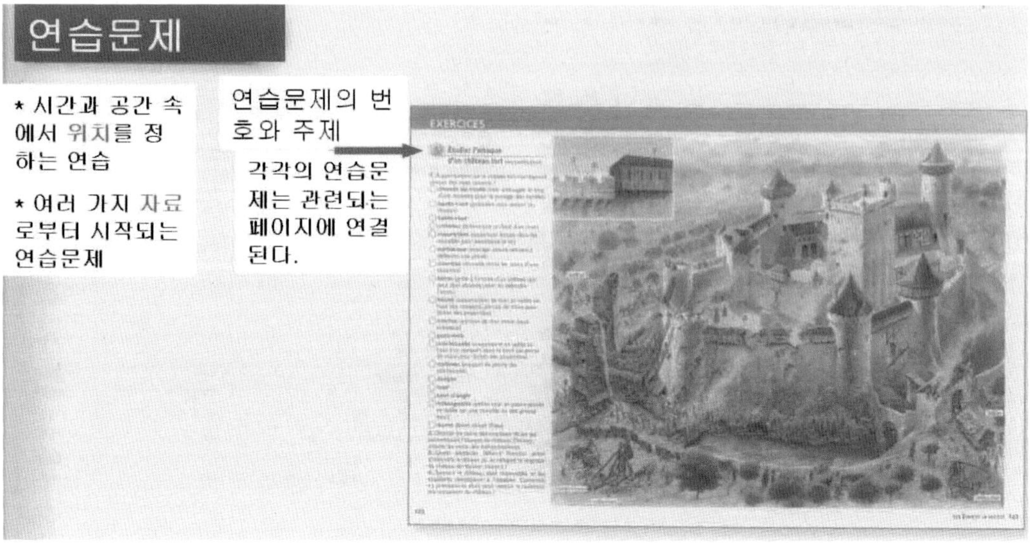

그림 4-10. 중학교 지리 교과서 학습내용 전개방식(3)

중학교 지리 교과서에서 학습과정의 마지막 단계는 연습문제에 관한 섹션이다. 이 단계에서는 시각적인 자료와 질문을 통해 시간과 공간 속에서 위치를 정하는 연습을 하게 된다. 그리고 여기서 다루어지는 각각의 문제에는 해당되는 문제와 관련되는 교과서 내 학습내용 부분의 페이지가 구체적으로 제시되어 있다(그림 4-10).

이상의 프랑스 중학교 지리 교과서의 내용전개 방식을 표로 정리하면 아래와 같다.

표 4-2. 중학교 지리 교과서의 학습내용 전개방식

학습내용의 전개 순서	주요 내용 및 특징
챕터 들어가기 (Entrée du chapitre)	* 챕터의 번호와 주제 * 사진제시(챕터의 주제를 예상해 볼 수 있도록) * 세계적인 스케일 속에서 해당 지역의 위치 정하기
자료를 통한 학습활동 (Dossier)	* 해당 지역을 보여주는 종합적인 지도 제시 * 다양한 공간들을 보여주는 사진 제시 * 형식은 주제+자료(사진, 도표, 지도, 읽을거리)+질문
지역 및 공간학습 (Espaces Régionaux)	* 해당 지역을 특징적인 공간으로 구분하고, 각 지역에 해당되는 각각의 사진과 질문 제시

본 수업 (La leçon)	* 주제 제시 * 학습목표에 해당하는 질문 제시 * 소주제 +본문, 어휘정리, 자료(사진, 도표, 읽을거리)+질문
연습문제 (Les exercices)	* 자료(그래프, 사진, 도표 등)+질문

다. 고등학교 지리 교과서

1) 교과서 구성체제

고등학교 지리 교과서의 앞부분에는 크게 교과서 구성에 관한 소개(Présentation du manuel), 교육과정 안내(programme séries L-ES/S), 목차(sommaire), 도구 및 지도범례(outils/La légende des cartes IGN), 사진목차(table des illustrations)로 구성되어 있다. 교육과정 안내는 그 학년에서 배워야 하는 각각의 주제별 학습내용을 상세화한 것이다(그림 4-12).[108] 교과서 구성은 그래픽 자료를 이용하여 교과서의 각 부분에 대해 상세하게 설명함으로써 학생들이 교과서를 주도적으로 활용할 수 있도록 구성하였다. 프랑스에서는 고등학교 2학년부터 계열이 구분되기 때문에, 지리 교과서의 목차 부분에는 계열에 따라 이수할 부분들을 따로 표시해 두고 있다. 예를 들면, 고등학교 2학년 교과서 목차에 인문계열(문과-경제·사회)은 푸른색 띠로 표시되어 있으며, 자연계열(과학)은 붉은색 띠로 구분되어 있다(그림 4-13). 마지막으로 교과서 끝부분에서는 교과서에서 사용된 지도들의 범례를 제시하여 정리하고 있다. 프랑스 고등학교 지리 교과서의 구성 체제는 아래 그림과 같다.

---

108) 우리나라에서는 교육과정 문서가 별도로 존재하지만, 프랑스에서는 아주 간단한 문건만 일부 존재하며, 따로 책의 형식으로는 발행하지 않는다. 한편, 교과서의 전면에는 해당 학년에서 배워야 하는 학습주제 및 내용 그리고 각 주제당 예상되는 소요시간 등을 제시하고 있다.

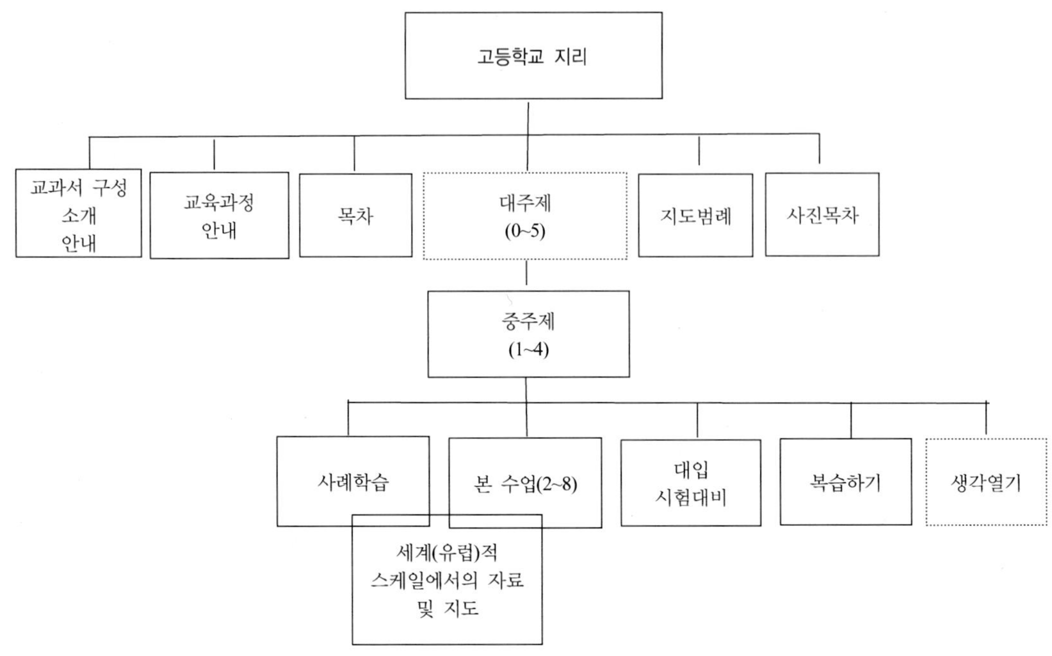

그림 4-11. 프랑스 고등학교 지리 교과서 구성 체제(Hatier 출판사)

그림 4-12. 고등학교 지리 교과서에 제시된 교육과정 안내

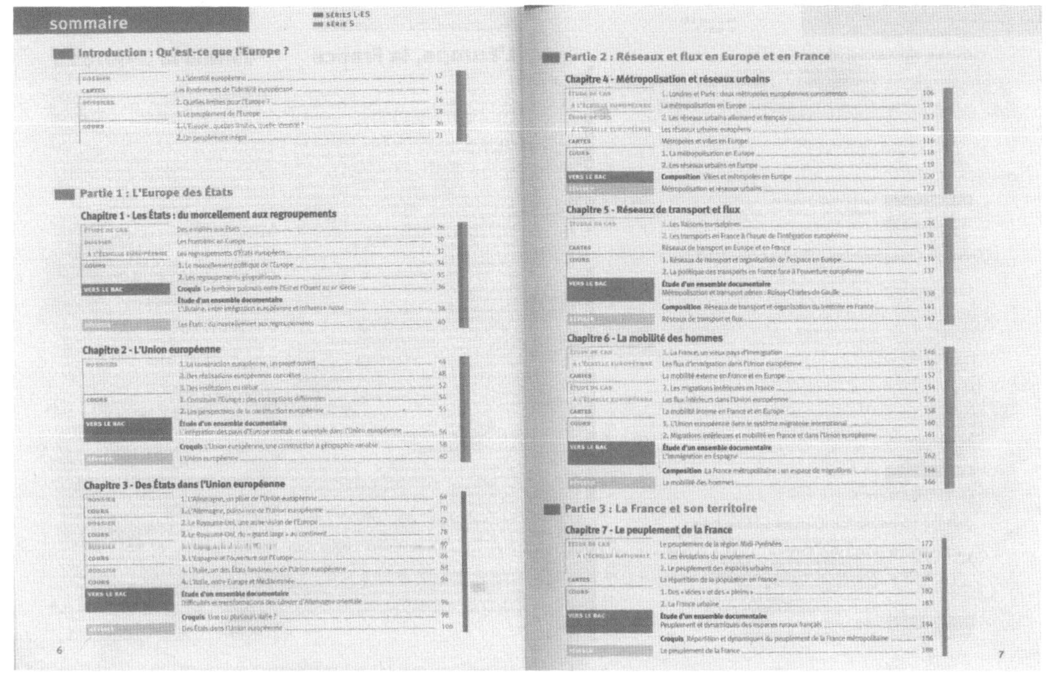

그림 4-13. 고등학교 지리 교과서 목차 사례(고등학교 2학년)

고등학교 지리 교과서를 주제별로 살펴보면, 고등학교에서는 중학교에서와 마찬가지로 중주제를 중심으로 학습내용이 전개되고 있다. 대주제는 제시되는 경우도 있고 생략되기도 한다(그림 4-13). 단, 고등학교 교과서의 표지에는 부제가 제공되고 있어서 해당 학년에서 가르쳐지는 교과내용의 성격을 보여주고 있다. 중주제는 사례학습(Étude de cas), 본 수업(Cours), 시험대비(Vers Le Bac), 복습하기(Réviser)가 필수적으로 제시되고 있으며, 생각열기(Ouvertures)는 고등학교 1학년 교과서에만 제시되어 있다.

중주제가 시작되는 페이지를 펴면, 그 주제 내에서 배우게 될 내용이 학습목표 형식으로 제시되는데, 중학교에서 제시되었던 형태와는 달리 문장은 평서형이며, 대략적으로 2~3개 정도로 나열된다. 이어서 해당 학습내용에서 배우게 될 주제에 접근할 수 있는 사진 자료가 제시되며, 맨 아래에는 그 시간에 배울 학습내용이 목차(sommaire)의 형식으로 제시된다(그림 4-15).

그림 4-14. 고등학교 지리 교과서 대주제 사례, 2학년(1^e, pp.22~23.)

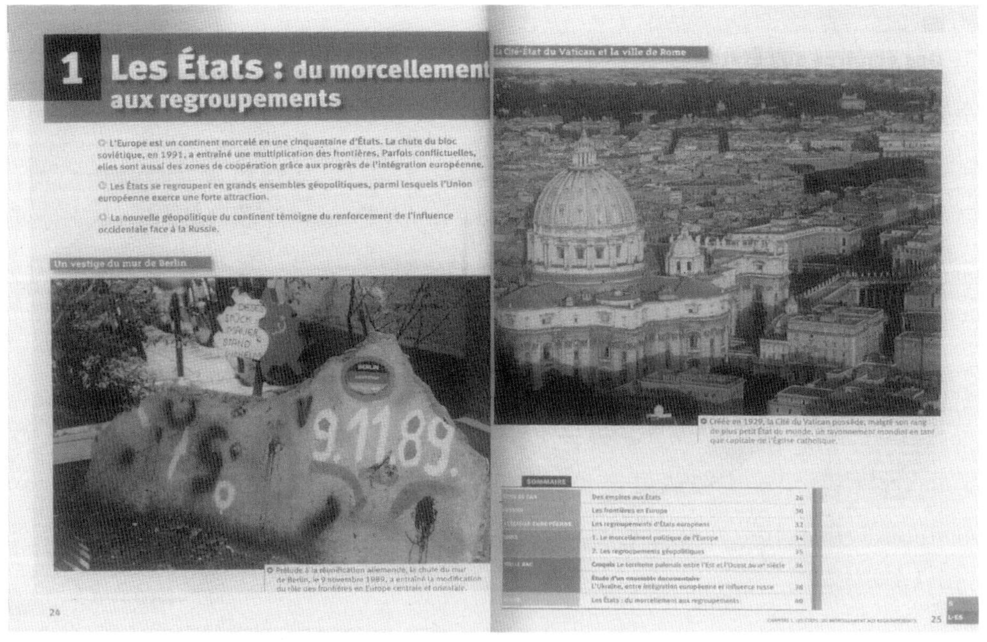

그림 4-15. 고등학교 지리 교과서 중주제 사례, 2학년(1^e, pp.24~25.)

2) 학습내용 전개

고등학교 지리 교과서는 중학교에 비해 훨씬 더 체계적이고 고차원적인 원리로 접근하도록 구성되어 있다. 먼저 학습내용의 전개 순서를 살펴보면, 챕터 열기, 사례학습, 세계적인 스케일에서, 본 수업, 지속 가능한 발전적 측면에서의 자료, 대입시험 대비, 복습하기, 생각 열기 등으로 구성된다.

챕터 열기에서는 도입부가 제시됨으로써 해당 주제와 관련되는 주요 주제에 대해 알려주며, 두세 가지의 문제를 제기한다. 이어서 대조적인 두 장의 사진을 통해 해당 주제가 의도하는 학습내용을 추측할 수 있게 해준다. 그리고 챕터 열기의 오른쪽 페이지 하단에는 해당 학습주제에서 배우게 될 학습내용을 목차의 형식으로 순서대로 나열하고 있으며, 아래쪽 구식에는 연도 및 핵심적인 통계수치를 제시함으로써 그 챕터의 주제가 의도하는 쟁점에 쉽게 접근하게 해준다.

사례학습의 단계에서는 챕터의 주제와 관련되는 지역들을 서너 가지 사례로 제시하며, 그러한 사례지역들은 다양한 스케일의 관점으로 보여준다. 사례학습의 마지막에는 앞에서 다룬 내용들을 정리하는 부분이 있으며, 이 단계에서는 종합적인 관점에서의 글쓰기 연습으로 안내된다(그림 4-17).

사례학습의 다음에 이어지는 과정은 세계적인 스케일의 관점에서 해당 챕터의 주제와 관련되는 지역들을 살펴보는 것인데, 여기서는 지도, 그래프, 평면 구형도 등이 두 페이지에

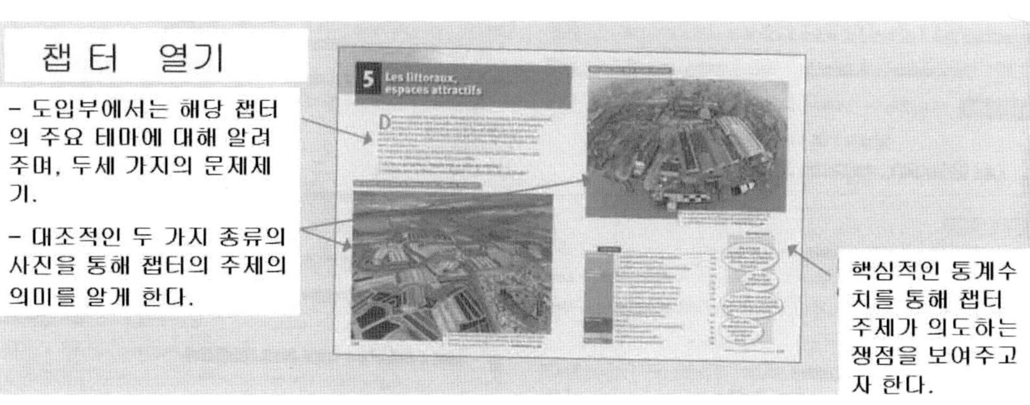

그림 4-16. 고등학교 지리 교과서 학습내용 전개방식(1)

걸쳐 크게 제시되며, 앞서 학습한 사례학습 과정에서 도출된 정보들, 특히 대조적인 양상을
보여주는 사례를 세계적인 스케일의 관점에서 일반화하게 된다(그림 4-18).

그림 4-17. 고등학교 지리 교과서 학습내용 전개방식(2)

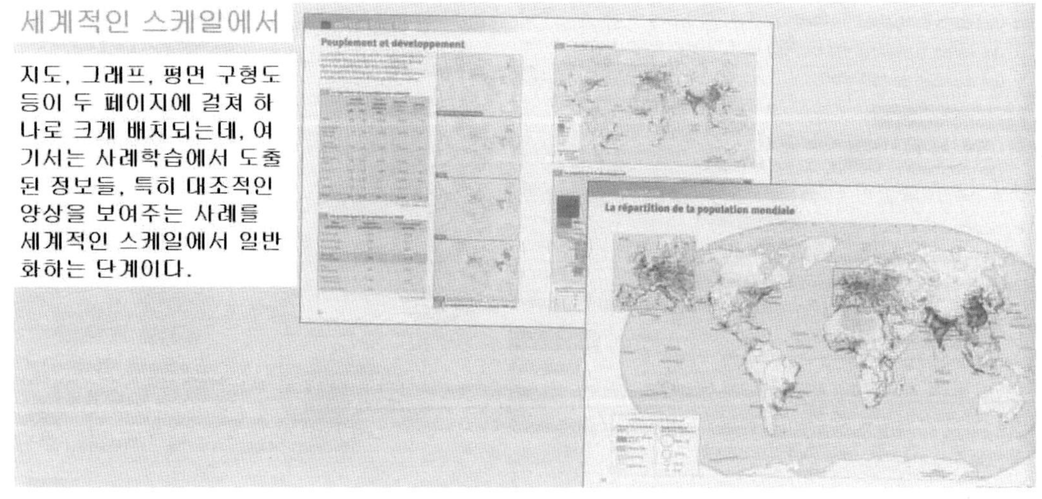

그림 4-18. 고등학교 지리 교과서 학습내용 전개방식(3)

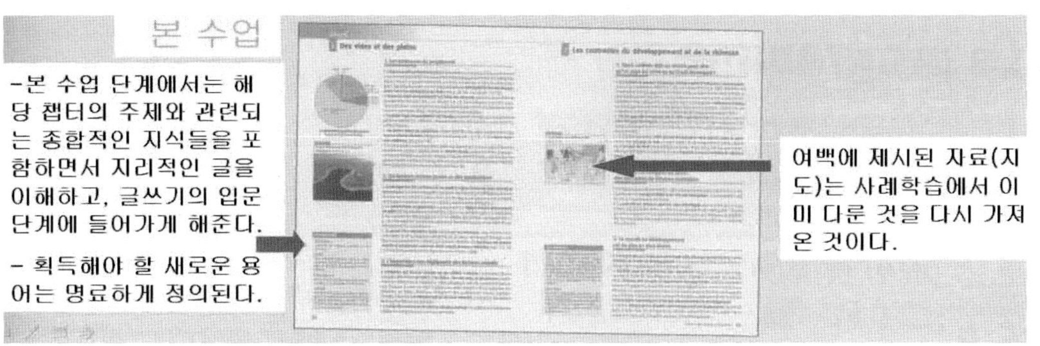

그림 4-19. 고등학교 지리 교과서 학습내용 전개방식(4)

본 수업(cours) 단계에서는 해당 챕터의 주제와 관련되는 종합적인 지식들을 포함하는 지리적인 글을 이해하고, 글쓰기에 입문하는 단계에 해당된다. 또한 이 과정에서는 학생들이 획득해야 할 새로운 용어들이 명료하게 정의된다. 본 수업에 해당되는 지면의 여백에는 이전에 사례학습에서 이미 다루었던 지역에 관한 지도가 작게 축소된 형태로 다시 제시된다(그림 4-19).

그다음에 이어지는 과정은 "지속 가능한 발전"적 측면의 자료를 통해 학습하는 단계로서, 국지적 스케일의 사례로부터 출발해서 세계적인 스케일의 자료를 통해 해당 챕터의 주제들 중 하나를 지속 가능한 발전을 위한 입문적 형식의 틀로 소개한다(그림 4-20).

프랑스의 고등학교 교과서에는 대입시험을 준비하기 위한 형태의 학습방식이 구체적으로 제시되고 있다. 지리 교과서에서는 네 페이지에 걸쳐 다양한 자료를 활용하고 관련용어를 구사할 수 있는 능력을 향상시키기 위한 섹션이 준비되어 있다. 이 단계에서는 바깔로레아 시험을 위해 학생들에게 필요한 다양한 연습을 시킨다. 이러한 연습은 챕터에 따라 방법론에 관한 특정한 관점을 강조해서 가르치기도 하고, 학생들이 집에서 그들의 과제를 할 때 도움을 주도록 구성되기도 한다(그림 4-20).

프랑스의 고등학교 지리 교과서에서 마지막으로 전개되고 있는 학습방법은 복습하기와 생각열기이다. 우선, 복습하기에서는 굵게 강조된 문장과 챕터의 개념을 적어놓은 부분이 있는데, 이것은 관련내용을 기억하거나 활용하는데 필요한 일반적인 지식들을 제시하고 있다. 그리고 맨 아래에는 블록으로 제시된 내용이 있는데, 이것은 학생들이 그들의 지식을 더욱 깊이 있게 발전시킬 수 있도록 도움을 줄 수 있는 참고적인 자료와 인터넷 사이트 등이 수록

되어 있다. 생각열기에서는 해당 챕터와 관련된 주제에서 다른 분야와의 관계, 교육과정의 상위 주제에 대한 숙고, 수업시간에 다루게 될 보고서나 개인적인 과제의 주제를 선정할 때 고려해야 할 아이디어를 제시해주는 자료로서, 이러한 것은 세계와 인간에 대해 새롭게 발견하는 것으로부터 출발한다(그림 4-21).

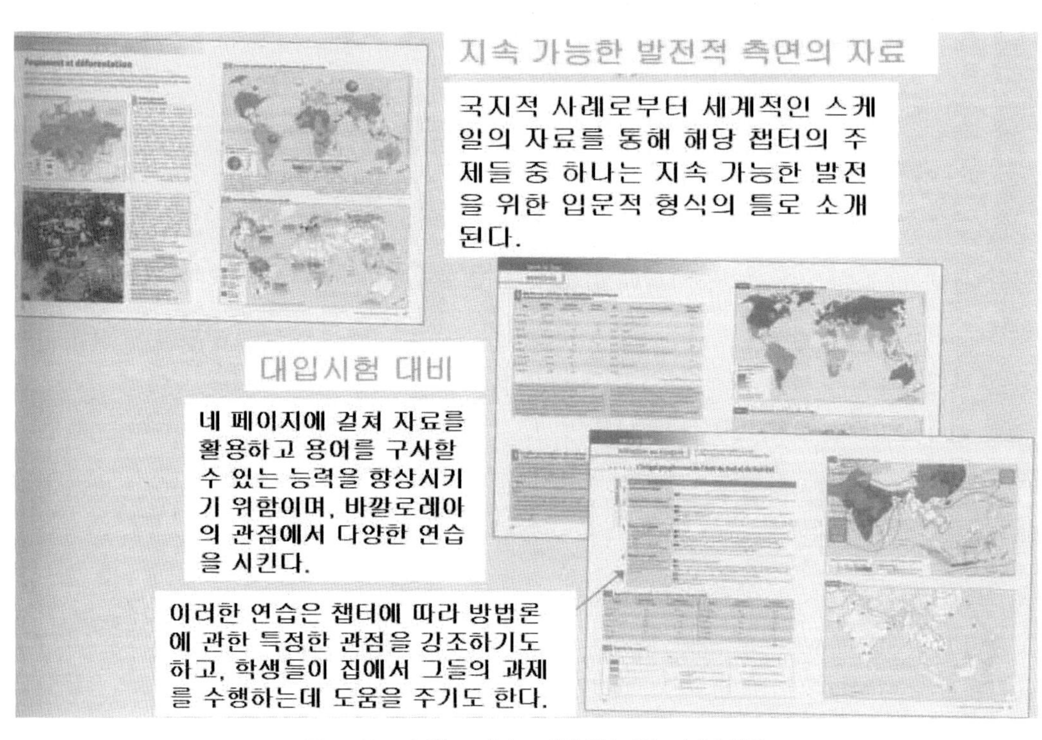

그림 4-20. 고등학교 지리 교과서 학습내용 전개방식(5)

그림 4-21. 고등학교 지리 교과서 학습내용 전개방식(6)

이상에서 검토한 바와 같이, 프랑스 고등학교 지리 교과서의 내용전개 방식을 정리하면 표 4-3, 표 4-4과 같다.

표 4-3. 학습내용 전개방식(고등학교 1학년-a)

학습내용의 전개 순서	주요내용 및 특징
챕터 열기 (L'ouverture du chapitre)	1. 챕터의 도입부에 해당되는 부분으로서 해당 챕터의 주요 주제에 대해 알려주며, 학습목표에 해당되는 내용을 두세 가지의 문제 형태로 제시한다. 2. 사진 제시(대조적인 사진 두 장을 제시함으로써 주제와 관련된 문제를 도출하도록 유도한다) 3. 핵심적인 통계 숫자를 보여줌으로써 해당 챕터의 주요 쟁점을 예상하게 해준다.
사례학습(Les études de cas)	1. 해당 챕터의 주제를 학습하도록 서너 지역에 대한 사례를 보여준다. 여기서는 실제 지역과 현상에 대한 자료를 다양한 스케일의 관점에서 제시한다. 2. 사례학습의 끝에서는 본질적인 정보들을 요약, 정리할 수 있게 하며, 종합적인 관점에서 글쓰기 연습을 시킬 수도 있다. 3. 형식은 '주제+사실적 자료(사진, 도표, 지도, 읽을거리)+질문'으로 구성된다.
세계적인 스케일에서(A l'échelle mondiale)	1. 지도, 그래프, 평면 구형도가 두 페이지를 한 장처럼 크게 활용하여 배치되며, 사례학습에서 도출된 정보들, 특히 대조적인 발전양상에 대해 강조하는 내용들을 세계적인 스케일에서 일반화할 수 있게 해준다.

표 4-4. 학습내용 전개방식(고등학교 1학년-b)

학습내용의 전개 순서	주요내용 및 특징
본 수업 (Les cours)	1. 주제 제시 2. 해당 챕터와 관련되는 **종합**적인 지식들을 포함하는 수업에 관한 부분은 지리적인 글(텍스트)을 이해하고 글을 쓸 수 있는 입문단계에 들어가게 해준다. 3. 획득해야 하는 새로운 **용어**는 명료하게 정의된다. 4. 여백에는 사례학습에서 썼던 지도가 축소된 형태로 다시 제시되기도 한다. 5. 소주제+본문, 어휘정리, 자료(사진, 도표, 읽을거리)
지속 가능한 발전적 측면의 자료 (Dossier développement durable)	1. 주제 아래에 학습목표처럼 몇 줄에 걸쳐 간단하게 내용을 제시한다. 그렇지만, 문장의 형식은 평서문이며 그 이후에 나올 자료 및 학습내용들에 대한 암시에 해당된다. 2. **국지적인 사례**로부터 시작해서 **세계적인 스케일**의 자료들을 통하여, 해당 챕터의 주제들 중에 하나는 지속 가능한 발전의 입문적 형식의 틀에서 빠르게(간단하게) 소개된다. 3. 자료(그래프, 사진, 도표 등)+질문 약간.
대입시험 대비 (Vers le bac)	1. 네 페이지에 걸쳐서 두 페이지를 크게 하나로 이용하여 **자료를 활용**하고 **용어를 쓸 수 있는 능력**을 향상시키고, **바깔로헤아의 관점**에서 다양한 실습을 준비하게 한다. 2. 이러한 연습은 챕터에 따라서 방법론에 관한 특정한 관점을 강조하기도 하고, 학생들이 집에서 그들의 과제를 하거나 모듈을 준비하는데 필요한 도움말을 제시해준다. 3. 자료(그래프, 도표, 지도 등)+질문
복습하기 (Réviser)	1. 굵게 강조된 문장과 챕터의 개념을 적어놓은 부분은 지식을 기억하거나 다시 활용하는데 독립적인 일반적인 지식들을 제시한다. 2. 블록 안에 정리된 내용들과 인터넷 사이트들은 지식을 더 깊게 하고, CDI나 집에서 보고서나 숙제를 준비할 수 있게 하기 위함이다.

Hachette 출판사는 고등학교 1학년에서 연역적 방법으로 학습내용을 구성하다가, 2학년에서는 사례학습을 앞에 제시하는 형태의 변형된 형식의 연역적 방식으로 학습내용을 구성하였다. 고등학교 3학년에서는 완전히 귀납적 방식의 전개방식으로 전환되었다. 이에 반해, Hatier 출판사는 고등학교 1학년부터 고등학교 3학년까지 귀납적 방식으로 일관되게 학습내용을 구성하고 있는 것이 특징이다(표 4-5).

표 4-5. 단원 전개방식의 특징(고등학교)

학년	Hachette 출판사	Hatier 출판사
고등학교 1학년	cours(학습내용) + Etude de cas(사례학습)	Etude de cas(사례학습) + cours(학습내용)
2학년	Etude de cas + cours + dossier	Etude de cas + cours
3학년	dossier + cours	dossier + cours

본 절의 내용을 정리하면, 프랑스 지리 교과서는 일반적으로 주제 중심으로 구성되는데, 초등학교 교과서의 구성체제를 보면, 중주제가 생략된 형태로 대주제와 소주제 중심으로 전개된다. 경관학습 위주의 초등 지리교육에서는 지리학자들의 지리탐구 도구가 학습내용 중에 빈번하게 소개된다. 초등학교 지리교육의 특징 중에 하나는 역사·지리부도가 학년마다 15쪽 전후의 얇은 책자의 형식으로 포함된다는 것이다. 학습내용은 주로 사진과 질문 위주의 학습활동이 제시되고, 이어서 연습문제, 요약 및 정리로 마무리된다.

중학교 교과서의 구성체제를 보면, 대주제가 생략되고 중주제를 중심으로 소주제가 제시되는 형식이다. 초등학교 교과서에 비해 학습내용 조직이 훨씬 복잡해지는데, 초등학교에서와 마찬가지로 경관을 보여주는 사진은 여전히 많으며, 점차적으로 분석을 위한 자료가 많이 제시되고 있다. 분석을 위한 자료는 주로 지도자료가 대부분이며, 학년이 올라갈수록 사진은 점차 줄어들고 통계자료의 비중이 높아진다. 중학교 수준에서의 학습내용은 챕터 들어가기, 자료를 통한 학습활동, 지역 및 공간학습, 본 수업, 연습문제 등의 순서로 전개된다. 본 수업은 앞에서 다룬 내용들로부터 상대적으로 일반적인 내용을 정리한 것으로서, 사례나 자료가 앞에 제시되고 본 수업이 뒤에 나온다는 것은 귀납적인 형태의 학습을 추구하는 것을 알 수 있게 해준다.

고등학교 교과서의 구성체제는 중학교와 마찬가지로 대주제가 생략되고 중주제를 중심으로 소주제가 제시되는 형식이다. 고등학교 교과서 전개방식 상 가장 큰 특징은 사례학습과 본 수업이 중심이 되며, 그 외에는 대입시험대비, 복습하기, 생각열기 등의 섹션이 추가되는 형태이다. 이 책에서는 두 개의 출판사에서 나온 교과서를 분석했는데, 사례학습 및 본 수업이 제시되는 시점이 서로 달랐다. Hachette 출판사의 경우는 고등학교 1학년에서 연역적 방법으로 학습내용을 구성하다가, 2학년에서는 사례학습을 앞에 제시하는 형태의 변형된 형태의 연역적 방식으로 학습내용을 구성하였다. 그리고 고등학교 3학년에서는 완전히 귀납적 방식의 전개방식으로 전환되었다. 이에 반해, Hatier 출판사는 고등학교 1학년부터 고등학교 3학년까지 귀납적 방식으로 일관되게 학습내용을 구성하고 있는 것이 특징이다.

2. 사고력 함양을 위한 도해력과 문해력의 종합적 학습자료 구성

프랑스 교과서는 다양한 자료들로 학습내용을 구성하고 있다. 프랑스 교과서 지리 내용의 구성원리와 학습과정을 제대로 이해하기 위해서는 교과서 안에 포함되어 있는 학습자료들의 성격과 그 수를 파악해볼 필요가 있다. 프랑스 지리 교과서에는 다양한 종류의 자료들이 배치되어 있는데, 큰 틀로 보면 사진류, 지도류, 통계자료, 개념조직도 등으로 분류할 수 있다. 사진류는 다시 위성영상, 항공사진, 기타 삽화나 광고 표지로 나뉜다. 여기서 항공사진은 수직항공사진, 비스듬한 항공사진, 지상에서 촬영한 사진 등으로 세분된다. 지도류에는 지형도, 주제도, 쉐마, 크로키 등이 포함되며, 통계자료에는 통계표, 원그래프, 꺾은선그래프, 막대그래프 등이 있다(표 4-6).

자료 항목		개 수	합 계
사진류	위성영상사진		
	수직항공사진		
	비스듬한 항공사진		
	지상 촬영사진		
	기타(삽화, 광고표지)		
지도류	지형도		
	주제도		
	쉐마		
	크로키		
	기타		
통계자료	통계표		
	원그래프		
	꺾은선그래프		
	막대그래프		
개념조직도			

한편, 프랑스 지리 교과서에는 많은 양의 질문이 포함되어 있다. 이러한 질문들은 학습자료를 포함한 학습내용을 학습주제로 안내하는 역할을 한다. 또한 학생들로 하여금 상상력을 기르고, 학습에 흥미를 유발시키는 역할도 한다. 본 절에서는 앞에서 언급한 학습자료를 분석하고 이해하는 능력을 도해력으로 보고, 그에 대한 종류 및 양에 대해서는 첫 번째 파트에서 분석할 것이다. 그리고 학습자료와 학습내용을 분석하고 학습주제로 안내하는 역할을 하는 질문과 관련된 학습능력을 문해력으로 보고 이것에 대한 수준 및 양에 대해서는 두 번째 파트에서 분석하고자 한다.

가. 도해력 함양과 관련된 학습자료 분석

프랑스 지리 교과서에서 학습내용을 구성하고 있는 자료들을 분석하기 위해서 표 4-5와 같이 분석틀을 설정하였다. 학습자료 분석은 초등학교부터 고등학교까지 각 학년별로 통계를 냈다. 우선, 각각의 챕터에 포함된 학습자료들을 세분해서 통계를 낸 후에, 다시 대분류로 정리하였다. 세부분석은 막대그래프로 전환했으며, 대분류는 원그래프로 바꾸었다. 결과를 학년별로 각각 살펴본 후에, 학교급별로 어떤 차이가 있는지 분석하였다.

1) 초등학교

초등학교 3학년 지리 교과서에 포함된 학습자료를 분석한 결과는 아래 막대그래프와 같다(그림 4-22). 이 결과를 보면, 시각 자료에는 지상에서 촬영한 사진이 가장 많으며, 그다음으로 많은 것은 통계표이다. 여기서 특징적인 것은 그래프류의 자료가 전혀 사용되지 않았다는 것이다. 결과를 종합해보면, 3학년 수준에서는 추상도가 높은 그래프보다는 시각적이고 즉각적인 반응을 유도할 수 있는 사진류가 가장 많이 활용되었다고 판단된다.

(1) 3학년

초등학교 3학년 교과서에 포함된 자료를 대분류한 것은 그림 4-22의 원그래프와 같다. 전체의 자료들 중에서 사진류가 68개로 절대적인 비율을 차지하며, 지도류는 18개로 상당한 정도로 포함되었다고 볼 수 있다. 반면에, 통계자료는 전혀 없는 것이 특징이다.

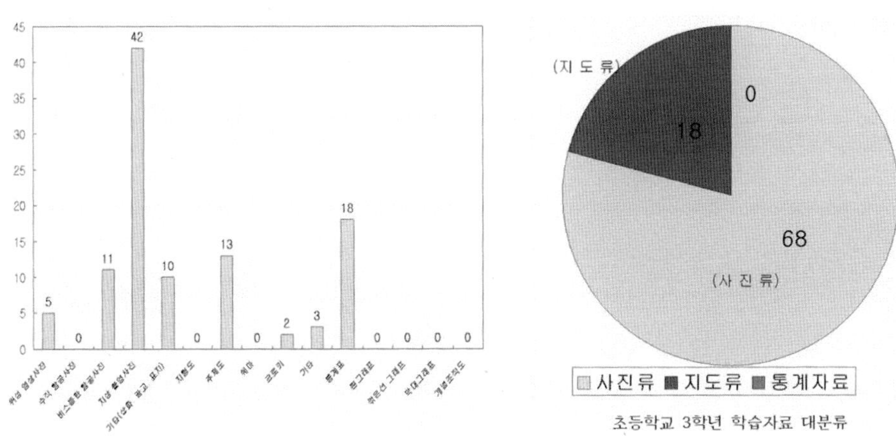

그림 4-22. 학습자료 분석(초3)

(2) 4학년

초등학교 4학년 교과서에 포함된 자료의 비율은 3학년 교과서에 포함된 내용과는 상당한

차이가 있다. 3학년 교과서에는 시각적인 사진이 대다수였고, 통계자료는 전무했던 반면, 4
학년 교과서에는 사진류가 여전히 많이 포함되어 있지만, 통계자료도 마찬가지로 적지 않게
포함되어 있다. 통계자료로서 포함된 것은 원그래프와 막대그래프이다. 그것은 다른 것들에
비해 원그래프와 막대그래프가 어린 학생들에게는 상대적으로 쉽게 이해되기 때문이라 판
단된다.

지도류 중에서는 주제도가 대다수를 차지하며, 사진류에서는 지상에서 촬영한 사진이 가
장 많았다. 그 외에도 광고 표지 및 삽화도 상당수 포함된 것을 확인할 수 있다. 3학년과 4학
년 모두 지형도나 쉐마는 학습내용에 포함되지 않았음을 알 수 있다(그림 4-23).

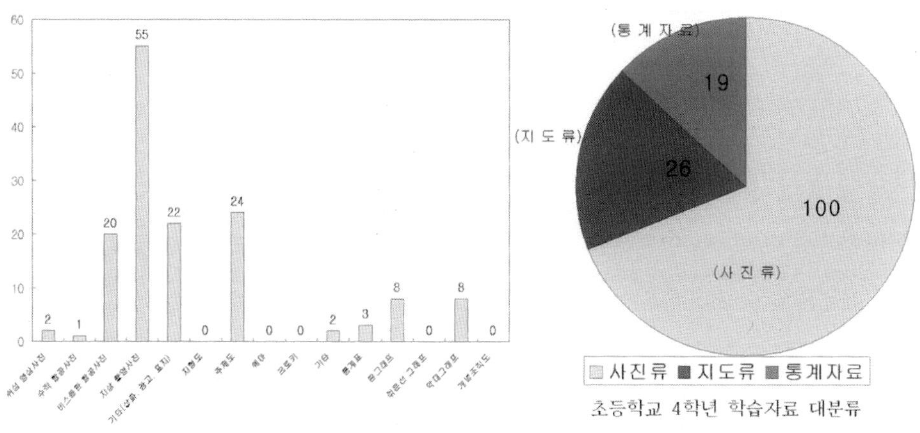

그림 4-23. 학습자료 분석(초4)

(3) 5학년

초등학교 5학년에서는 3학년과 4학년에서보다 통계자료의 비율이 더 늘어난 것이 특징이
다. 5학년 교과서에 포함된 사진류, 지도류, 통계자료의 수는 각각 70개, 24개, 34개로 학년이
올라갈수록 구체적인 경관 중심의 학습으로부터 추상적인 개념중심으로 전환되고 있음을
알 수 있다. 초등학교 5학년에서는 지형도가 처음으로 1장 포함된 것이 특징이며, 통계자료
에서는 꺾은선그래프도 6개나 제시된 것을 확인할 수 있다(그림 4-24).

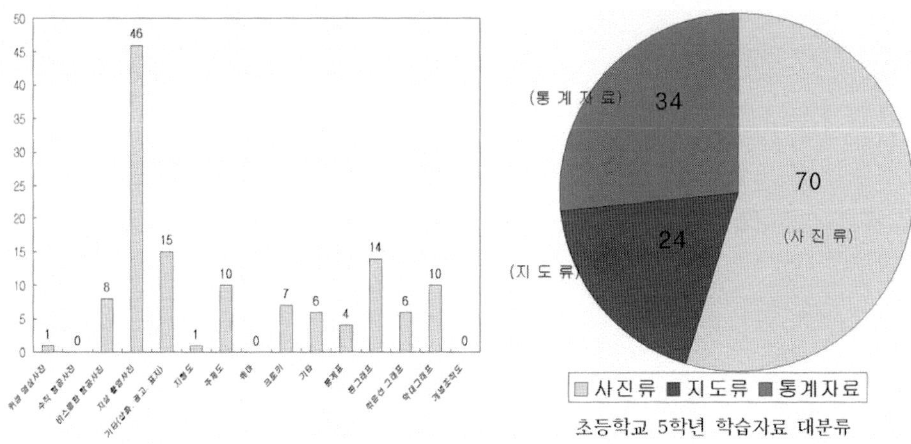

그림 4-24. 학습자료 분석(초5)

⑷ 초등학교 통계

초등학교 3학년부터 5학년까지 전체 학습자료의 총합은 그림 4-25와 같다. 사진류는 238
개로 가장 많으며, 지도류는 60개, 통계자료는 53개가 포함되어 있다. 요컨대, 초등학교 지리
교과서에 포함된 학습자료 구성비율의 특징은 시각적인 경관사진이 가장 많으며, 주제도를
포함하는 지도류를 상당 수준 제시하고 있으며, 통계자료는 3학년에서는 포함되지 않다가
학년이 올라갈수록 점점 더 다양화되고 그 수도 늘어나는 것을 확인할 수 있다.

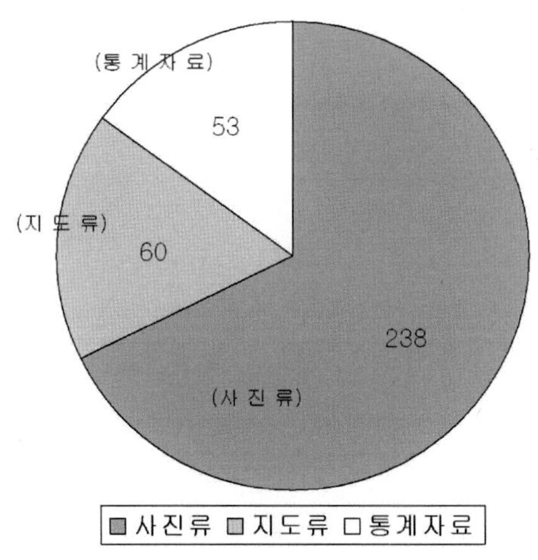

그림 4-25. 학습자료 대분류(초등학교 통계)

2) 중학교

프랑스에서 중학교는 4년으로 편성된다. 중학교 수준의 지리는 초등학교에 비해 학습내용의 양이 많아지고 난이도가 높아진다. 중학교는 초등학교와 고등학교의 중간단계로서 교과서에 포함된 학습내용의 종류와 그 비율을 파악하는 것은 프랑스 지리교육을 이해하는데 필수적이다.

(1) 1학년

초등학교 수준과 비교했을 때 중학교 수준에서의 큰 차이점이라고 한다면, 지도류의 수가 사진류의 수보다 더 많다는 사실이다. 지도류, 사진류, 통계자료의 수는 각각 133, 129, 32로 지도류가 사진류보다 몇 장 더 많이 포함되었다. 초등학교에서는 사진류가 지도류보다 절대적으로 많았던 것에 비하면 교과서에 포함된 학습자료의 성격과 그 비율이 지리교육에서 함의하는 바는 상당히 크다고 볼 수 있다. 중학교 1학년 교과서에는 위성영상, 수직항공사진도 포함되었으며 지도류도 대부분 포함되었고, 통계자료도 대부분 포함되었다.

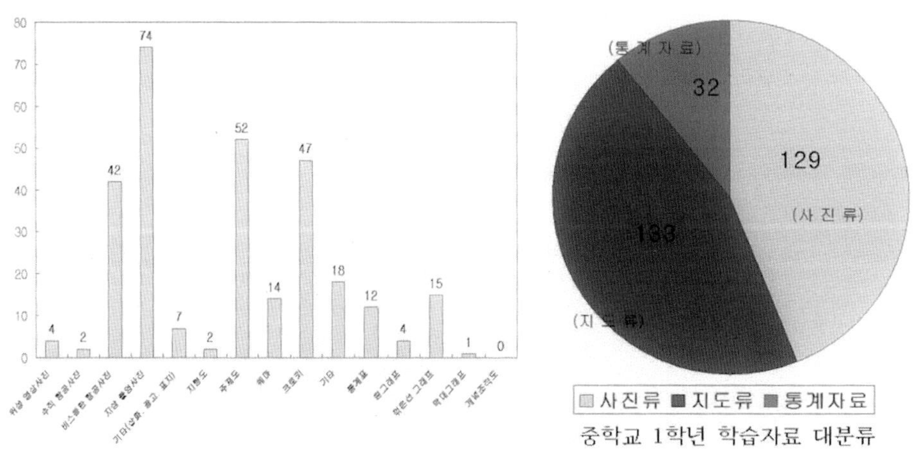

중학교 1학년 학습자료 대분류

그림 4-26. 학습자료 분석(중1)

(2) 2학년

중학교 2학년에서는 사진류 및 지도류의 수는 거의 비슷한데, 통계자료의 수가 크게 증가했다. 통계자료는 1학년에서 32개였던 것에 반해 2학년에서는 56개로 증가하여 다른 자료들에 비해 통계자료의 비중이 상당히 증가하였음을 알 수 있다. 사진류에서는 지상에서 찍은 사진의 수가 절대적으로 많으며, 지도류에서는 주제도의 비율이 가장 많다.

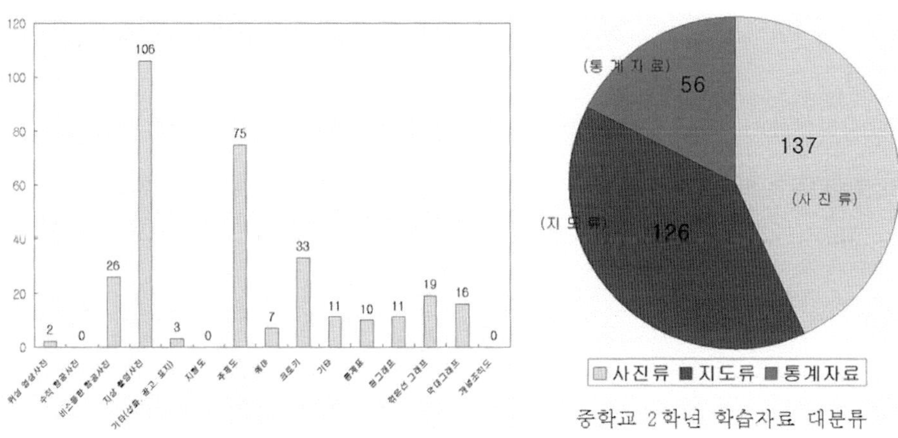

그림 4-27. 학습자료 분석(중2)

(3) 3학년

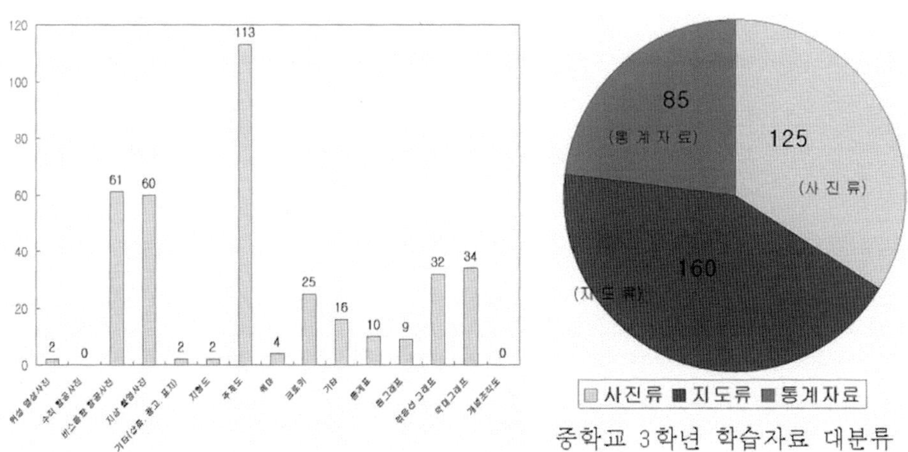

그림 4-28. 학습자료 분석(중3)

중학교 3학년에서는 중학교 1학년과 2학년에 비해 교과서에 포함된 학습자료의 유형과 그 비율 면에서 상당한 변화가 나타난다. 우선, 지도류가 사진류보다 월등하게 많아졌는데, 사진류는 기존의 지상에서 찍은 사진의 비율이 주를 이루던 것과는 달리 비스듬하게 찍은 항공사진이 지상에서 찍은 사진과 비슷한 비율을 보이기 시작했다. 지도류는 여전히 주제도 중심이며, 통계자료는 꺽은선 그래프와 막대그래프의 수가 크게 증가하였으며, 2학년 교과 서에서 56개였던 것에 비해 85개로 늘어나 상당한 폭으로 증가했음을 알 수 있다.

⑷ 4학년

중학교 4학년에서는 지도류의 비율이 가장 많으며, 통계자료와 사진류의 수는 거의 비슷한 상황이 되었다. 통계자료에는 원그래프, 꺾은선그래프, 막대그래프가 비슷한 비율로 포함되었다. 그렇지만, 지도류에서는 지형도가 하나도 제시되지 않은 것도 특징적이다.

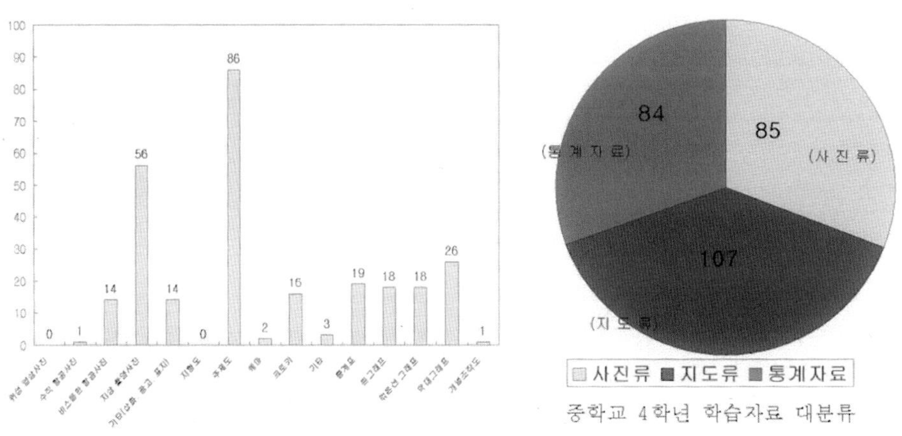

그림 4-29. 학습자료 분석(중4)

⑸ 중학교 통계

4년간의 중학교 과정 지리 교과서에 포함된 모든 학습자료를 종합하면 그림 4-30과 같다. 중학교 저학년에서는 사진류가 절대적인 비율을 차지했지만, 학년이 올라갈수록 사진류의 수는 줄어들고 지도류와 통계자료의 수가 늘어나서 종합적으로 그 수를 파악한 결과 지도류가 526으로 가장 많고, 그 뒤로 사진류가 476으로 많으며, 통계자료가 257로 적지 않은 비중을 차지하고 있다. 그렇지만, 이 세 가지 유형의 자료들은 적절하게 포함된 것으로 볼 수 있다.

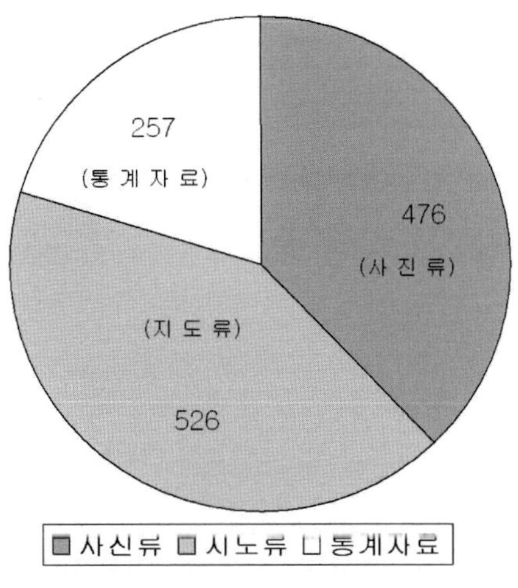

그림 4-30. 학습자료 대분류(중학교 통계)

3) 고등학교

본 연구는 Hatier출판사에서 나온 교과서를 초등학교부터 고등학교까지 분석의 대상으로 삼고 있는데, 고등학교 수준에서는 시장 점유율이 높은 Hachette 출판사의 교과서도 함께 분석함으로써 출판사 간의 차이도 파악해보고자 했다.

(1) 1학년

앞에서 이미 다루었던 초등학교나 중학교 수준에서와 마찬가지로 고등학교 수준에서도 학년별 통계를 낸 후에 고등학교 전체의 특징도 살펴보고자 한다. 또한 고등학교 수준에서는 두 개의 출판사를 동시에 비교함으로써 학습자료 활용에 있어서 그 비중의 유사성이나 차이점도 확인해볼 수 있을 것으로 생각된다.

ⓐ Hatier 출판사

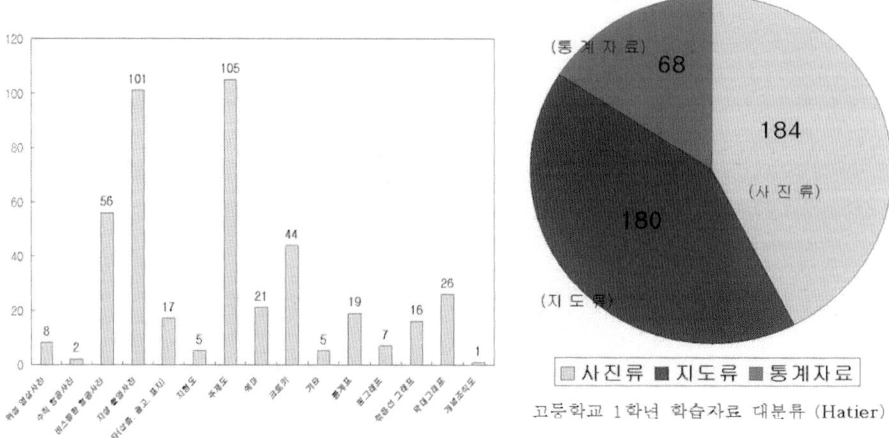

그림 4-31. 학습자료 분석(고1, Hatier)

먼저, Hatier 출판사의 고등학교 1학년 교과서에 포함된 학습자료의 포함 비율은 그림 4-31의 그래프와 같다. 전체적으로 보면, 사진류가 184개로 가장 많고, 지도류가 거의 비슷한 숫자인 180개이며, 통계자료는 68개로 세 번째 순위이다. 사진류에서는 지상에서 찍은 사진이 가장 많지만 비스듬하게 찍은 항공사진의 비율도 상당히 높다. 지도류에서는 주제도가 압도적이며, 통계자료는 고르게 포함되었고, 초·중학교에서는 없었던 개념조직도가 포함된 것이 특징이다.

ⓑ Hachette 출판사

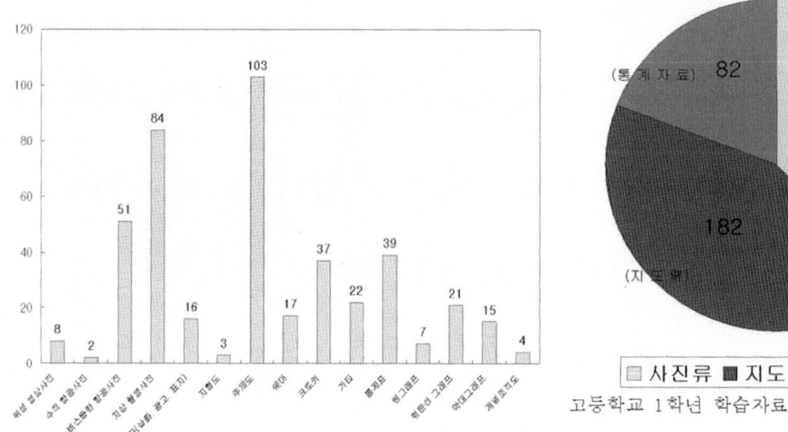

고등학교 1학년 학습자료 대분류 (Hachette)

그림 4-32. 학습자료 분석(고1, Hachette)

Hachette 출판사의 교과서에 포함된 학습자료의 유형과 수는 그림 4-32의 그래프와 같다. 대체적인 비율은 Hatier 출판사나 비슷한데, 전체적인 비율에서는 차이가 난다. 이를테면, Hatier 출판사의 경우, 사진류가 184개, 지도류가 180개, 통계자료가 68개이었던 반면, Hachette 출판사의 경우는 사진류가 161개, 지도류가 182개, 통계자료가 82개로 Hachette 출판사 교과서가 구체적인 경관을 다루는 사진류에서 대략 20여 장의 사진 수가 적고, 추상적인 통계자료는 10여 장 더 많이 포함하여 있다. 지도류의 수는 거의 비슷하다.

(2) 2학년

ⓐ Hatier 출판사

고등학교 2학년의 Hatier 출판사 교과서에 포함된 학습자료의 종류와 그 비율은 그림 4-33의 그래프와 같다. 전체적으로 교과서에 포함된 학습자료의 수는 410개로 고등학교 1학년의 432개와는 큰 차이가 없다. 그러나 교과서 안에 포함된 학습자료의 비율 면에서는 상당한 차이를 보이고 있다. 이를테면, 같은 Hatier 출판사의 1학년 교과서에 포함된 학습자료의 비율은 사진류 42.5%, 지도류 41.6%, 통계자료가 15.7%였지만, 2학년에서는 28.2%, 54.6%, 17%로 학년이 올라감에 따라 사진류의 비율은 급격히 떨어지고 지도류의 비율이 급증했다.

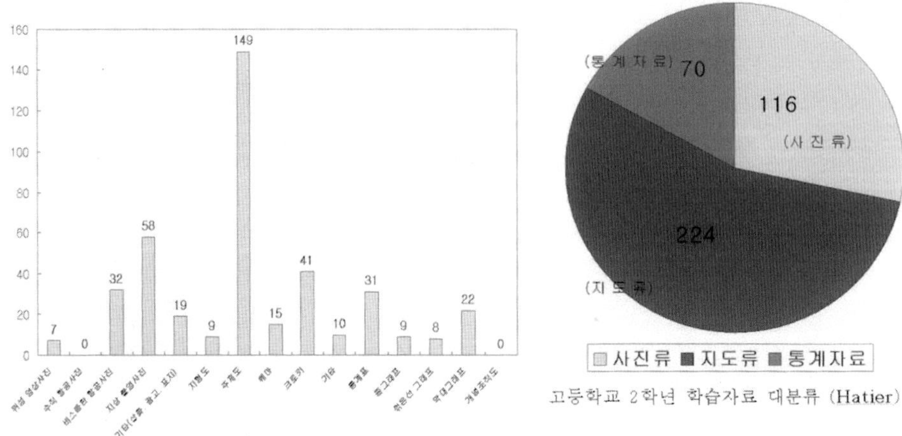

그림 4-33. 학습자료 분석(고2, Hatier)

ⓑ Hachette 출판사

Hachette 출판사의 경우도, 고등학교 1학년의 같은 출판사 교과서에 포함된 내용과 비교해 보면, 전체 학습자료의 양은 각각 425개와 626개로 거의 200여 개가 증가했다. 비율 면에서 보면, 사진류, 지도류, 통계자료가 각각 1학년이 37.8%, 42.8%, 19.2%였던 것이 30.5%, 51.2%, 18.2%로서 학년이 올라감에 따라 사진류는 7% 이상 감소했으며, 지도류는 그 이상 증가했다.

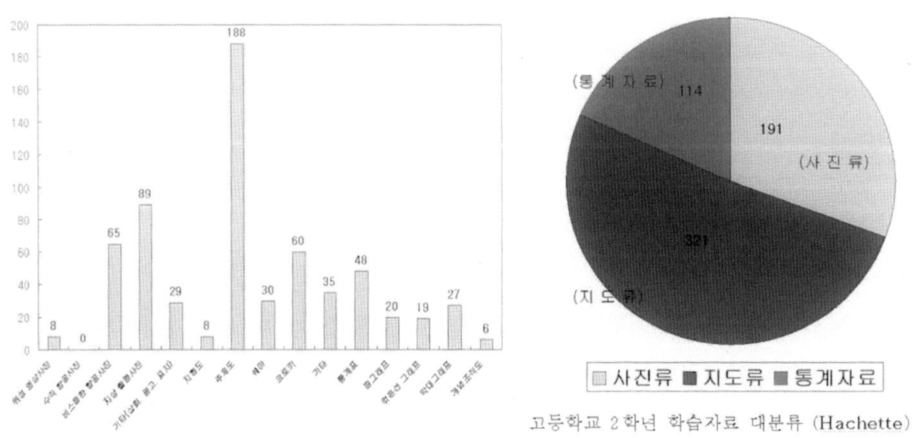

그림 4-34. 학습자료 분석(고2, Hachette)

표 4-7. 고등학교 2학년 교과서에 포함된 학습내용 비교(출판사 간, 학년별)

학년	출판사 名	사진류의 수(%)	지도류의 수(%)	통계자료 수(%)	합계
고1	Hatier 출판사	184(42.5)	180(41.6)	68(15.7)	432
	Hachette 출판사	161(37.8)	182(42.8)	82(19.2)	425
고2	Hatier 출판사	116(28.2)	224(54.6)	70(17)	410
	Hachette 출판사	191(30.5)	321(51.2)	114(18.2)	626

고등학교 2학년에서 출판사 간 비교를 해보면, 먼저 학습자료의 전체 수에서는 큰 차이가 난다. 즉, Hatier 출판사는 410개이고 Hachette 출판사의 것은 626개로 나타났다. 전체 통계의 차이가 크므로 구체적인 학습자료의 수보다는 전체에 대한 각각의 비율로 전환해서 비교해 볼 수 있다. 그 결과를 보면, 사진류, 지도류, 통계자료의 순으로 Hatier 출판사는 28.2%, 54.6%, 17%이고, Hachette 출판사는 30.5%, 51.2%, 18.2%로 나타났다. 여기서 보면, 서로 다른 출판사에서 나온 교과서에 서로 다른 양의 학습자료가 포함되어 있음에도 불구하고, 그 비율은 거의 비슷하다는 것을 알 수 있다(표 4-6).

⑶ 3학년

ⓐ Hatier 출판사

고등학교 3학년 Hatier 출판사 교과서에 포함된 학습자료의 종류와 수는 그림 4-35와 같다. 학습자료는 사진류가 186개, 지도류가 305개, 통계자료가 84개로 고등학교 1학년 및 2학년의 수준에 비해 그 수와 비율에서 큰 변화를 보이고 있다. Hatier 출판사 교과서의 고등학교 3년간의 변화를 표로 정리하면 다음과 같다(표 4-7).

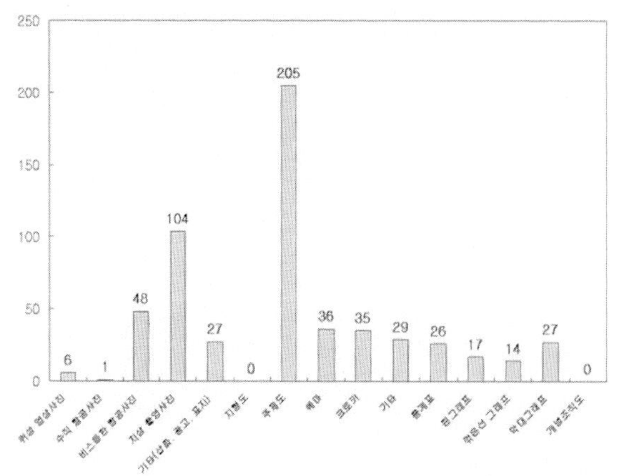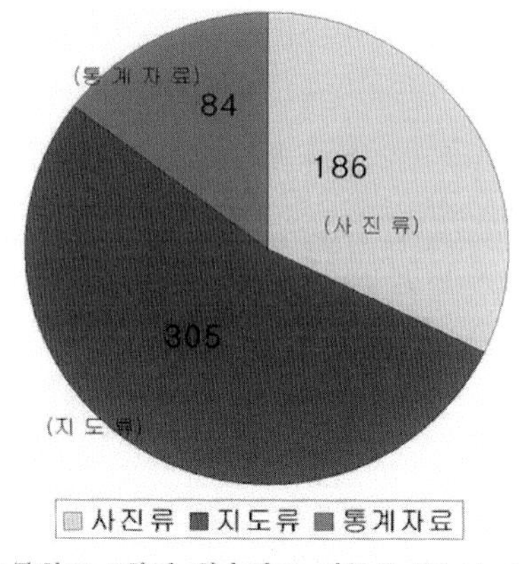

그림 4-35. 학습자료 분석(고3, Hatier)

Hatier 출판사에서 출판된 교과서의 3년간 학습자료의 변화 내용을 보면, 우선 전체 수가 크게 증가하였으며, 각 자료의 비율을 통해 보면, 사진류의 비중은 크게 줄었으나 지도류는 크게 증가했다. 그리고 통계자료는 세 가지 유형의 자료들 중에서 가장 큰 증가폭을 보이고 있다.

표 4-8. 고등학교 3년간의 학습자료 변화(Hatier)

학년	사진류 수(%)	지도류 수(%)	통계자료 수(%)	합계
1학년	184(42.5)	180(41.6)	68(15.7)	432
2학년	116(28.2)	224(54.6)	70(17)	410
3학년	186(32.3)	305(53)	84(14.6)	575

ⓑ Hachette 출판사

고등학교 3학년 Hachette 출판사의 교과서에 포함된 자료의 종류와 수는 그림 4-36과 같다. 막대그래프 상에서 보면, 지도류에서는 주제도의 수가 가장 많고, 사진류에서는 비스듬하게 찍은 사진과 지상에서 찍은 사진의 수가 그 뒤를 이으며, 통계자료는 고르게 포함되었다.

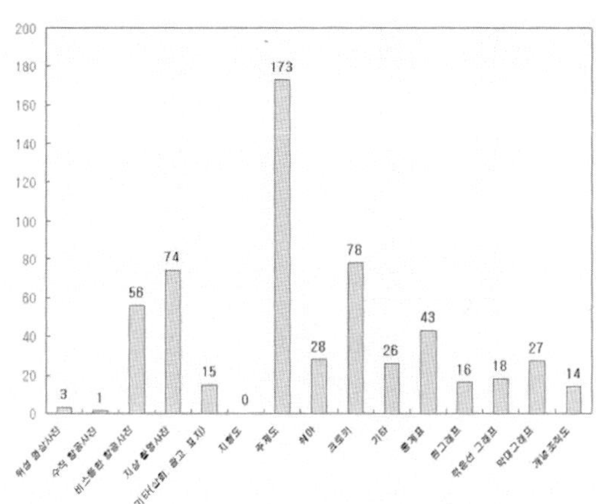
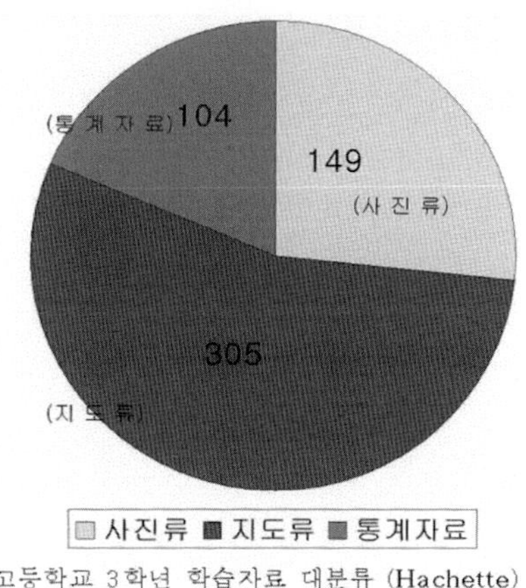

고등학교 3학년 학습자료 대분류 (Hachette)

그림 4-36. 학습자료 분석(고3, Hachette)

학습자료에 대한 전체통계를 보면, 사진류는 149개, 지도류는 305개, 통계자료는 104개로서 고등학교 1학년 및 2학년과 비교해보면, 총수는 중간 수준이며, 사진류는 가장 낮은 수준인 26.7%로 크게 줄었다. 지도류는 계속적으로 증가해서 54.6%에 이르며, 통계자료는 큰 변화는 없이 18.6% 수준을 유지하고 있다.

표 4-9. 고등학교 3년간의 학습자료 변화(Hachette)

학년	사진류 수(%)	지도류 수(%)	통계자료 수(%)	합계
1학년	161(37.8)	182(42.8)	82(19.2)	425
2학년	191(30.5)	321(51.2)	114(18.2)	626
3학년	149(26.7)	305(54.6)	104(18.6)	558

(4) 고등학교 통계

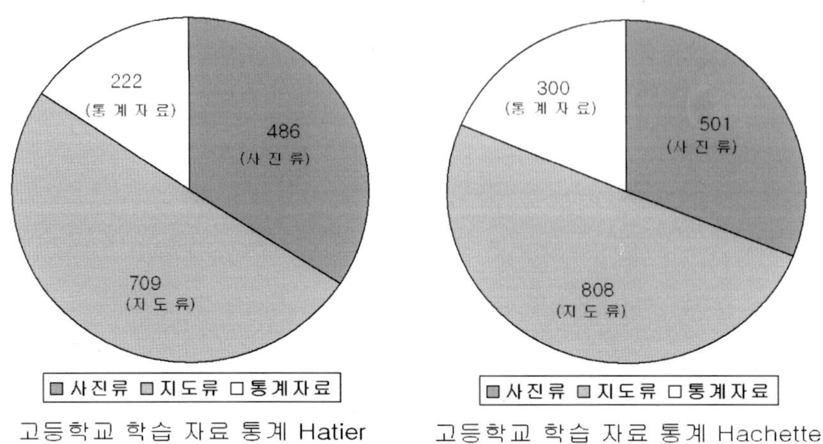

고등학교 학습 자료 통계 Hatier   고등학교 학습 자료 통계 Hachette

그림 4-37. 고등학교 학습자료 통계

고등학교 3년간의 전체 자료에 대한 통계는 그림 4-37과 같다. Hachette 출판사의 경우에 사진류는 501개로 전체에서 31.1%를 차지하며, 지도류는 808개로 50.2%, 통계자료는 300개로 전체의 18.6%를 차지하고 있다. Hatier 출판사의 경우, 사진류는 34.2%, 지도류는 50%, 통계자료는 15.6%로 Hachette 출판사 간에 학습자료의 전체 개수에서는 차이가 192개나 나지만, 비율로 보면 큰 차이는 없는 것으로 드러난다.

(5) 학교급 간 분석결과 비교

지금까지는 초등학교부터 고등학교까지 학년별, 학교별로 교과서에 포함되는 학습자료를 그 유형 및 양에 관하여 분석하였다. 여기서는 지금까지 산출한 결과를 바탕으로 학교급 간 학습자료별 특성을 도출하고자 한다. 이는 학교급 간 학습내용을 구성하는 데 있어서 학습자료를 활용하는 원리를 제시해줄 수도 있을 것으로 생각된다.

표 4-10. 학교급 간 학습자료 활용 차이(Hatier)

학교급	사진류 수(%)	지도류 수(%)	통계자료 수(%)	합계
초등학교	238(67.8)	60(17)	53(15)	351
중학교	476(37.8)	526(41.7)	257(20.4)	1,259
고등학교	486(34.2)	709(50)	222(15.6)	1,417

표 4-10을 보면, 초등학교 수준에서는 사진류가 67.8%로 월등히 높은 비율로 교과서 내에 포함되어 있는 것을 확인할 수 있으며, 중학교에서는 지도류가 41.7%로 가장 높지만 사진류도 37.8%로 그에 못지않게 높은 활용도를 보이고 있다. 고등학교 수준에서는 지도류가 50%로 가장 뚜렷한 점유율을 보이고 있으며, 그 뒤로 사진류가 34.2%, 통계자료가 15.6%를 점하고 있다.

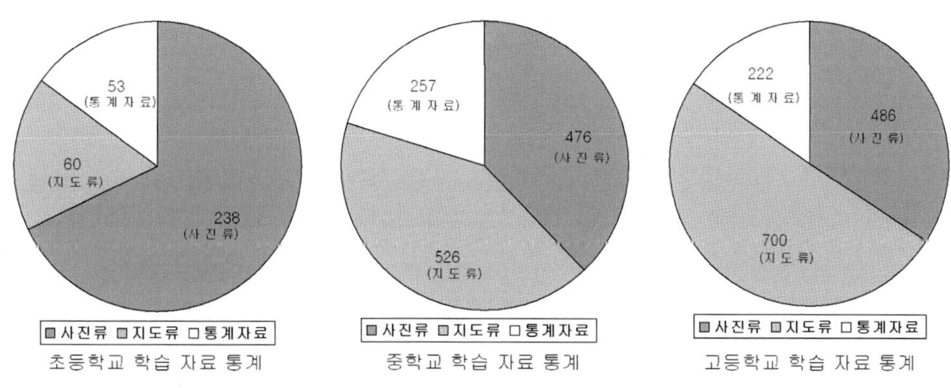

그림 4-38. 학교급별 학습자료 통계

본 섹션의 내용을 정리하면, 초등학교 수준에서는 경관을 다루는 풍경 사진이 가장 큰 비중을 차지하다가, 구체적인 경관으로부터 추상적인 지도로 변환되는 과정을 이해한 시기인 중학교부터는 사진류는 크게 감소하고 지도류와 통계자료의 비중이 크게 증가했다. 고등학교 수준에서는 지도류의 비중이 가장 높지만, 지리학적인 연구의 근본적인 출발점인 경관을 지리 학습 구성에 있어서 기본 틀로 인식하고 있는 프랑스에서는 학년 및 학교급에 상관없이 지리교육을 위한 학습내용 구성에 있어서 경관을 다루는 사진은 여전히 큰 비중을 차지한다.

나. 사고력 함양과 관련되는 학습자료 분석

프랑스 지리 교과서에는 학습자료뿐만 아니라 많은 양의 질문이 포함되어 있다. 질문은 단순히 학습자료의 수준으로 들어가 있는 것이 아니라, 학습자료들을 포함한 학습내용을 학습주제가 의도하는 방향으로 안내하는 역할을 한다. 또한 학생들로 하여금 사물과 현상을 보는 동안 그들의 생각(사고 작용)을 자극하여 상상력을 길러 주기도 하며, 학습에 흥미를 유발시키는 역할도 한다.

프랑스 지리 교과서에 제시되어 있는 질문을 분석하기 위해 표 4-11과 같은 분석틀을 설정하였다. 초등학교 수준에서는 질문이 두 수준으로 제시되고 있다. 첫 번째 수준의 질문은 소위 낮은 수준의 질문으로서 학생들로 하여금 사진이나 지도상에서 눈에 보이는 것을 1차적으로 말하거나 가리키게 하는 정도에 그친다. 한편 높은 수준의 질문은 좀 더 추상적으로 사고하게 하고, 이미 학습한 내용을 새로운 상황에 적용함으로써 사고를 확장할 수 있게 해준다.

표 4-11. 질문의 수준과 그 특징(초등학교 수준)

질문의 수준		주요용어 및 표현	교수과정의 특징
낮은 수준의 질문	지식, 이해에 관한 질문	관찰하라(observer)/기술하라(décrire)/열거하라(nommer)/어떤 것인가, 무엇인가(quel)/가리키라(situer)/어떻게(comment)/얼마나(combien)/설명하라(expliquer)/어디(où)	관찰, 기술, 열거, 지칭, 양, 설명, 장소
높은 수준의 질문	적용 분석 종합 평가에 관한 질문	왜(pourquoi)?/-은 -면에서(en quoi) - 하겠는가?/-을 비교하라(comparer)/네 생각에는(à ton avis) 어떠하겠는가?/-한 이점이 있겠는가(quels sont les avantages)?/-한 인상(l'impression)을 받았는가?/-을 볼(알) 수 있는가(pouvoir+voir/savoir)?/-은 -로부터(d'où) 온 것인가?/왜 그런지 설명하라(expliquer+pourquoi)/-을 설명해 줄 수 있는 것은 무엇인가(quel+expliquer)?/-을 할 수 있겠는가(quel +pouvoir)?/-을 알 수 있겠는가(qu'est-ce que+appredre)?/-을 설명할 수 있는 근거를 찾아라(trouver+raison+expliquer)/-은 무엇에 해당되는가(à quoi correspondent)?/-은 어떻게 결론내릴 수 있는가(que peux-tu en colclure)?/-은 어떻게 표현될 수 있는가(que représentent)?/-에 따르면(d'après) -하겠는가?/-을 어디서 보았는가(où as-tu déjà vu)?/-을 어떻게 생각하나(que penses-tu)?/-을 보여줄 수 있는 요소는 무엇인가(quels éléments+montrer)?/-을 정당화하시오(justifier)/-과 다른 유형으로는 무엇이 있겠는가(quel autre type)?/-을 발견하시오(découvrir)/-은 존재하는가(existe-t-il)?/-은 -인가, 아닌가(단순의문형질문)?	이유 비교 인상 판단 정당화 추리 발견 확산

표 4-12. 초등학교 교과서 질문분석 틀

질문수준	질문 수
낮은 수준의 질문	
높은 수준의 질문	

초등학교 수준의 질문은 표 4-12에 제시한 틀과 같이 교과서의 질문들을 분석하였으며,

중학교와 고등학교 수준에서는 질문의 수준도 다양하며 학습수준도 훨씬 복잡하고 고차원적이므로 표 4-13과 같이 분석틀을 설정하였다.

표 4-13. 중 · 고등학교 교과서 질문분석 틀[109]

질문수준	질문의 성격 및 통계		
Input	기술(décrire)		
	기타		
Processing	설명(expliquer)		
	비교(comparer)		
	분석, 분류, 기타		
Output	평가/판단/예측/일반화/적용 등		

1) 학교급별 질문 분석

프랑스 지리 교과서에 제시된 질문에 대한 분석은 우선적으로 초등학교부터 고등학교까지 각 학년별로 시도하였다. 각 학년에 따른 결과를 분석한 후에는 학교급별로 또한 분석하게 된다. 그래서 모든 학교 수준의 분석이 마무리되면 학교급 간 질문수준을 비교함으로써 학습내용 및 질문배치와 관련하여 계열성의 측면에서도 검토하고자 한다.

(1) 초등학교

① 3~5학년

초등학교 3학년 지리 교과서에 포함된 질문을 분석한 결과는 그림 4-39와 같다. 낮은 수준의 질문의 수는 226개이며, 높은 수준의 질문은 206개로 낮은 수준의 질문 수가 약간 더 많은 정도이다.

---

109) 이 연구에서 사용된 틀은 Injeong Jo and Sarah Witham Bednarz(2009)의 연구에서 쓰인 틀의 일부를 참고하여 구성된 것임.

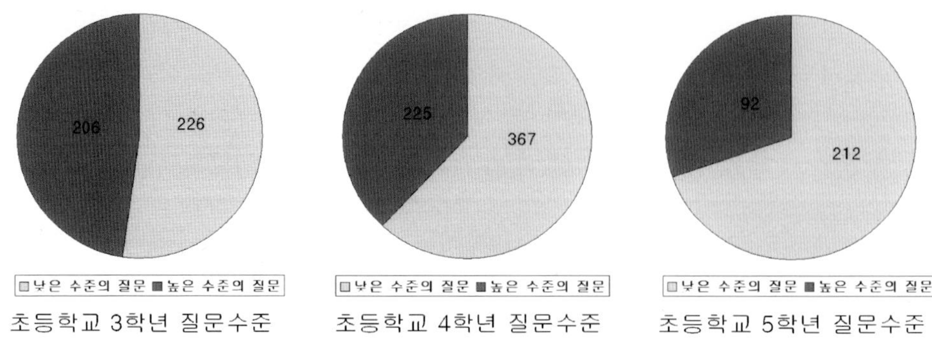

그림 4-39. 초등학교 질문수준 분석(3~5학년)

초등학교 4학년 교과서에 제시된 질문을 분석한 결과 또한 그림 4-39와 같다. 4학년에 제시된 질문의 총 개수는 3학년에서보다 160개 증가했다. 낮은 수준의 질문은 전체의 61.9%로 3학년의 52.3%에 비해 훨씬 더 많은 비중을 차지하고 있다.

초등학교 5학년에 포함된 질문을 분석한 결과를 보면(그림 4-39), 낮은 수준의 질문은 총 212개로 초등학교 3학년, 4학년 때보다 더 줄어들었으나, 그 비율은 69.7%로 더 높아졌다.

② 초등학교 통계

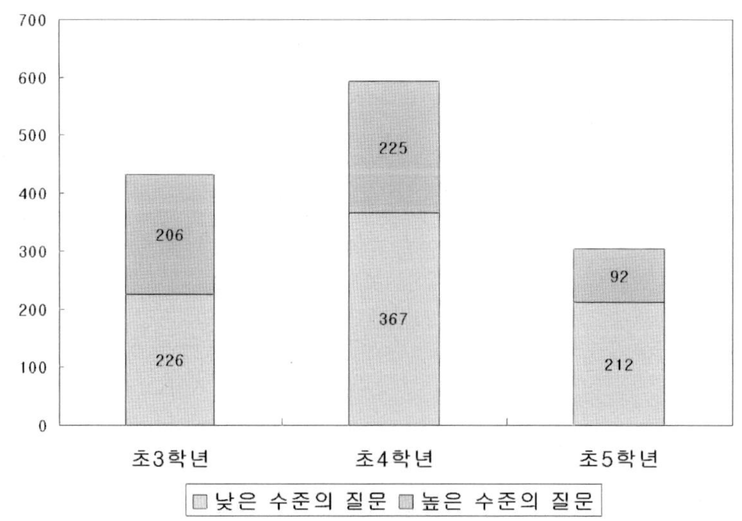

그림 4-40. 질문수준 통계(초등학교)

그림 4-40에 제시한 것처럼, 초등학교 전체 질문의 수준에 대한 통계를 보면, 질문은 초등학교 4학년에서 가장 많고, 5학년에서 가장 적다. 질문의 수준별로 보면, 초등학교 3학년에서는 거의 비슷한 비율로 제시되었는데, 5학년에서는 높은 수준의 질문이 가장 적게 포함되었다. 이러한 결과가 나온 것을 교과서 내용을 구성하고 있는 학습자료와 관련하여 설명하면 다음과 같다. 즉, 3학년 교과서에는 텍스트로 된 본문은 거의 없으며, 주로 천연색 사진과 그것을 학습주제로 안내하기 위한 질문으로 구성되어 있다. 3학년에서는 학생들의 인지발달 수준이 낮기 때문에 교과서의 면배치를 주로 사진과 질문 위주로 한 것이라 판단된다.

초등학교 4학년 교과서는 3학년에 비해 사진이 대폭 줄어든 대신에 지도 자료가 크게 증가하였다. 그리고 텍스트로 된 본문내용이 약간 포함되었으며, 그 외에는 대부분 질문으로 채워져 있다. 새롭게 증가한 지도 자료의 비율에 맞게 그에 해당하는 질문의 수도 크게 증가한 것으로 판단된다. 반면, 5학년에서는 질문이 양이 크게 줄어든 대신에 텍스트로 된 본문의 양이 늘었다. 따라서 통계상으로 보는 바와 같이 질문의 수가 급격히 줄어든 것이다.

⑵ 중학교

① 학년별 질문 특징

중학교부터는 질문의 수준이 높아지고 단계가 복잡해진 관계로 분석틀에서도 가장 낮은 수준의 질문은 Input[110]으로 설정하고, 학생들의 주된 기능 및 활동에 해당하는 내용은 Processing[111]으로, 그리고 고차원적인 수준의 질문은 Output[112]으로 설정했다.

표 4-14. 질문의 수준과 비율(중학교)

학년	Input(%)	Processing(%)	Output(%)	합계
중1	207(60)	85(24.6)	53(15.3)	345
중2	117(64.6)	39(21.5)	25(13.8)	181
중3	228(63.8)	79(22.1)	50(14)	357
중4	127(65.4)	44(22.6)	23(11.8)	194

110) Input에 해당하는 기능은 주로 사진이나 지도와 같은 시각적인 1차적 자료를 보고 제시된 질문에 대하여 관찰하고 기술하는 형식의 낮은 단계의 질문에 해당된다.

111) Processing에 해당하는 기능은 설명하기, 비교하기, 분석하기, 분류하기 등과 관련된다.

112) Output에 해당하는 기능은 주로 평가하기, 판단하기, 예측하기, 일반화하기, 적용하기 등이다.

중학교 1학년부터 4학년까지 교과서에 포함된 질문의 수는 적게는 181개부터 많게는 357 개에 이르기까지 편차가 심하다. 여기서 특징적인 점은 중학교 1학년과 3학년 간에 질문의 총수가 비슷하며, 중학교 2학년과 중학교 4학년 간에 또한 그 수가 비슷하다. 이렇게 질문의 수가 비슷하게 차이가 나는 것은 일차적으로 해당 학년에서 다루는 대주제로부터 교과서의 학습내용을 구성하고 있는 자료의 유형과 수에 의한 것으로 판단된다. 표 4-14을 보면, 전체 질문 수의 편차는 심하지만, Input, Processing, Output 간에는 대체적으로 비슷한 비율을 보이고 있다. Input의 경우, 최소 60%, 최대 65.4%로 5.4%의 차이가 나며, Processing의 경우에는 최소 21.5%, 최대 24.6%로 3.1%의 차이가 나고, Output의 경우, 최소 11.8%, 최대 15.3%로 그 차이는 3.5%이다.

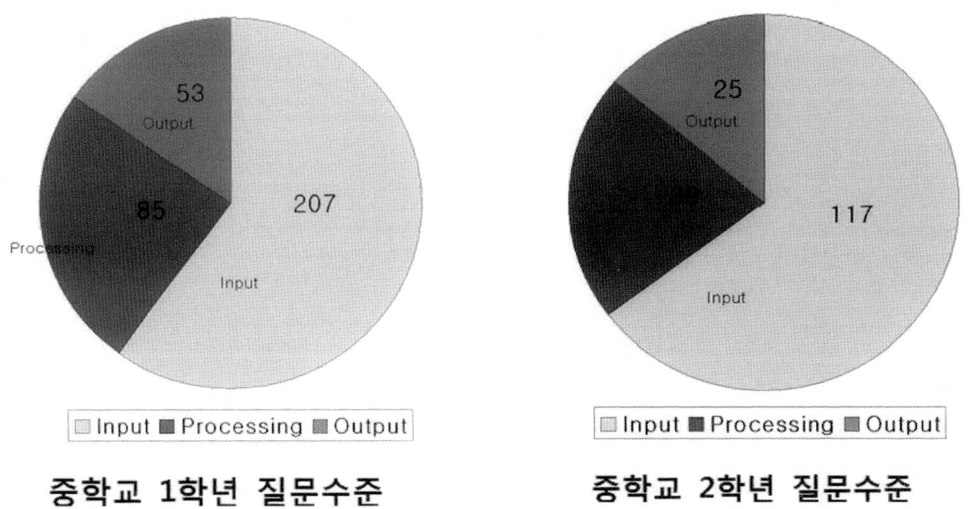

그림 4-41. 중학교 질문수준(1~2학년)

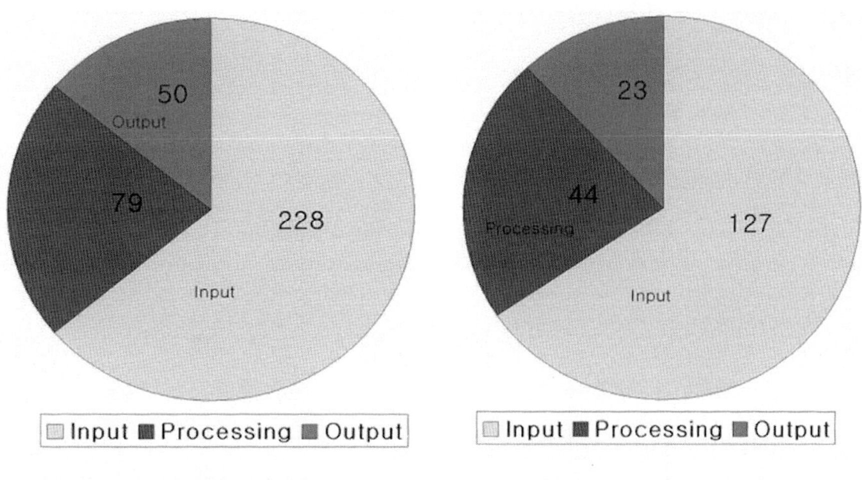

그림 4-42. 중학교 질문수쥰(3~4학년)

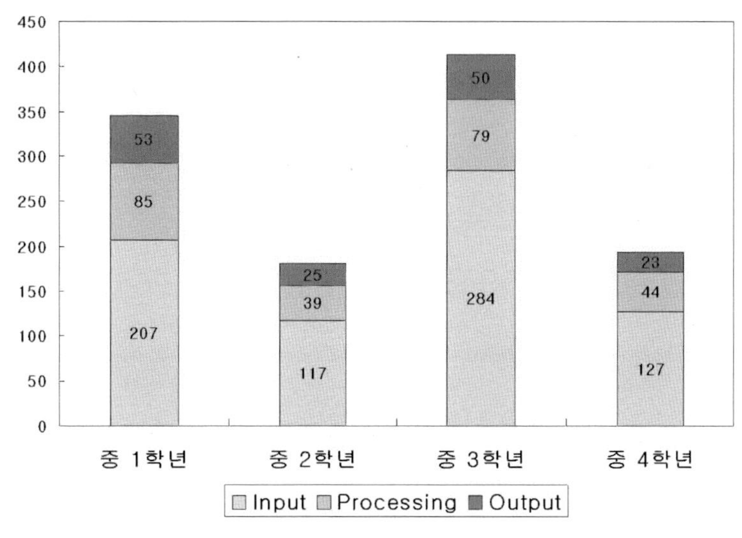

그림 4-43. 질문수준 통계(중학교)

⑶ 고등학교

고등학교 수준에서도 중학교에서와 같이 세 단계의 틀로 분석하고자 한다. 고등학교 수준에서는 두 개의 출판사(Hatier, Hachette)를 동시에 비교하면서 분석한 후, 한꺼번에 전체를 비교하면서 경향성을 찾아보고자 한다.

① 1학년

고등학교 1학년 Hatier 출판사에 대한 분석결과는 Input이 81개, Processing이 79개, Output이 41개이며, Hachette 출판사의 결과는 Input이 188, Processing이 79개, Output이 32개이다. 총합의 차이는 201개와 299개로 상당히 크다. 고등학교 1학년 수준에서 Hatier 출판사와 Hachette 출판사 간의 가장 큰 차이점은 Input과 Output 수준의 비율 차이이다. Hatier 출판사의 경우, Input과 Output이 각각 40.2%, 20.3%이며, Hachette 출판사의 경우, 그 결과가 각각 62.8%, 10.7%로 나타났다. 이러한 경우, 1학년 수준에서는 Hatier 출판사가 더 고차 수준의 질문으로 학습내용을 구성하고 있는 것으로 판단되며, Hachette 출판사는 상대적으로 저차 수준의 질문으로 학습내용을 구성하고 있는 것으로 판단된다.

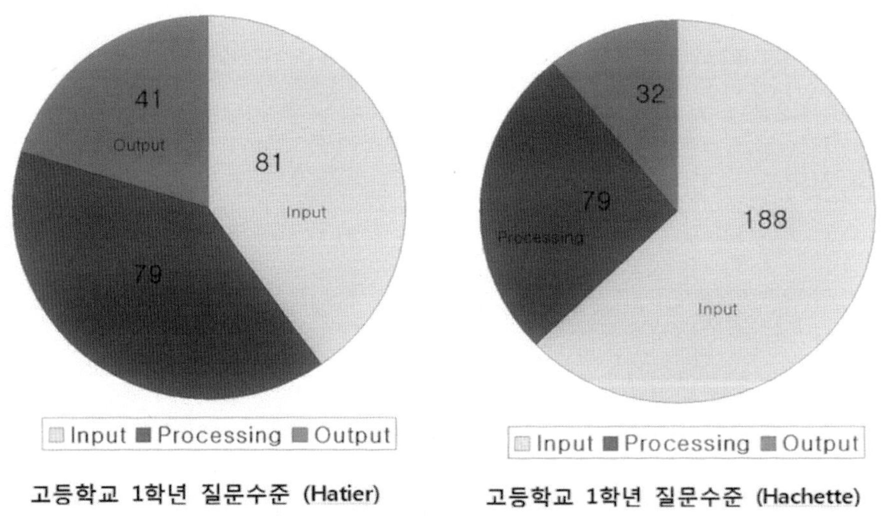

그림 4-44. 고등학교 1학년 질문수준

② 2학년

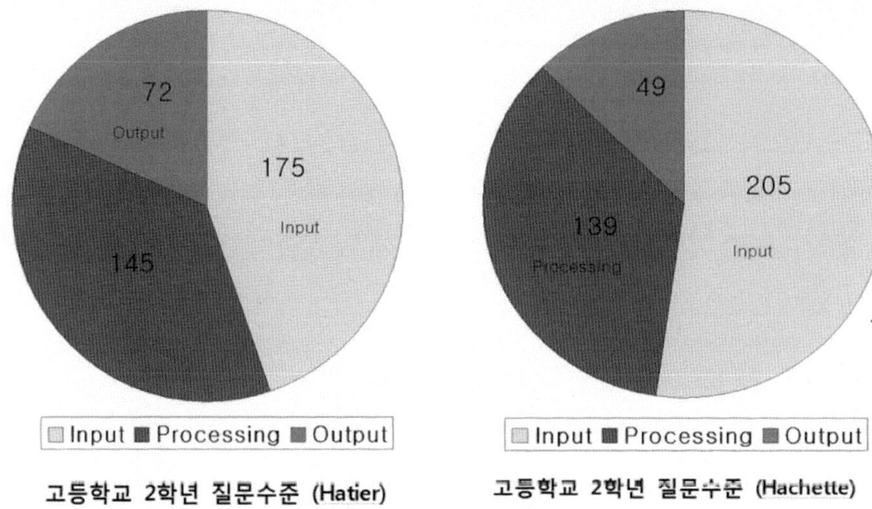

그림 4-45. 고등학교 2학년 질문수준

고등학교 2학년에서의 분석 결과를 출판사별로 비교해보면, 두 출판사 모두 Processing 단
계에 대한 결과는 각각 36.9%, 35.3%로 거의 비슷하다. 그러나 Input과 Output 수준에서는 각
각 44.6%(Hatier), 52.1%(Hachette), 그리고 18.3%, 12.4%로 여전히 Hatier 출판사가 Hachette
출판사보다 고차 수준의 질문을 많이 활용하고 있으며, 저차 수준의 질문을 적은 비율로 포
함시키는 것으로 판단된다.

③ 3학년

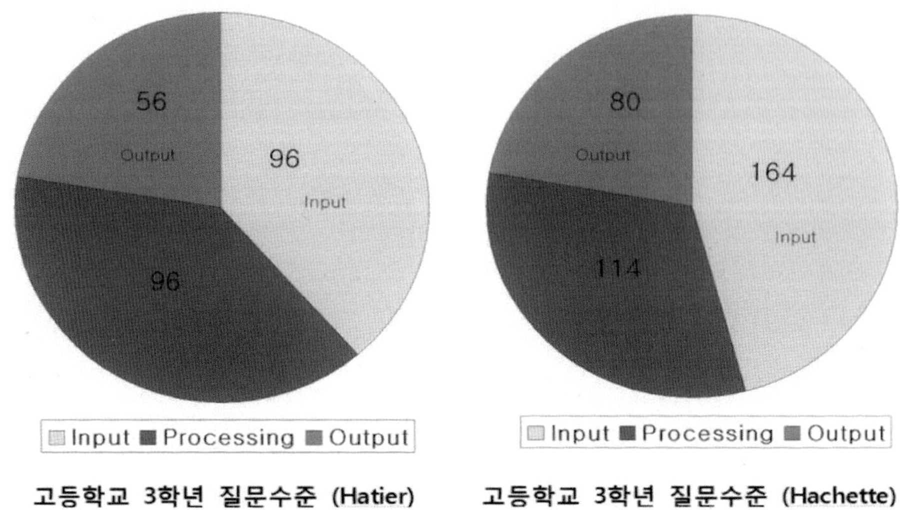

고등학교 3학년 질문수준 (Hatier)　　고등학교 3학년 질문수준 (Hachette)

그림 4-46. 고등학교 3학년 질문수준

고등학교 3학년 교과서에 포함된 질문의 수는 Hatier 출판사와 Hachette 출판사가 각각 248 개, 358개로 Hachette 출판사의 교과서에 훨씬 많은 질문이 포함되어 있다. 그런데 각 영역별로 그 비율을 분석해보면, Output 수준에서의 질문은 각각 22.5%와 22.3%로 두 출판사가 비슷한 비중을 보이고 있는데, Processing 수준에서는 Hatier 출판사에서 6.9% 더 높게 나타났으며, Input 수준에서는 7.1% 낮게 나타났다. 따라서 Hatier 출판사가 더 높은 수준의 질문으로 학습내용을 구성하고 있는 것으로 판단된다. 그렇다고 이러한 결과만으로 어느 출판사가 더 좋고 나쁘다고 판단하기는 어렵다. 왜냐하면 학습주제 및 내용, 학습자료 그리고 관련 질문간의 유기적이고 효율적인 구성만이 학습효과를 높일 수 있기 때문이다.

④ 고등학교 통계

ⓐ Hatier 출판사

여기서는 출판사별로 고등학교 전체의 분석결과를 보면서 질문의 특성에 관하여 검토해보고자 한다. 먼저 Hatier 출판사의 경우, 질문의 양은 그림 4-47과 같이 고등학교 2학년에서 가장 많고 고등학교 3학년이 그다음으로 많다. Hatier 출판사의 경우, 학년별로 질문의 수에 있어서 편차가 심한 것이 특징이다.

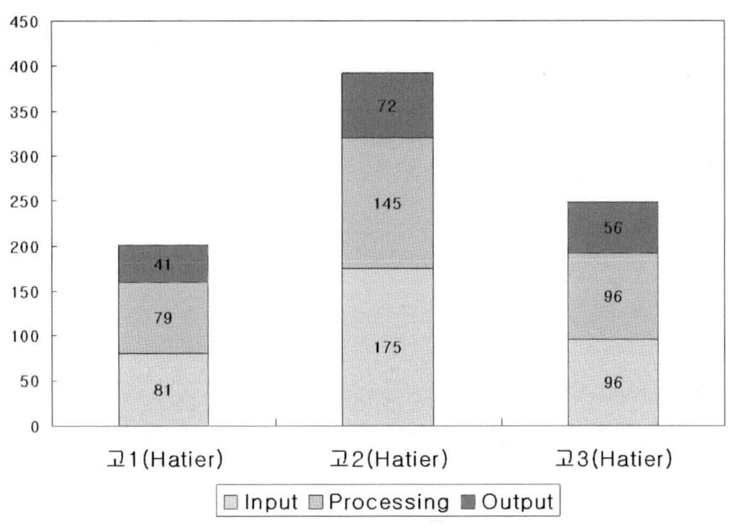

그림 4-47. 질문수준 통계(고등학교, Hatier)

ⓑ Hachette 출판사

Hachette 출판사의 경우에는 학년별로 질문의 수에 있어서 그 차이가 Hatier 출판사에 비해 그 폭이 훨씬 작다. 질문은 고2와 고3에서 그 수가 거의 비슷하게 나타나며, 고등학교 3학년 에서 고차적 수준의 질문의 비중이 두 출판사 중에서 가장 높게 나타난다.

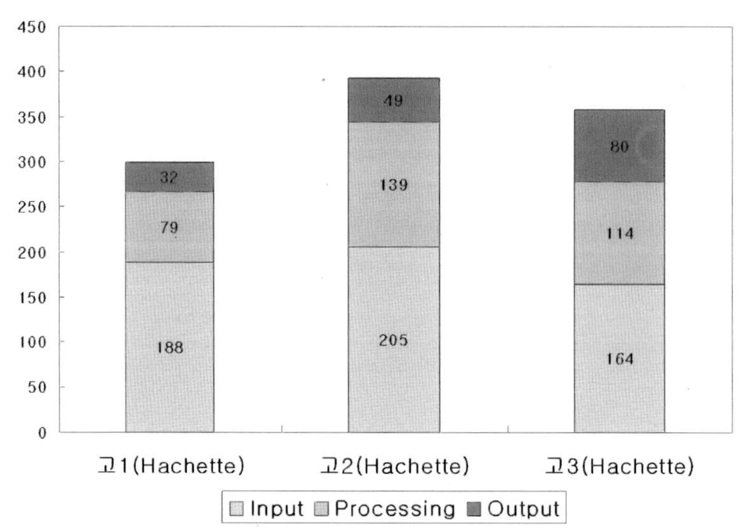

그림 4-48. 질문수준 통계(고등학교, Hachette)

표 4-15. 질문의 수준과 비율(고등학교, Hatier)

학년	Input(%)	Processing(%)	Output(%)	계
고1	81(40.2)	79(39.3)	41(20.3)	201
고2	175(44.6)	145(36.9)	72(18.3)	392
고3	96(38.7)	96(38.7)	56(22.5)	248

표 4-16. 질문의 수준과 비율(고등학교, Hachette)

학년	Input(%)	Processing(%)	Output(%)	계
고1	188(62.8)	79(26.4)	32(10.7)	299
고2	205(52.1)	139(35.3)	49(12.4)	393
고3	164(45.8)	114(31.8)	80(22.3)	358

이상에서 살펴본 바와 같이, 도해력과 관련된 학습자료의 구성 측면에서 보면, 초등학교 수준에서는 구체적인 경관을 사진과 같은 시각자료를 통해 관찰하고, 그것을 추상적인 지도로 변환되는 과정을 이해하는 학습에 초점이 맞춰진 것으로 드러났다. 그리고 중학교 수준에서는 많은 양의 지도류 및 통계자료를 중심으로 한 자료 분석활동 위주로 구성되었다. 고등학교에서의 학습자료의 구성 비율은 중학교 수준과 비슷하나 지도류의 비중이 훨씬 더 많

이 늘어난 것이 특징이며, 지리 학습은 다양한 사례로부터 일반화를 도출하는 활동 중심으로 이루어진다.

　문해력 향상과 관련된 질문의 성격 및 비중에 대한 분석 결과, 초등학교 수준에서는 낮은 수준의 질문이 높은 수준의 질문보다 훨씬 많은 비중을 차지하며, 중학교 수준에서는 학년에 따라 교과서에 포함된 질문의 수는 1학년 345개, 2학년 181개, 3학년 357개, 4학년 194개와 같이 크게 차이가 있지만, Input, Processing, Output의 비율은 학년에 상관없이 거의 비슷한 결과가 나타나고 있다. 이를테면, Input은 학년에 상관없이 60~65% 수준이며, Processing은 21~24% 수준이며, Output은 11~15%로 그 특징이 뚜렷하게 드러났다. 그렇지만, 고등학교의 경우에는 출판사에 따라 그 비율이 다르게 나타났다. 이를테면, Hatier 출판사의 경우, Input이 38~44%, Processing이 36~39%, Output이 18~22%로 그 폭이 크지 않지만, Hachette 출판사의 경우, 학년에 따라 구간별 차이가 크게 나고 있다. 예컨대, Input은 15~62%, Processing은 26~35%, Output은 10~22%와 같이 학년별 질문의 유형별 편차가 큰 것으로 나타났다.

3. 평가 및 정리 활동의 유형별 특성

　어느 나라든 간에 초·중등학교 수준의 교육과정과 수업의 골격을 좌우하는 것은 대입 시험의 양식과 성격일 것이다. 우리나라의 경우에는 대입수능시험이 결과적으로 문제 푸는 능력을 요구하는 것처럼 보이는데, 프랑스 학교에서 이루어지는 수업은 우리나라의 수업과는 다른 양상을 보이고 있다. 프랑스의 고등학교 졸업자격시험(대입시험)은 크게 논술시험과 구술시험으로 구분된다. 따라서 그들의 학교 교육시스템은 그러한 목표에 맞춰서 이루어진다. 학교 수업에서 교사는 학생들에게 많은 질문을 하며, 학생들은 그들의 생각을 조리 있게 발표하는 연습을 한다. 또한 교사가 학생들에게 학습주제와 관련되는 문제를 제시하면 학생들은 주어진 문제에 대한 답을 문장의 형식으로 구체적으로 작성한다. 이러한 습관은 대입시험은 물론 그들의 일상적인 삶의 영역에 이르기까지 상당한 영향을 미치는 것으로 여겨진다. 프랑스 학교에서는 4지선다냐 5지선다냐의 문제가 아닌, 주어진 문제에 대한 그들의 생각을 그들의 입으로 발표하게 하고, 글로써 표현할 수 있게 하는 것이 그들이 추구하는 교육의 목표이

다. 프랑스 학교의 지리수업 시간에는 교사와 학생들 간에 주로 질문과 답변을 통해 구술시험
에 대비하는 말하기 훈련 및 자신의 생각을 조리있게 표현하는 훈련이 이루어지며, 수업의
마무리는 자신이 알고 있거나 생각하는 것을 글로 표현하는 논술활동으로 짜인다. 또한 지리
논술 시간에는 주제와 관련되는 크로키도 수반된다. 본 절에서는 지리 학습의 마무리 활동에
해당되는 논술, 크로키, 자료통합학습에 관하여 분석해보고, 그러한 활동들이 가지는 의미는
무엇이며, 지리수업에는 각각 어떤 영향을 미치는가에 관하여 검토해보고자 한다.

가. 바깔로레아 시험과 크로키, 논술, 자료통합 학습

현재 프랑스에서 치러지고 있는 바깔로레아(대입시험)의 양식은 논술(필기시험)과 구술의
두 가지 형태이다. 우선, 필기시험은 계열에 따라 다른 주제로 구성된다. 시험의 양식은 세
계열 모두 동일하지만, 과학계열의 수험생들은 특정주제로부터 작문을 시작한다. 지리의 경
우, 시험으로 제시되는 주제는 교육과정에 포함되어 있는 주제나 지리와 관련된 통합내용들
중에 하나이다. 시험을 치기 전, 주제를 선택하기 위해 천천히 생각할 시간은 있지만, 시험
중에 다른 주제로 바꾸는 것은 피해야 한다.

필기시험은 성격이 다른 두 가지 양식의 문제를 이해해야 한다. 시험당일까지 비밀에 부
쳐졌던 시험문제는 우선 추첨을 통하여 처음에 보게 될 과목(역사 또는 지리)이 정해진다.
만약에 추첨을 통하여 첫 시험과목이 지리로 정해졌다면, 난이도가 대등한 세 가지 주제들
중에서 선택을 해야 한다. 즉 세 가지 주제들 중에서 두 가지는 작문(논술)을 위한 것이고,
나머지 하나는 자료학습에 관한 시험이다. 만약 두 번째 시험이 지리로 정해졌다면(이런 경
우에는 첫 번째 문제가 역사 과목에 관한 것이다. 프랑스에서는 역사-지리가 따로 떨어져
있지 않고 함께 묶여 있기 때문에 시험에서도 두 과목이 함께 다루어진다), 두 가지 크로키
(지도로 간단하게 표현하는 방식) 중에 하나를 선택하고, 제시된 주제에 대한 답을 하면 된
다. 배점은 첫 번째 문제는 12점이고 두 번째 문제는 8점 만점이다. 첫 번째 문제는 2시간
30분 동안 쓸 수 있으며, 두 번째 문제는 1시간 30분 동안 치러진다.

표 4-17. 프랑스 대입시험제도의 양식

		계열		
		문과	경제 및 사회	과학
필기 시험	시험시간	4시간	4시간	4시간
	배점(20점 만점)	첫 번째 문제: 12 두 번째 문제: 8	첫 번째 문제: 12 두 번째 문제: 8	첫 번째 문제: 12 두 번째 문제: 8
	계수	4	5	3
구술 시험	준비시간	20분	20분	20분
	시험시간	20분	20분	20분
	계수	4	5	3

출처: Laurent BERTON, 2004.

구술시험에서는 시험 감독관이 수험생에게 두 가지 주제를 제시하면 수험생은 그중에서 한 주제를 선택하게 된다. 각각의 주제는 역사 또는 지리에 해당되는 첫 번째 문제와 관련되는데, 이러한 첫 번째 문제와 관련된 주제는 구술시험에서 묻고자 하는 내용의 주가 된다. 그리고 두 번째 문제에 해당하는 과목은 훨씬 빠르게 묻고 지나간다. 각각의 주제에는 묻고자 하는 요지(문제제기)가 분명하게 드러난다. 시험에서 묻는 주제들은 주된 주제들 중에 하나 또는 교육과정에서 지리와 관련된 통합적인 주제들 중에 하나이다. 이러한 주제들은 짤막한 연표나 자료, 지도, 백지도 중 하나를 수반할 수도 있다.

구술시험에서 각 수험생들의 답변에 대한 평가는 종합적으로 이루어지는데, 보통 점수는 0점에서부터 20점까지 넓게 분포한다. 시험 감독관은 수험생이 해당 지식을 얼마나 제대로 알고 있는가의 여부와 그러한 지식을 얼마만큼 조리 있게 잘 표현하는가를 평가한다. 수험생에게 제시되는 문제는 주어진 주제를 벗어나는 경우도 있지만, 학습된 내용들에 대한 종합적인 이해와 관련될 수 있다. 시험관은 수험생이 정확한 지식과 적당한 분석 및 적용능력을 보여주기를 기대한다. 그것은 제시된 문제를 정확하게 파악하고 답변하는 것과 관련된다. 표현을 명확하게 하는 능력은 구술시험에 통과하기 위한 선결조건이다(Laurent BERTON, 2004).

1) 바깔로레아(대입시험)의 양식: 역사-지리 바깔로레아

바깔로레아 시험시간은 총 4시간이다. 시험은 긴 시험과 짧은 시험으로 구성되는데, 추첨을 통해 첫 번째 파트의 대상이 되는 분야(역사 또는 지리)를 결정한다. 두 번째 파트는 의무적으로 다른 분야를 받게 된다. 표 4-18을 보면, 지리-역사 시험에서는 크게 논술, 자료통합학습, 크로키가 분야와 상관없이 시험의 양식인 것을 알 수 있다. 따라서 지리수업 시간에는 이러한 세 가지 기능을 향상시킬 수 있도록 학습내용을 구성하고 있다.

프랑스 대입시험인 바깔로레아에서 역사-지리 문제는 크게 크로키(le Croquis), 지리논술(la composition de Géographie), 자료통합 학습(l'étude d'un ensemble documentaire)으로 구성된다. 프랑스 고등학교 지리 교과서에는 바깔로레아를 대비하는 섹션으로서 크로키, 논술, 자료통합 학습을 배치하고 있다.

표 4-18. 역사-지리 대입시험 양식

제한시간	지리 영역	역사 영역
긴 시험 (약 3시간)	2개의 **지리** 논술 중에 하나 선택	2개의 **역사** 논술 중에 하나 선택
	- 또는 -	- 또는 -
	지리에서 édude d'un ensemble documentaire	역사에서 étude d'un ensemble documentaire
짧은 시험 (약 1시간)	2개의 **역사** document 설명하는 것 중에 하나 선택	2개의 **지리** 크로키 중에 하나 선택

출처: Alin JOYEUX et al., 2007, p.8.

2) 지리논술의 형식 및 방법 예시

고등학교 교과서 단원의 마지막 부분에 대입시험 대비 섹션이 들어가기 시작한 것은 1980년대이다. 현재 학교에서 사용되고 있는 고등학교 교과서에는 1학년부터 3학년까지 논술, 크로키, 자료통합학습이 모두 포함되어 있지만, 1980년대에 처음 도입될 당시에는 고등학교 2학년과 3학년에만 한정되었다. 이를테면, 처음 도입되던 시기에 논술은 "Méthode 섹션"에 경관읽기, 지도 그리기, 자료읽기 등과 함께 포함되어 있었다. 그러다가 1990년대에 들어서면서 "바깔로레아의 관점"이라는 섹션 내에 크로키와 논술이 포함되기 시작했다. 그렇지만, 고등학교 2학년과 3학년에만 한정되었다. 그러던 것이 2002 개정교육과정에 근거한 교과서부터는 바깔로레아에 대비하는 섹션 안에 논술, 크로키, 자료통합학습이 구성되기 시작했으며, 고등학교 1학년부터 3학년까지 전 교과서로 확대되었다.

지리논술은 크게 다섯 단계로 구성된다. 그 순서는 표 4-18와 같이 주제 분석하기, 문제 제기하기, 구상하기, 적당한 쉐마 선택하기, 논술 작성하기 순이다. 지리 교과서에는 지리 논술 시에 유의할 사항에 대해 안내하고 있다(표 4-19).

표 4-19. 지리논술(Composition)의 주요단계

주제:	
단계	내용
1단계	주제 분석하기
2단계	문제 제기하기
3단계	구상하기
4단계	논술을 보여주기 위해 적당한 쉐마 선택하기
5단계	논술 작성하기

표 4-20. 지리 논술 시 유의사항

지리 논술(la composition de Géographie) 시 유의사항
1. 논술은 응시자들이 제시된 문제를 통해 그들이 가진 모든 능력을 보여줄 수 있게 해야 한다. 2. 논술은 두세 파트로 전개되어야 한다. 본론은 필히 하나의 서론부와 본론 다음에 이어지는 결론부로 전개되어야 한다. 3. 주제는 한 가지 또는 몇 가지 주제, 또는 프로그램에 있는 지리적인 ensembles로 제시된다. 4. 응시자들이 주제나 그들이 선택한 것과 관련된 추론을 뒷받침하면서 그래프를 작성하거나 쉐마를 추가하여 그리면 더 높은 점수를 받을 수 있다. 그것은 어떠한 경우에도 종합적인 성격의 크로키를 하는 것과는 관계가 없다는 것에 주의하라.

자료: Alin JOYEUX et al., 2007, p.8의 내용을 토대로 새롭게 구성한 것임.

표 4-21은 교과서에 제시된 논술의 예시이다. 주제는 '세계화, 그것은 불균등성을 줄이는 가?'이다. 다음 표에는 논술시간, 단계, 관련사항 등이 구체적으로 안내되어 있다. 지리 논술은 총 3시간 중에 처음 15~20분은 주제를 분석하고, 주어진 주제에 대한 문제제기를 하며, 구체적인 논술 방향에 대한 구상을 하게 된다. 그런 후, 2시간에서 2시간 30분 동안에는 서론, 본론, 결론의 형식으로 본격적인 글쓰기에 들어가며, 마지막 10분간은 철자나 내용상에 오류가 없는지, 문제제기에 대한 내용이 결론부에서 제대로 도출되었는가에 관하여 검토한다.

표 4-21. 지리 논술(la composition de Géographie) 방법 및 예시

3시간	단계	도움말/사례 주제: 세계화, 그것은 불균등성을 줄이는가?	바깔로레아 준비 관련 페이지
준비 (15~20분)	1. 주제분석	1. **주제와 관련된 용어**를 정의하기 2. 주제와 관련된 핵심어 정하기, 여기서는 세계화, 불균등성과 같은 것이 해당됨. 그러한 것들은 사회적인 측면이나 공간적인 측면에 해당될 수 있다. 3. 어떤 공간이 해당되는가? 여기서는 세계공간이다. 그렇지만 사례가 되는 스케일은 다양할 필요가 있다. 불균등성은 남북세계(세계적인 스케일에서)가 될 수 있다. 하지만 지역이나 로컬(한 도시) 스케일이 될 수도 있다.	
	2. 문제제기	1. 문제제기는 질문의 폭에 제한을 두지 않는다. 문제제기에서는 문제를 명확하게 표현해야 하는데, 질문은 주어진 과제에 대한 숙고와 전개를 안내해줄 수 있는 본질적인 것이 되어야 한다. 주제(또는 단순히 질문형식으로 전환하는 것)를 다시 옮겨 쓰는 것은 안 된다. 왜냐하면 그것은 당신이 이해했거나 해석한 것을 보여주는 것이 아니기 때문이다. **다음과 같은 성급한 실수는 하지 말 것**(예, 세계화는 모든 불균등성을 제거하는가?). 2. 문제제기에서는 당신이 논증하게 될 것으로 진술되어야 하며, 그것은 두세 가지 단계의 논거를 단순히 소개하는 것과 혼동해서는 안 된다. 3. 여기서 문제제기는 다음과 같은 것이 될 수 있다. 즉, "세계화, 그것은 세계의 발전격차를 줄여줄 수 있는 기회가 되는가?"	86~87 122 123 176~177 228~229 292 293 322~323 356~357
	3. 구상하기	1. **지리에서 구상은 언제나 주제이다.** 2. 여기서 우리는 세계화가 일부 불평등성을 줄여주는데 기여한다는 점을 보여줄 수 있다(1부). 하지만 세계화는 발전에 있어서 또 다른 대립을 일으키거나 악화시킬 수도 있다(2부). 그래서 정책들은 세계화를 조정하고 불균등성을 줄이기 위해서 다양한 행위자들에 의해 주도된다(3부).	
본론 쓰기 (2시간 ~ 2시간 30분)	4. 서론쓰기	서론은 주제를 정확하게 제시할 수 있는 기능을 가진 20여 줄로 된 하나의 문단이다(최대로 한 페이지). 서론은 네 부분으로 구성된다. 1. 직접적으로 주제를 보여줄 수 있는 인용문, 사실 등을 통해 주제를 제시하는 첫 단계 2. 주제를 정의하고, 틀을 정하고 구체화하는 1~2 문장 3. 문제제기를 하는 1~2 문장: 다시 말하면, 당신이 논증하게 될 주제와 관련해서 풀릴 수 있는 본질적인 질문 4. 간단하고 명확한 방식으로 논증단계를 보여주는 계획 명시	
	5. 본론쓰기	1. 본론은 서론의 끝부분에서 언급했던 두세 파트로 구성된다. 2. 각각의 파트는 두세 가지 논거의 형태로 제시된다. 3. 이러한 각각의 논거들은 두세 가지 사례 다음에 일반적인 아이디어들로 제시되는 하위파트(sous-partie)를 이룬다. 3. 전환이 되는 문장은 각 파트들 간의 관계를 이어준다. 4. 각 파트의 시작부에서 sous-parties는 한두 문장으로 언급되어야 한다. 예(구상의 세 번째 파트): 세계화를 조정하고 불균등성을 줄이는 것과 관련되는 정책 phrase d'anonce: 불평등이라는 사실로부터 현재의 세계화는 대안적인 세계화에 의해 드러난다. 이것은 또 다른 세계화가 가능하다고 생각한다(① sous-partie에 대한 언급). 국제기구인 ONG나 지역적인 연합-유럽연합의 유형-들은 국가 수준의 스케일에서(③ sous-partie에 대한 언급) 덜 불평등한 세계화(② sous-partie에 대한 언급)를 위해 움직이고 있다. ① sous-partie: 대안적인 세계화는 훨씬 더 정의로운 세계화를 위해 압력을 행사한다. ② sous-partie: ONG나 지역연합과 같은 국제기구들은 세계화의 불평등한 효과를 제한하기 위한 노력을 한다. ③ sous-partie: 국가들은 세계화의 효과를 이용하고, 불평등한 결과를 제한하기 위해 국가적 스케일에서 정책을 추진한다.	

| 본론 쓰기
(2시간 ~
2시간 30분) | 6.
결론쓰기 | 1. 결론은 본문에서 전개된 것의 요약이 아니다.
2. 결론은 서론에서 제시한 문제제기에 대한 간결한 대답으로 채워야 한다.
3. 결론은 또한 주제와 관련되는 시각을 열어놓을 수 있다.
예) 세계화에 의해 유발된 불균형에 직면한 국가들은 개도국의 어려움을 이해하며, 몇몇 개도국들이 선진국들의 관세조치로부터 어려움을 겪지 않게 하기 위해 OMC를 통해 세계경제에서 중요한 역할을 모색하는 것 같다. 이와 같이 세계화의 물결 속으로 국가들이 들어오는 것은 아마도 더 큰 균형 의식의 틀 속에서 돌아가는 것으로 볼 수 있을 것이다. | |
| 다시 읽기
(10분) | 주의를 기울여서 다시 한 번 읽으면 다음과 같은 좋은 점이 있다.
1. 철자 및 구문상에서의 잠재적인 오류를 줄일 수 있으며,
2. 결론부가 처음에 제시했던 문제제기에 대한 바른 대답이 되었는가를 확인할 수 있다. | | |

출처: Alin JOYEUX et al., 2007, pp.8~9.

3) 자료통합 학습의 형식 및 방법 예시

자료통합(L'ensemble documentaire) 학습은 5개 이상의 자료들(통계표, 지도, 텍스트, 사진 등)과 함께 제시된다. 이 시험은 다음 표 4-21과 같이 두 파트로 나눠진다. 이 시험은 주어진 자료를 보면서 4~5개의 질문에 답하는 형식이다. 그리고 이 시험은 제시된 주제에 맞게 조직적인 글쓰기를 하는 것인데, 이것은 짧은 프리젠테이션 형식으로 하는 것이지만, 논술의 서론과는 다르다. 이를테면, 글쓰기는 두세 문단의 형식으로 전개되며, 결론부는 짧게 두세 줄로 마무리 짓는다.

표 4-22. 자료통합 학습(l'étude d'un ensemble documentaire)의 과정

	주제:	
과정	세부사항	
질문(문제)	1부: 질문에 대답하기 2부: 제시된 문제에 대해 글로 표현하기	
자료제시	지도/텍스트 자료/사진 등	
도움말	1부: 질문에 대한 도움말 2부: 글쓰기에 대한 도움말	

교과서에 제시되어 있는 자료통합 학습의 예시는 표 4-22와 같다. 처음 30분은 주제에 대해 숙고하고, 주어진 자료를 읽고 이해하는 시간이다. 나머지 2시간은 제시되는 질문에 답하고, 조직적인 글쓰기를 하는 시간이다. 첫 번째 파트에서 질문에 답을 할 때에는 너무 길지 않으면서도 핵심적인 내용이 들어가도록 정확한 용어를 선택해야 한다.

표 4-23. 자료통합학습(l'étude d'un ensemble documentaire) 방법 및 예시

3시간	단계	도움말(Conseils)	바깔로레아 준비 관련 페이지
준비 (30분)	1. 주제에 대한 숙고	1. ensemble documentaire 학습은 제시된 문제에 답하는 형식이다. 즉, 그것은 또 다른 문제제기를 하는 것이 아니며, 제시된 주제에 대한 핵심어를 분석하면서 이해하는 것이다. 2. 당신은 주제 분석을 통하여 주어진 자료를 읽을 수 있어야 하며, 주제를 벗어나지 않으면서 문제제기의 엄격한 틀 속에서 당신이 알고 있는 모든 지식을 동원해야 한다.	46~47 48~49 82~83 84~85 120~121 142~143 174~175 196~197
	2. 문제 읽기	1. 자료를 읽는 방향을 잘 잡기 위해서는 우선 제시된 질문들을 모두 읽을 필요가 있다.	
	3. 주어진 자료를 읽고 이해하기	자료들을 읽으면서, 당신은 제시된 질문들이 내포하고 있는 정신을 파악해야 한다. 그러면 당신은 다음과 같은 것들을 할 수 있을 것이다. 1. 다음과 같은 노트하기: 질문에 대한 설명의 시작 부분에 제시된 주된 정보 2. 텍스트나 통계자료의 주된 정보에 밑줄을 그을 것.	
글쓰기 (2시간 30분)	4. 질문에 답하기 (첫 번째 파트) (약 1시간)	1. 논리적으로 단계를 가진 질문들의 순위를 파악해야 한다. 2. 각각의 답변은 간결해야 한다. 다시 말하면, 반 페이지 이상을 넘어서는 안 된다. 주의할 것은 당신의 답변의 길이가 비록 짧더라도 그 내용은 완전해야 하며, 아주 정확한 용어를 선택해서 써야 한다는 것이다. 3. 이와 같이 간결함은 다음과 같은 당신이 한 답변의 형태를 유도한다. 즉, 짧은 기술은 자료의 정보나 학생들이 갖고 있는 개인적인 지식에 근거해서 제시된 질문과 관련하여 논거로 제시된 설명, 또는 자료들에 대한 설명 다음에 이어져야 한다. 4. 다음 사항은 피하세요. – 자료에 나와 있는 요약 부분을 단순히 보고 베끼는 행위 – 자료 및 주제와 관련된 지식을 소리 내어 낭송하는 행위	226~227 248~249 250~251 288~289 290~291 320~321 354~355
	5. 조직적인 글쓰기 (두 번째 파트) (약 1시간 30분)	1단계: 정보를 동원하고 구상하기 당신은 두세 파트로 된(글쓰기) 계획을 할 수 있다. 즉, 당신은 당신이 쓸 파트를 구성하는 두세 가지의 일반적인 주제로 논거를 구성할 수 있다. 당신의 초안은 아래와 같이 논거 및 사례를 구분할 수 있는 표의 형식으로 만들어볼 수 있다. <table><tr><td></td><td>논거</td><td>사례</td></tr><tr><td>파트1의 질문에 답하기</td><td></td><td></td></tr><tr><td>자료로부터 도출된 또 다른 정보</td><td></td><td></td></tr><tr><td>주제에 대한 학생 개개인의 지식</td><td></td><td></td></tr></table> 2단계: 글쓰기 조직적인 글쓰기는 다음과 같이 구성될 수 있다. 1. 주제 및 문제제기에 해당되는 도입부를 간단히(2~3줄) 쓸 것 2. 글쓰기의 주된 내용은 두세 단락으로 된 본문의 형식으로 구분할 것 3. 짧은 결론(2~3줄) 3단계: 다시 읽기	

출처: Alin JOYEUX et al., 2007, p.10.

4) 크로키의 형식 및 방법 예시

프랑스 지리교육에서 크로키는 학습의 마무리 활동으로서 논술과 함께 중요한 요소이다. 크로키는 특히 어떤 영토(도시, 지역, 국가), 사실들 간의 관계, 변화 등에 대한 본질적인 내용을 두드러지게 표현하기 위해서 학교지리에서는 점점 더 많이 활용되고 있다. 많은 교사들에게 있어서 크로키는 학생들이 공간의 기능에 관해 잘 이해했는지 여부를 평가할 수 있는 도구가 되었다. 크로키는 실체를 단순화시키고 정보들을 조직함으로써 이해와 기억을 쉽게 해주기 위함이며, 이러한 크로키는 말과 글로 표현되는 일련의 진술들을 보완해주는 성격이 있다. 크로키는 또한 교사가 가르치고 있는 내용을 설명하면서 칠판에 그려질 수도 있고, 교사는 그가 그렸던 것처럼 학생들이 따라 해볼 수 있도록 도와줄 수도 있으며, 교사가 사전에 그려놨던 것을 학생들에게 나눠줄 수도 있다. 처음에는 교사가 바르게 그린 것을 학생들에게 나눠주고 정확하게 따라 그리도록 지시하는 상황이므로 최상의 학습조건은 아니다. 그렇지만 다음에는 훨씬 더 복잡한 크로키도 기대할 수 있게 된다. 한편, 학생들은 크로키 위에 이름을 채우면서 완성할 수도 있다.113)

크로키는 바깔로레아에서 "역사"를 주 시험과목으로 추첨했을 때 치르게 되는 짧은 시험이다. 채점은 전체를 대상으로 하는데(긴 시험과 짧은 시험은 구별되지 않음), 특히 고1부터 연습해온 이 크로키를 등한시해서는 안 된다. 응시자는 지도를 바탕으로 하여 범례에서 필요한 항목을 가져다가 크로키의 형태로 주제에 대한 답을 해야 한다. 한편, 크로키는 논술의 방식과도 유사한 측면이 있다. 즉, 크로키는 어떠한 자료를 근거로 하는 것이 아니며, 제시된 크로키의 주제를 명확히 보여줄 수 있는 문제제기를 통한 지식과 숙고에 바탕을 두는 것이다.114)

크로키는 표 4-24와 같이, 크게 세 단계로 구성된다. 첫 번째 단계는 준비과정으로서 제시된 주제를 분석하고 문제를 제기할 수 있어야 한다. 두 번째 단계는 표의 형식으로 적절한 정보를 선택하고 그에 해당하는 figurés를 정할 수 있어야 한다. 세 번째 단계에서는 각각의 figurés에 해당되는 정보의 옆에 범례를 배치시키고 크로키를 완성해야 한다.

---

113) B. Mérenne-Schoumaker, 2005, pp.71-73.

114) Alin JOYEUX et al., 2007, p.11.

표 4-24. 크로키(Croquis)의 주요 단계

	주제:
단계	내용
1단계	문제제기
2단계	적절한 정보 및 그에 해당되는 figurés 선택하기
3단계	크로키 완성하기

쉐마(Schéma, 도식)는 크로키의 또 다른 유형인데, 화살표로 제시되는 쉐마의 작성요령은 다음과 같다.[115]

1. 정보를 선택한다. 즉, 설명하려는 것(예, 지역 변화)의 본질적인 것과 부차적인 것을 분류한다. 그리고 이를테면, 텍스트에서 적절한 정보의 단위(예컨대, 사실, 절차, 행위자, 영역 등)를 도출한다.

2. 정보를 조직한다. 즉, 채택된 정보를 분류하고, 그것의 중요성이나 역할에 따라 계층을 나눈다. 특히, 결과를 설명해줄 수 있는 요인을 구별한다.

3. 쉐마의 유형을 선택한다.

4. 표현하고자 하는 요소를 선택한다. 즉, 텍스트의 의미를 잘 함축할 수 있는 기하학적인 도형을 선정해야 하며, 그 자체의 형태(원, 타원, 장방형 등)로 특징이 구별될 수 있는 것이어야 한다.

5. 텍스트가 없이도 말로 설명할 수 있고, 글로 표현한 것을 명확하게 대신해줄 수 있는 특징을 쉐마로 작성한다.

표 4-25. 크로키(le Croquis)의 방법 및 예시

1시간	단계	도움말(Conseils)	바깔로레아 준비 관련 페이지
준비 (15분)	1. 주제분석 및 문제제기	1. 초안을 위한 문제제기를 설정할 것을 권한다. 나중에 초안은 당신이 선택하게 될 범례로 안내해주게 될 것이다. 범례의 다양한 부분들은 이러한 문제제기에 대한 답변을 해야 할 것이다. 여기서 문제제기는 당신이 주제의 범위를 벗어나는 것을 막아줄 것이다. 2. 문제제기는 다음과 같이 범례에 대한 척추기능을 하는 기둥이다. 즉, 각 파트의 제목은 문제제기에 대한 답변이 잘 연결될 수 있는 주제들이 명확히 나타나게 해준다.	

115) B. Mérenne-Schoumaker, 2005, p.74.

준비 (15분)	2. 표형식으로 초안작성	1. 구상은 다음과 같이 문제제기 후에 하는 것이다. 즉, 당신은 초안을 작성할 수 있는데, 뒤죽박죽 놓인 모든 지도학적 정보들은 당신이 주제에 대한 정신에 접근하게 해준다. 2. 정보 및 figugé의 수는 최소한 10개 정도로 한다. 3. 주제에 답을 할 수 있게 해주는 정보들은 선택되어지는 구상 속에서 분류될 수 있다. 4. figugés 선택에 대한 중요성을 인식하시오. 그것들을 선택하는 데 있어서 혼동해서는 안 되며, 다음과 같은 규칙을 준수해야 한다(교과서 맨 끝을 참조할 것). – 선으로 된 figugés는 교통 및 흐름의 인프라를 처리한다. – 점으로 표시되는 figugés는 그들의 모양과 색상에 따라 다양하게 표현될 수 있다. 5. 단계적인 색상 표현은 다양한 자료들을 처리할 수 있다. 가장 진한 색깔은 가치가 가장 큰 것을 처리한다. 6. 어떤 색상의 선택은 그 자체로 강한 인상을 준다. 밤색이 고지대를 표현하는 반면, 푸른색은 천연공원이나 농업공간을 떠올리게 해준다.	50~51 88~89
	3. 범례결정	1. 범례는 크로키와 같은 의미에서 수행되어야 한다. 왜냐하면 채점자가 일관성을 쉽게 확인할 수 있는 모양이어야 하기 때문이다. 2. 당신의 범례는 다음과 같은 초안 작성을 위한 것뿐이다. 즉, 그것은 일반적으로 두세 파트로 구성되며, 잘 구분된다. 3. 각각의 figugé는 해당되는 정보의 옆에 배치시켜야 한다.	124~125 144~145 178~179 198~199 230~231
크로키 활동 (45분)	4. 크로키완성	1. 크로키의 제목은 필수적이며, 주제에 대한 표제를 다시 가져온다. 즉, 그것만의 고유한 제목을 달아서는 안 되며, 그렇게 되면, 문제제기에서 설정한 것을 벗어나고, 주제의 범위를 벗어날 위험이 있기 때문이다. 2. 필요한 자료 – 일부 figugé의 윤곽을 잡기 위한 것으로 종이에 그을 연필 – 색연필 – 이름과 점으로 된 figugé를 표현할 수성펜 – 경우에 따라서는 원을 그리기 위한 normographe나 컴퍼스 3. 제안 – 다음과 같이 바다와 대양은 색칠하지 마시오. – 지역적인 스케일에서 국가, 바다, 대양의 모든 이름은 대문자로 수평하게 써줄 필요가 있다. 강은 물 색깔에 맞게 소문자로 쓴다. – 다음과 같은 적절한 색깔을 이용할 것: 하늘색 계통의 색은 물과 관련된 현상을 표현할 때 쓰며, 푸른색 계통은 농업과 관련된 것을 표현할 때 쓴다.	252~253 294~295 324~325 358~359

출처: Alin JOYEUX et al., 2007, p.11.

나. 지리논술의 사례

표 4-26. 논술 예시 1(고3, 새로운 러시아의 힘)

바깔로레아 대비/Composition/고3 pp.356-357.	
주제: 새로운 러시아의 힘	
1단계 주제 분석하기	La puissance de la nouvelle Russie(새로운 러시아의 힘) 공간 및 시간 속에서 주제에 관한 범위를 정할 필요가 있다. 글을 쓸 때에 이러한 각각의 용어들은 다음과 같은 나름대로의 중요성을 가지고 있다. 즉, 여기서 "새로운"은 주제를 시간 속에 자리를 잡게 해준다.

2단계 문제제기	1. 다음과 같이 문제제기에 관한 몇 가지 제안사항이 있다. 즉, 주제에 가장 잘 맞는 것을 고르시오. 당신이 선택한 것을 정당화하시오. ① 강한 러시아의 요인은 무엇인가? ② 1991년 이래로 러시아의 정치, 경제적인 성격은 어떠한가? ③ 러시아와 세계 다른 나라들 간의 관계는 어떠한가? ④ 세계에서 러시아의 역할과 위상은 어떠한가? 2. 주제를 모두 병합할 수 있도록 문제제기를 크게 표현할 필요가 있다.
3단계 구상하기	1. cours 및 ensembles documentaires로부터 도출된 아이디어들을 모으시오. 경제적 허약함의 중요성/세계화 속에서의 통합/중요한 천연자원/탄화수소로 인한 교역의 힘/석유 및 가스의 무기화/강한 국가/부족한 국토이용/교통문제/불안정한 사회/두뇌의 해외유출/러시아의 새로운 외교/군사력 2. 주제와 관련된 다른 아이디어들을 찾아보시오. – 이러한 각각의 아이디어들은 사례들로 예시되어야 할 것이다. 3. 구상의 큰 주제들과 관련된 아이디어들을 분류하고, 사례들(다음과 같은 것들을 표의 형식으로: 주제, 아이디어, 사례)을 선택하시오. ① 러시아, 강대국 – 이러한 힘의 관점 – 이러한 힘을 강화시켜주는 성공의 수단 ② 이러한 힘의 요인들 – 천연자원 – 구소련으로부터 물려받은 영향력 ③ 이러한 힘의 한계 – 내부적인 한계 – 외부적인 한계 이 주제와 관련해서, 당신에게 제안되는 구상은 분석적이다. '기록, 요인, 결과 또는 한계' 특히, 요인에 의해 시작하는 것은 피해야 한다. 왜냐하면, 처음 부분에서 우리가 말하는 현상에 대해 소개하는 것은 필수적이기 때문이다. 지리에서는 연대기적인 구상을 피하는 것이 적절하다. 구소련의 힘을 물려받았다는 것에 대해 처음 부분에서 다루는 것은 역사적인 방법일 수 있으며, 지리적인 것은 아니다.
4단계 논술을 보여주기 위해 적당한 쉐마 선택하기	본론의 사례 또는 어떤 부분들은 그래프와 관련된 것들이 따라올 수 있다. 특히 여기서는 쉐마가 있다. 마지막으로, 현실을 단순화시킨 표현은 언제나 하나의 제목과 범례의 요소들을 수반한다. 네 가지 쉐마 예시 : ① 러시아와 세계, ② 대생물기후권, ③ 러시아 인구분포, ④ 러시아의 교통 1. 이러한 쉐마들은 어떤 측면에서 주제를 설명할 수 있는지 보이시오. 2. 이러한 쉐마들을 단계3의 구상에서 그들이 이용될 수 있는 장소를 정하시오. 3. 러시아의 천연자원에 대한 쉐마를 그리시오(당신은 탄화수소의 한계를 정할 수 있다). 하나의 쉐마는 하나의 현상이나 아이디어를 표현한다. 그렇지만 그것은 본론에서 설명을 대체하지는 않는다.
5단계 논술 작성하기	1. 단계1과 2를 활용하면서 서론을 쓰시오. 2. 서론의 끝부분에서 당신이 설정한 구상을 말하시오. 3. 단계3의 구상을 적용하면서 본론을 쓰시오. 4. 다음은 작성된 결론부의 사례이다. 러시아는 역설적인 강대국이다. 강한 소비에트의 계승자이며, 강한 성공의 수단을 가진 러시아는 미국과 함께 파트너의 지위를 회복하고, 국가들의 콘서트에서 자신들의 목소리를 듣게 되기를 바라고 있다. 하지만 내부적으로 허약하고, 다른 국가들의 경계심은 지금 당장 그들이 강대국이 되는 것을 제한하고 있다. 5. 결론의 끝부분에서 주제를 환기시키는 것은 포괄적이어야 한다. 하지만 주제와 관련을 맺는 상태가 되어야 한다.

출처: Alin JOYEUX et al., 2008, pp.356-357.

다. 자료통합학습의 사례

표 4-27. 자료통합학습 예시 1(고2, 발트해, 확장되고 있는 교역의 공간인가?)

바깔로레아 대비/Ensemble Documentaire/고2 pp.32~33.	
주제: 발트해, 확장되고 있는 교역의 공간인가?	
1부 질문	1. 발트해 공간에서 어떤 조치가 연안 국가 국민들 사이에서의 연합을 취하게 할 것인가?(자료 1, 2, 4) 2. 어떤 국가가 발트해 연안의 역내 교역에서 우위를 점하겠는가?(자료 2, 3, 4) 3. 러시아가 유럽의 교역으로 통합되는 시점에서 발트해 연안은 어떤 지위를 점하는가?(자료 2, 3, 4) 4. 발트해 공간은 어떤 방식으로 주민과 상인들의 교통을 편리하게 정비하는가?(자료 2, 3, 5) 5. 발트해 연안 국가들은 어떤 <공동의 발전전략>을 취하고 있는가?(자료 3)
2부 조직화된 답변 (글쓰기)	질문에 답하는 데 있어서 자료들 속에 있는 내용 정보의 도움을 받고, 당신이 가지고 있는 개인적인 지식으로 "발트해, 확장되고 있는 교역의 공간인가?"란 주제에 맞게 조직화된 글쓰기를 하시오.
자료 1 (지도)	2003년, 발트해 주변의 인구밀도
자료 2 (텍스트)	발트해, 유럽과 러시아 사이의 쟁점 발트해 주변에는 총 7천여만의 주민들이 살고 있는데, 이 지역에는 10만 명 이상이 사는 도시들이 약 50개 정도 있으며, 2억 3천만 명 이상의 잠재적인 소비시장과 통하는 항구가 80여 개 있다. 공동소유에 대한 기업가들의 꿈을 불러일으키는 것, 즉 기업가들은 한자동맹(1241~1630)의 재현을 상상하고 있다. 인프라 구축과 관련하여, 발트해 연안에 있는 많은 항구들은 경쟁관계에 있으며, 상업적인 운송, 러시아의 석유 및 광석의 이동경로를 병합하기 위해서 세계화의 노력에 착수했다. 항구 내부의 전체 통행량은 1989년에 9억 6천3백만 톤이었던 것이 2002년에는 17억 2천2백만 톤으로 증가하였다. 발트해 연안에 자리 잡고 있는 새로운 항구들은 러시아의 내륙지역에 공급하기 위해서 경쟁하고 있으며, 러시아는 Primorsk와 같은 새로운 외항을 만들어서 그들 스스로 탄화수소를 공급하고자 노력하고 있다.
자료 3 (텍스트)	발트해 연안의 잘 변형된 중심지들 핀란드, 스웨덴, 폴란드, 발트해 주변국들(발트해 동쪽에 있는 3국)의 유럽연합 가입으로 유럽대륙의 중심은 연안도시들에 대한 새로운 전망을 열어놓고 있는 발트해 연안 쪽으로 옮겨갔다. … 이 지역의 행정 중심은 1993년에 10개의 연안 국가들에서 100여 개의 행정중심지들을 묶은 발트해 연안 도시연맹(UBC)과 같은 공동체적인 조직으로 설정되었다. … UBC의 연계 회의는 발트해 연안에서 공동의 문제, 즉 교통 및 환경의 문제를 논의하고, 교역, 대학, 예술, 문화와 관련된 협력의 새로운 프로젝트를 추진할 수 있게 했다. UBC의 후원하에 … Kalmar의 한자의 날과 같은 중요한 상업적 축제가 개최되고 있다. … 매년 9월에는 Baltic Forum이 Saint-Petersbourg에서 열림으로써 … 발트해 연안 도시들 간의 협력은 가장 역동적으로 진행되고 있는데, 이는 국토개발 분야에서 전개되고 있으며, 유럽의 교통회랑에 연결시키는 자연적인 망의 건설에 기여하고 있다. … '발트해의 진주들' 사이를 연결하려는 생각은 연안도시들에 대해 아는 것과 관련된다.
자료 4 (지도)	2003, 발트해 연안의 교역
자료 5 (사진)	Helsinki와 Tallinn(Estonie의 수도)의 연계
도움말(Conseils)	
다음의 도움말은 당신이 질문에 대한 답을 찾는 것을 안내하기 위함이다.	
1부 질문	1. 발트해 연안에서 인구가 밀집되어 있는 곳을 구별하면서 그 지역의 인구 점유상태에 대해 기술하시오.

1부 질문	2. 연안 국가들과 관련하여 교역의 불균등한 역동성에 대해 파악하시오. 3. 러시아가 최근에 발트해 교역에 있어서 그들의 지위를 끌어올리기 위한 전략이 무엇인지 기술하시오. 4. 여기서는 다양한 개발에 관해 기술하는 것이다. 하지만 다음과 같은 촉진 수준을 이해하는 것이다. 즉, 다양한 스케일에서 개발 주최들의 유형을 설정하시오. 5. 최근에 유럽연합의 확대와 관련된 비용수준의 측면에서 연안국가들 사이에서 공유(공동 출자)할 수 있는 발전 정책으로는 어떤 관심사가 있을지 설명해야 할 것이다.
2부 조직화된 답변 (글쓰기)	발트해 연안의 새로운 역동성은 무엇인지, 그리고 그러한 요인은 무엇인가를 제시하고 보여주어야 할 것이다.

출처: Alin JOYEUX et al., 2007, pp.32~33.

라. 크로키의 사례

표 4-28은 고등학교 2학년 교과서에 포함된 "유럽에서의 도시망과 대도시권의 위계"라는 제목의 크로키 사례이다. 그리고 그림 4-49는 실제로 크로키를 작성한 예이다.

표 4-28. 크로키 예시 1(고2, 유럽에서의 도시망과 대도시권의 위계)

바깔로레아 대비/Croquis/고2 pp.160-161.		
주제: 유럽에서의 도시망과 대도시권의 위계		
1단계 문제제기	메트로폴은 유럽의 도시망 속에 포함된다. 메트로폴이 강할수록 중요한 도시망을 더 많이 장악한다. 따라서 이러한 메트로폴들이 어떻게 그들이 집중하고 있는 영향력 및 권력과 관련된 유럽공간에서 그러한 망을 장악하고 있는 것을 보여줘야 한다. 이러한 사항들로부터 질문의 형태로 문제제기를 구성하시오. (메트로폴 p.144, 세계도시 p.148, 도시망 p.150, 지표 p.150에 관한 정의를 참조할 것.)	
2단계 적절한 정보 및 그에 해당되는 figurés 선택하기	161쪽의 크로키를 관찰하시오. 이 크로키로부터 아래의 표에 있는 질문에 답하고, 그것을 완성하시오. **도 시 망** ─────────▼───────── ① 크로키에 나와 있는 도시들의 이름을 적으시오. ② 주어진 자료들을 간략화 시키면서 도시 인구 부분을 표현하시오. ─────────▼───────── ③ 다음과 같은 의문들을 제기하시오. – 유럽에서 가장 밀도가 높은 도시망은 어디인가? – 이러한 도시집중을 어떻게 표현할까? – 유럽 도시망의 동쪽과 남쪽의 한계를 어떻게 표현할까?	**대도시권의 위계** ─────────▼───────── 149쪽의 자료1로부터 다음과 같이 그들의 역할에 따른 메트로폴의 중요성을 표현하시오: 세계적 ④, 대륙적(유럽적) ⑤, 지역적 ⑥ ─────────▼───────── 다른 것들과 관련하여 일부 메크로폴들의 가장 큰 영향력을 어떻게 표현할 수 있는가? ⑦ 유럽 주식투자자들의 망 ⑧ 2012년의 올림픽게임 ⑨ ○○의 본사

| 2단계
적절한 정보 및
그에 해당되는
figurés 선택하기 | 1. 왜 1. 도시망, 2. 메트로폴의 위계와 같은 유형은 주제에 정확하게 일치하지 않는가?
2. 크로키에 제시되어 있는 범례표는 어떤 측면에서 문제제기에 해당(일치)되는가? 단계2를 한 후에, 범례를 완성하시오.
– 주제의 두 파트에 해당되는 기술적인 정보들을 표현함으로써 시작하시오.)
– 주제는 도시망과 메트로폴의 위계 간의 관계설정을 요구하고 있다. 따라서 범례표에서 그러한 관계들이 나타나게 해야 한다. |
| 3단계
크로키
완성하기 | 1. 크로키에 제목을 붙이시오.
2. 챕터 내에서 주제와 관련된 추가적인 정보 한두 가지를 찾으시오. 그것들은 크로키에서 표현될 수 있는 것이어야 함.
3. 범례표에서 이러한 정보들을 분류하시오. 그리고 크로키 위에서 그러한 것들을 표현하시오.
– 크로키는 가능한 한 다이나믹한 것을 보여줘야 한다. 따라서 크로키를 하면서(축, 흐름, 영향 등에 관한…)화살표로 표현할 수 있기를 바란다.
p.161. 크로키 사례(제목/크로키/범례표) |

출처: Alin JOYEUX et al., 2007, p.160.

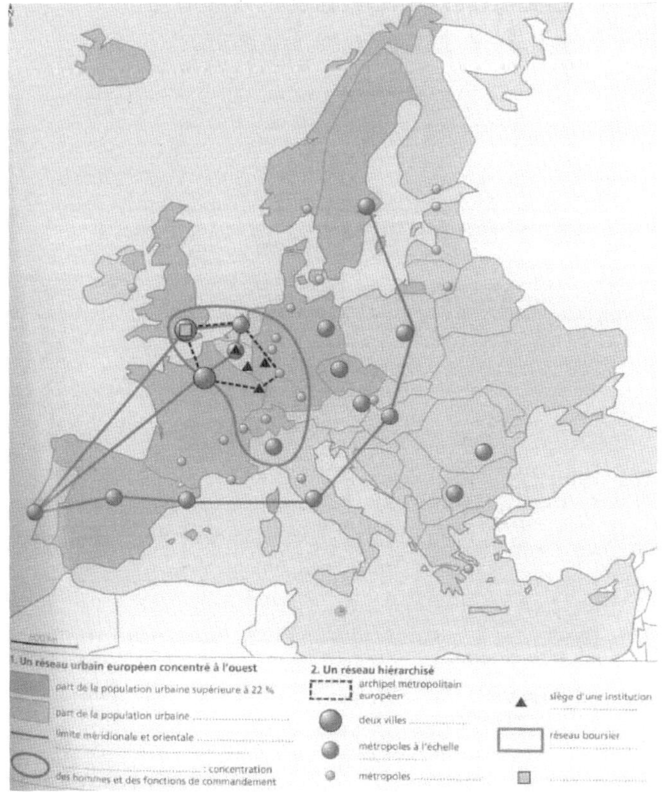

그림 4-49. 예시 2(고2, 유럽에서의 도시망과 대도시권의 위계)

출처: Alin JOYEUX et al., 2007, p.161.

이상에서 살펴본 바와 같이, 프랑스의 바깔로레아 시험(대입시험)은 논술과 구술로 구분되며, 고등학교 지리 교과서에는 단원의 마지막 섹션에 대입시험을 대비할 수 있도록 학습내용을 배치하고 있다. 이미 상술한 바와 같이, 수업 중에는 주로 질문과 답변을 통해서 수업이 이루어지며, 수업의 후반부에서는 학습의 마무리 활동에 해당되는 논술과 크로키를 통해 학생들이 이해한 내용을 정리할 수 있게 구성되어 있다. 또한 대입시험의 유형에 맞게 학생들이 연습해볼 수 있는 코너를 배치함으로써 학생들은 해당 주제를 마무리함과 동시에 시험을 위한 준비도 할 수 있다. 프랑스의 대입시험에서 지리 평가는 단순한 지리적 정보를 암기해서 표현하는 것이 아니라, 주어진 주제로부터 출발해서 문제를 제기하고 내용전개를 위한 구상과 논술 및 크로키를 작성할 수 있는 능력을 평가한다. 그리고 학생들이 지리수업 시간에 배운 학습내용이나 사고하는 습관은 단순히 시험에 대비하는 것뿐만 아니라 학생들의 일상적인 삶의 영역에 이르기까지 상당한 영향을 미칠 것으로 여겨진다.

4. 지리교육의 학습내용 조직원리

가. 지리학적 아이디어와 학습내용의 계열화

학습내용의 계열화와 관련해서는 3장에서 이미 지리교육의 학습내용을 지역지리, 계통지리, 스케일(국토지리, 유럽지리, 세계지리)별로 분석하고, 다시 학습내용을 주제별, 지역별 계열성에 관해 검토하였다. 본 장에서는 학습내용의 조직과 관련하여 보다 근본적인 원리를 파악해 보고자 한다.

그동안 지리교육과 관계되는 국내외의 많은 학자들은 지리학 및 지리교육에서 강조되는 주요 개념들을 정리하였으며,[116] 지리교육의 내용조직 측면에 있어서는 특히 지역 및 주제

---

116) 지리개념은 다음과 같이 정리된다. (1) HSGP: ① 지도화, ② 지역, ③ 인간과 자연과의 관계, ④ 공간관계, (2) H. J. Warman: ① Globalism, ② 지도화, ③ 생활권, ④ 공간적 특이성 · 차이점 · 유사성, ⑤ 지역 및 지역성, ⑥ 문화적으로 정의된 자원, ⑦ 선택자로서의 인간, ⑧ 공간적 상호작용, ⑨ 끊임없는 변천, (3) M. Nishi: ① 공간분포, ② 지역적 결합성, ③ 입지론, ④ 문화, ⑤ 자연자원, ⑦ 분포, ⑧ 시간, ⑨ 공간적 상호작용, ⑩ 인간과 자연, ⑪ 지구사회의 상호의존, (4) J. O. M. Broek: ① 지구의 문화적 평가, ② 지역, ③ 지역적 결합, ④ 공간의 상호작용, ⑤ 입지, ⑥ 축척의 중요성, ⑦ 변천, (5) Greco: ① 대상적인 요소(지리적 현상, 지리적 사실, 지리적 분포, 지리적 분화), ② 연구 기법적 요소(축척, 현지조사 및 지도화), ③ 과정적 요소(지역적 연관, 공간적 상호작용), (6) School Council Project: ① 커뮤니케이션, ② 힘, ③ 가치와 신념, ④ 갈등과 합의, ⑤ 계속성과 변화, ⑥ 유사성과 차이점, ⑦ 원인과 결과, (7) NCGE · AAG: ① 위치, ② 장소, ③ 장소

설정에 관하여 많은 관심을 보였다. 그렇지만 지금까지 그에 대한 명확한 원칙이나 이론이 정립된 것은 아니다. 대표적인 예로, 영국의 초등지리교육론(강경원 외 역, 2001)[117]에서는 지리교육과정 안에서 장소, 주제, 기능은 따로 분리되어 가르쳐져서는 안 된다고 강조하고 있으며, 서태열은 박사논문[118]에서 지리 내용의 구조로서 지역, 주제, 지리개념 및 지리기능을 정육면체의 세 면으로 표현하면서 지리 내용은 결국 지리적 주제, 지역, 지리개념 및 지리기능[119]의 세 가지 성분으로 구성된다고 주장한다. 결국, 지금까지 제시된 이론들은 지리교육의 내용조직에 있어서 명쾌한 원리나 방향을 제시해주지 못한 채, 지리교육에서 중요하게 여겨지는 개념, 관점에 관해서 정리하는 정도에 머물고 있다.

지금까지는 학습내용의 조직적 측면에서 주로 주제 및 지역에 큰 관심을 보였지만 지리개념이라고 표현되는 측면으로부터는 의미 있는 연관성을 찾지 못하였는데, 본 장에서는 프랑스 지리교육의 내용조직 원리를 지리적인 아이디어(개념)를 중심으로 도출하고자 한다.

프랑스 지리 교과서에서 드러나는 주된 아이디어는 다양성, 분포, 격차, 관계, 이동, 문제, 쟁점 등과 같다. 본 연구에서는 이러한 지리적인 아이디어를 가장 상위에 놓고 각각의 아이디어에 따라 학습내용이 전개되는 과정을 주제, 지역 등의 학습내용의 측면으로 제시하고자 한다. 이러한 아이디어들은 다양성에서부터 문제, 쟁점에 이르기까지 계열성을 보이고 있으며, 실제로 교과서에 포함된 학습내용 또한 이러한 아이디어로부터 구체화되었음을 확인할 수 있다.

내의 관계들, ④ 이동, ⑤ 지역들 등.

117) Marcia Foley and Jan Janikoun, 1992, The Really Practical Guide To Primary Geography.

118) 「지리 교육과정의 내용 구성에 대한 연구」, 1993, 서울대학교 대학원 박사학위 논문.

119) 지리기능에 관해서는 다음과 같이 정리된다. (1) NCGE Guideline 및 NGS교사용 지침서: ① 지리적 질문 던지기, ② 지리적 정보 획득하기, ③ 지리적 정보 제시하기, ④ 지리적 정보 분석하기, ⑤ 지리적 일반화 개발하고 검증하기, (2) F. B. Brouillet: ① 방향과 관련된 기능, ② 축적과 관련된 기능, ③ 입지와 관련된 기능, ④ 상징과 관련된 기능, ⑤ 비교, 추론과 관련된 기능, (3) C. Salter: ① 관찰, ② 숙고, ③ 분석, ④ 평가, ⑤ 지도, 차트, 지구의와 관련된 기능, (4) M. Williams and S. Catling: ① 기본적 의사소통 기능, ② 지적 기능, ③ 사회적 기능, (5) G. Conolly: ① 관찰, ② 수집과 기록, ③ 지도화하기, ④ 탐구하기, ⑤ 자료의 해석, 분석. 종합 ⑥ 의사소통, ⑦ 사회적 기능, ⑧ 의사결정기능, (6) D. Mills: ① 사회적 기능, ② 언어와 연구기능, ③ 과학적, 수학적 기능, ④ 지적 기능, ⑤ 심미적 기능, ⑥ 실제적 기능, (7) 영국 DES Geography 5-16: ① 지도와 다이어그램의 사용, ② Fieldwork 기능 ③ 2차적 자료의 사용 기능, (8) 서태열: ① 지리 지적 기능, ② 지리 도해기능, ③ 기본적 의사소통 기능과 사회적 기능 등.

1) 다양성, 분포, 격차의 사례

　　프랑스 지리 교과서에는 지형, 기후, 인구분포, 빈부격차, 재화 및 인구의 이동, 불균등 및
사회문제 등과 같은 다양한 내용이 포함되어 있으며, 다양한 스케일과 지역을 다루고 있다.
여기서 분석하게 될 학습내용의 조직 원리는 지리학적 주요 아이디어로부터 출발한다. 프랑
스 지리 교과서에 등장하는 가장 일차적인 아이디어는 "다양성"이다. 세계는 다양하다는 것
을 다양한 기후 및 지형과 같은 내용으로 표현하며 그에 따른 식생의 다양성을 기술한다.

　　그런 후에 두 번째 아이디어인 분포, 격차로부터 학습내용을 도출한다. 이를테면, 다양성
이 존재하는 세계에서 인구는 어디에 분포하는가, 인구가 많은 곳과 적은 곳은 어디인가, 잘
사는 지역과 못사는 지역은 어디인가, 자원은 어디에 많고 어디에 적은가 등과 같이 학습내
용이 구성된다. 이러한 아이디어와 관련된 학습내용의 사례는 다음과 같다.

표 4-29. 다양성, 분포, 격차와 관련된 학습내용(초3)

○ 초등학교 3학년
1. 세계를 향한 시선: 인간사회에 의해 조직된 공간들

　1. 지리학자의 도구인 지구의와 평면구형도: 지구의 표현
　2. 대륙과 해양
　3. 다양한 기후
　4. 지구상에서의 인간의 분포
　5. 지리학자의 도구인 위성영상
　6. 삶의 양상: 부유한 국가에서의 삶
　7. 삶의 양상: 가난한 국가에서의 삶
　8. 지리학자의 도구인 사진: Bombay의 부유함과 가난함

　　위에 제시한 표 4-29은 초등학교 3학년의 첫 번째 파트인 세계를 향한 시선이다. 여기서
는 다양한 기후, 인간의 분포, 남북문제 등으로 학습내용이 구성되어 있다. 이어서, 표 4-29
는 초등학교 4학년 교과서의 두 번째 파트인 '유럽 공간: 경관의 다양성'에 나오는 첫 번째
주제이다. 여기서도 자연환경의 다양성과 인구밀도가 다루어진다.

유럽의 범위	1. 지리학자의 도구, 주제도: 유럽의 범위 2. 지리학자의 도구, 사진: 자연환경의 다양성 3. 지리학자의 도구, 주제도: 문화적, 경제적인 단일체 4. 지리학자의 도구, 지도와 그래픽: 인구밀도 5. 불규칙한 정주

표 4-30에 제시된 내용은 중학교 1학년 교과서의 시작부분이다. 첫 번째 주제는 "지구상의 인간"으로서 인구분포, 정주형태, 인구증가를 다루고 있다. 그다음 주제는 "불공평하게 부유한 국가들"이다. 이는 빈부격차, 남북문제와 관련된 것으로 학습내용에는 세계의 국가들, 부유한 국가들과 가난한 국가들, 선진국과 후진국, 정주와 빈곤을 다루고 있다.

12. 지구상의 인간	1. 인구분포 – 정주 형태 2. 인구증가
13. 불공평하게 부유한 국가들	1. 세계의 국가들 2. 부유한 국가들과 가난한 국가들 – 선진국과 후진국 – 정주와 빈곤

고등학교 학습내용은 초등학교 및 중학교와는 달리 학습내용이 주제 중심으로 구성된다. 표 4-32에서도 볼 수 있듯이, 프랑스 지리 교과서는 지리 학습의 시작부분에서는 대체적으로 인구분포, 남북문제 등을 중심으로 학습내용이 구성된다는 것을 확인할 수 있다. 고등학교 수준에서는 단순히 인구분포나 남북문제에서 그치지 않고 인구부양이라는 문제를 다루고 있는 것이 특징이다.

표 4-32. 다양성, 분포, 격차와 관련된 학습내용(고1, Hachette/Hatier)

1. 지구상에 거주하는 65억의 인구 <학습내용> 1. 육지의 1/3에만 사람이 산다. 2. <u>인구분포</u>에서 역사적, 인구학적 요인들 3. 발전의 불균등성으로 인한 <u>남북문제</u> 4. 지리학의 중심에 있는 국경문제 5. 세계화의 틀 속에서 국경이 사라지기를 바라면서 <사례학습> 1. 대조적인 공간, 지중해 연안 2. 발전의 불균등성을 보여주는 것, 에이즈 3. L'ALENA, 북아메리카 국경은 강화되는가, 사라지는가? 4. 해양 지정학의 중심에 놓인 동아시아	1. 60억 이상의 인구 <사례학습> 1. 아메리카 대륙의 인구 2. 동남아시아의 인구 3. 중앙유럽과 동유럽에서의 인구, 국경 그리고 환경 <학습내용> 1. <u>인구가 희박한 곳과 조밀한 곳</u> 2. 발달과 풍요로움의 상충되는 측면 3. 환경, 지구촌의 쟁점 4. 국경은 세계의 공간을 나눈다.

2) 관계, 이동의 사례

두 번째로 검토할 지리학적 아이디어는 "관계, 이동"이다. 앞에서 다룬 다양성, 분포, 격차의 내용을 정리하면, 세계에 분포하는 인구, 자원 등은 고르지 않으며, 그러한 격차는 곧 빈곤문제, 남북문제와 같이 표현된다. 따라서 물이 높은 곳에서 낮은 곳으로 흐르듯이, 가난한 지역에서 부유한 곳으로 돈을 벌기 위해 사람이 이주하고, 기타 재화나 물류 등이 이동하기도 한다. 이러한 내용을 하나로 묶어줄 수 있는 아이디어가 본 절에서 다루게 될 관계, 이동이다.

이러한 아이디어와 관련하여 초등학교 5학년의 '세계 속의 프랑스'에서는 경제적 강대국으로서 프랑스를 소개하며, 세계 속에서 프랑스의 영향력에 이어 프랑스로의 인구이동에 관하여 기술하고 있다(표 4-33).

표 4-33. 관계, 이주와 관련된 학습내용(초5)

5. 세계 속의 프랑스	1. 지리학자의 도구인 지도: 프랑스 영토 2. 해외(영토)의 프랑스 3. 프랑스어권 4. 경제적인 강대국, 프랑스 5. 세계 속에서 프랑스의 영향력 6. 프랑스로의 인구이동 7. 가난한 국가들에 대한 원조

관계 및 이동과 관련하여 중학교 4학년의 '세계의 일반적인 조직'에 관한 내용에서는 경제력이 고르지 않은 선진국들 및 개도국에 관하여 다룬 후에 직업을 위한 이주, 이주의 증가, 관광객의 이주 등을 비롯하여 세계의 무역, 점점 더 늘어나는 교류와 같이 확대되고 있다(표 4-34).

표 4-34. 관계, 이주와 관련된 학습내용(중4)

8. 세계의 일반적인 조직	- 65억의 인구 - 지도: 세계에서 불균등한 것들 - 건강 측면에서의 불평등 1. 경제력이 고르지 않은 선진국들 2. 개도국(남위도에 속한 국가들)의 다양성 - 지도: 직업을 위한 이주 3. 이주의 비약적인 증가 - 관광객의 이주 - 지도: 세계의 무역 4. 점점 더 늘어나는 교류 - 지도: 세계의 도시화 5. 급속한 도시의 성장 - 세계의 판자촌 - 환경의 훼손 - 지구촌에서의 위험요소들

표 4-35. 관계, 이주와 관련된 학습내용(고2)

8. 유럽과 프랑스에서 인간의 이동 <Etude de cas> 1. 독일과 스페인, 유럽의 이주모델 <cours> 1. 국제적인 이주의 중심에 있는 유럽연합 2. 이민의 쟁점은 무엇인가? 3. 유럽연합 및 프랑스에서의 인구이동 <Dossier> 1. 사하라 이남의 아프리카로부터 프랑스로의 이주: Mali을 사례로	6. 인간의 이동 <사례학습> 1. 프랑스, 오래된 이주국가 2. 프랑스에서의 국내 이동 <cours> 1. 국제적인 이주 시스템에서의 유럽연합 2. 프랑스와 유럽연합 내에서의 이주 및 이동성

이주와 관련하여 고등학교 2학년에서는 '유럽과 프랑스에서 인간의 이동' 및 '인간의 이동'이라는 주제로 학습내용이 구성되어 있다(표 4-35). 여기서는 유럽 및 세계적인 스케일에서 이러한 주제를 다루고 있다. 이를테면, Hachette출판사의 경우, 유럽의 이주모델로서 독일

과 스페인을 사례학습의 예로 들었으며, 본론에서는 유럽연합을 국제적인 이주의 중심으로 보고, 이민의 쟁점, 유럽연합 및 프랑스에서의 인구이동에 관하여 다루고 있다. 자료학습에는 아프리카에서 프랑스로의 이주에 관한 내용이 포함되어 있다. Hatier 출판사는 프랑스를 오래된 이주국가로 기술하고 있으며, 이어서 프랑스 국내 이동을 사례학습에 포함시키고 있다. 본론에서는 유럽연합의 스케일에서 국제적인 이주 시스템에 관하여 다루었으며, 프랑스와 유럽연합 내에서의 이주 및 다양성에 관하여 기술하고 있다.

3) 문제, 쟁점의 사례

본 장의 서두에서 다루었던 다양성, 분포, 격차와 관련된 학습내용은 주로 초등학교 및 중학교 저학년에서 주된 학습활동으로 구성되며, 고등학교 수준에서는 주로 "문제 및 쟁점"을 중심으로 학습내용이 구성된다. 이를테면, 초등학교 및 중학교 수준에서는 단순히 인구, 물, 도시 그 자체에 관하여 다루었다면, 고등학교에서는 좀 더 고차원적으로 인구부양 문제, 물 문제, 환경문제, 도시환경문제, 자연재해문제 등과 같은 형태로 구성된다.

표 4-35. 문제, 쟁점과 관련된 학습사례(고1, 인구부양)

2. 인구 부양하기 <cours> 1. 세계적으로 식량으로 인한 어려움 2. 세계 농업생산 체계 3. 농업생산을 어떻게 증대시킬 것인가? 4. 세계적으로 빈곤은 왜? 5. 지속가능하고 공평한 농업을 향하여 <사례학습> 1. 브라질, 거대한 농업국의 어려움 2. 옥수수 시장의 성격과 쟁점은 무엇인가? 3. 사하라 남부 아프리카에서 식량문제는 어떠한가? 4. 유전자변형생물체(OGM)에 대해 찬성하는가, 반대하는가?	2. 인구부양 <사례학습> 1. 사하라 남부 아프리카에서의 인구 부양 2. 미국의 농업, 전 세계를 먹여 살린다고? 3. 10억의 인도인을 어떻게 부양하는가? 4. 브르따뉴 지방의 가축 사육: 통합적이고 집약적인 농업방식 <cours> ① 부분적으로 고무된 도전, 인구 부양하기 ② 농업생산물 늘리기 ③ 시장에 통합시키기, 왜? ④ 건강과 환경 보전하기

먼저, 고등학교 1학년의 '인구 부양'에 관한 학습내용을 살펴보면, 두 출판사 모두 공통적으로 세계적인 차원에서 농업생산량의 한계와 많은 인구로 인한 문제를 제기하며 결국에는 지구상의 인구부양문제를 어떻게 풀어가야 하는가로 학습내용이 전개된다(표 4-35).

표 4-37. 문제, 쟁점과 관련된 학습사례(고1, 물 문제)

3. 풍부함과 희박함 사이에 있는 물 <cours> 1. 민물의 불균등한 분포 2. 인간에 의해 점유된 공간조직의 중심에 있는 물 3. 물, 갖기를 원하고 통제 가능한 자원 4. 물, 위협적이고 공유되지 못하는 자원 5. 물에 대한 지속적인 관리는 왜, 그리고 어떻게 확보할 수 있는가? <사례학습> 1. 인도대륙 아래의 물, 개발의 쟁점 2. 이집트에서 물에 대한 안전이 위협받고 있는가? 3. 중앙아시아의 오아시스는 위기에 처한 환경인가? 4. 콜로라도의 하천, 번역과 분쟁의 자원	3. 물이 풍부한 곳과 희박한 곳 <사례학습> 1. 나일 강에서 중동까지: 부족한 물 2. 몬순아시아: 풍부한 물 3. 그리스에서 물에 대한 쟁점 <cours> 1. 물, 불평등하게 이용되는 자원 2. 물의 이용과 경관 3. 물로 인한 갈등(충돌) 4. 물, 위협적인 자원

두 번째 사례는 물문제와 관련된 학습내용 사례이다(그림 4-37). 이러한 주제는 지구상에 물이 고르지 않게 분포히며, 이리한 물은 점치적으로 자원의 성격을 띠게 되이 물로 인힌 갈등 및 충돌 상황까지 가는 것으로 서술되고 있다. 사례지역으로는 세계적인 스케일 및 대륙적인 차원에서 가장 물문제가 심각한 지역을 제시하고 있다.

세 번째 주제는 자연재해의 위험에 직면한 사회에 관한 내용이다. 자연재해와 관련된 학습내용으로는 주로 쓰나미, 태풍, 홍수 등이며, 그 외에도 지진, 폭발사고와 같은 내용도 포함된다. 자연재해와 관련된 고등학교 1학년 학습내용을 보면, 재해의 다양한 양상 및 세계적인 스케일에서 그러한 재해를 대표적으로 보여줄 수 있는 해당지역들을 학습내용에 포함시키고 있다.

표 4-38. 문제, 쟁점과 관련된 학습사례(고1, 자연재해)

5. 위험(재해)에 직면한 사회 <cours> 1. 자연재해란 무엇인가? 2. 인간은 자연재해를 악화시키는가? 3. 기술적인 위험과 산업적인 위험 4. 위험의 증가 5. 위험에 대한 다양한 대응책 <사례학습> 1. 카리브/멕시코 만 지역에서의 열대성 저기압의 위험 2. 개발도상국 지역에서의 재해: 남부 아시아에서의 쓰나미(2004. 12. 26) 3. 일본, 위험에 직면해 있는 선진국 4. 기술에 관련된 위험: 툴루즈 AZF 공장의 폭발(2001. 9. 21)	7. 위험에 직면한 사회 <사례학습> 1. 카리브 해 사회와 위험 2. 자연재해에 직면한 아시아 사회 3. 기술적이고 위생적인 위험에 직면한 사회 4. 유럽에서의 홍수 위험 <cours> 1. 위험: 사회의 영속적인 불안감 2. 기후와 관련된 위험에 직면한 사회 3. 지구물리학적 위험에 직면한 사회 4. 기술적인 위험에 직면한 사회

나. 주요 아이디어에 따른 탐구방법 및 절차

지리교육에서 학습의 기능과 관련하여 그동안에 이루어진 연구[120]는 지리학적인 주요 아이디어와 직접적으로 연결되지 못하고 부분적인 측면만 다루어졌다. 그리고 많은 학자들은 저마다 주요한 지리개념을 제시는 하고 있지만, 그러한 개념들이나 아이디어들이 지리 내용을 조직하는 차원에서는 어떤 원칙이나 방향을 제시해주지 못했다. 이러한 상황에서 프랑스 지리교과서에 포함된 학습내용은 지리학적 아이디어를 중심으로 학습내용이 조직되고, 그에 맞는 탐구방법 및 절차가 선정되는 것은 우리나라 지리교육에 시사하는 바가 크다고 볼 수 있다.

표 4-38은 주요 아이디어와 그에 해당하는 탐구방법을 보여주고 있다. 저학년에서는 주로 다양성의 개념과 관련된 학습내용(기후, 지형, 식생)이 주가 되며, 이러한 내용은 "경관사진"을 통해서 관찰하는 방법을 통해 학습된다. 이어서 분포나 격차와 같은 아이디어는 인구분포, 빈부격차 등과 같은 학습내용으로 이어지고, 이는 "지도"를 통하여 파악하게 된다. 다음으로 많이 제시되는 아이디어는 관계 및 이동이다. 이에 해당하는 학습내용은 지역 간, 국가 간의 인구이동, 자본이나 물자의 이동과 같은 것을 포함하는데, 학생들은 주로 "자료분석"을 통하여 학습한다. 마지막으로 가장 고차원적인 아이디어는 문제 및 쟁점인데, 이는 주로 고등학교 수준에서 학습내용으로 구체화되며, 대표적인 사례로는 물문제, 인구문제, 도시문제, 환경문제 등이 있다.

학교급별 교과서에 표현된 대표적인 각각의 학습기능 및 탐구방법을 관련내용과 함께 검토해 보고자 한다. 여기서는 관련된 주요 학습자료와 함께 탐구를 이끌고 있는 질문내용을 제시하고자 한다.

표 4-39. 아이디어에 따른 탐구방법 및 절차

주요 아이디어의 흐름	다양성	⇒	분포, 격차	⇒	관계, 이동	⇒	문제, 쟁점
	↓		↓		↓		↓
탐구방법 및 절차	경관(사진)을 통해 관찰	⇒	지도를 통해 파악	⇒	자료 분석 (지리추론과정)	⇒	일반화 도출

---

120) 서태열은 박사논문(1993, 70)과 「지리교육학의 이해」(2005, 308)에서 지리학적 아이디어에 해당하는 것을 지리개념으로 표현하였으며, 지리 내용의 구조적 측면에서 다루고 있다. 여기서 지리개념과 지리기능을 함께 제시하고 있지만, 상호간에 직접적인 관련성은 언급되지 않고 있다.

1) 다양성, 분포, 격차와 관련되는 탐구절차

　초등학교 3학년 교과서에서 '다양한 기후'내용을 보면, 태양과 기온, 강수, 사막, 극지방을 중심으로 기후의 다양성을 구성하고 있다. 다양성에 해당하는 이 주제에서는 기후의 대표적인 사례를 사진으로 제시하고, 질문을 통해 제시된 사진들을 효과적으로 관찰할 수 있도록 안내하고 있다. 질문의 내용은 다음 표 4-40과 같다.

표 4-40. 관찰에 해당하는 탐구방법 사례(초등학교 3학년)

<92쪽 질문>	<93쪽 질문(上)>
1. 왜 북극지방은 춥고 적도 부근은 더운지 설명하시오. 2. 네 생각에는 적도와 북극 사이에 있는 지방들에서 태양은 어떠하다고 보는가? 3. 위의 그림을 보면, 산의 우측 사면쪽은 왜 사막과 비슷한 지대가 형성되어 있겠는가? 4. 네가 살고 있는 지역으로 불어 들어오는 비구름은 어디서 오는 것인가?	1. 아틀라스의 6번 지도에서 볼리비아를 찾아보시오. 2. 또 다른 사막 세 가지의 이름을 말해보시오. 3. 이러한 사막에서는 인간의 활동이 어떠하겠는가? (下) 4. 왜 인간은 극지방에서 살지 않는가? 5. 왜 우리는 남극을 혹독하게 추운 사막이라 말하는가?

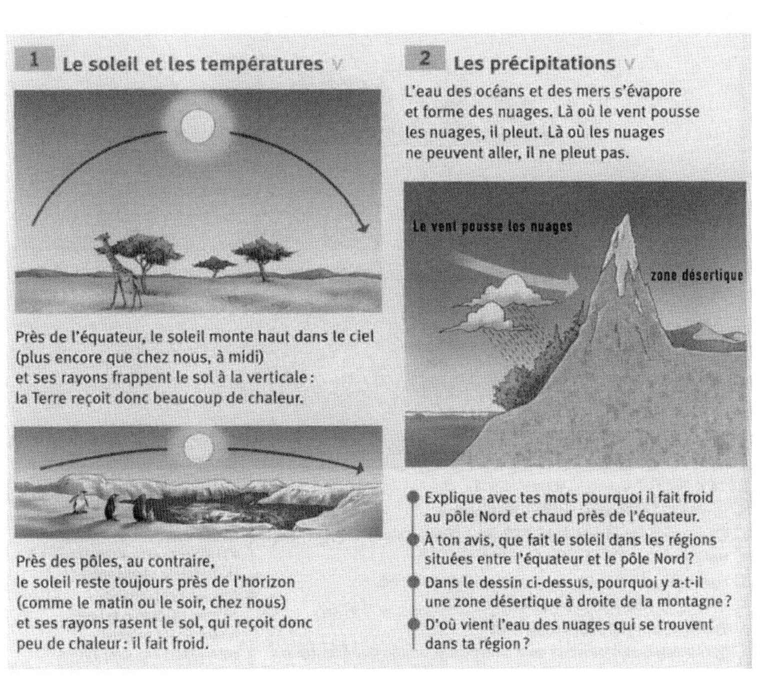

그림 4-50. 다양성 관련 학습내용 구성 사례(초3, 다양한 기후)

그림 4-51은 중학교 1학년 교과서에서 인구분포를 나타내는 것이며, 그에 해당하는 질문은 다음과 같다. '지도에서 주요한 인구밀집 지역 세 곳은 어디인가?', 이와 같이 학생들은 이 단계에서 지도와 질문을 통해서 특정한 분포를 파악하게 된다.

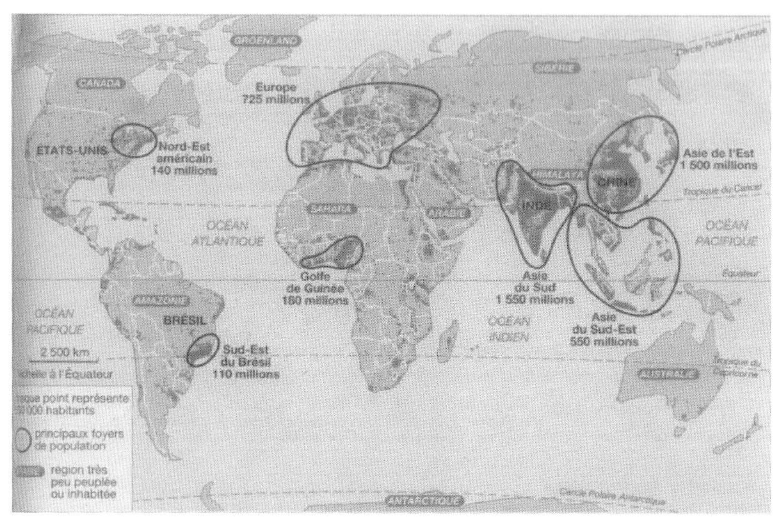

그림 4-51. 인구분포 사례(중1, 인구의 조밀지역과 희박지역)

2) 관계, 이동과 관련되는 탐구절차

이동과 관련된 학습내용은 중학교 4학년에서 대표적인 사례를 발견할 수 있다. 학습주제는 '이주의 급성장(L'essor des migrations)'이며, 하위주제는 각각 '개도국에서 선진국으로의 이주', '이주와 관련된 또 다른 흐름', '이주의 효과'이며, 이와 함께 제시된 학습자료는 각각 '연간 이주민 증감', '이주민을 가장 많이 받은 국가', '미국과 멕시코의 국경지대', '이주민의 송금', '오슬로의 한 조산원 산파', '간호 인력의 유출' 등과 같다. 여기서 제시되는 학습자료의 종류는 막대그래프, 원그래프, 사진, 텍스트 자료 등으로 다양하다. 학습자료와 함께 제시되는 질문은 학생들이 자료를 분석하도록 안내한다.

표 4-41. 자료분석 관련 지면 배치도(중학교 4학년 pp.204~205)

학습주제		사진	
	어휘정리	사진에 대한 설명	
본문 A	막대그래프	텍스트 자료	사진
본문 B	막대그래프에 대한 질문		사진에 대한 설명
본문 C	원그래프	텍스트 자료에 대한 질문	텍스트 자료
	원그래프에 대한 질문		텍스트 자료에 대한 질문
p.204		p.205	

표 4-42. 자료분석 활동과 관련된 질문(중학교 4학년 pp.204~205)

자료종류	질문내용
그래프 자료	1. 어느 지역에서 떠나서 어느 지역으로 가는가? 2. 이주자가 가장 많이 들어간 곳은 어디인가? 3. 사우디아라비아로의 이주자수는 어떻게 설명할 수 있는가?
텍스트 자료	1. 이주 노동자들은 누구에게 돈을 보내는가? 2. 이러한 송금은 무엇을 표현하는가? 그리고 그것은 어떻게 변화하고 있는가? 3. 이러한 수입이 사람들의 일상생활을 개선하고 있는 것을 보이시오. 4. 조산원과 의사들은 어디에서 와서 어디로 가는가? 왜인가? 5. 그들이 떠나온 국가들에서는 어떤 결과가 드러나는가?

3) 문제, 쟁점과 관련되는 탐구절차

고등학교 수준에서는 대부분의 학습내용이 문제 및 쟁점의 형식으로 구성된다. 이에 대한 사례는 고등학교 1학년 교과서(Hachette 출판사)에 포함된 인구부양, 물 문제에 관한 내용을 다루고자 한다(표 4-43).

표 4-43. 문제 및 쟁점에 대한 탐구절차 사례(고1, 인구부양, Hachette 출판사)

2. 인구부양 <사례학습> 1. 사하라 남부 아프리카에서의 인구부양 2. 미국의 농업, 전 세계를 먹여 살린다고? 3. 10억의 인도인을 어떻게 부양하는가? 4. 브르따뉴 지방의 가축 사육: 통합적이고 집약적인 　농업방식 <cours> 1. 부분적으로 고무된 도전, 인구 부양하기 2. 농업생산물 늘리기 3. 시장에 통합시키기, 왜? 4. 건강과 환경 보전하기	○ **사례학습**으로부터 **일반화**로: 남북문제와 인구부양 인구증가 1. 세계의 인구변화(꺾은선그래프) 2. 세계의 인구증가(막대그래프) 3. 세계인구의 자연증가율 식량안보 4. 주요대륙(국가)의 곡물생산(꺾은선그래프) 5. 개도국에서의 영양실조(막대그래프) 6. 세계의 식량사정 7. 종합평가(텍스트 자료)

　고등학교 수준에서의 탐구절차 및 방법상의 특징은 세계적인 스케일의 다양한 사례로부터 일반화에 이르게 하는 것이다. 인구부양에 관한 내용을 보면, 사례학습에서 주요 대륙 및 국가별 인구부양에 관한 내용을 다룬 후, "사례학습으로부터 일반화로"에서 다양한 학습자료를 통하여 구체적인 사례들을 추상적으로 개념화하고 있다. 이를테면, 사례학습으로부터 일반화로의 제목은 남북문제와 인구부양으로 이는 선진국과 후진국간의 대조적인 측면도 포함하고 있다. 구체적인 내용으로는 세계의 인구증가문제와 식량안보에 관하여 다루고 있으며, 마지막 항목에서는 텍스트 자료를 통하여 세계적 차원의 인구 및 식량문제에 관하여 종합적으로 정리하고 있다.

　문제 및 쟁점과 관련된 두 번째 사례는 같은 출판사의 고등학교 1학년 교과서에 포함된 물 문제이다. 물과 관련된 내용을 보면, 사례학습은 나일 강, 몬순아시아, 그리스를 사례로 물에 대한 쟁점상황을 다루고 있다. 사례학습 섹션에서는 주로 사진, 지도, 본문, 질문의 형식으로 지면을 구성하고 있으며, '사례학습으로부터 일반화로' 섹션에서는 도식, 그래프, 표, 지도 등과 같은 다양한 학습자료가 활용되고 있다.

표 4-44. 문제 및 쟁점에 대한 탐구절차 사례(고1, 물 문제, Hachette 출판사)

3. 물이 풍부한 곳과 희박한 곳 <사례학습> 1. 나일 강에서 중동까지: 부족한 물 2. 몬순아시아: 풍부한 물 3. 그리스에서 물에 대한 쟁점 <cours> 1. 물, 불평등하게 이용되는 자원 2. 물의 이용과 경관 3. 물로 인한 갈등(충돌) 4. 물, 위협적인 자원	○ **사례학습**으로부터 **일반화**로: 수자원(담수) 1. 지구상에서의 물의 순환(도식) 2. 물문제의 중심에 있는 농업(그래프) ⇒ 3. 부문별 세계 물 소비와 과세(그래프) 4. 세계의 물에 대한 과세 및 전망(그래프) 5. 주요 대륙별 수자원과 이용(표) 6. 세계의 연 강수량(지도) 7. 물과 농업(지도)

일반화 단계에서는 주로 물의 순환, 물 문제와 농업, 물소비와 물세, 연강수량 등에 관하여 다루며, 다양한 자료들을 통하여 추상적으로 정리하고 있는 것이 특징이다.

4) 학교급별 학습내용의 구성원리

프랑스 지리 교과서의 학습내용 구성은 학교급별로 뚜렷한 차이를 보이고 있다. 초등학교에서는 주로 구체적인 경관사진 위주로 학습내용이 구성되며, 중학교 수준에서는 초등학교에서 67.8%에 해당하던 사진류가 37.8%로 급감하고, 대신에 지도류가 17%였던 것이 41.7%로 급증하는 것과 같이 지도류 및 통계자료의 비중이 커진다. 고등학교 수준에서는 역시 지도류의 비중이 가장 높다.

표 4-45. 학교급 간 학습자료 활용 비율(Hatier)

학교급	사진류 수(%)	지도류 수(%)	통계자료 수(%)	합계
초등학교	238(67.8)	60(17)	53(15)	351
중학교	476(37.8)	526(41.7)	257(20.4)	1,259
고등학교	486(34.2)	709(50)	222(15.6)	1,417

초등학교 수준에서는 제시된 사진을 관찰하고 그 속에서 특정 사물이나 현상을 발견 및 확인하는 활동 위주로 학습내용이 구성된다. 표 4-45에 제시한 바와 같이, 초등학교 전체 학습자료들 중에서 사진류의 비율은 67.8%에 이른다. 학습자료와 함께 제시되는 질문도 대부

분 관찰, 발견, 확인과 관련되는 것들이다. 한편, 초등학교에서 통계자료의 비중은 15%인데 이것은 고학년으로 올라오면서 점차적으로 증가한 수치이다. 지리교육이 본격적으로 시작되는 초등학교 3학년에서는 통계자료가 전혀 포함되지 않았으며 고학년으로 올라가면서 증가해서 5학년 교과서에 가장 많이 포함되고 있다.

중학교 수준에서는 초등학교 교과서에서 가장 많은 비율로 포함되었던 사진류에 대한 학습도 이루어지지만, 지도류 및 통계자료에 대한 분석이 주된 활동으로 파악된다. 중학교 수준에서는 초등학교에 비해 전체 학습자료의 수도 크게 증가했으며, 추상화 정도가 강한 지도류와 통계자료의 비중이 증가한 것이 특징이다.

고등학교 수준에서는 지도류의 비율이 가장 높다. 프랑스 지리 교과서의 학습자료 구성의 특성상 사진류는 여전히 많이 활용되고 있지만, 초등학교에 비해 고등학교로 올라갈수록 그 비중은 크게 감소한 편이며, 반면에 지도류의 비중은 눈에 띄게 높다. 고등학교 내에서 3년간의 통계를 각각의 학년별로 살펴보면 표 4-46와 같다. 양 출판사 모두 고등학교 1학년에서는 사진류의 비중이 가장 높았지만, 학년이 높아짐에 따라 사진류의 비중은 줄고 지도류의 비중이 크게 증가하는 것을 볼 수 있다.

표 4-46. 고등학교 3년간의 학습자료 비중 변화

출판사	학년	사진류 수(%)	지도류 수(%)	통계자료 수(%)	통계
	1학년	184(42.5)	180(41.6)	68(15.7)	432
Hatier	2학년	116(28.2)	224(54.6)	70(17)	410
	3학년	186(32.3)	305(53)	84(14.6)	575
	1학년	161(37.8)	182(42.8)	82(19.2)	425
Hachette	2학년	191(30.5)	321(51.2)	114(18.2)	626
	3학년	149(26.7)	305(54.6)	104(18.6)	558

이상의 내용을 정리하면, 학교급별 학습내용의 구성원리로서 초등학교 수준에서는 경관사진을 중심으로 한 관찰, 발견, 확인 위주로 학습내용이 구성되며, 중학교에서는 다양한 지도류를 중심으로 구성된 학습내용을 통하여 자료분석 위주의 학습이 이루어지며, 고등학교 수준에서는 다양한 사례들로부터 추상적인 지도 및 통계자료들을 통하여 일반화에 대한 접근을 시도하고 있다.

초등학교 수준에서는 주로 관찰, 발견, 확인 위주의 학습활동으로 구성되지만, 고학년으로 올라갈수록 중학교에서 이루어지는 주된 활동인 자료분석에 관한 내용도 일부 포함된다. 중학교 과정은 초등학교와 고등학교의 중간 수준으로서 자료분석이 주된 활동이지만, 초등학교에서의 주된 활동인 사진을 통한 관찰, 발견 등에 대한 내용과 고등학교에서 주로 하는 일반화에 대한 시도도 일부 포함된다. 고등학교 수준에서는 초등학교 수준에서의 주된 활동인 관찰 및 발견, 확인에 관한 내용은 극히 일부 포함되며, 자료분석은 일반화를 위한 과정으로서 상당부분 포함된다(그림 4-52).

그림 4-52. 학교급별 학습내용 구성원리

다. 지리학적 개념에 근거한 학습내용 조직 원리

앞에서 이미 살펴보았듯이, 프랑스 지리교육의 학습내용 조직은 지리학적 개념으로부터 비롯된다는 것을 확인하였다. 그동안 지리교육 연구에서는 "주제-지역" 설정 문제가 주된 관심사였으며 탐구기능, 개념(아이디어)은 부차적으로 다루어졌다. 따라서 세 번째 절에서는 내용조직과 관련하여 지리학적 개념을 학습내용 조직 및 구성에 있어서 출발점으로 가정하고, 그로부터 "주제-지역" 설정의 틀이 구체적으로 전개되는 것을 보이고자 한다.

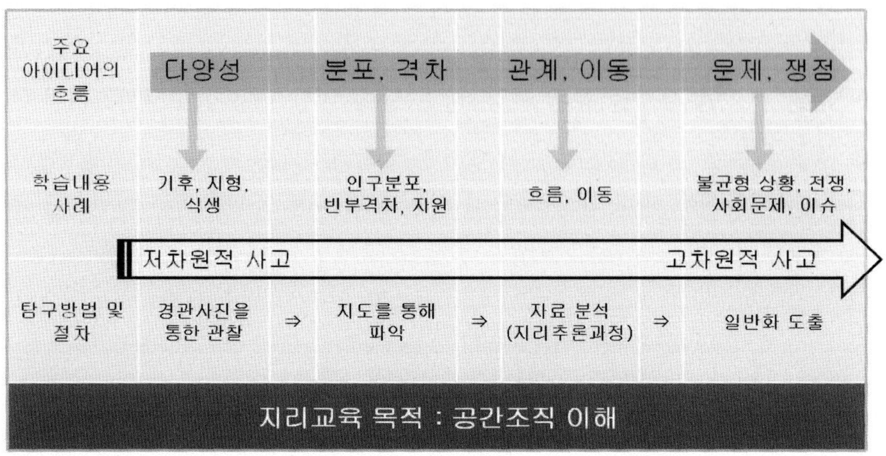

그림 4-53. 프랑스 지리교육의 학습내용 조직원리

주요 개념의 성격 및 수준에 따라 학습내용이 선정되고, 주제-지역적 틀이 구체화되는 것을 확인하기 위하여 초등학교부터 고등학교까지 주요 아이디어별(개념) 학습내용 및 그에 따른 학습내용의 성격, 즉 주제를 중심으로 한 계통지리 또는 지역을 중심으로 한 지역지리 여부를 검토하고자 한다. 여기서 사례지역의 스케일은 아이디어의 성격 및 학습내용 선정의 차원에서 본질적으로 정해지는 것을 확인할 수 있다.

먼저, 표 4-47은 다양성, 분포, 격차 등의 개념에 따른 학습내용 및 주제-지역 관련 구성방식의 특징을 정리한 것이다. 초등학교 3학년에서는 다양한 기후, 인간의 분포, 남북문제, 빈부격차와 관련된 성격의 학습내용이 선정되었으며, 이는 세계적 스케일에서 계통지리의 형식으로 구성되고 있다.

표 4-47. 다양성, 분포, 격차에 근거한 학습내용 조직사례(초3)

주요 개념		학습내용		주제-지역 관계
다양성 분포 격차	⇒	대륙과 해양 다양한 기후 인간의 분포 부유한 국가의 삶과 가난한 국가의 삶 Bombay의 부유함과 가난함	⇒	계통지리 세계적 스케일

다양성, 분포, 격차 등의 아이디어에 따른 학습내용 및 구성방식 특징을 초등학교 4학년의
사례에서 확인한 것은 표 4-48과 같다. 4학년에서는 유럽적 스케일에서 계통지리의 형식으
로 전개하고 있으며, 학습내용은 자연환경의 다양성, 인구밀도, 불규칙한 정주 등으로 구성
된다.

표 4-48. 다양성, 분포, 격차에 근거한 학습내용 조직사례(초4)

주요 개념		학습내용		주제-지역 관계
다양성 분포 격차	⇒	유럽의 범위 자연환경의 다양성 인구밀도 불규칙한 정주	⇒	계통지리 유럽적 스케일

이상에서 살펴본 것을 초등학교 수준에서 정리하면, 초등학교 3학년에서는 계통지리의 형
식으로 구성되며 해당 사례지역의 스케일은 세계 및 프랑스이다. 위에서 다룬 사례는 3학년
의 전반부에 해당되기 때문에 세계적인 스케일의 특징을 보이는 것이다. 이어서 제시한 4학
년의 사례는 프랑스로부터 시작해서 유럽적 스케일에 해당하는 학습내용을 구성하고 있으
며 전개방식은 계통지리이다.

표 4-49. 다양성, 분포, 격차에 근거한 학습내용 조직사례(중1)

주요 개념		학습내용		주제-지역 관계
다양성 분포 격차	⇒	인구분포 정주형태 인구증가 세계의 국가들 부유한 국가들과 가난한 국가들 선진국과 후진국 정주와 빈곤	⇒	계통지리 세계적 스케일

다양성, 분포, 격차 등의 개념과 관련된 학습내용 구성 방식의 중학교 사례는 위의 표
4-49과 같다. 중학교 1학년에서는 계통지리의 형식으로 세계적 스케일로 다루어진다. 학습
내용은 인구분포, 정주형태, 인구증가, 세계의 국가들, 부유한 국가 및 가난한 국가들, 선진
국과 후진국, 정주와 빈곤 등이다. 위에서 제시한 사례는 중학교 1학년 지리의 앞부분에 해

당되기 때문에 세계적 스케일에 해당됨을 확인할 수 있다.

　다양성, 분포, 격차 등의 아이디어에 따른 학습내용 구성방식의 고등학교 사례는 표 4-50
과 같다. 고등학교 1학년에서는 세계, 유럽, 프랑스의 사례를 모두 포함하면서 계통지리 형
식으로 학습내용을 구성하고 있는 것이 특징이다.

표 4-50. 다양성, 분포, 격차에 근거한 학습내용 조직사례(고1)

주요 개념		학습내용		주제-지역 관계
다양성 분포 격차	⇒	세계의 인구분포 인구의 조밀지역과 희박지역 남북문제 지정학	⇒	계통지리 종합적 스케일 (세계·유럽·프랑스)

　고등학교 수준에서 학습내용 조직방식의 특징이라면, 학년별로 '주제-지역'설정 방식이
완전히 다르다는 것이다. 이를테면, 1학년에서는 완전히 계통지리 형식으로 구성되며 사례
지역은 세계, 유럽, 프랑스에 대한 내용을 고르게 포함시키고 있다. 2학년에서는 지역지리와
계통지리가 병렬적으로 적용되면서 사례지역은 유럽적 스케일에서 시작되어 프랑스를 다룬
후에 다시 유럽으로 확대된다. 3학년에서는 계통지리와 지역지리적 형식이 번갈아가며 채택
되고 사례지역은 세계적 스케일로만 일관된다.

　지금까지는 다양성, 분포, 격차 등의 개념에 따른 학습내용 및 그의 전개방식에 관하여 살
펴보았는데, 여기서 공통적인 특징이라면 이러한 개념에 해당하는 학습내용이 주로 초등학
교, 중학교, 고등학교의 시작단계에서 구성된다는 것이다. 그리고 그러한 학습내용의 전개방
식은 계통지리적 형식을 취하며 사례지역은 일반적으로 세계적인 스케일을 채택한다는 것
이다.

　학습내용의 '주제-지역' 설정의 원리에 있어서 두 번째로 검토할 개념은 관계 및 이동에
관한 것이다. 이에 대한 사례는 초등학교 5학년, 중학교 4학년, 고등학교 2학년의 학습내용
을 사례로 살펴보고자 한다. 이러한 개념에 해당하는 초등학교 5학년의 학습내용은 프랑스
영토, 해외영토, 프랑스어권, 경제대국 프랑스, 세계 속에서 프랑스의 영향력, 프랑스로의 이
동, 가난한 국가들에 대한 원조 등으로 구성되며, 전개방식은 지역지리와 계통지리가 병렬적
으로 채택되며 사례지역은 세계 및 프랑스에 해당된다.

표 4-51. 관계, 이동에 근거한 학습내용 조직사례(초5)

주요 개념		학습내용		주제-지역 관계
관계 이동	⇒	프랑스 영토 해외(영토)의 프랑스 프랑스어권 경제대국 프랑스 세계 속에서 프랑스의 영향력 프랑스로의 이동 가난한 국가들에 대한 원조	⇒	지역+계통 세계·프랑스 스케일

표 4-52. 관계, 이동에 근거한 학습내용 조직사례(중4)

주요 개념		학습내용		주제-지역 관계
관계 이동	⇒	65억 인구 세계에서 불균등한 것들 보건 측면에서의 불평등 경제력이 고르지 않은 선진국들 개도국의 다양성 직업을 위한 이동 이주의 비약적인 증가 관광객의 이주 세계의 무역 점점 더 늘어나는 교류	⇒	계통+지역 세계적 스케일

관계 및 이동 등의 개념에 대한 중학교 사례는 표 4-52와 같다. 학습내용은 대략적으로 65억의 인구, 세계에서 불균등한 것들, 건강 측면에서의 불평등, 경제력이 고르지 않은 선진국들, 개도국의 다양성, 직업을 위한 이동, 이주의 비약적 증가, 관광객의 이주, 세계의 무역, 점점 더 늘어나는 교류 등이다. 중학교 4학년에서의 학습내용 전개방식은 계통지리와 지역지리가 병렬적으로 채택되고 있으며 사례지역의 범위는 세계적 스케일이다.

표 4-53. 관계, 이동에 근거한 학습내용 조직사례(고2)

주요 개념		학습내용		주제-지역 관계
관계 이동	⇒	독일, 스페인, 유럽의 이주모델 프랑스, 오래된 이주국가 프랑스 국내이주 국제적 이주의 중심에 있는 유럽연합 이민의 쟁점 유럽연합 및 프랑스에서의 인구이동 사하라 이남 아프리카로부터 프랑스로의 이주	⇒	지역+계통 유럽·프랑스·(세계) 스케일

관계 및 이동 등의 개념에 따른 고등학교 수준에서의 학습내용 및 전개방식 특징의 사례
는 표 4-53과 같다. 이러한 개념과 관련하여 고등학교 2학년에 제시된 학습내용은 유럽지역
의 이주모델, 이주국가로서의 프랑스, 프랑스 국내이주, 국제적 이주의 중심에 있는 유럽연
합, 이민에 대한 쟁점, 유럽연합 및 프랑스에서의 인구이동, 프랑스로의 이주 등이다. 고등학
교 2학년의 학습내용은 지역지리와 계통지리가 병렬적으로 채택되고 있으며 유럽, 프랑스적
스케일 중심으로 내용이 전개되며 프랑스와 이어지는 아프리카지역 일부가 포함된다.

표 4-53. 문제, 쟁점에 근거한 학습내용 조직사례(고1, 인구부양)

주요 개념		학습내용		주제-지역 관계
문제 쟁점	⇒	식량으로 인한 어려움 세계적 빈곤은 왜? 지속가능하고 공평한 농업을 향하여 농업생산량 늘리기 시장통합, 왜? 건강 및 환경보전 브라질, 거대한 농업국의 어려움 옥수수 시장의 성격과 쟁점 사하라 남부 아프리카의 식량문제 유전자변형생물체에 대한 논쟁 미국의 농업, 전 세계 인구를 먹여 살린다고? 10억의 인도인을 어떻게 부양하는가? 브르따뉴 지방의 가축사육	⇒	계통지리 종합적 스케일 세계·유럽·프랑스

학습내용의 '주제-지역'설정의 원리에 있어서 세 번째로 검토할 개념은 문제 및 쟁점과
관련된 것이다. 일반적으로 프랑스 지리 교과서에서 이러한 개념은 고등학교 수준에서 다루
어진다. 여기서는 대표적으로 인구부양에 관한 주제에 관해 검토해보고자 한다. 문제 및 쟁
점 등의 개념과 관련된 학습내용은 식량으로 인한 어려움, 세계적 빈곤은 왜?, 지속가능하고
공평한 농업을 향하여, 농업생산량 늘리기, 시장통합 왜?, 건강 및 환경보전, 브라질 농업의
어려움, 옥수수 시장의 성격과 쟁점, 사하라 남부 아프리카의 식량문제, 유전자변형생물체에
대한 논쟁, 미국의 농업, 인도인의 부양문제, 브르따뉴 지방의 가축사육 등이며, 전개방식은
계통지리로서 종합적 스케일을 채택하고 있다.

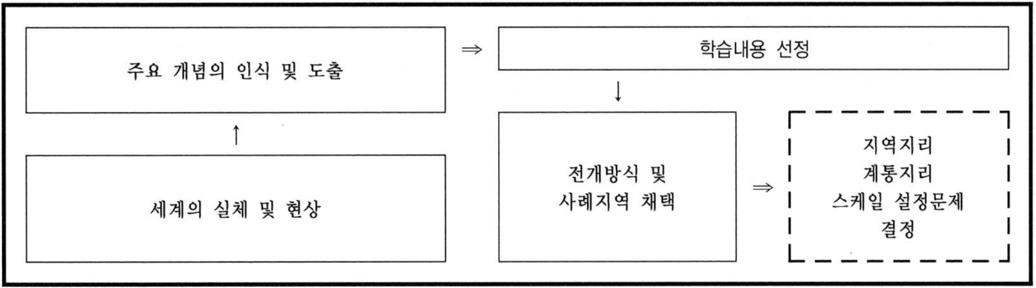

그림 4-54. 학습내용의 주제-지역 설정의 원리

지금까지 살펴보았듯이, 주제-지역과 관련된 학습내용 설정방식은 그 자체로 어떤 원칙을 가지고 있는 것이 아니며, 주요 지리학적 개념으로부터 출발해서 학습내용을 구성하면서 자연스럽게 그에 해당하는 주제 및 지역이 채택되는 방식으로 보는 것이 옳은 것이라 여겨진다.

프랑스 지리교육의 특징

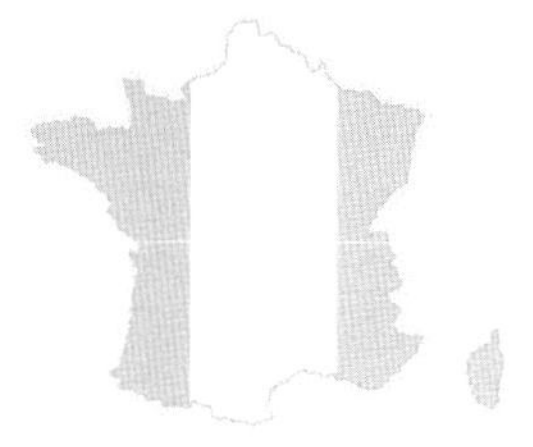

1. 국가교육과정에서의 중핵적인 지리교육의 위상

제2장에서 고찰하였듯이, 프랑스에서는 지리를 초등학교 수준부터 고등학교까지 체계적으로 가르치고 있다. 초등학교 저학년에서는 지리가 "세계의 발견"이라는 통합교과의 일부로 편성되어 있지만, 학생들의 수준에 맞게 구성되어 있다. 초등학교 고학년부터 중학교까지는 "역사·지리"라는 교과 형식으로 학습내용이 구성되며, 고등학교 수준에서는 독립교과로서 가르쳐지고 있다.

초등학교 저학년에서는 지리가 세계의 발견이라는 통합교과 내에서 가르쳐지며, 고학년에서는 역사–지리교과 내에서 가르쳐진다. 프랑스에서도 초등학교 담임교사가 모든 과목을 가르치기 때문에 정해진 연간시수와 주간시수 내에서 각 교과목을 가르친다.

중학교 1학년에서 "역사–지리–시민교육"은 주당 3시간으로 할애되어 있으며, 교육과정에 제시되어 있는 교과순위는 프랑스어, 수학, 외국어 다음으로 네 번째에 자리 잡고 있다. 중학교 2학년의 교과편제 및 시수 현황을 보면, 지리는 역사–지리–시민교육의 교과목 항목에 포함되어 있으며, 주간시수는 3시간에서 최대 4시간까지 주어진다. 중학교 1학년과 2학년을 거치는 동안 교육과정에서는 과학교과의 비중이 커지고 있음에도 불구하고, 지리가 포함된 역사–지리–시민교육 분야는 그보다 상위에 자리 잡고 있다. 중학교 3학년 수준에서는 지리가 주당 3~4시간으로 배정되어 있으며, 교과목의 순위는 이전 학년과 비슷하게 자리 잡고 있다. 다만, 중학교 3학년에서는 제1, 제2 외국어로 나누어지다 보니, 그 순위는 한 단계

뒤로 밀려난 상태지만, 다른 교과들에 비하면 지리가 포함된 교과는 여전히 상위그룹에 포함된다.

중학교 4학년에서도 지리가 포함된 교과목의 순위는 같으며, 주당시수는 3시간 30분이다. 지금까지 살펴본 바와 같이, 프랑스 학교에서는 프랑스어가 가장 중요한 교과목으로 인식되고 있으며, 그다음으로는 수학, 외국어의 순이며, 지리는 그다음에 해당되는 분야로서 상당히 실질적이고 핵심적인 교과로 인식되고 있다.

2장 1절에서 이미 논의한 바와 같이, 2011년 현재 몽뻴리에(Montpellier) 중학교 4학년의 시간표에 나타난 바와 같이, 지리는 역사-지리와 같은 형식으로 묶여 있으며, 일주일에 4회에 걸쳐서 배우도록 배정되어 있다. 그리고 교육과정상의 교과편제 및 시수표에는 총 3시간 30분으로 제시되어 있는데, 실제로 학교 시간표상에도 교육과정 상의 내용과 동일하게 적용되어 있는 것을 볼 수 있다.

Lycée Pierre-Gilles de Gennes 고등학교 2학년 역사·지리(경제사회계열) 시간표상제 제시된 바와 같이, 사회경제계열에서 역사·지리는 주당 4시간에 걸쳐 가르쳐지고 있으며, 2010년 현재, 역사·지리수업을 영어로 운영하고 있는 것이 눈에 띈다. 이는 오늘날 프랑스에서 영어교육을 강화하고 있는 분위기가 반영된 것으로 볼 수 있다. 그리고 Lycée Pierre-Gilles de Gennes 고등학교 인문계열의 2학년 시간표상에 나타난 바와 같이, 교육과정 상에는 일주일에 역사·지리를 가르치는데 4시간이 제시되어 있는데, 실제 학교시간표상에는 그 이상으로 표현되어 있다.

초등학교 고학년의 경우 연간 총 수업시수 864시간에서 역사·지리·시민은 78시간으로 9% 정도를 차지하고 있어서, 지리가 약 4.5%의 시간이 할당되어 있는 것으로 볼 수 있다. 중고등학교로 올라가면 이 비중이 높아져서, 전체 수업 시수의 12%, 지리는 약 6%를 차지하고 있다.[121] 현행 한국의 중학교 교육과정에서는 3년간 수업시수 총 2,856시간에서 사회(역사를 제외)에 170시간이 할당되어 약 5.1%의 비중이며, 지리는 2.5%를 차지하는 것으로 볼 수 있다. 2009년 개정 교육과정에서는 중학교의 3년간 수업시수 총 2,856시간 중에서 사회, 역사, 도덕이 510시간으로 17.9%를 차지하고 있다. 지리가 포함된 사회가 6%의 비중을 차지

---

121) Dominique Borne, 1996, 「프랑스의 역사-지리교육정책」, 한국교육개발원, 한국·프랑스 상호 이해 증진을 위한 역사·지리 교과서 개선 연구토론회, 토론회 자료집, pp.1-5.

한다면 지리는 약 3%의 비중이 되는 것으로 판단할 수 있다. 고등학교 10학년의 경우 연간 교과의 총이수 단위 192 가운데 사회(역사 포함)에 10단위가 할당되어 5.2%이므로, 지리의 경우는 약 1.6%의 비중을 차지하고 있는 것으로 판단할 수 있다.

이러한 수치를 근거로 보더라도 프랑스는 교육과정 상에서 지리 시수의 비중이 높고 비교적 그 위상이 확고하다고 볼 수 있다. 특히 프랑스의 교과 편제는 상당히 단순한 편이다. 프랑스는 1969년 이래 교과군을 3유형으로 구분하여 도구 교과군(activités instrumentales: 프랑스어와 수학, 기타 언어 등), 예체능 교과군, 인식 교과군(activités d'éveil: 지리, 역사, 과학)으로 편제하여 시행하고 있다(Ferras, R. et al, 1993).[122] 여기에서 인식 교과군이란 인문학, 사회과학, 자연과학을 시간과 공간, 사물이라는 개념 틀로서 통합하여 가르침으로써, 학생들의 의식을 각성시켜 비판적 안목으로 세상을 볼 수 있는 교양인을 육성시키기 위한 교과들이다. 초등학교에서 고등학교로 올라갈수록 과목이 다소 늘어나지만 교육과정에서 위의 3가지 교과군의 기본 성격은 일관성 있게 유지되고 있다.

이에 비하여 한국의 교육과정은 10개 내외의 교과군으로 편성되어 있으며, 그 하위 과목은 훨씬 많아서 다소 복잡한 편이다. 특히 사회 변화에 따른 교육적 요구에 부응하여 새로운 교과를 신설하다 보니, 교과들의 과밀화 현상으로 인하여 교육과정 구조 자체가 매우 복잡해졌으며, 한정된 교육과정 내에서 자신들의 입지를 강화시키기 위한 교과들 간의 경쟁이 교육의 난맥상을 더욱 강화시키고 있는 실정이다. 바로 이 점에서 프랑스는 교과의 신설 보다는 기존 교과 내에서 새로운 교육적 요구를 수용하고 있는 모범적 사례로서 한국 교육을 반성하는 귀감이 된다고 할 수 있다.

교육과정상의 3가지 교과군 구분은 칸트의 학문 분류 체계에 근거한 것으로 볼 수 있으며, 학생들로 하여금 시간과 공간의 연속성에 자신들을 통합시키는 것, 즉 역사를 알고 보다 넓은 세계 속에서 자신을 중심에 위치시킴으로써, 넓은 사회 속에서 자신들의 위상을 설정하도록 가르치는 것이 바로 지리·역사 교과의 목적이었다. 이처럼 프랑스의 교육과정은 학생들에게 그들의 문화체제(즉 그리스·로마 문명의 체제) 내에서 자신들의 위상을 정립하도록 교육하여 왔다.

프랑스의 교육제도는 문화에 대한 입문으로서의 교육관에 근거하고 있기에, 세계의 과거

---

122) Ferras, R. et al, 1993, Faire de la Géographie, p.33.

와 현재, 상이한 문화의 다양한 표현을 이해시켜 주는 역사·지리교과는 교육과정 내에서 문화 교과로서의 지위를 확고히 인정받으면서 지난 2세기 동안 존속되어 왔다. 역사·지리 교과는 여러 사회들의 업적이나 신념, 이를 구성하고 결정하는 사회구조에 대한 인식의 토대가 되기 때문에, 한 시대와 한 영토 속에 각인된 다양한 의미와 관계를 밝혀줄 수 있기 때문이다. 이러한 문화적 차원 때문에 역사·지리교과는 다른 교과, 예를 들어 문학 작품의 학습에도 도움이 된다고 인정받고 있다.

역사·지리교과를 통해 시민성을 교육하는 것은 프랑스만의 독특한 교육 체제 중의 하나이다(Borne, 1996). 미국과 그 영향권에 속하는 국가들은 대개 사회과를 통해서 시민성을 함양시키고자 하며, 사회과 내에서 지리 영역의 비중은 그다지 높은 편이 아니다. 영국, 독일 등에서도 최근에 시민성 교육을 강화시켜 나가는 추세이지만 사회과라는 교과 편제는 없으며, 역사와 지리도 서로 긴밀한 관계가 없이 독립 교과로서 운영되고 있다. 이점에서 프랑스는 역사와 지리가 융합된 교과 형식으로 시민성 교육을 담당하고 있는 독특한 사례라고 판단할 수 있다.

프랑스 교육제도에서는 국가의 역사와 정비된 영토가 문화유산으로서 시민 공동체의 윤곽을 드러내준다고 볼 수 있다. 이러한 시민성의 목적은 가치를 지닌 것이지만, 폐쇄적인 국수주의적 차원에 머물러서는 안 된다. 역사와 지리는 그 대상과 방법에 있어 문화유산과 한 문화 속에 시민의 활동을 각인하는 것이기에, 인류 공동체의 수립이라는 진보적 발견을 가능하게 해준다. 역사·지리교과는 국가적 정체성의 정의와 프랑스 공화국의 가치의 토착화에 기여해야 하며, 이것은 프랑스의 역사와 지리에 부여된 위상을 설명해준다. 그러나 이러한 위상은 배타적인 것과는 거리가 먼 것으로 세계적 시야가 필수적이다. 인간의 권리와 다원론적인 민주주의의 보편적 가치에 의거한 이 같은 시각은 관용을 내포하고 있어야 한다. 여러 문명들과 영토들의 다양성을 분석하는 것, 그 구조의 복잡성을 이해하고 문화의 다양성을 구별하는 것은 다른 나라와 다른 문명에 대한 개방화로 나아가는 시대 속에서의 활동을 준비하는 것이 된다. 역사·지리교과는 학생들이 세계에 대한 역동적이며 비판적인 시각을 획득하는 데 도움이 될 수 있도록 다양한 스케일을 활용하여야 한다. 프랑스의 영토와 유산은 유럽의 역사와 공간 속에서 이해되지 않으면 전혀 의미가 없는 것이다.

그렇지만 유럽 그 자체도 세계적 시야 속에서 분석되어야 한다. 국가 수준의 교육과정은 이러한 상이한 스케일을 명확히 하고 결합하여 조직되어야 한다(Borne, 1996). 여기에서 지리는 바로 공간이라는 개념틀로 여러 분과학문들을 통합하여 학생들의 세계에 대한 종합적인 이해를 길러주기 위한 교과로 인정받고 있다.

2. 교양인 양성을 지향하는 지리교육

오늘날의 프랑스 지리교육과정에 명시적으로 드러나는 지리교육의 목적은 "공간조직의 이해", 즉 세계를 더 잘 이해할 수 있는 안목을 길러주는 것이다. 그렇지만 표면적으로 명확하게 드러나지는 않으면서 오늘날까지 여전히 프랑스 교육에 내재되어 있는 교육목적 중에 하나는 바로 "교양인 육성"이다. 프랑스에서는 르네상스 이후에 부르주아 계층의 자녀들을 대상으로 이루어졌던 인문학 위주의 고전교육의 목적이 자유로운 직업 활동을 할 학생들에게 '일반교양(une culture générale)'을 전수시키는 것이었다. 그 당시에 고전교육을 받았던 부르주아 계층의 자녀들은 생계에 대한 걱정이 없었으므로 그들이 배우는 학습의 목적은 다양한 분야의 학문을 가능한 한 많이 배움으로써 그들의 '일반적인 교양'을 증진시키는 것이었다. 한편, 농촌의 일반 국민들을 대상으로 한 또 다른 형태의 중등교육, 즉 전문교육은 1865년에 도입되었는데, 그때까지 어려운 처지에 놓여있던 가난한 농부들은 그들의 자녀들이 공무원과 같은 신분을 얻어서 잘 살기를 바랐기 때문에 교육에 대한 열의가 대단히 컸다.

이렇듯, 프랑스 사회에서는 부르주아 계층의 자녀들을 중심으로 일반적인 교양의 증진을 위해 다양한 교과를 되도록 많이 가르치는 문화가 자리 잡았고, 다른 한편에서는 신분 상승을 원했던 대다수의 국민들이 교육에 열의를 보이면서 자연스럽게 프랑스 사회는 주지주의적 교육의 분위기가 형성되었다.

지리교과와 관련하여 20세기 전반부의 시기에 프랑스 고등학교 1학년의 교육과정은 너무나 많은 양의 지식을 포함하고 있었다는 Graves의 지적을 통해 알 수 있듯이, 일반교양을 위해 가능한 한 완전한 교육을 제공하고자 했던 프랑스인들의 욕구를 다시 한 번 더 엿볼 수 있다. 오늘날의 중·고등학교에서도 모든 학생들이 문화예술 교육을 통해 일반교양에 입문하도록 하고 있으며, 말하기뿐만 아니라 쓰기와 읽기 능력을 포함하는 외국어 교육을 강조하고 있다.

오늘날의 프랑스 지리교육은 지식(Savoirs), 기능(Savoir-faire), 대처능력(Savoir-être)을 길러주도록 학습내용을 구성하고 있다. 이러한 형식의 구조는 결국 교양인 양성의 측면과도 통한다고 볼 수 있다. 지식을 습득하고 기능을 얻는 것은 서로 관련이 없는 무의미한 과정이 아니다. 수업 시간에 연습문제를 푸는 것은 교육 과정의 내용을 확실하게 전달하는 수단만이 아니라, 그 자체로도 목적이 있는 것이며, 학생들이 하나의 단계에서 다른 형태로 넘어갈 수 있도록 하는 과정이 되는 것이다. 그림을 그리거나 지도를 따라 그리는 것, 연습 문제를 푸는 것 등은 분석이나 종합을 함으로써 하나의 교육 과정을 수행하는 것이다.

프랑스 지리 교과서에는 이러한 지식, 기능 그리고 대처능력이 다양한 방식으로 녹아들어 있다. 지식과 관련해서는 단순한 지리적 현상이나 지역적 사실을 가르치기보다는 지식의 구조적 차원에서 다루어진다. 즉, 프랑스 지리 교과서에서는 지식의 구조로서 볼 수 있는 모학문의 개념, 아이디어, 일반화와 같은 형식으로 학습내용이 전개된다. 다시 말하면, 초등학교 지리 교과서에는 주로 지리학자가 그들의 연구에서 이용하는 도구가 무엇인지를 하나하나 보여주며, 그러한 자료들은 어떤 것인지 학생들이 알 수 있도록 구체적으로 제시된다. 고등학교에서는 다양한 사례들로부터 일반화에 이르는 과정을 제시하는데, 이러한 하나하나의 과정과 방식들은 학생들에게 지리 지식을 보다 효과적이고 구체적으로 가르치기 위함이다.

프랑스 지리교육에서 추구하는 두 번째 목표인 기능은 지리탐구의 과정에서 실제로 자료를 읽고, 분석하고 해석할 수 있는 능력과 학급의 동료들 앞에서 발표할 수 있는 능력을 말한다. 학생들은 적절한 문제제기를 하면서 알맞은 정보를 선택하거나 탐색한다. 기능의 주된 관점은 지리적 추론능력(raisonnement géographique)이다. 즉, 학생들은 지리학자가 지리학을 연구하는 것처럼 분석하고 해석하는 관점을 배우게 된다. 그러한 모든 과정은 교과서에서 다양한 형태의 자료로 제시되며, 단계적인 질문에 의해 안내된다.

지리교육이 추구하는 세 번째 목표인 대처능력은 교과서에 제시된 지역에 관한 다양한 자료들을 보면서 비판적인 관점(un regard critique)을 갖게 하는 것이다. 프랑스 교과서에서는 주어진 자료를 보고 학생들이 단순히 어떤 가치나 태도를 갖는 것에 그치는 것이 아니라, 미래의 어느 시점에 닥쳐올 수도 있는 예측 불가능한 상황에 대처할 수 있는 적응력을 길러주고, 다양한 지역들의 사례와 문제를 보면서 비판적으로 바라볼 수 있는 시각을 갖게 한다.

따라서 프랑스 지리교육은 지식, 기능, 대처능력의 조화를 추구한다.

프랑스에서는 초등학교와 중학교에서 지리와 역사가 한 권의 책에 실려 있는데, 학생들은 역사–지리 교육과정을 통해 실제적으로 현재 세계에 대한 이해를 하게 되며, 현 시대를 있게 했던 역사적 순간과 영토를 기반으로 한 사회의 실제적인 영향에 관해 학습하게 된다. 학생들이 지식(connaissances)을 습득하고, 추론능력(raisonnement)과 비판정신(l'esprit critique)을 가지는 것은 프랑스 지리교육의 기본이 된다.

고등학교에서는 역사와는 별도로 지리만으로 교과서가 구성되는데, 고등학교 과정에서 학생들은 중학교 때 배웠던 교육과정의 연장선상에서 공간적 지표와 개념, 문제제기를 통해 지리학적 추론능력(raisonnement géographique)에 대한 심화학습을 하게 된다. 이를 통해 고등학교 2학년 과정에서는 프랑스와 유럽의 공간에 대한 분석에 접근하게 되며, 또한 고등학교 3학년 과정에서는 세계에 대한 전체적 접근이 가능해진다.

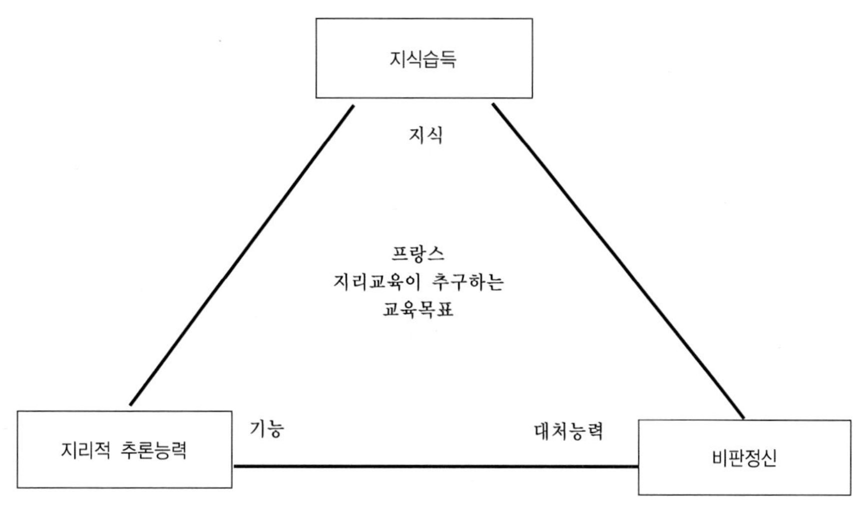

그림 5-1. 프랑스 지리교육 목표

프랑스 지리교육에서는 우리가 살고 있는 세계의 실체와 현상을 포괄할 수 있는 주요 아이디어를 근거로 학습내용을 조직하고, 지역지리 및 계통지리의 혼합 및 결합 방식으로 지리 지식을 입체적으로 구성하며, 학습내용, 학습지역, 학습방법, 기능의 측면에서 학교급별로 계열화함으로써 체계적이고 종합적인 지리 학습이 이루어질 수 있도록 구성하였다. 따라서 학습내용은 "지식적 측면", 학습방법 및 과정은 "기능적 측면" 그리고 최종적으로 고등학교 단계에서는 다양한 문제 및 갈등상황에 대한 "대처능력"을 길러줄 수 있도록 구성되었다.

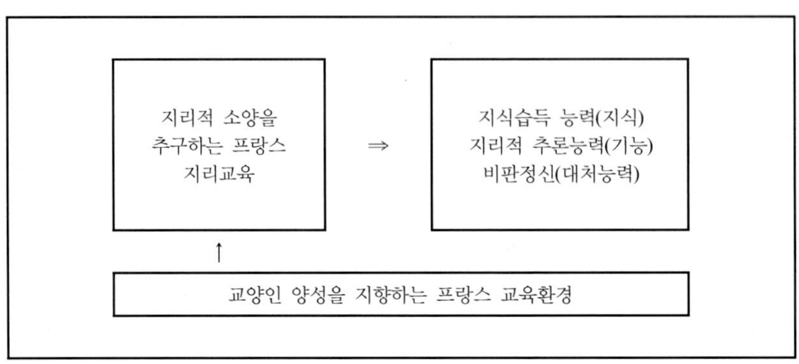

그림 5-2. 교양인 양성을 지향하는 프랑스 지리교육

　2008년에 새로 바뀐 교육과정의 틀은 기존의 것에 비해 훨씬 정돈되었으며, 그 안에 제시된 내용 또한 간결하고 명료해졌다. 표 5-1에 제시된 것과 같이, 교육과정의 맨 상단에는 교과명이 제시되어 있고, 그 아래에는 학년이 표시된다. 기존의 중학교 지리 교육과정에는 학년별 주제가 없었는데, 개정 교육과정에 따르면, 중학교 교과서에도 기존의 고등학교에서처럼 학년마다 주제가 제시되고 있다. 이를테면, 중학교 1학년의 경우, '인간이 살아가는 지구상의 대지'와 같다. 학습주제 아래에는 학습내용이 설명체로 간략하게 제시되어 있으며, 학습주제의 맨 끝부분에는 학습목표가 한두 줄로 제시되어 있다.

　그다음의 새로운 항목에 제시되는 것은 세부학습 내용이다. 여기서 첫째 칸에는 대주제 수준의 학습주제가 제시되며, 바로 아랫줄에는 괄호로 해당 주제를 가르치는 동안에 쓸 수 있는 시간을 표시해두고 있다. 기존에는 시간 단위로 표현되던 것이 '지리 학습을 위해 주어진 전체 시간 중에 어느 정도의 비중(%)으로 쓸 수 있다'는 형식으로 바뀌었다. 학습주제가 제시된 바로 아래 칸에는 지식목표, 기능목표, 학습안내가 순서대로 제시된다. 이는 우리나라 교육과정에 제시된 내용과는 상당한 차이가 있는 것으로 볼 수 있다.

교과명: 지리(Géographie)	
학년(예: 중학교 1학년)	
1. 학습주제(학년 수준의 주제) 예: 인간이 살아가는 지구상의 대지 2. 학습내용 설명(간단하게) 3. 학습목표 제시(한두 줄로 짧게. 예, 교육과정에 제시되어 있는 모든 내용들과 관련하여 자료를 분석하고, 글로 쓰고 말로 표현할 수 있도록 한다)	
세부 학습 내용 제시	학습주제 제시(대주제 수준) 예: 1. 나의 인접공간–경관과 국토 (지리에 할애된 시간의 약 10%)
	지식목표(connaissances) · 학습안내(Démarches)
	기능목표(capacités)

프랑스의 학교급별 교육과정의 뒷부분에는 학생들이 해당 학교급별 과정동안에 배워서 꼭 알아야 할 "지표(repères)"가 제시되어 있는 것이 특징인데, 그러한 측면도 프랑스인들이 추구해온 교양인 양성의 기준과 서로 통한다고 볼 수 있다. 중학교 교육과정에서 중학교 4학년이 끝나는 부분에는 표 5-2에 제시된 바와 같이, 지리적 지표가 제시되어 있다. 프랑스에서 유지되고 있는 씨끌르(cycles) 제도가 그러한 것을 또한 설명해주고 있다. 다시 말하면, 프랑스에서는 오래 전부터 학교 교육에서 이러한 cycle(과정) 단위로 교육이 이루어져 왔는데, 표 5-2에 제시된 것과 같은 지표(repères)는 해당 cycle 단위로 꼭 알아야 하는 지식을 가르쳐 왔던 흔적이다. 이렇게 프랑스에서 학년 단계를 cycles로 구성했던 목적은 상급학교로 진학을 못하고 초급학교를 졸업하는 학생들을 위해 낮은 수준이기는 하더라도 비교적 체계를 이루는 지식의 꾸러미와 같은 완결된 형태의 지식을 갖추기를 원했던 프랑스적 사고의 전형적인 측면으로 볼 수 있다. 과거 프랑스에서는 초급학교를 졸업하고 중등학교로 진학하는 학생들의 수는 극히 적었다.

의무교육의 마지막 시기에, 학생들은 다음과 같은 **지표(repères)**들을 확인하고 그 위치를 찾을 수 있어야 한다(이탤릭체로 표기된 것들은 초등학교 수준에서 배우는 지표임).

- *대륙과 해양, 큰 하천, 대지형(주요 산맥과 대평원), 지구상의 주요 기후대*
- *지구상에서 인구의 조밀지역과 희박지역,* 세계에서 인구가 가장 많은 5개국
- 세계에서 가장 인구가 많은 세계적인 대도시(메트로폴) 10개와 그 도시들이 포함된 국가들
- 세계에서 가장 가난한 국가들 가운데 3개국, 3개의 신흥국가들, 세계의 3대 강대국 축
- 세계에서 이주민들의 출발지로서의 두 개의 큰 영역과 그들이 도착하는 2개의 큰 영역들
- 세계의 주된 관광 공간 두 곳
- 메갈로폴들(미국의 북동부, 일본, 유럽)
- 프랑스 영토(본토와 해외영토)
- 프랑스어권의 주요 공간들
- *산지, 대하천, 생물기후영역, 국토의 연안지방*
- 프랑스 국토에서 상위 10개의 도시권역*(주요 도시들)*
- *프랑스의 지역들*
- *유럽연합에 속한 국가들과 그들의 수도들*
- 유럽연합의 제도와 관련된 본부를 두고 있는 도시들
- 유럽의 주요 메트로폴 10개

3. 공화국의 시민의식 함양에 기여하는 지리교육

프랑스 교육과정 및 교과서 분석을 통해 밝혀진 지리교육의 명시적 측면의 지향점은 '세계를 더 잘 이해할 수 있는 지리적 안목 함양'이며, 고등학교 교육과정에서는 이보다 훨씬 더 학문적인 성격이 드러나도록 "공간조직의 이해"로 제시된다. 한편, 교육과정에는 명시되어 있지 않지만, 교과서에 두루 드러나는 내재적인 측면의 지향점이 있는데, 그것은 "교양인 양성"과 "공화국의 시민의식 함양"이다. 지리교과는 가치 내재적 성격이 강하며, 국가적 이데올로기나 통치자의 관심사가 가장 크게 반영될 수 있는 분야이다. 비록, 프랑스 지리교육의 내용이 명시적으로는 지리학적인 주요 아이디어를 바탕으로 한 학문 중심적 성격이 두드러지지만, 과거로부터 프랑스 사회가 지향해온 일반 교양적 측면의 내용, 그리고 세계의 여러 대륙과 다양한 국가들로부터 이민을 받아들임으로써 사회문제가 점점 더 심각해지고, 아직도 프랑스 본토로부터 수천 킬로미터 밖에 있는 해외영토 문제까지 고려함으로써 1890년 이래로 지리교육의 주요 목표 중에 하나였던 시민교육을 병행하고 있다. 따라서 프랑스 지리 교육과정 및 교과서에 제시된 학습내용에는 프랑스 사회의 고유한 분위기와 최근의 국가

적 관심사, 그리고 학문적 전통과 연구 성과가 조화롭게 어우러져 있는 것으로 볼 수 있다 (표 5-3).

표 5-3. 프랑스 지리교육의 지향점

명시적 측면	공간조직의 이해 (학문중심주의)
내재적 측면	교양인 양성 (사회적 분위기)
	시민의식 함양 (국가적 관심사)

프랑스 지리교육은 표면적으로는 세계에 대한 이해를 추구하지만, 교과서의 학습내용 중에 일정 부분에는 민족적·국토적·문화적인 다양성을 하나로 통합시키고자 하는 의도가 명백하게 포함되어 있는 것으로 판단된다. 즉, 순수한 민주주의나 시민교육을 위주로 하는 시민성 교육이 아닌, 세계 속에서 강한 프랑스와 자랑스러운 프랑스인이라고 하는 자부심을 심어줌으로써 다양한 민족적·문화적 기원을 가진 프랑스 국민을 하나의 프랑스 시민으로 통합시키고자 하는 프랑스 정부의 강한 의지가 엿보인다.

프랑스 지리교육의 특징: 시민성 교육				
초등학교 3학년 중학교 1학년		초등학교 4~5학년 중학교 2~4학년		초등학교 5학년 중학교 4학년
계통지리 위주의 학습내용 구성	⇒	지역지리 위주의 학습내용 구성	⇒	시민의식 함양을 위한 학습내용 구성

그림 5-3. 시민성 교육이 내재된 프랑스 지리교육

프랑스 지리교육에서 주된 학습내용의 구성은 크게 "계통지리 위주의 지리교육", "지역지리 위주의 지리교육" 그리고 "시민의식 함양을 위한 지리교육"으로 세분된다. 이러한 사실은 그들의 교과서에 제시되어 있는 학습내용을 보면 쉽게 알 수 있다. 일반적으로, 지리교육을 처음 시작하는 초등학교 3학년 교과서에는 주로 주제 중심으로 학습내용이 배열되어 있으며, 또한 중학교 1학년에서도 주제중심으로 학습내용이 구성되어 있다. 이어서 초등학교 4학년과 5학년에서는 세계 여러 나라와 유럽, 프랑스를 배운다. 그리고 초등학교 5학년의 맨 마지막 단원에서는 시민성 교육을 위한 지리 내용이 구성되어 있다. 마찬가지로 중학교 2학년부터 4학년까지는 다양한 지역을 사례로 한 지역지리 학습내용이 구성되어 있는데, 맨 마지막 학년인 4학년의 마지막 단원에서는 강대국으로서의 프랑스를 가르친다(그림 5-3).

프랑스 지리교육에 제시된 시민성 교육을 위한 주된 학습내용은 표 5-4와 같다. 즉 초등학교 수준에서는 경제대국으로서의 프랑스, 프랑스어권 및 해외영토, 세계 속에서 프랑스의 영향력, 프랑스로의 인구 유입, 후진국에 대한 프랑스의 지원 등으로 구성되며, 중학교 수준에서는 세계 속에서 프랑스의 존재, 강한 경제력과 개방, 관광의 첫 번째 목적지, 프랑스는 강대국인가? 등과 같은 내용으로 구성된다. 이러한 내용은 일반적으로 세계지리에 관한 학습내용의 맨 마지막에서 세계의 주요 강대국을 다루면서 강대국들 중에 하나로서 프랑스를 소개한다. 이러한 측면에서 보면, 분명 프랑스에서의 지리교육은 단순히 순수한 학문적인 관점에서 세계의 지리적인 측면에 대한 이해의 차원을 넘어서 "강한 프랑스와 프랑스인으로서의 자부심을 심어주는 교과"라는 것을 분명하게 알 수 있다.

표 5-4. 프랑스 지리 교과서에 나타난 시민의식 함양을 위한 학습내용

초등학교 5학년의 시민성 학습내용	중학교 4학년의 시민성 학습내용
⑤ 세계 속의 프랑스	【14】 프랑스, 유럽 그리고 세계
1. 지리학자의 도구인 지도: 프랑스 영토	1. 프랑스와 1945년 이후의 세계
2. 해외(영토)의 프랑스	− 프랑스와 독일의 화해
3. 프랑스어권	− 세계 속에서 프랑스의 존재
4. 경제적인 강대국, 프랑스	2. 강한 경제력과 개방
5. 세계 속에서의 프랑스의 영향력	3. 관광목적의 첫 번째 목적지
6. 프랑스로의 인구이동	◎ 단원정리
7. 가난한 국가들에 대한 원조	◎ 졸업시험(BREVET) 대비: 프랑스는 강대국인가?

초등학교나 중학교와 마찬가지로, 고등학교 수준에서도 시민의식 함양을 위한 학습내용은 여전히 존재한다(그림 5-4). 이를테면, 고등학교 1학년에서는 초등학교 3학년, 중학교 1학년에서와 마찬가지로 계통지리로 학습내용이 구성되며, 고등학교 2학년에서는 프랑스와 유럽을 중심으로 하는 지역지리 형식의 학습내용이 구성되며, 고등학교 3학년에서는 세계의 주요 강대국을 중심으로 하는 세계지리로 학습내용이 구성된다. 여기서 프랑스는 강대국들 중에 하나, 즉 강대국들 중에 하나인 유럽연합의 인원으로 소개된다.

<table>
<tr><td colspan="5" align="center">프랑스 지리교육의 특징: 시민성 교육</td></tr>
<tr><td align="center">고등학교 1학년</td><td></td><td align="center">고등학교 2학년</td><td></td><td align="center">고등학교 3학년</td></tr>
<tr><td align="center">계통지리</td><td align="center">⇒</td><td align="center">지역지리
(프랑스, 유럽)</td><td align="center">⇒</td><td align="center">세계지리
(세계의 주요 강대국)
+
(강대국의 일원인 프랑스)</td></tr>
</table>

그림 5-4. 시민성 교육이 내재된 프랑스 지리교육(2)

표 5-5. 시민의식 함양을 위한 학습내용(고등학교 3학년, 2002 교육과정)

대주제	학습내용
Ⅰ. 세계적인 공간	1. 세계화와 상호의존 2. 세계적 공간조직의 또 다른 논리

Ⅱ. 세계의 3대 열강	1. 북미 – 미국: 슈퍼강국
	    – 북아메리카의 대서양 연안
	2. 유럽연합 – 유럽연합의 경제력
	      – 라인 강 유역이 유럽
	3. 아시아 – 성장의 축
	    – 일본의 거대도시

Ⅲ. 발전을 탐색중인 세계	1. 저개발 국가의 주체 및 다양성 2. 저개발 국가와 선진국의 접촉: 지중해 3. 다시 하나가 되는 지역: 러시아

표 5-5는 고등학교 3학년 교과서에 포함된 시민의식 함양을 위한 학습내용이다. 고등학교 3학년에서 세계의 주요 경제대국이 학습내용으로 설정되기 시작한 것은 1905년의 교육과정 개정부터이다. 이때부터 오늘날까지 주요 강대국에 관한 내용이 도입되었으며, 1981년의 개정부터는 발전의 불평등이 추가된다. 표 5-5는 2002 교육과정에 근거한 교과서의 학습내용인데, 여기서는 라인 강 유역의 유럽과 관련된 내용에서는 스위스, 독일, 프랑스, 베네룩스 3국 등과 같은 여러 국가들을 포함하고 있는 라인 강 유역의 유럽 국가들이 유럽연합의 경제적인 중심이 되고 있음을 보여주며, 이 지역은 인구밀도가 높고, 도시와 산업의 비중이 높은 국가들을 중심으로 형성되어 있는 것으로 다뤄진다. 위의 학습내용에서는 프랑스의 위상이 강하게 드러나지 않지만, 2008년에 개정된 교육과정에서는 '1. 유럽연합과 세계 속에서의 프랑스'라는 주제에서 볼 수 있듯이, 이 전에 비해 프랑스의 입지가 상대적으로 더 강조되는 듯한 인상을 받는다(표 5-6). 개정된 교육과정에서는 세계 속에서 프랑스의 강한 국력을 더욱 과시하려는 의지를 엿볼 수 있다.

표 5-6. 시민의식 함양을 위한 학습내용(고등학교 3학년, 2008 교육과정)

학습주제	최소의 한 가지 상황	방침 및 핵심어
유럽연합과 세계 속에서의 프랑스	세계도시, Paris 해외영토와 프랑스의 힘	프랑스 영토, 프랑스의 다양성, 유럽연합과 세계를 향해 열려있는 프랑스를 다룬다. 경제, 지정학, 문화적인 영역에서 프랑스의 힘을 평가한다.
(하위주제 생략)		

이상에서 살펴본 바와 같이, 초등학교로부터 고등학교에 이르기까지 프랑스 지리교육의 학습내용 구성방식에 있어서 큰 특징 중에 하나는 매 학교급별로 첫 학년에서는 "계통지리"의 형식으로 학습내용이 구성되며, 그다음 학년부터는 "지역지리"의 형태로 유럽과 프랑스를 주로 다룬다. 그리고 각 학교급별 맨 마지막 학년인 초등학교 5학년, 중학교 4학년, 고등학교 3학년에서는 "세계지리"를 다루는데, 그중에서도 특히 세계의 주요 경제대국이 학습내용으로 포함된다. 프랑스 지리교육의 학습내용은 주로 그들의 "학문적 전통과 연구성과"가 주를 이루고 있지만, 부분적으로는 "국가적 관심사"와 "사회적 분위기"를 대변해주는 교양인 양성, 시민의식 함양을 위한 내용이 상당부분 포함된 것을 확인할 수 있다. 요컨대, 다양한 인종적·문화적 기원을 가진 프랑스 국민들을 프랑스인으로서의 정체성을 가진 프랑스 시민으로 통합시키기 위한 프랑스 정부의 의도가 오늘날 프랑스 지리 교과서에서는 "세계 속에서의 강한 프랑스, 자랑스러운 프랑스인"이라는 의미가 담겨진 학습내용으로 포함된 것으로 볼 수 있다.

CHAPTER 06

결론

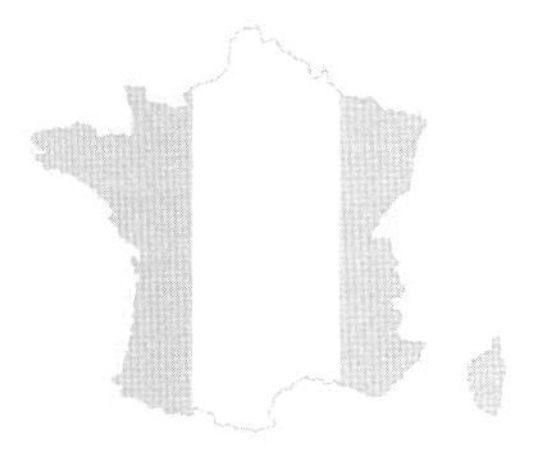

거시적인 관점으로 우리나라의 지리교육을 살펴보면, 사회과 체제 내에서 발전의 태생적 한계를 안고 있는 제도적인 문제, 영토교육과 관련하여 지리교육의 가치 및 필요성에 대한 국가·사회적 무관심과 인식부족의 문제에 처해 있다. 학교교육의 관점에서는, 학습내용의 조직 및 구성원리의 측면, 그리고 학교급 간의 연계성 및 체계성에 있어서 또한 큰 문제를 안고 있다. 이 연구의 목적은 현재 우리나라 지리교육의 문제점을 보다 더 명확하게 비춰주고 모범적인 경험을 보여줄 수 있는 나라의 교육 사례를 연구대상으로 삼아 미래지향적인 지리교육의 새로운 모델을 구축하는 데 있다. 프랑스는 지리가 교육과정에서 중요한 지위를 차지하고 있으며, 핵심적인 교과로서 가르쳐지고 있을 뿐만 아니라 국가수준에서도 교육의 목적을 달성하는데 있어서 적지 않은 역할을 수행하고 있다. 따라서 본 연구는 프랑스 지리교육의 역사적 변천과정과 현재 지리교육의 상황을 교육과정 및 교과서 분석을 통해 확인하고, 우리나라 지리교육의 상황을 프랑스의 지리교육과 비교하면서 대안적인 시사점을 찾고자 하였다.

우리나라에서 지리교육의 가치 및 필요성에 대한 국가·사회적 인식의 부족은 중국의 동북공정, 일본의 독도영유권 문제 등에 따른 일련의 영토교육과 관련하여 여실히 드러났다. 주변국들과의 영토문제에 있어서 역사과는 그 중요성이 크게 부각되어 사회과로부터 독립했는데, 지리과는 별다른 변화가 없다는 것은 심각하게 고려해볼 필요가 있다. 반면, 프랑스에서는 지리교육의 유용성, 교육적 가치, 국가교육에 대한 인식이 우리나라와는 크게 다른 편이다. 프랑스에서는 1870년 이전까지만 해도 지리는 교육과정에서 그 명맥만 유지한 채 제대로 가르쳐지지 않았는데, 보불전쟁에서 패하면서 국가에서는 교육부장관을 앞세워 대학교수, 현장교사 등을 통하여 학교에서 이루어지고 있는 지리교육의 실태를 파악하게 하고 그에 대한 개선책을 세우도록 했다. 그리하여 프랑스에서는 지리교육이 짧은 시간 내에 국가교육과정에서 중핵교과로서의 위상을 갖게 되었다.

우리나라에서는 1946년에 미국으로부터 사회과가 도입된 이래로 지리교육이 체계적으로 가르쳐지는 나라의 사례를 접할 기회가 없었다. 즉, 기존의 연구들은 주로 영미권이나 일본 등에 관한 것들로, 이는 대개 한국에서 이루어지고 있는 지리교육의 형식과 크게 다르지 않거나, 연구의 범위가 특정 학년이나 주제에 치우쳐서 한 나라에서 이루어지고 있는 지리교육의 전체를 파악하기 어려운 문제가 있었다. 또한 지리교육의 발달사적 측면에서 보더라도, 지리교육의 위상이 미미했던 상황으로부터 국가의 중핵교과로 전환되는 과정을 구체적으로 보여줄 수 있는 자료가 없었다. 이러한 차원에서 본 연구는 한국사회와 학계에 지리교육의 가치 및 필요성을 인식시킬 수 있는 방법으로서 프랑스 지리교육의 변천과정을 상세히 제시하고자 하였다. 여기서는 각각의 시기마다 프랑스 정부(교육부장관)의 지리교육에 대한 개혁과정, 대학 교수사회의 연구활동 및 노력, 지리학회의 연구성과, 지리교사들의 참여 등에 관하여 상세히 검토하였다. 그리고 각 시기별 지리 교육과정 및 교과서에 대한 분석을 통해 대학 교수들을 중심으로 했던 교과서 집필진들의 고민과 학교에서 지리를 가르쳤던 교사들의 어려움을 간접적으로나마 접할 수 있었다.

지리교육에 관심을 갖고 있는 학자들이라면 대체적으로 궁금해할 만한 것이 있는데, 그것은 지리교육에서의 내용조직 및 구성원리에 대한 의문이다. 이러한 문제는 프랑스 지리 교과서를 통해 확인할 수 있었다. 우리는 그동안 지리교육의 내용조직에 있어 지리학적 아이디어는 별개의 문제로 치부하였으며, 다만 계통지리, 지역지리, 자연지리, 인문지리 등과 같은 구성방식 및 지역적 스케일의 관점과 관련하여 결과론적으로만 고민해왔다. 하지만, 프랑스 교과서 분석을 통해 도출된 연구결과에 의하면, 프랑스는 내용조직의 출발점이 다양성, 분포, 격차, 관계, 이동, 문제, 쟁점 등과 같은 주요 지리학적 아이디어로부터 비롯되었다는 것을 알 수 있었다. 여기서 다시 학습내용을 구성하는 원리 측면에서는, 다양성은 세계를 학습대상으로 설정하는데, 이는 주로 지형, 기후, 식생 등과 같은 자연지리에 근거한다. 학교 및 학년 수준에서는, 학교급별로 지리를 배우기 시작하는 단계에 배치되었다. 즉, 초등학교 3학년, 중학교 1학년, 고등학교 1학년에서는 다양성이라는 아이디어로부터 자연지리 중심으로 구성된 학습내용을 세계적인 스케일에서 가르친다. 이러한 전통은 1880년의 교육과정에 처음 등장하고, 1902년에 안정화된 이래로 오늘날까지 프랑스 지리교육에서 뚜렷한 특징으로 자리 잡았다.

아이디어에 관한 학습내용의 조직적 측면에서, 두 번째 사례는 분포이다. 이는 앞에서 다룬 다양성을 근거로 한다. 이를테면, 세계적 스케일에서 더운 곳과 추운 곳, 높은 곳과 낮은 곳 등에 관하여 학습한 후, 사람은 어디에 많이 분포하고 어디에 적게 모여 사는가에 대해 배운다. 그리고 나서, 대륙별로 인구가 가장 많은 나라를 한두 곳씩 사례학습의 대상으로 선정하여 다룬다. 아시아의 경우, 중국과 인도가 이러한 학습내용에 해당된다. 그 외의 아이디어 및 그에 따른 학습내용 구성에 관해 좀 더 부연하자면, 고르지 않은 인구분포, 자원분포 등에 의하여 잘사는 나라와 못사는 나라(남북문제), 잘사는 사람들과 못사는 사람들(빈부격차)과 같은 사회적·경제적 격차가 발생한다. 이러한 국가 및 사회들 간의 관계에서 돈을 벌기 위한 인구의 이동 및 이주가 나타나고, 자본 및 재화가 이동하게 된다. 이 시점에서는 Yves Lacostes가 주로 관심을 가졌던 분야인 지정학이 프랑스 지리교육에 들어오게 된다. 즉, 국가들 간의 갈등상황은 전쟁으로 드러나며, 한 국가 내에서는 다양한 사회문제로 구체화된다. 프랑스 지리 교과서에서는 1905년 이래로 중학교 4학년과 고등학교 3학년에서 이러한 내용과 관련하여 세계의 주요 경제대국을 포함시키고 있다. 아시아에서는 일본이 이 주제에 포함되고 있다.

계통지리에서 다루어지는 물, 인구, 도시, 환경 등의 주제는 고등학교 수준에서 가르치는 문제 및 쟁점 등의 아이디어와 관련하여 물 문제, 인구문제, 도시문제, 환경문제 등과 같은 형태로 새롭게 구성된다. 요컨대, 프랑스 지리교육에서 내용조직의 원리는 주로 지리학적 아이디어로부터 출발하며, 각각의 아이디어에 따라 자연지리, 인문지리, 지역지리, 계통지리적 방법이 활용되고, 그러한 학습내용의 성격에 따라 다양한 스케일이 정해진다. 이와 관련된 우리나라의 상황을 보면, 지역지리적 내용구성 방식은 시대에 뒤떨어진 것으로 여기는 것처럼 보이며, 신지리학의 도입 이후, 선진국의 교과서들이 계통지리적 방식을 채택하는 것을 보면서 또한 그들을 따라가는 듯한 인상을 받는다. 그렇지만 그 어느 것도 절대적인 표준이나 모델이 될 수는 없다. 다만, 프랑스 교과서 및 교육과정에 대한 검토를 통해 우리에게 맞는 철학적 기반을 구축하고, 그에 따라 우리나라의 실정에 맞게 우리만의 고유한 내용을 구성해야 할 것으로 생각된다.

학교교육의 수준에서 우리나라 지리교육의 또 다른 문제 중에 하나는 학교급 간의 연계가 없는 것이다. 이는 사회과 체제에서 필연적으로 나타날 수밖에 없는 결과처럼 보인다. 게다가 고등학교 수준에서는 지리가 제자리를 지키지 못하고 선택과목으로 전락했다. 학교급 간 학습내용의 연계 및 계열화가 담보되기 위해서는 프랑스와 같이 초등학교로부터 고등학교까지 지리가 체계적으로 가르쳐져야 하며, 교과서 집필진들 간의 긴밀한 협의가 필요하다. 프랑스의 사례를 보면, 같은 출판사에 속한 지리 교과서 집필 책임자는 초등학교, 중학교, 고등학교 교과서의 집필진들을 모두 총괄하며, 각급 학교별 집필진들은 그 책임자를 중심으로 각각 별도로 구성된다. 따라서 학습내용은 학교급별로 계열화되며, 학습기능 또한 학습내용에 맞게 체계적으로 준비된다.

초등학교 수준에서는 주로 세계의 다양한 경관을 사진을 통해 배운다. 이 단계에서는 사진관찰 및 사물이나 현상에 대한 확인이 주된 활동이 되며, 구체적인 경관이 추상적인 지도로 어떻게 전환되는가에 대하여 중점적으로 학습한다. 이는 다양한 각도에서 찍은 위성영상, 항공사진, 지표사진, 예술작품 등을 통해 입체적으로 배우도록 구성된다. 중학교 수준에서는 초등학교에서 배운 기능을 바탕으로 하여 제시된 주제나 지역에 관련된 다양한 자료들을 분석하도록 구성된다. 학생들은 마치 지리학자가 지역에 관한 자료들을 분석하듯이 사진, 지도, 텍스트 자료, 신문기사, 통계자료, 그래프 등을 분석하는 법을 배운다. 고등학교 수준에서는 다양한 사례들로부터 일반화하는 과정을 배운다. 요컨대, 프랑스 지리 교과서는 학교급별로 체계적으로 구성되는데, 이는 제도적으로 지리교과가 초등학교부터 고등학교까지 가르치도록 보장됨으로써 가능하다. 또한 오랜 시행착오와 개혁을 거친 교육과정이 일정한 학습내용의 틀을 유지하며, 교과서 집필진 구성에 있어서 그 책임자가 초·중·고를 총괄하도록 짜인 환경은 학습내용의 조직 및 구성에 있어서 학교급별로 계열화할 수 있는 여건이 된다고 볼 수 있다. 우리나라는 학교급별로 집필진들이 다르며, 상호간에 학습내용, 기능의 연계 및 계열화에 대한 협의가 전혀 이루어지고 있지 않는데, 프랑스의 상황은 이러한 측면의 개선을 위한 좋은 본보기가 된다고 여겨진다.

본 연구는 교육과정, 교과서에 대한 각각의 분석 및 서로간의 관련성 검토를 통해 학습내용 조직 및 구성원리, 학교급 간 학습내용, 기능 간의 연계 및 계열화에 대한 결과를 도출하였다. 필자는 교과서 분석을 통해 학습과정에 대한 메커니즘을 밝히기 위해서 질문분석과 학습자료 분석을 또한 시도하였다. 프랑스 지리 교과서에는 다른 나라 교과서와는 비교할 수 없을 만큼 많은 질문들이 교과서에 제시된다. 마찬가지로, 주제나 사례지역과 관련되는 다양한 사진, 지도, 텍스트 자료, 통계자료, 그래프 등이 포함되는데, 많은 질문과 다양한 학습자료들은 학생들로 하여금 제시된 학습주제를 이해하고 지리적 지표(성취기준)에 도달할 수 있도록 배치되었을 것으로 가정하고 분석하였다. 결과적으로 초등학교 수준에서의 질문은 낮은 수준과 높은 수준으로 제시되었고, 중등학교에서는 훨씬 더 세부적인데, 분석결과, 질문은 학생들로 하여금 제시된 학습자료를 읽고, 관찰하고, 비교·대조하고, 적용하는 등 학습자료에 대한 분석을 안내하는 역할을 하고 있었다. 그리고 교과서에 실린 학습자료는 짧은 시간 내에 임시적으로 선정된 것이라기보다는 학교급별, 학년별로 학생들의 학습능력과 학습의 난이도에 맞게 그 종류 및 비중이 다르게 구성되었으며, 고등학교의 경우, 본 연구에서 2개 출판사의 학습자료에 대한 구성비율을 분석하고 대조해본 결과, 같은 학년 간에는 비슷한 비율로 학습자료를 활용하고 있는 것으로 드러났다. 요컨대, 초등학교의 경우, 저학년일수록 풍경사진이 대부분이고 지도류의 수는 적으며 통계자료는 전무하지만, 학년이 높아질수록 사진의 비율은 낮아지고 지도, 통계자료, 그래프 등과 같은 추상적인 자료들의 비율이 높아졌다. 중학교나 고등학교에서도 학습자료의 선정 및 비율은 학년 수준에 따라 차이가 났다.

한편, 우리나라 지리 교과서를 보면, 프랑스 교과서에서 볼 수 있는 크고 선명한 사진과는 대조적으로 작고 그 수도 적으며 본문의 양이 상대적으로 많게 구성된다. 또한 학습자료의 구성에 있어서 일관된 원칙은 없어 보이며 집필진들의 관심과 자료에 대한 접근의 역량에 따라 교과서의 지면구성은 달라진다고 생각된다.

교과서 개발의 제도적 측면에서 볼 때, 프랑스에서는 1865년 이래로 자유발행제 체제로 교과서를 개발하고 있으며, 교과서 개발의 주체는 출판사로서, 그들이 집필진을 섭외하고 시장 경제적 논리에 따라 제작하고 판매한다. 프랑스에서는 출판사별로 제작된 교과서의 샘플이 각급 학교에 보내지면, 해당 교과 교사들의 협의하에 그 학교에서 사용할 교과서가 선정된다. 프랑스 교과서는 가격이 상당히 비싼 편이지만, 의무기간인 고등학교 1학년까지는 지자체, 국가에서 구입하여 학교 도서관에 비치하는 형식을 취하며, 수업시간에 학생들에게 빌려주는 방식으로 운영된다. 우리나라는 아직도 국정 및 검인정 체제로 교과서가 개발되고 있는데, 적은 비용으로 개발하고 학습내용이 규제되다 보니 학생들의 흥미를 끌 수 있는 질 높은 교과서가 나오기는 쉽지 않은 것이 당연한 현실이라 생각된다.

프랑스 교육과정 및 교과서 분석을 통해 밝혀진 지리교육의 명시적인 목적은 대략적으로 '세계를 더 잘 이해할 수 있는 지리적 안목 함양'이며, 고등학교 교육과정에서는 이보다 훨씬 더 학문적인 성격이 드러나도록 '공간조직의 이해'로 제시된다. 한편, 교육과정에는 드러나지 않지만, 교과서의 곳곳에 두루 드러나는 암묵적인 목적이 있는데, 그것은 '교양인 양성'과 '애국심을 겸비한 공화국의 시민육성'이다. 지리교과는 가치 내재적 성격이 강하며, 국가적 이데올로기나 통치자의 관심사가 가장 크게 반영될 수 있는 분야이다.

비록, 프랑스 지리 교과서가 명시적으로는 지리학적인 주요 아이디어를 바탕으로 한 학문 중심적 성격이 두드러지지만, 세계의 여러 대륙과 다양한 국가들로부터 이민을 받아들임에 따라 사회문제가 점점 더 심각해지고 있고, 아직도 프랑스 본토로부터 수천 킬로미터 밖에 있는 해외영토 문제까지 고려함으로써 이와 관련된 학습내용 중에는 '강대국으로서의 프랑스, 세계인들의 첫 번째 방문지 Paris, 가난한 국가들에 원조하는 프랑스, 다양성을 갖춘 큰 나라 프랑스, 세계 속에 자랑스러운 프랑스인' 등과 같은 내용을 통해 1890년 이래로 지리교육의 주요 목표 중에 하나였던 시민교육을 병행하고 있다.

우리나라는 냉전 이후 남북관계의 특수상황으로 인하여 프랑스 지리교육이 담당하고 있는 주요 역할을 도덕교육이 갖게 되었고, 시민에 대한 내용은 일반사회 영역에서 맡고 있으며, 영토교육과 관련해서는 역사교육이 담당함에 따라 지리과목은 더 이상 국가교육에 기여할 여지가 거의 없으며, 심지어 대입시험에서 조차도 선택적인 영역이 되고 말았다.

프랑스에서는 전쟁에 패하는 국가적 위기 상황에서 그 나라의 지도자 및 교육 관료들이 앞장서서 위기극복을 위한 대안으로서 지리교육을 강화시켰다. 국가적·사회적인 관심과 지원 속에 지리교육은 제도적으로 안정된 지위를 얻게 되었으며, 대학교수, 학회, 현장교사들의 열정적인 노력으로 지리교과는 국가교육의 핵심적 지위를 얻게 되었다. 국가·사회의 관심과 제도적 뒷받침 속에 오늘날의 프랑스 지리교육은 학습조직 및 구성, 학습 기능적 측면에서 다른 나라에서 그 사례를 찾기 어려울 만큼의 체계적이고 축적된 노하우를 보여주고 있다. 현재 우리나라가 처한 국내외 상황을 보면, 1870년 당시 프랑스의 참패 못지않게 위태로운 상황에 처해 있다고도 말할 수 있다. 남북 간의 대치상황으로 국력이 소진되고, 주변의 4대 강국들의 틈에서 중국의 동북공정과 일본의 독도 영유권 문제가 끊임없이 제기되는 어려운 상황이지만 교과가 독립한 역사과와는 달리, 지리는 사회과 내에서 그 명맥만 유지되고 있을 뿐, 국가교육을 위해 지리만의 고유한 역할은 거의 수행하지 못하는 상황이다.

프랑스의 사례를 그대로 따라갈 필요는 없지만, 지리교육의 가치 및 필요성에 대한 국가·사회적 관심과 공론화가 시급하며, 장기적인 발전을 위해서는 제도적으로 안정적인 지위를 확보하는 것이 중요하다. 본 연구에서는 프랑스 지리교육을 이해하기 위한 차원에서 주로 교육과정 및 교과서 분석을 통해 학습내용 조직 및 구성원리, 학교급별 학습기능, 계열성을 도출하였으며, 질문과 학습자료 분석을 통해 학습과정의 메커니즘을 파악하였다. 기존의 다른 교과서 연구가 일반적으로 외국 지리교육의 특정 학년이나 주제에 그친 것에 비해, 본 연구는 초등학교부터 고등학교까지 프랑스 지리교육의 전체를 보여주고자 시도했으며, 프랑스에서 지리교육이 미미했던 1870년 이전의 시기로부터 오늘날의 시점까지 역사적 측면에서 그 발달과정을 다루었다. 수업관찰과 관련된 프랑스 지리교육 연구는 후속과제로 남겨두고자 한다.

참고문헌

〈국내문헌〉

곽병선·이근님, 1990,『중학교 교과 교육과정 국제 비교』, 한국교육개발원.

곽상만·김영준, 1987,『교육과정 국제비교 연구』, 한국교육개발원 연구총서 10.

교육인적자원부, 2002,『세계 교육개혁의 동향』

국립교육평가원, 1995,『세계화를 위한 교육의 국제 비교, 현대문화사』

권정화, 2005,『지리사상사 강의노트』, 한울.

김경랑 역, Chanet, J.-F. et al., 2000,『프랑스 학교』, 창해.

남상준, 1999,『지리교육의 탐구』, 교육과학사.

______, 2002,「초·중등 지리교육과정 개발과정의 평가」,『한국지리환경교육학회지』제10권 제1호, pp.1-11.

류재명, 1998,「지리교육내용의 계열적 조직방안에 대한 연구」,『지리·환경 교육』제6권 제3호, pp.1-18.

______, 1999, 지리교육철학강의, 한울.

문남철, 2002,「프랑스 중학교 지리교육의 내용구성과 학습지도방법」,『지리학연구』제36권 4호, pp.265 -282.

______, 2005,「프랑스 지리학의 발달과정과 연구경향」,『지리학연구』제39권 4호, pp.433-445.

박선미, 2004,『한국의 지리교육과정론』, 문음사.

박순경 외, 2000,『비영어권 국가의 교육과정·교육평가 자료 번역집 - 일본·중국·대만·프랑스·독일』, 한국교육과정평가원.

________, 2001,『교육과정·교육평가 국제비교 연구 Ⅲ 국가수준 교육과정 질 관리 방안을 중심으로』.

박영숙·박인종, 1987,『초·중등교육 국제 비교』, 한국교육개발원.

배수옥, 2007,「프랑스의 논술교육과 바깔로레아」,『교육개발』제34권 70(1)호, 통권 159호, pp.70-77.

백종억, 2000,『주요국의 교육행정제도와 교육개혁 동향』, 교육과학사.

베르나르 뚤몽드, 2004,「프랑스 교육제도에 대한 평가와 전망」,『개교 20주년 기념 학술 심포지움 학교 교육 50년 반성과 전망』, 한국교원대학교, pp.334-340.

서태열, 1993,「지리 교육과정의 내용 구성에 대한 연구」, 서울대학교 대학원 박사학위논문.

______, 2002,「지리 교과서 내용구성에서 활동중심 접근의 의의와 전망」,『한국지리환경교육학회지』, 제10권 제2호, pp.1-11.

성옥련 역, Debesse, M., 1994,『교육의 단계』, 배영사.

소경희 외, 2000,『세계 주요국 초·중등학교의 교육과정·교육평가 자료 모음집 -일본, 프랑스, 독일, 중국, 영국, 미국, 한국-』, 한국교육과정평가원.

______·채선희·정미정, 2001,『교육과정·교육평가 국제비교 연구(Ⅱ) - 주요국의 학교 교육과정·교

육평가 운영 실태 분석』, 한국교육과정평가원.

손명철, 1995, 「프랑스 지역지리연구의 전개과정」, 『한국지역지리학회지』 창간호, pp.81-91.

송언근, 2009, 『지리하기와 지리교육』, 교육과학사.

원윤수·류진현, 2002, 『프랑스의 고등교육』, 서울대학교 출판부.

윤석희, 2007, 「거버넌스 관점에서의 사회과 지리교육과정 개발에 관한 연구」, 이화여자대학교 대학원 박사학위논문.

이부련, 2000, 『교육보조사 제도를 도입하는 프랑스 교육』, 교육개발, 122, pp.11-19.

______, 2002, 『파리 초등학교의 새로운 시간조직개편』, 교육개발, 133, pp.71-77.

______, 2002, 「프랑스의 교과서 정책, 한국교육의 지역화에 관한 연구」, 제2차 세미나자료집, pp.1-16.

이주섭 외, 2006, 「외국 초등국어과 교과서의 특징과 시사점」, 『학습자중심교과교육연구』, 제6권 제2호, pp.235-263.

이상균, 2008, 「프랑스 해외영토 누벨깔레도니에서 본 지리교육의 특색」, 『지리과교육』 제11호, pp.23-43.

______, 2009, 「말하기와 글쓰기 형식의 프랑스 지리교육: 누벨깔레도니의 누메아 고등학교 지리수업을 사례로」, 『청주지리』 제21호, pp.131-147.

______ 역, Graves, N. J., 2009, 「프랑스와 영국에서의 중등 지리교육의 목적: 19-20세기 중반 시기를 사례로」, 『한국지리환경교육학회지』, 제17권 제3호, pp.273-288.

______, 2010, 「프랑스 지리 교육과정과 교과서 분석: 지리탐구논리와 공화국의 시민의식 형성」, 한국교원대학교 대학원 박사학위논문.

______·권정화, 2011, 「프랑스 지리교육사 150년의 전통과 최근 동향 그리고 전망」, 『한국지리환경교육학회지』 제19권 제2호, pp.185-204.

이용숙 외, 1985, 『고등학교 교육과정 국제비교 연구』, 한국교육개발원.

______ 외, 1994, 『교육과정 개혁 국제비교 연구』, 한국교육개발원 PR94-1.

이윤미·이부련, 2002, 『한국과 프랑스의 중등교육 평등화 정책 비교를 위한 기초 연구』, 한국교육개발원.

이홍우, 1992, 『교육과정탐구』, 박영사.

이희연 역, Graves, N. J., 1980, 『지리교육학개론』, 교학연구사.

임영희, 2000, 『프랑스 교육: 교육제도와 페다고지』, 미간행.

장영진, 2003, 「영국의 지리과 국가교육과정의 제정과 그 영향」, 『대한지리학회지』 제38권 제4호, pp.640-656.

장윤정, 2003, 「프랑스와 한국의 중등교원 양성 및 임용제도 비교연구」, 숙명여자대학교 교육대학원 석사학위 논문.

전현중, 1997, 『프랑스의 직업교육훈련제도 연구』, 한국노동연구원.

전효선, 2002, 「프랑스의 교원양성체제: 프랑스의 교사교육대학원을 중심으로」, 『교육문제연구』 제16집, pp.123-143.

정기수, 2005, 『어떻게 교육을 하는가, 프랑스는? 그런데 한국은…』, 배영사.

정미라·황성원, 2003, 「프랑스 유치원 교육과정의 비교교육학적 논의: 국가 수준 교육과정을 중심으로」, 열린유아교육연구, 8(3), pp.355-375.

정영수 외, 1987, 『주요 선진국 교육의 당면 과제와 개혁 동향』, 한국교육개발원.

주삼환 역, Trethewey, A.R., 2005, 『입문 비교교육학』, 한국학술정보.

최운식 역, Vidal de la Blache, P., 2002, 『인문지리학의 원리』, 교학연구사.

최칠문 외, 2008, 『세계 각국의 교육과정(Ⅷ) ―총론 비교―』, 교육인적자원부 · 경상남도교육청.

한국교육개발원, 1996, 「한국 · 프랑스 상호이해 증진을 위한 역사 · 지리 교과서 개선 연구토론회(Séminaire sur les Manuels D'Histoire et de Géographie pour la Compréhension Mutuelle entre la Corée et la France)」, 토론회 자료집.

한대호, 「프랑스와 한국의 대학입학제도의 비교연구 ―바칼로레아와 수학능력시험을 중심으로―」, 『서양사학연구』 제13집, pp.57-130.

한민주, 1998, 「프랑스의 교사교육제도 개혁의 특성과 내용에 관한 연구」, 비교교육연구, 8(1), pp.169-189.

허경철 외, 2002, 「교육과정 · 교육평가 국제비교 연구(Ⅳ) ― 교육과정 개정 방식을 중심으로」, 한국교육과정평가원.

허숙 · 박승배 역, Walker, D. F., · J. F. Soltis, 2004, 『교육과정과 목적』, 교육과학사.

홍창표, 2001, 「한국 · 프랑스의 고등학교 지리 교과서 비교 ―1차 산업과 생활공간 단원을 중심으로―」, 관동대학교 교육대학원 석사학위논문.

황성원, 1998, 「프랑스 초등교육의 발달, 특징, 수업에 관한 일 고찰」, 초등교육연구, 12(2), pp.101-125.

______, 2001, 「프랑스의 국가 교육과정 지역화 방식에 관한 연구」, 비교교육연구, 11(2), pp.91-131.

〈해외문헌〉

Adoumié, V., 2001, Enseigner la Géographie en Lycée, Hatier.

Audigier, F., 1993, Les représentations que les élèves ont de l'histoire et la géographie: A la recherche des modèles disciplinaires entre leur définition par l'institution et leur appropriation par les élèves, thèse sous la direction de H. Moniot, Université de Paris VII.

Audigier, F., 2003, Histoire, géographie, éducation civique: trois disciplines déstabilisées par une citoyenneté en transformation, in Derouet, J.-L. (dir.), Le Collège unique en question, Paris, PUF.

Auduc, J. L. et al., 1994, Le Système Éducatif Français, Paris: CRDP.

Badran, I., 2008, L' enseignement de la géographie au Liban: analyse du nouveau curriculum et des manuels de l'enseignement secondaire, Thèse de doctorat à l'université de Nantes.

Bataille, Y. et al., 1993, La géographie, l'histoire et la télévision. Pratiques d'enseignement et de formation, Caen, CRDP de Basse-Normandie, coll. Documents, actes et rapports pour l'Education

Berton, L., 2004, Géographie ―Fiches détachables―, Hachette Éducation.

Bertrand, G., 1992, Pour une didactique de la géographie, in Enseigner la géographie du collège au lycée. Journées d'études nationales 3 au 6 juin 1991, Amiens, CRDP de l'académie d'Amiens, coll. ≪Documents, actes et rapports pour l'Education≫.

Bethemont, J., 1984, Note sur la formation des maitres enseignant la géographie en France, Papers Prepared in Conjunction with the 25th Congress, International Geographical Union.

Bonnamour, J., 1969, De l'évolution de la géographie et de l'enseignement dans le second degré, Historiens et géographes, n° 211.

Borne, D., 1996, La Politique de L'Enseignement de l'Histoire et de la Géographie en Frnace, 한국교육개발

원, 한국·프랑스 상호 이해 증진을 위한 역사·지리 교과서 개선 연구 토론회(Séminaire sur les Manuels D'Histoire et de Géographie pour la Compréhension Mutuelle entre la Corée et la France), 토론회 자료집, pp.55-61.

Bourboulong, M., 1872, De l'enseignement de la géographie, A la réunion des officiers - 37, Rue Bellechasse Paris.

Briand, D., 2005, Enseigner l'histoire et la géographie avec le film de fiction: une contribution à la construction d'un rapport au monde chez les élèves grâce à l'enseignement de l'histoire, de la géographie avec le film de fiction, Thèse de doctorat à l'université de Caen.

Bruter, A., 2001, « Les paradigmes pédagogiques d'hier et d'aujourd'hui », Perspectives documentaires en éducation, n° 53: 15 ans de recherche en didactique de l'histoire-géographie, Paris, INRP, pp.39-44.

Camara, E.H.H., 2009, Intelligibilité de l'activité du professeur en classe par la co-disciplinarité: Quels sont les processus sous-jacents à une telle activité sur le plan didactique et pédagogique en classe de géographie de l'enseignement moyen et secondaire au Sénégal, Thèse de doctorat à l'université de Caen.

Chevalier, J.-P., 1997, La géographie scolaire: un des quatre pôles géographiques, Cybergéo, revue européenne de géographie, n° 23.

__________., 2003, Du côté de la géographie scolaire: Matériaux pour une épistémologie et une histoire de l'enseignement de la géographie à l'école primaire en France, texte d'habilitation à diriger des recherches: Université Panthéon-Sorbonne(Paris).

Chopin, A., 1994, Manuel scolaire, In Dictionnaire encyclopédique de l'éducation et de la formation, Paris: Nathan Université.

_________., 1996, Les Manuels Scholaire en France, 한국교육개발원, 1996, 한국·프랑스 상호 이해 증진을 위한 역사·지리 교과서 개선 연구 토론회(Séminaire sur les Manuels D'Histoire et de Géographie pour la Compréhension Mutuelle entre la Corée et la France), 토론회 자료집. pp.62-72.

Christian Barret et al., 2000, dictionnaire de géographie humaine, ÉDTIONS LIRIS.

Citron, S., 1967, Pour l'aggiornamento de l'histoire-géographie par l'avènement des sciences humaines, Historiens et géographes, n° 206.

Claval, P., 1976, La place de la géographie dans les systèmes d'enseignement, Historiens et géographes, n° 257.

_________., 1983, One Hundred Years of Teaching Geography in French Universities, Journal of Geography, 82(3), pp.110-111.

Claval, P., 1989, La place de la géographie dans l'enseignement, l'Espace géographique, n° 2.

Clerc, P., 2002, La Culture scolaire en géographie. Le monde dans la classe, Rennes, Presses universitaires de Rennes.

Conseil national des programmes, 1992, Charte des programmes, Bulletin officiel du ministère de l'Education National, n° 8, le 20 février.

_____________________________, 2001, Avis du Conseil national des programmes sur les projets de programmes pour l'école primaire, le 4 décembre.

Conseil national des programmes, 2002, Qu'apprend-on au collège, Paris: CNDP/XO Editions.

Desjardins, E., 1874, Les sciences géographiques en France et à l'étranger – Extrait de la revue des Deux Mondes 1 Sept. 1874. For a romantic treatment of this period and its problems in which similar points are made see H. Bordeaux's – "Sybille ou le dernier Amour".

Desplanques, P., 1994, Profession enseignant. La géographie en collège et en lycée, Paris, Hachette.

Deverre, Y., 2000, A propos d'un mémoire professionnel: Reportage télévisuel et construction du savoir géographique en première, Recherche Innovation. Actes de la recherche IUFM de Basse–Normandie, Caen, IUFM de Basse–Normandie.

Ferras, R. et al., 1993, Faire de la géographie à l'école, BELIN.

Fontananbona, J. et Themines, J.–F., 2002, productions de croquis en classe de géographie et pratiques innovantes, L'Information géographique, vol. 66, juin.

__________________________________., 2005, L'Innovation en classe d'histoire–géographie au collège et au lycée. Analyses didactiques, Lyon, INRP.

Fremont, A., 1986, Sur l'enseignement de la géographie, L'Espace géographique, n° 1.

Graves N. J., 1957, Some historical and comparative aspects of the teaching of geography in French public secondary schools during the 19th and 20th centuries, Thesis(M. A.), University of London.

__________., 1979, Curriculum Planning in Geography, Heinemann Educational Books.

__________., 1982, New Unesco Source Book for Geography Teaching, The Unesco Press.

__________., 1991, Geography in French public secondary schools(1800–1870) as evidenced by the content of a sample of text –books, http://www.ed.uiuc.edu/faculty/westbury/paradigm/graves5.html.

__________., 2001, The Evolution of Research in Geographical Education in France, International Research in Geographical and Environmental Education, Vol. 10, No. 1.

__________., 2001, School Textbook Research: the case of geography 1800–2000, Institute of Education.

Groupes techniques disciplinaires, 2002, Accompagnement scienfifique du programme des lycées.

Hugonie, G., 2008, Place des données et phénomènes naturels, Cahiers pédagogiques, Enseigner la géographique aujourd'hui, CRAP.

Jay, L. J., 1958, The teaching of Geography in the secondary schools of France, Geography, 43(3), 200–205.

Jo, I. J. and S. Bednarz, 2009, Evaluating Geography Textbook Questions from a Spatial Perspective: Using Concepts of Space, Tools of Representation, and Cognitive Processes to Evaluate Spatiality, Journal of Geography, 108: 4–13.

Lacoste, Y., 1976, La géographie, ça sert, d'abord, à faire la guerre, Paris, Maspéro.

Le Roux, A., 1995, Enseigner la géographie au collège, Paris, PUF, coll. « L'Educateur ».

__________., 1998, Enseiger l'Europe aujourd'hui, Caen, CRDP–IUFM de Basse–Normandie.

__________., 2003, Didactique de la géographie, presses universitaires de Caen.

Levasseur, E., 1872, l'étude et l'enseignement de la géographie, Delagrave.

Lefort, I., 1998, Deux siècles de géographie scolaire, EspacesTemps Histoire/géographie, 1. L'arrangement, n° 66–67.

________., 1992, La Lettre et l'Esprit. Géographie scolaire et géographie savante en France, Paris, Editions du CNRS, coll. Mémoires et documents de géographie, nouvelle collection.

Levstik, L. S, 2008, What happens in social studies classrooms? in Research in social studies education,

New-York: Routledge.

Levy, J., 1999, Le Tournant géographique. Penser l'espace pour lire le monde, Paris, Belin, coll. ≪Mappemonde≫.

Marbeau, L., 1992, The Need for Curriculum Research in Geography: the case for France, in M. Naish, ed., Geography and Education: National and International Perspectives, Institute of Education, pp.80-94.

Marechal, J., 1995, La géographie des chercheurs et la geographie scolaire, filiation et problèmes rencontrés, in DEVELAY, M., Savoirs scolaires et didactiques des disciplines, Paris, ESF Editeur.

Marsden, W. E., 2001, The school textbook Geography, History and Social Studies, Woburn press.

Mendibil, D., 1997, Textes et images de l'iconographie de la France(de 1840 à 1990) Essai d'iconologie géographique, Thèse de doctorat à 'université de Paris I.

__________., 2001, Quel regard du géographe sur les images de paysage?, in LE ROUX, A. (dir.), Enseigner le paysage?, Caen CRDP de Basse-Normandie.

Mentz, O., 2003, The Development of Nation and Europe in French Geography Textbook Since 1945, International Research in Geographical and Environmental Education, Vol. 12, No. 3.

Mérenne-Schoumaker, B., 2005, Didactique de la géographie: Organier les apprentissages, de boeck.

Michaux, M., 2008, Les mots-clés de la géographie, EYROLLES.

Ministère de l'Education nationale, 2000, Collège des années 2000 à privilégier à la rentrée 2000, Bulletin officiel du ministère de l'Education nationale, n° 25, le 23 juin.

__________________________, 2000, Lycées-organisation et horaires des enseignements des classes de première et terminale des lycées, sanctionneés par le baccalauréat général", Bulletin offciel du ministère de l'Education nationale, arrête du 19 juin.

__________________________, 2002, Programme d'enseignement scientique en série littéraire, Bulletin officiel du ministère de l'Education nationale, n° 19, le 9 mai.

__________________________, 2002, Qu'apprend-on à l'école élémentaire? Les nouveaux programmes, Paris: CNDP/ XO Editions.

__________________________, 2002, Qu'apprend-on à l'école maternelle? Les nouveaux programmes, Paris: CNDP/ XO Editions.

__________________________, 2005, Qh'apprend-on à l'école élémentaire?, 2005-2006 LES PROGRAMMES.

Ministère de l'Instruction publique et des Beaux Arts Instructions, 1890, Programmes et Réglements, Imprimerie Nationale.

Morand, Brigitte, 2005, L'image de Yalta dans les manuels scolaires, Cercle d'Etudes Défense et Colloques 2005-2006: "L'Education à la Défense, pourquoi faire?".

Niclot, D., 1999, les systèmes manuels d'une discipline scolaire: les manuels de géographie de la clase de seconde publiés entre 1981 et 1996(France), Thèse de doctorat à l'université de Paris VII.

Orain, O., 2000, Les "post-vidaliens" et le plain-pied au monde. Pour une histoire de la géographie, in Levy J. et Lussault, M., Logiques de l'espace, esprit des lieux. Géographies à Cerisy, Paris, Belin, coll. Mappemonde.

Pelissier, P., 1969, Quelques réflexions sur la géographie et son enseignement, Historiens et géographes, n° 218.

Pinchemel, P., 1992, La géographie en perspectives, in Enseigner la géographie du collège au lycée, Journees d'études nationales, Amiens, CRDP de l'académie d'Amiens.

Prost, A., 1998, « Un couple scolaire », EspacesTemps: Les Cahiers, Vol. 6-67.

Puges-Rouy, F., 2000, Enseigner L'Histoire, la Géographie et L'Eucation Civique au College. Fiches de mise en oeuvre de la 6ème à la 3ème, Bertrand-Lacoste.

Raffestin, C., 1989, Théorie du réel et géographicité, EspacesTemps, n° 40/41.

Retaille, D., 1997, Le Monde du géographie, Paris, Presses de Sciences Po.

__________., 1998, Les modèles implicites dans l'enseignement de la géographie, L'Information géographique, vol. 52, n° 5.

Reymond, H., 1981, Une problématique théorique de la géographie: plaidoyer pour une chorotaxie expérimentale, in Isnard, H., Racine, J.-B. et Reymond, H., Problématiques de la géographie, Paris, PUF.

Robic, M.-C., 1994, National Identity in Vidal's Tableau de la geographie de la France: From Political Géography to Human Geography, in D. Hooson, ed., Geography and National Identity, Wiley-Blackwell, pp.58-70.

__________., 2005, « Géographicité », sur le site http://hypergeo.free.fr/, consulté en décembre.

Roumégous, M., 1993, Jeux et didactique de la géographie: quel intérêt ?, L'Information géographique, n° 5.

__________., 2002, Didactique de la géographie. Enjeux, résistances, innovations, Rennes, Presses universitaires de Rennes, coll. Didact Géo.

Themines, J.-F., 1989, Paysage et société: lieux, culture et enracinement au coeur du Bocage normand, Thèse de doctorat à l'université de Caen.

__________., 2005, Les manuels de géographie -Le formatage d'un regard disciplinaire national sur le monde-, Manuels scolaires, regards croisés.

__________., 2005, L'épistemologie de la géographie dans la formation initiale des professeurs d'histoire-géographie: des intentions de formateurs aux pratiques de professeurs-stagiaires, Actes des Journées d'études de didactiques de l'histoire et de la géographie, Lyon, INRP.

Themines, J.-F., 2006, Enseigner la géographie: un métier qui s'apprend, Paris, Hachette.

Toulemonde B. el., 2006, Le système éducatif en France, CNED.

Tricart. J., 1971, Ce que pourrait être la géographie dans l'enseignement secondaire », Historiens et géographes, n° 232.

Vial, F., 1936, Trois siècles d'histoire de L'enseignement secondaire, Delagrave.

Vidal de la Blache, 1905, "La conception actuelle de l'enseignement de la géographie", Annales de géographie, No. 75, XIVe année.

Vogler, J., 1994, Programmes scolaires, In Dictionnaire encyclopèddique de l'èducation et de la formation, pp.798-802.

Wackermann, G., 1982, Aims, Content and the Present Development of Geography Teaching in France, in H. Haubrich ed., International Focus on Geographical Education, Braunschweig, Georg -Eckert -Institut für Internationale Schulbuchforschung, pp.125-131.

Weill, G., 1921, Histoire de l'Enseignement Secondaire en France, Payot.

〈교과서〉

Lacotes, Y. et al., 1978, Géographie générale 2de, Nathan.

Bethemont, J. et al., 1983, Géographie Tle — Le monde: de l'inégalité à l'interdépendance, Bordas.

Guigue, J., 1986, Histoire Géographie 6e nouveau programme, Bordas.

Pitte, J.-R. et al., 1987, Géographie 2de, Nathan.

Beaucire, F. et al., 1987, Géographie Tle, Dunod.

Guigue, J. et al., 1988, Histoire Géographie 4e: Initiation économique, Bordas.

Barret, C. et Jean Brignon et al., 1988, Géographie 1re, Hatier.

Casta, M. et Alain Sauger et al., 1994, Histoire Géographie 6e, Magnard.

Bouvet, C. et Jacques Martin et al., 1996, Histoire Géographie 6e, Hachette.

Bouvet, C. et Jacques Martin et al., 1996, Géographie 2de, Hachette.

Pitte, J.-R. et al., 1996, Géographie 2de, Nathan.

Bouvet, C. et Jean-Michel Lambin et al., 1997, Histoire Géographie 5e, Hachette.

Knafou, R. et Valéry Zanghellini et al., 1997, Histoire Géographie 5e, Belin.

Lauby, J.-P. et Alain Sauger et al., 1997, Géographie 1re, Magnard.

Hagnerelle, M. et al., 1997, Géographie 1re, Magnard.

Lauby, J.-P. et Alain Sauger et al., 1998, Géographie Tle, Magnard.

Pitte, J.-R. et al., 1998, Géographie Tle: L'espace Mondial, Nathan.

Bouvet, C. et Jean-Michel Lambin et al., 1999, Histoire Géographie 3e: Le monde d'aujourd'hui, Hachette.

Marseille, J. et Jacques Scheibling et al., 2001, Histoire Géographie 3e, Nathan.

Ivernel, M. et al., 2002, Histoire Géographie 4e, Hatier.

Le Callennec, S. et al., 2006, Découverte du Monde, cycle 2(CP · CE1), Hatier.

Le Callennec, S. et al., 2007, Histoire Géographie CE2, Hatier.

Le Callennec, S. et al., 2009, Histoire Géographie CM1, Hatier.

Le Callennec, S. et al., 2005, Histoire Géographie CM2, Hatier.

Ivernel, M. et al., 2008, Histoire Géographie 6e, Hatier.

Ivernel, M. et al., 2008, Histoire Géographie 5e, Hatier.

Ivernel, M. et al., 2008, Histoire Géographie 4e, Hatier.

Ivernel, M. et al., 2008, Histoire Géographie 3e, Hatier.

Ciattoni, A. et al., 2008, Géographie 2de, Hatier.

Ciattoni, A. et al., 2007, Géographie 1re, Hatier.

Ciattoni, A. et al., 2008, Géographie Tle, Hatier.

Joyeux, A. et al., 2006, Géographie 2de, Hachette.

Joyeux, A. et al., 2007, Géographie 1re, Hachette.

Joyeux, A. et al., 2008, Géographie Tle, Hachette.

<부록 1>

프랑스 초등학교 지리 교육과정(2005~2006)

Ⅰ. 기초학습 과정(Cycle des apprentissages fondamentaux, 유치원~초등 2학년)

1. 세계에 대한 발견(Découverte du monde)

유치원에서 학생들은 교사가 선택하고 준비해 놓은 몇 가지 활동 속에서 원인과 결과를 이어주는 이성적인 사고에 대한 첫 번째 과정을 습득하게 된다. 기초과정에서는 훨씬 더 확장된 경험 분야에 적용하면서 어린이들의 추론 능력을 강화한다.

교사는 학생들이 지식을 일관성 있게 구성해갈 수 있도록 돕는다. 학생들은 또한 물질에 대해서, 생물과 무생물을 구별하는 기준에 대해 인식하게 된다. 그들은 기술적 추론을 활용하는 대상에 대해 배운다. 이러한 관점에서 공간 및 시간은 동일하고 분명한 틀로서 설정될 수 있다.

교사의 안내로 학생들은 그들이 당장 경험하고 있는 것 이상으로 새로운 공간과 점점 더 먼 공간에 대해서도 배우게 된다. 학생들은 또 다른 시대가 있었다는 것도 인식하게 된다. 그들은 물질 및 생물세계의 또 다른 현상에 대해서도 발견하게 된다. 그들은 서로 질문하는 법과 생각하는 방법에 대해서도 배우게 된다. 그들은 조작하고, 만들고, 관찰하고, 비교하고, 분류하고 실험한다. 그들은 현재의 것과 비교하는 습관을 통해서 그들이 처음에 표현했던 것을 넘어서게 된다.

학생들은 그들이 삶 속에서 환경(milieu)을 파악하고, 그들 주변에서 활용 가능한 자료들을 이해하게 된다. 그들은 스스로 의문을 제기하고 그들의 생활감각을 발달시킨다. 교사는 학생들이 그들의 혁신적 취미와 창조적인 감각을 키워줄 수 있는 기초적인 만들기 수업을 통해 숙고하고 행동할 수 있게 해준다.

공간 속에서, 그리고 훨씬 더 먼 시간 속에서 인간 실체의 다양성은 이미 인식되었지만,

그것은 단지 어렵게 형식화되고 조직된 지식으로서의 대상이 되었을 뿐이다. 이러한 중간 단계에서, 문학과 시각적인 예술은 그러한 것들을 파악하는 데 있어서 가장 효과적인 수단으로 자리 잡고 있다. 그 대가로, 이들의 만남은 시선(관찰)과 감수성 교육에 기여하고 있다.

"세계의 발견" 영역의 활동은 다영역 학습을 지지하고 있다. 이러한 활동들은 학생들로 하여금 그들의 집단토론 속에서 자신들의 생각과 대조해보는 기회를 갖게 하며, 동시에 실제에 관해, 또는 인쇄된 자료나 디지털화된 자료 속에서 그들이 갖고 있던 의문에 대한 답을 찾는 기회가 되게 하며, 그들이 글쓰기 할 때에 다음과 같은 특별하게 활용할 수 있는 기초를 배우게 해주는 기회가 된다. 즉, 빠른 메모, 목록작성, 표 읽기, 교사의 도움으로 자료를 정교하게 완성하기.

학교에서 배우는 다른 과정에서처럼, 학습방법은 교사에 의해 안내되는 질문을 통하여 유기적으로 구성되며, 학생들에 의해 주도되는 탐구(investigations)로 이어진다. 일상적인 환경의 관찰로부터 가장 흔하게 나오는 질문이나 학생들에 의해서 주도되는 탐구는 단지 그 자체를 위한 것이 아니며, 그것은 기능(savoir-faire)과 지식(connaissances)을 깨우쳐준다.

2. Programme

친숙한 공간으로부터 먼 공간으로

유치원에서 학생들은 그들을 둘러싸고 있는 친숙한 공간에 관하여 인식하게 된다. 기초학습 과정에서 학생들은 그러한 것들을 표현하는 것을 배운다. (데생과 관련하여) 학생들은 점점 더 멀리 떨어져 있는 다른 공간들, 이웃 도시나 농촌 그리고 그들에게 훨씬 익숙하지 않은 경관에 이르기까지 발견하게 된다. 학생들은 교사의 도움으로 지구본과 지도를 통해서 그들이 살고 있는 지역, 프랑스, 유럽, 다른 대륙들, 몇 가지 지리적인 ensembles에 이르기까지 표현하는 것을 배운다.

마찬가지로 앨범, 사진, 영화, 디지털 방식의 이미지들로부터·학생들은 유사성과 차이점에 대한 가치를 두면서 환경(milieux) 및 삶의 양식(주거양식, 음식, 의복, 교통수단, 식생 및 동물들의 삶의 형태)에 있어서의 다양성에 대해서 기술하게 된다. 교사는 학생들로 하여금 지형, 기후, 계절 또는 사회적으로 발전된 상태의 영향과 같은 자연 및 인문적 차별화의 몇 가지 요인들을 발견하게 한다. 학생들의 나이에 맞게 채택된 읽기나 예술작품에 대한 접근은 관련

분야에서 학생들의 문화적인 기초를 풍부하게 해줄 수 있는 기회를 제공한다. 말과 글쓰기와 같은 이러한 모든 활동에서 교사는 유치원(Qu'apprend-on à l'école maternelle ? 참조할 것. ≪학습의 중심에 있는 언어≫, pp.70~71.)에서 하던 것처럼 공간관계에 대한 언어적 표현의 다방면적 형태, 특히 기술(description)의 틀 속에서 발달시키고 구조화시키는 것을 계속한다.

(출처: Les Nouveaux Programmes 2005~2006 프랑스 초등학교 교육과정, pp.109~111.)

3. 학습 후 예상되는 능력

1) 공간 영역에서 학생들은 다음과 같은 능력을 갖게 될 것이다.

- 그들의 인접 환경에서 그들의 위치 파악하기, 자신의 위치를 알기, 이동하기.

- 인접 환경을 표현하는 것을 시작하기.

- 조직된 공간에 대한 다양한 요소들을 구두로 기술하고 위치 정하기.

- 경관 및 환경에 대한 기술을 비교하면서 읽기.

- 다양한 위치에서 찍은 사진과 지도에서 학습한 내용을 확인하기.

- 경관의 변천 속에서 인간의 역할을 찾는 법 알기.

- 단순한 지도나 지구본에서 배운 환경을 파악하기.

2) 다음과 같은 내용을 이해하고 기억할 것이다.

- 지도나 지구본에서 그들이 살고 있는 지역, 프랑스, 유럽, 다른 대륙들의 위치.

- 식생 및 동물의 삶의 형태, 거주형태의 다양성에 관한 몇 가지 관점.

- 그들이 살고 있는 인접환경의 몇 가지 특징.

(출처: Les Nouveaux Programmes 2005~2006 프랑스 초등학교 교육과정, pp.116-117.)

II. 심화학습 과정(Cycle des approfondissements, 초등 3학년~5학년)

1. 지리

cycle 3에서 학생들은 특정 분야, 즉 사진, 그림, 주요 시각적 자료와 문서로 표현된 자료, 문헌과 역사 등과 밀접한 관계를 맺고 있는 분야로서 경관읽기, 공간표현 읽기를 중심으로 이루어지는 지리적 접근방식(사회에 의한 공간조직 연구)과 친숙해지면서 공간의 다양성에 대한 그들의 지식을 강화하게 된다.

지리학자들은 그들이 의미를 부여하는 방식, 즉 그들이 위치를 정하고, 조직화하고, 관계를 설정하는 방식에 따라 지구 및 사회적 공간을 일정 단위로 자른다. 그들은 지구에 대한 이미지, 지구의 전체, 부분에 대한 이미지를 만들어내고 이용한다. 그들은 어떻게 인간이 그들의 국토를 그들의 활동에 의해, 그들의 활동을 위해 만들어내고, 점유하고, 이용하고, 개조하고, 조직하고, 전환하고 있는가를 이해하고자 한다.

지난번 교육과정의 일반경제(l'économie générale) 내용을 바꾸지 않고, 이번 교육과정은 경관읽기(la lecture des paysages)와 지도학습(l'étude des cartes)의 관계를 설정하는데 치우친다. 교육과정은 학습주제적 접근에서 역사, 시민교육, 기타 다른 교육들과 훨씬 더 긴밀한 관계를 설정할 것을 제안하고 있다.

목표는 학생들로 하여금 그들이 살고 있는 공간을 이해하고 열거할 수 있도록 필요한 지식을 전달하기 위한 것이며, 그들의 스케일에서 그들이 기여할 수 있는 공간에서 가공하기 위해 필요한 지식을 전달하기 위함이다. 이것은 중학교 지리교육, 특히 환경(milieux)에 대한 분석 위주의 교육을 유익하게 추구할 수 있도록 하는 데 있어서 필수불가결한 지표와 도구들인 것이다.

경관은 인문적 구조물의 현실세계에 포함된다(유럽에서 더 이상 자연경관paysage naturel은 존재하지 않는다). 경관은 다음과 같이 한눈에 보이는 것이다. 즉, 경관을 관찰하는 개인적, 집단적 가치에 의해 구체화된 경험, 직관, 문화적 대상. 항상 진화하고 있는 인간의 건축물, 그것은 끊임없이 새로운 가치가 부여된다. 출구가 지표를 향하고 있을 때, 사진, 표, 삽화와 같은 학습을 통한 경관 이미지 읽기는 언제나 다의적이다(시각교육 참조).

지명학, 주제도가 될 수 있는지도, 또는 종합적 성격의 지도는 다음과 같이 지도 제작자가 머물고 있는 땅과 공간에 대한 그의 근본적인 의문을 표현하고 있는 복합적인 의사소통의 도구이다: 왜 이것이 저기에는 있고 다른 곳에는 없는가?

따라서 지리교육은 기술, 분석, 종합에 대한 엄밀하고도 논증된 활용을 가정한다. 학생들은 여기서 그들이 평소에 쓰는 어휘를 구별하고 정확하게 쓰는 법을 배우면서 특별한 어휘들을 발견하게 된다. 지리교육은 읽기와 숙고의 차원에서 다음과 같은 다양한 매체들의 도움을 청하고 있다.

- 사진, 지도, 쉐마, 모형, 영화 등.

- 여행기, 과학 및 군사적인 탐험 이야기, 경관기술.

- 제목, 범례, 그래프 자료의 목록.

- 지도 및 백과사전의 인덱스(종이로 된 것이나 디지털로 된 것), 연구의 동인이 되는 설
  문지의 차례나 서식, 웹사이트의 구조 등.

각각의 시간에 교사는 교실이나 야외에서 학생들이 말하기 언어 및 쓰기 언어의 숙달을
향상시키는 데 도움을 줄 수 있으며, 또는 그들이 분석하거나 숙고하는 과정에 있어서 수집,
확인, 분류, 처리, 정보를 입력하는 것을 도와줄 수 있다. 각각의 단계(séquence)는 간단히 종
합하는 단체 글쓰기로 끝이 나는데, 이러한 글쓰기는 점차적으로 개별화된다. 이러한 글쓰기
는 학습된 공간에 대한 이해를 위하여 활용되는 자료로부터 작성하며, cycle의 전 과정의 학
생워크북(cahier)에 마련되어 있는 어휘, 크로키나 표와 같은 것으로 표현한다. 이러한 워크
북은 중학교의 역사·지리 교사들과의 관계를 용이하게 해준다.

2. Programme

국가적 수준의 공간을 위주로 설계된 교육과정은 다음과 같은 3가지 틀, 세계, 유럽, 프랑
스로 구성된다. cycle 3의 3년간 이루어지는 지리교육은 교사들이 원하는 대로 교사들의 회
의에서 그들의 재량으로 분류된다. 그렇지만 어떤 측면이나 부분도 소홀히 해서는 안 된다.
즉, cycle의 마무리가 되는 종합의 단계에서 최근의 세계 속에 프랑스의 위상을 검토하면서
세계적인 스케일의 어떠한 차원이나 부분도 소홀히 해서는 안 된다. 지리는 또한 가능한 한
매시간 할애해야만 하는 로컬 및 지역적 수준의 실체에 대한 접근의 기회이다.

1) 세계에 대한 시선: 인문사회에 의해 조직된 공간들

인문사회는 거의 지구 전체를 점유했다. 그들은 공간을 조직하고, 그들이 개조하는 방식
에 있어서 더 중요하고 덜 중요한 것에 물리적·생물학적인 구성요소들을 맞춰가면서 영토
를 창조한다. 이러한 측면에 있어서 실험과학과의 관계가 제안된다.

▷ 강조점(points forts)

지구(지구본, 평면구형도 등) 및 세계(지도, 예술작품 및 광고 이미지 등)에 대한 표현 비교.
다음과 같은 지구적 관점에서 주요 대조적인 측면에 가치를 부여하기.

- 인구밀집 지역과 과소 지역.

- 대양 및 대륙, 인문적 관점에서의 대기후.

- 생활양식.

2) 유럽공간-경관의 다양성

유럽은 아프리카, 아시아와 같은 대륙과 관련해서 하나의 상대적인 단위로 동떨어져 있는
것이 아니며, 그들 경관의 다양성 속에서 그들의 특수성이 드러난다. 유럽은 그 안의 지역들
을 이어주는 도시 및 교통축의 중요성에 의해 그 성격이 지어진다. 교사는 보통 경관적 표현
과 지도로 표현하는 것에 근거해서 정치적, "자연적", 문화적, 경제적인 측면에서의 유럽의
다양한 한계를 그려내며, 학생들이 공간적인 주요 특징들을 확인하고 파악하는 것을 돕는다.
교사는 학생들에게 유럽연합에 관한 첫 번째 지식을 제공한다.

▷ 강조점(points forts)

- 동에서 서, 북에서 남으로 경관의 구분. 해안, 산지, 평야, 바다에 대한 인간의 이용.

- 인구가 많은 지대와 적은 곳의 대조.

- 도시망 및 교통망의 관찰.

- 유럽의 중심과 주변에 대한 인지.

- 유럽연합의 창설과 그의 역할에 대한 대략적인 상기. 유럽연합의 공간 및 영토에 대한
  인식(역사와의 관계, 그리고 시민교육에 근거해서).

 · 유로화 및 그것의 역할. 유로화와 썽팀의 활용에 있어서 계산능력의 적용.

3) 프랑스 공간

유럽적 이미지에서 프랑스 또한 경관의 다양성에 의해 그의 성격이 지어진다. 즉, 경관은
프랑스인들이 사는 나라가 단일성과 오랜 역사적 산물로부터 오는 특별한 감정과 같은 것을
갖게 해준다.

▷ 강조점(points forts)

다음과 같이 끊임없이 진화해오는 역사적 경관들.

- 지도로 표현되고 경관적으로 표현되는 것들을 통하여 드러나는 프랑스 국토(대도시권, 도, 해외영토)의 다양성에 대한 요인들.
- 시각적인 예술작품과 관련된 도시 경관들(도심, 교외, 신도시).
- 몇 가지 현실적인 문제가 드러나는 것을 통해 파악되는 농촌경관 및 산업경관.
- 경관의 최근 변화를 통해 파악되는 상업, 서비스, 관광, 여가.
- 다양한 스케일로 조직되는 영토, 프랑스.
- 학생들이 살고 있는 지역들(대도시권 또는 해외영토로서의 프랑스)의 사례, 그리고 프랑스 및 유럽적 틀 속에서 다른 지역들의 사례는 다음과 같은 것들에 입문할 수 있게 해준다.
- 도시망과 대도시들의 영향력이 미치는 범위.
- 거대 통신축.
- 작은 도시들과 그들의 고장≪pays≫.
- 프랑스 공간의 분할에 관한 첫 번째 접근: 로컬의 사례로부터 코뮌, 도, 지역(시민교육과 관련하여).

4) 세계화의 시점에 있는 프랑스

역사와 긴밀하게 연결되어 있는 이 주제는 다음과 같이 대립되는 두 가지 사실로부터 시작될 것이다.

- 통합으로의 경향(소비, 생산, 정치적인 강요, 정보의 흐름, 문화 및 과학적 생산과 관련된 형태).
- 커지는 격차(전쟁과 인구의 이주, 남북문제, 세계화에 반대하는 움직임 등).

▷ 강조점(points forts)

- 프랑스의 경제적, 정치적, 문화적, 스포츠 관련 비중, 그리고 세계적인 행사에 대한 프랑스의 참여(시사, 언어, 예술교육과 관련된 사례 제시하기).
- 프랑스어권의 상황 및 역할(시민교육과 관련하여).

3. 학습 후 예상되는 능력

1) 학생들은 다음과 같은 능력을 갖게 될 것이다.

- 인쇄된 지도나 디지털 지도에서 탐구(recherche)를 실행하기.

- 현상을 파악하기 위해서 다양한 스케일의 지도들 간의 관계 설정하기.

- 간단한 공간적 크로키 작성하기.

- 로컬 및 지역 공간에서 학교가 위치해 있는 장소 찾기.

- 세계적인 공간에서 프랑스 찾기.

- 프랑스의 주요 도시들의 위치 및 프랑스의 거대 통신축을 찾기.

- 세계적 공간에서 유럽, 유럽의 주요 국가들, 유럽의 주요 도시들 찾기.

- 계산영역에서 화폐의 사용(유로화, 썽띰)과 같이 습득된 능력을 적용하기.

2) 다음과 같은 내용을 이해하고 기억할 것이다.

- 지리적인 기본 어휘(적당한 상황에서 활용할 줄 아는 능력).

- 경관의 대유형(구별할 줄 아는 능력).

- 지구본 및 평면구형도에서 인문적인 대구분(대륙적, 해양적), 그리고 위치를 찾고 인식
  할 수 있는 능력.

- 유럽연합에 참여하고 있는 국가들.

(출처: Les Nouveaux Programmes 2005~2006 프랑스 초등학교 교육과정, pp.211~216.)

<부록 2>
프랑스 초등 지리 교육과정(2008~2009)

I. 기초학습 과정(유치원~초등 2학년)

1. 세계에 대한 발견(Découverte du monde)

공간과 시간 속에서 자신이 있는 곳을 파악하기

힉생들은 그들에게 익숙한 다음과 같은 공간들을 발견하게 되고, 그에 대해 간단히 표현하기 시작한다. 즉, 교실, 학교, 거리, 마을, 도시. 그들은 친숙한 환경(milieux familiers)을 다른 환경 및 더 먼 공간들과 비교한다. 그들은 공간표현에 대한 일상적인 형태를 발견하게 된다(사진, 지도, 지구전도, 평면구형도, 지구본).

학생들은 밤-낮, 주간, 달, 계절이 바뀌는 지표에 대해 배운다. 그들은 다음과 같이 시간을 계산하거나 측정하는 도구를 활용한다. 즉, 달력, 시계. 그들은 시간 속에서 다음과 같이 훨씬 더 먼 지표를 발견하고 기억하게 된다. 즉, 프랑스의 역사에서 어떤 시기나 인물. 그들은 삶의 방식이 변하고 있는 것을 인식하게 된다.

(출처: Les Nouveaux Programmes 2008~2009 프랑스 초등학교 교육과정, p.45.)

II. 심화학습 과정(초등 3학년~5학년)

1. 지리

지리 교육과정은 인간이 어떻게 그들의 땅을 개조하고 살아가는가에 관해 이해하고 기술하는 것을 목적으로 한다. 처음에 이루어지는 학습주제는 로컬 및 국가 수준의 스케일로 구성된다. 이러한 주제들은 유럽 및 세계적인 틀 속에서 프랑스 지리의 주된 특징들을 확인하고 알게 하는 것을 목표로 한다. 지구본, 지도 및 경관에 관하여 정기적으로 활용하는 것은 필요하다.

지리 교육과정은 과학 교육과정과 함께 지속 가능한 개발에 관한 교육에 기여한다.

필수적인 지표들은 이탤릭체로 표기되며, 그러한 것들은 점차적으로 유럽 및 세계적인 스케일의 프로그램을 구성하고 통합된다. 그러한 것들은 교사의 선택과 관련하여 완성될 수도 있다.

1) 로컬 스케일의 지리적 실체로부터 학생들이 살고 있는 지역으로

- 마을, 도시, 거리(집주변이나 동네)에 대한 경관, 인간 및 재화의 이동, 주된 경제활동.
- 다음과 같이 지속 가능한 개발에 접근하게 해주는 선택학습 주제(실험과학 및 기술 교육과정과 연계하여): 코뮌에서의 물(필요와 처리) 또는 쓰레기(줄이는 문제와 재활용).
- 도(département)와 지역(région): *지도학습.*

2) 유럽연합 내에서의 프랑스 국토

① 프랑스 국토

- 경관의 대유형
- 프랑스 지역의 다양성
- 프랑스의 국경과 유럽연합의 국가들
- *프랑스와 유럽에서 지형, 수문, 기후의 주요 특징: 지도학습*
- *프랑스에서의 행정적인 구분(도, 지역): 지도학습*
- *유럽연합의 국가들: 지도학습*

② 유럽적 상황에서의 프랑스 사람들

- 프랑스 국토 및 유럽에서의 인구분포
- 프랑스와 유럽에 있는 주요 도시들
- *인구분포와 주요 도시들의 입지: 지도학습*

3) 프랑스 및 유럽에서의 이동

- 공항

- 고속도로 및 TGV망

- *유럽에서의 고속철도망: 지도학습*

4) 프랑스에서의 생산

- 다음과 같은 4가지 활동 공간: 항만산업 지구, 3차 산업의 중심, 농업공간 및 관광지구.

- *지속 가능한 개발의 접근적 틀 내에서 이러한 4가지 학습은 자원, 인구, 위험, 예방에 대한 개념에 가치를 두게 될 것이다.*

5) 세계 속의 프랑스

- 세계 속의 프랑스 국토.

- 세계 속의 프랑스 언어(시민/도덕 교육이 교육과정과 연계하여).

이러한 2가지 문제는 다음과 같은 지구본 및 평면구형도 학습에 기반을 두게 될 것이다. 즉, 대양과 대륙, 평면구형도로 표현된 지형 대구분, 주요 기후대, 인구의 밀집 및 희박지대, 지구적 스케일에서 빈부 공간.

3년간의 수업에서, 교육과정은 제시된 순서대로 가르쳐질 수 있다. 3학년(CE2)에서는 "로컬 수준의 지리적 실체"에 관해 가르쳐질 수 있으며, 4학년(CM1)에서 학생들은 "유럽연합 내에서의 프랑스 국토", "프랑스 및 유럽의 인구", "프랑스 및 유럽에서의 이동"에 관해 학습할 수 있으며, 5학년(CM2)에서는 "프랑스에서의 생산", "세계 속의 프랑스"에 관해 다뤄질 수 있다.

(출처: Les Nouveaux Programmes 2008~2009 프랑스 초등학교 교육과정, pp.77~79.)

<부록 3>
프랑스 중등 지리 교육과정(2002 개정)
- 역사·지리

Ⅰ. 교육의 방향

역사 및 지리 교육은 학생들이 스스로 세계와 기억(mémoire)에 대한 시각을 가질 수 있도록 하며, 종국에는 스스로 책임감 있게 행동할 수 있도록 현재 세계에서 자신의 위치를 확인하고 또 세계를 알 수 있도록 도움을 주는 것이다.

역사 및 지리 교육의 시작과 관련된 교육 자료들은 우리가 살고 있는 공간과 사회를 읽는 데 필수적인 분석 및 통합 능력을 개발하기 위한 것이다.

1. 전체 중학생 공통 참고자료

1998년 6월 19일자 공문에서는 일반 교육과정 및 전문 교육과정에 부합하는 교육목표를 다음과 같이 제시하고 있다.

① SEGPA 과정의 중학생들은 중학교 졸업 과정에 맞는 교육을 받게 되며, 이에 따른 교육목적에 부합하는 교육을 필요로 한다.

② 역사와 지리는 세상에 대한 이해 및 개인적 자아(정체성)의 구축에 도움을 주며, 사회의 구성원으로서 자리매김할 수 있도록 함과 동시에, 공간 및 연대기적, 문화적 틀과 지표를 제시한다.

이에 따른 생각의 기준은 교사들이 학습에 큰 어려움을 겪고 있는 학생들을 중등학교 역사 및 지리 교육에 필요로 하는 정도로 적응시킬 수 있도록 교사들에게 도움을 주려는 목적을 가지고 있다.

1) **프로그램**

다음에 명시된 공보에 개재된 프로그램과 중학교 1학년(6e), 2학년(5e), 3학년(4e), 4학년(3e) 보충수업교재 등이 유일한 참조자료이다.

① 1995년 11월 22일 공보: 1996년 개학 시점부터 중학교 1학년에게 적용되는 프로그램

② 1997년 1월 10일 공보: 중학교 2학년 및 3학년 핵심 프로그램, 1997년 개학 시점부터 중학교 2학년에 적용, 중학교 3학년은 1998년 개학 시점부터 적용

③ 1998년 10월 15일 공보: 1999년 개학 시점부터 중학교 4학년에게 적용되는 프로그램.

프로그램 개발에는 학생들의 수준에 맞추는 과정이 필요하지만, 연대와 주제의 선택은 전체적으로 일관성이 있어야 한다. 개별적인 학년별 수준은 학생들로 하여금 공간과 시간의 구성 및 공통 문화 구성에 필수적인 새로운 참조 자료에 적응할 수 있도록 한다

20세기 역사 및 현대세계의 이해에 초점을 맞춘 중학교 4학년 프로그램은 시민교육에 중점을 두었다. 일반 교육 증명서(Certificat de formation générale, CFG) 준비 때문에 중학교 4학년 학생들이 본 프로그램에 적합한 교육을 받지 못해서는 안 된다

2) **연대, 공간 및 문화적 지표(길잡이)**

1998년 10월 15일자 공보에서 정의된 바와 같은 연대 및 공간적 지표가 공통 참고자료가 된다. 해당 지표는 기간과 문화, 집단적 기억, 지역 등에 관한 것이다. 일자와 위치에 관한 것만 포함되는 것은 아니다. 여기에는 역사 관련 문서 및 지도, 지리적 사진 등과 관련되어 있다. 이러한 지표를 점진적으로 학습하는 것은 학생들이 시간과 공간에 관한 구조를 인식하는 데 필요한 조건이라 하겠다.

참조가 되는 지표들은 수준별 역사 수업과 주제별 지리 수업에 이용되며, 학습내용과 관련되어 있다.

3) **역사**(내용 생략)

4) **지리**

① 대표적인 지리 지표(길잡이): 적도, 열대, 극지방. 열대지방, 온대지방, 한대지방.

② 대륙과 대양/큰 산맥: 히말라야, 안데스, 로키, 알프스, 밀림(아마존, 중앙아프리카)/사막
(사하라)

③ 큰 하천: 나일 강, 콩코 강, 양쯔 강, 아마존 강, 미시시피 강/수에즈운하와 파나마운하,
지브롤터 해협

④ 아프리카, 아시아, 아메리카 대륙의 인구, 국가 및 도시: 인구밀도가 높은 지역, 미국과
일본의 대도시, 마그레브(Maghreb) 지역의 국가들, 이집트. 인도 연합, 중국, 일본, 미국,
캐나다, 멕시코, 브라질, 카이로, 베이징, 상하이, 봄베이, 캘커타, 도쿄, 뉴욕, 로스앤젤
레스, 상파울로, 멕시코

⑤ 유럽: 지중해, 북해, 흑해, 발트해

⑥ 큰 강: 볼가 강, 다뉴브 강, 라인 강

⑦ 유럽국가: 유럽연합 국가 및 수도

– 프랑스

① 강: 가론 강, 루아르 강, 론 강, 라인 강, 세느 강

② 산맥: 알프스, 쥐라, 중앙 산악지대, 피레네, 보슈

③ 대도시: 보르도, 클레르몽페랑, 릴, 리용, 마르세이유, 메츠, 낭시, 니스, 파리, 스트라스
부르, 렌, 후엉, 툴루즈. 행정(구역)지역, DOM–TOM(해외영토)

여기에 문화적 지표로서 다수의 '문화적' 자료가 포함된다. 교육 과정에 따라 교사가 선택
한다.

2. 모든 중학생들에 대한 공통적인 접근

1) 자료 이용 교육

중학생용 신교육 과정의 우선순위이자, 역사 및 지리 교육에 대한 배움의 과정에서 중심
적인 것은 이해와 판단력이다. 이러한 자료들은 학생들의 현실인식과 상상 속에서 연대기적
·공간적·문화적 지표의 바탕이 된다. 이러한 자료들은 '어디에서, 언제, 어떻게, 누가, 무
엇을, 왜'라는 문제의 답을 제공해주며, 학생들이 관찰과 묘사(표현), 분석, 종합할 수 있게
한다.

다음과 같은 두 가지 형태의 자료가 활용된다.

① 교사의 선택에 따라 교육과정에 중심적으로 사용되는 자료(텍스트 자료, 사진, 지도 등)

② 교육과정에 명시된 유물적 자료로서 특수한 것. 우선적으로 해당 자료 자체에 대한 교육이 이루어진다. 이러한 교육 자료들은 확실히 예부터 전해 내려오는 지식의 한부분이며 그 자체로서 통합되어야 하는 것들이다.

또한 학생들은 혁명 기간에 대한 학습을 통해 1789년 시민 및 인권선언문을 공부하게 될 것이며, 이는 역사 속에서 해당 주제에 대하여 이해하고 지식을 넓히는 데 기초가 된다. 그러나 학생들이 적절하게 이해하도록 하고, 산만해지지 않도록 하기 위해 수업별로 학생들에게 제시하는 자료의 수에는 제한을 둔다.

2) 학생들이 적극적이 될 수 있도록 하기

중학교 교육과정 전체에서 채택된 역사 및 지리 학습에서 학생들은 다음의 우선 과제에 대한 집중적인 학습으로부터 과목 자체와 다방면에 걸친 지식을 얻게 된다.

① 읽기, 관찰하기, 확인하기: 스스로 정보를 얻는 방법을 배우게 된다.

② 관계 맺기: 상대화시키고, 받아들인 정보를 완성시키며, 다른 용어로 바꾸는 것을 배운다.

③ 글을 쓰고 지도로 표현하기: 여러 가지 용어를 사용하여 정보를 표현해 내는 것을 배운다.

④ 기억하기: 개념을 재사용한다.

역사 및 지리 교육에 관한 이러한 기본조건은 모든 교육과정에 있어 의무적인 것이며, 동시에 학생들에게 요구되는 모든 학습과정이다.

II. 필요한 것 적용하기

학습에 큰 어려움을 겪는 부분을 교육적으로 처리하기 위해서는 학습내용과 방법에 있어서의 조정 및 정비가 필요하다.

1. 선택하도록 하면서 채택하기

교육과정에서 필요한 것을 적용하는 과정에서 해당 교육내용의 일부분을 축소시킬 수는 없다. 이에 중학교 교육과정 내에 포함되어 있는 큰 주제 전체를 포괄하는 하나의 프로그램을 구축하게 된다. 역사 및 지리의 큰 축으로 이끌어가면서 확실한 서열관계를 구축해야 한다. 확실히 중학교 1학년 과정의 이집트에 관한 학습은 낯설고 새로운 것이며, 여러 수업 시간 중에 학생들이 적극적으로 공부할 수 있도록 할 수 있다. 그러나 시간적인 이유를 들어 유태-그리스의 문화의 기본이 되는 신화와 골 지방에서의 로마의 발자취 등을 무시하고 이집트에 관해서만 이야기하는 것은 좋지 않다.

2. 지식(savoirs)과 기능(savoir-faire)을 명확히 하면서 채택하기

지식을 전달하고 기능을 얻는 것은 반대되는 의미는 아니다. 수업 시간에 연습문제를 푸는 것은 교육과정의 내용을 확실하게 전달하는 수단만이 아니라, 그 자체로 목적이 있는 것이고 학생들이 하나의 단어 형태에서 다른 형태로 넘어갈 수 있도록 하는 단계가 되는 것이다. 그림을 그리거나 지도를 모사하는 것, 연습문제를 푸는 것 등은 분석이나 통합을 함으로써 하나의 교육과정을 만들어내는 것이다.

3. 교육과정의 다방면적 역량/능력(les compétances transversales)을 확실히 할 수 있도록 하기

여러 가지 주제는 프랑스와 시민교육, 생활과학 및 지구과학, 수학, 조형예술 등과 연결될 수 있지만, 이는 학생들의 학습에 맞는 유일한 방법이 되는 것은 아니다.

1) 공간-시간의 구축

공간-시간 관계의 구성 등과 같이 몇 가지 과목에 공통적으로 이루어지는 학습에서는 학생들이 전체적으로 학습을 할 수 있는 가능성을 제공한다.

이러한 단계는 초등학교에서부터 시작되는 것으로써, 중학교 과정에서도 지속적으로 이루어지며, 학생들의 학습성과를 얻을 수 있도록 한다. 이렇듯 다방면적으로 개념(notion transversale)이 구축되는 것은 언어에 대한 말하기와 쓰기를 통해 이루어지는 것이다. 다양한 과목에서 이러한 개념을 동시에 구축할 수 있도록 한다.

또한 실험적인 단계와 프랑스와 관련된 시간과 공간의 지표, 살아 있는 언어, 역사와 관련된 연대기적 주제 구성 등은 학생들이 역사의 연속성과 시간을 되돌릴 수 없다는 것, 연속과 동시성, 시간의 객체적 인식(단시간, 장시간) 등을 확실히 알 수 있도록 한다. 학생들이 동일한 효과를 일으키는 다양한 요인의 존재를 확인할 수 있도록 하기 위해서는 문학과 과학, 체육 등과 같은 활동이 보다 적합하다.

2) 능숙한 언어 습득

역사와 지리는 읽기, 다양한 쓰기와 관련되어 있기 때문에 다방면적(영역적) 과목으로서의 중요성을 가지고 있다. 역사와 지리는 강력한 동기부여를 할 수 있는 과목이다. 언어 사용은 학습에 어려움을 겪는 학생들에게 보다 가치가 있는 과목이며, 이러한 학생들이 자주는 아니더라도 한 번에 조금씩 읽고 쓸 수 있도록 한다.

역사 과목에서는 읽기와 쓰기를 통해,

① 글에 들어 있는 주제를 구분하는 방법을 배운다.

② 글에 들어 있는 여러 주제를 확인하고, 이를 분류하는 법을 배운다.

③ 글 속에 들어 있는 정보와 자신의 지식을 연결시키는 법을 배운다.

④ 스스로 질문에 대한 대답을 한 문장 혹은 여러 문장으로 쓰는 법을 배운다.

⑤ 자신의 생각과 문장을 조직화하여 하나의 단락으로 쓰는 법을 배운다.

3) 지리 과목의 읽기와 쓰기

① 지도와 그림, 글 속에 들어 있는 장소를 확인하고 이름을 붙이면서 공간을 읽는 법을 배운다.

② 지도와 그림, 글 속에 유물을 확인하는 법을 배운다. 변화와 역동성을 배우기 위한 시간의 개념을 유념하게 된다.

③ 장소와 공간을 연결시키는 법을 배운다. 수학적 도구를 사용하여 공간을 측정하게 된다.

④ 공간을 읽는 법을 배운다. 그림이나 지도, 사진 등의 공간을 지리적 지표(이름, 방향, 범례, 층)에 따라 읽는다.

⑤ 지도와 그림의 주제를 설명하기 위해 하나 혹은 여러 개의 문장을 스스로 작성하는 법을 배우게 된다.

역사와 지리 과목의 읽기와 쓰기를 통해 여러 과목에 대한 다영역적 능력을 개발할 수 있게 된다. 이러한 부분에서 개발된 능력은 오랜 시간에 걸쳐 형성되는 것이다. 이것은 학생들의 필요를 채워주는 것으로서, 개별적이고 적합한 답변이 형성되게 된다.

4. 교육적 접근(les approches pédagogiques) 방법을 변화시키면서 채택하기

1) 교사가 설명한 것과 학생이 이해한 것

수업 전에 학생들에게 나누어주는 계획서를 통해 학생들은 무엇을, 왜 공부하게 되는지, 교사가 원하는 것이 무엇인지를 알게 된다. 지식 획득의 대상과 교육 방식의 목표가 명확하게 설명되었다면, 이 과정을 평가하는 것은 학생들에게 의미가 없다. 학생들이 시간과 공간에 대한 개념을 구축하기 위해서는 공통된 문화와 공간적 연대성의 지표를 점차적으로 기억해야 할 필요가 있다. 이는 교육 과정 내에서 이루어질 수 있는 것이며, 또 그렇게 되어야 하는 것이다. 제안된 학습 교재를 선택함으로써 기억할 수 있도록 하게 된다.

2) 다양한 교육적 접근 방법과 수업에서의 공통된 프로젝트

교육 과정의 주제별 구성을 통해 학습 활동을 시행할 수 있게 되며, 그 목표는 공통된 것이다. 문서 자료와 설문 조사 준비, 포스터, 역사 및 지리적 주제에 관한 서신 교환, 과목과 관련된 자료 조사를 위한 여행이나 야외수업 등을 통해 학생들에게 동기를 부여하고, 학습 활동을 연계시킬 수 있다. 그룹 활동을 통해 학생들이 자신을 둘러싼 세상에 대하여 책임감을 가지고 행동할 수 있는 능력이 있음을 인지하게 된다.

① 단체 활동에 부여할 수 있는 규칙을 제시(시간엄수, 타인존중, 교재에 집중 등).
② 단체 활동을 하는 데 필요한 조정 문제 및 학습 문제에 직면하게 됨.

3) 학생의 개별학습

다른 한편으로, 문서 자료가 다양하기 때문에 역사 및 지리 과목의 개인 학습이 용이하다. 듣기 자료나 글, 사진 속의 동일한 정보를 읽기·쓰기 능력이 부족한 학생들의 학습 활동에 적용할 수 있다. 이와 함께, 글을 씀으로써 그림 요소(지도와 그림 그리기 등)를 통해 쉽게 정보를 하나 혹은 여러 문장으로 만들 수 있게 된다. 이와 함께 다양한 교재는 학생들이 보다 적극적이 될 수 있는 효율적인 방법이 되며 학생들은 이야기를 듣고, 그림과 영상을 보고, 찾고, 문제에 직면하고, 해답을 찾고 글을 쓰게 된다.

4) 교사, 관련 자료를 읽어주는 사람

개인학습이 필수적인 상황이라면, 이러한 상황에서는 효율성에 한계가 있게 된다. 상황을 읽고 논지를 찾아야 하는 분석적 읽기 상황은 학생들에게 어려움으로 느껴지게 되지만, 생각 즉 언어를 읽는 것은 필수적이라고 하겠다.

조용히 신중하게 읽는 것은 종종 어려움의 원인이 되곤 한다. 교사들은 여기에 도움을 주기 위해서 말하듯이 읽어줄 수 있는 능력을 활용할 수 있다. 수업 중에 문학작품(일리아드, 오디세이, 마르코 폴로의 동방견문록, 빅토르 위고의 레미제라블 등)을 여러 차례에 걸쳐 읽어주면 학생들이 읽기의 즐거움을 느낄 수 있도록 도울 수 있을 것이다.

5. 학습에 의미를 부여한다

학생들이 적극적으로 공부를 할 수 있도록 하고 이러한 상황을 만들기 위해서는 학생들에게 외부 신호를 제공할 필요가 있다.

1) 교과서

중학교에서 교과서를 사용하는 것은 필수적이다. 학생들에게서 흥미를 유발시키는 것 외에도, 역사-지리 교과서는 교사들이 필요로 하는 기본 자료들(지도, 사진, 글, 그림)을 제공한다. 교과서에 나와 있는 자료들은 수업 중 사용되는 보충자료(슬라이드, 지도) 등과 달리 학생들을 위한 확실한 참고자료가 된다.

2) 노트

노트를 사용함으로써 학생들은 이론적 단계를 다시 확인할 수 있게 된다. 문제와 학생들이 주저했던 사항들이 기록된다. 또한 알고 있는 것을 다시 쓰는 과정에서 오류가 일어나는 것과 학습 속도를 확인할 수 있다. 학생 스스로가 어려운 점과 가능성을 확인할 수 있게 된다. 또한 노트에는 이론적인 구성을 하는 과정에서 지식을 조직화하는 통합과정으로써 작성한 짧은 글을 기록하게 된다. 이러한 글을 쓰는 데 들인 노력은 학생들이 지식을 적절하게 사용할 수 있도록 하는 기본이 된다. 학생들이 글을 쓴다면 글을 이해하는 능력도 향상된다.

3) 교실 공간

학생들이 적극적으로 만든 것들(사진, 지도, 도표 등)을 교실에 붙여 놓으면 학생들이 연대적 지표와 공간적 지표에 보다 친숙해지게 된다. 동시에 이러한 자료들은 학생들에게 주입되고 계속해서 사용할 수 있게 된다.

Ⅲ. 교육과정 시행에 대한 제안

1. 선택의 원칙

교육과정에서는 다음과 같은 것들이 제안된다.

① 교과 내용 속에서 선택을 한다. 여기에서의 원칙은 다음과 같다. 참조가 되는 연대기적 및 공간적 지표 전체는 통시적인 주제와 유물적 문서, 지도 등을 대체하는 자료로써 사용되지만, 단계에 따라 주제를 분류하도록 한다.

② 일주일 단위로 짧은 시간(1시간) 반복하여 사용한다.

③ 주어진 시간 내에 학습을 마친다. 이는 학습에 어려움을 겪는 학생들이 동일한 주제에 관해서 뒤쳐지고 있다는 편견 때문이 아니라 학생들이 더 잘 이해할 수 있도록 내용을 자세히 설명해야 하기 때문이다.

2. 교육과정 시행 사례

제안된 내용은 주제, 시기, 역사적 문서 등을 단계에 따라 교육과정 전체에 적용한 사례이다. 다음의 표에는 중1, 중2, 중3 학생들을 위한 예시가 나와 있으며, 중학교 1학년 과정을 위한 예시는 다음과 같을 수 있다.

① 통시적인 주제: 기독교 발생 초기의 고대종교 및 이집트 종교.

② 시기: 기원 전 8세기에서 9세기의 그리스.

③ 역사적 문서: 로마 기원에 관한 이야기, L'Énéide, 로마 도시와 유물(골의 예를 들면서),

중학교 4학년 교육 과정에서는 두 과목이 통합되어 있으며, 이로써 시작과 끝을 동시에 확인할 수 있게 된다. 역사 및 지리 과목의 통합을 통해 우리가 살고 있는 세계에 대해 보다 심오하게 이해할 수 있게 된다. 이러한 선택이 다소 제한이 있을 수는 있으나, 이는 시민 교육과 밀접하게 관련되어 있는 것이다.

	역사	지리
중1	**통시적 주제**: 농업 및 문자의 탄생(이집트의 경우를 예를 들어) **기간**: 기원전 2세기 로마제국(골 지방의 로마 제국 편입의 경우를 예로 들어) **세 가지 역사적 문서(요약본)**: 일리아드와 오디세이, 성경(구약과 신약)	**주제**: 세계 인구 분포 **중요한 지리적 지표**: 평면적 기후, 생물 지리 및 지형 **두 가지 형태의 큰 상황**: 두 가지 도시 상황, 두 가지 농촌 상황, 인구밀도가 낮은 두 가지 상황
중2	**통시적 주제**: 중세 및 르네상스 시대의 건축물(성과 성당) **기간**: 10~16세기 프랑스 왕국 **세 가지 역사적 문서(요약본)**: 코란, 마르코폴로의 세계의 경이서(봉칭, 농방선문톡), 트나트의 소설	**주제**: 한 지역과 두 국가-마그레브, 중국, 브라질 **중요한 지리적 지표**: 국가, 인구 분포 지도, 아프리카, 아시아 및 아메리카 지도
중3	**통시적 주제**: 1815~1914년 공업 시대: 기술, 경제, 사회 **기간**: 1789~1815년 혁명 기간 **세 가지 역사적 문서(요약본)**: 인권 및 시민권 선언, 빅토르 위고의 레미제라블, 몰리에르의 평민귀족	**주제**: 한 국가와 두 지역-유럽 국가(선택), 프랑스 두 지역(선택, 학생이 선택한 지역을 우선시함) **중요한 지리적 지표**: 유럽과 프랑스의 지형 및 인구, 국가, 지역, 도시 지도
중4	**역사적 기간**: 제2차 세계대전(나치즘과 집단학살) **역사상의 두 가지 통시적 주제**: 1914년 프랑스 사회, 현대 프랑스 사회, 식민국가 독립 **역사적 문서**: 세계인권선언문	**역사**: 지리적 통시적 주제-유럽 통합 **지리적 주제**: 주요 경제대국(미국) **중요한 지리학적 지표**: 프랑스, 유럽, 세계 속의 프랑스 지도

3. 시퀀스/쎄껑스(séquences)에 대한 제안

다음의 제안사항은 중학교 교과내용에 포함되어 있는 것이다. 이러한 제안사항들에 대한 맞춤 기준을 다음과 같이 제시한다.

① 중학교 1학년: 역사 과목과 관련하여 어떻게 교육과정에서 역사적 문서를 채택하여 학습에 적용할 것인가? 학생용 가이드 예시가 주어진다.

② 중학교 2학년: 어떻게 교과 공통 프로젝트 내에서 지리적 내용을 분화시킬 것인가?

③ 중학교 3학년: 역사 과목과 관련하여 어떠한 평가방식을 사용할 것인가?

④ 중학교 4학년: 지리 과목에서 어떻게 학생들에게 심리적인 동기 부여를 할 것인가, 그리고 새로운 지식을 전달할 것인가?

Ⅳ. 중학교 2학년 지리 교육과정

마그레브(Maghreb) 지역이라는 주제에 관한 공동 프로젝트 차원(틀)에서 지리수업은 어떻게 할 것인가. 이 지역에 관한 학습은 문화를 전달하는 것이다. 한편으로는 지식을 통해 다양성을 알게 되고, 이를 수용하게 되며, 다른 한편으로는 친숙한 문화에 대한 인식을 통해 학생들이 정체성을 가질 수 있도록 도움을 주게 된다. 마그레브 지역을 공부하는 것은 몰이해와 불관용(incompréhension et intolérance)의 상황을 종식시키는 기회가 되며, 또한 배제와 따돌림의 태도와 생각을 막을 수 있는 기회가 된다. 지리적으로 이 과정을 통해 학생들에게 상대적인 것과 통합의 생각을 심어줄 수 있게 되고, 역사와 연계시킴으로써 시민으로서 알아야 할 영토에 대한 생각을 가질 수 있도록 도움을 주게 된다.

본 주제는 수업 시간에 특히 발표 등을 통해 잘 준비해야 하는 것이다. 수업 결과를 통해 학생의 역량과 공식적인 평가에 따라 모든 학생들을 평가할 수 있게 된다. 그러나 교사는 학생 개인을 주의 깊게 살펴야 하며, 조별 활동 결과와 노트를 복합적으로 살펴야 할 필요가 있다.

1. 목적

이 프로젝트(계획)는 활동(포스터, 발표, 전시)을 통해 알게 된 지식과 기능을 구분하는 데 그 목적이 있다.

1) 지식(savoirs)

이는 환경의 세 가지 요소(해안, 산지, 사막)와 역사의 세 가지 요소(야만문화, 이슬람-아랍문화, 프랑스 식민지) 그리고 세 가지 정치적 공동체(모로코, 알제리, 튀니지) 등에 따라 마그레브 지역의 조직을 이해하는 것이다.

프로그램에 대한 참고자료

① 지리: 마그레브 지역, 지중해와 이슬람 문화권에 인접한 지역으로써 유럽과 관계를 맺고 있으며, 해안지방과 내륙지방, 사막지방에 분포하며 인구문제를 가지고 있음.

② 역사: 이슬람세계, 마호메트, 코란, 이슬람의 전파와 그 문명.

- 지도: 8세기 이슬람 세계.

- 서구기독교, 중세서구지역의 확장, 제1차 십자군전쟁.

③ 시민교육: 평등, 차별 배제.

본 주제에 관하여 교과목 간 통합이 다양하게 이루어질 수 있다. 예술교육, 기술교육(물 관리), SVT(사막화)와 관련된 환경문제 등이 그것이다. 여기서는 역사 및 지리, 시민교육과 관련해서만 이 문제를 다루게 된다.

2) 기능(savoir-faire)

'하나의 장소를 알고, 그러한 장소를 알게 하는' 상황을 통해 지식을 습득할 수 있고, 구두 및 문서 통신과 문서를 통한 방법을 사용할 수 있게 된다. 각 개별 단계에서 시간과 공간에 대한 학생들의 호기심을 유도해야 하며, 이와 함께 과학적이고 정확한 방법을 시행해야 한다.

2. 참고사항

학생들에게 중학교 1학년용 교재를 제시하게 된다. 19세기 식민지배와 1945년 이후의 해방에 관한 자료는 중학교 3학년과 4학년 교재에 나와 있다. 학생들이 어려움을 겪지 않게 하기 위해서 교과서를 이용하는 것이 좋으며, 중학교 1학년 교과서에 나와 있는 내용은 종종 잊어버리게 된다. 연속적으로 학습하는 것의 장점 외에도, 이러한 학습 상황에는 배운 내용을 기억하고 있어야 할 필요가 있다.

3. 사용되는 문서

지도책, 중학교 1학년용 지리 교과서, 중학교 2학년용 지리 및 역사 교과서, 중학교 3학년과 4학년용 역사 교과서, 아프리카 지도(인구분포도, 국가 및 지역적 큰 공동체 분포도)

4. 학습 안내

학생들은 중학교 1학년 과정에서 인구 밀집지역과 그렇지 않은 지역 간의 관계의 복잡성과 거대공동체의 부각, 기복, 기후대 및 생태지리적 지역의 복잡성에 관하여 알게 된다. 이러한 지식을 학습과정에서 다시 기억할 수 있도록 노력해야 한다.

설명된 단계는 주당 수업 시간이며, 내용과 사용되는 교재에 따라 제한이 있게 된다. 각 수업 시간에는 학생들에게 가능한 한 자주 개별학습과 그룹별학습을 할 수 있도록 해주어야 한다. 질문사항에 대해 해당 수업시간에 모든 답을 찾을 수는 없으나, 오류에 관해서는 고려하도록 한다. 지도와 지리를 연결하여 공부하고, 현상 간의 관계를 맺음으로써, 학생들은 게시된 자료를 보면서 통합된 하나의 지도 자료를 만들어내게 된다.

- 가정과 질문: 어디에서, 왜, 누가, 무엇을, 어떻게 하였나?

- 정보 찾기: 교사가 선택한 자료 및 학생이 선택한 자료

- 정보분석 및 처리, 설명, 상호관계 맺기

- 개별적으로, 집단적으로 글쓰기

개별 수업 시간에서는 다음의 단계에 따라 시행한다.

① ***문서 자료 연구***, 이는 초등학교와 중학교 1학년 과정에서 사용된 문서 자료를 사용하는 것으로써, 피상적으로 3개 국가에 대해 언급한 자료와 인구, 수도 등을 명시한 것이다. 이러한 자료를 기본으로 하여 그룹별로 얻은 지식을 축적시킬 수 있게 된다.

② ***마그레브 지역의 3개 국가가 어디인지 확인하고, 위치를 확인한다.*** 이는 아프리카와 마그레브 지역의 지도를 참조로 한 것이며, 이들 국가의 위치를 확인하는 것이다. 두 단계에 걸친 학습 과정으로써 교사의 지도에 따라 공통적으로 아프리카 북부의 3개 국가와 크기, 연안 지역의 2개 국가, 해안에 인접한 지역(모로코와 튀니지) 등을 확인하고, 대륙적인 차원에서 하나의 바다에 인접한 큰 지역으로 본다. 그 지역의 이름은 마그레브로서 이는 아랍-이슬람 서부를 의미하는 엘 마그레브(el Maghreb)라는 이름에서 딴 역사적 의미가 있는 이름이다.

- 학생들의 결과물 작성: 학생들의 선택에 따라, 통합 단계, 그리기, 그림, 지도의 빈 곳 채우기 등을 시행한다. 다양한 결과물을 정보 보충 자료로서 보관하게 되며, 이로써 학습의 개별화가 가능해진다. 학생 개개인은 결과물 작성 전략을 선택하고, 개별 학습의 결과물을 노트에 작성한다.

③ ***자연적이지 않은 역사적 경계선, 분리? 분쟁?*** 국경은 식민주의의 결과물이며, 신생 아프리카 국가에 의해 만들어진 것은 아니다. 아프리카 내부에서는 환경 및 생활방식에 따라 부족 차원으로 국가가 형성되어 있었으나, 식민지배로 인하여 아프리카 신생 국

가에 종족별 분쟁이라는 문제가 야기되었다.

산맥이 명시된 마그레브 지역의 지도를 이용하여 개별적으로 학습한다. 지리적인 국경을 넘어 사하라에 인접한 알제리 지역의 국경지도를 비교하고, 모로코와 사하라 서부 지역을 분리하는 국경을 확인하며, 산맥의 경로를 확인하고, 과목별 지침을 기억하면서 국경 국가의 이름을 확인한다. 과거 및 실제 국경과 관련된 문제에 관한 글을 접한다.

- 학생 결과물: 지도(carte)와 교사의 지도에 따라 통합을 한 단계

④ **연안 지역의 3개 수도를 확인하고, 그 위치를 살펴본다.** 이는 다양한 축척의 지도를 기준으로 하여 시행하는 것이다. 3개 도시의 인구수를 보여줄 수 있는 지도를 사용할 수 있다면 좀 더 쉬울 것이며, 학생들에게 교과서에 명시되어 있는 다양한 표시 방법(원, 비율도표) 등을 알려주어 학생들이 전략을 선택할 수 있도록 한다. 카르타고 지역이나 8세기 이슬람 세계에 관해서 알아보려면, 중학교 1학년 교재에 나와 있는 고대 세계의 지도를 이용하고, 중학교 2학년 교재에 나와 있는 1914년 아프리카의 식민제국 지도를 이용하면 예전 수업의 보충 정보를 얻을 수 있다. 동일한 역사적 관계를 가진 지역과 식민지배의 산물인 수도 등에 관한 정보를 얻을 수 있다.

- 학생 결과물: 연대기적 그림, 통합의 단계

⑤ **인간과 환경의 다양성,** 환경의 세 가지 요소(해안, 산, 사막) 등은 마그레브 지역의 공간 구성을 설명하는 첫 번째 요소가 되지는 않는다. 이것이 해당 지역을 학습하는 선행 요소는 아니다. 중학교 1학년 학생들은 환경과 사회의 관계라는 주제에 대해 학습한다. 이 주제는 해당 지역의 장점과 제약사항에 관한 다양한 요소를 다루는 능력과 설명을 할 수 있는 언어를 습득하는 과정이다. 해당 지역의 특수성을 보여주고, 그들을 보충해 주기 위해서 3개 그룹이 각기 다른 주제를 두고 학습을 한다.

⑥ **해안:** 해안지역의 중요성. 어떻게 바다와 인접한 부분을 측정할 것인가? 지중해와 대서양의 차이, 공통점, 장점, 제약사항, 어떠한 경제활동이 있는가? 오랫동안 경시되어 왔던 어업이 오늘날 부상하고 있다. 모로코와 튀니지 지역의 해안지방 국제관광, 국내관광, 상업항, hydrocarbures(연료) 수출.

⑦ **산악지역의 특수성:** 확인, 위치, 경도, 어떠한 형태의 산이 존재하는가? 지리적으로 불안정한 지역(지진, 엘 아스남(El-Asnam) 1954~1980, 아가디르(Agadir) 1960), 중학교 1

학년 교재 이용

- 모로코 안티아틀라스 마을: 기후와 높이에 어떻게 적응하는가? 민족 구성, 산맥(카빌레스, Kabyles), 전통적인 이민지역, 오늘날 국내에서도 소외된 지역, 알제리 내전.
⑧ *사막 내부:* 남부지역은 오랫동안 불필요한 지역으로 생각되어 왔다. (기후적 제약, 낮은 인구밀도) 누가 사막에 거주하는가? 오아시스의 관개농업, 사하라 도로건설로 인한 남부지방의 개발, 마그레브 지역 동부의 절반을 차지하는 석유와 천연가스가 풍부한 사하라 지역, 알제리는 거대 생산국이며, 인근의 모로코가 아닌 유럽을 대상으로 수출이 많은 국가이다.
- 공통 자료: 지역 전체지도, 아프리카 인구분포지도, 나라별 지도
  이러한 학습 과정을 마치려면 오랜 시간이 소요된다.
- 학생 결과물: 개별 그룹은 지도 표시 방법을 선택하고, 구두 발표문 논제를 준비하며, 이를 수업 시간에 발표하고, 다른 학생들의 질문에 대해, 육하원칙에 따라 답변해야 한다. 교사는 다양한 그림을 수거하여 일관성이 있도록 조정해주고, 학생들의 글을 기준으로 한 답변을 걷는다.

5. 전시

다른 수업 시간에도 그림을 보여주고, 선택된 다른 주제를 포함하여 지도 전시회를 열 수 있다.

Ⅴ. 중학교 4학년 지리 – 미국, 세계적인 초강대국

중학교의 마지막 과정으로서 일반교육 및 직업교육 분과(SEGPA) 과정을 마치는 중학교 4학년 학생들에게는 어려운 문제이다. 배운 내용을 모두 동원하여 동기부여가 되는 상황을 만들 필요가 있다. 중학교 4학년 수업에서 초강대국인 미국이라는 주제는 멀리 떨어진 국가의 문화에 대한 생각을 일깨워주게 된다. 세계적인 차원에서의 강대국이라는 개념을 패스트푸드나 청바지, TV시리즈 등과 같이 청소년들이 잘 알고 있는 문화적 요소를 통해 접근하고, 인구, 생산물, 규모 등과 같은 간단한 지표 등과의 관계 및 지도, 그림, 글 등을 통하여 전체

적으로 이러한 개념(la notion)을 확인하도록 한다.

1. 목표

① 지식(Savoirs): 강대국인 미국의 다양한 측면

② 기능(Savoir-faire[123]): 문제제기를 적절하게 하면서 알맞은 정보를 선택한다. 수업 시간에 앞에 나가 발표한다.

③ 대처능력(Savoir-être[124]): 미디어 자료를 통해 얻은 정보에 대해 비판적인 시각(un regard critique)을 가진다.

적합한 학습 상황

청소년들이 전통적인 학습 상황에 관하여 흥미를 보이지 않는 문제를 해결하기 위하여 학생들이 학습과정에 밀접히게 연관될 수 있도록 한다. 본 학년 과정에서도 읽기 및 쓰기에 어려움을 겪는 문제를 해결하기 위해서, 학생들은 원칙적으로 미디어 자료를 통해 얻은 문서를 사용한다.

2. 흥미를 끌 수 있는 매체들

강대국인 미국의 다양한 구성요소를 영화, TV시리즈, 문서, 잡지, 만화 등과 같이 학생들에게 다음의 이유에서 인식되고 있는 자료를 통해 제시한다.

① 영상 및 소리와 관련된 장소

② 학생들 스스로 선택하는 즐거움

③ 감정과 개인적 생각을 해석하는 자유

④ 논지를 그룹 차원에서 확인하는 가능성

3. 학습 안내

첫 번째 단계: 학생들 전체가 참여하는 과정으로서 학생들은 교사의 지도에 따라 다양한 형태의 특징이 있는 강대국의 개념을 끌어낸다. 강대국인 미국에 관한 큰 영역을 다음과 같

---

123) 역주, 이것은 과업을 수행할 줄 아는 방법적인 지식을 의미함. 영어에 해당되는 표현으로는 노하우가 있다.

124) 역주, 이것은 다양한 상황에 대처할 수 있는 능력, 또는 적응성으로 볼 수 있다. 그리고 어떤 특징과 관련된 자신의 행동(처신)을 바로잡을 수 있게 하는 능력도 해당된다. 다시 말하면, 이것은 특정한 상황이나 환경에서 어떤 행동이나 반응을 일으키게 하는 능력으로 볼 수 있다.

이 구분 짓는다.

- 우주정복(la conquête spatiale), 메갈로폴(les mégalopoles), 첨단산업, 대기업, 자동차, 농업, 군사적인 개입(ONU, OTAN...)

학생들은 하나의 주제를 선택하고 개별적으로 자료를 찾는다. 학생들은 교사가 제공한 분석 자료의 도움을 받아 이와 관련된 미디어 자료를 찾는다.

문서 분석 예시

① 주제: 우주 정복

② 문서: 제목, 특징, 장소, 일시, 대상자 기술

③ 분석: 어떠한 기술 및 지리적 정보가 해당 문서에 명시되어 있는가?(사용된 자재, 발사 기지, 통제센터) 이 문서에서 미국의 우주 정복의 목표는 무엇인가?(보충자료, 교과서, CDI[125]를 이용하여 통합, 어떤 형태의 강대국인가? 미국이 해당 분야에서 세계에서 몇 위를 차지하는가? 우주 정복에 참여하고 있는 또 다른 강대국은 어디인가?)

④ 문서 자료 평가: 선택된 자료에서 해당 부분에 관한 미국의 힘을 잘 보여주었는가? 객관적이었는가?

두 번째 단계: 공통 주제에 관한 소그룹별 학습

학생들은 수집한 정보를 받게 된다. 학생들은 가능한 한 정확하게 공통적으로 자료를 통합하고, 발표를 하기 위한 시간 배분을 한다.

세 번째 단계: 전체 모임

개별 그룹은 학습 결과를 발표한다. 이는 확실히 주어진 주제에 관한 소그룹별 학습 결과이며, 이를 학생들끼리 교환함으로써 더욱 효율이 높아지게 된다. 그러나 수업 시간에 전체적으로 질문이나 제안, 비평 등이 있어야 하는 것이 필수적이다. 학생들은 지식의 정확도와 관련된 문서 자료상의 한계가 있음을 인지하게 된다.

전체 수업에서 교사가 필요한 자료(지도, 그림), 정보, 참고자료 등을 필요한 때에, 그리고 논의를 발전시켜야 하는 상황이나 문제를 해결해야 하는 상황에 제시하도록 한다. 이 단계

---

125) 역주, 참고자료(documentation).

에서 교사가 제공한 다른 문서나 교과서의 내용이 필요한 조직에 부합해야 하며, 학생들은 스스로 생각을 구성하고, 다른 사항에 맞추게 된다.

교사가 통합된 사항을 제시하고, 이를 노트에 옮겨 적는다. 교사가 제시한 내용은 소수의 확실한 의견이 되기는 하지만, 세계적인 강대국인 미국에 관한 확실한 지표를 담은 내용이 선택되어야 한다.

4. 평가

학생이 학급 앞에 서서 논리적이고 명확하게 표현할 수 있는 능력을 평가한다.

개별 그룹은 발표를 위한 시간 배분을 해야 한다. 또한 교사는 학생 개개인을 평가할 수 있다.

VI. 중학교 지리 교육과정

1. 중학교 1학년 6e)

세계의 지도와 경관

1. 세계의 지리적 대지표(grands repères)(15~18시간)

도입부(1시간)에서는 초등학교에서 배운 다음과 같은 기본적인 개념들을 상기시켜준다: 대륙과 해양의 분포, 위치를 정할 수 있게 해주는 기본적인 지표들(극, 열대, 적도).

1) 세계의 인구분포(7~8시간)

사람이 많이 사는 곳과 그렇지 않은 곳들을 지구본 상에서 찾아보고 그 지역들의 이름을 말한다. 도시의 인구밀집 지역들을 찾아본다. 프로그램의 두 번째 파트에서 선택되는 사례들은 경우에 따라 대조적인 측면들을 보여줄 수도 있다. 우리는 인구증가가 큰 영역과 인구증가가 허약한 영역을 비교한다. 학생들은 한편으로 인구밀도 사이에서 관계의 복잡성을, 다른 한편으로는 부유와 빈곤을 발견하게 된다.

- 지도(평면 구형도): 세계의 인구분포, 세계의 국가들, 세계 공간에서 부유와 빈곤
- 지리적인 지표: 인간에 의해 점유되고 있는 곳과 인구가 희박한 지대, 큰 나라들과 도시

의 인구밀집 구역들

2) 기후 및 생물지리적 대영역(4~5시간)

지구상에서 기후 및 식생의 성격은 지도 및 이미지로부터 학습된다. 학생들은 이러한 현상들을 기술할 수 있게 해주는 단어들을 활용하는 것을 배운다. 열수지 및 강우에 관련되는 지대를 찾는 것은 간단하게 설명된다. 경우에 따라서는 교육과정의 두 번째 파트에서 선택된 간단한 두 가지 사례들의 도움으로 사회과 기후와의 관계를 보여준다.

- 지도: 열수지 및 강우지대, 생물기후의 대영역, 선택된 사례들에 해당하는 다양한 축척의 지도들
- 지리적 지표: 열수지 및 강우지대, 생물기후의 대영역, 선택된 사례들의 위치

3) 대지형(3~4시간)

대지형은 지도나 이미지로부터 확인된다. 학생들은 땅의 지형을 간단하게 기술할 수 있는 단어(표현)들을 활용하는 법을 배운다. 경우에 따라서는 교육과정의 두 번째 파트에서 선택된 간단한 두 가지 사례들의 도움으로 사회과 지형과의 관계를 보여준다.

- 지도: 세계의 지형, 선택된 사례들에 해당하는 당양한 축척의 지도들
- 지리적 지표: 큰 산맥, 대평원, 몇몇 대하천 유역

2. 경관의 대유형(grands types)(18~21시간)

① 도시경관 : 지중해의 관광해안, 산업화된 해안, 유럽의 한 메트로폴, 북미의 한 메트로폴, 가난한 국가의 한 메트로폴

② 농촌경관: 아시아의 한 벼농사 삼각주, 북미의 한 경작지, 유럽의 한 마을, 아프리카의 한 마을

③ 인간이 점유하기 어려운 경관: 사하라사막 또는 북극에서, 아마존의 밀림에서, 안데스 또는 히말라야의 고산에서

교육과정에 의해 제시된 경관들은 한 가지 또는 몇 가지 이미지들로부터 학습된다. 각각의 사례에 대해, 우리는 위치가 정확한 한 장소를 선택하고, 첫 번째 파트에서 학습한 지리적 지표와 체계적으로 관계를 설정한다.

그렇지만 인간이 그들의 공간에서 활동하는 것에 대한 메커니즘을 분명하게 하기 위해,

그리고 환경문제를 상기시키기 위해 모든 사례들은 제시되어야만 한다. 제시된 세 가지 사례들 중에서 한 가지 사례는 특히 더 구체적으로 전개될 수 있다.

이러한 학습은 다음과 같은 삼중의 궁극적 목표(finalité)를 가진다. 즉, 인간의 점유가 강한 곳과 덜한 곳에 대하여 기술하고 설명할 수 있게 해주는 말(표현)을 제시하고, 영토(국토)의 조직 내에서 사회의 역할을 분석할 수 있게 해주는 말을 제시한다. 따라서 다양한 스케일에 위치하는 것에 관해 숙고하고, 이러한 조직에 대한 경제적, 문화적, 자연적인 이치를 보여주는 몇 가지 커다란 요인들을 판별하는 것을 포함한다.

이러한 학습은 한편으로는 초등학교부터 습득해온 기본적인 지리 지식을 뿌리내리게 해야 하며, 다른 한편으로는 지리적 추론을 수행할 수 있는 것을 배울 수 있어야만 한다. 학생들은 훨씬 더 엄밀한 방법으로 이미지들에 대한 용어와 다른 형태(구두로 말하거나, 텍스트로 표현하거나, 그로기로 표현하는 것)로 표현하는 방법을 배운다.

- 지도: 교육과정의 첫 번째 파트에서 배운 평면구형도는 확실한 기초를 구축하게 해주며, 다양한 스케일의 지도들은 선택된 사례들의 위치를 정확하게 찾게 하고, 지리적인 맥락 속에서 본래 그것의 자리를 찾을 수 있게 해준다.
- 지리적 지표: 본보기로 교사가 선택한 이미지들은 기억할 수 있는 문화적, 지리적 지표가 된다.

2. 중학교 2학년 5e)

아프리카, 아시아, 아메리카

세계의 빠른 변화는 교사들로 하여금 해마다 교육과정에 있는 다양한 요소들에 대한 학습을 안내해주는 문제제기를 하는 시점에서 그 내용을 결정하게 해준다. 문화적 다양성과 발전의 속도는 연간 학습을 안내해주는 길잡이가 될 수 있다. 동시에, 몇몇 사례학습을 통하여 대륙에 대한 일반적인 처리, 최소한의 위치 찾는 지식을 확고하게 하며, 지리적 추론 연습하는 것과 관련된다. 교육과정에 있는 다양한 부분에 대한 처리 순서는 교사들의 재량에 맡긴다.

1. 아프리카(10~12시간)

1) 아프리카의 다양성(6~7시간)

여기서는 불연속적인 인구분포, 인종적, 문화적인 다양성이 생물기후지대와 같은 것들보다 훨씬 더 관련되는데, 이러한 것들은 지도로 제시된다. 고대 및 최근의 역사적 비중은 분명해진다. 환경의 역할에 대한 회상은 중학교 1학년 수업시간에 배운 것에 근거를 둔다. 지역들 간의 차이는 이러한 총체적인 요인들에 대한 결과로서 분석된다.

2) 마그헤브(4~5시간)

우리는 지중해 세계, 이슬람 세계의 소속에 대해, 그리고 유럽과의 관계에 대해, 해안, 내륙, 사막간의 대조에 대해, 그리고 인구와 관련된 문제에 역점을 둔다.

- 지리적 지표: 생물기후 지도, 아프리카의 인구분포 및 주요도시 지도, 아프리카 국가 및
  주요지역을 나타내는 지도, 마그레브 지역 국가들의 환경, 인구, 자원

2. 아시아(13~15시간)

1) 아시아의 다양성(5~6시간)

지도(인구, 종교 및 문화적인 영역, 산과 관련된 기후 대영역)로부터 아시아의 다양성(중동부터 극동에 이르기까지)은 분명해진다. 인구분포에 대한 강한 대조적인 측면(인구밀도가 아주 높은 곳과 아주 낮은 지역)은 오래된 농업방식(물 관리) 및 국가적인 조직과 관련을 맺는다. 학습은 부유한 곳과 가난한 지대, 해안과 내륙, 대륙국가와 도시국가간의 대조적인 측면을 강조하게 해준다.

- 주, 일본은 4학년(3e)에서 배운다.

2) 인도연합, 중국(8~9시간)

앞서 검토된 요소들로부터 모든 학습을 철저하게 하면서 각각의 두 국가들에 대한 특수성을 분석한다. 또한 문화적인 다양성, 인구압, 사회문제, 지역적 격차, 발전속도 등은 인도 연합 및 중국에 관해서 특수하게 검토된다.

- 지리적 지표: 아시아의 주요 도시 및 인구분포 지도, 아시아의 지역 및 국가지도, 인도
  및 중국 지도

3. 아메리카(10~12시간)

1) 남북아메리카 공간의 차이/6~7시간

앵글로 아메리카와 라틴 아메리카로 나뉜 것은 대륙의 인구에서 이주의 역할을 분명하게 해준다. 인구의 대다수는 해안과 도시에 분포한다는 것으로 학습된다. 경선을 따라 뻗어 있는 북쪽의 공간과 남아메리카의 차이점은 설명된다. 국가들의 내부로서 대륙적인 스케일에 존재하는 대조적인 조건은 강조된다.

- 주, 미국은 중학교 4학년에서 배운다.

2) 브라질(4~5시간)

학습은 이 국가에 대한 자원의 중요성과 지역적인 대조로 치우쳐져 이루어진다. 사회적인 불평등은 토지분포의 불균형과 도시의 성장과 관련된 문제들을 통해 소개된다.

- 지리적 지표: 아메리카의 주요도시 및 인구분포 지도, 아메리카의 주요 지역 및 국가지도, 브라질의 지역 지도
- 중학교 지리교육 학력증
- 숙달해야 하는 연대기적 지표: 아프리카, 아시아, 아메리카의 인구, 국가, 도시: 인구밀도가 아주 높은 지역, 아메리카와 일본의 메갈로폴. 마그레브의 국가들과 이집트. 인도 연합, 중국, 일본, 미국, 캐나다, 멕시코, 브라질. 카이로, 북경, 상해, 봄베이, 캘커타, 토쿄, 뉴욕, 로스앤젤레스, 상파울루, 멕시코

3. 중학교 3학년 4e)

유럽, 프랑스

유럽대륙에 대한 소개 후에, 중3 교육과정은 본질적으로 국가들에 대한 학습으로 할애된다. 프랑스에 있어서 특히 중요한 것은 지역에 관한 학습으로 주어진다. 세계 속에서 유럽의 조직, 프랑스의 경제, 유럽 및 프랑스의 위상은 중4에서 배운다.

- 교사는 교육과정의 다양한 부분들 중에서 그 순서를 자유롭게 선택할 수 있다.

1. 유럽대륙(16~19시간)

1) 유럽의 다양성(4~6시간)

우선, 유럽은 평면구형도 상에 나타난다. 국가, 인구, 언어, 지역에 관한 지도들은 유럽적인 모자이크를 소개할 수 있게 해준다. 우리는 주요 지형, 큰 하천, 주된 생물기후 영역들을

찾아보고, 그러한 것들을 유럽의 공간구조와 경관을 설명하기 위해 도시화 및 통신망과 관련짓는다.

2) 몇몇 국가들(12~13시간)

우리는 독일, 러시아, 영국, 지중해 연안의 유럽 국가들 중에 하나 가운데서 최소한 3개 국가를 선택해서 학습하게 될 것이다. 앞서 검토된 요소들로부터 모든 학습을 철저하게 수행하면서 선택된 각각의 세 국가들에 대한 지리적인 특수성(특히, 인구 및 국토조직)에 관해 분석한다. 이러한 관점에서는 역사적인 비중과 활용되고 있는 언어교육과의 연계를 강화시켜줄 수 있는 문화적인 관점이 강조된다.

- 유럽지도: 인구밀도 및 주요 도시들, 유럽의 국가들, 언어와 종교, 지형과 기후, 커뮤니케이션의 축과 분기점, 학습된 국가들의 지도

2. 프랑스(16~19시간)

1) 단일성과 다양성(4~5시간)

프랑스 지리의 주된 특징은 공통적인 특징으로서의 오리지널한 요소들을 강조하면서 유럽의 나머지 요소들과 함께 유럽적인 틀에서 기술된다. 경관들은 유럽적인 큰 영역의 아래에서 개방된 국토에서 나타난다. 이러한 경관들은 관리하고 보존해야 할 환경 및 문화유산을 구성하고 있다. 인구격차(부조화)는 인구밀도 지도로부터 학습되며, 인구의 최근 추이(인구학적인 작동, 도시화, 교외화)와 함께 관계가 설정된다.

2) 국토개발(2~3시간)

지도로부터 지역적인 불균형을 분명하게 확인한다. 국토개발 프로젝트와 이것의 실현과 관련된 학습은 주요지역들에 대한 검토에 들어가게 해준다.

3) 주요 지역들(10~11시간)

지역에 대한 철저한 분석을 배제하면서(하지만, 파리 지역과 관계가 설정된 지역에 주의를 기울이면서), 다음과 같이 도출된 6개의 주요 지역들의 특징을 부여해주는 주된 특징을 학습하는 것과 관련된다: 일드프랑스와 파리분지, 북동 산업지구, 리옹지역과 그의 주변 알프스 지역(브흐고뉴와 오베흐냐뜨), 지중해 연안(Les Midis), 대서양 서안, 해외영토(도, 영토). 특징은 경관, 주요 활동, 메트로폴로 설정된다.

– 프랑스 지도: 인구분포와 주요 도시들, 행정지역, 교육과정에서 정의된 주요 지역들.

4. 중학교 4학년 3e)

오늘날의 세계

1. 1914~1945: 전쟁, 민주주의, 전체주의(17~21시간)(역사 영역)

2. 오늘날의 세계에 대한 구상과 조직(19~23시간)

– 제2부는 역사 및 지리 교육과정의 긴밀한 연계로 구성된다.

1) (6.) 오늘날의 세계 지정학(2~3시간)

1945년 이래로부터 국제관계의 주된 진전 단계(양극화된 세계, 탈식민지화, 유럽의 형성, 블록의 해체)는 오늘날 세계의 양극화를 이끌고 있는 요인들을 분명하게 보여준다. 동서 대립에 대한 학습은 완벽할 수 없으며, 베를린의 사례로 한정한다. 탈식민지에 대한 사례는 인도와 프랑스의 식민지였던 아프리카 지역으로 한다.

오늘날의 세계 정치지리 학습에 있어서 국경의 개념(정치적, 문화적)은 국경의 증가(민족주의의 재출현과 국지적 충돌), 다른 한편으로는 지역 및 세계적 공간조직적 틀 내에서 국경이 없어지는 경향으로 안내된다.

2) (8.) 세계의 일반적인 조직(7~8시간)

1945년 이래로 대조적인 인구변천, 경제성장 및 경제변동은 노동, 생활수준 및 방식의 변화에 국가 및 대륙에 따라 다양한 사회적인 결과를 보이고 있다. 이러한 변화는 또한 다음과 같이 다양한 스케일에서의 지리적 결과를 반영한다.

인간 및 재화의 이동 증대는 세계적인 스케일에서 학습된다. 부유함과 빈곤함을 정의하기 위해 다양한 기준을 활용하면서, 지도는 사회 속에서 대륙 간, 국가 간(선진국, 신흥국, 후진국)의 차이를 설명하고 소개할 수 있게 해준다. 가속화되는 도시화는 몇몇 도시경관에 대한 사례들로부터, 지구적 스케일로, 그 밖의 스케일로 학습된다.

– 지도: 양극화된 세계, 탈식민지화, 세계의 인구, 국제교역, 세계의 불평등성, 오늘날 세

계 및 충돌지대의 정치지리

3. 주요 경제대국(15~19시간)

주된 경제대국에 대한 학습은 본질적으로 지리적이다. 그렇지만 이러한 학습은 실제상황에 대한 이해에서 필수적인 역사적 요소들을 활용한다.

3) (9.) 미국(6~7시간)

무한한 공간, 인구압, 국토의 metropolisation에 대한 소개는 학습에 도입된다. 미국이 세계적인 대국이라고 할 수 있게 하는 몇 가지 요소들을 분석한다(자원, 기술, 경제력, 군사력, 문화적인 명성). 1945년 이래로 세계가 조직되는 상황에서 이 나라에 의해 취해진 역할은 몇 가지 그의 힘에 바탕을 두고 있다는 것을 명확히 해준다.

4) (10.) 일본(3~5시간)

이 나라에서 우세한 지리적인 특징(섬 나라적 특성, 협소함, 인간 및 활동의 집중, 천연자원의 부족)은 학습으로 도입된다. 세계 속에서 일본의 지위와 그 역할이 분석된다(산업적, 해양적, 자본적, 교역에 관하여, 혁신적인 능력적 측면에서의 힘). 학습은 1945년 전쟁의 패배 후에 전통, 빠른 근대화 그리고 일본이 아시아에서 행사하고 있는 영향력 사이에서의 독창적인 발전을 위해 이 나라의 아메리카 식 모델에 대한 정치적인 재구성에 중점을 둔다.

5) (11.) 유럽연합(6~7시간)

이전 챕터에서 유럽 구축의 기원과 큰 단계에 대한 학습 후에, 여기서는 독립국가 연합의 구성축에 대한 독창성을 강조한다. 유럽연합의 제도에 대한 기술은 하지 않고, 그의 경제적, 교역에 있어서의 힘, 공유하고자 하는 그의 의지에 대한 확대 및 심화, 그의 정치력이 미치는 범위, 정치력을 구성하고 있는 국가들의 세계적 영향력에 관해 소개한다.

4. 프랑스(15~19시간)

1) (13.) 프랑스 경제의 변동

중학교 3학년에서 배운 것으로부터 시작한다. 당국의 역할을 강조하면서, 생산, 농업, 산업 시스템의 변동 그리고 스비스의 변동 및 구성요소를 소개한다. 1945년 이래로 정치적 삶에 관한 주된 부분을 사회, 사회의 모드에 대한 물질적, 문화적 변화, 그리고 삶과 동경하는 삶의 틀과 관계를 맺으며 분석한다. 제5공화국의 제도와 방위 문제는 시민교육에서 배운다.

2) (14.) 프랑스, 유럽, 세계

세계 속에서 프랑스의 유럽정치사 및 그 역할의 변화는 유럽과 세계를 향해 개방된 힘과 같은 그의 지리 학습으로 폭넓게 도입된다. 투자, 관광, 이주와 관련된 움직임에 의해 설정된 관계, 정치적, 문화적인 영향력은 유럽 속에서, 세계 속에서 프랑스의 위상을 설정하게 해준다.
 - 지도: 경제활동, 세계 속의 프랑스.

VII. 고등학교 지리 교육과정

1. 일반 및 과학 기술 고등학교 1학년 역사 및 지리

* 제1조 일반계 고등학교 1학년 역사 및 지리 공통 교육 프로그램은 본 법령의 첨부 문서 내용에 부합하게 확정된다.
* 제2조 - 학교 교육 담당부장은 프랑스 공화국 관보에 개제될 본 법령의 시행 책임을 맡는다.

2002년 7월 1일

파리

교육부(청년, 국립교육 및 연구부)

학교교육 담당

Jean-Paul de GAUDEMAR

<첨부자료>

서문

고등학교 1학년은 중학교에서 고등학교로 넘어가는 과정으로써, 중학교에서 배운 내용을 바탕으로 하여 고등학교의 최종 목표라 할 수 있는 바칼로레아 준비를 시작하게 되는 단계이다. 문화적으로나 시민적으로, 그리고 지성인으로서 교육의 최종목표는 언제나 동일한 것이며, 이는 역사와 지리 그리고 시민 교육, 법률과 사회 등과 같이 연장되는 부분과 관련 부분에서 공통적인 것이라 하겠다.

중학교에서 학생들은 지식과 개념, 연대적 및 공간적 지표, 방법 등을 습득한 바 있다. 학생들은 지적인 정보를 활용하는 습관, 즉 정보를 식별하고 이를 논의할 수 있는 법을 배우게 되었다. 고등학교에서는 중학교에서 배운 연대기적 및 공간적 지식을 다시 배우는 것뿐 아니라 이를 하나로 통합하고 문제의식을 가진 접근 방법을 수립하는 것을 배우게 된다.

역사-지리 교육 과정을 통해 실제적으로 현재 세계에 대한 이해를 하게 되며, 이에 현 시대를 구성하게 된 역사적 순간과 영토를 기반으로 한 사회의 실제적인 영향에 관해 학습하게 된다. 지식(connaissances)을 습득하고, 지속적으로 학습하며, 추론능력과 비판정신을 가지는 것(l'exercice du raisonnement et de l'esprit critique)이 학생 교육의 기본이 된다. 이러한 사항들은 고등학교가 현실을 기반으로 하여 시민에게 필요한 기본 바탕을 제공하며, 역동적이고 분화되어 있는 세계에 대한 인식을 가질 수 있도록 한다.

이러한 목표가 달성되기 위해서, 교육 내용은 교사의 교육적 자유를 보장하면서도 확실한 한계를 두게 된다. 교육 방식의 특수성은 학생들의 다양성과 다양한 요구에 맞춘 다양한 교육 방식을 보장하면서도 일관된 입장을 잃지 말아야 한다. 학습 활동은 수업과정뿐 아니라 다양한 방식에 따라 교과 내용과 확실히 연계되도록 한다. 일반적인 방식으로 지리와 역사 수업 시간을 각기 보장해줄 필요가 있다.

1) 지리 교육과정

인간은 땅에 거주하고, 땅을 개발한다

고등학교 1학년 교육과정은 인류가 다양한 방식으로 땅에 정착하는 것에 관하여 제안된 7가지 주제 가운데 6가지 주제를 다루도록 하고 있다. 이러한 주제들은 모든 대륙과 다양한 방식에 따라 선택된 사례를 통하여 문제제기를 하는 방식으로 다루게 된다. 언제나 거대한 틀 속에 자리 잡고 있는 사례의 연구는 학생들이 자신이 살고 있는 세계를 이해할 수 있는 방법을 제시하는 데 그 목적을 두고 있다. 또한 본 교육과정에서는 중학교 교육과정의 시민 교육의 목표와 고등학교의 시민, 법률, 시민교육의 목표와 그 맥을 함께 한다. 또한 본 교육과정은 학생들에게 공간적 지표와 개념, 문제제기를 통해 심오해질 수 있는 **지리학적 추론**

(raisonnement géographique)의 최초 기반을 알려준 중학교 교육과정의 연장선상에 있다. 이를 통해 고등학교 2학년 과정에서 프랑스와 유럽의 공간에 대한 분석에 접근하게 되며, 또한 고등학교 3학년 과정에서 세계에 대한 전체적 접근이 가능해진다.

공간조직에 대한 개념은 본 교육과정 전체의 핵심이 되며, 이는 각각의 주제에 제시되는 환경과 개발이라는 두 가지 원칙을 통해 다루어진다. 이러한 두 가지 개념은 동일하고 유일한 문제에 대한 확실한 구성요소이자, 사회에 의해 이루어지는 공간 관리 및 접근에 관한 것이다. 이러한 접근 방식은 전체적인 것이며, **자연지리**와 **인문지리**간의 차이, 그리고 **계통지리**와 **지역지리**의 차이를 넘어서는 것이다. 이러한 접근 방식은 인간이 토지를 개발하고 조직화하는 방법과 생활하는 환경과 함께 인간과 관련된 복잡하고 다양한 관계를 증명하는 것이기도 하다.

학생들은 세계의 지리적 조직을 설명하고 기술할 수 있는 언어를 연습하고 다양한 참고자료를 학습한다. 지도를 분석하고 그림을 그려보는 것이 우선적으로 제시되는 방법이다. 교육을 위한 정보 및 통신기술(TICE) 또한 특히 실제 방식 속에 통합되어 있으며, 이는 학생들에게 있어서 학습결과물을 도출하고 지식과 방법을 적절하게 조정하는 보충적인 도구가 된다.

교사는 교육학적인 접근 방식을 정하고, 도입 주제에 관한 연구를 한 후에, 다른 주제의 순서를 정하고, 해안지역과 산악지역 중에서 선택하며, 또한 학생들과 함께 학습할 지리적 요소에 관한 중요한 보충자료를 선택한다(뒤에 나오는 일반적인 내용 참조할 것[126]).

① 교육과정의 중심 개념(notion): 공간조직
② 교육과정의 다방면적 개념: 환경 및 개발
③ 기본이 되는 기타 개념: 공간요소, 제약사항, 개발, 불연속성, 흐름, 배경, 극, 자원, 네트워크, 위험요소, 토지

주의: 교육과정에 관한 평가내용에서 적색으로 표시된 것이 키워드이다. 리스트를 제공하기보다는 상황에 맞추어 선택된 내용을 제시한다.

---

126) commentaire général(일반적인 내용 설명)

필수적으로 가르칠 주제
지구에는 60억 이상의 인구가 존재한다.
 – 지구상의 불균등한 인구 및 부의 분포
 – 국가들 사이의 경계, 그렇지만 화해의 쟁점들
 – 국경, 개발, 환경

필수적으로 가르칠 기타 주제
인류에 대한 부양
 – 생산 증가, 인구증가
 – 인류를 먹여 살리는 농업에는 어떠한 것이 있는가?
 – 농업 시스템과 환경

물, 부족함과 풍족함의 사이
 – 자원 분포와 자원 접근의 불평등
 – 물 관리 및 공간 변화
 – 갈망의 대상이 되지만 때로는 위협의 대상이 되는 자원

도시 지역의 역동성과 도시 지역의 환경
 – 폭발적인 도시화
 – 도시 공간
 – 도시 환경

위험에 직면한 사회
 – 심각한 자연재해 위험 지역
 – 인류 정착, 활동 그리고 위험
 – 위험과 재해에 대한 고르지 않은 사회적 대책

선택 주제
매력적인 공간, 해안지역
 – 활동의 해안화
 – 해안지역의 공간과 개발 형태
 – 선호되는 지역에 대한 관리 및 보호

산, 전통과 새로운 활용 사이에서
 – 고르지 않게 점유되어 있는 산
 – 개발의 다양성
 – 산지 환경

2) 일반적인 내용 설명(Commentaire général)

"인간이 땅을 점유하고 지배한다"는 주제의 교육과정에서는 확실히 인류의 토지와 세계에 관한 지리학적 연구를 기본으로 하고 있다. 이를 통해 환경과 개발의 연결 고리에 관한 인류의 공간조직의 문제를 다루고, 개별 주제를 각각 살펴보게 된다.

① 인류 사회가 만들어낸 토지 공간

공간의 조직은 공간의 적절성, 토지의 분배와 관리, 거주지의 분할, 자원개발, 극지방의 출

현, 통신 네트워크의 실현 등과 같은 전체적 과정을 이끌어냈다. 분화되어 있는 공간은 불평등과 비연속성이 만연해 있으며, 하나의 장소와 다른 장소를 하나로 연결하는 독립성과 상호 연관성의 관계로 가득 차 있다. 이는 흐름을 만들어내는 네트워크로 연결된 극지방 주위의 공간적 관계에 의해 구성된다.

② 인류 사회에 의해 실현된 개발

개발은 사회적 행위 전체에 대한 대상이 되는 동시에, 해당 토지에 대한 행위의 결과물이기도 하다. 이에 개발이라는 것은 자신의 전략을 가지고 있으며, 공간적으로 자리 잡고 있는 행위자들이 공간을 대상으로 한 행위에 대한 결과물인 것이다. 이는 다양한 활동 간의 경쟁의 기회이기도 하고, 다양한 주체와 다양한 권력 간의 분쟁이 되기도 한다. 이러한 것의 배경은 눈에 보이는 사실과 통시대적인 연구로서 환경에 대한 인류 개발의 영향력을 극대화시키는 환경적 장점과 제약사항의 특징을 잘 보여주는 것이기도 하다.

③ 인간이 만들어낸 환경과의 관계

환경은 개발이 이루어지는 자연적인 배경이다. 다양한 구성요소(생물계, 대기, 수권, 암석권, 토양권)들이 서로 영향을 미치고, 인류 사회와 함께 자연적으로 그리고 다양한 강도로 상호 관련을 맺고 있다. 이들 전체가 지구 시스템을 구성하는 것이다. 재생 가능한 자원과 그렇지 못한 자원, 시간 및 공간과 관련된 상대적 제약사항, 자연적이거나 가중된 위험요소, 더 나아가 인류의 활동에 인한 위험요소를 고려하여야 한다. 지리적 접근은 사회 활동이 파괴적이지 않도록 하는 모든 극단적 비관론(catastrophisme)적 시스템을 피해야 한다. 이는 개발 수준에 따른 자연적 사항에 직면하고 있는 사회의 불균형적 독립성을 제시할 뿐 아니라 선진국의 허약성, 선진국에서 부담해야 하는 비용 등도 제시하게 된다. 또한 사회는 다소간의 인간중심적인(anthropisés) 시스템의 중심에 있으며, 이러한 모든 사회는 개발된 자연뿐 아니라 환경에도 연관되어 있다.

이러한 접근 방식은 지구 표면에 존재하는 다양성에 대한 중요성을 보여주는 것이다. 이러한 차이는 공간조직(중심 지역에서 소외된 지역까지)뿐 아니라 개발(사회에서 만들어낸 기술로써 지리적 공간에 다양한 결과를 남기는 것) 및 환경(자원을 제어하는 것에서처럼, 자연적 위험요소에 직면해 있는 불균등성)과 관련되어 있다.

3) 교육과정의 시행

① 상황에 따른 사례학습

교육과정에서는 6가지 주제를 다루게 된다. 개별 주제는 지식을 적절하게 활용하고 **지리적인 추론**(raisonnement géographique) 학습을 구성하는 데 필요한 문제를 제기할 수 있는 하나 혹은 두 개 정도의 사례학습으로 시행된다. 사례 선택이 기본적인데, 이는 대표적인 것이어야 하고, 문제를 정의 내리는 다양한 지리적 상황을 분석함으로써 문제를 해결할 수 있는 것이어야 한다. 개별 사례학습은 우선적으로 지도를 기준으로 하여 보다 미세한 부분에 의해 상황적 요소를 갖출 필요가 있다.

② 다층적 접근 방식

또한 다양한 단계에서 사례학습을 해야 할 필요가 있다. 이는 예를 들어 다양한 세계 및 대륙, 국가, 지역 등과 같은 곳에서의 인구 분포와 같이, 단지 다양한 단계에서 같은 현상을 다루는 것뿐 아니라, 해안지역의 경로, 정치적 국가, 사회적 행동, 국제적 흐름 등과 같은 해안지역의 공간조직처럼 주어진 정보를 다양한 단계로 분석하는 것이 포함된다.

③ 지리적 도구 활용

이론적인 정립을 위해서는 지리적 도구를 잘 활용할 수 있어야 한다. 지도와 크로키 등은 바칼로레아 시험에서 제시되는 지도와 크로키, 해석 등에서 사용되는 특정 언어를 익힐 수 있는 주요한 도구이다. 더 나아가 지도와 이미지, 기타 문서 자료 들은 정리와 비판적 읽기(la lecture critique), 정보간의 관계 맺기 등과 같이 중학교 과정에서 시행된 문서를 통한 교육학적 기본이 되는 것들이다.

이에 개별 주제에 대한 학습은 다양한 단계의 지도를 이용해서 시행되는데, 가장 협소한 수준에서 큰 수준의 학습까지 가능하다. 도시 지도, POS, 재난방지 계획 등이 이에 속하며, 또한 다양한 특징, 위성사진, 지리정보 시스템 등도 포함된다.

4) 교육 과정의 주제들에 대한 설명(논평)

각각의 주제(thème)에 동일한 시간을 할애하는 것은 교육과정의 기본이 되는 개념(notions)에 대한 지리적 이론 정립을 위한 것이다.

① **지구상에는 60억 이상의 인구가 살고 있다.** 세계에서 가장 인구밀도가 높은 지역에 중

점을 둔다. 인구 분포와 인구밀도, 부와 개발 정도의 불균형을 지도를 통해 살펴본다.

세계는 수많은 국가로 나뉘어 있다. 국가를 나누는 국경선은 공간상에 있어서 주요한 불연속을 보여주는 것이다. 국경은 개발과 환경관리, 공간조직이라는 특정 형태를 보여주게 되고, 이는 또한 지리적인 문제, 더 나아가 국제적 자원(강, 수산 자원 및 에너지 자원 등)과 관련된 분쟁을 유발한다.

환경적인 문제에서 국경이 큰 문제가 되지는 않으며, 환경적인 문제는 국가와 힘의 불균형, 다소간의 접근성 등에 대한 국제적인 관리를 필요로 한다.

② **인류에 대한 부양**, 인구변동 과정에서 다소간의 지체가 있기는 하였으나, 인구증가 속도는 여전히 빠르게 나타나고 있다. 인류 전체를 먹여 살릴 수 있는 지구의 능력이 중요한 문제가 되고 있다. 이 문제를 해결하기 위해, 생산시스템이 다소 집약적이 되고 있으며(헥타르당 생산량, 1인당 생산량), 다소 지역시장이나 국가시장, 국제시장을 목표로 하게 되었다. 이러한 시스템은 소농에서부터 농업 산업 부문의 거대 기업까지, 그리고 식료품 기업에 이르기까지 다양한 주체들에 의해 이루어지고 있다. 특정한 농업 방식은 토지유실, 특히 침식에서 사막화에 이르기까지 환경적인 영향을 갖고 있다. 이러한 영향은 식량 공급자로서 지구의 능력에 위협을 가할 수 있는 것이다. 개발과 환경관리 문제를 조정하는 것은 뛰어넘어야 할 큰 문제이다(녹색 혁명, 유전자 변형 식품, 토양이 아닌 곳에서 재배하기 등).

빈곤과 기아의 문제에 대해 자문을 해보게 된다. 이러한 현상이 실제적으로 지구가 세계 인구를 먹여 살릴 능력이 없기 때문인가, 아니면 자연적인 상황이나 경제 사회적인 위기, 정치적 분쟁 때문인가?

③ **물, 부족함과 풍족함의 사이에서**, 물은 자연이 지구상에 매우 불균형하게 나누어준 자원이다. 건조지역 및 반건조지역이 지구의 1/3이나 된다. 따라서 물을 마음대로 사용할 수 있는 지역은 매우 가변적이며, 물에 대한 수요도 다르다.

인간의 지속적인 필요량 증가와 다양한 개발로 인하여 다양한 사용처(관광과 농업, 농촌과 도시 등)와 다양한 단계(도시, 지방, 대륙 등)에서의 긴장이 야기된다. 수질만큼이나 물의 양 또한 문제가 되고 있으며, 물은 언제나 재생 가능한 자원도 아니다(화석 층). 물이 풍부한 국가들도 특정 조절 방법을 사용하지 않는 것은 아니다(특히 가뭄이 든 해의 관개 및 관광). 물을 관리하는 정책이 마련되고 있으며, 물 값은 날이 갈수록 오르고 있다.

관개와 배수 등과 같이 물을 사용하고 관리하는 방법은 전통적이거나 현대적인 개발을 야기하며, 특정 환경을 만들어내는 것을 보여주게 된다. 오랫동안 물은 다양한 차원에서 토지의 구성(조직)의 견인차 중 하나였다. 물은 거주지와 특정 활동을 결정하게 된다. 물은 사회와 국가(빈국이든 부국이든), 그리고 지구 전체에 있어서 점점 더 중요한 문제가 되고 있으며, 앞으로도 그러할 것이다.

④ **도시지역의 역동성과 도시 지역의 환경**, 도시의 성장은 지구 차원에서 중대한 현상 중 하나이다. 개발도상국에서 인구의 도시 집중 현상이 오늘날도 지속적으로 이루어지고 있으며, 더 많은 사람들이 대도시에 정착하고 있다.

도시 내부 차원에서의 도시에 대한 학습은 배경과 기능에 관한 분석과 관련되어 있으며, 특히 첨단 기술과 연구 활동이 집중된 도시의 중앙 기능을 강화한 기술 대도시 현상과 대도시화 현상에 책임이 있는 기능에 대한 분석과 관련되어 있다. 도시의 기능과 도시의 집중화는 전체적으로뿐 아니라 그 자체로도 학습되어야 한다.

도시의 인구증가는 점점 더 민감성이 더해가는 도시환경 문제라 하겠다. 이에 도시에서는 자체적인 환경(도시 진입 환경, 거주지 형태, 도시구역, 녹색공간 등) 내에서 이 문제를 다루고 있으며, 수자원과 같이 불균형적으로 접근할 수 있고 비싼 자원을 사용하는 사회에서는 환경적인 부분에서도 이 문제를 다루고 있다. 사회에서는 자연재해(홍수, 지층 불안정 등)를 고려하고, 기술적 위험을 관리하며, 도시 교통 형태를 고려해야 한다.

이러한 접근 방식은 빈국과 부국의 도시들 간의 불균형을 확실하게 보여준다.

⑤ **위험에 직면한 사회**, 위험에 대한 지리 학습은 사회와의 관계에 관해서만 다루게 된다. 사회는 개발이나 환경 관리에서 고려해야 하는 위험요소들을 위험이라고 정의한다. 이러한 위험은 형태가 다양하고, 공간적으로 다양하게 드러난다.

작게는 자연재해가 지구 표면과 토양층의 불안정(화산, 지진), 환경적 요소(태풍, 홍수, 가뭄 등)에 불균형적으로 존재하게 되는 것이다. 때로는 이러한 것들이 인구가 밀집되어 있는 지역에 나타나기도 한다. 재해는 위험요소와 혼동되어서는 안 된다. 재해는 현실로 나타난 위험요소로써, 인명피해, 경제적 피해, 사회적 대응(경보, 원조, 개발에 대한 새로운 선택 등)과 관련되어 분석되게 된다. 재해에 대한 결과는 사회의 발전 정도에 따라 다르게 나타난다.

더 크게 보면 인간의 활동은 눈사태나 홍수, 토양침식, 토지붕괴 등과 같은 특정한 자연적 위험에 의해 줄어들 수도 있고, 가중될 수도 있다. 또한 인간 활동은 산업이나 교통, 원자력 에너지 등과 같은 위험요소를 가지고 있을 수도 있다. 또한 위험에 대처하는 사회의 태도에도 불균형이 존재한다. 위험에 대한 영향을 줄이는 개발 선택은 국가발전 수준에 따라 차이가 나타나며, 기술개발로 인한 선진국의 위험에 대한 취약성도 강조된다.

⑥ **매력적인 공간, 해안지역**, 교통혁명과 경제적 세계화는 국제적 흐름의 급격한 증가와 산업활동의 해안화에 대한 가중을 야기하였다. 해양에 인접한 지역은 주요연결 통로의 기능을 하게 되었고, 이는 통행량의 증가와 산업 및 수송지역이 광범위하게 나타나는 결과를 낳았다. 이와 함께 해안지역은 관광 및 레저 산업이 가장 많이 개발되는 지역이기도 하다. 이러한 활동의 증가로 인하여 관련 해안지역의 대규모 도시화가 진행되었다.

특정 해안지역을 따라 인구 및 해당 활동들이 집중됨으로써(아직 많은 해안지역에 사람이 거주하지 않거니 인구밀도가 낮기도 하다) 신가하게 해당 지역을 변화시키는 개발의 위험에 처하게 되었으며, 더 나아가 환경적인 부분에서의 질적 저하가 야기되기도 한다. 해안지역의 자연적인 역동성과 취약성으로 인하여 특별한 관리, 특히 습윤지역에 대한 관리가 필요하다. 그러나 이는 매우 상대적인 보호대책을 요하는 것이다.

⑦ **산, 전통과 새로운 이용 사이에서**, 산은 예전부터 어느 정도 사람이 거주하고, 개발되어 왔던 곳이다. 어떤 산에는 사람이 전혀 살지 않고, 어떤 산에는 사람이 넘친다. 개발에 대한 분석 결과에서는 환경의 영향을 사용자들에 대한 위험요소와 특정 제약사항으로써 제시하기도 한다. 이러한 결과에서는 또한 기술 및 경제개발의 정도에 따른 물리적 제약의 상대성을 강조한다. 환경에 대한 통시적인 연구에서는 시간에 따른 이용의 변화를 보여주며, 이와 함께 제약사항의 변화와 위험요소, 산악지대에 미치는 영향 등을 제시하기도 한다.

또한 환경은 그 자체로써 자원이 되는데, 특히 관광자원으로 활용된다. 인간의 다양한 생각들은 산을 이용할 수 있기도 하지만 때로는 이용과 관련된 분쟁을 야기하기도 한다.

2. 고등학교 2학년(L과 ES 과정)

유럽, 프랑스

고등학교 2학년 교육과정은 1학년 때 학습한 내용의 연장선에 있다. 본 교육과정을 통해 유럽과 프랑스 지역에 적용되는 지리학적 내용을 심화 학습하게 된다. 하나의 주제를 두고 깊이 학습하는 방식으로 진행되는 세 가지 학습 방식을 제안한다. 첫 번째 학습 방식은 알프스산맥을 사이에 두는 소통이 큰 축들로써 이는 사전에 지정된 주제와 관련된 것이다. 또한 교사는 지역차원에서 혹은 큰 지역을 기준으로 한 국토개발 문제에 관하여 별도의 두 가지 주제를 자유로이 선택한다. 각기 다른 때에 교사는 자유로이 선택한 사례를 보여줄 수 있다.

유럽과 프랑스에 관한 학습은 학생들에게 국토에 관하여 생각할 수 있는 기회를 제공한다. 다양한 수준(국가, 지역, 도시, 지방)에서 이러한 국토에 관한 개념은 다양한 연관관계를 맺게 된다. 다양한 방식의 접근을 통해 필수적이라 할 수 있는 공간에 관한 이해를 최고의 수준으로 끌어올릴 수 있다. 4개 부문은 각기 유럽 차원과 프랑스 차원으로 제시된다. 이러한 지리교육은 수많은 공간적, 공공 혹은 개인적 행위자간의 관련이 국토와 관련되고 있음을 보여주어야 한다. 지도와 도표, 그림, 사진 등을 통해 학생들이 지리적인 인식을 가질 수 있도록 한다. 여기에서 특별히 TICE[127]를 활용하게 된다(인터넷에서 자료 찾기, 컴퓨터로 그래픽과 지도 그리기, 전자 이미지 처리).

유럽에 관한 학습은 세 가지 방식으로 구성된다. 우선, 다수의 국가들로 구성되어 있으나, 점차적으로 유럽연합이라는 공동체적 조직으로 통합되는 정치적 조직을 강조한다. 유럽 지도에 다양하게 그려져 있으며, 각국 지도의 보충적인 자료가 되는 대도시와 소통축의 역할을 공부한다. 마지막으로, 특히 지역적인 요소에 관하여 알아본다.

1. 유럽이란 무엇인가?(3시간)

첫 수업 시간은 유럽 정체성의 기본이 되는 사항과 동일하지 않은 민족의 다양한 요소, 유럽에 제약이 되는 어려운 사항 등에 관하여 묻는 시간으로 운영한다.

2. 국가들로 이루어진 유럽(12시간)

1) 국가 분할과 지정학적인 큰 공동체

유럽에는 특히 역사적인 이유에서 다양성을 가진 여러 국가들이 존재한다. 그러나 이러한 국가들은 유럽연합, 회원가입을 희망하는 국가들, 유럽연합에 가입하지 않은 발칸반도 국가들, 동유럽 국가들 등과 같은 몇몇 큰 공동체로 묶을 수 있다. 옛 오스트리아—헝가리 제국에

---

127) 역주. 교육을 위한 정보 및 커뮤니케이션 기술(Technologies de l'information et de la communication pour l'éducation)

서 독립한 국가들의 예를 통해 역사의 무게와 국경의 역할에 대하여 이해할 수 있다.

2) 국가공동체, 유럽연합에 대한 토론

유럽 공동체 구성과 유럽연합의 확대, 기구의 변화 및 심화 등에 관한 다양한 문제를 다룬다. 유럽 차원의 토론에 있어서 프랑스의 지위에 대해 강조한다.

3) 유럽연합 내에서 선택하게 되는 두 개의 국가(독일 또는 영국, 스페인 또는 이탈리아)

유럽연합 내에서 특수성을 기준으로 하여 두 개의 유럽 국가들에 관해 알아본다. 예를 들어 지리적 위치(섬나라 영국) 혹은 정치적 조직(독일의 연방주의, 스페인의 지방권력, 이탈리아의 도 체계) 등을 알아본다. 또한 이러한 국가들이 유럽에서 차지하는 비중, 정치, 경제 및 문화적 다양성에 관하여 알아본다.

3. 유럽 및 프랑스의 네트워크와 흐름(10시간)

1) 대도시와 도시 네트워크

우선, 유럽연합 차원에서의 대도시 형성과정에 관해 알아본다(인구집중, 권력강화, 대도시들 간의 경쟁 등). 그다음에 두 국가의 사례를 바탕으로 하여(프랑스와 다른 유럽 국가) 어떻게 다양한 형태의 도시 네트워크가 국가 전체 차원에서 동일하지 않게 구성되는 지에 대해 알아본다.

2) 통신 네트워크 및 교통 흐름

이 문제는 알프스산맥을 가로지르는 거대한 통신축이라는 사례 연구를 통해 알아보게 된다. 이 문제에서 경제적인 필요성과 자연적 제약, 환경 문제 등에 관해 알아본다. 유럽 및 프랑스 차원에서 통신축과 통신축 교차지역의 역할을 강조한다.

3) 인구의 이동성

유럽 및 프랑스 차원에서, 경제 및 정치적 이민, 내부 및 외부 이동 등에 관해 알아본다(여행은 제외).

4. 프랑스와 프랑스 국토 – 대도시 및 해외영토(DOM–TOM)(17시간)

1) 인구 및 인구 분포

인구의 불균형적 분포와 역동성 등을 확인하고 설명한다. 도시의 인구집중을 강조한다.

2) 자연과 사회 간의 배경

프랑스가 자연적인 조건과 인간 활동이 경합된 영향의 산물, 즉 배경적 다양성에 의해 특성을 가지게 됨을 보여준다. 이러한 환경을 자원에 따라 분석하며, 이와 관련될 수 있는 제약사항과 위험요소에 따라 분석한다. 이와 함께 관리 및 보호를 목표로 하는 정책에 대해서도 알아본다. 이에 대한 학습은 국가적인 차원에서 진행되며, 지역적인 차원에서도 살펴보게 된다.

3) 경제적 공간

우선, 프랑스 내에서의 경제공간 조직의 큰 특징에 대해 살펴보고, 이를 유럽과 전 세계에 대입하여 본다. 프랑스의 경제적 공간에 대한 선택을 다룬다(농업, 공업, 관광업). 여기에서 유럽의 정치적 영향과 상황을 고려한다.

4) 공간적 차이 및 국토개발

우선, 이 문제는 지역적인 차원(대도시 혹은 지방)에서 시행된 국토개발에 대한 사례 연구를 통해 다루어진다. 이 문제를 통해 관련기관(기구, 협회, 회사)의 다양성을 확인하고, 시행되는 정책을 알아본다.

그다음에는 국가 차원에서 프랑스 국토의 공간적 차이점을 살펴보고, 국토에 적합한 개발을 목적으로 하는 큰 정치적 과제에 대해 살펴본다.

5. **프랑스와 유럽의 지역**(8시간)

1) 지역적인 사례: 유럽의 지역, 고등학교에서 다루게 되는 지역

이 주제는 사례학습에서부터 시작하며, 이는 전문적인 부분에 한정되는 것이 아니라 지역에 대한 개념을 생각할 수 있도록 하는 것이다. 학습한 지역에 관하여 국가적인 차원, 유럽적인 차원, 세계적인 차원 등으로 다시 생각해보게 된다.

2) 프랑스 및 유럽에서의 지역적 차이

그들의 정치권력, 그들의 상대적인 권위, 그들의 경제개발 등을 축으로 하여 유럽 및 프랑스 내의 지역 간의 차이를 확인시킨다. 그다음에는 유럽연합에서 실시하고 있는 균형의 재확립 및 접근 정책을 보여준다.

3. 고등학교 3학년 지리교육과정(L과 ES 과정)

세계적인 공간

세계에 관한 학습이 완벽하게 될 수는 없다. 이 과정에서는 몇 가지 단계의 접근 방법을 제안하고자 한다. 우선, 세계화의 공간에 관한 학습은 단지 세계의 지리적 조직의 측면에서가 아닌, 새로운 상호의존 관계 속에서 세계화의 과정이 특징지어지는 오늘날의 세계화에 관하여 이해할 수 있도록 한다. ES 과정에서 경제 및 사회 과학을 통한 경제의 국제적 개방에 관하여 학습함으로써 이러한 지리적 접근방법을 확인시키고자 한다. 두 번째 부분에서는 전 세계적인 3대 축을 확인하는 것을 목표로 한다. 이는 하나의 국가연합 혹은 지역연합을 구성하는 지리적 공간으로서 정의될 수 있는 것으로써, 경제적인 힘과 세계경제를 이끌어가는 중심축으로서의 역할, 실제적인 인구규모, 정치, 군사, 문화적 영향력 등으로서 세계의 지리적 조직에서 확실히게 자리매김하고 있는 것을 의미한다. 세계의 3대 축을 그 자체로서뿐만 아니라 세계에서 이 국가들(연합)이 차지하고 있는 위치를 중심으로 하여 분석한다. 이들 국가들(연합)의 특정한 특색에 따라 학습 주제를 정한다. 학습 주제는 보충적 분석 단계 즉, 이 국가들(연합)의 전체적인 부분과 국가 및 지역 차원에 대한 것으로 한다. 세 번째 부분에서는 이 국가들(연합)을 제외한 광범위한 나머지 지역에 관하여 살펴보는 기회를 갖는다. 이들은 개발에 대한 의지는 컸지만 그만한 결과를 얻지 못한 국가들이다. 저개발 국가의 특정 국가들은 발달된 선진국과의 관계에서 특별한 위치를 차지하고 있다. 개발에 관한 문제는 저개발 국가들에만 국한된 것이 아니며, 이는 문제 그 자체로 보았을 때, 러시아와 같은 일부 구소련 국가도 포함된다.

1. 세계적인 공간(10시간)

1) 세계화와 상호의존

오늘날 세계는 사회에 영향력을 가지고 있는 모든 자원(인적 자원, 물건, 자본, 정보)의 흐름이 다양화되는 시스템으로써 정의된다. 이러한 흐름은 국가와 다국적 기업, 국제기구, 비정부 기구, 불법 기구 등과 같은 공간적 행동 주체들에 의해 이루어지는 것이다. 이러한 교환이 증가함으로써 다양한 차원에서 세계화의 장소, 즉 지휘권을 가지고 있는 세계적 대도시의 부흥이 야기된다.

2) 세계적 공간조직의 또 다른 논리

세계화는 시행되는 방식과 개발 문제 및 환경적 문제와의 관계와 관련한 논의의 대상이 된다. 또한 세계화 과정은 세계를 읽는 유일한 열쇠가 되지는 않는다. 문명의 축(문화, 언어, 종교), 국가, 지역의 경제적 조직 등과 같은 세계의 조직화에 관한 또 다른 논리는 인접해 있으며 상호연관성을 가지고 있다.

2. 세계의 3대 열강(세력) 집단(22시간)

1) 북미 – 미국: 슈퍼 강국

미국의 힘은 다양한 측면(경제, 금융, 문화, 외교, 군사)에서 설명되고 있다. 전 세계적인 차원에서 이러한 힘을 설명한다. 미국 영토 내의(공간) 조직에 관해서도 학습한다.

북아메리카의 대서양 연안, 북아메리카와 멕시코 만에 위치하고 있는 생 로랑과 같은 대서양 연안에 관한 사례학습을 통해 나프타(NAFTA) 3개 회원국의 개방에 관한 측면과 공간조직의 특수성에 관하여 알아본다.

2) 유럽연합

유럽연합의 경제력, 우선, 경제 및 무역에 관한 힘을 축으로 하여 유럽연합을 전체적으로 살펴보게 된다. 그다음에 힘의 다양성과 주축을 이루는 국가, 힘이 약한 국가들에 관해 알아본다.

라인 강 유역의 유럽, 스위스, 독일, 프랑스, 베네룩스 3국 등과 같은 여러 국가들을 포함하고 있는 라인 강 유역의 유럽 국가들이 유럽연합의 경제적 중심이 되고 있다. 그것은 인구밀도가 높고, 도시와 산업의 비중이 높은 국가들을 중심으로 형성되어 있다. 이것은 세계와 연결되는 바다와 인접해 있는 지역을 중심으로 분포한다.

3) 아시아

성장의 축, 우선 아시아의 힘은 인구수에서 나온다. 정치 시스템이나 생활수준, 경제활동 등이 상당한 차이를 보이기는 하지만, 아시아 지역은 아시아의 역동성의 한 단위가 되고 있다. 일본, 한국, 대만, 중국 연안지역과 싱가포르 등이 여기에 속한다. 또한 무역을 통한 다양한 축과 기업 네트워크, 교차투자 등이 이루어지고 있다. 우리는 이 점에 관해서 총괄적으로 학습하게 된다.

일본의 거대도시에 관해 심층적으로 살펴본다. 세계도시인 도쿄로 상징되는 일본의 거대도시에는 일본 인구의 상당수가 거주하며, 경제활동이 집중된다. 도쿄는 아시아 및 세계와 관계를 맺고 있다. 과도한 밀집과 자연적 제약은 환경 문제에 특별한 중요성을 부여하고 있다.

3. 개발을 탐색중인 세계(18시간)

1) 저개발 국가의 주체 및 다양성

전 세계적으로 이루어지는 불균등한 개발에 관하여 우선적으로 확인한다. 후진국들은 저개발이라는 공통된 특징을 가지고 있다. 그러나 이들 국가들은 동일하지 않은 경제발전정책으로 인하여 성장에 있어서 치이를 보이고 있다. 또한 국가와 도시 차원의 개발에 관하여 비교할 수 있도록 브라질의 사례를 보여준다.

2) 저개발 국가와 선진국의 접촉: 지중해

지중해는 분열의 지역인 동시에 남반구 국가와 북반구 국가가 만나는 지역이기도 하다. 지리적인 차원에서 개발 격차와 인구 이동(이민, 여행), 경제 및 금융, 문화적 교류에 관해 살펴본다. 몇 가지 문제를 들어 이 지역의 사회와 영토에 미치는 영향에 관해 살펴본다.

3) 다시 하나가 되는 지역: 러시아

세계에서 가장 큰 국가인 러시아는 정치 및 경제구조의 위기와 인구 및 사회 문제로 대표되는 후기소비에트주의(post-sovietism)의 문제에 직면해 있다. 그러나 러시아는 새로운 개발을 위한 기초를 다지기 위해 모든 수단, 특히 지하자원과 관련된 측면을 고려하고 있다. 인구와 경제활동의 지리적 분포 속에서 중요한 변화를 이끌어내는 새로운 조직의 논리가 생겨나고 있다.

<부록 4>
프랑스 중등 지리 교육과정(2008~2009 개정)

1. 중학교 1학년

인간이 살아가는 지구상의 대지

학생들은 초등학교에서 유럽 및 세계적 맥락에서 그들의 근접 영토 및 프랑스 공간과 관련되는 여러 가지 지표에 관하여 배웠다. 중학교 1학년의 교육과정은 인접공간(l'espace proche)에 대한 심화학습 후에 세계를 설명하고, 그러한 세계의 다양성 속에서 인간사회를 찾아보고, 살아가는 다양한 방식을 발견하고, 특색을 찾아볼 수 있게 한다. 학습방법은 학생들의 호기심을 자극하게 하고, 그들에게 다른 안목을 제시해주는 것이다.

사례학습의 선택은 차별화에 대한 다른 요인들을 배제하지 않고 문화의 다양성 및 그러한 다양성이 펼쳐지는 세계에 가치를 부여하는 형식을 강조해야 한다. 경관은 이러한 발견을 가능하게 해주는 도구이다. 사례학습은 경관(변천, 미학 등)에 대한 다양한 차원으로 안내해준다. 각각의 사례학습은 인구, 문화적 영역, 생활수준, 지형, 기후와 같은 세계지도상에서 체계적으로 상황이 설정되고 구성된다.

중학교 1학년 과정에서는 세계에 대한 자연 및 인문적 대구분에 관한 첫 번째 지식을 통합한다. 학생들은 위치를 찾아내고, 이해하고, 설명하기 위해서 정보통신 기술에 의해 제시된 자료들을 활용하면서 모든 유형 및 모든 스케일의 지도와 이미지를 다룬다.

* 자료 분석 그리고 쓰기 및 말하기 표현의 숙달은 교육과정의 모든 부분과 관련된다.

I. 나의 인접공간: 경관과 국토
(지리에 할애된 시간의 약 10%)

지식목표(connaissances)	학습안내(Démarches)
1. 일상경관 읽기 및 인접영역 발견: 장소, 동네, 교통망 등 2. 인접공간은 지역, 국가, 세계로 다양한 스케일에서 확인된다.	1. 야외답사로부터 안내되는 것이 바람직하다. 2. 마을이나 도시안내도, 교통망지도, 관광지도, 일상에서 활용되고 있는 지리정보시스템 등의 일상적인 자료들을 조작하게 한다. 3. 간단한 크로키를 해보는 것은 경관이나 로컬 영역의 조직을 이해할 수 있게 해준다. 4. 위치를 확인하기 위해 지구본, 지리정보시스템, 다양한 평면구형도(유럽, 아메리카, 남반구 등을 중심으로 한 세계) 그리고 방위 및 지리적 주요 지표들을 활용하게 한다.

기능목표(capacités)

1. **위치(localiser)**
- 학생이 살고 있는 지역 및 프랑스에서의 학생의 인접공간
  다양한 평면구형도 상에서, 가상의 지구상에서의 프랑스
- 다양한 평면구형도 상에서의 대륙 및 해양
2. 방위 및 지리적 주요 지표를 활용하면서 다양한 축척의 공간에서 **확인하기(situer)**
3. **기술하기**
- 로컬 경관 및 그의 다양한 구성요소
- 거리 및 시간 개념을 도입하면서 어떤 과정에 대한 기술
4. 간단하게 **크로키**를 해보는 것은 인접경관 및 로컬 영역에 대한 조직을 표현하기 위함이다.

II. 지구상에서 인간은 어디에 분포하는가?
(지리에 할애된 시간의 약 20%)

지식목표(connaissances)	학습안내(Démarches)
1. **지구상에서의 인간의 분포** - 인구밀집지대와 인구희박지대	1. 세계적인 인구분포는 역사, 자연환경, 문화, 경제발전, 인구학적 변천사와 관련지으며 설명된다. 2. 기후, 지형, 문화적 영역, 국가, 인구성장의 평면구형도의 분석에 근거를 둔다. 3. 이전 시기와 비교하는 것은 오랜 세월 속에서 많이 모여 사는 세계인구의 영속성을 강조하는 것이다. * 우리는 동아시아 또는 유럽의 사례에 근거를 둔다.

기능목표(capacités)

1. 평면구형도 상에서의 **위치**
- 주요 인구밀집 지대
- 세계의 10대 대도시
- 인구희박 공간
2. **기술하고 설명하기**: 선택된 인구밀집 지대에서의 인구분포
3. **기술하기**: 세계의 인구분포

III. 도시에 살기
(지리에 할애된 시간의 약 15%)

지식목표(connaissances)	학습안내(Démarches)
1. 인구의 절반 이상은 도시에 산다. 2. 도시 경관 3. 도시에서의 삶은 문화와 역사, 자연적 배경, 활동, 인구학적 상황, 발전 수준 등과 같은 다양한 요인에 달려 있다.	1. 두 가지 사례학습(두 도시, 서로 다른 문화 영역 중 선택)은 경관학습에 관한 것으로 구성된다. 2. 사례학습은 공통된 성격이나 차별적인 요소들을 도출하게 해준다.

기능목표(capacités)

1. **확인하기**: 다양한 주제의 평면구형도 상에서 학습공간을 확인하기
2. **기술하기**: 학습경관을 기술하고, 관련된 공간의 변화를 **설명하기**
3. 경관에 관한 **크로키**를 간단하게 그려보기

IV. 촌락 세계에 살기
(지리에 할애된 시간의 약 15%)

지식목표(connaissances)	학습안내(Démarches)
1. 촌락 세계에서 살아가고 일하는 다양한 방식. 2. 현재 인구의 밀집 및 희박 정도. 3. 자연, 경제, 인구학적, 문화적 조건들 사이에서 다양한 요인으로 영향을 받는 촌락 경관의 다양성.	1. **두 가지 사례학습(두 가지 농촌공간**, 두 가지 상이한 문화적 영역 중 선택)은 경관학습에 관한 것으로 구성된다. 2. 사례학습은 공통된 성격이나 차별적인 요소들을 도출하게 해준다.

기능목표(capacités)

1. 다양한 주제의 평면구형도 상에서 학습공간을 확인하기
2. 학습경관을 **기술하고**, 관련된 공간의 변화를 **설명하기**
3. 경관에 대한 간단한 **크로키** 그리기

V. 해안가에 살기
(지리에 할애된 시간의 약 15%)

지식목표(connaissances)	학습안내(Démarches)
1. 개발의 선택과 능력과 같은 유형의 활동 2. 자연조건은 세계인구의 증가된 부분에 해당되는 연안지방을 특징짓고 차별화시키는 것과 관련되는 요소들에 해당된다.	두 가지 **사례학습**(상업화된 연안과 관광해안)은 경관학습에 관한 것으로 구성된다.

기능목표(capacités)

1. 다양한 주제의 평면구형도 상에서 학습공간을 확인하기
2. 학습경관을 **기술하고**, 관련된 공간의 변화를 **설명하기**
3. 경관에 대한 간단한 **크로키** 그리기

<table>
<tr><td colspan="2" align="center">VI. 극한 공간에 살기
(지리에 할애된 시간의 약 15%)</td></tr>
<tr><td align="center">지식목표(connaissances)</td><td align="center">학습안내(Démarches)</td></tr>
<tr><td>1. 어떤 공간들은 인간이 점유하기에 특히 곤란하다.
2. 사회는 그들에게 놓인 문화적 전통, 방식들을 경험하고, 극복하고, 조건들을 변화시킨다.</td><td>두 가지 사례학습은 경관학습에 관한 것으로 추운 사막, 더운 사막, 높은 산지, 섬 중에서 선택된다.</td></tr>
<tr><td colspan="2" align="center">기능목표(capacités)</td></tr>
<tr><td colspan="2">1. 다양한 주제의 평면구형도상에서 학습공간을 확인하기.
2. 주요 지형 및 지구상의 주요 기후대 위치 확인하기
3. 학습경관을 기술하고, 관련된 공간의 변화를 설명하기.
4. 경관에 대한 간단한 크로키 그리기.</td></tr>
</table>

<table>
<tr><td align="center">VII. 선택문제
(지리에 할애된 시간의 약 5%)</td></tr>
<tr><td>이 시간은 교사에게 주어지는 것으로써 교사는 교육과정상의 주제들 가운데 하나를 발전시킬 수도 있고, 학생들의 관심을 더 끌어내기 위한 시사적인 질문에 답해주면서 활용할 수도 있다.</td></tr>
</table>

2. 중학교 2학년

인류와 지속 가능한 발전

지속 가능한 발전에 관한 첫 번째 접근은 초등학교의 지리교육 및 과학교육에서 수행된다. 지속 가능한 발전에 대한 구체적인 행위는 시민교육의 틀 내에서 중학교 1학년 때 학습된다. 중학교 2학년의 교육과정은 지속 가능한 발전에 관한 학습을 계속 수행하도록 할애된다. 교육과정의 처음부분에 제시된 하나의 사례학습은 지속 가능한 발전에 관한 세 가지 차원을 제시하면서 단순히 그에 대한 개념을 파악하게 한다.

교육과정의 첫 번째 부분은 인간에 관하여 개관하고 있는데, 그것은 지속 가능한 발전의 중심에 있는 것은 인류(humanité)이기 때문이다. 두 번째 부분은 삶의 조건, 자원, 사회발전의 불평등에 관한 주된 문제들을 지리적인 다양한 스케일에서 논의한다. 세 번째 부분은 사회와 자원간의 관계를 제기한다. 이러한 관계는 영토 및 인간 사이에서 자원을 개발하고 사용하고 보전하고 공유하는 문제를 통하여 지속 가능한 발전의 틀 속에서 학습된다.

지리적인 학습방법은 사례학습 중심으로 이루어지는데, 학생들은 사례학습을 통하여 불평등 및 불균등을 확인하고, 행위자의 방식, 환경에 대한 인간의 행위의 영향, 정치적 선택의 중요성에 대한 평가를 이해하는 것으로부터 시작된다. 이러한 사례학습은 다른 스케일이나 경우에 따라서는 다른 시대의 관점과 대조해봄으로써 그것의 의미를 완전하게 다룬다. 사례학습은 학생들이 세계의 다양한 부분들에 관한 학습경험을 수행할 수 있는 방식으로 선정된다.

지속 가능한 발전에 대한 접근에서 지리의 주된 공헌은 인문·사회적 차원을 넘어서 축척을 고려하는 것을 기초로 하는 것이다. 학생들이 로컬로부터 세계로 영역과 같이 사회 간의 상호의존에 관하여 이해할 수 있는 것은 그들이 직접 다뤄봄으로써 가능하다. 중학교 2학년 수준에서 학생들은 영역에 대한 학습 및 지속 가능한 발전의 세 가지 차원을 결집하는 학습에서 대조하는 능력을 갖는 것이다. 학생들은 세계에서 인류의 주된 대립 및 대조적인 쟁점에 관해 명확한 지식을 획득한다.

* 자료 분석 그리고 쓰기 및 말하기 표현의 숙달은 교육과정의 모든 부분과 관련된다.

Ⅰ. 지속 가능한 발전의 문제
(지리에 할애된 시간의 약 25%)

주제 1. 지속 가능한 발전에 대한 쟁점

지식목표(connaissances)	학습안내(Démarches)
영토에서의 지속 가능한 발전의 쟁점에 대한 경제적, 사회적, 환경적 쟁점은 구체화되고, 정의되고, 관계 지어진다.	1. 영토에서 개발에 대한 쟁점은 쓰레기, 교통, 퇴거, 관광 및 여가시설 등의 사례학습으로부터 다뤄진다. 2. 사례학습은 지속 가능한 발전의 개념으로 접근하도록 통로를 열어준다.

기능목표(capacités)

학습에 해당되는 영토에서 지속 가능한 발전에 대한 주된 쟁점 확인하기

주제 2. 인구학적 역동성과 지속 가능한 발전

지식목표(connaissances)	학습안내(Démarches)
1. 인구성장과 발전: 세계 인구는 비록 성장속도에 대한 리듬이 느리기는 하지만 계속적으로 증가하고 있다. 인구성장은 지속 가능한 발전과 다양한 스케일에서 관계가 설정된다. 2. 개간된 지역과 개간되지 않은 지역 간의 경계선(fronts pionniers)은 인구 밀집지대의 가장자리 쪽에서 그들의 인구를 확장한다.	1. 사례학습: 인도. 중국 2. 사례학습: un front pionnier, 남미, 아프리카 3. 사례학습은 인구성장에 대한 평면구형도 위에서, 인문적인 발전에 대한 평면구형도 위에서 그러한 상황이 설정된다.

기능목표(capacités)

1. 세계에서 가장 인구가 많은 국가들 **확인하기**
2. 인도나 중국의 인구변천 **기술하기**
3. 인구성장과 인구부족간의 관계, un front pionnier의 경관 **기술하고 설명하기**
4. 주요 인구밀집 지역에 관한 평면구형도에서 front pionnier 찾고 확인하기
5. 인구성장에 관한 평면구형도에서 인구변천에 관한 세 가지 주요 유형 확인하기

II. 불평등하게 발달된 사회
(지리에 할애된 시간의 약 35%)
처음에 나오는 세 가지 주제 중에서 두 가지만 다루고, 맨 마지막의 네 번째 주제는 필수로 다뤄야 한다.

주제 1. 건강의 불평등

지식목표(connaissances)	학습안내(Démarches)
세계적 수준에서의 건강증진은 발전의 불평등과 관계가 설정되는 모든 스케일에서 보건의 불평등과 공존한다.	1. 한 가지 사례학습: 유행성 질병과 그것의 세계적인 확산이나 선진국과 후진국에서의 보건관련 인프라 2. 이러한 학습은 세계 보건관련 불평등에 대한 기록(사실)을 통해 전개된다.

기능목표(capacités)

1. 보건 인프라 구축과 관련하여 학습한 두 국가 위치 찾기 및 확인하기
2. 유행성 질병과 주제와 관련된 평면구형도로부터 치료를 위한 접근에서의 주된 불평등(예방접종, 의사 수) 기술하기
3. 읽기와 기술하기: 평균수명, 어린이 사망률, 유행성 질병 관련 평면구형도에서

주제 2. 문맹률 앞에서의 불평등

지식목표(connaissances)	학습안내(Démarches)
1. 교육과 발전: 교육과 지식에 대한 고르지 않은 접근은 발전의 주된 걸림돌이 되는데, 특히 여성들의 경우 그러하다. 2. 이러한 영역에서의 불평등은 발전의 불균등과 관계가 설정된다.	1. 우리는 세계적인 스케일에서 교육에 대한 접근을 나타낸 시노와 부유함을 나타내는 지도를 대조한다. 2. 그러한 것들은 가난한 나라와 잘사는 나라에서 문맹률 및 교육에 대한 접근을 비교한 사례로부터 설명된다.

기능목표(capacités)

1. 학습한 두 국가 위치 찾기와 확인하기.
2. 가난한 국가와 잘사는 국가에서 문맹률과 교육에 대한 접근 상황 기술하기
3. 읽기와 기술하기: 문맹률 및 교육에 대한 접근을 나타내는 평면구형도에서 주된 불평등

주제 3. 위험 앞에서의 불평등

지식목표(connaissances)	학습안내(Démarches)
1. 위험과 발전: 위험에 직면한 사회의 고르지 않은 취약함은 발전수준이 주된 지위를 점하는 것들 사이에서 다양한 요인들의 결과이다. 2. 영토개발에 있어서 인간의 행위 및 위험에 대한 그들의 인식은 위험에 노출되는 것을 가중시키거나 감소시킨다.	1. 사례학습: 하나의 자연재해를 당한 잘 사는 국가와 가난한 국가 2. 비교를 통해 서로 다른 두 사회를 엄습하는 두 가지 위험성의 강도는 고르지 않은 규모의 자연재해를 유발할 수도 있다는 것을 보여준다. 3. 사례학습은 우리가 대조해보았던 평면구형도를 바탕으로 하여 세계적 수준에서 상황이 설정된다(인구분포, 자연적 위험, 발전지수 등).

기능목표(capacités)

1. 학습한 두 국가 위치 찾기 및 확인하기.
2. 자연재해와 그 결과 기술하기.
3. 선진국과 후진국에서 일어나는 자연재해의 결과간의 차이점, 취약함과 발전 간의 관계 기술하기.

주제 4. 세계에서의 가난

지식목표(connaissances)	학습안내(Démarches)
1. 가난과 발전: 인류의 중요한 한 부분은 가난 속에서 살고 있다. 2. 가난은 발전 및 환경적 위기를 극복하는데 있어서의 걸림돌이 된다.	1. 경관을 근거로 하는 사례들은 가난한 사람들의 삶의 조건을 기술할 수 있게 해준다. 2. 사회-공간적인 불평등은 다양한 스케일에서 고려된다. 3. 세계적인 스케일에서 지도나 공간지수는 발전에 대한 불평등을 명시하기 위해 대조된다.

기능목표(capacités)

1. 가난한 사람들의 삶의 조건, 다양한 스케일에서의 불평등 기술하기
2. 세계적인 공간에서 부유함과 가난을 나타내는 지도 읽기와 기술하기
3. 세계에서 가장 가난한 국가들 위치 찾기 및 확인하기

III. 인간과 자원
(지리에 할애된 시간의 약 35%)
다음에 제시되는 다섯 가지의 주제들 중에서 세 가지만 다루게 될 것이다.

주제 1. 식량자원 문제

지식목표(connaissances)	학습안내(Démarches)
1. 세계의 식량안보는 다음의 몇 가지 변수에 따라 달라진다. – 커지는 요구에 부응하기 위한 생산의 증대 및 그의 질, 세계적인 농산물의 교역 그리고 환경보호	1. 사례학습: 서로 다른 두 사회에서의 식량 관련 상황에 대한 비교 학습(브라질). 2. 사례학습은 세계에서 농업생산 및 영양섭취와 관련되는 지도나 통계적 자료로부터 세계적 상황으로 구성된다.

기능목표(capacités)

1. 학습된 두 국가 위치 찾기 및 확인하기
2. 식량상황(영양섭취, 기아 등과 관련하여) 기술하고 설명하기
3. 세계에서의 일부 주된 농산물, 주요 생산지역, 소비지역 위치 찾기 및 확인하기

주제 2. 물에 대한 접근 문제

지식목표(connaissances)	학습안내(Démarches)
1. 수자원: 담수는 부분적으로 재생가능한 자원이며, 불균등하게 분포하고 있다. 그것의 결핍은 분쟁을 야기하며 중재를 필요로 한다. 물에 대한 접근을 확보하기 위해서 정비는 필요하다.	1. 사례학습: 물의 개발, 소비, 유통 – 마그레브 지방의 한 국가에서, 호주에서 2. 사례학습은 물에 대한 인간의 불균등한 접근, 물로 인한 갈등 지도나 통계자료를 근거로 하여 세계적 수준에서 상황이 설정된다.

기능목표(capacités)

1. 담수가 풍부한 지역과 훨씬 드문 지역, 인구의 주요한 한 부분이 깨끗한 물에 대한 접근이 좋지 않은 지역 위치 찾기 및 **확인하기**
2. 여러 수준의 스케일에서 물을 동원하는 문제와 관련된 갈등

주제 3. 해양 및 해양자원 관리하기

지식목표(connaissances)	학습안내(Démarches)
해양자원의 관리 및 공유는 부분적으로 국제법에 저촉되며 국가들 간의 쟁점과 경쟁적 요인을 야기한다.	1. 사례학습: 어업구역 – 북대서양에서, 열대지대에서 2. 이러한 학습은 해양자원의 지속 가능한 관리 및 채취와 관련된 경쟁을 야기하는 문제들로부터 전개된다.

기능목표(capacités)

1. 선택된 어업지대 위치 찾기 및 확인하기
2. 어업과 관련된 갈등의 행위자들과 쟁점 기술하기

주제 4. 대기 정화하기

지식목표(connaissances)	학습안내(Démarches)
대기의 질: 지구적 차원으로부터(기온 상승) 로컬까지(도시의 공기오염)의 모든 스케일에서 인문적, 경제적 활동은 대기에 영향을 미친다. 이러한 결과를 해결하기 위해 모든 수준의 스케일에서 정책들이 시행된다.	1. 사례학습: 대기의 질 – 북아메리카의 어느 대도시에서, 유럽의 어느 대도시에서 2. 가스를 내뿜어 온실효과를 야기한 국가들의 지도를 근거로 세계적 스케일에서의 관점을 갖는다. 세계 기후변화 문제는 역사적 관점에서 구성된다.

기능목표(capacités)
1. 도시권의 스케일에서 대기의 질의 변화 설명하기
2. 위치 찾기 및 확인하기: 가스를 방출하여 온실효과를 야기한 주요 국가들, 그리고 발전 수준과 에너지 선택 간의 관계 설정하기

주제 4. 에너지 문제

지식목표(connaissances)	학습안내(Démarches)
1. 세계적인 에너지 소비는 급증하며, 화석연료에 대한 근본적인 대책 2. 화석에너지를 생산하는 지역과 주된 소비지간의 거리가 먼 것은 전 세계적인 거래를 형성한다. 3. 섬차적인 고갈 싱횡은 지정획적인 긴장을 야기하며, 해결책을 찾는데 박차를 가하게 한다(대체 에너지, 에너지 경제 등).	1. 사례학습: 탄화수소에 대한 쟁점 – 러시아에서, 중동에서 2. 이러한 사례학습은 탄화수소에 대한 세계적인 보전, 생산, 수출의 문제를 제기하면서 또한 경제에 있어서 그것의 비중에 대한 관점을 설정한다.

기능목표(capacités)
1. 러시아 및 중동에서 탄화수소 에너지에 대한 쟁점 기술하기
2. 위치 찾기 및 확인하기: 에너지의 주된 수비국가, 화석에너지의 주된 생산국가
3. 설명하기: 에너지의 필요 증가와 경제성장 간의 관계

Ⅶ. 선택문제
(지리에 할애된 시간의 약 5%)

선택은 교사의 재량에 맡겨진 것이며, 교사는 교육과정에 나와 있는 주제들 중에 하나를 발전시키거나 학생들의 관심을 더 끌어내기 위한 시사적인 질문에 답해주면서 활용할 수도 있다.

3. 중학교 3학년

세계화에 대한 접근

중학교 3학년은 세계적인 스케일과 관련되는 학습으로 짜이며, 다양한 스케일에 놓인 영토에 대한 영향으로 구성된다.

사례학습을 통해 이미지, 특히 경관을 근거로 하여 세계화가 다뤄지며 이러한 과정을 기술하고 분석하고 설명해줄 수 있는 몇 가지 간단한 요소들을 제시하는 것과 관련된다. 교육과정에서는 세계화가 나타나는 것에 관한 토론이 이루어진다.

세계화는 국가들의 위계를 변화시키며, 영토에 대한 사회-공간적 불평등을 가속화시키거나 감소시킨다. 경관, 지도학습 및 크로키를 하는 것은 학생들로 하여금 영토 관련 역동성에 대한 세계화의 영향력이 어떤지 처음으로 접근하게 해준다. 교육과정이 진전됨에 따라 사례학습은 세계에 대한 내용을 심화시켜주며, 오늘날의 세계 조직에 관하여 간단한 지도를 만들 수 있게 해준다.

학생들은 위치를 찾고, 확인하고, 이해하고, 설명하기 위해서 정보통신 기술에 의해 제시된 자료들을 활용하면서 모든 유형 및 모든 스케일의 지도와 이미지를 다룬다.

* 자료 분석 그리고 쓰기 및 말하기 표현의 숙달은 교육과정의 모든 부분과 관련된다.

Ⅰ. 세계적 차원에서의 교류
(지리에 할애된 시간의 약 40%)

주제 1. 주요 생산공간 및 교역공간

지식목표(connaissances)	학습안내(Démarches)
항구 및 연안은 생산과 세계적인 교역이 이루어지는 장소이다.	1. 사례학습: 산업 및 항만 기능이 연계된 지대(선택) – 유럽에서(예, 로테르담), 아시아에서(예, 싱가포르나 상해) 2. 우리는 다양한 스케일에서 선정된 항구의 상황에 대해서, 그리고 정비, 공산품과 수입, 수출품, 그리고 생산 및 교역의 주체들에 관해 의문을 제기한다. 3. 산업 및 항구 기능이 연계된 지대는 해양에 면한 세계적인 규모의 항구에 관한 평면구형도를 통해 구성된다.

기능목표(capacités)

1. 선정된 주요 항만의 정비 기술하기
2. 위치찾기 및 확인하기: 세계적인 대항로에 관한 평면구형도 상에서 선정된 것들
3. 연안과 큰 항구들은 교역의 세계화의 장소가 되는 이유 설명하기
4. 열거하기 및 위치 찾기: 평면구형도 상에서 대양에 면한 주요한 것들

주제 2. 상업적 교류

지식목표(connaissances)	학습안내(Démarches)
1. 해상교통: 지역적·세계적 교역은 주로 지난시간에 이미 배웠듯이 생산공간과 교역공간 사이에서 주로 바닷길을 통해 이루어진다. 운하와 해협은 전략적인 통로 지점들이다.	1. 사례학습: 생산된 곳으로부터 소비지로 소비재(농산물, 공산품)가 이동하는 다양한 단계, 해상교통 관련 대형 회사의 활동 및 망 2. 교역의 발달과 해상교통의 합리화는 명확해진다. 특정한 주의는 이러한 교역의 행위자들에게 달려 있다. 3. 사례학습은 세계 교역의 성장과 관련하여 평면구형도 상에서 세계 교역의 주된 축과 흐름의 관점에서 다루어진다.

기능목표(capacités)

1. 과정을 기술하기: 생산지로부터 소비지까지의 과정, 해상교통 관련 대형 회사에 속한 한 선박
2. 세계적인 스케일에서 세계 교역의 주된 축과 흐름 크로키 그리기
3. 위치찾기 및 확인하기: 몇 가지 전략적인 주된 통로(운하, 해협)

주제 3. 인간의 이동

지식목표(connaissances)	학습안내(Démarches)
1. 세계의 이주와 관광: 지역적, 세계적 스케일에서 전개되고 있는 인간의 이동은 세계 인구의 제한된 부분에만 영향을 미치고 있다. 그것의 본질(경제적, 정치적, 관광관련)이 무엇이든 간에, 이동은 공간들 사이의 불연속을 활용하며, 차별화된 방식으로 출발국과 도착지에 영향을 미친다.	1. 사례학습: 유럽으로 향하는 마그레브 지방의 이주 흐름, 마그레브 지방의 관광 공간 2. 이러한 사례학습은 세계에서 이루어지고 있는 이주 및 관광의 상황과 관련되는 평면구형도 상으로 구성된다.

기능목표(capacités)

1. 기술하기: 출발국 및 도착지와 관련하여 인구이주의 효과, 학습한 공간에 있어서 관광의 영향
2. 위치 찾기 및 확인하기: 평면구형도 상에서 이주의 주된 출발지와 도착지, 다양한 스케일의 지도상에서 주요 관광 공간 및 세계의 주된 관광의 흐름

주제 4. 다음에 제시되는 주제들 중에 한 가지만 다룬다.

지휘하는 장소(Les lieux de comandement)

지식목표(connaissances)	학습안내(Démarches)
1. 대도시(Les grandes metropoles): 주된 의사결정의 중심으로서, 대도시는 경제적, 재정적, 문화적, 정치적, 기술적 권한을 집중시킨다.	1. 한 가지 선택 사례학습: 일본 메갈로폴에서의 도쿄 2. 이러한 사례학습은 다음과 같은 평면구형도를 보여주면서 진행된다: 대도시, 증권시장, 세계적인 인터넷 망 등

기능목표(capacités)

1. 기술하기 및 설명하기: 선택된 사례로부터 세계적인 메트로폴 하나를
2. 위치 찾기: 세계적인 주요 메트로폴과 그들이 위치하고 있는 국가들

주제 5. 다국적 기업

지식목표(connaissances)	학습안내(Démarches)
1. 다국적 기업: 이것은 다음과 같이 세계화의 절차에 있어서 중요한 행위자이다: 오리진 국가, 투자 및 정착 전략, 사회-공간적 효과	2. 사례학습: 하나의 다국적 기업과 그것의 세계적인 정착, 학습한 기업은 외국에 직접투자, 주요 다국적 기업의 본사가 정착하는 과정을 나타내는 평면구형도로부터 상황을 설정할 수 있다.

기능목표(capacités)

1. 사례학습을 위해 선정된 다국적 기업의 전략 기술하기
2. 위치 찾기 및 확인하기: 다국적 기업들의 투자를 유치할만한 주요 지대들

Ⅱ. 세계화속에서의 영토
(지리에 할애된 시간의 약 50%)

주제 1. 미국

지식목표(connaissances)	학습안내(Démarches)
1. 세계화 속에서의 미국: 공간조직에 대한 세계화의 결과. 2. 학습은 주요 강대국 공간 및 대도시화, 활동적인 해안화를 이끌고 있는 공간적인 차별화를 명시한다.	1. 학습은 세계 속에서 미국의 힘에 대한 사례를 근거로 함 2. 학습은 미국 영토의 조직을 다루는 크로키를 수행하도록 안내

기능목표(capacités)

1. 지도상에서 최소한 미국의 메트로폴 5개, 그리고 북동 메갈로폴 등 위치 찾기 및 확인하기
2. 기술하기 및 설명하기: 미국 영토를 포현하는 몇 가지 경관
3. 미국 영토의 조직에 대한 주요 특징을 설명하면서 크로키 그리기
4. 평면구형도상에서 세계적인 강대국의 주된 축 위치 찾기 및 확인하기

주제 2. 신흥국

지식목표(connaissances)	학습안내(Démarches)
신흥국의 힘 상승: 이러한 상승은 그들 국가의 조직에 대해 영향을 미치며, 동시에 발전 및 새로운 사회-공간적 불평등을 야기한다.	1. 사례학습: 중국, 인도, 브라질 2. 학습은 선정된 영토의 조직에 대한 크로키를 수행하도록 안내된다.
기능목표(capacités)	
1. 위치 찾기 및 확인하기: 중국, 인도, 브라질 중에서 최소한 3개의 메트로폴, 평면구형도 상에서 주요 신흥국들 2. 선정된 국가의 영토조직의 주된 특징을 설명하면서 크로키 그리기 3. 기술하기 및 설명하기: 한 신흥국의 본질적인 특징	

주제 2. 가난한 국가들

지식목표(connaissances)	학습안내(Démarches)
가장 가난한 국가들은 발전의 관점에서 다음과 같은 공통된 특징들을 보여주고 있다: 발전의 결손 및 빈곤, 경제적인 소외, 정치문제, 모든 스케일에서의 사회-공간적 불평등	선택된 사례학습: 하나의 <저개발 국가>(PMA)
기능목표(capacités)	
1. 위치찾기 및 확인하기: 학습한 국가 및 그의 수도, 몇몇의 PMA. 2. 기술하기 및 설명하기: 학습한 국가들의 사례로부터 PMA의 본질적인 특징	

III. 세계화에 대한 문제
(지리에 할애된 시간의 약 10%)

주제 1. 세계화 및 문화적 다양성

지식목표(connaissances)	학습안내(Démarches)
세계화는 정보의 운반자이다. 하지만, 문화, 언어, 종교의 다양성도 여전히 존재한다.	우리는 오늘날의 세계에서 언어직, 종교적 다양성의 사례들로부터 근거한다.
기능목표(capacités)	
1. 위치 찾기 및 확인하기: 주요 언어 및 종교 영역	

주제 2. 세계화 및 그것에 대한 논쟁

지식목표(connaissances)	학습안내(Démarches)
세계화에 대한 경제적, 사회적, 환경적, 문화적 영향은 상반되는 토론의 대상이 된다.	선택적이며, 공간적 쟁점의 성격이 강한 하나의 토론

4. 중학교 4학년

오늘날의 세계 속에서 프랑스와 유럽

초등학교에서 프랑스 지리의 주된 특징은 유럽 및 세계적인 맥락에서 접근했다. 중학교 4학년에서는 프랑스 및 유럽연합을 사례로 구성된다. 교육과정은 인접영역 및 그의 거주민들에 관한 내용으로 들어가도록 제안한다. 그런 후에, 프랑스는 생산 공간, 유럽 및 세계로 열려 있는 관점으로서 검토된다. 유럽적인 맥락에서 유럽연합 및 프랑스의 통합은 세 번째 파트의 대상이다. 네 번째 파트는 프랑스 및 유럽연합의 세계적인 역할에 관해 전개된다.

교육과정을 통해 학생들은 유럽적·세계적 맥락 속에서 그들이 살고 있는 국가에 관해 알고, 이해하는 법을 배운다. 사례학습은 학생들로 하여금 행위자의 전략을 확인하게 하고, 영역을 구성하고 있는 요소들을 알아보게 해주며, 그 영역과 관련되는 쟁점들을 이해하게 해준다. 학생들은 위치를 찾고, 확인하고, 이해하고, 설명하기 위해서 정보통신 기술에 의해 제시된 자료들을 활용하면서 모든 유형 및 모든 스케일의 지도와 이미지를 다룬다.

* 자료 분석 그리고 쓰기 및 말하기 표현의 숙달은 교육과정의 모든 부분과 관련된다.

<table>
<tr><td colspan="2" align="center">Ⅰ. 프랑스에 살기
(지리에 할애된 시간의 약 30%)</td></tr>
</table>

주제 1. 도시의 영향력이 미치는 공간, 도시에서 촌락공간까지

지식목표(connaissances)	학습안내(Démarches)
1. 도시영역: 프랑스에 거주하고 있는 사람들의 대다수는 도시의 영역에 살고 있다. 도시의 성장은 증가된 주민들의 이동과 관련하여 도시들의 공간적인 확대를 수반한다. 2. 촌락공간: 촌락민들에게는 삶의 공간인 동시에 노동공간이며, 도시민들에게는 여가공간이기도 한 촌락 공간은 변화되고 있으며, 활용에 관한 갈등적 요인을 안고 있다.	1. 사례학습: 도시 정비에 관한 주된 문제 2. 사례학습: 국립공원 또는 지역 공원 3. 이러한 두 가지 학습은 국토의 스케일에서 행위자의 역할을 통합하고 지속 가능한 발전에 대한 문제를 제기하면서 도시화 현상의 관점을 제기한다.

<table><tr><td align="center">기능목표(capacités)</td></tr></table>

1. 위치 찾기 및 확인하기: 국토를 나타내는 지도상에서 상위 10위권의 도시영역
2. 기술하기 및 설명하기: 이동과 관련하여 도시 확장 과정, 다양한 행위자들 간에 활용에 대한 대립

주제 2. 지역

지식목표(connaissances)	학습안내(Démarches)
시설들이 있는 지역: 프랑스, 유럽에서 영토의 조직과 통합, 지역경제발전의 틀에서 지역정책과 자원에 대한 가치부여	지역은 다양한 스케일의 지도를 통해 프랑스 및 유럽적 맥락에서의 관점을 설정하며, 경우에 따라서는 다른 지역과 비교하는 방식도 있다.

<table><tr><td align="center">기능목표(capacités)</td></tr></table>

1. 위치 찾기 및 확인하기: 학습한 지역에 대한 공간적인 지표
2. 확인하기: 프랑스의 다른 지역들 사이에서 해당 지역
3. 설명하기: 지역적 차원의 영토에 대한 정비의 쟁점
4. 크로키 작성: 지역적 차원의 영토 조직

주제 3. 국토와 인구

지식목표(connaissances)	학습안내(Démarches)
1. 다음과 같은 국토, 본토, 해외제국에 대한 지리적 상황 및 성격: 자원, 거북함 2. 국토상에서의 인구분포, 공간적 이동, 인구적 역동성	학습은 인접국과 유럽적 틀과 관련되도록 구성되며, 국제 이주의 흐름을 포함시킨다.

기능목표(capacités)
1. 위치 찾기 및 확인하기: 유럽 및 평면구형도 상에서 본토, 해외제국, 산지, 하천, 생물기후영역, 해안지방 2. 기술하기 및 설명하기: 영역에서의 인구분포, 인구의 역동성 및 현재 공간적 역동성

II. 프랑스의 국토개발과 발전
(지리에 할애된 시간의 약 30%)

주제 1. 생산공간

지식목표(connaissances)	학습안내(Démarches)
제조업, 농업적 생산공간 및 서비스 공간은 그들의 영속성 및 역동성의 측면에서 학습된다.	1. 다음과 같은 로컬 스케일에서의 3가지 사례학습: 제조업 또는 에너지 위주의 생산공간, 농업 중심의 생산공간, 관광, 여가, 업무중심의 공간 2. 각각의 사례학습은 국가적 스케일의 관점으로 구성되며, 지속 가능한 발전에 대하여 문제를 제기된다.

기능목표(capacités)
1. 위치 찾기 및 확인하기: 사례학습을 위해 채택된 공간들 2. 기술하기 및 설명하기: 농업, 제조업 공간 및 서비스업 공간, 관광 공간, 로컬 스케일에서 활동의 지역화 요인들 3. 확인하기: 경제활동과 경제활동의 행위자 4. 설명하기: 다양한 수준의 스케일을 활용하면서 생산 공간의 기능

주제 2. 프랑스 국토조직

지식목표(connaissances)	학습안내(Démarches)
1. 대조적인 영토: 부의 산출은 유럽 및 세계적인 역동성과 관계를 맺으며 국토 위에서 집중된다. 파리의 대도시, 동력이 되는 지역들, 몇몇 국경 공간들, 그리고 연안지방은 특혜를 누리는 장소들이다.	1. 한 가지 사례학습: 파리의 인구밀집 지역 2. 사례학습은 국가적 스케일에서 국토의 주된 대조적인 성격을 강조하며, 공적인, 사적인 행위자들의 역할을 바탕으로 구성된다.

기능목표(capacités)
1. 기술하기 및 설명하기: 프랑스 국토 위에서 활동의 공간적 분포, 파리의 비중과 영향력, 국토상에서의 부조화 또는 불평등의 몇 가지 형태 2. 크로키 그리기: 국토의 조직

III. 프랑스와 유럽연합
(지리에 할애된 시간의 약 25%)

주제 1. 국가들의 연합, 유럽연합

지식목표(connaissances)	학습안내(Démarches)
1. 만들어진 하나의 영토 2. 유럽연합 내부의 대조적인 영토: 몇 가지 기준은 국가들과 유럽의 지역들 사이의 차별화를 설정하기 위하여, 그리고 유럽공간의 대조를 강조하기 위해 동원된다.	1. 이러한 부분은 역사 교육과정과 함께 밀접한 관계를 맺으며 처리된다. 국가들을 결합하는 관계는 지도로부터 학습된다 (유럽연합, 유로화권, Schengen 공간 등). 유럽연합은 세계적인 맥락에서 구성된다(부, 발전, 인권 등). 2. 학습은 유럽연합에서 공간의 주요 유형을 크로키로 그리는 것을 바탕으로 전개된다.

기능목표(capacités)

1. 위치찾기 및 확인하기: 유럽연합 국가들과 그들의 수도, 유럽연합의 주요 기관을 소재하고 있는 도시들, 유럽의 주요 지역들: 북서유럽, 남부유럽, 중앙 및 동부 유럽, 유로화를 쓰는 국가들, Schengen의 공간에 해당되는 국가들
2. 확인하기: 주제관련(PIB, IDH) 평면구형도상에서 유럽연합, 유럽의 메갈로폴
3. 확인하기 및 기술하기: 유럽공간의 대조적인 한 가지 형태
4. 크로키 그리기: 유럽연합 내에서 공간의 다양한 유형

주제 2. 유럽연합에 통합된 프랑스

지식목표(connaissances)	학습안내(Démarches)
1. 질문은 다음과 같은 두 가지 주제와 관련하여 설정된다. ① 교통망: 다음과 같이 교통조직에 대한 다양한 논리를 결합한다: 파리로부터의 집중화, 유럽공간 및 세계로의 통합, 주요 정비에 의해 강화됨 ② 환경: 이것은 자연재해 및 기술로 인해 발생되는 재해에 직면해 있는 유럽인들의 주된 관심사이다.	1. 선택된 사례학습: 프랑스와 유럽에서의 고속철도망 2. 학습은 지도를 통해 국가 및 유럽의 교통망 분석을 중심으로 구성된다. 3. 선택, 한 가지 사례학습: 지중해 숲의 관리, 기술관련 재해의 한 가지 사례 4. 사례학습은 유럽적 상황에서 영토들의 상호의존 및 재난에 대한 총체적인 관리 측면의 쟁점을 강조한다.

기능목표(capacités)

1. 특징짓기: 유럽연합 내에서 프랑스의 지리적 상황
2. 위치 찾기 및 확인하기: 유럽연합의 지도에서 프랑스 및 유럽의 주요 메트로폴, 프랑스 및 유럽공간에서 주된 교통 영역 및 결절, 그리고 주요 정비
3. 확인하기: 프랑스와 유럽에서 다른 유형의 자연재해 및 산업재해

IV. 프랑스 및 유럽연합의 세계적인 역할
(지리에 할애된 시간의 약 20%)

주제 1. 프랑스, 세계적인 영향력

지식목표(connaissances)	학습안내(Démarches)
1. 세계 속의 프랑스: 해외제도의 프랑스 영토, 프랑스어권, 외국에 프랑스인이 있다는 것은 프랑스가 세계적인 스케일에서 정치적, 문화적 영향력을 담보하게 해준다.	1. 주제는 해외의 departement et region(DROM) 사례학습에 의해 도입된다. 2. 해외제국의 프랑스, 프랑스어권, 외국에 프랑스인이 있다는 것은 지도를 통해 본질적으로 구성된다.

기능목표(capacités)

1. 위치 찾기 및 확인하기: 평면구형도 상에서의 해외제국의 프랑스 영토, 프랑스어권의 주요 공간들
2. 기술하기 및 설명하기: 프랑스의 힘에 관한 몇 가지 관점

주제 2. 유럽연합의 실력행사와 한계	
지식목표(connaissances)	학습안내(Démarches)
1. 유럽연합, 세계적인 축: 유럽연합의 영향력은 다음과 같이 그들의 이웃 국가들에 행사된다: 교역, 협력, 가입요청. 2. 세계적인 스케일에서 유럽연합은 주요한 경제적, 상업적 축으로써 나타나며, 유로화의 재정적 힘에 기반한다. 그렇지만 외교 및 군사적인 측면에서는 한계를 보이고 있다.	1. 선택된 사례학습: 가입에 대한 입후보 2. 유럽연합의 힘은 세계 공간의 조직에 대한 주요한 축의 맥락에서 설정된다.
기능목표(capacités)	
1. 위치 찾기 및 확인하기: 평면구형도상에서 세계적인 주된 강대국 축으로서의 유럽연합 2. 확인하기: 유럽적 힘의 속성과 이러한 힘의 한계	

의무교육의 마지막 시기에, 학생들은 다음과 같은 **지표**들을 확인하고 그 위치를 찾을 수 있어야 한다(이탤릭체로 표기된 것들은 초등학교 수준에서 배우는 지표임)

- *대륙과 해양, 큰 하천, 대지형(주요 산맥과 대평원), 지구상의 주요 기후대*
- *지구상에서 인구의 조밀지역과 희박지역*, 세계에서 인구가 가장 많은 5개국
- 세계에서 가장 인구가 많은 세계적인 대도시(메트로폴) 열 개와 그 도시들이 포함된 국가들
- 세계에서 가장 가난한 국가들 가운데 3개국, 세 개의 신흥국가들, 세계의 3대 강대국 축
- 세계에서 이주민들의 출발지로서의 두 개의 큰 영역과 그들이 도착하는 두 개의 큰 영역들
- 세계의 주된 관광 공간 두 곳
- 메갈로폴들(미국의 북동부, 일본, 유럽)
- 프랑스 영토(본토와 해외영토)
- 프랑스어권의 주요 공간들
- *산지, 대하천, 생물기후영역, 국토의 연안지방*
- 프랑스 국토에서 상위 열 개의 도시권역*(주요 도시들)*
- *프랑스의 지역들*
- *유럽연합에 속한 국가들과 그들의 수도들*
- 유럽연합의 제도와 관련된 본부를 두고 있는 도시들
- 유럽의 주요 메트로폴 열 개

5. 고등학교 1학년

사회와 지속 가능한 발전

교육과정은 사회에 대한 몇 가지 근본적인 쟁점을 강조한다. 그것은 인구성장 및 지속 가능한 발전의 맥락에서 학습하도록 구성하는데, 그것은 다시 말하면 현재 세대의 요구에 부응하면서 미래 세대의 요구를 충족시키는 것이다.

우리는 다음에 제시되는 네 가지 주제들 가운데 세 가지 주제를 선택해서 학습한다. 각각의 학습주제에 관하여, 우리는 제시된 것들 가운데 최소한 한 가지 상황에 중점을 두며, 교육과정상에 제시된 다른 세 가지 목록을 다루는 데에는 재량을 보장해준다.

학습주제	최소의 한 가지 상황	방침 및 핵심어
1. 인구부양	– 인도: 부양해야 할 10억 이상의 인구 – 사하라 이남 아프리카에서의 식량안보. – 미국의 농산물 사업	우리는 농업혁명에 의해서 식량공급이 늘어나고, 경작지의 확대 및 교역의 증가에도 불구하고, 영양실조가 지속되고 영양불량 상태인 것을 확인한다. 우리는 식량안보를 담보하고, 지속 가능한 농업 발전을 위한 수단에 대해 의문을 갖는다.
2. 에너지 쟁점	– 중국에서의 에너지와 지속 가능한 발전 – 중동 – 러시아에서의 에너지 문제	우리는 다음과 같이 에너지의 필요와 에너지 가격의 변화 및 관리에 대해 관계를 설정할 수 있다: 동원, 접근성, 대체에너지원 탐색 우리는 관리에 대한 지정학적, 환경적 관점을 강조한다.
3. 불평등한 발전	– 유럽연합에서의 사회-공간적 역동성 – 남부 아프리카에서의 사회-공간적 역동성 – 인구밀집지역에서의 사회-공간적 불평등	우리는 성장과 발전을 구분할 수 있다. 우리는 선진화된 국가들과 개도국 간의 구분이 세계 발전의 역동성에 대한 완전한 이미지를 제시하지 못하며, 사회-공간적 불평등이 모든 지리적 스케일에 존재하는 것을 보여준다.
4. 위험에 직면한 사회	– 해외영토 또는 본국에서의 자연재해 – 리옹 남부의 화학단지 회랑 – 방글라데시의 홍수	우리는 인간이 자연재해에 직면할 수도 있으며, 때로는 그들의 활동이 산업재해의 원인이 될 수도 있다는 것을 상기한다. 우리는 인간 및 사회의 취약한 요인들을 분석한다. 우리는 최근에 예방정책을 시행할 수 있는 능력에 대해 의문을 갖는다.

6. 고등학교 2학년 지리

세계화 속에서의 영토들

세계화는 세계적인 문화를 만드는 세계적 시스템 내에서 경제와 영역을 통합한다. 하지만, 전 세계를 획일화하지는 않는다. 문화적인 차이와 불평등은 또한 세계 공간을 특징짓는다.

모든 학습주제는 필수적으로 다룬다. 모든 학습주제에 대해 우리는 제시된 것들 가운데 최소한 한 가지 상황에 중점을 두며, 교육과정상에 제시된 다른 세 가지 목록을 다루는 데에는 재량을 보장해준다.

학습주제	최소의 한 가지 상황	방침 및 핵심어
1. 세계화의 행위자, 흐름, 망	– 국제적인 이주 – 물품의 세계적 순환 – 비정부기구의 국제적 움직임	우리는 세계적으로 드러나는 결절 망이 삼각구도로 강하게 집중되는 흐름을 확인한다. 우리는 또한 경제, 인간, 영역이 전 세계적인 스케일의 시스템 속에서 통합되는 세계화를 확인한다. 우리는 다음과 같은 행위자의 역할을 학습 – 미국, 다국적 기업, 비정부기구
2. 세계화와 문화적 다양성	– 아시아의 영화 – 음식 기호의 지리 – 유럽에서의 언어지리	우리는 세계적인 문화가 출현하는 것을 소개한다. 우리는 이질문화를 받아들이는 것이 자기 정체성을 표현하는 단일 문화의 다양성을 배제하는 것이 아님을 보여준다.

| 3. 힘의 축과 영역 | – 일본의 메갈로폴
– 중국의 해안
– 캘리포니아 | 세계화의 중심은 다양한 스케일에서 학습된다. 우리는 세계도시 및 힘을 지닌 영역들이 전 세계의 나머지 부분들을 컨트롤한다는 것을 보여준다.
우리는 힘 있는 영역에 대한 공간조직을 학습 |
| 4. 주변의 역동성 | – 선택, PMA(태평양 해양협의회)
– 선택, 하나의 신흥국
– 라틴 아메리카 | 주변(세력)은 세계시스템과 동떨어진 것이 아니다. 우리는 이들을 강대국의 축 및 영역과의 관계를 보여준다. 우리는 다음과 같이 그들의 역동성에 대한 다양성을 명확하게 한다.
– 저개발국가(PMA), 신흥국, 선진국과 후진국지역들 |

7. 고등학교 3학년 지리

유럽연합 내에서의 프랑스

프랑스는 유럽연합과 세계적 관점에서 도입된다. 세 가지 스케일의 유기적 결합은 프랑스의 힘을 확인하게 해주며, 프랑스 영역의 역동성을 이해할 수 있게 해준다.

모든 학습주제는 필수적으로 다루어진다. 각각의 학습주제에 대해 우리는 제시된 것들 가운데 최소한 한 가지 상황에 중점을 두며, 교육과정상에 제시된 다른 세 가지 목록을 다루는 데에는 재량을 보장해준다.

학습주제	최소의 한 가지 상황	방침 및 핵심어
1. 유럽연합과 세계 속에서의 프랑스	– 세계도시, 파리 – 해외영토와 프랑스의 힘	우리는 프랑스 영토, 프랑스의 다양성, 유럽연합과 세계를 향해 열려 있는 프랑스를 소개한다. 우리는 경제, 지정학, 문화적인 영역에서 프랑스의 힘을 평가한다.
2. 프랑스 국토개발의 행위자 및 쟁점	– 연안보존소 – 코뮌 공동체에서의 정비	유럽의 구축과 분산화 정책으로 인하여, 국가들은 더 이상 영토개발에 있어서 개별적인 행위자가 아니다. 우리는 영토 공동체, 코뮌 공동체 그리고 프로젝트 관련 영역, 국가, 유럽연합의 역할을 확인한다. 우리는 다음과 같은 쟁점의 복합성을 드러나게 한다. – 영토의 경쟁력, 영토, 환경적 형평성
3. 생산 및 의사결정 공간의 전환	– 메트로폴 – 시설이 들어선 지역	우리는 생산시스템의 재편성과 영토의 역동성간의 관계를 설정한다. 우리는 대도시에서 지휘기능, 연구, 혁신이 집중되는 것을 보여준다. 각각의 단계는 업무의 공간적 분화를 보여준다. 우리는 다음과 같이 생산 공간의 다양성을 드러낸다. – 연구단지, 경쟁력의 축, 직종변경, 이탈
4. 인구의 이동	– 여름철의 프랑스 – 본토와 해외영토 사이의 이주	우리는 인구분포, 요인, 역동성에 관해 학습한다. 우리는 증가하는 이동을 업무, 여가, 삶의 방식과 관련하여 명백히 한다. 우리는 본토, 해외영토가 가진 고르지 않은 매력을 드러낸다. 우리는 도심에서 gentrification, 교외화, 연안화의 중요성을 강조한다.
5. 유럽연합과 그의 영역	– 유럽연합의 국경 – 유럽의 대프로젝트: Ariane(위성발사프로젝트)	유럽연합은 경제지리적, 지정학적 구성체이다. 우리는 이러한 공간의 확대가 가변적이며(Schengen 공간, 유로화권), 또한 공동체적 성과라는 것을 도입한다. 우리는 이러한 것들을 관통하는 대토론을 제기한다.

⟨부록 5⟩
프랑스 지리교육 학습내용

1. 초등학교

표-부록 5-1. <초등학교 3학년 지리> 학습내용

대주제	중주제	소주제
1. 세계를 향한 시선: 인간사회에 의해 조직된 공간들	없음	1. 지리학자의 도구인 지구의와 평면구형도: 지구의 표현 2. 대륙과 대양 3. 다양한 기후 4. 지구상에서의 인간의 분포 5. 지리학자의 도구인 위성영상 6. 삶의 양상: 부유한 국가에서의 삶 7. 삶의 양상: 가난한 국가에서의 삶 8. 지리학자의 도구인 사진: Bombay의 부유함과 가난함
2. 프랑스 경관: 끊임없는 변화 속에서의 역사적 조직	1. 도시경관	1. 지리학자의 도구인 위성영상: 위성영상으로부터 지도에 이르기까지 2. 거주공간 3. 노동(작업) 공간 4. 지리학자의 도구인 다양한 축척의 지도: 소축척지도로부터 대축척지도에 이르기까지 5. 상업경관 6. 여가와 문화 7. 지리학자의 도구인 지도: 지도와 그것의 방위 8. 도시의 중심부 9. 지리학자의 도구인 시각적인 미술 작품: 도시의 중심부 10. 도시의 주변부 11. 지리학자의 도구인 지도: 지도와 그의 범례 12. 주변지역 13. 신도시 14. 지리학자의 도구인 지도: 지도와 교통
	2. 촌락경관	15. 농업경관 16. 삼림(숲) 17. 지리학자의 도구인 지도: 지도와 방위 18. 마을들 19. 시골여행 20. 지리학자의 도구인 지도: 도로지도
	3. 산지경관	21. 여름철의 산지 22. 겨울철의 산지 23. 지리학자의 도구인 지도: 지형도

| 2. 프랑스 경관:
끊임없는 변화
속에서의 역사적 조직 | 4. 해안경관 | 24. 관광지로서의 해안지대
25. 어업 및 상업의 해안지대
26. 지리학자의 도구인 지도: 경관과 그에 관한 지도
27. 프랑스의 해외영토 |

표-부록 5-2. <초등학교 4학년 지리> 학습내용

대주제	중주제	소주제
1. 프랑스: 다양한 스케일로 조직된 국토	코뮌으로부터 지역으로	1. 지리학자의 도구, 사진: 작은 코뮌: Pontonx-sur-l'Adour 2. 국토의 분할(구성): 코뮌들 3. 지리학자의 도구, 사진: (사례) 도(道, un departement): le Finistere 4. 국토의 분할(구성): 도(道) 5. 지리학자의 도구, 사진/(사례) 지역: 알자스 6. 국토의 분할(구성): 지역들 7. 다양한 축척의 지도들: (작은) 코뮌으로부터 프랑스에 이르기까지
	도시체계/교통망	8. 지리학자의 도구, 주제도 9. 작은 도시들과 그들의 지방 10. 대도시의 영향권과 도시망 11. 지리학자의 도구, 그래픽: (수도) 파리와 지방 12. 프랑스에서의 주요 커뮤니케이션 축 13. 유럽과 세계로 열려 있는 축 14. 프랑스의 커뮤니케이션 망
2. 유럽 공간: 경관의 다양성	유럽의 범위	1. 지리학자의 도구, 주제도: 유럽의 범위 2. 지리학자의 도구, 사진: 자연환경의 다양성 3. 지리학자의 도구, 주제도: 문화적, 경제적인 단일체 4. 지리학자의 도구, 지도와 그래픽: 인구밀도 5. 불규칙한 정주
	경관의 다양성과 인간에 의한 이용	6. 고대 도시들 7. 근대 도시들 8. 지리학자의 도구, 지도: Rome 9. 농업경관 10. 산지: 주변 지역들 11. 산지: 관광지로 다시 태어난 곳 12. 바다: 개발(활용)된 공간 13. 바다: 위험한 공간 14. 해안: 활동적인 공간 15. 해안: 관광적인 공간
	도시망과 교통망	16. 도로 교통망 17. 철도 교통망 18. 지리학자의 도구, 사진: 영불해협 터널 19. 하안 및 해양 교통망 20. 항공 교통망
	유럽의 지역들	21. 지리학자의 도구, 주제도: 문화적, 경제적인 차이점 22. 지리학자의 도구, 사진: 서로 다른 삶의 수준 23. 중심과 주변 24. 지리학자의 도구, 지도: 유럽의 중심, Bruxelles 25. 지리학자의 도구, 지도: 유럽의 가장자리에 있는 Lisbonne

| 2.
유럽 공간:
경관의 다양성 | 유럽연합 | 26. 지리학자의 도구, 이미지: 유럽연합의 출범
27. 유럽연합: 경제대국
28. 지리학자의 도구, 화폐: 유로화
29. 유럽연합: 경제적, 지정학적인 프로젝트
30. 지리학자의 도구, 사진: 유럽연합의 수도들 |

표-부록 5-3. <초등학교 5학년 지리> 학습내용

대주제	중주제	소주제
1. 유럽	없음	1. 자연지역 2. 지리학자의 도구인 사진과 지도: 경관 3. 7억의 유럽인들 4. 유럽속의 프랑스 5. 유럽 국가들 6. 교통망 7. 지리학자의 도구인 용어: 유럽의 하천, 프랑스의 하천
2. 유럽연합	〃	1. 원직 2. 정치적인 코뮌 3. 경제적인 큰 세력 4. 유럽인의 실현 5. 지리학자의 도구인 그래픽: 유럽연합 속에서의 프랑스
3. 세계의 경관들	〃	1. 우리의 지구 2. 지리학자의 도구인 평면 구형도: 지구의 표현 3. 기후지역 4. 지리학자의 도구인 기후 다이어그램: 세계의 기후 5. 자연환경 6. 추운사막과 더운 사막 7. 숲
4. 지구상의 인간	〃	1. 그들의 환경 속에서의 인간들 2. 지구상에서의 인간의 분포 3. 지리학자의 도구인 사진: 농업경관 4. 부유한 나라와 가난한 나라 5. 지리학자의 도구인 인구피라미드: 인구통계 6. 가장 큰 도시들 7. 제3세계의 아이들
5. 세계 속의 프랑스	〃	1. 지리학자의 도구인 지도: 프랑스 영토 2. 해외(영토)의 프랑스 3. 프랑스어권 4. 경제적인 강대국, 프랑스 5. 세계 속에서의 프랑스의 영향력 6. 프랑스로의 인구이동 7. 가난한 국가들에 대한 원조

2. 중학교

표-부록 5-4. <중학교 1학년 지리> 학습내용

대주제	중주제	소주제(번호)/기타(○)
없음	11. 지구	지도 경관사진 자료: 지구상에서의 방향 정하기
〃	12. 지구상의 인간	1. 인구분포 자료: 정주 형태 2. 인구증가
〃	13. 불공평하게 부유한 국가들	1. 세계의 국가들 2. 부유한 국가들과 가난한 국가들 자료: 선진국과 후진국, 정주와 빈곤
〃	14. 생태·기후 영역	1. 기후지대들 2. 온대기후지대 자료: 열대습윤지대 3. 건조한 사막 자료: (북극의) 한랭한 사막
〃	15. 대지형	1. 산지, 고원 그리고 평지 자료: 산지지역(알프스), 물의 흐름과 해안, 경관의 분포(입지)
〃	16. 도시화된 해안지방	경관: 산업화된 해안, 고베, 관광해안, Menton
〃	17. 도시경관	경관: 유럽의 주도도시, Paris, 북아메리카의 주요도시, 뉴욕, 가난한 국가의 주요도시, Lagos
〃	18. 촌락경관	경관: 유럽의 마을, Zellenberg, 북아메리카에서의 어느 한 농장, 아프리카에서의 한 마을, Banforo, 메콩 삼각주
〃	19. 인구밀도가 희박한 지역의 경관들	경관: 알제리의 사하라사막에서, 그린란드의 Sisimiut, 아마존의 한 지역, le Para, 볼리비아의 안데스산맥에서, 네팔의 산지에서

표-부록 5-5. <중학교 2학년 지리> 학습내용

대주제	중주제	소주제(번호)/기타(○)
아프리카	10. 아프리카	지표 자료: 불균등한 정주환경, 민족의 다양성 1. 불리한 자연환경? 2. 역사적 속박 3. 가장 가난한 대륙 4. 인구성장 자료: 폭발적인 도시화 지역적인 공간(사례지역): 아프리카
	11. 마그레브	자료: 북아프리카의 세 국가들 1. 공간과 인구 자료: 도시문제, 자원 2. 해안지역의 발전 3. 유럽과의 관계 사례지역: 마그레브의 세 공간들

	12. 아시아의 다양성	지표 자료: 위험에 직면한 대륙 1. 다양한 자연환경 자료: 민족의 다양성 2. 대조적인 인구분포 자료: 벼농사와 인구분포, 물의 관리(활용)(몬순아시아) 3. 불균등한 발전(성장) 사례지역: 아시아
아시아	13. 중국	1. 아시아의 거인 자료: 한족과 소수민족들 2. 급속한 성장 자료: 비약적으로 발전하는 중국의 해안지역, 대규모의 새로운 작업(건설공사) 사례지역: 세 가지 측면의 중국
	14. 인도	1. 10억 이상의 인구 자료: 문화적인 모자이크 2. 대규모 인구 부양하기 3. 깨어나는 인도 자료: 수없이 많은 가난한 사람들 사례지역: 불평등
	15. 두 개의 아메리카	지표 1. 아메리카의 인구 자료: 북아메리카, 라틴 아메리카 2. 길게 뻗은 대륙 자료: 풍부한 자원 3. 부유한 아메리카 4. 발전하는 아메리카 자료: 미국-멕시코 국경 사례지역: 아메리카
아메리카	16. 브라질	1. 라틴 아메리카의 거인 2. 드러난 강국 자료: 도시들과 그들의 문제, 토지의 불균등한 배분, 아마존의 정복 사례지역: 지역들 간의 불평등

표-부록 5-6. <중학교 3학년 지리> 학습내용(1)

대주제	중주제	소주제(번호)/기타(○)
유럽대륙	12. 유럽	1. 유럽의 인구분포 자료: 문화적인 다양성 2. 많은 국가들 자료: 부유함의 불평등, 유인하는(끌어당기는) 유럽 3. 다양한 자연환경 4. 도시와 통신망 경관: 유럽의 첫 번째 항구, Rotterdam 자료: 유럽공간의 조직

유럽대륙	13. 독일	1. 독일의 국토 경관: 새로운 수도, 베를린 자료: 감소하긴 하지만, 많은 인구 2. 불안정한 강대국 자료: 동독의 어려움, 독일 국토공간의 조직
	14. 러시아	1. 세계에서 땅이 가장 넓은 나라 2. 국토상의 주민들 자료: 유럽과 시베리아의 러시아 3. 혼란스러운 나라 경관: 변화하는 수도, 모스크바 자료: 러시아 국토공간의 조직
	15. 영국	1. 대영제도 2. 어려움에 처한 주변지역 3. 역동적인 국토공간들 경관: 런던시 자료: 대영제국 국토공간의 조직
	16. 이탈리아	1. 이탈리아 반도 2. 근대의 이탈리아 3. 세 부분으로 나눠본 이탈리아 경관: Mezzogiorno의 도시, 나폴리(Naples) 자료: 이탈리아 국토공간의 조직
	17. 스페인	1. 스페인의 부흥(재건) 2. 국토개발 경관: Baleares 섬의 관광 3. 사회의 변화 자료: 스페인의 여러 가지 모습

표-부록 5-7. <중학교 3학년 지리> 학습내용(2)

대주제	중주제		소주제(번호)/기타(○)
프랑스	18. 프랑스, 통일성과 다양성		1. 프랑스의 국토 자료: 지형과 기후, 다양한 위험요소 2. 프랑스의 인구(분포) 3. 프랑스의 인구(특성) 자료: 프랑스로의 이주
	19. 국토의 정비		1. 국토의 정비정책 자료: 국토의 불균형.
	20. 국토의 주요 지역	파리, 일드 프랑스 그리고 파리분지	1. 프랑스의 첫 번째 대도시, 파리 2. 교통 밀집 공간 경관: 신도시, Marne-la-Vallee 3. 파리분지
		북부와 북동부	1. 변화하는 지역들 경관: Louvre에서 Lens 으로 바꾸는 프로젝트 2. 북부에서 알자스로
		리옹과 그 주변지역들	1. 리옹지역 경관: (화학)산업단지(회랑지대) 2. 리옹의 주변지역들 경관: 알프스 산지의 스키장, Val-Thorens

프랑스	20. 국토의 주요 지역	지중해 연안	1. 매력을 끄는 지역들 경관: Languedoc의 해변, La Grande-Motte 2. 지중해 연안의 다양성 경관: 마르세이유의 부흥
		대서양에 면한 서부지역	1. 바다의 중요성 경관: Arcachon 호(수) 2. 시골(농촌) 공간 경관: 브흐따뉴의 농장들
		멀리 떨어진 프랑스	1. (해외영토들의) 공통점 자료: 다양한(해외)영토들

표-부록 5-8. <중학교 4학년 지리> 학습내용(1)

대주제	중주제	소주제(번호)/기타(○)
제2부, 오늘날 세계의 형성 및 조직	6. 오늘날 세계의 지정학	지도: 언제나 늘어나는 국가들 지도: 강대국의 주요 축과 세계의 주요 전쟁들 1. 국가가 많을수록 전쟁도 많다 자료: 세계의 피난민들 자료: 국제기구의 비약적 발전
	8. 세계의 일반적인 조직	자료: 65억의 인구 지도: 세계에서 불균등한 것들, 건강 측면에서의 불평등 1. 경제력이 고르지 않은 선진국들 2. 개도국(남위도에 속한 국가들)의 다양성 지도: 직업을 위한 이주 3. 이주의 비약적인 증가 자료: 관광객의 이주 지도: 세계의 무역 4. 점점 더 늘어나는 교류 지도: 세계의 도시화 5. 급속한 도시의 성장 자료: 세계의 판자촌, 지구촌에서의 위험요소들 지도: 환경의 훼손

표-부록 5-9. <중학교 4학년 지리> 학습내용(2)

| 제3부, 주요 경제대국들 | 9. 미국 | 자료: 부유하고 계획된 국토
1. 3억의 인구
자료: 미국에서 가장 큰 도시들
2. 첫 번째의 경제대국
3. 강대국을 만들어주는 미국의 자본주의
자료: 미국의 문화적인 영향, 정치적·군사적 강대국
지도: 세계의 미군 분포
4. 국토공간의 조직
지도: 대국의 핵심지역들 |

제3부, 주요 경제대국들	10. 일본	지도: 인구밀도가 높은 열도 1. 국력신장 2. 두 번째 경제대국 3. 일본의 도전 자료: 일본과 아시아-태평양 4. 그들의 국토 위에서의 일본인들 지도: 일본 국토공간의 조직
	11. 유럽연합	1. 유럽의 형성 지도: 유럽연합의 국가들 2. 국가들의 연합 3. 세 개의 축 자료: 유럽의 성공, 인공위성 4. 매력적인 공간 5. 연합을 더 돈독하게 하고 확대하기 자료: 유럽연합 내에서 힘의 분포
제4부, 프랑스	13. 프랑스 경제의 변화	지도: 프랑스에서의 교통 및 산업 1. 프랑스 산업의 변화 자료: 첨단기술산업의 비약적 발전 2. 유럽에서의 첫 번째 농업 자료: 소량생산농업 방식을 향하여 3. 서비스업의 성장 자료: 상업의 변화
	14. 프랑스, 유럽 그리고 세계	1. 프랑스와 1945년 이후의 세계 자료: 프랑스와 독일의 화해, 세계 속에서 프랑스의 존재 2. 강한 경제력과 개방 3. 관광목적의 첫 번째 목적지

3. 고등학교

표-부록 5-10. <고등학교 1학년 지리> 학습내용(1)

대주제	중주제	소주제				
		사례학습	사례학습으로부터 일반화로 (세계적인 스케일에서, ◇은 소주제)	바깔로레아 대비	복습하기	생각열기
인간은 땅을 점유하고 개조한다.	1. 60억 이상의 인구	1. 아메리카 대륙의 인구 2. 동남아시아의 인구 3. 중앙유럽과 동유 럽에서의 인구, 국 경 그리고 환경	◇ 인구와 발전: 의미심장하게 상충 되는 요소 - 평면 구형도/세계 인구의 분포 - 본 수업 ① 인구가 희박한 곳과 조밀한 곳, ② 발달과 풍요로움 의 상충되는 측면, ③ 환경, 지구 촌의 쟁점, ④ 국경은 세계의 공 간을 나눈다. - 자료: 지속 가능한 발전-정주와 삼림벌채	- 작문: 아메리카 대륙의 인구 - 크로키: 동남아시 아의 불균등한 인 구분포 - 자료 통합 학습: 사하라 지역의 국 경들에 관한 쟁점	60억 이상의 인구	- 사막: 매혹 과 명상 사이

대주제	중주제	사례학습	사례학습으로부터 일반화로	바깔로레아 대비	복습하기	생각열기
인간은 땅을 점유하고 개조한다.	2. 인구부양	1. 사하라 남부 아프리카에서의 인구부양, 2. 미국의 농업, 전 세계를 먹여 살린다고?, 3. 10억의 인도인을 어떻게 부양하는가? 4. 브르따뉴 지방의 가축 사육: 통합적이고 집약적인 농업방식	◇ 개도국과 선진국의 인구 부양하기 - 평면 구형도, 세계의 농업 - 본 수업 ① 부분적으로 고무된 도전, 인구 부양하기, ② 농업생산물 늘리기, ③ 시장에 통합시키기, 왜? ④ 건강과 환경 보전하기 - 자료: 지속 가능한 발전-지속 가능한 농업을 향하여	- 크로키: 곡물시장 - 자료 통합 학습: 브라질에서의 역설: 기아와 농산물의 수출 - 작문: 세계의 기아문제는 단순히 기술적인 해결책이라고 말할 수 있는가?	- 인구 부양하기	- 설탕과 당분이 있는 갓 꿀로부터 화학재료
	3. 물이 풍부한 곳과 희박한 곳	1. 나일 강에서 중동까지: 부족한 물 2. 몬순아시아: 풍부한 물 3. 그리스에서 물에 대한 쟁점	◇ 수자원 - 평면 구형도, 세계의 물 - 본 수업 ① 물, 불평등하게 이용되는 자원, ② 물의 이용과 경관, ③ 물로 인한 갈등(충돌), ④ 물, 위협적인 자원 - 자료: 지속 가능한 발전-물, 보존해야 할 자원	- 크로키: 수단에서 물과 공간의 조직 - 자료 통합 학습: 스페인에서 물의 관리 - 작문: 세계의 물과 농업	- 물이 풍부한 곳과 희박한 곳	- 도시에서의 물

표-부록 5-11. <고등학교 1학년 지리> 학습내용(2)

대주제	중주제	소주제		바깔로레아 대비	복습하기	생각열기
		사례학습	사례학습으로부터 일반화로 (세계적인 스케일에서/◇은 소주제)			
인간은 땅을 점유하고 개조한다.	4. 도시의 역동성과 도시환경	1. 자카르타, 개도국 대도시의 근대성과 불안정성, 2. 로스앤젤레스, 기상천외의 도시, 3. 요하네스버그, 아프리카의 대도시(메트로폴), 4. 마르세이유, 유럽의 메트로폴?	◇ 세계의 도시화 - 평면 구형도, 세계에서 가장 큰 인구밀집 도시 - 본 수업 ① 일반적인 도시화, 그렇지만 대조적이다. ② 세계의 메가폴과 메트로폴, ③ 도시들로부터 분화된 공간으로, ④ 도시환경과 지속 가능한 발전 - 자료: 지속 가능한 발전-교통과 지속 가능한 도시	- 크로키: 마르세이유 동쪽의 주변 도시화 - 자료 통합 학습: 북경, 빠르게 변화되는 수도 - 작문: 선진국의 도시들과 개도국의 도시들	- 도시의 역동성과 도시환경	- 이상적인 도시의 탐색
	5. 매력적인 공간, 해안	1. 대서양에 접한 유럽의 해안습지, 2. 상해, 중국의 첫 번째 항구, 3. Les Baleares, 관광 해안의 변화	◇ 해안의 자원과 정비 - 평면 구형도, 세계의 해안들 - 본 수업 ① 해안의 특징과 자원, ② 해안의 정비는 각종 활동을 증가시킨다. ③ 불균등하게 점유되는 해안, ④ 해안 개발과 환경보호의 문제를 어떻게 절충할 수 있는가? - 자료: 지속 가능한 발전-위협받는 열대 홍수림	- 자료 통합 학습: 두바이, 교역과 관광으로 변화되고 있는 해안 - 작문: 세계의 관광 해안	- 해안, 매력적인 공간	- 바다와 해안을 그린 그림들
	6. 전통과 새로운 활용 사이에 있는 산지	1. 선진국의 프랑스쪽 알프스 산지, 2. 안데스 산지 중앙부에서 인구밀도가 높은 산지, 3. 모로코의 산지	◇ 산지, 환경, 이용 그리고 위험 - 평면 구형도, 지구상의 지형, 세계의 산지 - 본 수업 ① 산지 환경의 독창성, ② 산지의 전통적 이용, ③ 선진국에서 산지의 새로운 이용, ④ 개발도상국에서 산지의 어려움 - 자료: 지속 가능한 발전-산지국립공원	- 자료 통합 학습: 산지와 정주 - 작문: 산지, 위험에 처한 공간들	- 산지, 전통과 새로운 이용 사이에서	- 신성한 산지와 신화적인 산지

| | 7. 위험에 직면한 사회 | 1. 카리브 해 사회와 위험, 2. 자연재해에 직면한 아시아 사회, 3. 기술적이고 위생적인 위험에 직면한 사회, 4. 유럽에서의 홍수 위험 | ◇ 위험을 평가하고 관리하기
- 평면 구형도, 세계에 존재하는 위험
- 본 수업 ① 위험: 사회의 영속적인 불안감, ② 기후와 관련된 위험에 직면한 사회, ③ 지구물리학적 위험에 직면한 사회, ④ 기술적인 위험에 직면한 사회
- 자료: 지속 가능한 발전-사회와 기온 상승? | - 크로키: 위험성이 높은 공간-태평양 아시아
- 자료 통합 학습: 지중해 연안-위험에 직면한 공간 | - 위험에 직면한 사회 | - 영화 속에 존재하는 위험들 |

표-부록 5-12. <고등학교 2학년 지리> 학습내용(1)

대주제	중주제	소주제		바깔로레아 대비	복습하기
		사례학습	사례학습으로부터 일반화로 (유럽 수준의 스케일에서/본 수업)		
도입: 유럽은 무엇인가?		1. 유럽의 정체성 지도: 유럽 정체성의 토대 2. 유럽의 범위는? 3. 유럽의 인구현황	1. 유럽: 범위, 정체성? 2. 고르지 않은 인구분포		
1. 국가들이 모인 유럽	1. 국가들: 세분된 상태에서 그룹으로	1. 제국에서 국가로 자료: 유럽에 있는 국경들	유럽 수준의 스케일 1. 유럽 국가들의 그룹짓기 1. 유럽의 정치적인 세분화 2. 지정학적인 그룹짓기	- 크로키: 20세기에 동서 사이의 폴란드 영토 - 자료 통합 학습: 우크라이나, 유럽의 통합과 러시아의 영향 사이	- 국가들: 세분된 상태에서 그룹화로
	2. 유럽연합	1. 유럽의 형성, 개방 프로젝트 2. 구체적인 유럽의 실현 3. 논쟁중인 제도들	1. 유럽의 건설: 다른 개념들 2. 유럽 건설의 관점	- 자료활용학습: 유럽연합에서 중앙유럽과 동부유럽 국가들의 통합 - 크로키: 유럽연합 - 지리적으로 가변적인 출범	- 유럽연합
	3. 유럽연합의 국가들	1. 독일, 유럽연합의 기둥 2. 영국, 유럽의 또 다른 비전 3. 스페인, 유럽의 선택 4. 이탈리아, 유럽연합의 창설국 중에 하나	1. 독일, 유럽연합의 힘 2. 영국, 광대한 대서양으로부터 대륙으로 3. 스페인과 유럽에 대한 개방 4. 이탈리아, 유럽과 지중해 사이에서	- 자료 통합 학습: 동독의 어려움과 변화 - 크로키: 하나 또는 여러 개의 이탈리아?	- 유럽연합의 국가들

표-부록 5-13. <고등학교 2학년 지리> 학습내용(2)

| 제2부,
유럽과
프랑스에
서의 네트
웍과 흐름 | 4. 도시화와
도시망 | 1. 런던과 파리: 협력적인 유럽의 두 메트로폴
2. 독일과 프랑스의 도시망
지도: 유럽의 메트로폴과 도시들 | 유럽 수준의 스케일
1. 유럽에서의 대도시화
2. 유럽의 도시망

본 수업
1. 유럽에서의 대도시화
2. 유럽에서의 도시망 | - 작문: 유럽에서의 도시들과 메트로폴 | - 대도시화와 도시망 |

| 제2부,
유럽과
프랑스에
서의 네트
워크 흐름 | 5. 교통망과
흐름 | 1. 알프스 산지를 관통하는 교통망
2. 유럽이 통합되던 시점에서의
프랑스 교통
지도: 유럽과 프랑스에서의 교통망 | 본 수업
1. 유럽에서의 교통망과 공간조직
2. 유럽으로의 개방에 직면한 프랑스
의 교통정책 | − 자료 통합 학습: 대
도시화와 항공교통:
샤를 드골 공항
− 작문: 프랑스에서의
교통망과 국토의
조직 | − 교통망과
흐름 |
| | 6. 인간의
이동 | 1. 프랑스, 오래된 이주국가
2. 프랑스에서의 국내 이동
지도: 외부로부터 프랑스와 유럽으
로 들어오는 이주, 프랑스와 유럽
내에서의 이동 | 유럽 수준의 스케일
1. 유럽연합 내에서 이주의 흐름
2. 유럽연합 내에서의 이주

본 수업
1. 국제적인 이주 시스템에서의 유
럽연합
2. 프랑스와 유럽연합 내에서의 이주
및 이동성 | − 자료 통합 학습: 스
페인에서의 이주
− 작문: 대도시와 같
은 프랑스: 이주
공간 | − 인간의
이동성 |

표-부록 5-14. <고등학교 2학년 지리> 학습내용(3)

| 제4부,
프랑스와
유럽의
지역들 | 11.
지역적인
사실 | 1. 일−드−프랑스(ile−de−France):
프랑스와 유럽의 수도권 지역
2. Rhone−Alpes: 대도시 지역인가?
3. 알자스: 전통과 유럽으로의 개방
사이에서
4. La Reunion(아프리카 남동부에 있
는 작은 섬): 극단적인 변두리 지
역인가?
5. La Catalogne: 스페인에 있는 가
을(계절) 지역인가? | 국내 수준의 스케일
지역: 다양성과 쟁점

본 수업
1. 지역이란 무엇인가?
2. 프랑스에서의 지역 및 지역화 | − 자료 통합 학습: 섬 지
역, La Corse
− 크로키: 일−드−프랑스,
수도권 지역 | − 지역적
사실 |
| | 12.
프랑스와
유럽에서의
지역적인
부조화 | 1. 두 가지 유럽 지역들: Franche−
Comte(프)와 Bade−Wurtemberg(독)
2. 하나의 유로지역:
Pyrenees−Mediterranee | 국내 수준의 스케일
지역적 부조화

본 수업
1. 유럽의 지역들: 27개국에 이르
는 유럽연합 소식
2. 27개국에 이르는 유럽연합의 정책 | − 자료 통합 학습: 국경
을 초월한 협력−릴(Lille)
을 중심으로 한 대도
시권 | − 프랑스와
유럽에서
지역의
부조화 |

표-부록 5-15. <고등학교 2학년 지리> 학습내용(4)

대주제	중주제	소주제		바깔로레아 대비	복습하기
		사례학습/자료	사례학습으로부터 일반화로 (프랑스 국내 수준의 스케일에서/본 수업)		
제3부, 프랑스와 그의 영토	7. 프랑스의 인구현황	피레네산맥 중앙부 지역의 인구 지도: 프랑스 인구 분포	인구의 성장 1. 인구가 빈약한 곳과 많은 곳 2. 도시적인 프랑스	− 자료 통합 학습: 프랑 스 촌락 공간의 인구 와 역동성 − 크로키: 대도시와 같 은 프랑스 인구의 분 포와 역동성	− 프랑스의 인구현황

	8. 자연과 인문사회 사이의 환경	1. 도시 변두리의 숲으로서의 Fontainebleau(파리 남동부의 도 시 명) 숲 2. 보호되는 해안환경으로서의 Somme 만 3. 피레네의 중앙부: 이용의 다양 화인가? 4. 리옹과 화학단지 회랑 지도: 자연과 사회 사이의 환경들	프랑스의 삼림 환경, 해안환경, 산지 환경, 도시 환경 1. 환경과 자원의 다양성 2. 환경의 관리와 보호	- 자료 통합 학습: 대 도시로서의 프랑스에 서 홍수의 위험 - 작문: 자연과 사회로 서의 지중해 환경	- 자연과 사회 사이 의 환경
제3부, 프랑스와 그의 영토	9. 경제공간	1. 프랑스 대기업의 변화: Renault 2. 프랑스 원자력 발전 3. 프랑스의 제철산업 4. 유럽의 협력 산업, EADS-Airbus 5. 주요 관광 공간, 지중해 해안 6. 현대화와 세계화 사이에 있는 프랑스 농업	세계화에 직면한 프랑스 경제 공간 프랑스의 산업 공간 프랑스의 관광 공간들 1. 세계를 향해 개방된 강한 경제 2. 선진국의 노동력 시장 3. 산업의 변화 4. 프랑스 산업 공간의 다양성 5. 프랑스의 관광 공간 6. 점점 더 전문화되고 있는 농업 공간 7. 또 다른 농업은?	- 자료 통합 학습: 프랑 스 관광 공간의 다양성 - 작문: 프랑스 산업 공 간의 다양성	- 경제 공간
	10. 공간적인 부조화와 국토의 정비	1. Moulins에서 Lille까지의 거리: 도시 정책에 관한 쟁점 2. 육지와 바다 사이에 있는 브흐 따뉴의 Saint-Malo 지방 지도: 국토의 부조화와 정비	프랑스의 도시 정책 프랑스에서 공간적 부조화와 국토 정 비의 당사자 1. 중앙집권적인 국토에 대한 정비에 서 국가의 역할 2. 소지역 및 지역적 스케일에서(지방) 분산화 및 정비	- 크로키: 프랑스 국토 의 공간적 부조화와 조직	- 국토의 공간적 부조화 와 정비

표-부록 5-16. <고등학교 3학년 지리> 학습내용(1)

대주제	중주제	소주제			
		시사지리/지도/자료	본 수업	바깔로레아 대비	복습하기
		◇ 프로그램: 문학-경제 및 사회 계열(L-ES)/과학 계열(S)		◇ 바깔로레아: 시험에 대해/ 교과서에서 제시된 주제들	
제1부, 세계화된 공간	1. 세계화	지리적인 관심사, ActuGeo): 세계화 의 결실-l'iPod(mp3의 다른 말) 지도: 세계화된 공간의 흐름과 네트 워크 자료: 1. 세계화와 흐름 2. 세계화와 국제적인 이주 3. 세계화의 당사자 4. 세계화와 국토 5. 세계의 강대국 영역 중에 하나, 유럽연합	1. 흐름과 네트워크: 오직 하 나의 세계만? 2. 세계화의 당사자들 3. 세계화의 원동력이 되는 공간들 4. 집중된 세계, 분할된 세계 그리고 양대 체제 세계 5. 세계화 공간의 추진 센터 중에 하나, 유럽연합	- 크로키: 세계화된 공간, 추 진 센터와 상호의존 - 작문: 세계화와 국토, 세계 화의 흐름과 당사자 - 자료 통합 학습: 세계화된 공간의 추진 센터, 흐름, 당 사자 그리고 국토 - 해양 교통과 세계화	- 세계화

제1부, 세계화된 공간	2. 하나의 세계? 여러 세계?	공정거래 지도: 불균등하고 다양한 세계 자료: 1. 세계 2. 다른 세계에 영향을 미치는 것 3. 세계화와 지속 가능한 발전 4. 세계화와 문화 5. 세계화와 국가들	1. 공평한 세계화? 2. 지속 가능한 세계화? 3. 세계적인 문화? 4. 세계적인 국가와 세계적 인 정부?	− 작문: 세계화는 발전을 가 능하게 하는가? − 자료 통합 학습: 세계화와 식량공급 − 남북 아메리카의 중간에 위 치한 카리브 해 공간	− 하나의 세 계? 여러 세계?

표-부록 5-17. <고등학교 3학년 지리> 학습내용(2)

	3. 초강대국, 미국	아메리카 문화의 세계화: 디즈니(랜드) 지도: 필요한 것을 다 갖춘 강대국, 미국 자료: 1. 패권을 잡은 초강대국 2. 끌어당기는(유인력이 있는) 초강 대국 3. 초강대국의 성공조건과 취약성 4. 초강대국의 당사자와 국토	1. 패권을 잡은 강대국 2. 역동적이고 유인력이 있는 강대국 3. 강대국의 당사자들 4. 문제가 제기된 모델 5. 국토와 힘 6. 미국의 전 지역	− 크로키: 미국 국토의 조직, 세계에서 미국의 힘 − 작문: 세계 공간에서 미국 영 향력의 관점 및 등장, 미국 의 국토−힘의 토대와 중심 − 자료 통합 학습: 세계 공간 에서 미국의 등장과 영향력, 미국에 있는 힘의 중심	− 슈퍼강국, 미국
제2부, 세 가지 큰 축의 강대국	4. 대서양에 접한 북아메리카	세계적인 초강력 중심지, 맨하탄 지도: 대서양에 접해 있는 북아메리카 자료: 1. 메갈로폴리스 2. 대서양을 향한 창−해양과 대륙의 결절점	1. 추진 센터 2. 중요한 결절점	− 크로키: 대서양에 접한 북아 메리카의 공간조직 − 작문: 대서양에 접한 북아메 리카, 추진센터와 결절점 − 자료 통합 학습: 대서양에 접한 미국에서 원동력이 되 는 공간	− 대서양에 접한 북미
	5. 유럽연합	La Formule 1(자동차 경주 名), 유럽 첨단기술의 진열장 지도: 유럽연합: 세 개의 강대국 영 역 중에 하나 자료: 1. 중요한 경제력 2. 불완전한 힘 3. 유럽연합의 중심과 주변	1. 유럽연합의 경제력과 교 역능력 2. 유럽연합의 정치적, 문화 적 영향력 3. 유럽연합 경제력의 토대 4. 불완전한 힘의 판별 기준 5. 유럽연합의 역동적인 중 심지 6. 유럽연합의 주변	− 크로키: 유럽연합의 대조적 인 공간 − 작문: 유럽연합, 세계 공간에 서 영향력있는 영역인가? − 자료 통합 학습: 유럽연합: 이 지역은 세계 공간에서 어 떤 곳인가?	− 유럽연합

표-부록 5-18. <고등학교 3학년 지리> 학습내용(3)

대주제	중주제	소주제			
		시사지리/지도/자료	본 수업	바깔로레아 대비	복습하기
제2부 세가지 큰축의 강대국	6. 유럽연합의 경제적인 중심, 라인 강 유역의 유럽지역	다이아몬드와 패션의 도시, Anvers 지도; 인구 및 활동 자료: 1. 라인 강과 바다에 접한 그 것의 하구 2. 메트로폴과 라인 강 유역에 있는 지역들	1. 유럽연합의 중심 영역인 라 인 강 유역의 유럽지역 2. 유럽 메갈폴의 중심에 있 는 지역	− 크로키: 라인 강 유럽 지역 의 공간조직과 역동성 − 작문: 유럽연합 내에서 라인 강 유럽의 역할과 그곳의 공 간조직 − 자료 통합 학습: 유럽연합에 서의 라인 강 유역의 유럽, 독창성 그리고 지위	− 유럽연합 의 경제 적인 중 심, 라인 강을 낀 유럽지역

제2부 세가지 큰축의 강대국	7. 세력이 확장되고 있는 영역, 동아시아	아프리카에서의 중국인의 존재 - 지도: 인구와 발전 - 자료: 1. 동아시아의 통일체와 성장 2. 일본 중심으로부터 다극 체제로 3. 다극체제의 힘이 존재하는 영역	1. 세 개의 중심축 중에 하나 인 동아시아 2. 동아시아의 통일성과 도전 3. 경제적인 역동성과 발전의 다양성 4. 통합이 모색되는 영역 5. 대도시권화(metroplisation) 및 새로운 지역적 균형 6. 국가들 및 지역적인 재구조화	- 크로키: 동아시아, 다극체제 형태의 힘이 존재하는 영역 - 작문: 동아시아, 영향력이 확 대되고 있는 영역 - 자료 통합 학습: 동아시아 성장과 통합의 해안, 영토 - 동아시아: 영향력이 존재하 는 영역의 토대 및 취약성	- 동아시아, 영향력이 확대되고 있는 영역
	8. 일본의 메갈로폴	도요타: 일본 기업의 성공 - 지도: 일본의 메갈로폴 - 자료: 1. 메갈로폴, 세계적인 공간 의 추진센터 2. 지속 가능한 발전을 지향하는 일 본의 메갈로폴	1. 일본의 중심 2. 세계화와 메갈로폴리탄의 재구조화	- 크로키: 일본의 메갈로폴, 세계적인 공간의 추진센터 - 자료 통합 학습: 일본의 메 갈로폴: 주요 해양환경에 대 한 정비 및 불리한 조건	- 일본의 메 갈로폴

표-부록 5-19. <고등학교 3학년 지리> 학습내용(4)

제3부 발전을 모색하는 세계	9. 개도국의 연대 및 다양성	인도에 만들어진 <실리콘 도시>, Bangalore - 지도: 개도국 확인하기, 브라질, 대륙국가(큰 국가)의 불균등성 - 자료: 1. 선진국과 개도국의 구분 은 적절한 것인가? 2. 발전을 위한 어떤 정책이 있는가? 3. 어려움에 처한 사하라 이남의 아프리카 4. 인도연합, 불균등한 발전 5. 두바이, 석유로 인한 부자 6. 브라질: 불균등한 발전 7. 브라질에서 존재하는 도시의 계 층화 및 지속 가능한 발전	1. 일개의 개도국, 복수의 개 발도상국가들 2. 발전을 위해 무엇을 빌려 주는가? 3. 가장 발전이 더딘 개도국 의 국가들 4. 세계화에 통합된 개도국 5. 브라질: 발전과 불균등성 6. 내부 도시의 강한 계층화 에 대해서	- 크로키: 브라질의 국토상에 있어서 발전의 대조적인 현상 - 개도국: 세계화된 공간에 있어서 발전과 동화의 불 균등성 - 작문: 개도국들의 통일성 (연대) 및 다양성 - 자료 통합 학습: 개도국의 영토와 사회는 세계화의 가 장자리에 있는가?	- 개도국의 통일성과 다양성
	10. 선진국과 후진국이 만나는 곳, 지중해	Malte(섬)으로의 불법 이주 - 지도: 대조적인 선진국과 개도국 - 자료: 1. 불균등한 발전과 흐름 2. 모로코와 선진국-후진국의 상호 접촉 3. 유럽연합과 PSEM(후진국 국가 및 지중해 동쪽 국가들)	1. 지중해 공간, 분리된 공간 2. 선진국과 개도국간의 불균 형적인 흐름 3. 선진국과 접촉하는 PSEM 국가 사회들 4. 국토의 재구조화	- 크로키: 지중해 공간, 선진 국과 후진국이 상호 접촉 하는 공간 - 작문: 지중해 공간에서의 불균등성과 흐름 - 자료 통합 학습: PSEM의 도시들 및 선진국-개도국 간의 상호접촉 - 지중해 해안 및 선진국-개 도국간의 상호접촉	- 개도국간 의 상호접 촉, 지중 해 공간
	11. 러시아	Gazprom, 국력에 기여하는 기업 - 지도: 국토, 인구 그리고 활동 - 자료: 1. 새로운 성장 2. 인구(감소)의 위기와 사회적인 어 려움 3. 재구조화 및 부분적인 개방	1. 발전에 있어서 지리적, 경 제적인 상황 2. 위기에 직면한 러시아 인구 3. 러시아가 성공하기 위한 전 제 조건은 무엇인가? 4. 국토의 새로운 조직을 향 하여?	- 크로키: 러시아 국토의 조직 - 작문: 러시아는 개도국 중 에 하나인가, 아니면 체질 개선중인 강대국인가? - 자료 통합 학습: 러시아- 어떻게 힘을 되찾을 수 있 을까?	- 러시아

〈부록 6〉
프랑스 지리 교육과정-교과서 대조표

1. 초등학교 기초학습과정(유치원~2학년) - 교육과정 및 교과서 내용 대조표

교육과정 내용	교과서 내용
○ 친숙한 공간으로부터 먼 공간으로 유치원에서 학생들은 그들을 둘러싸고 있는 친숙한 공간에 관하여 인식하게 된다. 기초학습 과정에서 학생들은 그러한 것들을 표현하는 것을 배운다. (네생과 관련하여) 학생들은 점점 더 멀리 떨어져 있는 다른 공간들, 이웃 도시나 농촌, 그리고 그들에게 훨씬 익숙하지 않은 경관에 이르기까지 발견하게 된다. 학생들은 교사의 도움으로 지구본과 지도를 통해서 그들이 살고 있는 지역, 프랑스, 유럽, 다른 대륙들, 몇 가지 지리적인 ensembles에 이르기까지 표현하는 것을 배운다. 마찬가지로, 앨범, 사진, 영화, 디지털방식의 이미지들로부터 학생들은 유사성과 차이점에 대한 가치를 두면서 환경(milieux) 및 삶의 양식(주거양식, 음식, 의복, 교통수단, 식생 및 동물들의 삶의 형태)에 있어서의 다양성에 대해서 기술하게 된다. 교사는 학생들로 하여금 지형, 기후, 계절 또는 사회적으로 발전된 상태의 영향과 같은 자연 및 인문적 차별화의 몇 가지 요인들을 발견하게 한다. 학생들의 나이에 맞게 채택된 읽기나 예술작품에 대한 접근은 관련분야에서 학생들의 문화적인 기초를 풍부하게 해 줄 수 있는 기회를 제공한다. 말과 글쓰기와 같은 이러한 모든 활동에서 교사는 유치원(*Qu'apprend-on à l'école maternelle?* 참조할 것. ≪학습의 중심에 있는 언어≫, pp.70~71.)에서 하던 것처럼 공간관계에 대한 언어적 표현의 다방면적 형태, 특히 기술(description)의 틀 속에서 발달시키고 구조화시키는 것을 계속한다.	○ 초등학교 기초학습단계(유치원~2학년)

○ 초등학교 기초학습단계(유치원~2학년)

학습주제	학습내용
1. 교실	교실에서 물건과 학생들은 어디에 놓여 있는가?
2. 교실 표현	우리는 교실을 어떻게 표현할 수 있는가?
3. 교실, 학교	교실에서, 학교에서, 그리고 학교 밖에서 장소를 어떻게 파악하고 기술하는가?
4. 도시, 마을	학교 근처의 풍경은 무엇과 비슷한가?
5. 우리 집 근처, 우리 집에서 먼 곳	산지와 바닷가의 풍경은 어떠한가?
6. 프랑스, 프랑스 밖	세계의 모든 풍경은 비슷한가?
7. 다양한 삶의 방식	세계의 다른 지역에서는 사람들이 어떻게 살아가는가?
8. 사진으로부터 그림(약)지도로	plan(약지도)은 무엇인가?
9. 위치를 파악하기 위한 그림지도와 지도	위치를 파악하는데 있어서 plan을 어떻게 이용하는가?
10. 이동을 위한 그림지도와 지도	이동하는데 있어서 plan을 어떻게 이용하는가?
11. 프랑스, 유럽	프랑스와 유럽은 무엇과 비슷한가?
12. 지구	지구 전체의 지도를 만들 수 있는가?

○ 학습 후 예상되는 능력

1. 공간 영역에서 학생들은 다음과 같은 능력을 갖게 될 것이다.
- 그들의 인접 환경(environnement proche)에서 그들의 위치 파악하기, 자신의 위치를 알기, 이동하기
- 인접 환경을 표현하는 것을 시작하기
- 조직된 공간에 대한 다양한 요소들을 구두로 기술하고 위치 정하기
- 경관 및 환경에 대한 기술을 비교하면서 읽기
- 다양한 위치에서 찍은 사진과 지도에서 학습한 내용을 확인하기
- 경관의 변천 속에서 인간의 역할을 찾는 법 알기
- 단순한 지도나 지구본에서 배운 환경을 파악하기

2. 다음과 같은 내용을 이해하고 기억할 것이다.
- 지도나 지구본에서 그들이 살고 있는 지역, 프랑스, 유럽,
  다른 대륙들의 위치
- 식생 및 동물의 삶의 형태, 거주형태의 다양성에 관한 몇 가
  지 관점
- 그들이 살고 있는 인접환경의 몇 가지 특징

2. 초등학교 심화학습과정(3~5학년) – 교육과정과 교과서 내용의 대조표

교육과정 내용	교과서 내용	
○ 세계에 대한 시선: 인문사회에 의해 조직된 공간들 인문사회는 거의 지구 전체를 점유했다. 그들은 공간을 조직하고, 그들이 개조하는 방식에 있어서 더 중요하고 덜 중요한 것에 물리적, 생물학적인 구성요소들을 맞춰가면서 영토를 창조한다. 이러한 측면에 있어서 실험과학과의 관계가 제안된다. ▷ 강조점(points forts) 1. 지구(지구본, 평면구형도 등) 및 세계(지도, 예술작품 및 광고 이미지 등)에 대한 표현 비교 2. 다음과 같은 지구적 관점에서 주요 대조적인 측면에 가치를 부여하기 – 인구밀집 지역과 과소지역 – 대양 및 대륙, 인문적 관점에서의 대기후 – 생활양식	○ 초등학교 3학년 – 1. 세계를 향한 시선: 인간사회에 의해 조직된 공간들 1. 지리학자의 도구인 지구의와 평면구형도: 지구의 표현 2. 대륙과 대양 3. 다양한 기후 4. 지구상에서의 인간의 분포 5. 지리학자의 도구인 위성영상 6. 삶의 양상: 부유한 국가에서의 삶 7. 삶의 양상: 가난한 국가에서의 삶 8. 지리학자의 도구인 사진: Bombay의 부유함과 가난함	
○ 유럽공간: 경관의 다양성 유럽은 아프리카, 아시아와 같은 대륙과 관련해서 하나의 상대적인 단위로 동떨어져 있는 것이 아니며, 그들 경관의 다양성 속에서 그들의 특수성이 드러난다. 유럽은 그 안의 지역들을 이어주는 도시 및 교통축의 중요성에 의해 그 성격이 지어진다. 교사는 보통 경관적 표현과 지도로 표현하는 것에 근거해서 정치적, ≪자연적≫, 문화적, 경제적인 측면에서의 유럽의 다양한 한계를 그려내며, 학생들이 공간적인 주요 특징들을 확인하고 파악하는 것을 돕는다. 교사는 학생들에게 유럽연합에 관한 첫 번째 지식을 제공한다. ▷ 강조점(points forts) – 동에서 서, 북에서 남으로 경관의 구분. 해안, 산지, 평야, 바다에 대한 인간의 이용 – 인구가 많은 지대와 적은 곳의 대조 – 도시망 및 교통망의 관찰 – 유럽의 중심과 주변에 대한 인지 – 유럽연합의 창설과 그의 역할에 대한 대략적인 상기. 유럽연합의 공간 및 영토에 대한 인식(역사와의 관계, 그리고 시민교육에 근거해서)	○ 초등학교 4학년 – 2. 유럽 공간: 경관의 다양성	
	유럽의 범위	1. 지리학자의 도구, 주제도: 유럽의 범위 2. 지리학자의 도구, 사진: 자연환경의 다양성 3. 지리학자의 도구, 주제도: 문화적, 경제적인 단일체 4. 지리학자의 도구, 지도와 그래픽: 인구밀도 5. 불규칙한 정주
	경관의 다양성과 인간에 의한 이용	6. 고대 도시들 7. 근대 도시들 8. 지리학자의 도구, 지도: Rome 9. 농업경관 10. 산지: 주변 지역들 11. 산지: 관광지로 다시 태어난 곳 12. 바다: 개발(활용)된 공간 13. 바다: 위험한 공간 14. 해안: 활동적인 공간 15. 해안: 관광적인 공간
	도시망과 교통망	16. 도로 교통망 17. 철도 교통망 18. 지리학자의 도구, 사진: 영불해협 터널 19. 하안 및 해양 교통망 20. 항공 교통망

교육과정 내용	교과서 내용	
− 유로화 및 그것의 역할. 유로화와 썸팀의 활용에 있어서 계산능력의 적용	유럽의 지역들	21. 지리학자의 도구, 주제도: 문화적, 경제적인 차이점 22. 지리학자의 도구, 사진: 서로 다른 삶의 수준 23. 중심과 주변 24. 지리학자의 도구, 지도: 유럽의 중심, Bruxelles 25. 지리학자의 도구, 지도: 유럽의 가장자리에 있는 Lisbonne
	유럽연합	26. 지리학자의 도구, 이미지: 유럽연합의 출범 27. 유럽연합: 경제대국 28. 지리학자의 도구, 화폐: 유로화 29. 유럽연합: 경제적, 지정학적인 프로젝트 30. 지리학자의 도구, 사진: 유럽연합의 수도들

교육과정 내용	교과서 내용	
○ 프랑스 공간 유럽적 이미지에서 프랑스 또한 경관의 다양성에 의해 그의 성격이 지어진다. 즉, 경관은 프랑스 인들이 사는 나라가 단일성과 오랜 역사적 산물로부터 오는 특별한 감정과 같은 것을 갖게 해준다. ▷ **강조점**(points forts) 1. 다음과 같이 끊임없이 진화해오는 역사적 경관들 − 지도로 표현되고 경관적으로 표현되는 것들을 통하여 드러나는 프랑스 국토(대도시권, 도, 해외영토)의 다양성에 대한 요인들 − 시각적인 예술작품과 관련된 도시 경관들(도심, 교외, 신도시) − 몇 가지 현실적인 문제가 드러나는 것을 통해 파악되는 농촌경관 및 산업경관 − 경관의 최근 변화를 통해 파악되는 상업, 서비스, 관광, 여가 2. 다양한 스케일로 조직되는 영토, 프랑스 3. 학생들이 살고 있는 지역들(대도시권 또는 해외영토로서의 프랑스)의 사례, 그리고 프랑스 및 유럽적 틀 속에서 다른 지역들의 사례는 다음과 같은 것들에 입문할 수 있게 해준다. − 도시망과 대도시들의 영향력이 미치는 범위 − 거대 통신축 − 작은 도시들과 그들의 고장≪pays≫ − 프랑스 공간의 분할에 관한 첫 번째 접근: 로컬의 사례로부터 꼬뮨, 도, 지역(시민교육과 관련하여)		○ 초등학교 3학년 − 2. 프랑스 경관: 끊임없는 변화 속에서의 역사적 조직

교육과정 내용	교과서 내용
	코뮌으로부터 지역으로 4. 국토의 분할(구성): 도(道) 5. 지리학자의 도구, 사진/(사례) 지역: 알자스 6. 국토의 분할(구성): 지역들 7. 다양한 축척의 지도들: (작은)코뮌으로부터 프랑스에 이르기까지
	도시망/교통망 8. 지리학자의 도구, 주제도 9. 작은 도시들과 그들의 지방 10. 대도시의 영향권과 도시망 11. 지리학자의 도구, 그래픽: (수도)파리와 지방 12. 프랑스에서의 주요 커뮤니케이션 축 13. 유럽과 세계로 열려 있는 축 14. 프랑스의 커뮤니케이션 망
○ **세계화의 시점에 있는 프랑스** 역사와 긴밀하게 연결되어 있는 이 주제는 다음과 같이 대립되는 두 가지 사실로부터 시작될 것이다. – 통합으로의 경향(소비, 생산, 정치적인 강요, 정보의 흐름, 문화 및 과학적 생산과 관련된 형태) – 커지는 격차(전쟁과 인구의 이주, 남북문제, 세계화에 반대하는 움직임 등) ▷ **강조점(points forts)** – 프랑스의 경제적, 정치적, 문화적, 스포츠 관련 비중, 그리고 세계적인 행사에 대한 프랑스의 참여(시사, 언어, 예술교육과 관련된 사례 제시하기) – 프랑스어권의 상황 및 역할(시민교육과 관련하여)	○ **초등학교 5학년 전체** **1. 유럽** 1. 자연지역 2. 지리학자의 도구인 사진과 지도: 경관 3. 7억의 유럽인들 4. 유럽속의 프랑스 5. 유럽 국가들 6. 교통망 7. 지리학자의 도구인 용어: 유럽의 하천, 프랑스의 하천 **2. 유럽연합** 1. 원칙 2. 정치적인 코뮌 3. 경제적인 큰 세력 4. 유럽인의 실현 5. 지리학자의 도구인 그래픽: 유럽연합 속에서의 프랑스 **3. 세계의 경관들** 1. 우리의 지구 2. 지리학자의 도구인 평면 구형도: 지구의 표현 3. 기후지역 4. 지리학자의 도구인 기후 다이어그램: 세계의 기후 5. 자연환경 6. 추운사막과 더운 사막 7. 숲 **4. 지구상의 인간** 1. 그들의 환경 속에서의 인간들 2. 지구상에서의 인간의 분포 3. 지리학자의 도구인 사진: 농업경관 4. 부유한 나라와 가난한 나라 5. 지리학자의 도구인 인구피라미드: 인구통계 6. 가장 큰 도시들 7. 제3세계의 아이들 **5. 세계 속의 프랑스** 1. 지리학자의 도구인 지도: 프랑스 영토 2. 해외(영토)의 프랑스 3. 프랑스어권 4. 경제적인 강대국, 프랑스 5. 세계 속에서의 프랑스의 영향력 6. 프랑스로의 인구이동 7. 가난한 국가들에 대한 원조

교육과정 내용	교과서 내용
○ 학습 후 예상되는 능력 1. 학생들은 다음과 같은 능력을 갖게 될 것이다. − 인쇄된 지도나 디지털 지도에서 탐구(recherche)를 실행하기 − 현상을 파악하기 위해서 다양한 스케일의 지도들 간의 관계 설정하기 − 간단한 공간적 크로키 작성하기. − 로컬 및 지역 공간에서 학교가 위치해 있는 장소 찾기 − 세계적인 공간에서 프랑스 찾기 − 프랑스의 주요 도시들의 위치 및 프랑스의 거대 통신축을 찾기 − 세계적 공간에서 유럽, 유럽의 주요 국가들, 유럽의 주요 도시들 찾기 − 계산영역에서 화폐의 사용(유로화, 썽띰)과 같이 습득된 능력을 적용하기 2. 다음과 같은 내용을 이해하고 기억할 것이다. − 지리적인 기본 어휘(적당한 상황에서 활용할 줄 아는 능력) − 경관의 대 유형(구별할 줄 아는 능력) − 지구본 및 평면구형도에서 인문적인 대구분(대륙적, 해양적), 그리고 위치를 찾고 인식할 수 있는 능력 − 유럽연합에 참여하고 있는 국가들	

3. 중학교 교육과정 – 교과서 내용 대조

1) 중1(6e)

교육과정 내용	교과서 내용	
지리/세계의 지도와 경관 【1】 세계의 지리적 대지표(grands repères) − 도입부(1시간)에서는 초등학교에서 배운 다음과 같은 기본적인 개념들을 상기시켜준다: 대륙과 해양의 분포, 위치를 정할 수 있게 해주는 기본적인 지표들(극, 열대, 적도)	11. 지구	지도 경관사진 자료: 지구상에서의 방향 정하기
1. 세계의 인구분포(7~8시간) − 사람이 많이 사는 곳과 그렇지 않은 곳들을 지구본 상에서 찾아보고 그 지역들의 이름을 말한다. 도시의 인구밀집 지역들을 찾아본다. 프로그램의 두 번째 파트에서 선택되는 사례들은 경우에 따라 대조적인 측면들을 보여줄 수도 있다. − 우리는 인구증가가 큰 영역과 인구증가가 허약한 영역을 비교한다. − 학생들은 한편으로 인구밀도 사이에서 관계의 복잡성을, 다른 한편으로는 부유와 빈곤을 발견하게 된다.	12. 지구상의 인간	1. 인구분포 자료: 정주 형태 2. 인구증가
	13. 불공평하게 부유한 국가들	1. 세계의 국가들 2. 부유한 국가들과 가난한 국가들 자료: 선진국과 후진국, 정주와 빈곤

교육과정 내용	교과서 내용
− 지도(평면 구형도): 세계의 인구분포, 세계의 국가들, 세계 공간에서 부유와 빈곤 − 지리적인 지표: 인간에 의해 점유되고 있는 곳과 인구가 희박한 지대, 큰 나라들과 도시의 인구밀집 구역들	
2. 기후 및 생물지리적 대영역(4~5시간) − 지구상에서 기후 및 식생의 성격은 지도 및 이미지로부터 학습된다. 학생들은 이러한 현상들을 기술할 수 있게 해주는 단어들을 활용하는 것을 배운다. − 열수지 및 강우에 관련되는 지대를 찾는 것은 간단하게 설명된다. − 경우에 따라서는 교육과정의 두 번째 파트에서 선택된 간단한 두 가지 사례들의 도움으로 사회와 기후와의 관계를 보여준다. − 지도: 열수지 및 강우지대, 생물기후의 대영역, 선택된 사례들에 해당하는 다양한 축척의 지도들 − 지리적 지표: 열수지 및 강우지대, 생물기후의 대영역, 선택된 사례들의 위치	**14. 생태·기후 영역** 1. 기후지대들 2. 온대기후지대 자료: 열대습윤지대 3. 건조한 사막 자료: (북극의) 한랭한 사막
3. 대지형(3~4시간) − 대지형은 지도나 이미지로부터 확인된다. 학생들은 땅의 지형을 간단하게 기술할 수 있는 단어(표현)들을 활용하는 법을 배운다. − 경우에 따라서는 교육과정의 두 번째 파트에서 선택된 간단한 두 가지 사례들의 도움으로 사회와 지형과의 관계를 보여준다. − 지도: 세계의 지형, 선택된 사례들에 해당하는 다양한 축척의 지도들 − 지리적 지표: 큰 산맥, 대평원, 몇몇 대하천 유역	15. 대지형 1. 산지, 고원 그리고 평지 자료: 산지지역(알프스), 물의 흐름과 해안, 경관의 분포(입지)
[2] 경관의 대유형(grands types) 1. 도시경관 − 지중해의 관광해안 − 산업화된 해안 − 유럽의 한 메트로폴 − 북미의 한 메트로폴 − 가난한 국가의 한 메트로폴	16. 도시화된 해안지방 경관: 산업화된 해안-고베, 관광해안-Menton
	17. 도시경관 경관: 유럽의 주도도시-Paris, 북아메리카의 주요도시-뉴욕, 가난한 국가의 주요도시-Lagos
2. 농촌경관 − 아시아의 한 벼농사 삼각주 − 북미의 한 경작지 − 유럽의 한 마을 − 아프리카의 한 마을	18. 촌락경관 경관: 유럽의 마을, Zellenberg, 북아메리카에서의 어느 한 농장, 아프리카에서의 한 마을, Banforo, 메콩 삼각주
3. 인간이 점유하기 어려운 경관 − 사하라사막 또는 북극에서 − 아마존의 밀림에서 − 안데스 또는 히말라야의 고산에서	19. 인구밀도가 희박한 지역의 경관들 경관: 알제리의 사하라사막에서, 그린란드의 Sisimiut, 아마존의 한 지역, le Para, 볼리비아의 안데스산맥에서, 네팔의 산지에서

교육과정 내용	교과서 내용
– 교육과정에 의해 제시된 경관들은 한 가지 또는 몇 가지 이미지들로부터 학습된다. 각각의 사례에 대해, 우리는 위치가 정확한 한 장소를 선택하고, 첫 번째 파트에서 학습한 지리적 지표와 체계적으로 관계를 설정한다. – 그렇지만, 인간이 그들의 공간에서 활동하는 것에 대한 메커니즘을 분명하게 하기 위해, 그리고 환경문제를 상기시키기 위해 모든 사례들은 제시되어야만 한다. 제시된 세 가지 사례들 중에서 한 가지 사례는 특히 더 구체적으로 전개될 수 있다. – 이러한 학습은 다음과 같은 삼중의 궁극적 목표(finalité)를 가진다. 즉, 인간의 점유가 강한 곳과 덜한 곳에 대하여 기술하고 설명할 수 있게 해주는 말(표현)을 제시하고, 영토(국토)의 조직 내에서 사회의 역할을 분석할 수 있게 해주는 말을 제시한다. 따라서 다양한 스케일에 위치하는 것에 관해 숙고하고, 이러한 조직에 대한 경제적, 문화적, 자연적인 이치를 보여주는 몇 가지 커다란 요인들을 판별하는 것을 포함한다. – 이러한 학습은 한편으로는 초등학교부터 습득해온 기본적인 지리 지식을 뿌리내리게 해야 하며, 다른 한편으로는 지리적 추론을 수행할 수 있는 것을 배울 수 있어야만 한다. – 학생들은 훨씬 더 엄밀한 방법으로 이미지들에 대한 용어와 다른 형태(구두로 말하거나, 텍스트로 표현하거나, 크로키로 표현하는 것)로 표현하는 방법을 배운다. – 지도: 교육과정의 첫 번째 파트에서 배운 평면구형도는 확실한 기초를 구축하게 해주며, 다양한 스케일의 지도들은 선택된 사례들의 위치를 정확하게 찾게 하고, 지리적인 맥락 속에서 본래 그것의 자리를 찾을 수 있게 해준다. – 지리적 지표: 본보기로 교사가 선택한 이미지들은 기억할 수 있는 문화적, 지리적 지표가 된다.	

2) 중2(5e)

교육과정 내용	교과서 내용
아프리카, 아시아, 아메리카 – 세계의 빠른 변화는 교사들로 하여금 해마다 교육과정에 있는 다양한 요소들에 대한 학습을 안내해주는 문제제기를 하는 시점에서 그 내용을 결정하게 해준다. 문화적 다양성과 발전의 속도는 연간 학습을 안내해주는 길잡이가 될 수 있다. – 동시에, 몇몇 사례학습을 통하여 대륙에 대한 일반적인 처리, 최소한의 위치 찾는 지식을 확고하게 하며, 지리적 추론 연습하는 것과 관련된다. – 교육과정에 있는 다양한 부분에 대한 처리 순서는 교사들의 재량에 맡긴다.	

교육과정 내용	교과서 내용	
【Ⅰ】 아프리카 1. 아프리카의 다양성(6~7시간) - 여기서는 불연속적인 인구분포, 인종적, 문화적인 다양성이 생물기후지대와 같은 것들보다 훨씬 더 관련되는데, 이러한 것들은 지도로 제시된다. 고대 및 최근의 역사적 비중은 분명해진다. 환경의 역할에 대한 회상은 중학교 1학년 수업시간에 배운 것에 근거를 둔다. 지역들 간의 차이는 이러한 총체적인 요인들에 대한 결과로서 분석된다.	10. 아프리카	지표 자료: 불균등한 정주환경. 민족의 다양성 1. 불리한 자연환경? 2. 역사적 속박 3. 가장 가난한 대륙 4. 인구성장 자료: 폭발적인 도시화 지역적인 공간(사례지역): 아프리카
2. 마그헤브(4~5시간) - 우리는 지중해 세계, 이슬람 세계의 소속에 대해, 그리고 유럽과의 관계에 대해, 해안, 내륙, 사막간의 대조에 대해, 그리고 인구와 관련된 문제에 역점을 둔다. - 지리적 지표: 생물기후 지도, 아프리카의 인구분포 및 주요 도시 지도, 아프리카 국가 및 주요지역을 나타내는 지도, 마그레브 지역 국가들의 환경, 인구, 자원.	11. 마그레브	자료: 북아프리카의 세 국가들 1. 공간과 인구 자료: 도시문제, 자원 2. 해안지역의 발전 3. 유럽과의 관계 사례지역: 마그레브의 세 공간들
【Ⅱ】 아시아 1. 아시아의 다양성(5~6시간) - 지도(인구, 종교 및 문화적인 영역, 산과 관련된 기후 대영역)로부터 아시아의 다양성(중동부터 극동에 이르기까지)은 분명해진다. 인구분포에 대한 강한 대조적인 측면(인구밀도가 아주 높은 곳과 아주 낮은 지역)은 오래된 농업방식(물 관리) 및 국가적인 조직과 관련을 맺는다. 학습은 부유한 곳과 가난한 지대, 해안과 내륙, 대륙국가와 도시국가간의 대조적인 측면을 강조하게 해준다. - 주, 일본은 4학년(3e)에서 배운다.	12. 아시아의 다양성	지표 자료: 위험에 직면한 대륙 1. 다양한 자연환경 자료: 민족의 다양성 2. 대조적인 인구분포 자료: 벼농사와 인구분포, 물의 관리(활용) (몬순아시아) 3. 불균등한 발전(성장) 사례지역: 아시아
2. 인도연합, 중국 - 앞서 검토된 요소들로부터 모든 학습을 철저하게 하면서 각각의 두 국가들에 대한 특수성을 분석한다. - 또한 문화적인 다양성, 인구압, 사회문제, 지역적 격차, 발전속도 등은 인도 연합 및 중국에 관해서 특수하게 검토된다. - 지리적 지표: 아시아의 주요 도시 및 인구분포 지도, 아시아의 지역 및 국가지도, 인도 및 중국 지도	13. 중국	1. 아시아의 거인 자료: 한족과 소수민족들 2. 급속한 성장 자료: 비약적으로 발전하는 중국의 해안지역, 대규모의 새로운 작업(건설공사) 사례지역: 세 가지 측면의 중국
	14. 인도	1. 10억 이상의 인구 자료: 문화적인 모자이크 2. 대규모 인구 부양하기 3. 깨어나는 인도 자료: 수없이 많은 가난한 사람들, 사례지역: 불평등
【Ⅲ】 아메리카 1. 남북 아메리카 공간의 차이(6-7시간) - 앵글로 아메리카와 라틴 아메리카로 나뉘어진 것은 대륙의 인구에서 이주의 역할을 분명하게 해준다. 인구의 대다수는 해안과 도시에 분포한다는 것으로 학습된다. 경선을 따라 뻗어 있는 북쪽의 공간과 남아메리카의 차이점은 설명된다. 국가들의 내부로서 대륙적인 스케일에 존재하는 대조적인 조건은 강조된다. - 주, 미국은 중학교 4학년에서 배운다.	15. 두 개의 아메리카	지표 1. 아메리카의 인구 자료: 북아메리카, 라틴 아메리카 2. 길게 뻗은 대륙 자료: 풍부한 자원 3. 부유한 아메리카 4. 발전하는 아메리카 자료: 미국-멕시코 국경 사례지역: 아메리카

교육과정 내용	교과서 내용
2. 브라질(4-5시간) – 학습은 이 국가에 대한 자원의 중요성과 지역적인 대조로 치우쳐서 이루어진다. 사회적인 불평등은 토지분포의 불균형과 도시의 성장과 관련된 문제들을 통해 소개된다. – 지리적 지표: 아메리카의 주요도시 및 인구분포 지도, 아메리카의 주요 지역 및 국가지도, 브라질의 지역 지도 – 중학교 지리교육 학력증 – 숙달해야 하는 연대기적 지표: 아프리카, 아시아, 아메리카의 인구, 국가, 도시: 인구밀도가 아주 높은 지역, 아메리카와 일본의 메갈로폴. 마그레브의 국가들과 이집트. 인도연합, 중국, 일본, 미국, 캐나다, 멕시코, 브라질. 카이로, 북경, 상해, 봄베이, 캘커타, 토쿄, 뉴욕, 로스앤젤레스, 상파울루, 멕시코	16. 브라질 1. 라틴 아메리카의 거인 2. 드러난 강국 자료: 도시들과 그들의 문제, 토지의 불균등한 배분, 아마존의 정복 사례지역: 지역들 간의 불평등

3) 중3(4e)

교육과정 내용	교과서 내용
유럽, 프랑스 – 유럽대륙에 대한 소개 후에, 중3 교육과정은 본질적으로 국가들에 대한 학습으로 할애된다. 프랑스에 있어서 특히 중요한 것은 지역에 관한 학습으로 주어진다. 세계 속에서 유럽의 조직, 프랑스의 경제, 유럽 및 프랑스의 위상은 중4에서 배운다. – 교사는 교육과정의 다양한 부분들 중에서 그 순서를 자유롭게 선택할 수 있다. Ⅰ. 유럽대륙 1. 유럽의 다양성(4~6시간) – 우선, 유럽은 평면구형도 상에 나타난다. 국가, 인구, 언어, 지역에 관한 지도들은 유럽적인 모자이크를 소개할 수 있게 해준다. 우리는 주요 지형, 큰 하천, 주된 생물기후 영역들을 찾아보고, 그러한 것들을 유럽의 공간구조와 경관을 설명하기 위해 도시화 및 통신망과 관련짓는다.	12. 유럽 1. 유럽의 인구분포 자료: 문화적인 다양성 2. 많은 국가들 자료: 부유함의 불평등, 유인하는(끌어당기는) 유럽 3. 다양한 자연환경 4. 도시와 통신망 경관: 유럽의 첫 번째 항구, Rotterdam 자료: 유럽공간의 조직
2. 몇몇 국가들(12~13시간) – 우리는 다음과 같은 리스트에서 최소한 3개 국가를 선택해서 학습하게 될 것이다. – 독일, 러시아, 영국, 지중해 연안의 유럽 국가들 중에 하나 – 앞서 검토된 요소들로부터 모든 학습을 철저하게 수행하면서 선택된 각각의 세 국가들에 대한 지리적인 특수성(특히, 인구 및 국토조직)에 관해 분석한다. 이러한 관점에서는 역사적인 비중과 활용되고 있는 언어교육과의 연계를 강화시켜줄 수 있는 문화적인 관점이 강조된다. – 유럽지도: 인구밀도 및 주요 도시들, 유럽의 국가들, 언어와 종교, 지형과 기후, 커뮤니케이션의 축과 분기점, 학습된 국가들의 지도	13. 독일 1. 독일의 국토 경관: 새로운 수도, 베를린 자료: 감소하긴 하지만, 많은 인구 2. 불안정한 강대국 자료: 동독의 어려움, 독일 국토공간의 조직
	14. 러시아 1. 세계에서 땅이 가장 넓은 나라 2. 국토상의 주민들 자료: 유럽과 시베리아의 러시아 3. 혼란스러운 나라 경관: 변화하는 수도, 모스크바 자료: 러시아 국토공간의 조직

교육과정 내용	교과서 내용		
	15. 영국		1. 대영제도 2. 어려움에 처한 주변지역 3. 역동적인 국토공간들 경관: 런던시 자료: 대영제국 국토공간의 조직
	16. 이탈리아		1. 이탈리아 반도 2. 근대의 이탈리아 3. 세 부분으로 나눠본 이탈리아 경관: Mezzogiorno의 도시, 나폴리(Naples) 자료: 이탈리아 국토공간의 조직
	17. 스페인		1. 스페인의 부흥(재건) 2. 국토개발 경관: Baleares 섬의 관광 3. 사회의 변화 자료: 스페인의 여러 가지 모습
Ⅱ. 프랑스(16~19시간) 1. 단일성과 다양성(4~5시간) – 프랑스 지리의 주된 특징은 공통적인 특징으로서의 오리지널한 요소들을 강조하면서 유럽의 나머지 요소들과 함께 유럽적인 틀에서 기술된다. 경관들은 유럽적인 큰 영역의 아래에서 개방된 국토에서 나타난다. 이러한 경관들은 관리하고 보존해야 할 환경 및 문화유산을 구성하고 있다. – 인구격차(부조화)는 인구밀도 지도로부터 학습되며, 인구의 최근 추이(인구학적인 작동, 도시화, 교외화)와 함께 관계가 설정된다.	18. 프랑스, 통일성과 다양성		1. 프랑스의 국토 자료: 지형과 기후, 다양한 위험요소 2. 프랑스의 인구(분포) 3. 프랑스의 인구(특성) 자료: 프랑스로의 이주
2. 국토개발(2~3시간) – 지도로부터 지역적인 불균형을 분명하게 확인한다. 국토개발 프로젝트와 이것의 실현과 관련된 학습은 주요지역들에 대한 검토에 들어가게 해준다.	19. 국토개발		자료: 국토의 불균형 1. 국토개발 정책
3. 주요 지역들(10~11시간) – 지역에 대한 철저한 분석을 배제하면서(하지만, 파리 지역과 관계가 설정된 지역에 주의를 기울이면서), 다음과 같이 도출된 6개의 주요 지역들의 특징을 부여해주는 주된 특징을 학습하는 것과 관련된다: 일드프랑스와 파리분지, 북동 산업지구, 리옹지역과 그의 주변 알프스 지역,(브흐고뉴와 오베흐냐뜨) 지중해 연안(Les Midis), 대서양 서안, 해외영토(도, 영토). 특징은 경관, 주요 활동, 메트로폴로 설정된다. – 프랑스 지도: 인구분포와 주요 도시들, 행정지역, 교육과정에서 정의된 주요 지역들	20. 국토 의 주요 지역	◇ 파리, 일드 프랑스 그리고 파리분지	1. 프랑스의 첫 번째 대도시, 파리 2. 교통 밀집 공간 경관: 신도시, Marne-la-Vallee 3. 파리분지
		◇ 북부와 북동부	1. 변화하는 지역들 경관: Louvre에서 Lens 으로 바꾸는 프로젝트 2. 북부에서 알자스로
		◇ 리옹과 그 주변지역들	1. 리옹지역 경관: (화학)산업단지(회랑지대) 2. 리옹의 주변지역들 경관: 알프스 산지의 스키장, Val-Thorens
		◇ 지중해 연안	1. 매력을 끄는 지역들 경관: Languedoc의 해변, La Grande-Motte 2. 지중해 연안의 다양성 경관: 마르세이유의 부흥

교육과정 내용	교과서 내용
20. 국토 의 주요 지역	◇ 대서양에 면한 서부지역 1. 바다의 중요성 경관: Arcachon 호(수) 2. 시골(농촌) 공간 경관: 브흐따뉴의 농장들 ◇ 멀리 떨어진 프랑스 1. (해외 영토들의) 공통점 자료: 다양한(해외) 영토들

4) 중4(3e)

교육과정 내용	교과서 내용
교육과정: 오늘날의 세계 Ⅰ. 1914~1945: 전쟁, 민주주의, 전체주의(17~21시간) (역사 영역)	
Ⅱ. 오늘날의 세계에 대한 구상과 조직(19~23시간) - 제2부는 역사 및 지리 교육과정의 긴밀한 연계로 구성된다. 6. 오늘날의 세계 지정학(2~3시간) - 1945년 이래로부터 국제관계의 주된 진전 단계(양극화된 세계, 탈식민지화, 유럽의 형성, 블록의 해체)는 오늘날 세계의 양극화를 이끌고 있는 요인들을 분명하게 보여준다. 동서 대립에 대한 학습은 완벽할 수 없으며, 베를린의 사례로 한정한다. 탈식민지에 대한 사례는 인도와 프랑스의 식민지였던 아프리카 지역으로 한다. - 오늘날의 세계 정치지리 학습에 있어서 국경의 개념(정치적, 문화적)은 다음과 같이 안내된다: 한편으로는 국경의 증가(민족주의의 재출현과 국지적 충돌), 다른 한편으로는 지역 및 세계적 공간조직적 틀 내에서 국경이 없어지는 경향.	6. 오늘날 세계의 지정학 지도: 언제나 늘어나는 국가들 지도: 강대국의 주요 축과 세계의 주요 전쟁들 1. 국가가 많을수록 전쟁도 많다 자료: 세계의 피난민들, 국제기구의 비약적 발전
8. 세계의 일반적인 조직(7~8시간) - 1945년 이래로 대조적인 인구변천, 경제성장 및 경제변동은 다음과 같이 국가 및 대륙에 따라 다양한 사회적인 결과를 보이고 있다. 즉, 노동, 생활수준 및 방식의 변화. - 이러한 변화는 또한 다음과 같이 다양한 스케일에서의 지리적 결과를 반영한다. - 인간 및 재화의 이동 증대는 세계적인 스케일에서 학습된다. - 부유함과 빈곤함을 정의하기 위해 다양한 기준을 활용하면서, 지도는 사회속에서 대륙간, 국가간(선진국, 신흥국, 후진국)의 차이를 설명하고 소개할 수 있게 해준다. - 가속화되는 도시화는 몇몇 도시경관에 대한 사례들로부터, 지구적 스케일로, 그 밖의 스케일로 학습된다. - 지도: 양극화된 세계, 탈식민지화, 세계의 인구, 국제교역, 세계의 불평등성, 오늘날 세계 및 충돌지대의 정치·지리.	8. 세계의 일반적인 조직 자료: 65억의 인구 지도: 세계에서 불균등한 것들 자료: 건강 측면에서의 불평등 1. 경제력이 고르지 않은 선진국들 2. 개도국(남위도에 속한 국가들)의 다양성 지도: 직업을 위한 이주 3. 이주의 비약적인 증가 자료: 관광객의 이주 지도: 세계의 무역 4. 점점 더 늘어나는 교류 지도: 세계의 도시화 5. 급속한 도시의 성장 자료: 세계의 판자촌 지도: 환경의 훼손 지구촌에서의 위험요소들

Ⅲ. 주요 경제대국(15~19시간)
- 주된 경제대국에 대한 학습은 본질적으로 지리적이다. 그렇지만 이러한 학습은 실제 상황에 대한 이해에서 필수적인 역사적 요소들을 활용한다.

9. 미국(6~7시간)
- 무한한 공간, 인구압, 국토의 metropolisation에 대한 소개는 학습에 도입된다.
- 미국이 세계적인 대국이라고 할 수 있게 하는 몇 가지 요소들을 분석한다. (자원, 기술, 경제력, 군사력, 문화적인 명성) 1945년 이래로 세계가 조직되는 상황에서 이 나라에 의해 취해진 역할은 몇 가지 그의 힘에 바탕을 두고 있다는 것을 명확히 해준다.

9. 미국	자료: 부유하고 계획된 국토 1. 3억의 인구 자료: 미국에서 가장 큰 도시들 2. 첫 번째의 경제대국 3. 강대국을 만들어주는 미국의 자본주의 자료: 미국의 문화적인 영향 지도: 세계의 미군 분포 자료: 정치적, 군사적 강대국 4. 국토공간의 조직 자료: 강대국의 핵심 지역들

10. 일본(3~5시간)
- 이 나라에서 우세한 지리적인 특징(섬 나라적 특성, 협소함, 인간 및 활동의 집중, 천연자원의 부족)은 학습으로 도입된다. 세계 속에서 일본의 지위와 그 역할이 분석된다(산업적, 해양적, 자본적, 교역에 관하여, 혁신적인 능력적 측면에서의 힘). 학습은 1945년 전쟁의 패배 후에 전통, 빠른 근대화, 그리고 일본이 아시아에서 행사하고 있는 영향력 사이에서의 독창적인 발전을 위해 이 나라의 아메리카식 모델에 대한 정치적인 재구성에 중점을 둔다.

10. 일본	지도: 인구밀도가 높은 열도 1. 국력 신장 2. 두 번째 경제대국 3. 일본의 도전 자료: 일본과 아시아-태평양 4. 그들의 국토 위에서의 일본인들 지도: 일본 국토공간의 조직

11. 유럽연합(6~7시간)
- 이전 챕터에서 유럽 구축의 기원과 큰 단계에 대한 학습 후에, 여기서는 독립국가 연합의 구성축에 대한 독창성을 강조한다. 유럽연합의 제도에 대한 기술은 하지 않고, 그의 경제적, 교역에 있어서의 힘, 공유하고자 하는 그의 의지에 대한 확대 및 심화, 그의 정치력이 미치는 범위, 정치력을 구성하고 있는 국가들의 세계적 영향력에 관해 소개한다.

11. 유럽 연합	1. 유럽의 형성 지도: 유럽연합의 국가들 2. 국가들의 연합 3. 세 개의 축 자료: 유럽의 성공, 인공위성 4. 매력적인 공간 5. 연합을 더 돈독하게 하고 확대하기 자료: 유럽연합 내에서 힘의 분포

Ⅳ. 프랑스(15~19시간)
13. 프랑스 경제의 변동
- 중학교 3학년에서 배운 것으로부터 시작한다.
- 당국의 역할을 강조하면서, 생산, 농업, 산업 시스템의 변동, 그리고 스비스의 변동 및 구성요소를 소개한다.
- 1945년 이래로 정치적 삶에 관한 주된 부분을 사회, 사회의 모드에 대한 물질적, 문화적 변화 그리고 삶과 동경하는 삶의 틀과 관계를 맺으며 분석한다.
- 제5공화국의 제도와 방위 문제는 시민교육에서 배운다.

13. 프랑스 경제의 변화	지도: 프랑스에서의 교통 및 산업 1. 프랑스 산업의 변화 자료: 첨단기술 산업의 비약적 발전 2. 유럽에서의 첫 번째 농업 자료: 소량 생산 농업 방식을 향하여 3. 서비스업의 성장 자료: 상업의 변화

14. 프랑스, 유럽, 세계
- 세계 속에서 프랑스의 유럽정치사 및 그 역할의 변화는 유럽과 세계를 향해 개방된 힘과 같은 그의 지리 학습으로 폭넓게 도입된다. 투자, 관광, 이주와 관련된 움직임에 의해 설정된 관계, 정치적, 문화적인 영향력은 유럽 속에서, 세계 속에서 프랑스의 위상을 설정하게 해준다.

- 지도: 경제활동, 세계 속의 프랑스.

14. 프랑스, 유럽 그리고 세계	1. 프랑스와 1945년 이후의 세계 자료: 프랑스와 독일의 화해, 세계 속에서 프랑스의 존재 2. 강한 경제력과 개방 3. 관광목적의 첫 번째 목적지

4. 고등학교 교육과정 – 교과서 내용 대조

1) 고등학교 1학년

교과서 교육과정 내용	Hachette	Hatier
대주제: 인간은 땅을 점유하고 개조한다 **지구상에는 60억 이상의 인구가 살고 있다.** 세계에서 가장 인구밀도가 높은 지역에 중점을 둔다. 인구 분포와 인구밀도, 부와 개발 정도의 불균형을 지도를 통해 살펴본다. 세계는 수많은 국가로 나뉘어 있다. 국가를 나누는 국경선은 공간상에 있어서 주요한 불연속을 보여주는 것이다. 국경은 개발과 환경관리, 공간조직이라는 특정 형태를 보여주게 되고, 이는 또한 지리적인 문제, 더 나아가 국제적 자원(강, 수산 자원 및 에너지 자원 등)과 관련된 분쟁을 유발한다. 환경적인 문제에서 국경이 큰 문제가 되지는 않으며, 환경적인 문제는 국가와 힘의 불균형, 다소간의 접근성 등에 대한 국제적인 관리를 필요로 한다.	1. 지구상에 거주하는 65억의 인구 <cours> 1. 육지의 1/3에만 사람이 산다. 2. 인구분포에서 역사적, 인구학적 요인들 3. 발전의 불균등성으로 인한 남북문제 4. 지리학의 중심에 있는 국경문제 5. 세계화의 틀 속에서 국경이 사라지기를 바라면서 <사례학습> 1. 대조적인 공간, 지중해 연안 2. 발전의 불균등성을 보여주는 것, 에이즈 3. L'ALENA, 북아메리카 국경은 강화되는가, 사라지는가? 4. 해양 지정학의 중심에 놓인 동아시아	1. 60억 이상의 인구 <사례학습> 1. 아메리카 대륙의 인구 2. 동남아시아의 인구 3. 중앙유럽과 동유럽에서의 인구, 국경 그리고 환경 <cours> 1. 인구가 희박한 곳과 조밀한 곳 2. 발달과 풍요로움의 싱충되는 측면 3. 환경, 지구촌의 쟁점 4. 국경은 세계의 공간을 나눈다.
인구 부양하기 인구변동 과정에서 다소간의 지체가 있기는 하였으나, 인구증가 속도는 여전히 빠르게 나타나고 있다. 인류 전체를 먹여 살릴 수 있는 지구의 능력이 중요한 문제가 되고 있다. 이 문제를 해결하기 위해, 생산 시스템이 다소 집약적이 되고 있으며(헥타르당 생산량, 1인당 생산량), 다소 지역시장이나 국가시장, 국제시장을 목표로 하게 되었다. 이러한 시스템은 소농에서부터 농업 산업 부문의 거대 기업까지, 그리고 식료품 기업에 이르기까지 다양한 주체들에 의해 이루어지고 있다. 특정한 농업 방식은 토지유실, 특히 침식에서 사막화에 이르기까지 환경적인 영향을 갖고 있다. 이러한 영향은 식량 공급자로서 지구의 능력에 위협을 가할 수 있는 것이다. 개발과 환경관리 문제를 조정하는 것은 뛰어 넘어야 할 큰 문제이다(녹색 혁명, 유전자 변형 식품, 토양이 아닌 곳에서 재배하기 등). 빈곤과 기아의 문제에 대해 자문을 해보게 된다. 이러한 현상이 실제적으로 지구가 세계 인구를 먹여 살릴 능력이 없기 때문인가, 아니면 자연적인 상황이나 경제 사회적인 위기, 정치적 분쟁 때문인가?	2. 인구 부양하기 <cours> 1. 세계적으로 식량으로 인한 어려움 2. 세계 농업생산 체계 3. 농업생산을 어떻게 증대시킬 것인가? 4. 세계적으로 빈곤은 왜 ? 5. 지속가능하고 공평한 농업을 향하여 <사례학습> 1. 브라질, 거대한 농업국의 어려움 2. 옥수수 시장의 성격과 쟁점은 무엇인가? 3. 사하라 남부 아프리카에서 식량문제는 어떠한가? 4. 유전자변형생물체(OGM)에 대해 찬성하는가, 반대하는가?	2. 인구부양 <사례학습> 1. 사하라 남부 아프리카에서의 인구 부양 2. 미국의 농업, 전 세계를 먹여 살린다고? 3. 10억의 인도인을 어떻게 부양하는가? 4. 브르따뉴 지방의 가축 사육: 통합적이고 집약적인 농업방식 <cours> 1. 부분적으로 고무된 도전, 인구 부양하기 2. 농업생산물 늘리기 3. 시장에 통합시키기, 왜? 4. 건강과 환경 보전하기

교육과정 내용	교과서 Hachette	Hatier
물, 부족함과 풍족함의 사이에서 물은 자연이 지구상에 매우 불균형하게 나누어 준 자원이다. 건조지역 및 반건조지역이 지구의 1/3이나 된다. 따라서 물을 마음대로 사용할 수 있는 지역은 매우 가변적이며, 물에 대한 수요도 다르다. 인간의 지속적인 필요량 증가와 다양한 개발로 인하여 다양한 사용처(관광과 농업, 농촌과 도시 등)와 다양한 단계(도시, 지방, 대륙 등)에서의 긴장이 야기된다. 수질 만큼이나 물의 양 또한 문제가 되고 있으며, 물은 언제나 재생 가능한 자원도 아니다(화석 층). 물이 풍부한 국가들도 특정 조절 방법을 사용하지 않는 것은 아니다(특히 가뭄이 든 해의 관개 및 관광). 물을 관리하는 정책이 마련되고 있으며, 물 값은 날이 갈수록 오르고 있다. 관개와 배수 등과 같이 물을 사용하고 관리하는 방법은 전통적이거나 현대적인 개발을 야기하며, 특정 환경을 만들어내는 것을 보여주게 된다. 오랫동안 물은 다양한 차원에서 토지의 구성(조직)의 견인차 중 하나였다. 물은 거주지와 특정 활동을 결정하게 된다. 물은 사회와 국가(빈국이든 부국이든), 그리고 지구 전체에 있어서 점점 더 중요한 문제가 되고 있으며, 앞으로도 그러할 것이다.	3. 풍부함과 희박함 사이에 있는 물 <cours> 1. 민물의 불균등한 분포 2. 인간에 의해 점유된 공간조직의 중심에 있는 물 3. 물, 갖기를 원하고 통제 가능한 자원 4. 물, 위협적이고 공유되지 못하는 자원 5. 물에 대한 지속적인 관리는 왜, 그리고 어떻게 확보할 수 있는가? <사례학습> 1. 인도대륙 아래의 물, 개발의 쟁점 2. 이집트에서 물에 대한 안전이 위협받고 있는가? 3. 중앙아시아의 오아시스는 위기에 처한 환경인가? 4. 콜로라도의 하천, 번역과 분쟁의 자원	3. 물이 풍부한 곳과 희박한 곳 <사례학습> 1. 나일 강에서 중동까지: 부족한 물 2. 몬순아시아: 풍부한 물 3. 그리스에서 물에 대한 쟁점 <cours> 1. 물, 불평등하게 이용되는 자원 2. 물의 이용과 경관 3. 물로 인한 갈등(충돌) 4. 물, 위협적인 자원
도시 지역의 역동성과 도시 지역의 환경 도시의 성장은 지구 차원에서 중대한 현상 중 하나이다. 개발도상국에서 인구의 도시 집중 현상이 오늘날도 지속적으로 이루어지고 있으며, 더 많은 사람들이 대도시에 정착하고 있다. 도시 내부 차원에서의 도시에 대한 학습은 배경과 기능에 관한 분석과 관련되어 있으며, 특히 첨단 기술과 연구 활동이 집중된 도시의 중앙 기능을 강화한 기술 대도시 현상과 대도시화 현상에 책임이 있는 기능에 대한 분석과 관련되어 있다. 도시의 기능과 도시의 집중화는 전체적으로뿐 아니라 그 자체로도 학습되어야 한다. 도시의 인구증가는 점점 더 민감성이 더해가는 도시 환경 문제라 하겠다. 이에 도시에서는 자체적인 환경(도시 진입 환경, 거주지 형태, 도시구역, 녹색공간 등) 내에서 이 문제를 다루고 있으며, 수자원과 같이 불균형적으로 접근할 수 있고 비싼 자원을 사용하는 사회에서는 환경적인 부분에서도 이 문제를 다루고 있다. 사회에서는 자연재해(홍수, 지층 불안정 등)를 고려하고, 기술적 위험을 관리하며, 도시 교통 형태를 고려해야 한다. 이러한 접근방식은 빈국과 부국의 도시들 간의 불균형을 확실하게 보여준다.	4. 도시의 역동성과 도시환경 <cours> 1. 30억의 도시 거주민 2. 후진국에서의 폭발적인 도시 3. 도시들, 강력한 중심 4. 아주 큰 도시들? 5. 지속 가능한 도시를 향하여? <사례학습> 1. 붐베이, 정상을 벗어난 후진국형 거대도시 2. 런던, 세계도시에 대해 어떤 기능을 하는가? 3. 도쿄, 선진국형 거대도시로서 어떤 문제가 있는가? 4. 대도시에서의 교통관리는 어떻게 하는가?	4. 도시의 역동성과 도시환경 <사례학습> 1. 자카르타, 개도국 대도시의 근대성과 불안정성 2. 로스앤젤레스, 기상천외의 도시 3. 요하네스버그, 아프리카의 대도시(메트로폴) 4. 마르세이유, 유럽의 메트로폴? <cours> 1. 일반적인 도시화, 그렇지만 대조적이다. 2. 세계의 메가폴과 메트로폴 3. 도시들로부터 분화된 공간으로 4. 도시환경과 지속 가능한 발전

교과서 교육과정 내용	Hachette	Hatier
위험에 직면한 사회 위험에 대한 지리 학습은 사회와의 관계에 관해서만 다루게 된다. 사회는 개발이나 환경 관리에서 고려해야 하는 위험요소들을 위험이라고 정의한다. 이러한 위험은 형태가 다양하고, 공간적으로 다양하게 드러난다. 작게는 자연재해가 지구 표면과 토양층의 불안정(화산, 지진), 환경적 요소(태풍, 홍수, 가뭄 등)에 불균형적으로 존재하게 되는 것이다. 때로는 이러한 것들이 인구가 밀집되어 있는 지역에 나타나기도 한다. 재해는 위험요소와 혼동되어서는 안 된다. 재해는 현실로 나타난 위험요소로써, 인명피해, 경제적 피해, 사회적 대응(경보, 원조, 개발에 대한 새로운 선택 등)과 관련되어 분석되게 된다. 재해에 대한 결과는 사회의 발전 정도에 따라 다르게 나타난다. 더 크게 보면 인간의 활동은 눈사태나 홍수, 토양침식, 토지붕괴 등과 같은 특정한 자연저 위험에 의해 줄어들 수도 있고, 가중될 수도 있다. 또한 인간 활동은 산업이나 교통, 원자력 에너지 등과 같은 위험요소를 가지고 있을 수도 있다. 또한 위험에 대처하는 사회의 태도에도 불균형이 존재한다. 위험에 대한 영향을 줄이는 개발 선택은 국가발전 수준에 따라 차이가 나타나며, 기술개발로 인한 선진국의 위험에 대한 취약성도 강조된다.	5. 위험(재해)에 직면한 사회 <cours> 1. 자연재해란 무엇인가? 2. 인간은 자연재해를 악화시키는가? 3. 기술적인 위험과 산업적인 위험 4. 위험의 증가 5. 위험에 대한 다양한 대응책 <사례학습> 1. 카리브·멕시코 만 지역에서의 열대성 저기압의 위험 2. 개발도상국 지역에서의 재해: 남부 아시아에서의 쓰나미(2004년 12월 26일) 3. 일본, 위험에 직면해 있는 선진국 4. 기술에 관련된 위험: 툴루즈 AZF 공장의 폭발(2001년 9월 21일)	7. 위험에 직면한 사회 <사례학습> 1. 카리브 해 사회와 위험 2. 자연재해에 직면한 아시아 사회 3. 기술적이고 위생적인 위험에 직면한 사회 4. 유럽에서의 홍수 위험 <cours> 1. 위험: 사회의 영속적인 불안감 2. 기후와 관련된 위험에 직면한 사회 3. 지구물리학적 위험에 직면한 사회 4. 기술적인 위험에 직면한 사회
매력적인 공간, 해안지역 교통 혁명과 경제적 세계화는 국제적 흐름의 급격한 증가와 산업 활동의 해안화에 대한 가중을 야기하였다. 해양에 인접한 지역은 주요 연결 통로의 기능을 하게 되었고, 이는 통행량의 증가와 산업 및 수송 지역이 광범위하게 나타나는 결과를 낳았다. 이와 함께 해안지역은 관광 및 레저 산업이 가장 많이 개발되는 지역이기도 하다. 이러한 활동의 증가로 인하여 관련 해안지역의 대규모 도시화가 진행되었다. 특정 해안지역을 따라 인구 및 해당 활동들이 집중됨으로써(아직 많은 해안지역에 사람이 거주하지 않거나 인구밀도가 낮기도 하다) 심각하게 해당 지역을 변화시키는 개발의 위험에 처하게 되었으며, 더 나아가 환경적인 부분에서의 질적 저하가 야기되기도 한다. 해안지역의 자연적인 역동성과 취약성으로 인하여 특별한 관리, 특히 습윤 지역에 대한 관리가 필요하다. 그러나 이는 매우 상대적인 보호대책을 요하는 것이다.	6. 해안, 매력적인 공간 <cours> 1. 해안, 사람이 몰려들고 도시화된 공간 2. 해안, 천혜의 공간 3. 해안, 교역 및 산업 활동의 공간 4. 해안, 주요한 여가 및 관광 공간 5. 해안지역에 대한 지속 가능한 발전은 무엇인가? <사례학습> 1. 일본 해안의 거대도시(megalopole) 2. 유럽에서 바다에 면해 있는 LE Northern Range: 로테르담의 사례 3. 몰디브: 포화상태의 군도? 4. Ré 섬, 관광에 의해 위협받고 있는 환경	5. 매력적인 공간, 해안 <사례학습> 1. 대서양에 접한 유럽의 해안 습지 2. 상해, 중국의 첫 번째 항구 3. Les Baleares, 관광 해안의 변화 <cours> 1. 해안의 특징과 자원 2. 해안의 정비는 각종 활동을 증가시킨다. 3. 불균등하게 점유되는 해안 4. 해안개발과 환경보호의 문제를 어떻게 절충할 수 있는가?

교육과정 내용 / 교과서	Hachette	Hatier
산, 전통과 새로운 이용 사이에서 산은 예전부터 어느 정도 사람이 거주하고, 개발되어 왔던 곳이다. 어떤 산에는 사람이 전혀 살지 않고, 어떤 산에는 사람이 넘친다. 개발에 대한 분석 결과에서는 환경의 영향을 사용자들에 대한 위험요소와 특정 제약사항으로써 제시하기도 한다. 이러한 결과에서는 또한 기술 및 경제개발의 정도에 따른 물리적 제약의 상대성을 강조한다. 환경에 대한 통시적인 연구에서는 시간에 따른 이용의 변화를 보여주며, 이와 함께 제약사항의 변화와 위험요소, 산악지대에 미치는 영향 등을 제시하기도 한다. 또한 환경은 그 자체로써 자원이 되는데, 특히 관광 자원으로 활용된다. 인간의 다양한 생각들은 산을 이용할 수 있기도 하지만 때로는 이용과 관련된 분쟁을 야기하기도 한다.	7. 전통과 새로운 이용 사이에 놓인 산지 <cours> 1. 비어있는 것과 가득 채워짐: 연속되지 않는 산지 주민거주 2. 큰 변화를 겪고 있는 산지 공간 3. 산지에서의 관광 혁명 4. 산지, 보고하고 가치를 높여야 할 유산 5. 산지, 장벽인가 교차로인가? <사례학습> 1. 알프스, 유럽의 중심에 있는 산지 2. 안데스 산지에서의 정주형태는 어떠한가? 3. 히말라야, 산지관광의 새로운 고지대인가? 4. 보통 산지에 대한 개발은 어떠한가?: les Carpates를 사례로	6. 전통과 새로운 활용 사이에 있는 산지 <사례학습> 1. 선진국의 프랑스 쪽 알프스 산지 2. 안데스 산지 중앙부에서 인구밀도가 높은 산지 3. 모로코의 산지 <cours> 1. 산지 환경의 독창성 2. 산지의 전통적 이용 3. 선진국에서 산지의 새로운 이용 4. 개발도상국에서 산지의 어려움

2) 고등학교 2학년

교육과정 내용 / 교과서	Hachette	Hatier
도입: 유럽이란 무엇인가?(3시간) 첫 수업 시간은 유럽 정체성의 기본이 되는 사항과 동일하지 않은 민족의 다양한 요소, 유럽에 제약이 되는 어려운 사항 등에 관하여 묻는 시간으로 운영한다.	1. 유럽이란 무엇인가? <Dossier> 1. 유럽에서 문화적인 정체성은 존재하는가? 2. 덴마크, 유럽의 큰 하천 <cours> 1. 유럽에 있어서 지리적, 문화적 경계는 무엇인가? 2. 유럽에서 대조적인 인구 상황 3. 유럽환경의 개선	<사례학습> 없음 <cours> 1. 유럽: 범위, 정체성? 2. 고르지 않은 인구분포
Ⅰ. 국가들로 이루어진 유럽(12시간) 1. 국가 분할과 지정학적인 큰 공동체 유럽에는 특히 역사적인 이유에서 다양성을 가진 여러 국가들이 존재한다. 그러나 이러한 국가들은 유럽연합, 회원가입을 희망하는 국가들, 유럽연합에 가입하지 않은 발칸반도 국가들, 동유럽 국가들 등과 같은 몇몇 큰 공동체로 묶을 수 있다. 옛 오스트리아-헝가리 제국에서 독립한 국가들의 예를 통해 역사의 무게와 국경의 역할에 대하여 이해할 수 있다.	2. 유럽의 지정학 <Etude de cas> 1. 오스트리아-헝가리 제국의 국가들: 제국의 유럽에서 민족국가(Etats-nations)의 유럽으로 <cours> 1. 유럽, 분할된 정치적 공간 2. 유럽 지정학의 새로운 조직 3. 유럽에서는 지정학적으로 어떻게 다시 모이는가?	1. 국가들: 세분된 상태에서 그룹으로 <사례학습> – 사례학습: 제국에서 국가로 <cours> 1. 유럽의 정치적인 세분화 2. 지정학적인 그룹짓기

교과서 교육과정 내용	Hachette	Hatier
	<Dossier> 1. 벨기에, 분열의 위험에 처한 국가? 2. 우크라이나, 러시아와 유럽연합 사이에서	
2. 국가공동체, 유럽연합에 대한 토론 유럽공동체 구성과 유럽연합의 확대, 기구의 변화 및 심화 등에 관한 다양한 문제를 다룬다. 유럽 차원의 토론에 있어서 프랑스의 지위에 대해 강조한다.	3. 논쟁 중에 있는 국가공동체: 유럽연합 <Etude de cas> 1. 유럽연합, 더 깊어지고 확대되는 것 사이에서 <cours> 1. 유럽연합, 등가적 의미도 없는 지리적 구축 2. 경제적 명분을 위한 국경 없는 공간 3. 유럽연합은 어떤 정치적 차원을 갖고 있는가? 4. 유럽연합의 전망은 어떠한가? <Dossier> 1. 프랑스, 유럽연합의 중심에? 2. La PAC(공동농업정책): 의문의 공동정책 3. 유럽의 환경모델은 존재하는가?	2. 유럽연합 <사례학습> 1. 유럽의 형성, 개방 프로젝트 2. 구체적인 유럽의 실현 3. 논쟁중인 제도들 <cours> 1. 유럽의 건설: 다른 개념들 2. 유럽 건설의 관점
3. 유럽연합 내에서 선택하게 되는 두 개의 국가 – 독일 또는 영국, 스페인 또는 이탈리아 유럽연합 내에서 특수성을 기준으로 하여 두개의 유럽 국가들에 관해 알아본다. 예를 들어 지리적 위치(섬나라 영국) 혹은 정치적 조직(독일의 연방주의, 스페인의 지방권력, 이탈리아의 도 체계) 등을 알아본다. 또한 이러한 국가들이 유럽에서 차지하는 비중, 정치, 경제 및 문화적 다양성에 관하여 알아본다.	4. 유럽연합 북쪽의 두 국가, 독일과 영국 <cours> 1. 독일, 재구성된 공간 2. 독일, 세계에서 세 번째 경제강국의 장단점 <Dossier> 1. 독일, 노후화에 노출된 나라 2. 베를린, 수도로의 회복 <cours> 1. 영국, 변화가 큰 나라 2. 세계화와 유럽연합 사이에 있는 영국 <Dossier> 1. 북아일랜드, 아직도 분리된 영토인가? 5. 유럽연합 남부의 두 국가, 이탈리아와 스페인 <cours> 1. 이탈리아, 남유럽 국가 2. 이탈리아, 유럽의 경제강국 <Dossier> 1. 시실리의 발전은 어떠한가? <cours> 1. 스페인, 변화가 큰 국토 2. 스페인 영토의 스케일	3. 유럽연합의 국가들 <사례학습> 1. 독일, 유럽연합의 기둥 2. 영국, 유럽의 또 다른 비전 3. 스페인, 유럽의 선택 4. 이탈리아, 유럽연합의 창설국 중에 하나 <cours> 1. 독일, 유럽연합의 힘 2. 영국, 광대한 대서양으로부터 대륙으로 3. 스페인과 유럽에 대한 개방 4. 이탈리아, 유럽과 지중해 사이에서

교과서 교육과정 내용	Hachette	Hatier
	<Dossier> 1. 스페인, 유럽에서 통합에 성공한 케이스?	
Ⅱ. 유럽 및 프랑스의 네트워크와 흐름(10시간) 1. 대도시와 도시 네트워크 우선, 유럽연합 차원에서의 대도시 형성 과정에 관해 알아본다(인구집중, 권력강화, 대도시들 간의 경쟁 등). 그다음에 두 국가의 사례를 바탕으로 하여(프랑스와 다른 유럽 국가) 어떻게 다양한 형태의 도시 네트워크가 국가 전체 차원에서 동일하지 않게 구성되는지에 대해 알아본다.	6. 유럽의 도시들 <Etude de cas> 1. Dublin, 유럽의 새로운 metropole인가? <cours> 1. metropole은 유럽영토를 지배한다. 2. metropole은 유럽영토를 조직한다. 3. 프랑스인의 4/5는 도시민 <Dossier> 1. Marseille, 변화하고 있는 metropole	4. 도시화와 도시망 <사례학습> 1. 런던과 파리: 협력적인 유럽의 두 메트로폴 2. 독일과 프랑스의 도시망 <cours> 1. 유럽에서의 대도시화 2. 유럽에서의 도시망
2. 통신 네트워크 및 교통 흐름 이 문제는 알프스산맥을 가로지르는 거대한 통신축이라는 사례 연구를 통해 알아보게 된다. 이 문제에서 경제적인 필요성과 자연적 제약, 환경 문제 등에 관해 알아본다. 유럽 및 프랑스 차원에서, 통신축과 통신축 교차 지역의 역할을 강조한다.	7. 유럽의 통신 및 유통망 <Etude de cas> 1. 알프스를 관통하는 커다란 통신축 <cours> 1. 프랑스 교통의 변천 2. 새로운 유럽적 조직 속에서의 교통 <Dossier> 1. Roissy-Charles-de-Gaulle: 다국적 플랫폼의 예 2. Airbus: 초국가적 기업	5. 교통 및 유통망 <사례학습> 1. 알프스 산지를 관통하는 교통망 2. 유럽이 통합되던 시점에서의 프랑스 교통 <cours> 1. 유럽에서의 교통망과 공간조직 2. 유럽으로의 개방에 직면한 프랑스의 교통정책
3. 인구의 이동성 유럽 및 프랑스 차원에서, 경제 및 정치적 이민, 내부 및 외부 이동 등에 관해 알아본다(여행은 제외).	8. 유럽과 프랑스에서 인간의 이동 <Etude de cas> 1. 독일과 스페인, 유럽의 이주모델 <cours> 1. 국제적인 이주의 중심에 있는 유럽연합 2. 이민의 쟁점은 무엇인가? 3. 유럽연합 및 프랑스에서의 인구이동 <Dossier> 1. 사하라 이남의 아프리카로부터 프랑스로의 이주: Mali를 사례로	6. 인간의 이동 <사례학습> 1. 프랑스, 오래된 이주국가 2. 프랑스에서의 국내 이동 <cours> 1. 국제적인 이주 시스템에서의 유럽연합 2. 프랑스와 유럽연합 내에서의 이주 및 이동성
Ⅲ. 프랑스와 프랑스 국토 – 대도시 및 해외영토 (DOM-TOM)(17시간) 1. 인구 및 인구 분포 인구의 불균형적 분포와 역동성 등을 확인하고 설명한다. 도시의 인구 집중을 강조한다.	9. 프랑스의 인구(peuplement) <Etude de cas> 1. Nantes: 인구학적, 공간적으로 역동적인 대도시권 <cours> 1. 인구의 불균등성 및 역동성 2. 대부분의 도시 인구 3. 국토의 새로운 사회적인 측면	7. 프랑스의 인구 <사례학습> 피레네산맥 중앙부 지역의 인구 <cours> 1. 인구가 빈약한 곳과 많은 곳 2. 도시적인 프랑스

교육과정 내용 / 교과서	Hachette	Hatier
	<Dossier> 1. 해외의 프랑스인들 2. 농촌의 새로운 측면	
2. 자연과 사회 간의 배경 프랑스가 자연적인 조건과 인간 활동이 경합된 영향의 산물, 즉 배경적 다양성에 의해 특성을 가지게 됨을 보여준다. 이러한 환경을 자원에 따라 분석하며, 이와 관련될 수 있는 제약사항과 위험요소에 따라 분석한다. 이와 함께 관리 및 보호를 목표로 하는 정책에 대해서도 알아본다. 이에 대한 학습은 국가적인 차원에서 진행되며, 지역적인 차원에서도 살펴보게 된다.	10. 자연과 사회 사이의 환경 <Etude de cas> 1. La Guadeloupe: 부유하지만 깨지기 쉬운 환경 <cours> 1. 환경의 다양성과 풍요로움 2. 자연재해와 인위적인 재해에는 무엇이 있는가? 3. 프랑스, 관리해야 할 국토 <Dossier> 1. 도시환경에서 기술적인 재해를 미리 예상할 수 있는가? 2. 해안, 선호되는 공간이지만 취약한 공간	자연과 사회 사이의 환경 <사례학습> 1. 도시 변두리의 숲으로서의 Fontainebleau(파리 남동부의 도시 명) 숲 2. 보호되는 해안환경으로서의 Somme 만 3. 피레네의 중앙부: 이용의 다양화인가? 4. 리옹과 화학단지 회랑 <cours> 1. 환경과 자원의 다양성 2. 환경의 관리와 보호
3. 경제적 공간 우선, 프랑스 내에서의 경제공간 조직의 큰 특징에 대해 살펴보고, 이를 유럽과 전 세계에 대입하여 본다. 프랑스의 경제적 공간에 대한 선택을 다룬다(농업, 공업, 관광업). 여기에서 유럽의 정치적 영향과 상황을 고려한다.	11. 프랑스의 경제공간 <Etude de cas> 1. 농산물 가공산업, 프랑스 생산시스템의 중심? <cours> 1. 세계화의 시점에 있는 프랑스의 생산 시스템 2. 프랑스, 커다란 농업국 3. 프랑스 농업의 변화 4. 프랑스 산업의 변화 5. 새로운 산업지리? 6. 탈산업 경제? 7. 서비스 지리란 무엇인가? <Dossier> 1. Michelin, 세계적 차원의 기업 2. 프랑스에서의 첨단기술 공간 3. 프랑스, 세계 관광의 첫 번째 목적지	9. 경제공간 <사례학습> 1. 프랑스 대기업의 변화: Renault 2. 프랑스 원자력 발전 3. 프랑스의 제철산업 4. 유럽의 협력 산업, EADS-Airbus 5. 주요 관광 공간, 지중해 해안 6. 현대화와 세계화 사이에 있는 프랑스 농업 <cours> 1. 세계를 향해 개방된 강한 경제 2. 선진국의 노동력 시장 3. 산업의 변화 4. 프랑스 산업 공간의 다양성 5. 프랑스의 관광 공간 6. 점점 더 전문화되고 있는 농업 공간 7. 또 다른 농업은?
4. 공간적 차이 및 국토개발 우선, 이 문제는 지역적인 차원(대도시 혹은 지방)에서 시행된 국토개발에 대한 사례 연구를 통해 다루어진다. 이 문제를 통해 관련기관(기구, 협회, 회사)의 다양성을 확인하고, 시행되는 정책을 알아본다. 그다음에는 국가 차원에서 프랑스 국토의 공간적 차이점을 살펴보고, 국토에 적합한 개발을 목적으로 하는 큰 정치적 과제에 대해 살펴본다.	12. 프랑스의 국토개발 <Etude de cas> 1. 브흐따뉴지방 개발하기, 국지적, 지역적, 유럽적 쟁점 <cours> 1. 국토개발의 변천 2. 국토개발의 주체 3. 국토개발의 종합평가	10. 공간적인 부조화와 국토의 정비 <사례학습> 1. Moulins에서 Lille까지의 거리: 도시정책에 관한 쟁점 2. 육지와 바다 사이에 있는 브흐따뉴의 Saint-Malo 지방

교육과정 내용	Hachette	Hatier
	<Dossier> 1. 해외에 있는 département의 개발: la Guyane 를 사례로 2. 대규모 정비: 유럽의 동부 TGV	<cours> 1. 중앙집권적인 국토에 대한 정비에서 국가의 역할 2. 소지역 및 지역적 스케일에서 (지방)분산화 및 정비
IV. 프랑스와 유럽의 지역들(8시간) 1. 지역적인 사례: 유럽의 지역, 고등학교에서 다 루게 되는 지역 이 주제는 사례학습에서부터 시작하며, 이는 전문 적인 부분에 한정되는 것이 아니라 지역에 대한 개념을 생각할 수 있도록 하는 것이다. 학습한 지 역에 관하여 국가적인 차원, 유럽적인 차원, 세계 적인 차원 등으로 다시 생각해보게 된다.	13. 유럽연합 지역들 <Etude de cas> 1. Nord-Pas-de-Calais에서의 국경을 초월 한 협력 <cours> 1. 유럽에서 지역이란 무엇인가? 2. 유럽연합의 지역정책 3. 유럽에서의 지역적인 협력 <Dossier> 1. 유럽 공간에서 피레네 중부 지역	11. 지역적인 사실 <사례학습> 1. 일-드-프랑스(ile-de-France): 프랑스와 유럽의 수도권 지역 2. Rhone-Alpes: 대도시 지역인가? 3. 알자스: 전통과 유럽으로의 개방 사이에서 4. La Reunion(아프리카 남동 부에 있는 작은 섬): 극단적 인 변두리 지역인가? 5. La Catalogne: 스페인의 자 치지역인가? <cours> 1. 지역이란 무엇인가? 2. 프랑스에서의 지역 및 지역화
2. 프랑스 및 유럽에서의 지역적 차이 그들의 정치권력, 그들의 상대적인 권위, 그들의 경제개발 등을 축으로 하여 유럽 및 프랑스 내의 지역 간의 차이를 확인시킨다. 그다음에는 유럽연 합에서 실시하고 있는 균형의 재확립 및 접근 정 책을 보여준다.	14. 프랑스 지역들 <Etude de cas> 1. 일드프랑스, 변화하고 있는 수도권지역 <cours> 1. 프랑스의 지역조직 2. 지역, 국토에서 주된 공식적인 행위자 3. 지역들 사이의 불균등성 <Dossier> 1. Rhone-Alpes, 막강한 지역 2. 서부, 역동적인 지역들 3. La Réunion, 해외에 있는 섬지역	12. 프랑스와 유럽에서의 지역 적인 부조화 <사례학습> 1. 두 가지 유럽 지역들: Franche -Comte(프)와 Bade-Wurtemberg (독) 2. 하나의 유로지역: Pyrenees- Mediterranee <cours> 1. 유럽의 지역들: 27개국에 이 르는 유럽연합 소식 2. 27개국에 이르는 유럽연합 의 정책

3) 고등학교 3학년

교과서 교육과정 내용	Hachette	Hatier
Ⅰ. 세계적인 공간(10시간) 1. 세계화와 상호의존 오늘날 세계는 사회에 영향력을 가지고 있는 모든 자원(인적 자원, 물건, 자본, 정보)의 흐름이 다양화되는 시스템으로써 정의된다. 이러한 흐름은 국가와 다국적 기업, 국제기구, 비정부 기구, 불법 기구 등과 같은 공간적 행동 주체들에 의해 이루어지는 것이다. 이러한 교환이 증가함으로써 다양한 차원에서 세계화의 장소, 즉 지휘권을 가지고 있는 세계적 대도시의 부흥이 야기된다.	1. 세계화와 상호의존 <dossier> 1. 세계화, 인간의 건강을 위한 기회인가? 2. 방직공업, 세계화에 의해 변화되고 있는 단계 3. 탄화수소의 교역, 지정학적인 쟁점? 4. 불법거래, 비슷한 세계화? <cours> 1. 세계화의 기원 2. 세계화의 행위자 3. 재화, 서비스, 자본의 세계화 4. 세계적 스케일에서 이동하는 인간 5. 세계문화의 통상 6. 세계화에 의한 공간적 결과	1. 세계화 <dossier> 1. 세계화와 흐름 2. 세계화와 국제적인 이주 3. 세계화의 당사자 4. 세계화와 국토 5. 세계의 강대국 영역 중에 하나, 유럽연합 <cours> 1. 흐름과 네트워크: 오직 하나의 세계만? 2. 세계화의 당사자들 3. 세계화의 원동력이 되는 공간들 4. 집중된 세계, 분할된 세계 그리고 양대 체제 세계 5. 세계화 공간의 추진 센터 중에 하나, 유럽연합
2. 세계적 공간조직의 또 다른 논리 세계화는 시행되는 방식과 개발 문제 및 환경적 문제와의 관계와 관련한 논의의 대상이 된다. 또한 세계화 과정은 세계를 읽는 유일한 열쇠가 되지는 않는다. 문명의 축(문화, 언어, 종교), 국가, 지역의 경제적 조직 등과 같은 세계의 조직화에 관한 또 다른 논리는 인접해 있으며 상호 연관성을 가지고 있다.	2. 세계화, 의문스러운 현상 <dossier> 1. 세계화의 한계 2. 저개발 국가들은 세계화의 혜택을 보고 있는가? 3. 다국적 기업의 사회적, 환경적 책임에 대해서? <cours> 1. 세계화의 조절 2. 세계화 속에서 국가들의 위상 3. 세계화 또는 지역화? 4. 대안적인 세계주의: 가능한 또 다른 세계는? 5. 세계화와 지속 가능한 발전 6. 세계화와 세계의 지정학	2. 하나의 세계? 여러 세계? <dossier> 1. 세계.. 2. 다른 세계에 영향을 미치는 것 3. 세계화와 지속 가능한 발전 4. 세계화와 문화 5. 세계화와 국가들 <cours> 1. 공평한 세계화? 2. 지속 가능한 세계화? 3. 세계적인 문화? 4. 세계적인 국가와 세계적인 정부?
Ⅱ. 세계의 3대 열강(세력) 집단(22시간) 1. 북미 – 미국: 슈퍼 강국 미국의 힘은 다양한 측면(경제, 금융, 문화, 외교, 군사)에서 설명되고 있다. 전 세계적인 차원에서 이러한 힘을 설명한다. 미국 영토내의(공간)조직에 관해서도 학습한다. – 북아메리카의 대서양 연안 북아메리카와 멕시코 만에 위치하고 있는 생 로랑과 같은 대서양 연안에 관한 사례학습을 통해	3. 미국: 초강대국 <dossier> 1. Les FMN(다국적 기업), 강한 아메리카의 매개자? 2. 부드러운 강대국인가, 거친 강대국인가? 3. 슈퍼강대국 아메리카의 허약성 <cours> 1. 세계 제1의 경제강대국 2. 세계적 규모의 초강대국	3. 초강대국, 미국 <dossier> 1. 패권을 잡은 초강대국 2. 끌어당기는(유인력이 있는) 초강대국 3. 초강대국의 성공조건과 취약성 4. 초강대국의 당사자와 국토 <cours> 1. 패권을 잡은 강대국

교육과정 내용 / 교과서	Hachette	Hatier
나프타(NAFTA) 3개 회원국의 개방에 관한 측면과 공간조직의 특수성에 관하여 알아본다.	3. 매력적인 모델이지만 의문이 가는 4. 이용되고 개발된 국토 5. 아메리카 사회 6. 국토공간 조직	2. 역동적이고 유인력이 있는 강대국 3. 강대국의 당사자들 4. 문제가 제기된 모델 5. 국토와 힘 6. 미국의 전 지역
	4. 대서양에 접한 북아메리카 <dossier> 1. 뉴욕, 세계도시 2. 초국경적 공간: 단절인가 연속인가? <cours> 1. 세계를 향해 열려있는 곳 2. 끊임없이 변화하는 곳 3. 한 가지 측면, 또는 여러 측면?	4. 대서양에 접한 북아메리카 <dossier> 1. 메갈로폴리스 2. 대서양을 향한 창: 해양과 대륙의 결절점 <cours> 1. 추진센터 2. 중요한 결절점
2. 유럽연합 – 유럽연합의 경제력 우선, 경제 및 무역에 관한 힘을 축으로 하여 유럽연합을 전체적으로 살펴보게 된다. 그다음에 힘의 다양성과 주축을 이루는 국가, 힘이 약한 국가들에 관해 알아본다. – 라인 강 유역의 유럽 스위스, 독일, 프랑스, 베네룩스 3국 등과 같은 여러 국가들을 포함하고 있는 라인 강 유역의 유럽 국가들이 유럽연합의 경제적 중심이 되고 있다. 그것은 인구밀도가 높고, 도시와 산업의 비중이 높은 국가들을 중심으로 형성되어 있다. 이것은 세계와 연결되는 바다와 인접해 있는 지역을 중심으로 분포한다.	5. 유럽연합의 경제력 <dossier> 1. 유럽연합, 완전한 경제력 – 상업적인 능력 – 중요한 재정적인 능력 2. 세계화 속에서 유럽의 자동차 산업 3. 유럽연합에 있어서 어떤 에너지 문제와 선택? <cours> 1. 경제적으로 역동적인 국가들의 모임 2. 유럽연합 경제력의 근원 3. 유럽연합 힘의 중심에 있는 유럽인들 4. 경제력의 추진 공간 5. 유럽연합 내부의 공간적 불균등성 6. 유럽연합 경제력의 한계	5. 유럽연합 <dossier> 1. 중요한 경제력 2. 불완전한 힘 3. 유럽연합의 중심과 주변 <cours> 1. 유럽연합의 경제력과 교역능력 2. 유럽연합의 정치적, 문화적 영향력 3. 유럽연합 경제력의 토대 4. 불완전한 힘의 판별 기준 5. 유럽연합의 역동적인 중심지 6. 유럽연합의 주변
	6. 라인의 유럽 <dossier> 1. 로테르담, 라인 유럽의 항구 2. 라인 강 유역 산업의 전환 <cours> 1. 라인 유럽의 경제력 2. 유럽연합에서 주된 상업축 3. 유럽 등 한복판의 공간	6. 유럽연합의 경제적인 중심, 라인 강 유역의 유럽지역 <dossier> 1. 라인 강과 바다에 접한 그것의 하구 2. 메트로폴과 라인 강 유역에 있는 지역들 <cours> 1. 유럽연합의 중심 영역인 라인 강 유역의 유럽지역 2. 유럽 메갈로폴의 중심에 있는 지역

교육과정 내용 / 교과서	Hachette	Hatier

3. 아시아
- 성장의 축
우선 아시아의 힘은 인구수에서 나온다. 정치 시스템이나 생활수준, 경제활동 등이 상당한 차이를 보이기는 하지만, 아시아 지역은 아시아의 역동성의 한 단위가 되고 있다. 일본, 한국, 대만, 중국 연안 지역과 싱가포르 등이 여기에 속한다. 또한 무역을 통한 다양한 축과 기업 네트워크, 교차 투자 등이 이루어지고 있다. 우리는 이점에 관해서 총괄적으로 학습하게 된다.
- 일본의 거대도시
일본의 거대도시에 관해 심층적으로 살펴본다. 세계도시인 도쿄로 상징되는 일본의 거대도시에는 일본 인구의 상당수가 거주하며, 경제활동이 집중된다. 도쿄는 아시아 및 세계와 관계를 맺고 있다. 과도한 밀집과 자연적 제약은 환경 문제에 특별한 중요성을 부여하고 있다.
	7. 동아시아, 확대되고 있는 경제축
	<dossier>
	1. 중국, 세계경제의 새로운 거인
	  - 세계화속에서 중국의 위상은?
	  - 해안지역에서 강한 발전
	  - 중국발전의 한계와 취약점은?
	2. 도요타, 세계화 속에서 아시아의 다국적기업
	
	<cours>
	1. 새로운 힘의 축의 등장
	2. 새로운 해양의 경계면
	3. 아시아의 발전모델
	4. 일본, 위협적인 발전 모델
	5. 동아시아 통합의 출현
		7. 세력이 확장되고 있는 영역, 동아시아
		<dossier>
		1. 동아시아의 통일체와 성장
		2. 일본 중심으로부터 다극 체제로
		3. 다극체제의 힘이 존재하는 영역
		
		<cours>
		1. 세 개의 중심축 중에 하나인 동아시아
		2. 동아시아의 통일성과 도전
		3. 경제적인 역동성과 발전의 다양성
		4. 통합이 모색되는 영역
		5. 대도시권화(metroplisation) 및 새로운 지역적 균형
		6. 국가들 및 지역적인 재구조화

	8 일본의 메갈루폴 <dossier> 1. 도쿄, 세계도시인가? 2. 일본의 메갈로폴에서 해안의 개발 <cours> 1. 메갈로폴, 일본 힘의 중심 2. 메갈로폴, 일본적인 공간의 주축 3. 메갈로폴, 포화상태의 공간, 위협적인 공간	8. 일본의 메갈로폴 <dossier> 1. 메갈로폴, 세계적인 공간의 추진센터 2. 지속 가능한 발전을 지향하는 일본의 메갈로폴 <cours> 1. 일본의 중심 2. 세계화와 메갈로폴리탄의 재구조화

Ⅲ. 개발을 탐색중인 세계(18시간)
1. 저개발 국가의 주체 및 다양성
전 세계적으로 이루어지는 불균등한 개발에 관하여 우선적으로 확인한다. 후진국들은 저개발이라는 공통된 특징을 가지고 있다. 그러나 이들 국가들은 동일하지 않은 경제 발전 정책으로 인하여 성장에 있어서 차이를 보이고 있다. 또한 국가와 도시 차원의 개발에 관하여 비교할 수 있도록 브라질의 사례를 보여준다.
	9. 저개발국가들의 통합체 및 다양성
	<dossier>
	1. 브라질 발전의 대조적인 측면
	  - 불균형적으로 개발되고 이용되는 국토
	  - 도시, 브라질 발전의 나쁜 상황을 보여주는 것?
	  - 브라질 발전의 중심에 놓인 토지논쟁?
	  - 얼마만큼의 브라질?
	2. 아프리카: 발전의 잠재력은 그리 좋지 않은가?
	  - 아프리카: 천연자원은 풍부하지만 발전이 안 된
	
	  - 사하라 남부 아프리카의 성장을 위한 관점은 무엇인가?
	
	<cours>
	1. Sud(남)란 무엇인가?
	2. 후진국 발전의 어려움
		9. 개도국의 연대 및 다양성
		<dossier>
		1. 선진국과 개도국의 구분은 적절한 것인가?
		2. 발전을 위한 어떤 정책이 있는가?
		3. 어려움에 처한 사하라 이남의 아프리카
		4. 인도연합, 불균등한 발전
		5. 두바이, 석유로 인한 부자
		6. 브라질: 불균등한 발전
		7. 브라질에서 존재하는 도시의 계층화 및 지속 가능한 발전
		
		<cours>
		1. 일개의 개도국, 복수의 개발도상국가들
		2. 발전을 위해 무엇을 빌려주는가?
		3. 가장 발전이 더딘 개도국의 국가들
		4. 세계화에 통합된 개도국

교과서 교육과정 내용	Hachette	Hatier
	3. 후진국: 발전의 강한 격차 4. 후진국: 어떤 발전의 길을 걷고 있나? 5. 복잡한 상황의 저개발국가들	5. 브라질: 발전과 불균등성 6. 내부 도시의 강한 계층화에 대 해서
2. 저개발 국가와 선진국의 접촉: 지중해 지중해는 분열의 지역인 동시에 남반구 국가와 북반구 국가가 만나는 지역이기도 하다. 지리적 인 차원에서 개발 격차와 인구 이동(이민, 여행), 경제 및 금융, 문화적 교류에 관해 살펴본다. 몇 가지 문제를 들어 이 지역의 사회와 영토에 미치 는 영향에 관해 살펴본다.	10. 남북문제의 공유영역: 지중해 공간 <dossier> 1. 지중해 연안의 도시들: 성격, 변천사 2. 지중해 연안에서 물의 위기, 협력 또 는 갈등의 요인? 3. 지중해를 가로지르는 불법이주 <cours> 1. 지중해, 역사와 지리에 결합된 대조 2. 지중해, 단절의 공간 3. 지중해, 인구학적인 경계면 4. 선진국들에 의해 점유되는 교역의 공간 5. 지중해 공간의 합의된 관리를 향하여?	10. 선진국과 후진국이 만나는 곳, 지중해 <dossier> 1. 불균등한 발전과 흐름 2. 모로코와 선진국-후진국의 상호 접촉 3. 유럽연합과 PSEM(후진국 국가 및 지중해 동쪽 국가들) <cours> 1. 지중해 공간, 분리된 공간 2. 선진국과 개도국간의 불균형적 인 흐름 3. 선진국과 접촉하는 PSEM국가 사회들 4. 국토의 재구조화
3. 다시 하나가 되는 지역: 러시아 세계에서 가장 큰 국가인 러시아는 정치 및 경제 구조의 위기와 인구 및 사회 문제로 대표되는 후 기소비에트주의(post-sovietism)의 문제에 직면해 있다. 그러나 러시아는 새로운 발전을 위한 기초 를 다지기 위해 모든 수단, 특히 지하자원과 관 련된 측면을 고려하고 있다. 인구와 경제활동의 지리적 분포 속에서 중요한 변화를 이끌어내는 새로운 조직의 논리가 생겨나고 있다.	11. 러시아, 다시 결합되는 국가 및 공간 <dossier> 1. 천연자원, 러시아에 있어서의 주된 쟁점 – 경제적인 쟁점? – 지정학적인 쟁점? 2. 코카서스, 위기의 러시아 주변지역 3. 모스크바, 러시아 재생의 상징 <cours> 1. 재결합되는 국가 2. 경제적으로 재개발되는 국가 3. 새로운 러시아 사회 4. 유럽의 러시아: 역동적인 중심 5. 아시아의 러시아: 잠재력이 큰 주변지대 6. 세계 속의 러시아	11. 러시아 <dossier> 1. 새로운 성장 2. 인구(감소)의 위기와 사회적인 어려움 3. 재구조화 및 부분적인 개방 <cours> 1. 발전에 있어서 지리적, 경제적 인 상황 2. 위기에 직면한 러시아 인구 3. 러시아가 성공하기 위한 전제 조건은 무엇인가? 4. 국토의 새로운 조직을 향하여?

<부록 7>
프랑스 교사양성기관(IUFM)의 지리과 교수와의 인터뷰

현대 프랑스 지리교육의 현황:
정-프랑수아 떼민느 교수와의 대담[128]

이상균

The Contemporary Tendency of French Geographical Education: An Interview with a
professor, Jean-François Thémines

Saangkyun Yi

Ⅰ. 정-프랑수아 떼민느의 지리교육적 관심사

떼민느 교수는 1989년에 '경관과 사회'라는 주제로 껑대학에서 박사학위를 받았으며,[129] 현재는 껑대학 및 교사양성전문대학원(IUFM)에서 교수로 재직하고 있다.[130] 그는 비록 교과교육으로 학위논문을 쓰지는 않았지만, IUFM에 자리 잡음으로써 지리교육론, 교사양성, 교사집단의 직업적 전문화, 지리학 연구 등에 관하여 관심을 갖고 연구하고 있다. 프랑스에

---

128) 본 인터뷰 글은 2010년 2월 8일에 프랑스 노르망디에 있는 IUFM에서 Jean-François Thémines 교수와의 인터뷰 내용을 정리한 것임; 본고는 『한국지리환경교육학회지』 제18권 제2호에 실린 내용이다.

129) THEMINES, J.-F., 1989, Paysage et société: lieux, culture et enracinement au coeur du Bocage normand, Thèse de doctorat à l'université de Caen.

130) 역사-지리 아그레제(Agrégé d'histoire-géographie), 지리학 박사(Docteur en géographie), 껑대학교 및 IUFM 교수(Professeur et Chercheur à l'Université de Caen, à l'Iufm de Basse Normandie).

서 하나의 학문분야로서 지리교육 연구는 1980년대부터 시작되었으며, 1990년대 초반부터는 학위논문 형식으로 지리교육 관련 연구가 본격적으로 이루어졌다.[131] 그 시기는 우리나라와 크게 차이가 나지 않으며, 대학에서 지리교육을 강의하는 교수들이 해외 대학에서 학위를 받은 것이 아니라 거의 대부분이 프랑스 국내에서 공부한 것도 우리나라와 유사하다.

프랑스에서 지리교육 연구의 세 가지 큰 축은 몽뻴리에, 그흐노블, 껑대학이다.[132] 떼민느 교수는 지리교육학 연구의 대가들 중에 한 사람인 Anne Le Roux와 함께 껑대학에서 프랑스 지리교육학 연구의 큰 흐름을 이끌고 있다. 떼민느 교수의 연구는 크게 세 가지로 요약된다. 첫 번째는 지리교육에서 도시지리 학습의 혁신적인 방법에 관한 것으로, 공간 및 도시연구, 그 밖에 다른 연구들로부터 다양한 도시학습의 방법을 고안하는 것이다. 두 번째는 지리적인 표현(l'expression de discours géographiques)에 관한 연구로서, 이는 지도, 사진, 텍스트 등과 같은 학습자료를 통한 학생들의 지리 학습이 어떻게 이루어졌는가를 분석하는 것이다. 세 번째는 교사양성에 관한 것인데, 여기서는 미래의 지리교사들에게 지리를 가르치는 방법을 습득시키는 차원이다. 최근에 떼민느 교수는 특히 지리학 및 학교지리의 인식론적 측면에 관한 연구에 몰두하고 있으며, 교사들과 관련된 직업적 전문성에 관한 연구에 큰 관심을 갖고 있다.

떼민느 교수는 껑대학과 노르망디 소속의 IUFM뿐만 아니라, 파리 7대학에서도 강의하고 있으며, 프랑스 국내는 물론 외국에서 개최되는 각종 국제학술대회에도 자주 참석하는 등 지리교육 연구의 전문가로서 왕성한 활동력을 보여주고 있다. 떼민느 교수의 저서로는 교사양성에 관해서 쓴 『지리를 가르치는 것, 스스로 깨우치는 직업(Enseigner la géographie, un métier qui s'apprend)』이 있다. 이 책은 주로 세계를 바라보는 지리적 관점, 중등 지리교육과 관련된 두 가지 모형, 중학교 및 고등학교에서의 지리 교수-학습, 지리교육의 실제에 관한 주요 지표들, 지리교육 연구와 관련된 주제별 문헌목록 정리 등으로 구성된다. 사실상, 그의

---

131) A. Le Roux, 1992, Repères pour une didactique de la géographie enseignée aux(pré)adolescents: Quels professeurs de géographie au collège ?, Thèse de Doctorat, Caen. F. Audigier, 1993, Les Représentations que les élèves ont de l'histoire et de la géographie: A la recherche des dodèles disciplinaires entre leur définition par l'institution et leur appropriation par les élèves, Thèse de Doctorat, Paris VII. Isabelle LEFORT, 1992, La lettre et l'esprit - Géographie scolaire et Géographie savante en France, CNRS. Daniel NICLOT, 1999, Les systemes manuels d'une discipline scolaire: les manuels de géographie de la classe de seconde publiés de 1981-1996, thèse de doctorat de l'université de Paris VII.

132) Montpellier 대학은 공간분석(l'analyse spatiale)으로 특성화되었으며, Grenoble 대학은 지리적인 표현(une géographie des représentations)에 관하여, Caen대학은 지리적인 표현 및 교사양성(géographie des représentations et formation)으로 전문화되었다.

책은 프랑스 지리교육론 연구의 주요 관점 및 흐름, 그리고 관련 자료들을 정리한 것으로 볼 수 있다.

　지금까지 한국 지리교육은 영미권이나 일본의 영향을 주로 받았으며, 그 내용이나 형식면에서 이들 나라들과 크게 다르지 않은 실정이다. 한편, 아직까지 우리나라 지리교육계에 지리학의 전통이 강한 나라들 중에 하나인 프랑스 지리교육에 관해서는 거의 알려진 바가 없는데, 이러한 상황에서 프랑스 대학과 IUFM에서 지리교육을 강의하고 있는 교수로부터 현재의 프랑스 지리교육의 현황에 대해서 듣는 것은 한국 지리교육의 발전을 위해 도움이 되리라 여겨진다.

II. 떼민느 교수와의 대담

　이상균/1. 프랑스에서는 언제부터 지리교육 연구가 하나의 학문분야로서 시작되었습니까? 그리고 그 당시에 지리교육 연구는 어떠한 사회적, 학문적 상황에서 시작되었는지요? 그리고 지리교육 연구의 경향, 주제, 방법론은 어떠했는지 설명해주실 수 있으십니까?

　떼민느/지리교육 연구는 1980년대에 하나의 학문분야로서 시작되었습니다. 1960년대 말부터 초등 및 중등학교에서의 지리교육은 개혁의 대상이 되었습니다. 사실, 당시의 지리교육은 지적인 열망, 사회적인 유용성, 학문적인 엄밀성이 없다는 비난을 받았습니다. 그 당시에는 역사, 지리, 데생, 음악, 관찰과학을 모아놓은 것을 '일깨우는 분야(disciplines d'éveil, 1969)'라고 불렀는데, 개혁은 초등학교에서부터 시작되었습니다. 공식적인 문서에서 이러한 개혁에 대한 종지부를 찍는 것은 1980년이었습니다. 하지만 지리학에 관한 디딕띠씨앙(didacticiens), 즉 지리분야에 있어서 교수-학습에 관한 학문적 연구를 담당했던 전문가의 양성은 제도적인 실험과 개혁이 진행되던 시기에 이루어졌습니다. 이러한 사람들은 사범학교(Ecoles Normales, 교원양성기관)에서 교원양성을 담당했었는데, 사범학교는 1991년에 IUFM으로 전환되었습니다. 이러한 사람들은 학교에 대한 개혁을 수행하는 임무를 띠고 있던 INRP(국립교육개발원)의 체제 하에서 일했었습니다. 후일에 교육론과 관련된 사람들 중에서 학습에 관여했던 사람들로는 Jean Piaget, Wallon이 있으며, 활동적인 방법에 관한 뻬다고지적 전통과 관련해서는 Freinet와 Cousinet이 있고, 지리학과 관련하여 프랑스에서는 새로운 경향이 출현하고 있었는데, 그것은 학문적인 지리학, 즉 구조주의 지리학, 계통지리학, 살아온 공간 및 표현에 관한 지리학을 급작스럽게 변화시켰습니다(프랑스에서는 이것을 신지리학이라 불렀음). 디닥띠끄를 태어나게 한 이러한 지적인 학습에 관한 아이디어를 알기 위해서는 1983년에 Francine Best, François Cullier et Anne Le Roux 등이 쓴 『초등학교 역사-지리에서 일깨움의 실제(Pratiques d'éveil en histoire et géographie à l'école élémentaire)』를 참고하세요. Armand Colin, Bourrelier 그리고 학술지 Géocité에 실린 논문들 역시 관계가 있습니다. 지리교육론은 1990년부터 나오기 시작한 초창기 박사논문과 함께 사범학교의 강의자 및 국립교육개발원의 연구원에 의해 탄생합니다. 이러한 논문들의 제목을 알기 위해서는 Cybergeo에 실린 Jean-Pierre Chevalier의 논문들을 참고하세요.

이러한 초창기 논문들과 초창기 연구들은 다음과 같은 세 가지 범주로 나눠볼 수 있습니다.

- 지리교육의 역사에 관련된 연구들: 학교지리의 공백을 이해하기 위해서는 오랜 시간동안의 지리를 그 시대에 다시 놓고 생각해야 했습니다(중등에 관해서는 Isabelle Lefort의 연구가 있으며, 초등에 관해서는 Monique Benoît의 연구가 있습니다). 역사적인 방법론은 텍스트 자료를 비판적으로 분석하고, 공식문서와 교과서를 비교하며 연구하는 것입니다.

- 지리에 대해 학생들이 갖고 있거나 지리교육의 대상에 대해서 학생들이 느끼는 이미지 (représentations)에 관한 연구가 있는데, 이러한 연구는 François Audigier에 의해서 수행되어졌으며, IUFM에 그의 논문이 있으니 보기 바랍니다. 학생들을 대상으로 하는 질문지를 활용하는 방법이 있는데, 그것은 인식론적인 해석을 통해 자료를 분석합니다.

- 지리교사 양성 및 교사양성으로부터 가능한 교육의 실제에 관한 연구가 있는데, 이것에 관해서는 Anne Le Roux의 것을 참조하세요. IUFM에서 그의 논문을 볼 수 있습니다. 행위연구에 관한 방법론은 양성교육을 담당하는 교수들의 산출물을 분석하는 것이 있는데, 분석 시에는 인식론적인 해석의 도움을 받을 수 있습니다.

이상균/2. 최근에 프랑스 지리교육 분야에서 주된 관심사나 논쟁거리가 있으면 소개해 주시겠습니까?

떼민느/우선, 프랑스에서는 지리교육이 역사교육에 비해 논쟁의 여지가 훨씬 약하다는 것을 말해야 할 것 같습니다. 고등학교에 관련된 다음번 개혁은 이공계열의 고3에서 역사-지리의 폐지를 초래하는 것입니다. 항의는 지리교육이 아닌 역사교육과 관련되어졌습니다. 역사학자들도 항의하고 그들의 의사를 표현하기 위해 매스컴에도 출현했지만, 지리학자들은 아니었습니다.

교사들의 관심사 또한 지리교육과정보다 역사교육과정에 더 많은 시수를 가져가는 것과 관련됩니다.

교육과정의 변천과 관련해서 우리가 언급할 수 있는 것은 중학교 교육과정에서 지적인 열망과 복합성이 훨씬 더 강하게 드러난 것입니다. 이를테면, 중학교 1학년 교육과정은 지리공간의 실제 및 다양성을 도입했으며, 중학교 2학년에서는 지속 가능한 발전, 중학교 3학년에서는 세계화기 포함된 것입니다. 이러한 것들은 복잡한 개념들인데, 중학교 교사들은 아직 그러한 상황에 적응이 되지 않은 상태입니다. 어떻게 가르쳐지는지는 좀 더 봐야 할 것 같습니다.

상당한 혁신은 가능할 것으로 보이며, 어떤 것은 이미 이루어졌음에도 불구하고, 지리를 가르치는 방식에 관한 토의나 논쟁은 없습니다. 이를테면, 가상의 지구나 지리정보시스템의 활용, 문화지리 내용의 도입, 문제제기 상황을 둘러싼 사례학습, 반론이 제기된 문제에 대한 토론의 실제 등에 관한 것들이 그러한 예입니다.

이상균/3. 프랑스 전국의 대학에서 지리과의 수는 대략적으로 얼마나 되며, 지리교육을 강의하는 교수의 수는 얼마나 되는지요?

떼민느/그러한 주제로 조사된 것이 없어서 잘 모르겠습니다. 원칙적으로 중등임용 시험의 준비과정에 해당되는 지리교육과 관련된 대학교육이 있는데, 이는 교육과정에 존재하는 개념에 관한 지식의 틀(지리학 및 학교지리의 역사 및 인식론)로 구성됩니다. 다시 말하면, 거의 각 대학들에 이러한 강좌가 있다는 얘깁니다(약 30여 개 대학). 또한 대학교 3학년 과정(교사교육의 전단계로서)에는 지리교육론에 해당하는 강좌가 있을 수 있습니다(이것 또한 약 30여 개 대학). 끝으로, Paris 7대학(Diderot)에 역사나 지리를 선택할 수 있는 석사수준에서의 교육론 전공이 있습니다. 이 대학의 석사과정의 책임자는 Christian Grataloup입니다. 이 대학에서는 지리교육론 및 인식론적 측면을 다루는 것으로 생각합니다. 프랑스의 상황에서 이해해야 할 것은 많은 대학의 지리학과들이 더 이상은 초등지리교육 및 중등지리교육을 위한 주된 직업적인 돌파구가 아니라는 것입니다. 따라서 일부 대학들만이 이러한 교사교육에 전념합니다. 이를테면, 프랑스 서부의 Havre와 Rennes 대학교의 지리학과만이 이러한 것들을 운영합니다. Caen대학의 경우, 이러한 과정은 IUFM이 대신 담당하고 있습니다. 지리와 관련된 취업 및 직업적인 변천과정에 대해서 더 알고 싶으면, Rémi Knafou가 쓴 지리학의 상황(l'état de la géographie)이라는 책을 참고하기 바랍니다<Belin 출판사>.

이상균/4. 프랑스에서 시민교육은 역사-지리와 함께 부분적으로 가르쳐지다가 최근에 독립한 것으로 알고 있습니다. 그렇다면, 시민교육이 교과독립한 상황에 대해서 설명해주실 수 있으신지요? 특히 저는 이러한 새로운 분야를 누가 가르치는지에 대해서도 알고 싶습니다. 그리고 역사-지리 교과서에 시민교육과 관련된 섹션이 더 이상 남아있지 않은지 여부에 대해서도 궁금합니다.

떼민느/이 문제는 약간 복잡합니다. 중학교에서 시민교육은 역사-지리 교사가 가르칩니다. 시민교육의 교육과정 문서는 역사-지리 교육과정 문서와는 분리되어 있지만, 그들 간에는 상당한 정도의 관계를 맺고 있습니다. 이를테면, 중학교 1학년의 개정 교육과정의 경우, 시민교육에 대한 교육과정은 지리교육과정에서 다루고 있는 '살다(habiter)'와 관련을 맺으면서, 거주자(habitant)에 관해 다루고 있습니다. 이들 교과서는 나뉘어져 있습니다. 그래서 역사-지리 교과서와 시민교육 교과서가 각각 존재합니다.

고등학교에서는 2000년부터 ECJS(Education civique, juridique et sociale), 즉 시민, 법률, 사회교육이 존재합니다. 이 교과는 역사-지리와는 구분됩니다. 이론적으로, 경제학 및 사회학 교사들, 그리고 철학 교사들 등 다양한 분야의 교사들이 이 과목을 가르칠 수 있습니다. 그러나 현실적으로는 종종 역사-지리 교사들이 이 분야를 가르칩니다.

ECJS의 출현 상황은 정치적입니다. 고등학교들은 학생들에 대한 시민교육 특히 그들을 지식을 갖춘 소비자로 양성시키는데 등한시하고, 학생들이 법률적 지식이 무지한 상태로 있게 내버려두고 있다는 비판이 제기됨에 따라 제도적으로 강구된 것이 바로 ECJS입니다. 제도적인 측면에서 보면, 이 분야(ECJS)는 또한 교과분야의 지식간의 장벽을 없애고, 새로운 지식(특히 법률적 지식)을 도입하고, 교사들의 현실에 대한 변화 및 다각화를 위한 하나의 시도였습니다. 또한 ECJS의 교육과정은 수업시간에 자료처리 및 토론을 시행할 것을 권장하고 있습니다. 교사들에게 많은 어려움이 제기되고 있는데, 그것은 강의식 수업과 대화식 수업에 적응하는 것입니다. 교사들이 겪는 어려움은 또한 역사, 지리, 법률, 정치와 같은 서로 다른 범주의 지식들 간에 관계를 설정하고, 사회문제와 학교 교과분야 간에 관계를 설정하는 열정도 포함됩니다. 이러한 ECJS의 개혁을 이해하기 위해서는 교육과정, 특히 고등학교 1학년 교육과정을 검토해야 합니다. 교육당국에서는 ECJS 분야에 해당하는 교과서가 발행되는 것을 원하지 않았습니다. 왜냐하면, ECJS의 정신은 이 분야를 가르치고 학습내용을 구성하는 교사에게 달려있기 때문입니다. 그럼에도 불구하고, 몇몇 교과서들은 발행되었습니다.

이상균/5. 프랑스에서는 초등학교와 중학교에서 역사와 지리를 같은 교과서를 통해 배우는데, 이것은 외국의 경우와 비교해 볼 때 역사-지리 분야의 큰 특징이라고 볼 수 있습니다. 그렇다면, 이렇게 한 교사에 의해서, 그리고 하나의 같은 교과서를 통해 학생들이 역사와 지리를 배우는 상황에 대해 설명해주실 수 있으신지요? 이러한 상황으로 인한 문제는 없는지요?

떼민느/중학교에서 쓰는 것은 역사-지리 교과서입니다. 일반 고등학교에서는 분리된 두 종류의 교과서가 있습니다. 교과서는 수업을 하기 위한 자료들로 구성되는데, 수업을 위한 것으로는 인터넷 사이트와 공식적인 문서, 교사들 간에 쓰는 통신망도 있습니다. 중학교에서 교사들은 많은 교과서들을 활용하지만, 고등학교에서는 훨씬 적은 수의 교과서를 씁니다. 교사들은 특히 교과서 안에 포함된 자료들을 활용합니다. 학생들은 종종 교과서를 가지고 배우거나 교과서 안에 있는 것을 통해 배우지 않습니다. 그들이 배우는 것은 오히려 교사의 수업을 통해서입니다.

교과서는 대학의 교수나 장학관의 책임 하에 중등학교 교사들에 의해 집필됩니다. 1970년대까지는 대학의 교수들에 의해 집필되었지만, 지금은 거의 관여하지 않습니다. 교과서들은 다음과 같은 박사논문을 통해 분석되었습니다. 이를테면, Daniel Niclot는 교과서의 집필에 관해 분석했으며, Pascal Clerc는 교과서 지식의 구성에 관해 분석했으며, Didier Mendibil는 교과서에서 도상학의 선택에 관하여 연구하였습니다. 그들은 교육과정의 전환에 있어서 아주 중요한 역할을 합니다. 사실, 교과서가 대량으로 교사들에게 판매되기 위해서는 교과서가 교사들의 교육현실에 근접해야만 합니다. 어떤 교과서가 새로운 것을 아주 많이 포함하고 있더라도 잘 팔리지는 않습니다. 교과서들은 아주 종종 전통적인 교육방식을 지지합니다. 즉, 교과서처럼 교사는 사실만을 말하고 지식을 생산하는 것처럼 여겨집니다. 이러한 문제에 대해 상반되는 논쟁은 없습니다. 한편, 교과서에 있는 이미지, 지도, 텍스트에 의해 교과서들은 아주 종종 세계의 국가들에 대해 틀에 박힌 내용을 구성합니다. 사실상, 그들의 논의는 결코 논증의 여지가 없습니다. 다시 말하면, 교과서는 학생과 교사들에게 지리적인 논의가 될 수 있는 것을 표현하게 하지 않습니다. 따라서 교과서는 교과교육론자를 위한 것인데, 특히 다음과 같은 문제의 근원을 위한 것입니다. 즉, 교과서는 그 자체로 자료의 원천임에도 불구하고, 교사들로 하여금 그들이 하고자 하는 모든 것을 상상하게 하지 못합니다.

이상균/6. 프랑스에는 다른 외국에는 없는 교사양성기관, 즉 IUFM이라는 기관이 있는데, 교사양성 기관으로서의 IUFM의 성격과 기능에 대해서 설명해주실 수 있으신지요 ? 그리고 IUFM의 기능이 대학의 그것과는 어떻게 다른지에 관해서도 설명해주시면 감사하겠습니다.

떼민느/IUFM은 1991년에 초등 및 중등 교원의 종합적인 양성을 목적으로 설립되었습니다. 따라서 이 기관은 직업학교 및 대학으로서의 성격을 가지며, 대학으로부터 독립적인 역할을 수행하고 있습니다. 이 기관의 설립을 이끈 주된 생각은 전문화의 관점으로서, 다시 말하면, 가르치는 직업은 배우는 일이라는 생각에 바탕을 두고 있습니다. 이것은 잘 가르칠 수 있도록 하기 위하여 전문가의 지식을 전수시키는 것은 충분한 것이 아니라는 얘깁니다. 그것은 학습심리, 학습이론, 그리고 교과분야의 교육론적 측면에서 지식을 완전히 숙달하고 기능을 계발시켜야 한다는 것입니다. 따라서 IUFM은 학생들이 교원임용고사를 준비하게 해주고, 이어서 1년간은 IUFM에서 일주일에 이틀씩 정규적으로 직업적인 양성교육을 수행하며, 중학교나 고등학교에서 매주 6~8시간의 수업을 하게 하는 사명을 갖고 있습니다. 이러한 직업적인 양성교육은 교과교육론적 측면이 있으면서, 다른 한편으로는 다방면적인 측면도 갖고 있었습니다. 다방면적인 양성교육은 초등학교 및 중학교, 고등학교에서의 실습을 겸비하는 것이었습니다. 이러한 교육은 보편적인 것이었습니다. 이러한 보편적인 양성교육에 대한 발상은 전문화를 위한 훨씬 더 철저한 발현입니다. 이러한 교육이 정착하는 과정은 아주 어렵고 비판을 받는 일이었습니다. IUFM의 설립에 대한 발상 및 실현에 대한 역사는 André Robert와 Hervé Terral의 저서를 참고하기 바랍니다. IUFM은 1991년 이래로 분야별 교과교육 연구의 장이 되었으며, 종합적인 교사양성 교육을 담당해왔습니다. IUFM은 커다란 두 가지 어려움에 처했었습니다. 첫 번째는 전문가를 길러내는 교수의 양성에 대한 책임의 부재였는데, 이는 교원양성에 있어서 필요한 내부적인 관계의 어려움을 초래했습니다. 두 번째 문제는 연구실의 부재였는데(장관은 실험실이 대학에 의해 독점적으로 관리되는 것을 원치 않았음), 이는 IUFM에 소속된 양성자 및 연구원이 외부 연구소의 정책에 의존하는 결과를 초래했습니다.

대학과 IUFM의 차이점이라면, 우선 IUFM에서는 보완적인 기능을 갖춘 다양한 분야에 소속된 사람들(교원양성자 및 연구원<enseignants-chercheurs>, 중고등학교 교사, 팀티칭)이 번갈아가며 직업적인 양성교육을 실시하는 반면, 대학에서는 가르쳐지는 지식이 양성자 및 연구원에게 독점적이며, 교사로서의 전문화는 학습의 대상이 아니었습니다.

스위스에도 IUFM에 해당하는 것이 있는데, 그것은 고등교육학교(Hautes Ecoles Pédagogiques)라고 부릅니다.

이상균/7. IUFM은 몇 년 전부터 국립대학과 통합된 것으로 아는데요, 정확하게 언제, 그리고 왜 두 기관이 통합하게 되었는지에 관하여 설명해주실 수 있으십니까?

떼민느/통합은 2006년에 결정되었고, 실제로 통합된 것은 2007년과 2009년입니다. 통합에 대한 이유는 다음과 같은 여러 가지 복잡한 요소들이 있습니다.

- 우선, 대학구조 및 교육 전반에 대한 통합의 추세를 들 수 있습니다. 통합의 대상에는 IUFM뿐만 아니라 IUT(institut universitaire de technologie)도 정책 및 재정상의 이유로 포함되었습니다. 이것은 기술주의적인 이유로서 각 대학별 수준에서 이루어지는 결정에 대한 기능의 재정비의 성격이 있으며, 소단위의 손실을 줄이기 위함입니다.

- 두 번째는 비용 절감의 의도입니다. 교육부 장관은 첫 번째로 교육받는 과정(IUFM에서 교대로 이루어지던 실습)을 폐지하면서 수 천 명의 일자리를 감축했습니다. 사실, 학생들이 임용고사에 합격하고 정식으로 발령을 받으면 풀타임(8시간이 아닌 18시간)으로 일을 하게 될 것입니다. 2007년부터 사르코지 정부의 목표는 공공부문에서 많은 일자리를 감축하는 것이었습니다. 특히 국가교육이 그러한 대상이 되었습니다. 초기 교육과정을 폐지함으로써 인력감축의 목표를 쉽게 달성할 수 있었던 것입니다.

- 세 번째는 IUFM의 막을 내리려는 의도입니다. 사실, 이 기관은 우파와 전문성을 증명해주는 학문적 지식 측면에 관련된 사람들에 의해 언제나 공격을 받았습니다. 교육의 질이 저하된 것은 예정된 것이며, 이는 IUFM에 그 책임이 있다는 수많은 비판이 제기되었습니다. 이러한 이유는 정치적이고 이데올로기적입니다. 그것은 좌파에 의해 설립된 교육기관이면서 학문적인 지식만이 아닌 교육적인 효율성으로부터 출발하고자 하는 교육사상을 지니고 있는 이러한 기관(IUFM)을 척결의 대상으로 삼았습니다.

결과적으로, 내년부터는 임용고사에 응시하기 위해서는 석사학위를 소지해야 할 것입니다. 가르치는 것에 대해 특혜가 주어지는 대학의 과정은 더 이상 없게 될 것입니다. IUFM은 가르치는 직업을 준비하는 과정으로서 전문적으로 석사과정을 운영하던 것을 그만두게 됩니다. 그렇지만, 교사가 되고자 하는 학생에게 그 누구도 의무적으로 석사과정을 하라고 강요할 수는 없습니다. 한편, 보편적인 교육에 대한 생각은 사라지게 될 것입니다.

이상균/8. 프랑스 대학의 지리과에서 공부한 학생들이 졸업 후에는 어떤 분야에서 일하기를 원하는지 알고 싶습니다. 한국의 경우, 대학 수준에서 지리과는 지리학과와 지리교육과와 같이 두 분야로 나뉩니다. 지리교육과를 졸업한 학생들은 중등학교 교사가 되기를 원합니다. 그렇다면, 프랑스에서 교원임용고사의 합격률은 어떻게 되는지요?

떼민느/프랑스에서는 지리과를 졸업한 후에 그 진로가 다양합니다. 교직은 다양한 진로들 가운데 하나일 뿐입니다. 주된 진로로는 관광, 국토개발, 도시계획, 환경관리 등과 관련됩니다. 고용주들은 지방의 공공단체이거나 다양한 부문에 종사하는 사적인 업체들입니다.

임용고사와 관련해서, 시험에 응시하는 학생들의 90%는 역사 전공자들입니다. 시험의 합격률은 해에 따라 다른데 대략 응시자의 5~10% 수준입니다. 학생들은 보통 2-3년 만에 시험에 합격하기도 합니다. 또한 많은 학생들은 학교에서 기간제로 일을 합니다. 여러 번 시험에 실패한 학생들은 다른 종류의 행정관련 시험(세무시험 등)에 도전하기도 합니다.

이상균/9. 역사-지리 교사모임과 관련해서 한 가지 질문을 드리고 싶습니다. 19세기 말엽, 처음에 지리분야가 교육과정에서 하나의 자리를 차지하게 되었을 때, 지리교사 단체는 이 분야를 지지하고 발전시키기 위해 애를 쓴 것으로 알고 있습니다. 그렇다면, 최근에 프랑스에서 역사-지리 교사모임의 활동은 어떤지에 관하여 설명해주시겠습니까?(예컨대, 2007년에 한국에서는 여덟 번째 교육과정 개정이 있었는데, 그때 지리 교사들은 지리교육과정 개정작업에 참여했던 적이 있습니다) 지리교사들이 그들끼리만 활동을 하는지, 아니면 역사교사들과 함께 하는지에 관해서도 알고 싶습니다.

떼민느/역사-지리 교사모임(Association des Professeurs d'Histoire-Géographie, APHG)이 있습니다. 오늘날에는 이것이 유일합니다. 교사모임의 활동으로는 교육과정 작업에 영향을 미치고, 교육개혁 과정을 열람할 수 있도록 요구하는 것과 같은 일들입니다. 이 모임은 *역사학자와 지리학자(Historiens et Géographes)*라는 학회지를 발행합니다. 이 학술지는 이 분야에 관한 인식론적, 역사적, 교육론적 측면과는 관련이 없습니다. 이 학술지는 극단적으로 지식의 구현쪽으로 치우치는 경향이 있으며, 지리분야보다는 역사분야에 대한 비중이 큽니다. 어떤 항목은 인터넷 및 교육 등과 관련되기도 합니다. 이 학술지는 또한 임용고사의 출제위원에 대한 내용도 발행합니다. 따라서 이 모임은 교육과정의 개발에는 참여하지 않습니다. 지리와 관련해서 독자적인 발전이 있었던 것은 1984년과 2000년 사이의 시기입니다. 그것은 다음과 같은 모임과 관련됩니다. 즉, AFDG(Association Française pour le Développement de la Géographie, 프랑스 지리 발전 모임)은 대학의 젊은 지리학자, 교사 양성자, 그리고 중등학교 교사들과 관련되는 것 같습니다. AFDG은 학교지리에서 신지리학에 대한 도입, 교육론(la didactique) 등을 지지하는데 기여했습니다. 이 모임은 *지리학자 연합(Géographes Associés)*이라는 학회지를 발간했는데, 2000년부터는 더 이상 활동하지 않고 있습니다.

이상균/10. 교수님의 최근 연구, 관심사가 무엇인지, 그리고 교수님께서 지리교육 연구에 있어서 가장 관심을 갖고 계신 것은 무엇인지 말씀해주시겠습니까? 그리고 현재 교수님께서는 껑대학과 IUFM에서 강의를 하고 계신대요, 지리 내용과 관련해서는 보통 어떤 주제로 강의하시는지요?

떼민느/지리교육과 관련된 나의 연구는 다음과 같이 세 가지 관점입니다.

- 지리교육에서도 도시내용과 관련하여 혁신적인 방법을 도입하는 것입니다. 이를테면, 지리수업에서 공간연구, 도시공간 연구, 그 밖의 다른 도시들에 대한 연구들로 부터 도시학습이 어떻게 가능할까 ? 그리고 다른 사회에 훨씬 더 개방적이고 복합적인 지리적 논의를 어떻게 도시학습으로 이끌 것인가?

- 두 번째는 지리적 논의를 표현하는데 있어서 지도, 사진, 텍스트, 그리고 이런 다양한 학습자료의 조합 등과 같은 학습자료(langages)의 기여: 이런 다양한 학습자료의 틀에서 학생들의 학습을 어떻게 분석할 것인가?(*Mappemonde*에 게재된 논문을 참고 할 것)

- 세 번째는 젊은 교사들에게 지리를 가르치는 법을 습득시키는 차원입니다. 그들은 어떻게 그들의 직업적 일을 배우는가? 지리교육에 있어서 무엇이 그들로 하여금 새로운 것을 받아들일 수 있게 하는가? 다른 분야와 비교해 볼 때, 이러한 학습은 어떤 측면에서 특징적인가?(Cybergeo에서 논문들을 참고할 것)

다른 관점에서 보자면, 교과교육 전문가(didacticien)로서 내가 관여하고 있는 것들 중에 아주 중요한 것은 지리학 및 학교지리의 인식론적 측면에 관한 연구이며(*EspaceTemps*에 게재된 논문을 참고 할 것), 또한 교사들과 관련하여 그들이 누구이든 간에 전문화의 역동성에 관하여 연구하고 있습니다(Rouen 학회 발표내용).

나는 교육학과 3학년 학생들을 대상으로 지리교육론을 강의합니다. 당신은 이미 지난번에 이 수업을 참관했습니다. Paris 7대학에는 역사 및 지리 분야에 교과교육론에 해당되는 석사과정이 있는데, 나는 거기서 '토론 방법 및 내용의 주제별 분석'에 관한 강의를 합니다. 껑대학에는 교육자 양성에 관한 석사과정이 있는데, 나는 여기서 지리교육에 대한 사례를 활용하면서 교과교육론 강의를 합니다. 나는 지리 학습에 있어서 학습자료에 대한 연구를 바탕으로 강의를 합니다. 역사-지리의 교생실습과 관련된 초기 교육은 실습위주입니다. 따라서 강의는 없습니다. 학생들은 필요에 따라 지리와 관련된 학습자료(특히 지도), 논쟁의 대상이 되는 질문에 대한 교육, 시사적인 문제제기 등을 다룹니다. 학생들은 교생실습을 하는 동안 그들이 교육받으면서 해온 활동이나 고민한 것들로 이루어진 포트폴리오를 만들기도 합니다.

이상균/11. 지리교육의 목표나 궁극적인 목적은 시대나 지역에 따라 달랐다고 생각합니다. 교수님께서는 오늘날 지리교육의 목표나 궁극적인 목적이 무엇이라고 생각하시는지요? 그리고 오늘날 학생들에게는 어떤 차원에서 지리교육이 필요하다고 생각하시는지요?

떼민느/당신 말이 맞습니다. 지리교육의 궁극적 목적과 관련해서는 다양한 시대와 국가들 사이에서의 공통점과 차이점을 확인해 볼 필요가 있습니다. 어느 시기나 어느 장소에 따라 지리는 전쟁을 준비하고 식민통치 상황에 대해 정당화하는데 기여하기도 했습니다. 내가 생각하기에, 국가 및 개인적 스케일에서 소속, 관계, 정체성과 관련된 다원성을 이해하는 차원(공간은 친숙함과 기묘함을 모두 포함하고 있음)에서 지리는 아주 훌륭한 수단이라고 봅니다. 그리고 지리를 통해서 자기자신, 국민 또는 개인을 파악할 수 있으며(인간과 사회의 경계가 되는 공간은 여기에도 있고 다른 곳에도 있으며, 훨씬 더 호기심 있고 다양하고 열린 세계를 준비함에 따라 그러한 것을 이해하게 된다), 마지막으로, 그러한 사회 속에서 잘 살아가고 있는 구성원들에게 한 사회가 '공간적인 계약(contrat spatial)'과 같은 기능을 하고 있는 것을 이해하기 위해서(공간은 구성된 정책이며, 모든 정책은 가능한 고통스러운 상황이 최소한이 되도록 사회 속에서 삶의 차원으로서의 공간을 고려해야만 합니다)입니다. 요컨대, 지리는 스스로뿐만 아니라 타인을 더 잘 알게 하고, 각자의 성별, 나이, 인종, 종교, 기호, 감수성, 능력이 어떻든 간에, 개인의 열망을 잘 실현할 수 있게 해주는 장으로서 함께 하는 공간을 만들 수 있게 해줍니다.

이러한 것들은 다음과 같이 학생들이 필요로 하는 차원에 해당될 수도 있습니다. 즉, 국토 공간상에서 그들의 삶의 잠재력을 펼쳐나가는 것에 대해 알 필요가 있으며(그들의 부모, 조부모가 살았던 것처럼 살아야만 한다는 생각을 하지 말고, 오히려 도시화된 사회, 인공적인 성격이 강한 환경 속에서 삶의 문제에 대한 새로운 해결책을 찾아야만 한다고 생각하는 것), 세계와 그 세계의 다양성, 인간사회의 현실 및 인류의 다채로운 실현에 대해 알 필요가 있으며, 학생들이 다양한 스케일에서(지구는 또한 그들의 삶의 공간입니다) 그들만의 삶의 공간을 만들어가는 데 있어서 시민으로서 그들이 표현할 수 있는 것들에 대해서 생각할 필요가 있습니다.

이상균/12. 미국과 영국에서 지리교육은 두 가지 요소의 결합, 즉 지리 내용이 교육학적인 틀에 끼워지는 형식으로 구성된다고 봅니다. 그렇지만, 프랑스에서의 지리교육은 디닥띠끄적 관점, 즉 지리학적인 논리에 근거를 두는 것, 다시 말하면, 교육학의 논리가 아닌 지리학의 논리에 따라 학습내용이 구성된다고 생각합니다. 교수님께서는 프랑스 대학에서 지리교육을 연구하고 계신데요, 교수님께서 보시기에, 프랑스에서 출판된 지리교육 관련 책들 중에서 가장 대표적이라고 할 수 있는 책이 있다면 한국의 지리교육계에 몇 권 소개해주실 수 있으신지요?

떼민느/프랑스에서 교과교육론(didactique)은 학습내용의 교수학습에 대한 문제가 가르쳐지고 학습되는 내용에 달려있다는 생각으로부터 비롯되었습니다. 또한 지리교육론에서 우리가 관심을 갖는 것은 지리 내용을 중심으로 교사와 학생 사이에서 해결해야 하는 수단과 근원의 관계입니다. 지리 학습에서 다양한 학습자료와 관련하여 용이함과 어려움은 무엇인가? 지리에서 논거제시 학습의 용이함과 어려움은 무엇인가? 다양한 세계에 대한 학습에서 용이함과 어려움은 무엇인가? 이와 같은 질문들은 교과교육론과 관련된 것들입니다. 하지만, 이러한 질문들을 잘 제기하기 위해서는 교사가 지리학에 관하여 아주 잘 알고 있어야 하며, 교사양성과정에서 양성자가 미래의 교사들을 잘 안내하고 이끌어야 합니다. 지리학자들이 지리적 지식을 만들어내기 위해 고유한 학습자료(langages)의 활용에 대한 방식을 숙고하지 않고서는 '지리과에서 학습자료와 학습'이라는 주제로 연구할 수는 없습니다. 그럼에도 불구하고, 다른 많은 교과교육에서처럼, 지리교육론은 교육학의 주된 개념이나 주제를 받아들였습니다. 이를테면, 지식과 관련된 아이디어, 임상적 접근 및 교육사회학에 대한 이슈 등이 있습니다. 총체적이고 다방면적인 교과교육론적 접근과 관련해서는 오늘날 이미지의 활용 및 논거제시 등과 같은 것을 연구하는 inter-didactiques 연구가 있으며, 수업시간에 이루어지는 토론에서 학생들 간의 상호작용에 관심을 갖는 비교 디닥띠끄(didactique comparée)

연구도 있습니다.

　지리교육에 대한 이러한 의문들을 파악하는데 도움이 될 수 있는 책 몇 권을 소개하겠습니다. 먼저, 2009년에 지리교육 특집으로 발간된 학술지 *교육노트(Cahiers pédagogiques)*에 실린 '지리 가르치기(Enseigner la géographie)'를 언급하고 싶습니다. 학술지 *Cahiers pédagogiques*는 프랑스 학교지리의 현주소를 보여주는 가장 최근의 자료입니다. 이것은 교과교육에 대한 문제들을 널리 보급하고 교실상황을 다루는 논문들로 구성됩니다. 이 책에서는 교사, 양성자, 대학교수들이 프랑스 지리교육의 구체적인 문제들을 표현하고 증언하는 것으로 상당히 의미심장하다고 볼 수 있습니다. 그 외에도 1995년에 Anne Le Roux가 쓴 *지리교육론(Didactique de la géographie)*이 있으며, 2006년에 제가 쓴 '*지리를 가르치는 것, 스스로 깨우치는 직업(Enseigner la géographie, un métier qui s'apprend)*'이라는 책도 소개하고 싶습니다.

　이상균/대학과 IUFM에서 강의도 하시고 연구하시느라 많이 바쁘실 텐데, 이렇게 인터뷰에 응해주셔서 대단히 감사합니다.

이상균

저자는 한국교원대학교에서 「프랑스 지리 교육과정과 교과서 분석」(2010)에 관한 연구로 박사학위를 받았다.

주요 논문으로는 「고지도의 지리교육적 활용방안」(2004), 「근대화 전후 도서지역 주민 생활권의 변화: 안면도를 사례로」(2008), 「조선 전기 국농소에 대한 역사지리적 해석」(2009), 「Géographies scolaires à l'épreuve du Monde: France et Corée du Sud(외부세계로부터 도전받는 학교지리: 한국과 프랑스를 사례로」(2011, 공동), 「프랑스 지리교육사 150년의 전통과 최근 동향 그리고 전망」(2011, 공저) 등이 있다.

현재는 프랑스 껭(Caen)대학교에서 "한국의 지리교육"에 관한 주제로 두 번째 학위과정을 진행 중이며, 공간사회 연구소(ESO UMR 6590 CNRS)의 일원으로 활동하고 있다.

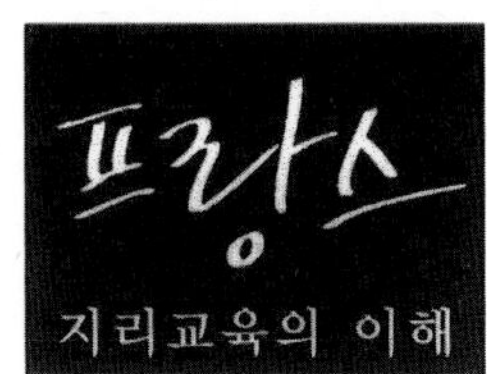

초판인쇄 | 2012년 2월 23일
초판발행 | 2012년 2월 23일

지 은 이 | 이상균
펴 낸 이 | 채종준
펴 낸 곳 | 한국학술정보㈜
주   소 | 경기도 파주시 문발동 파주출판문화정보산업단지 513-5
전   화 | 031) 908-3181(대표)
팩   스 | 031) 908-3189
홈페이지 | http://ebook.kstudy.com
E-mail | 출판사업부 publish@kstudy.com
등   록 | 제일산-115호(2000. 6. 19)

ISBN   978-89-268-3026-0 93370 (Paper Book)
        978-89-268-3027-7 98370 (e-Book)